国家传统文化典籍整理工程之
"一带一路"文献整理与研究项目

汉文敦煌遗书题名索引

上册

国家图书馆　主编
刘毅超　编

学苑出版社

图书在版编目（CIP）数据

汉文敦煌遗书题名索引 / 国家图书馆主编；刘毅超编. -- 北京：学苑出版社，2020.11
ISBN 978-7-5077-6073-6

Ⅰ．①汉… Ⅱ．①国… ②刘… Ⅲ．①中文－敦煌学－书目索引 Ⅳ．①K870.6

中国版本图书馆CIP数据核字（2020）第229046号

责任编辑：战葆红
出版发行：学苑出版社
社　　址：北京市丰台区南方庄2号院1号楼
邮政编码：100079
网　　址：www.book001.com
电子信箱：xueyuanpress@163.com
联系电话：010-67601101（营销部）　67603091（总编室）
经　　销：新华书店
印　刷　厂：北京建宏印刷有限公司
开本尺寸：889×1094　1/16
印　　张：77.25
字　　数：1234千字
版　　次：2021年1月第1版
印　　次：2021年1月第1次印刷
定　　价：980.00元（上下册）

总　序

　　书籍是文明得以积累习得和历久不绝的有形物质。中华民族引以为豪的四大发明，就有两项与书籍密切相关，造纸术和印刷术的领先，让中国的文化生产和积累在很长一段时间居于世界前列。世界四大文明中，唯有中华文明五千年来一脉相承从未中断，一个重要的原因就是中华民族有用文字记载历史，通过不断整理著述传承文化的优良传统。

　　这些祖先留给我们的书籍，浩如烟海。据初步统计，目前仅全国3000余家收藏机构收藏的汉文古籍就超过20万种，逾3000万册件。这些文献典籍镌刻着五千年来中华民族的精神追求、精神特质和精神脉络，形成中华民族历经磨难而绵延发展的精神密码。它们维系着中华文明的薪火相传，跨越时空、超越国度，富有永恒的魅力和持久的价值。

　　中国的大多数朝代都较为重视对这些传统文化典籍的保存和整理，特别是在政治清明、经济繁荣和文化发展的时期，都曾由官方组织对国家藏书进行大规模整理，编纂大型典籍。所谓"盛世修典"，征诸史书，历历可见。如唐代玄宗朝编纂《大唐开元礼》《初学记》和《唐六典》；北宋太宗、真宗朝编纂《太平御览》《太平广记》《文苑英华》和《册府元龟》；明成祖朝编纂《永乐大典》；清康熙朝编纂《古今图书集成》，乾隆朝编纂《四库全书》等。这些典籍的编纂和整理，对继承和弘扬中华民族优秀文明成果，推动文化的繁荣发展起到了积极作用。

　　中华人民共和国成立后，特别是改革开放以来，党和政府对古籍整理事业给予高度重视，古籍整理和出版工作成绩斐然。据统计，仅1949—2003年间整理出版的古籍就有约15000余种，其中"二十四史"与《清史稿》点校本、《资治通鉴》等史学巨著，《全唐诗》《全宋词》《全清词》等文学总集，《中华大藏经》等宗教经典，《大中华文库》（汉英对照）等外译工程，都可称为新中国文化事业的盛事。这些文献典籍的整理成果，不仅成为人们了解、学习和认同中华优秀传统文化的重要载体，也使中华优秀传统文化得以为今天所用，为现实服务，在怡情养志、涵育文明方面焕发出新的生命力。

国家图书馆是国家古籍保护中心，馆藏宏富，撷英集萃，近4000万册件馆藏文献中，古籍收藏逾160万册件。自1909年京师图书馆初创，百余年来，历代国图人始终秉承"传承文明，服务社会"的宗旨，不遗余力地多方搜采、细致整理、精心保护文献典籍。近年来，在党和政府的大力支持下，国家图书馆组织实施了"中华再造善本工程""中华古籍保护计划""民国时期文献保护计划"等多个大型典籍整理出版项目，在中华优秀传统文化的保存保护、挖掘阐发、传播推广和展示利用方面积累了海量数据和丰富经验。

根据习近平总书记关于系统梳理传统文化资源，让书写在古籍里的文字活起来，推动中华优秀传统文化创造性转化、创新性发展的要求，国家图书馆依托文献收藏优势和文献整理专业能力，从坚定中华优秀传统文化自信、坚守中国特色社会主义文化立场、坚持社会主义核心价值观引领的高度，于2016年7月策划启动"国家传统文化典籍整理工程"，得到文化和旅游部、财政部的大力支持。

"国家传统文化典籍整理工程"将联合全国各级各类图书馆、博物馆等文献收藏机构和高校、科研院所等研究机构，根据已有文献积累及其整理情况，选择国家内政外交重大关切或与百姓民生联系紧密的选题，对有关领域文献典籍进行全面调查收集和系统梳理。在此基础上，编制专题典籍联合目录、整理出版典籍丛书、组织开展典籍整理研究，以期为研究人员利用文献典籍，开展学术研究提供便利，同时也为中华优秀传统文化的传承和发展奠定丰厚的文献基础，为解决现实问题提供历史借鉴。

在选题参与单位和专家学者黾勉从事、不辞劳苦的努力下，项目成果将陆续出版。借此机会，对参与单位的大力支持和专家学者的无私指导表示感谢！由于项目选题涉及领域广泛，在文献的搜集整理过程中，难免有疏漏、不妥之处，敬请方家批评指正，也欢迎广大读者提出宝贵意见。我们真心希望，能够有更多机构参与到这一工程中来，与我们携手，让经过数千年岁月洗礼的中华优秀传统文化在典籍保护与整理工作中绵延不坠、发扬光大。

2018年秋于北京

前 言

自 1900 年敦煌藏经洞重现天日之后，数以万计的敦煌遗书流散到世界各地。敦煌学是一门国际性显学，有"今日世界学术之新潮流"之称。近百年间，很多机构和学者也开展敦煌遗书的编目工作，各自取得大量开拓性的成果。仅就敦煌遗书的"总目"而言，陆续有王重民、刘铭恕先生《敦煌遗书总目索引》[1]、黄永武先生《敦煌遗书最新目录》[2]、施萍婷女史《敦煌遗书总目索引新编》[3]等三部著作，汇集了当时业已公布的大多数敦煌遗书的信息，推动了学术发展。近二十年来，敦煌遗书大量影印出版（包括之前较少披露的俄藏部分），在资料的丰富性上已经大大延展，修订或重编"总目"的时机日渐成熟。然而，时至今日，还没有一部囊括所有已知敦煌文献的总目录问世，学者们查阅敦煌文献，还不得不综合使用多种工具书反复检寻，方可得到自己所需文献的相关信息，给工作带来了极大不便。当然，编纂"敦煌文献总目"是一项艰巨的工作，短时间内是不可能完成的。

笔者在敦煌吐鲁番资料阅览室接待读者咨询、协助查找敦煌文献的日常工作中，深刻感受到，编纂出一部汉文敦煌遗书的总索引，将会是敦煌文献研究非常实用的工具。本书尝试汇集海内外汉文敦煌遗书，抽取题名与编号，按汉语拼音顺序排列，制成题名索引，以便学者检索，为敦煌学及丝绸之路的进一步研究提供参考。

---

[1] 商务印书馆编：《敦煌遗书总目索引》，北京：商务印书馆，1962 年。（王重民、刘铭恕合编，以商务印书馆的名义出版）
[2] 黄永武主编：《敦煌遗书最新目录》，台北：新文丰出版公司，1986 年。
[3] 敦煌研究院编：《敦煌遗书总目索引新编》，北京：中华书局，2000 年。

本书分为正编与附录两部分，正编即汉文敦煌遗书的题名索引。该索引以汉文为主，酌情收录了极少数双语对照的文献，并参考学界研究成果，剔除了管见所及的非敦煌文献。本书所收的敦煌遗书题名，主要参考前贤的定名成果。本着便于读者检索利用的原则，在保证准确性的前提下，尽量选取影印图录的定名，中国国家图书馆藏、法藏及俄藏（俄Ф.001—366，Дx.00001—03600），均以图录定名为主要参考，但俄藏敦煌文献约有一万余件残片，图录未予定名。如果此部分残片不予收录，则题名索引的有效性将大大削弱。幸而2019年邰惠莉女史主编的《俄藏敦煌文献叙录》[1]出版，将残片部分全部定名，且详加叙录，极富参考价值。

英藏部分较为复杂，以S.6981号为界，分为前后两个部分。S.6981号之前，佛经部分主要参考《敦煌遗书总目索引新编》及《敦煌宝藏》，汉文非佛经部分，主要参考《英藏敦煌文献（汉文佛经以外部分）》及《敦煌遗书总目索引新编》。S.6981号之后，汉文非佛经部分，主要参考荣新江先生《英国图书馆藏敦煌汉文非佛教文献残卷目录（S.6981—13624），并据《〈英国图书馆藏敦煌汉文非佛教文献残卷目录〉补正》[2]对定名做了修订。佛经部分，主要参考方广锠先生《英国图书馆藏敦煌遗书目录（斯6981号—斯8400号）》[3]。S.8400号之后的佛经部分，由于尚未公布，故本索引未能收录。

日本藏敦煌遗书，以杏雨书屋所藏敦煌秘笈为最，题名以图录定名为基础，并参照学界研究成果做了部分修订。书道博物馆藏品也非常可观，除去敦煌遗书外，还有大量吐鲁番写本，本书仅收录其出土地明确标注为敦煌的部分。据学者研究，有些残片册长期以来被认作吐鲁番写本，实际上混入了少量敦煌写本，如SH.176-94"金光明最胜王经"[4]，本索引也酌情予以收录。

海内外还有为数不少的散藏敦煌遗书。申国美编《中国散藏敦煌文献分类目录》[5]对此做了有益的探索，以类相从，颇便翻检，但该书出版距今已有十余年，

---

[1] 邰惠莉主编：《俄藏敦煌文献叙录》，兰州：甘肃教育出版社，2019年。
[2] 荣新江：《〈英国图书馆藏敦煌汉文非佛教文献残卷目录〉补正》，宋家钰、刘忠编《英国收藏敦煌汉藏文献研究》，北京：中国社会科学出版社，2000年，第379—387页。
[3] 方广锠：《英国图书馆藏敦煌遗书目录（斯6981号—斯8400号）》，北京：宗教文化出版社，2000年。
[4] 包晓悦：《日本书道博物馆藏吐鲁番文献目录（下篇）》，《吐鲁番学研究》2017年第1期。
[5] 申国美编：《中国散藏敦煌文献分类目录》，北京：北京图书馆出版社，2007年。

在此期间又有大量的图录出版。故而，笔者以诸家所出图录为主要参考，对海内外散藏敦煌遗书题名做了辑录及整理工作，详情可参本书参考文献。部分散藏敦煌遗书未据图录定名，而是依据学者之校录及研究成果，如浙藏敦煌文献，选取了黄征、张崇依先生所著《浙藏敦煌文献校录整理》之定名[1]。石谷风藏敦煌文献[2]，据方广锠先生《〈晋魏隋唐残墨〉缀目》定名[3]。有些散藏敦煌文献公布后，定名又有修订，如重庆博物馆（中国三峡博物馆）所藏敦煌文献，杨铭先生于1996年发表《重庆市博物馆藏敦煌吐鲁番文献写经题录》一文[4]，加以介绍。随后又有修订补充，收入其2014年出版的《西部民族、文物与文化研究》一书[5]，即以杨铭晚近发表之增订题名为准。此外还需说明的是，王重民先生辑有"敦煌遗书散录"，著录了中日多家小宗藏品，在相当长的历史时期内，发挥了重大作用。但由于时代久远，很多敦煌文献的藏地已经变更，稽考不易，故此次未予收录。拍卖会上亦偶有敦煌写经面世，刘婷对此做过归纳梳理[6]，本书不再收录。

得益于文物普查工作的深度推进，又有少量敦煌文献重现天日。还以重庆博物馆为例，该馆近年又发现一件敦煌写经残片，编号为74433，内容为《大般若波罗蜜多经》[7]。此次编制索引，也予以收录。此外，还有少量敦煌文献，既没有出版图录，也少有学者专门撰文介绍，爬梳十分不易。笔者参考了刘波、宋雪春[8]、刘婷[9]等学者的统计，扩大搜寻范围，又梳理出少量省市及高校图书馆、博物馆的藏品。

---

1 黄征、张崇依：《浙藏敦煌文献校录整理》，上海：上海古籍出版社，2012年。
2 石谷风：《晋魏隋唐残墨》，合肥：安徽美术出版社，1992年。
3 方广锠：《〈晋魏隋唐残墨〉缀目》，《敦煌吐鲁番研究》第6卷，北京：北京大学出版社，2002年，第297—334页。
4 杨铭：《重庆市博物馆藏敦煌吐鲁番写经题录》，《敦煌吐鲁番研究》第6卷，北京：北京大学出版社，2002年，第353—358页。
5 杨铭：《重庆市博物馆藏敦煌吐鲁番写经题录》，收入杨铭《西部民族、文物与文化研究》，北京：民族出版社，2014年，第342—350页。
6 刘婷：《中国散藏敦煌文献叙录》，郝春文主编：《2019敦煌学国际联络委员会通讯》，上海：上海古籍出版社，2019年，第103—133页。
7 刘兴亮：《新见敦煌写经残片小考》，《敦煌研究》2018年第5期。
8 宋雪春：《国内外藏敦煌文献的数量、内容及来源的介绍与考察》，《上海高校图书情报工作研究》2018年第4期。
9 刘婷：《中国散藏敦煌文献叙录》，郝春文主编：《2019敦煌学国际联络委员会通讯》，上海：上海古籍出版社，2019年，第103—133页。

由于敦煌文献异常复杂，诸家定名不甚一致，为了题名的严谨性，也为了排序的方便，对于个别分歧较大的部分，参照相关研究成果加以修订统一。如敦煌文献中存在数量不少的毛诗及注本，诸家定名，或作"毛诗诂训传"，或作"毛诗故训传"，或作"毛诗郑笺"，或作"毛诗注疏"，或作"毛诗传笺"；或注明篇章，或不注篇章。既不便排序，更不便翻检。笔者以张涌泉先生主编《敦煌经部文献合集》[1]的定名为基准，加以统一。敦煌道经部分，以王卡先生《敦煌道教文献研究：综述·目录·索引》[2]一书为准，逐条核对、修订了诸家定名。

本书后列附录三种，依次为"馆藏机构简称表""备考卷号索引""全国馆藏文物名录晋唐写本辑录"。

"简称表"主要是敦煌遗书编号简称与全称的对照，有些较为生僻的藏地，酌情使用全称，以免混淆。

"备考卷号"主要包括非汉文部分与非敦煌出土部分。所谓非汉文部分，仅包括《国家图书馆藏敦煌遗书》《法藏敦煌西域文献》《俄藏敦煌文献》《英国国家图书馆藏敦煌遗书》《敦煌宝藏》等图录中附带收录的非汉文部分，而不包括专门另行编号的胡语文献。所谓非敦煌部分，指的是出土地不是敦煌，却误入敦煌遗书序列的部分文献。它们本身不是伪卷，或出于吐鲁番，或出于西域，或出于黑水城，与敦煌文献一样，同是晋唐以降历史变迁的见证，可与敦煌文献相互发明，故编入附录。

"全国馆藏文物晋唐写本辑录"是以国家文物局公布的文物普查信息为基础而编制的。绝大部分的敦煌遗书已经影印出版，但仍有一小部分藏品，散落在各地博物馆、图书馆中，有待"再发现"。可喜的是，2017年底，国家文物局在其官网公开发布"全国馆藏文物名录"[3]，这是文物普查带来的实用成果。其中收录了大量晋唐写本，颇有疑似出于敦煌藏经洞者。虽然未能同时公开图版，但毕竟提供了珍贵且权威的信息，有利于我们对敦煌文献的"家底"做更深一步的清点。这些写经是经过鉴定的晋唐真迹，虽然凭借现有信息难以判断它们是否出自敦煌，其中必然会有不少非敦煌文献，但作为与敦煌文献同时代的"姊妹"，它们依然可以发挥参照比勘的作用。本书将其收入附录，保留原有普查登记号及名称，以便

---

[1] 张涌泉主编：《敦煌经部文献合集》，北京：中华书局，2008年。

[2] 王卡：《敦煌道教文献研究：综述·目录·索引》，北京：中国社会科学出版社，2004年。

[3] http://gl.ncha.gov.cn/#/Industry/Collection-Collection.

使用参考。

此外，敦煌文献还存在伪卷问题，日本学者藤枝晃先生甚至认为"日本所藏敦煌写本的98%是伪物"[1]。辨伪与存真，自然应是学者的毕生追求，然而敦煌文献是吉光片羽般的遗存，每件都极为珍贵，如果不小心误真为伪，轻率地予以剔除，反而不利于学术研究。诚如荣新江先生所言，"我们不应该轻易否定有价值的写本，也不能把学术研究建立在伪卷基础之上"[2]。因此，本书本着审慎的原则，对于有伪卷嫌疑的敦煌遗书，暂不做剔除，这是需要特别加以说明的。

本书是"国家传统文化典籍整理工程"子项目"'一带一路'文献整理与研究项目"的阶段性成果。所收题名涉及海内外150余家单位及个人所藏之敦煌遗书，合计57000余条记录。

敦煌文献的定名与汇总是一项富有挑战性的工作，诸家定名或有抵牾，汇总之时更形困顿。限于笔者的学力及精力，必定会存在不少舛误，或挂一漏万，或鲁鱼亥豕，敬请读者不吝赐正！假如此书能为广大读者提供些许便利，省去一点点翻检之劳，就算没有白费工夫了。

在接到这项光荣任务时，作为一个初涉敦煌学领域的年轻人，笔者既激动又忐忑，唯有尽心尽力，才能不负厚望。本书的编纂工作得到国家图书馆古籍馆副馆长陈红彦女士、萨仁高娃女士的大力支持。敦煌文献组组长刘波老师为笔者提供了丰富的资料与细致的指导，除分享学术界的前沿信息外，还多次帮忙借书，在定名的分类、技术处理等诸多方面，也给予了极具实用性的建议。同事常苾心女士、王姿怡女士也提供了很多帮助。东北大学柴栋博士、东京大学刘扬博士帮忙搜集、翻译了很多日文资料。特此致谢！

刘毅超

2019年12月30日

---

[1] 荣新江：《敦煌学十八讲》，北京：北京大学出版社，2001年，第355页。
[2] 荣新江：《敦煌学十八讲》，北京：北京大学出版社，2001年，第364页。

凡 例

一、本索引收录汉文敦煌遗书题名及卷号，无单独编号或编号不明者，标注其藏地或藏家，如"东洋文库藏本"。

二、各题名的出处，汇总于"参考文献"部分，少部分需要特别注明的，以注释的形式单独附于编号之后。

三、题名以汉语拼音排序，以便检索。

四、多卷佛经依卷次排序，不另出品题。原定名未标明卷次者，尽量予以核对确定，不易确定者仅保留经名，不标示卷次。

五、有明确纪年的社会历史文献，以时代排序，同一年号下以月日先后为序，月日不明者以题名的拼音排序。

六、卷号之后的"标记"，如"ABC""（1）（2）（3）""P1、P2、P3"等，表示一个卷号内包含不同内容，或不同碎片；"V"表示卷背。如"张再通等人名簿，S.11388B"，"阿弥陀经杂写，BD08811（2）"，"赛神会帖，P.2555P3"，"三界寺僧等题记，P.3839V"。

七、各卷号之前的首字母与简称，详见附录"简称表"。中国国家图书馆藏敦煌文献一律使用北敦号，以"BD"表示，原千字文号、缩微胶卷号、临字号、残字号等各种编号与北敦号的对应关系，可参方广锠、李际宁、黄霞编《中国国家图书馆藏敦煌遗书总目录：新旧编号对照卷》。

八、题名中出现的"□"表示原卷字迹不能辨认或缺字。卷号中出现的"＋"表示缀合，"？"表示难以确定的内容。

九、同一写卷因各种原因分藏于几处，并且现已知可缀合者，不予以特殊注明；题名完全相同者，于同一条中列出，题名稍有不同者，则分条列举。

总目录

正编 / 1

参考文献 / 1087

附录 / 1099

本册目录

正编

A / 3
B / 15
C / 55
D / 101
E / 285
F / 289
G / 382
H / 417
J / 444
K / 527
L / 537
M / 571
N / 652
O / 662

正编

A

阿閦佛国经卷上
　　Дx.04050+Дx.04059

阿閦佛心陀罗尼神咒
　　Дx.01502V

阿閦佛咒
　　P.2104V（17）

阿阇世王授决经
　　BD00323A

阿父碙麦人名目
　　P.4008

阿含经
　　哥图写卷 2k（第 2 卷）

阿含经经题杂书
　　羽 056V 之 1

阿弥陀佛供养像
　　Or.8210/P.14

阿弥陀佛偈
　　Дx.06504

阿弥陀佛觉诸大众观身经解脱品第一
　　S.2538

阿弥陀佛说咒
　　BD00509（2），BD01675（2），BD01897（2），BD04752（2），BD05105（2），

BD05363（2），BD05530（2），BD05570（2），BD06010（2），BD06019（2），BD06048（2），BD06125（7），BD06157（2），BD07046（2），BD07071（2），BD07880（2），BD08170（2），BD09206（2），BD11046，BD14178（2），BD15258（2），P.2575（6），Дx.10646，故宫新154415（3）

阿弥陀佛说咒附念咒功德

BD06476（2）

阿弥陀佛说咒及念诵功德

BD05821（2）

阿弥陀佛所说咒

Дx.02554（2）

阿弥陀经

BD00224，BD00509（1），BD00915，BD01478，BD01659，BD01675（1），BD01897（1），BD01898，BD02152，BD02196，BD02271，BD02360（1），BD02363，BD02372，BD02406，BD02476，BD02488，BD02515，BD02571，BD02594，BD02644，BD02741，BD02815，BD02824，BD03083，BD03126，BD03346，BD03460（3），BD03598，BD03876，BD04059，BD04204，BD04319，BD04367，BD04451，BD04752（1），BD05036，BD05105（1），BD05191，BD05340，BD05363（1），BD05457，BD05530（1），BD05570（1），BD05604，BD05664，BD05735，BD05740，BD05821（1），BD05927（1），BD05927（2），BD05954，BD05961，BD06010（1），BD06019（1），BD06035，BD06040，BD06048（1），BD06055，BD06082，BD06157（1），BD06428，BD06476（1），BD06637，BD06820，BD06887，BD06923，BD07046（1），BD07062，BD07071（1），BD07503，BD07578，BD07647，BD07707，BD07742，BD07784，BD07816，BD07852，BD07880（1），BD08170（1），BD08258，BD08299，BD08412，BD08663，BD09153（2），BD09197，BD09198，BD09199，BD09200，BD09201，BD09202，BD09203，BD09204，BD09205，BD09206（1），BD09305，BD09565，BD09998，BD10061，BD10062A，BD10062B，BD10062C，BD10062D，BD10062E，BD10062F，BD10518，BD10534，BD10542，BD10729，BD10909，BD11060，BD11064，BD11361，BD11426A，BD11426B，BD11448，BD11582，BD11586，BD11590，BD11591，BD11592，BD11593，BD11794，BD11802，

BD12228，BD14123，BD14178（1），BD14567，BD14822，BD15070，BD15136，BD15258（1），BD15584，BD15612，BD15781，BD15852，BD15887，BD15904，BD15913，BD15954，CXZ014，LB.038，P.4942，S.1910，S.3073，S.3388，S.3837，S.5058，S.5337，S.5411，S.7050，S.7054，S.7151，S.7218，S.7368，S.7404，S.7439，S.7751，S.8112，S.8312，S.8324A，Дx.00437，Дx.00542+Дx.00656，Дx.03170，俄Ф.104，津图010，龙谷大学41.一一四，上图014

阿弥陀经等残片

BD13205

阿弥陀经讲经文

P.2955，P.3210（3）

阿弥陀经略说咒

P.2575V（6）

阿弥陀经释

北大D146

阿弥陀经疏

BD12314（1），Дx.03465，Дx.03748

阿弥陀经通赞疏卷下

Дx.15225

阿弥陀经押座文

BD09541

阿弥陀经义疏

BD07435

阿弥陀经义述

BD00930，BD11860，BD12285，Дx.02409C，Дx.03671，Дx.11448

阿弥陀经杂写

BD08811（2）

阿弥陀经赞

S.4443，羽155之5

阿弥陀念佛赞

Дx.01563+Дx.02067（1）

阿弥陀三耶三佛萨楼佛檀过度人道经卷上
　　BD14757C

阿弥陀为诸大众说观身正念解脱三昧经
　　S.3506

阿弥陀赞
　　P.2483（3），羽412（1）

阿弥陀赞文
　　P.3216（2），Дx.06170

阿难陀目佉尼呵离陀邻尼经
　　BD15640，BD15678

阿难问事佛吉凶经
　　甘博071

阿毗达摩说一切有部发智大毗婆娑论中略出杂抄一卷
　　S.0511

阿毗达磨大毗婆沙论
　　P.2377V（2）

阿毗达磨大毗婆沙论卷一
　　P.2362V

阿毗达磨大毗婆沙论卷三三
　　Дx.10717

阿毗达磨大毗婆沙论卷四二
　　Дx.05034

阿毗达磨大毗婆沙论卷四四
　　Дx.09472

阿毗达磨大毗婆沙论卷四八
　　S.7007

阿毗达磨大毗婆沙论卷六二
　　BD00342（4），BD00342V（1），BD00342V（3）

阿毗达磨大毗婆沙论卷八一
　　BD00342（2），BD08448

阿毗达磨大毗婆沙论卷八二

BD00342（7）

阿毗达磨大毗婆沙论卷九〇

Дх.06433，Дх.07797，Дх.08441

阿毗达磨大毗婆沙论卷九九

Дх.16053

阿毗达磨大毗婆沙论卷一〇〇

Дх.12503

阿毗达磨大毗婆沙论卷一〇二

BD03429（2）

阿毗达磨大毗婆沙论卷一二六

Дх.18746

阿毗达磨大毗婆沙论卷一二七

Дх.18516

阿毗达磨大毗婆沙论卷一三一

Дх.16283

阿毗达磨大毗婆沙论卷一八四

Дх.07020

阿毗达磨集异门足论

BD10878，Дх.07844V，Дх.14565，Дх.14778

阿毗达磨俱舍论

文研院001（xj094-0660.75），文研院002（xj096-0660.77），文研院003（xj082-0660.63），文研院004（xj093-0660.74），文研院005（xj092-0660.73），文研院006（xj091-0660.72），文研院007（xj078-0660.59），文研院008（xj079-0660.60），文研院009（xj090-0660.71），文研院010（xj083-0660.64），文研院011（xj081-0660.62），文研院012（xj095-0660.76），文研院013（xj097-0660.78），文研院014（xj084-0660.65）

阿毗达磨俱舍论卷二

S.8037

阿毗达磨俱舍论卷四
   Дx.12318

阿毗达磨俱舍论卷五
   Дx.08898

阿毗达磨俱舍论卷六
   Дx.12315

阿毗达磨俱舍论卷一二
   L.010

阿毗达磨俱舍论卷二一
   BD10996

阿毗达磨俱舍论卷二五
   BD08277

阿毗达磨俱舍论卷二七
   BD14504

阿毗达磨俱舍论卷二八
   Дx.18291

阿毗达磨俱舍论本颂
   BD08164，BD14695，BD14696，P.3371V，Дx.00432，Дx.01276，Дx.09422，Дx.18869，北大D231，北大D232，北大D235，津艺075，石谷风068，台图032B

阿毗达磨俱舍论经文杂写
   BD07300（1）

阿毗达磨俱舍论实义疏
   BD13607V，P.3196

阿毗达磨俱舍论实义疏卷三
   BD13607，BD15240

阿毗达磨俱舍论疏
   P.2335V（2），P.3279（2）

阿毗达磨俱舍释论
   P.3454V（1）

阿毗达磨俱舍释论卷二
 P.2890（Pel.tib.1071V）(2)

阿毗达磨俱舍释论卷四
 俄Φ.257

阿毗达磨俱舍释论卷七
 Дх.16649

阿毗达磨俱舍释论卷九
 Дх.18669

阿毗达磨俱舍释论卷一八
 Дх.11769

阿毗达磨俱舍释论卷二一
 Дх.00419

阿毗达磨品类足论
 Дх.03217，Дх.03521

阿毗达磨顺正理论卷五
 P.2787

阿毗达磨顺正理论卷二九
 BD08368（2）

阿毗达磨顺正理论卷三三
 BD06869A，BD09610（2），BD09689

阿毗达磨顺正理论卷四四
 羽482

阿毗达磨顺正理论卷五一
 Дх.01844，Дх.04130А，Дх.04246，Дх.14929，Дх.15009，Дх.15505，Дх.16241，Дх.16363，Дх.18427

阿毗达磨顺正理论卷五二
 Дх.08162

阿毗达磨顺正理论卷五四
 Дх.08045，Дх.08097，Дх.08108

阿毗昙八犍度论卷七
　　Дх.07069，Дх.07101

阿毗昙八犍度论卷八
　　Дх.00425+Дх.03298，Дх.04176V+Дх.04199V，Дх.04176+Дх.04199，Дх.16026

阿毗昙八犍度论卷九
　　L.041，Дх.04061，Дх.04071，Дх.12225，Дх.12230

阿毗昙八犍度论卷一一
　　Дх.05494

阿毗昙八犍度论卷一三
　　Дх.03797，Дх.03808

阿毗昙八犍度论卷一四
　　Дх.03797V，Дх.03808V

阿毗昙八犍度论卷一八
　　Дх.07186

阿毗昙八犍度论卷一九
　　Дх.04450，Дх.04450V

阿毗昙八犍度论卷二一
　　Дх.12130，Дх.12135

阿毗昙八犍度论卷二二
　　Дх.11702

阿毗昙八犍度论卷二五
　　Дх.12224

阿毗昙八犍度论卷二七
　　Дх.07802

阿毗昙八犍度论卷二九
　　Дх.04654，Дх.05218，Дх.16353，Дх.17720

阿毗昙八犍度论卷三〇
　　Дх.04439，Дх.05200，Дх.06618A，俄Ф.312B

阿毗昙经卷二六
  大谷大学乙 69

阿毗昙毗婆沙论
  Дx.11386V，文研院 016（xj011-0662.11）

阿毗昙毗婆沙论卷一
  BD03427（3）

阿毗昙毗婆沙论卷四
  S.8291

阿毗昙毗婆沙论卷一一
  BD03427（5）

阿毗昙毗婆沙论卷一二
  Дx.01315，Дx.01392

阿毗昙毗婆沙论卷一四
  BD04495

阿毗昙毗婆沙论卷一七
  BD08055V

阿毗昙毗婆沙论卷一八
  Дx.15515，Дx.16089

阿毗昙毗婆沙论卷二〇
  BD07188

阿毗昙毗婆沙论卷二一
  BD00342（8），BD09392

阿毗昙毗婆沙论卷二三
  Дx.05215

阿毗昙毗婆沙论卷二五
  Дx.03997B

阿毗昙毗婆沙论卷二六
  Дx.16808

阿毗昙毗婆沙论卷二九
  Дx.12158，Дx.12170

阿毗昙毗婆沙论卷三一
　　Дх.12111

阿毗昙毗婆沙论卷三二
　　BD01345V（2），Дх.16720

阿毗昙毗婆沙论卷三四
　　Дх.09096，Дх.09130，Дх.16632，Дх.16685

阿毗昙毗婆沙论卷三六
　　Дх.05211，Дх.05227

阿毗昙毗婆沙论卷四六
　　Дх.00232，Дх.00233，Дх.00321，Дх.00387

阿毗昙毗婆沙论卷五一
　　BD14496

阿毗昙毗婆沙论卷五二
　　P.2056

阿毗昙毗婆沙论卷五三
　　Дх.03941，Дх.05158，俄Ф.248

阿毗昙毗婆沙论卷五五
　　LD29445

阿毗昙毗婆沙论卷五六
　　Дх.00558，Дх.00570

阿毗昙毗婆沙论卷五七
　　Дх.16478

阿毗昙毗婆沙论卷五八
　　Дх.03730，Дх.04111，Дх.04239

阿毗昙毗婆沙论卷六〇及序
　　中村不折069

阿毗昙毗婆沙论序
　　BD03427（2）

阿毗昙心卷下
　　S.6559

阿毗昙心论

　　文研院017（xj015-0662.15）

阿毗昙心论卷一

　　Дx.04040，Дx.04044，Дx.04060

阿毗昙心论卷二

　　Дx.11418，Дx.12060，Дx.12126，Дx.12203，Дx.12219，Дx.12272，Дx.12275，上图110

阿毗昙心论卷三

　　BD09758，BD10509，Дx.08829

阿毗昙心论卷上

　　BD15124

阿毗昙心论经卷三

　　Дx.05566，石谷风049

阿毗昙心论经卷四

　　Дx.15810，Дx.16164

阿恕伽王经卷一一

　　上博27（34666）

阿育王传阿育王现报因缘第四

　　Дx.02584，Дx.02585

阿张残牒

　　BD15412（1）

安定乡欠柴草人名目

　　P.5038（1）

安苟儿便黄麻条记

　　S.8812V

安国寺道场司常秘等牒

　　P.3167V（1）

安国寺等维那欠经历

　　P.3654（1）

安怀恩奉判令退勘赵奴奴兄弟诤论事牒

　　S.0619V（5）

安怀光珠玉抄等杂写

　　P.3671V（1）

安乐集卷上

　　BD08328V

安乐行道转经愿生净土法事赞卷下

　　Дx.05072

安三大像名簿

　　S.10612

安伞

　　P.3405（9）

安伞文

　　P.2237V（9），P.3770（4），Дx.01028，Дx.02751

安心难

　　P.3409（5）

安彦存等呈归妹坎卦卜辞

　　P.2873（3）

安宅神咒经

　　BD14952（2）

安宅文

　　BD15779V

庵园大讲祈愿文

　　P.3500

唵字赞

　　P.3679

案牒

　　P.4690C2V

案为长行马两匹患死帐欠准式事

　　藤井11-东文11-饶目牒状类5

B

八比丘尼名目
　　S.0123V（2）

八波罗夷
　　BD02808

八波罗夷戒中覆藏戒释
　　BD06982

八波罗夷经
　　BD00791（1），BD01796，BD06149，BD06230（2），BD06286，BD06805，BD06861，BD06982V，BD07308，BD07485，BD08024（1），BD08386，P.2858，S.4302

八波罗夷经附十利
　　BD14890

八波罗夷经加注本
　　BD08267AV（2）

八大金刚启请
　　P.4098（2）

八大人觉经
　　首博 32.591，上博 48（41379）（20）

八卦王相胎没月休废（？）法
　　S.6167V（1）

八关斋戒文

 P.3235（1），P.3318V，俄Φ.109（2）

八关斋戒愿文

 S.5934

八关斋经

 BD11315

八关斋文

 BD06164，S.8216

八戒功德文

 BD01048V（2）

八戒文

 BD04291（2），上博48（41379）（40）

八名普蜜陀罗尼经

 P.3915（9）

八婆罗夷经

 S.2064，S.2707（2），S.2707（4）

八菩萨共同赞成戒偈文

 S.0102B

八菩萨戒偈文

 S.0102B

八菩萨四弘誓咒经卷四

 首博Y61

八十华严疏

 BD11642

八十种好

 Дx.01082

八相变

 BD03024，ZSD074号，宁乐美术馆藏本

八相成道变文

 BD04040，BD08191

八相押座文

　　S.2440（3）

八阳神咒经

　　BD11047，S.1942，S.2910，S.3172，S.3382，S.3829，S.5261，S.5716

八月二十二日纳色历

　　BD00849（2）

八宅经一卷

　　P.2615（2）

八转声颂

　　P.3950（2），北大 D245V（1）

八自在我释

　　BD05840V（2）

芭蕉若结子诗

　　IOL.C.97（Ch.03.20）

拔除过罪生死得度经

　　P.4666

拔济苦难陀罗尼经

　　BD07768，Дх.10723，Дх.10785

拔羊毛籍

　　S.11437

罢四季文

　　S.2146（3）

白盖大金刚顶髻经

　　HHT035

白鹤灵彰咒

　　P.3810（2）

白画

　　BD00685V，BD08857V，BD08979V，BD10010，BD10010V，BD15061（2），BD15280V，BD16473B，P.2496V（Pel.tib.2123）（2），P.2598V（4），P.3054V（5），P.3299V，P.4578（1），P.5018（1）+5018（2），P.5540，S.7719V

白画（飞鸟）
    BD13199（2）
白画（千眼）
    BD13186
白画鞍马
    P.4717
白画八相成道图
    P.2869V
白画背篓人
    P.5019V
白画草图
    P.2993V
白画动物
    P.2622V（3）
白画法器
    BD06914V
白画佛菩萨像及供养人像
    BD06110V（1）
白画佛塔佛像
    BD07356（2）
白画凫雁并画人邓苟之书题
    P.2544V（2）
白画供养人物稿
    P.2002V（2）
白画鬼神
    P.2564V（3）
白画迦陵频伽鸟
    P.3074V（1）
白画金刚杵莲华图
    P.4903

白画金刚力士
> BD00883V

白画金刚像
> P.2002V（1）

白画六臂菩萨像
> P.4649

白画马
> BD05011V，P.3951

白画马等
> P.3652V

白画马三匹
> P.3614V

白画马腿
> BD02591V

白画曼陀罗
> BD05298V（3）

白画曼陀罗佛菩萨等设色稿
> P.2012，P.2012V（4）

白画鸟
> P.3573V（3）

白画菩萨
> P.3050V

白画菩萨手臂
> BD02010V

白画菩萨像
> P.2002V（3），P.3377V，P.3993A，P.3993B

白画禽鸟、花边装饰图案及杂写
> BD03106V

白画人手稿
> Дx.01060V

白画人头
　　BD04297V（2）

白画人物稿
　　P.2002V（5）

白画人物头像
　　P.2119V（4）

白画人物像
　　BD12194A（1）

白画人像
　　BD04223V，BD06582V，P.3655（1）

白画瑞兽及题记
　　BD03905V

白画三界九地之图
　　P.2012V（1）

白画三匹马
　　BD01863V

白画三塔
　　藤井55－东文55－饶目无此号

白画狮子
　　P.4082

白画十一面观世音菩萨像
　　P.3958

白画手持柳枝像
　　BD06421V（2）

白画兽
　　P.5018（3）（2）

白画天王像
　　BD06132V（1）

白画图案
　　P.3999V

白画兔子
    BD05883V（2）
白画未生怨十六观
    P.2671V（1）
白画文殊师利像
    P.4049
白画卧牛
    P.4719，P.4719V
白画舞狮
    P.5018（3）V
白画相扑图稿
    P.2002V（6）
白画香炉
    BD06004V（2）
白画胁侍菩萨像
    P.2002V（4）
白画行脚僧
    P.3075V
白画一佛二弟子二菩萨
    P.3939
白画一佛二弟子二菩萨二天王说法图
    P.6025
白话五言诗
    S.8755V
白居易、李季兰、岑参诗词五首
    Дx.03865
白龙庙灵异记
    P.3142
白描动物画
    S.5433

白描画

P.3193V（2），Дx.03900V，Дx.05265V，Дx.06287V，Дx.11731，Дx.18975，Дx.19044，Дx.19047

白描画稿

S.8581V

白描画及杂写

Дx.03676

白描菩萨像

P.2926V

白描狮

P.6001V

白描象

P.6001（2）

白描杂画

BD14973V

白雀歌并进表

P.2594V（2），P.2864V

白侍郎十二时行孝文

上博48（41379）(36)

白香山诗集

P.2492

白衣舍

Дx.19055

白鹰表

P.5037（3）

白鹰呈祥诗二首并序（杜太初撰）

S.1655V

白泽精怪图

S.6261，P.2682

白兆（？）咄雇驴契
　　S.10619

百法论疏抄上卷
　　P.2258，S.3994

百法明门论疏
　　BD01232，BD02737

百法明门论义记
　　西南大学图书馆藏本[1]

百法明门释
　　Дx.00811

百法手记
　　P.2091V（2），P.2258V，P.2311，P.2332

百法手记补记
　　P.2332V

百法述
　　上博60（50677）

百法问答抄
　　Дx.02548

百怪图
　　BD15432，羽044

百怪图题记
　　P.3106V（1）

百行字
　　S.4243V

百家碎金一卷
　　S.0619V（6）

百家姓
　　P.4630

---

[1] 西南大学图书馆编：《西南大学图书馆藏珍贵古籍图录》，重庆：西南师范大学出版社，2014年，第4—5页。

百家姓习字

P.4585

百论经

Дx.02454V

百鸟名

P.3716V（5），S.5752（1），S.5752（4），S.5752V（1）

百鸟名君臣仪仗

S.3835（3）

百鸟文

Дx.02920

百岁篇

Дx.01563+Дx.02067V

百岁篇（缁门百岁篇、丈夫百岁篇、女人百岁篇）

S.2947

百岁篇一卷

S.5549

百岁诗十首

P.3821（4）

百五十佛礼文

俄Ф.097（3）

百行章

BD08668（1），P.2808，P.3053，P.3077（Pel.tib.151）V（1），P.3176，P.3306，P.3796，P.4937，S.1815，S.1920，S.3491，S.5540（1），Дx.02153，Дx.06028，Дx.12523，俄Ф.247，俄Ф.247+Дx.1368，俄Ф.247+Дx.2197，俄Ф.247+Дx.2752+Дx.2842，俄Ф.247+Дx.2863+Дx.3076

百行章疏

P.2564V（2）

百姓富盈信请取兄沙州任事状

S.4622V（4）

百姓穆富盈等杂写
 P.3706V（8）

百姓吴再昌养男契
 S.5647（4）

百姓薛延俊等请判凭状
 S.5402

百姓阴玄表等题名
 S.1249V

百姓张万兴牒
 BD09333V（3）

百一物本
 S.4636V

百喻经卷二
 Дx.01420

百喻经卷四
 Дx.16800

百喻经卷上
 敦研139

百喻经牧羊人喻
 Дx.01420V

百缘经略要
 S.4654（7）

百丈丛林清规证义记卷九法器章第九
 Дx.04575

百众等听说杂写
 上图118V

版画残片
 Дx.07273，Дx.08112A，Дx.10463，Дx.11505，Дx.11752，Дx.12511，Дx.12512，Дx.12513，Дx.16399，Дx.16402，Дx.16404，Дx.16407，Дx.18566V

版画大圣文殊师利菩萨
　　Дх.04269，Дх.05775，Дх.06640，Дх.06743，Дх.08798，Дх.11498，Дх.11717

版画水月观音
　　Дх.05108

版刻归义军节度使检校太傅曹元忠造大慈大悲救苦观世音菩萨像
　　P.3965

榜书底稿
　　P.2680（8）

榜题
　　Дх.12845

包纸题记
　　P.3770V（7）

宝梁经卷上
　　大谷大学 0707

宝楼阁大秘密真言
　　P.2322（23）

宝鸣赞
　　P.2483（8）

宝鸟赞
　　羽 412（3）

宝女所问经
　　BD08138

宝女所问经卷一
　　Дх.15062

宝女所问经卷四
　　Дх.08898V

宝胜如来佛画像
　　天理大学 17.722-イ13

宝塔形回文佛说般若波罗蜜多心经
   P.2168

宝像嵯峨面政东诗二首
   S.0214V（3）

宝星陀罗尼经卷二
   BD01630

宝星陀罗尼经卷五
   羽534之1

宝星陀罗尼经卷九
   BD06050

宝雨经卷一
   BD05626，BD05631

宝雨经卷三
   S.7418

宝云经卷二
   BD07124

宝云经卷三
   BD01023，Дx.08859

宝云经卷四
   BD07449，BD08486，Дx.00308，Дx.00841+Дx.00943，Дx.05674，Дx.08855，Дx.08859

宝云经卷五
   Дx.04024

宝云经卷六
   BD02090，S.0360，Дx.05578

宝云经卷七
   S.2078V（2）

保进题名
   P.4525（1）V（3）

报慈母十恩德
  S.0289（1），Дх.01277，羽326（1），羽741R

报恩吉祥之窟记
  P.2991B（4），P.2991BV

报恩金刚经文十二段
  台图051

报恩经点勘录
  P.3823（6）

报恩经卷四
  P.2893，S.3683

报恩经卷六
  P.2127

报恩经卷七
  S.5115

报恩经卷一一
  俄Ф.096C

报恩寺方等道场牓
  S.0520

报恩寺功司道信状
  P.2042V（1）

报恩寺教授崇恩帖
  P.5579（1）

报恩寺经帙
  Дх.06646

报恩寺开温室浴僧记
  P.3265，P.3265V

报恩寺请处分安国寺亡尼法证祭盘状
  S.6034

报恩寺僧等行事役割
  羽699

报恩寺僧等调物价代麦、油等入历
  羽694V

报恩寺沙弥常清等上孔法律状
  S.10288

报恩寺所管僧总数牒状
  羽694R之2

报恩寺午年正月一日至未年正月十六日诸色斛斗入破历计会
  S.6064

报恩寺写般若经付纸历
  IOL.C.99（Ch.74.vi.30）（1）

报父母恩真言
  P.4679（5）

报父母恩重真言
  P.2322（26）

报父母施主恩真言
  P.2322（25）

报行道第六
  BD15065（1）

抱朴子残卷
  中村不折132

抱朴子神仙金汋经
  Дx.06057B

悲华经卷一
  Дx.09541，Дx.12033，Дx.12065，Дx.12582

悲华经卷二
  BD14439，Дx.11389，Дx.14220，大谷大学0719，俄Ф.232

悲华经卷三
  Дx.09140，敦博016

悲华经卷四
  BD14500，Дx.04242，敦研188

悲华经卷五
>BD05293，BD05938，Дх.00184+Дх.00185+Дх.00188，Дх.03622，Дх.06699，Дх.07541，Дх.09492，敦研049，津艺045，津艺054

悲济花等僧尼得儭历
>S.4192

悲咽老来怨恨多七言诗
>P.4660V（2）

碑铭赞
>Дх.06036

北蕃寄李尚书节度判官扬书题记
>P.2886V（2）

北方大回鹘国□平李氏等题名
>P.3077（Pel.tib.151）V（2）

北方大圣毗沙门天王像并雕印题记
>P.3879

北方毗沙门天王随军护法真言钞
>BD09785

北凉承平年间高昌赀簿
>北大D214

北庭都护府西州户名籍
>历博文书43

北庭文书
>天理大学5.183-イ279（4）

北魏禁军军官籍簿
>敦研068

北五台及南台寺名
>S.4012（2）

北周玄都观道经目录
>S.6140

孛经抄
    BD10276
孛经一卷
    S.0334
备急单验药方卷并序
    S.3347，S.3395（1），S.9987C（2）+9987B
背光
    P.4518（30）
背题
    S.0328V
背题（弟子甘沙通和使高文超状封）
    S.1769V
背题（氾富川王梵志诗一卷）
    S.2710V（1）
被帽地藏菩萨并十王图
    MG.17662
被帽地藏菩萨像
    P.4070
本草
    P.3822
本草（药方书）
    天理大学1.222-イ47（6）
本草集注第一序录
    龙谷大学29.五三〇背（2）
本草序例
    S.5968
本居宅西壁上建龛功德铭
    P.3425（1）
本卷提要签条
    P.3777（1）

本师释迦牟尼佛真言等
　　Дх.00812

本事经卷一一法品
　　Дх.16947

本寺所由便麦历
　　BD06359V（12）

本性无性论
　　BD03910V

本愿药师经古迹上
　　BD10436

本愿药师经古迹下
　　Дх.10778

本尊卢舍那佛、左右各四菩萨曼陀罗图样
　　羽075V

鼻奈耶卷一
　　Дх.01818+Дх.01820+Дх.01998+Дх.02001+Дх.02445，Дх.04534，Дх.10771，Дх.10771V

鼻奈耶卷三
　　Дх.04786，Дх.06685

鼻奈耶卷五
　　务本017号

鼻奈耶律序
　　P.4612，津艺108（2）

比丘慈光记戒律
　　Дх.03145

比丘发露录
　　BD09711V，BD11875V，BD11876V

比丘法坚愿文
　　P.2726

比丘法邻僧衣·布·纸施入大众疏
　　羽076R

比丘海晏撰七言书一首
　　上图114V

比丘含注戒本
　　BD05853（2），BD05885（2），P.2315（1）

比丘含注戒本并序
　　P.2331，S.6411，津文A-207，龙谷大学29.五三〇

比丘含注戒本疏
　　羽388

比丘含注戒本序
　　BD05853（1），BD05885（1），P.2065（1），S.3735

比丘惠云状
　　S.6086

比丘继全施食仪
　　BD01906

比丘羯磨
　　BD15168

比丘戒本
　　BD06197，P.2065（2），羽457之14，羽725之4

比丘戒述要
　　BD04456V（3）

比丘灵岳受持包首
　　P.3450

比丘六念
　　BD16448，BD16503A

比丘尼八波罗夷
　　Дx.02477

比丘尼八波罗夷法
　　Дx.03005

比丘尼八波罗夷篇
　　Дx.00712

比丘尼布萨文
　　BD07997，BD09603

比丘尼忏单波夜提文
　　P.2924

比丘尼常精进状
　　P.4810

比丘尼羯磨
　　BD11684，BD12005

比丘尼羯磨钞
　　BD09757

比丘尼羯磨法
　　BD07648，BD11250，BD11264

比丘尼羯磨文
　　BD07627，BD07700，BD07787，ZSD004号

比丘尼戒
　　BD00198，羽563

比丘尼戒本
　　CXZ001，S.5077，文研院018（xj048-0660.29），文研院019（xj053-0660.34），浙敦179（浙博154）

比丘尼戒经
　　上博02（2415）

比丘尼式叉摩那沙弥尼威仪钞
　　BD07213

比丘尼四分戒本
　　S.0451，津艺281

比丘尼四分戒经
　　S.5356

比丘尼自恣羯磨文
>BD09438，BD09439

比丘受戒文
>敦博 010

比丘听施经
>Дх.11829，Дх.11900，Дх.12525

比丘杂羯磨
>BD07275

比丘志雄抄陀罗尼
>BD15514

笔势论
>P.4936

壁画榜书底稿
>P.2971，P.3304V，S.2544（2）

壁画榜题
>BD00462，BD14546V（2）

壁画草稿
>P.2725V

壁画粉本
>P.3998

鞞婆沙阿毗昙论卷二
>HHT003

鞞婆沙论
>敦研 044，敦研 321

汴州司马朱状
>津艺 061B

变食真言等真言杂钞
>BD05298V（4）

变文
>Дх.00410，Дх.01009（5），Дх.01304，Дх.02106，Дх.03135+Дх.03138，

Дx.04801，Дx.05877，Дx.08011V，Дx.08012，Дx.11139，北大D225

便贷契等

S.12603

便斛斗历

Дx.11080

便黄麻历

S.11284

便黄麻麦历

Дx.10282

便粮历

Дx.03828V，Дx.06728V

便粮食历

BD13800，BD14667V（3），BD16043A，BD16043B，BD16044A，BD16044B，BD16102B，BD16102C，BD16114C，ZSD064号背，Дx.19025

便麻历

Дx.11201

便麦麸油麻历

Дx.08094

便麦黄麻历

Дx.05348

便麦历

BD04542V（1），BD05512V（1），BD16096B，BD16228V，BD16230A，BD16233A，BD16233B，P.2161P7，P.3486V（4），P.3798P3，Дx.11089，Дx.11091，Дx.11195，Дx.19058

便麦麻历

Дx.00011B

便麦契

S.3437V，Дx.01906V

便麦粟历

Дx.06528，Дx.06528V，Дx.11194，Дx.18944V

便麦粟契

P.3666V（1）

便麦羊等历

Дх.01461

便面历

Дх.19051，Дх.19074

便衫契

Дх.02157V

便粟历

BD00176V，BD00186V，BD00550V，P.5021E，Дх.06017，Дх.06695，Дх.10270，Дх.11062，Дх.11201V

便粟历稿

BD06110V（2）

便粟麦历

Дх.00476+Дх.05937+Дх.06058V（2），Дх.10272A

便物历

BD00481V，BD00536V，BD09318A，BD16024，BD16096A，BD16230B，BD16258，BD16499C，P.2680V（2），S.7060V（3），S.9927B，S.9996，S.10276，S.10277+10290+10274，S.10512A，S.10512AV，S.10649，S.10848，S.11285，S.11333V

便油历

Дх.10260

便油粟历

Дх.10292

辩才家教

P.2515，P.2717P1，S.4329

辩三障五逆义

BD08108V

辩亡论

BD15343

辩意长者子经

Дх.04056，Дх.05159，Дх.12216，敦博021

辩章依韵奉酬悟真诗

S.9424

辩正论

P.3766

辩正论卷一

P.4758（2），Дх.06884，Дх.07577，Дх.07662，Дх.08073

辩正论卷五

Дх.14933

辩中边论

P.2694

辩中边论卷一

S.0107V，S.2267V，S.2684V，S.6768，津图068

辩中边论卷二

S.2684V，S.6768

辩中边论卷三

S.2684V，S.6768

辩中边论卷上

BD02345，BD06081（1），BD06550（1），BD14903，BD15425，P.2343V（1），P.2735V，Дх.01098+Дх.02573，羽003V之1，羽170V之2，羽615V之1

辩中边论卷中

BD06550（2），BD14904，Дх.00750V，Дх.17718，羽615V之1

辩中边论卷下

BD07614，Дх.01572

辩中边论疏释

S.0542

辩中边论颂

BD00903，BD02934V（1），BD06081（2），BD10611，BD11104，BD13208EV，P.5537，S.0602V，S.4072，Дх.17685

辩中边论颂释
　　BD09606

辩字杂写
　　P.4675V

裱补纸残片
　　伍伦07号背

裱补纸文献
　　BD08015V

裱纸
　　Дx.01327+Дx.02844AV，Дx.02827V

裱纸杂写
　　Дx.03188V

别解脱戒毗疏
　　S.7868

别译杂阿含经
　　Дx.11409A

别译杂阿含经卷二
　　BD06776，Дx.16559，Дx.16986

别译杂阿含经卷一六
　　Дx.07610，Дx.09511，Дx.14877，Дx.17938

别译杂阿含经略出
　　P.2301

兵马使曹庆庆雇工契
　　P.3875AP1

兵马使石某状
　　S.10735B

兵马使宋慈顺押衙吴贤信题记等
　　P.3718V（3）

兵书
　　P.4837A

兵贼侵扰
  P.3405（8）

丙辰年（896）六月十日社司转帖
  S.8516E

丙辰年（956？）神沙乡氾流□卖铛契
  BD09293B

丙辰年地主唐养子领取某寺僧政付地价物凭
  S.6308

丙辰年东界羊籍
  S.3048

丙辰年九月十五日供养人题记
  BM.SP.32（Ch.xxxvii.004）

丙辰年契约稿
  BD16281G

丙辰年三月廿三日三界寺僧法宝借券
  P.3051V

丙辰年十二月四日显德寺僧永智读经题记
  Дx.18946A

丙申年（936？）十二月九日某寺算会索僧正等领麻凭
  S.4702

丙申年（996）八月驼官马善昌请判凭状及判
  S.6998C（1）

丙申年报恩寺算会牒
  P.4649P

丙申年马军武达儿状
  P.4638V（3）

丙申年三月十六日见纳贺天子物色历
  P.3440

丙申年十月十一日报恩寺常住百姓老小孙息名目
  P.3859

丙申年四月廿六日社司转帖

　　P.2680V（5）

丙申年四月十七日暮容使军请当寺开大般若付经历

　　P.2680V（6）

丙午年（946）二月十九日归义军税巳年（945）紫亭出羊人名目

　　S.8446+S.8468+S.8445（3）

丙午年（946）二月二十四日归义军紫亭镇副使陈保定监使王速略罚羊数名目

　　S.8446+S.8468+S.8445（4）

丙午年（946）三月九日归义军羊司诸见得紫亭羊名目

　　S.8446+S.8468+S.8445（2）

丙午年（946）六月廿七日归义军羊司于常乐税羊纳羊人名目

　　S.8446+S.8468+S.8445（1）

丙午年丁未年领诸色斛斗破用抄

　　S.5486V（1）

丙午年二月十六日祭姨文

　　P.2614V（4）

丙午年二月十六日社官张加晟等祭夫人似氏文

　　P.2614V（3）

丙午年洪润乡百姓宋某雇驼契

　　P.2652V（1）

丙午年九月一日纳磨草人名目

　　P.5038（3）

丙午年六月廿日莫高乡张再通契

　　P.3706V（6）

丙午年六月羊抄

　　S.6194

丙午年十一月二十六日某寺判官私物分付历

　　S.10606

丙午年十月廿七日比丘愿荣转得经抄数

　　S.1612

丙午年四月十五日某寺分付常住什物与仓家抄
　　S.6217（2）

丙午年通查渠口转帖
　　BD16052A

丙午年五月僧海晏等祭故上座灯阇梨文
　　P.2342P3

丙午年翟信子及男定君欠麦粟契
　　P.3860

丙午年正月九日金光明寺僧庆戒出便斛斗历
　　S.4654V（9）

丙午年正月三日张憨奴等便麦粟历
　　S.6045

丙午年正月十八日题记
　　P.5024A

丙戌年（986）四月十九日归义军诸镇吊孝欠布条记
　　S.8712（2）

丙戌年丁亥年付令狐愿德身价麦粟凭
　　S.5504

丙戌年官私福田施入历
　　P.5579（1）V

丙戌年九月十九日亲情社转帖
　　Дх.01439

丙戌年五月九日开元寺僧孟员昌朝清净偈
　　Дх.03189

丙戌年五月七日乾元寺新登戒僧次第历
　　P.3423

丙戌年五月十日敦煌百姓李福延借贷契
　　故宫新152372（2）

丙戌年翟押牙领柴条记
　　S.9458

丙戌年正月马大师书怀

　　Дx.02953

丙戌年正月十一日以后缘修造破用斛斗布等历

　　S.6829V（2）

丙戌岁十一月十八日兵马使张骨子买舍契

　　P.3331

丙寅年八月廿九日抄录有私驼名目

　　BD16384

丙寅年八月廿四日开仓见纳地子历

　　Дx.01453

丙寅年二月廿三日绍智庄上拔毛抄录羊数名目（木简）

　　S.5890

丙寅年牧羊人兀宁牒状

　　P.3272

丙寅年七月廿日兵马使左昇昇借契

　　BD02557V（1）

丙寅年十二月十三日某寺什物点检历

　　S.5899

丙寅年四月十六日官健转帖

　　P.4063

丙寅年正月慈惠乡百姓张通子雇工契

　　P.3908（4）

丙子年（976）四月十七日祝定德阿婆身故纳赠历

　　S.1845

丙子年八月廿四日见出酥人

　　BD07630（2）

丙子年都师明信领得诸色斛斗历

　　S.6297

丙子年二月十一日乾元寺上座随愿与乡司判官李福绍结为弟兄凭

　　S.6300

丙子年六月五日赤心乡百姓安富通雇同乡百姓宋通子契
　　S.1478V

丙子年七月一日司空迁化纳赠历
　　S.3978

丙子年三月一日郑丑挞出卖房舍地基契稿
　　BD03925V（11）

丙子年神沙乡某便黄麻麦等历
　　P.3220+3536V（3）

丙子年十二月四日杨某领得地价物抄
　　Дx.01417

丙子年十月廿八日某文书
　　BD13124（2）

丙子年五月法曹官邓延晟牒
　　S.6229V

丙子年修造及诸处伐木油面粟等破历
　　P.3875B

丙子年正月廿五日赤心乡百姓王再盈妻阿吴卖子契
　　S.3877V（7）

饼豹历
　　P.3288P1

饼粟历
　　Дx.11726

并粟柴人名目
　　BD15405

病痊发愿文
　　S.1145V（2）

般泥洹后灌腊经
　　BD01345V（4）

般若波罗蜜多心经
　　BD00439V，BD00445B，BD00693（5），BD00896B，BD01348（2），

BD02360（2），BD02392A，BD02864（2），BD02868，BD03292，BD03874A，BD03932A，BD03957A，BD04544（3），BD04838，BD05026，BD05653，BD05656，BD05907，BD05949，BD06277，BD06565（1），BD06607（2），BD06733A，BD06862，BD06928，BD06940V，BD06941，BD07016（1），BD07016（2），BD07047，BD07362（2），BD07510V，BD07575，BD07640（1），BD07640（2），BD07668，BD07684，BD07755，BD07779A，BD07928A（1），BD07928A（2），BD08007（2），BD08034（1），BD08043（1），BD08043（2），BD08068，BD08155（3），BD08177，BD08312，BD08321，BD08344（1），BD08344（2），BD08378，BD08428，BD08489，BD08601（1），BD09094（1），BD09095，BD09096，BD09097，BD09099，BD09100（2），BD09101，BD09102，BD09103，BD09104，BD09105，BD09106，BD09107，BD09108，BD09109，BD09111，BD09476，BD10037，BD10663，BD10947，BD11112，BD11155，BD11243，BD11355，BD11531，BD11694，BD11702，BD11825，BD11979，BD11981，BD11982，BD12249，BD12774，BD12974，BD14010，BD14170，BD14818，BD14892（1），BD15000V（5），BD15155，BD15174（2），BD15429A，BD16067，LB.009，LB.010，LB.011，P.2855V（Pel.tib2434）（1），P.2884，P.3045，P.3332（1），P.3351（2），P.3360V（4），P.3448，P.3580，P.3748（1），P.3820，P.3824（4），P.3908（2），P.3919C（1），P.3932（2），Р.4093（5），P.4520，P.4550，P.4940（2），S.0091，S.0273，S.0472，S.0519，S.0742，S.0864，S.0865（2），S.0950，S.1001，S.1055，S.1067，S.1124，S.1126，S.1215（1），S.1251，S.1306（3），S.1449，S.1554，S.1599，S.1765，S.2421，S.2650，S.2678，S.3228V，S.3251，S.3252，S.3457，S.3521，S.3523，S.3524，S.3716，S.3761，S.3794，S.3955（2），S.4001，S.4079，S.4109，S.4182（2），S.4406，S.4409，S.4441，S.4556，S.4604，S.4734，S.4832，S.4896V，S.4946，S.5065，S.5377，S.5414，S.5418，S.5447（2），S.5458（3），S.5492，S.5493，S.5502，S.5531（9），S.5535（2），S.5577（3），S.5677（1），S.5833，S.5846，S.5904，S.5909，S.5910，S.6046，S.6125，S.6188，S.6257（1），S.6691，S.7000，S.7164，S.8313，S.8335，S.8380，Дх.00228，Дх.00276，Дх.00305，Дх.00397+Дх.01235+Дх.02025（1），Дх.00462，Дх.00467，Дх.00468，Дх.00701，Дх.00706，Дх.00737，Дх.00911，Дх.00927（6），Дх.01053+Дх.01069，Дх.01136，Дх.01141+Дх.01800，Дх.01150，

Дx.01171，Дx.01172+Дx.01221，Дx.01473，Дx.01585，Дx.01591（1），Дx.01593，Дx.01596，Дx.01748，Дx.01765（2），Дx.01785，Дx.01890，Дx.01951，Дx.02079，Дx.02257+Дx.02284，Дx.02288，Дx.02295，Дx.02489，Дx.02769，Дx.02831+Дx.03089，Дx.02933，Дx.02997，Дx.03036，Дx.04598，Дx.04866，Дx.04963，Дx.05354，Дx.05440，Дx.05521，Дx.05538，Дx.05689+Дx.05734，Дx.05715，Дx.05766，Дx.05832，Дx.05886，Дx.05889，Дx.05892，Дx.05954，Дx.06117，Дx.06127，Дx.06157，Дx.06221，Дx.06259，Дx.06536，Дx.06644，Дx.06703+Дx.06755+Дx.06766，Дx.07200，Дx.07216，Дx.07607，Дx.07762，Дx.08375+Дx.08403，Дx.08731，Дx.08972，Дx.10504，Дx.10724，Дx.10725，Дx.10726，Дx.10727，Дx.10728，Дx.10729V，Дx.10731，Дx.10732，Дx.11036，Дx.11037，Дx.11689，Дx.11692，Дx.11697，Дx.11878，Дx.12625，Дx.14244，北大D024，北大D025，北大D026，北大D053（2），俄Ф.105(1)，俄Ф.106，俄Ф.107，俄Ф.108，俄Ф.224，鄂博31（3），哥图写卷21（第2卷），哥图写卷2m（第2卷），津图124，津图136，津图143，津艺283，昆山市昆仑堂美术馆藏本，南图017，上图074，文研院020（xj103-0660.84），羽039V之1，羽039V之5，羽387之2，羽387之1，羽420，羽472，羽707V之2，浙敦134（浙博109），浙敦187（浙博162），中村不折173-3-4，重博14

般若波罗蜜多心经还源述

S.3019，S.7519

般若波罗蜜多心经释

S.5850

般若波罗蜜多心经疏

BD03652，BD04412，BD09222，BD13631，P.2178V（3），S.7821，S.8351，Дx.04304，Дx.05583V，Дx.06555，北大D201

般若波罗蜜多心经疏并序

龙谷大学30.五三一（波14）

般若波罗蜜多心经疏钞

BD09110

般若波罗蜜多心经疏释

S.0554

般若波罗蜜多心经题签

Дx.10730

般若波罗蜜多心经悉昙章

BD07364（1）

般若波罗蜜多心经序并注

P.3131bis

般若波罗蜜多心经一卷及注

天理大学15.183－イ293

般若波罗蜜多心经注

BD03610，BD06146，Дx.00149，津艺256，津艺275

般若波罗蜜多心经注解

L.035，P.3902A

般若波罗蜜放光经

S.3659

般若波罗蜜放光经卷一四

北大D009

般若波罗蜜放光经卷二四

首博32.1358

般若波罗蜜光赞经卷一一

S.3288

般若波罗蜜光赞经卷一五

青博05

般若波罗蜜小品经卷五

S.6433

般若波罗蜜小品经卷一〇

S.1278

般若第分中略集义

BD00168

般若多心经

S.1128, S.1303, S.1340, S.2801, S.2840, S.2873, S.5701, S.5906, S.5956, S.6232, S.6395, S.6818（2），Дx.00292, Дx.00297, Дx.00465，津艺190

般若多心经疏一卷

S.0839

般若多心经注

S.5771V

般若经

Дx.03213B, Дx.03553, Дx.07255, Дx.07674, Дx.08451, Дx.15729, Дx.16504, Дx.16706

般若经点勘目录

S.5991

般若经名残片

BD11006

般若蜜多心经

北大D023

般若心经

羽101之1

般若心经疏

BD04909

般若杂写

Дx.02130V

般心赞一本

S.3046V

般舟梵赞文

P.4597（4）

般舟三昧经卷二

Дx.15226

般舟赞

S.2945（1）

波逸提忏悔法

BD00774，BD00879V

伯达葬父状

P.2832AP2

帛书佛本行经帙题

羽747之1

博望坊巷女社规约（稿）

BD14682

卜卦书

北大D241

卜筮法

上图017（4）

卜筮书

P.3281，P.3452，P.3476V，P.3685（1），P.3896，P.4996V，浙敦131（浙博106）

卜葬书

P.2831，P.3427，P.4923，P.5547（2），俄Ф.279

捕亡律

IOL.C.105（Ch.0045）

不必定入印经翻译之记

S.6318

不空羂索观音菩萨法印上

P.3874（2）

不空羂索菩萨立像

EO.1176

不空羂索菩萨图

MG.23079

不空羂索神变真言经卷二四

BD06634（1），S.1485

不空羂索神咒心

P.2197（14）

不空羂索神咒心经

P.3835（2），P.3916（4）

不空羂索咒经

BD02319V（1），P.4534

不礼佛僧名目及罚斛斗数

S.11389D

不明佛教关系文稿

羽077V之4

不明文献（待考）

石谷风030

不思议功德诸佛所护念经卷下

BD02012

不思议光菩萨经

P.2140（1）

不思议光菩萨所说经

Дx.00345

不退法轮经卷一

龙谷大学橘5

不知经文残缺

羽225V

不知经序残

羽300R之2

不知名

藤井59-东文59-饶目歌赞类1（2）

不知名残片

天理大学1.222-イ47（3）

不知名断片

羽664之9V

不知名佛典

    S.0336，S.4296，S.6325，大东急107-5-1-1S

不知名佛经

    国图WB32（48），562245，36.11.24入

不知名佛经疏释

    大东急107-5-1-1N

不知名经断片

    羽636之2

不知名类书

    BD15402

不知名类书·岁时部

    BD15379

不知名类书钞

    BD09343（2）

不知名律疏

    BD14739AV

不知名文字六行

    S.6368V

不知名杂偏方

    BD14709

不知题道经疏

    羽393R

不知题佛典

    羽457之11

不知题佛经解说书

    羽649

不知题佛语解释书抄本

    羽329

不知题戒律抄本

    羽324

不知题戒律注释书
　　羽322

不知题经
　　羽299之1，羽300V之3，羽323，羽339，羽342，羽589之8，羽589之28，羽589之27，羽589之21，羽589之14，羽590之9，羽590之10

不知题经讲经文
　　羽100

不知题经论
　　羽589之16

不知题经判疏
　　羽351（2）

不知题经注释书
　　羽589之7

不知题类书或季语书仪
　　羽712

不知题论疏
　　羽333R，羽333V

不知题律断简
　　羽065之1

不知题律文
　　羽589之20，羽589之19

不知题文
　　羽589之18

不知题序文
　　羽589之13

不知题注释书
　　羽384之1，羽639R+V

布紬破历
　　S.2228（2）

布毱历
　　P.3616V（3）

布褐入破历
　　P.5579（5）

布历
　　BD03699V，P.3328V（1）

布历残片
　　俄Ф.355D

布破历
　　Дx.01428

布入历
　　Дx.01428V

布萨忏悔文
　　京博B甲299　图录245

布萨唱道义
　　P.2803（9）

布萨等念诵文
　　P.4911

布萨等念诵文题记
　　P.4911V

布萨后叹文
　　P.2807（4）

布萨偈文
　　S.5918，S.6335

布萨竟说偈文
　　S.6229V

布萨说偈文
　　LB.037VA

布萨文
　　IOL.C.94（Ch.84.vi.i）（2），P.2807（6），P.3281P，P.4597（33），S.2146

(2), Дх.00828（1），Дх.11710

布施文
  P.4762V

布施咒愿
  BD08956（2）

布头索留信等官布籍
  Дх.01405+Дх.01406

布緤褐麦粟入破历
  P.3763V

步军都知兵马使张贤庆衔名
  P.3288+P.3555AV（8）

部落转帖
  BD09360，S.11358

C

裁衣吉日
 S.9987C（3）

采访使接应度人重请二和上答禅策十道
 S.4113

采华违王上佛授决号妙华经
 敦研340

彩画残片
 BD11725

彩绘残片
 BD16060

彩绘炽盛光佛一铺
 P.3995

彩绘扉画并佛名上禅定佛
 BD15289（2）

彩绘佛名经
 P.6001（1）

彩绘佛像
 Дх.04844A

彩绘佛像及供养人
 P.4014

彩绘供养人像
　　BD15154（2）

彩绘观世音菩萨像
　　P.3966

彩绘绢画残片
　　BD12187

彩绘柳枝观音及供养人
　　P.3968

彩绘柳枝观音像
　　P.3991（2）

彩绘曼陀罗
　　P.3955

彩绘摩利支天
　　P.3999

彩绘菩萨绢像
　　BD10089

彩绘菩萨立像
　　BD10708

彩绘十一面六臂观音像
　　P.3969

彩绘药师如来像
　　P.3991（1）

彩绘倚坐佛像
　　P.3940（1）

彩色佛画
　　羽567，羽568

彩色佛画佛名经书写用纸
　　羽074

彩色和尚画像
　　羽756

彩色绘画残片

BD11764

彩色绘画附藏文

BD12059

彩色坐佛画

羽 764

菜田历

Дx.01278V

蔡琰胡笳十八拍

P.2845V

残案卷

S.11605

残笔痕

BD12734

残地契

伍伦 36 号背

残牒

S.11583A、B，Дx.00328，Дx.01363，Дx.18934V，Дx.18943B，Дx.18964，Дx.18987，Дx.18988，Дx.18989，Дx.19021

残牒稿

S.11310

残牒状

S.8229A，S.8324G，S.8324H，S.8324I

残断尾轴一根

BD16573

残佛教疏释

BD11562V

残佛经

L.043，Дx.03602，Дx.03611，Дx.03628，Дx.03629，Дx.03634，Дx.03646，Дx.03668V，Дx.03675，Дx.03684，Дx.03686，Дx.03698，

Дх.03781, Дх.03790, Дх.03815, Дх.03918, Дх.03981, Дх.04000, Дх.04008, Дх.04050V, Дх.04059V, Дх.04075, Дх.04075V, Дх.04082, Дх.04095, Дх.04102, Дх.04148, Дх.04174, Дх.04191, Дх.04207, Дх.04225, Дх.04244, Дх.04245, Дх.04259, Дх.04336, Дх.04360V, Дх.04419, Дх.04428, Дх.04474, Дх.04491A, Дх.04491B, Дх.04521, Дх.04577, Дх.04578, Дх.04581, Дх.04599, Дх.04626, Дх.04636, Дх.04643, Дх.04645, Дх.04666, Дх.04695, Дх.04705V, Дх.04706, Дх.04728, Дх.04728V, Дх.04754, Дх.04760, Дх.04779, Дх.04850, Дх.04880, Дх.04885, Дх.05060V, Дх.05153, Дх.05193E, Дх.05193J, Дх.05199, Дх.05222, Дх.05225, Дх.05258V, Дх.05271, Дх.05314, Дх.05317, Дх.05361, Дх.05362, Дх.05367, Дх.05369V, Дх.05404, Дх.05446, Дх.05593, Дх.05595, Дх.05617V, Дх.05629V, Дх.05640, Дх.05648, Дх.05753, Дх.05771, Дх.05797, Дх.05897, Дх.05897V, Дх.06002, Дх.06004, Дх.06237, Дх.06299, Дх.06368, Дх.06370, Дх.06389, Дх.06471, Дх.06476, Дх.06478, Дх.06517, Дх.06630, Дх.06683, Дх.06733, Дх.06778, Дх.06789, Дх.06791, Дх.06799, Дх.06810, Дх.06845, Дх.06865, Дх.06867, Дх.06868, Дх.06870, Дх.06876, Дх.06881, Дх.06883, Дх.06901, Дх.06916B, Дх.06984, Дх.07033, Дх.07055, Дх.07070, Дх.07096, Дх.07103, Дх.07175, Дх.07223, Дх.07238, Дх.07241, Дх.07245, Дх.07252, Дх.07262, Дх.07266, Дх.07272, Дх.07291, Дх.07293, Дх.07296, Дх.07305, Дх.07312, Дх.07332, Дх.07332V, Дх.07343, Дх.07347, Дх.07349, Дх.07350, Дх.07353, Дх.07354, Дх.07376, Дх.07384, Дх.07400, Дх.07406, Дх.07409, Дх.07416, Дх.07423, Дх.07426, Дх.07429, Дх.07433, Дх.07434, Дх.07439, Дх.07442, Дх.07444, Дх.07452, Дх.07455, Дх.07459, Дх.07465, Дх.07490, Дх.07496, Дх.07506, Дх.07507, Дх.07510, Дх.07519, Дх.07532, Дх.07537, Дх.07549, Дх.07564, Дх.07568, Дх.07578, Дх.07589, Дх.07592, Дх.07594, Дх.07595, Дх.07599, Дх.07604, Дх.07611, Дх.07614, Дх.07615, Дх.07638, Дх.07656, Дх.07675, Дх.07676, Дх.07680, Дх.07692,

Дх.07702, Дх.07708, Дх.07715, Дх.07716, Дх.07726, Дх.07748, Дх.07750, Дх.07752V, Дх.07757В, Дх.07769, Дх.07778, Дх.07779, Дх.07791, Дх.07798, Дх.07805, Дх.07807, Дх.07809, Дх.07818, Дх.07819, Дх.07821А, Дх.07834, Дх.07835, Дх.07840, Дх.07843, Дх.07847, Дх.07849, Дх.07858, Дх.07869, Дх.07875, Дх.07876, Дх.07879, Дх.07883, Дх.07884, Дх.07890, Дх.07925, Дх.07931, Дх.07947, Дх.07990, Дх.07993, Дх.08002, Дх.08013, Дх.08014, Дх.08031, Дх.08034, Дх.08060, Дх.08063, Дх.08064, Дх.08066, Дх.08067, Дх.08068, Дх.08070, Дх.08072, Дх.08074, Дх.08076, Дх.08077, Дх.08081, Дх.08087, Дх.08098, Дх.08100, Дх.08103, Дх.08109, Дх.08110, Дх.08111, Дх.08115, Дх.08116, Дх.08120А, Дх.08120В, Дх.08127, Дх.08134, Дх.08135, Дх.08139, Дх.08140, Дх.08141, Дх.08149, Дх.08151, Дх.08154, Дх.08161, Дх.08167, Дх.08168, Дх.08172, Дх.08175, Дх.08178В, Дх.08178С, Дх.08178D, Дх.08179, Дх.08188, Дх.08195, Дх.08206, Дх.08210, Дх.08222, Дх.08238, Дх.08262, Дх.08266, Дх.08267, Дх.08268, Дх.08273, Дх.08278, Дх.08283, Дх.08286, Дх.08293, Дх.08295, Дх.08303, Дх.08305, Дх.08307, Дх.08322, Дх.08324, Дх.08325, Дх.08331, Дх.08344, Дх.08348, Дх.08396, Дх.08471, Дх.08529, Дх.08530, Дх.08537, Дх.08577, Дх.08578, Дх.08579, Дх.08585, Дх.08589, Дх.08590, Дх.08592, Дх.08601, Дх.08603, Дх.08605, Дх.08606, Дх.08609, Дх.08610, Дх.08617, Дх.08623, Дх.08637, Дх.08639, Дх.08640, Дх.08648, Дх.08663, Дх.08665, Дх.08666, Дх.08667, Дх.08678, Дх.08680, Дх.08682, Дх.08713, Дх.08728, Дх.08733, Дх.08744, Дх.08745, Дх.08747, Дх.08749А, Дх.08749В, Дх.08749D, Дх.08749Е, Дх.08749F, Дх.08749G, Дх.08749Н, Дх.08749J, Дх.08761, Дх.08771, Дх.08800, Дх.08802, Дх.08806, Дх.08839, Дх.08882, Дх.08904, Дх.08906, Дх.08916, Дх.08917А, Дх.08917В, Дх.08929, Дх.08929V, Дх.08935, Дх.08936, Дх.08940, Дх.08953, Дх.08990, Дх.08994, Дх.09011, Дх.09028, Дх.09034, Дх.09040,

Дх.09062, Дх.09089, Дх.09094, Дх.09103, Дх.09135, Дх.09153, Дх.09155, Дх.09163, Дх.09239, Дх.09263, Дх.09295, Дх.09320, Дх.09363, Дх.09369, Дх.09398, Дх.09447, Дх.09451, Дх.09455, Дх.09457, Дх.09458, Дх.09459, Дх.09460, Дх.09463, Дх.10180, Дх.10330, Дх.10346, Дх.10361, Дх.10390, Дх.10391, Дх.10439A, Дх.10440, Дх.10450, Дх.10461, Дх.10489B, Дх.10490, Дх.10507C, Дх.10689, Дх.10693, Дх.10716V, Дх.10763, Дх.10773, Дх.10774, Дх.10782, Дх.10869, Дх.11016, Дх.11103, Дх.11104, Дх.11169, Дх.11170A, Дх.11180, Дх.11189, Дх.11190, Дх.11191, Дх.11220, Дх.11229, Дх.11230, Дх.11231, Дх.11235, Дх.11240, Дх.11246, Дх.11263, Дх.11265, Дх.11299, Дх.11309, Дх.11311V, Дх.11313, Дх.11317, Дх.11319, Дх.11323, Дх.11331, Дх.11335, Дх.11338, Дх.11346, Дх.11347, Дх.11347V, Дх.11348, Дх.11349, Дх.11351, Дх.11352, Дх.11355, Дх.11356, Дх.11358, Дх.11361, Дх.11365, Дх.11368 至 Дх.11381, Дх.11394, Дх.11396, Дх.11397, Дх.11403, Дх.11421, Дх.11430, Дх.11442, Дх.11466, Дх.11469, Дх.11470, Дх.11566, Дх.11768, Дх.11785, Дх.11788, Дх.11797, Дх.11841, Дх.11943V, Дх.11991, Дх.11992, Дх.11993, Дх.12019, Дх.12021, Дх.12061, Дх.12066, Дх.12068, Дх.12070, Дх.12083, Дх.12086, Дх.12089, Дх.12099, Дх.12100, Дх.12102, Дх.12104, Дх.12107, Дх.12114V, Дх.12166, Дх.12173, Дх.12177, Дх.12209, Дх.12209V, Дх.12226, Дх.12260, Дх.12266, Дх.12267, Дх.12269, Дх.12279B, Дх.12302, Дх.12309, Дх.12316, Дх.12328, Дх.12332, Дх.12333, Дх.12341, Дх.12342, Дх.12346, Дх.12350, Дх.12353, Дх.12358, Дх.12362, Дх.12372, Дх.12373, Дх.12374, Дх.12383, Дх.12417, Дх.12424, Дх.12428, Дх.12431, Дх.12438, Дх.12467, Дх.12472, Дх.12474, Дх.12478, Дх.12501, Дх.12502, Дх.12538, Дх.12549, Дх.12559, Дх.12576, Дх.12642, Дх.12645, Дх.12666, Дх.12680, Дх.12686, Дх.12751, Дх.12808, Дх.12832, Дх.12835, Дх.12836, Дх.12837, Дх.12843V, Дх.12844, Дх.12848, Дх.12849, Дх.12856,

Дх.12857, Дх.12886, Дх.12890, Дх.12893, Дх.12900, Дх.12902, Дх.12903, Дх.12908, Дх.12909, Дх.14157, Дх.14158, Дх.14162, Дх.14165, Дх.14166 至 Дх.14168, Дх.14172, Дх.14175 至 Дх.14177, Дх.14181, Дх.14184, Дх.14186 至 Дх.14188, Дх.14203, Дх.14206 至 Дх.14208, Дх.14212, Дх.14213, Дх.14224, Дх.14229 至 Дх.14232, Дх.14234, Дх.14239, Дх.14241, Дх.14245, Дх.14246, Дх.14263 至 Дх.14266, Дх.14268, Дх.14273, Дх.14276 至 Дх.14302, Дх.14311 至 Дх.14321, Дх.14327, Дх.14330 至 Дх.14338, Дх.14343 至 Дх.14347, Дх.14349 至 Дх.14357, Дх.14359 至 Дх.14449, Дх.14451, Дх.14453 至 Дх.14478, Дх.14481 至 Дх.14485, Дх.14487 至 Дх.14504, Дх.14511 至 Дх.14515, Дх.14517, Дх.14518, Дх.14520, Дх.14527, Дх.14528, Дх.14535, Дх.14539, Дх.14542, Дх.14543, Дх.14547 至 Дх.14562, Дх.14566, Дх.14568 至 Дх.14620, Дх.14622 至 Дх.14647, Дх.14649 至 Дх.14651, Дх.14653 至 Дх.14655, Дх.14657, Дх.14660 至 Дх.14672, Дх.14674, Дх.14678, Дх.14683, Дх.14684, Дх.14686 至 Дх.14688, Дх.14691, Дх.14692, Дх.14694, Дх.14696, Дх.14698 至 Дх.14743, Дх.14749 至 Дх.14775, Дх.14782, Дх.14784 至 Дх.14788, Дх.14790 至 Дх.14803, Дх.14809, Дх.14815 至 Дх.14822, Дх.14824 至 Дх.14826, Дх.14828 至 Дх.14848, Дх.14850 至 Дх.14875, Дх.14881 至 Дх.14900, Дх.14904 至 Дх.14918, Дх.14921, Дх.14923, Дх.14925, Дх.14931, Дх.14932, Дх.14934, Дх.14936, Дх.14937, Дх.14939, Дх.14942, Дх.14944 至 Дх.14957, Дх.14963 至 Дх.14966, Дх.14968, Дх.14969, Дх.14970, Дх.14972 至 Дх.14975, Дх.14977 至 Дх.14987, Дх.14992, Дх.14995 至 Дх.14997, Дх.14999 至 Дх.15007, Дх.15011, Дх.15014, Дх.15016 至 Дх.15032, Дх.15037 至 Дх.15040, Дх.15042 至 Дх.15057, Дх.15065 至 Дх.15080, Дх.15085, Дх.15089 至 Дх.15099, Дх.15101, Дх.15103 至 Дх.15121, Дх.15127, Дх.15129 至 Дх.15131, Дх.15133 至 Дх.15143, Дх.15145 至 Дх.15164, Дх.15166, Дх.15168 至 Дх.15186, Дх.15187, Дх.15192 至 Дх.15205, Дх.15208, Дх.15213, Дх.15214, Дх.15216 至 Дх.15218, Дх.15229 至 Дх.15234, Дх.15242 至 Дх.15255,

Дх.15257, Дх.15263, Дх.15265 至 Дх.15269, Дх.15274 至 Дх.15286, Дх.15289, Дх.15291 至 Дх.15294, Дх.15296 至 Дх.15306, Дх.15311 至 Дх.15322, Дх.15328 至 Дх.15335, Дх.15337 至 Дх.15346, Дх.15353 至 Дх.15360, Дх.15363 至 Дх.15366, Дх.15368, Дх.15370 至 Дх.15376, Дх.15379, Дх.15382 至 Дх.15399, Дх.15403 至 Дх.15407, Дх.15409 至 Дх.15416, Дх.15425 至 Дх.15427, Дх.15429 至 Дх.15432, Дх.15437 至 Дх.15442, Дх.15444 至 Дх.15461, Дх.15465, Дх.15467, Дх.15468, Дх.15470 至 Дх.15476, Дх.15481, Дх.15483 至 Дх.15485, Дх.15487 至 Дх.15494, Дх.15497, Дх.15498, Дх.15500, Дх.15502 至 Дх.15504, Дх.15506 至 Дх.15511, Дх.15514, Дх.15520 至 Дх.15526, Дх.15530, Дх.15531, Дх.15533, Дх.15535 至 Дх.15541, Дх.15544 至 Дх.15557, Дх.15559 至 Дх.15562, Дх.15566, Дх.15568, Дх.15571 至 Дх.15574, Дх.15576, Дх.15581 至 Дх.15614, Дх.15619 至 Дх.15630, Дх.15636, Дх.15637, Дх.15639 至 Дх.15641, Дх.15643 至 Дх.15646, Дх.15653 至 Дх.15665, Дх.15670 至 Дх.15680, Дх.15682, Дх.15684 至 Дх.15697, Дх.15701, Дх.15703 至 Дх.15715, Дх.15722 至 Дх.15727, Дх.15730, Дх.15735, Дх.15736 至 Дх.15741, Дх.15744 至 Дх.15759, Дх.15761, Дх.15768, Дх.15778 至 Дх.15783, Дх.15791, Дх.15792, Дх.15799, Дх.15801 至 Дх.15804, Дх.15812, Дх.15813, Дх.15818, Дх.15824, Дх.15826, Дх.15827 至 Дх.15831, Дх.15839 至 Дх.15841, Дх.15843, Дх.15847 至 Дх.15858, Дх.15862, Дх.15864, Дх.15866, Дх.15867, Дх.15869 至 Дх.15873, Дх.15875 至 Дх.15902, Дх.15904, Дх.15905, Дх.15906 至 Дх.15919, Дх.15927, Дх.15928, Дх.15930 至 Дх.15932, Дх.15936 至 Дх.15950, Дх.15955, Дх.15957, Дх.15959, Дх.15966, Дх.15968 至 Дх.15978, Дх.15980 至 Дх.15994, Дх.16007, Дх.16050, Дх.16060, Дх.16062 至 Дх.16064, Дх.16079, Дх.16081 至 Дх.16084, Дх.16097 至 Дх.16099, Дх.16105 至 Дх.16107, Дх.16111, Дх.16112, Дх.16117, Дх.16125, Дх.16130, Дх.16132, Дх.16133, Дх.16142 至 Дх.16146, Дх.16152, Дх.16157, Дх.16163, Дх.16166 至 Дх.16168, Дх.16177 至 Дх.16185, Дх.16190, Дх.16191, Дх.16194 至 Дх.16204,

Дх.16205, Дх.16207, Дх.16212 至 Дх.16224, Дх.16232 至 Дх.16238, Дх.16242, Дх.16247, Дх.16251 至 Дх.16255, Дх.16257, Дх.16259, Дх.16260, Дх.16263 至 Дх.16265, Дх.16267, Дх.16269 至 Дх.16279, Дх.16285 至 Дх.16298, Дх.16313, Дх.16314, Дх.16316, Дх.16317, Дх.16319, Дх.16321 至 Дх.16328, Дх.16333, Дх.16337 至 Дх.16347, Дх.16355 至 Дх.16362, Дх.16366 至 Дх.16378, Дх.16382, Дх.16386 至 Дх.16392, Дх.16414, Дх.16454 至 Дх.16470, Дх.16480 至 Дх.16482, Дх.16486, Дх.16488, Дх.16489, Дх.16491 至 Дх.16494, Дх.16508, Дх.16510, Дх.16511, Дх.16524, Дх.16527, Дх.16527V, Дх.16532, Дх.16536, Дх.16540, Дх.16546, Дх.16554, Дх.16555, Дх.16574, Дх.16588, Дх.16589, Дх.16590, Дх.16592, Дх.16593, Дх.16595, Дх.16597 至 Дх.16600, Дх.16602, Дх.16604, Дх.16606, Дх.16608, Дх.16609, Дх.16610, Дх.16612, Дх.16619, Дх.16620, Дх.16621, Дх.16625, Дх.16626, Дх.16630, Дх.16636, Дх.16637, Дх.16639, Дх.16670, Дх.16679, Дх.16684, Дх.16686, Дх.16691, Дх.16693, Дх.16698, Дх.16707, Дх.16727, Дх.16729, Дх.16739, Дх.16740, Дх.16746, Дх.16748, Дх.16755, Дх.16756, Дх.16757, Дх.16760, Дх.16762, Дх.16763, Дх.16766, Дх.16771, Дх.16773, Дх.16774, Дх.16775, Дх.16777, Дх.16781, Дх.16782, Дх.16786, Дх.16790, Дх.16797, Дх.16799V, Дх.16817, Дх.16832, Дх.16837, Дх.16842, Дх.16855, Дх.16860, Дх.16863, Дх.16878, Дх.16881, Дх.16885, Дх.16896, Дх.16909, Дх.16938, Дх.16948, Дх.16953, Дх.16974 至 Дх.16977, Дх.16987, Дх.17000, Дх.17014, Дх.17450 至 Дх.17452, Дх.17460, Дх.17464, Дх.17465, Дх.17468, Дх.17477 至 Дх.17481, Дх.17483 至 Дх.17494, Дх.17498 至 Дх.17503, Дх.17507, Дх.17509 至 Дх.17518, Дх.17520 至 Дх.17537, Дх.17539 至 Дх.17551, Дх.17560, Дх.17561, Дх.17566 至 Дх.17572, Дх.17578 至 Дх.17582, Дх.17588 至 Дх.17595, Дх.17602 至 Дх.17607, Дх.17610 至 Дх.17619, Дх.17623 至 Дх.17627, Дх.17633 至 Дх.17635, Дх.17637 至 Дх.17642, Дх.17644, Дх.17650 至 Дх.17653, Дх.17660 至 Дх.17664, Дх.17668, Дх.17671 至

Дх.17681，Дх.17687 至 Дх.17695，Дх.17700，Дх.17704，Дх.17705，Дх.17716，Дх.17722，Дх.17725，Дх.17727，Дх.17729 至 Дх.17737，Дх.17739，Дх.17743 至 Дх.17765，Дх.17767 至 Дх.17786，Дх.17787，Дх.17789，Дх.17793，Дх.17795 至 Дх.17802，Дх.17806，Дх.17807 至 Дх.17823，Дх.17826，Дх.17830 至 Дх.17846，Дх.17848，Дх.17853 至 Дх.17868，Дх.17869，Дх.17872 至 Дх.17883，Дх.17889 至 Дх.17896，Дх.17898 至 Дх.17911，Дх.17913 至 Дх.17930，Дх.17931，Дх.17932，Дх.17934，Дх.17937，Дх.17940 至 Дх.17953，Дх.17960 至 Дх.17980，Дх.17982 至 Дх.17987，Дх.17989 至 Дх.17995，Дх.17997，Дх.18001 至 Дх.18005，Дх.18009，Дх.18010V 至 Дх.18022，Дх.18023V 至 Дх.18026，Дх.18031 至 Дх.18044，Дх.18050，Дх.18052，Дх.18053，Дх.18055 至 Дх.18062，Дх.18069 至 Дх.18076，Дх.18079 至 Дх.18095，Дх.18097，Дх.18098，Дх.18100 至 Дх.18123，Дх.18125，Дх.18127 至 Дх.18142，Дх.18144 至 Дх.18164，Дх.18174 至 Дх.18192，Дх.18197 至 Дх.18208，Дх.18211 至 Дх.18241，Дх.18245 至 Дх.18257，Дх.18259，Дх.18261 至 Дх.18279，Дх.18294 至 Дх.18310，Дх.18314 至 Дх.18331，Дх.18335，Дх.18337，Дх.18339 至 Дх.18343，Дх.18344，Дх.18350 至 Дх.18354，Дх.18360 至 Дх.18362，Дх.18364 至 Дх.18372，Дх.18374，Дх.18378 至 Дх.18389，Дх.18396 至 Дх.18405，Дх.18407，Дх.18411，Дх.18414 至 Дх.18424，Дх.18428 至 Дх.18431，Дх.18433 至 Дх.18448，Дх.18450 至 Дх.18469，Дх.18472V 至 Дх.18475V，Дх.18484，Дх.18488V，Дх.18490，Дх.18495，Дх.18497，Дх.18501，Дх.18555，Дх.18580，Дх.18581，Дх.18585，Дх.18587，Дх.18597，Дх.18601，Дх.18626，Дх.18628，Дх.18638 至 Дх.18648，Дх.18655，Дх.18656，Дх.18664，Дх.18668，Дх.18676，Дх.18678 至 Дх.18680，Дх.18682，Дх.18686，Дх.18687，Дх.18690，Дх.18694，Дх.18699 至 Дх.18705，Дх.18716 至 Дх.18733，Дх.18734V 至 Дх.18736，Дх.18737V 至 Дх.18739，Дх.18740V 至 Дх.18745，Дх.18747V，Дх.18748V，Дх.18749，Дх.18750V 至 Дх.18755，Дх.18756V 至 Дх.18822，Дх.18825，Дх.18826，Дх.18828，Дх.18830，Дх.18832 至 Дх.18839，Дх.18843，Дх.18844，Дх.18849，Дх.18850，

Дх.18853，Дх.18857 至 Дх.18867，Дх.18870 至 Дх.18874，Дх.18876 至 Дх.18903，Дх.18907 至 Дх.18911，Дх.18935，Дх.18958，Дх.18967，Дх.18979，Дх.18980，Дх.18983，Дх.19006，Дх.19011 至 Дх.19014，Дх.19018，Дх.19029，Дх.19036，Дх.19037，Дх.19038，Дх.19039，Дх.19041，Дх.19046，Дх.19081V，启敦030，启敦037，启敦044，启敦053，启敦054，启敦056，启敦063 至启敦066，启敦068，启敦069，启敦072，启敦076，启敦085，启敦089，启敦090，启敦094，启敦097，启敦109，启敦117，启敦120，启敦121，启敦122，启敦124 至启敦126，启敦133，启敦134，启敦135，启敦139，启敦140，启敦141，启敦145，启敦150，启敦151 至启敦152，启敦155，启敦158，启敦159，启敦161 至启敦163，启敦164

残佛经及手印

　　Дх.19045

残佛书

　　P.2415P3

残户籍

　　P.3034（2）

残护首

　　S.8004B

残画

　　BD11411C，BD11411D

残会计历

　　S.10548，S.10548V

残经疏

　　九州大学藏本

残类书

　　藤井31－东文31－饶目宗教类4，藤井60－东文无此号－饶目书札类3（1）

残历

　　BD04151V，BD06945V，BD12190AV，BD14636（1），P.2207P2，S.1498

残名录

　　BD09335V，BD11987

残骈文

P.4644

残片

BD08607D，BD12178，BD12191，BD12429，BD12689，BD12730，BD13062，BD13139，BD13151D，BD13156，BD13157，BD13163，BD13202，BD13206，BD13208A，BD13208B，BD13208C，BD13213DA，BD13213DB，BD13261，BD13401，BD13444，BD13487，BD13554，BD13562，BD13583，BD13583V，BD13598，BD13599，BD13673C，BD13759，BD15429B，BD15448，BD15456，BD15480，BD15519，BD15520，BD15703，BD15707，BD13754，BD13755，BD13756，BD13757，BD13758，BD13760，BD13761，BD13762，BD13763，BD13764，BD13765，BD13766，BD13767，BD13768，BD13769，BD13770，BD13771，BD15413，BD15490，BD15795，BD15799，BD15828，BD15884，BD15886，BD15919，BD15922，BD15941，BD15943，BD15979，BD15980，BD15982，BD16002，BD16006V，BD16009，BD16023A，BD16025，BD16038A，BD16040，BD16051B，BD16055，BD16061，BD16062A，BD16062B，BD16063M，BD16063N，BD16063O，BD16064，BD16065B，BD16074B，BD16076，BD16084，BD16089，BD16092A，BD16092B，BD16102A，BD16111B，BD16111L，BD16111M，BD16111N，BD16112H，BD16114A，BD16114B，BD16114D，BD16115A，BD16115B，BD16115C，BD16115D，BD16115E，BD16115F，BD16115G，BD16115H，BD16115K，BD16116，BD16117A，BD16117B，BD16122，BD16123，BD16125A，BD16125C，BD16132，BD16163，BD16164，BD16169N，BD16178，BD16182B，BD16185，BD16186B，BD16193，BD16197，BD16199，BD16200QD，BD16200QE，BD16200QF，BD16200QL，BD16200RC，BD16200RF，BD16200RJ，BD16200RK，BD16203，BD16204，BD16205A，BD16205B，BD16205C，BD16207，BD16208，BD16232，BD16234B，BD16234C，BD16234D，BD16234E，BD16234F，BD16234G，BD16235A，BD16235B，BD16235C，BD16236，BD16252，BD16255，BD16256A，BD16256B，BD16272，BD16311，BD16314，BD16336C，BD16336D，BD16336E，BD16348，BD16351，BD16356，BD16358，BD16360，BD16361，

BD16362A, BD16362B, BD16363B, BD16373, BD16379, BD16382B, BD16382C, BD16385A, BD16385B, BD16390, BD16393, BD16398B, BD16403A, BD16403B, BD16407, BD16420, BD16430C, BD16438, BD16443D, BD16444A, BD16444B, BD16446, BD16447, BD16450, BD16458C, BD16465A, BD16474A, BD16474B, BD16477B, BD16477C, BD16477D, BD16477E, BD16489, BD16501, BD16503B, BD16504A, BD16504F, BD16504H, BD16507, BD16508, BD16509CV, BD16512, BD16518, BD16519, BD16520B, BD16521, BD16526, BD16528, BD16531, BD16532, BD16533, BD16539, BD16547, BD16550A, BD16551, BD16556C, BD16558A, BD16558B, BD16561, G.073[=PEALD_5f1R], G.074[=PEALD_5f2R], G.075[=PEALD_5f3R], G.076[=PEALD_5f4R], G.077[=PEALD_5f5R], G.078[=PEALD_5f6R], G.079[=PEALD_5f7R], G.080[=PEALD_5f8R], G.081[=PEALD_5f9R], G.082[=PEALD_5f10R], G.083[=PEALD_5f11V], G.084[=PEALD_5f12R], G.085[=PEALD_5f13R], G.086[=PEALD_5f14R], G.087[=PEALD_5f15R], G.088[=PEALD_5f16R], G.089[=PEALD_5f17R], G.090[=PEALD_5f18R], G.091[=PEALD_5f19R], G.092[=PEALD_5f20R], G.093[=PEALD_5f21R], G.094[=PEALD_5f22R], G.095[=PEALD_5f23R], G.096[=PEALD_5f24R], G.097[=PEALD_5f25R], G.098[=PEALD_5f26R], G.099[=PEALD_5f27R], G.100[=PEALD_5f28R], G.101[=PEALD_5f29R], G.102[=PEALD_5f30R], G.103[=PEALD_5g1R], G.104[=PEALD_5g3R], G.105[=PEALD_5g4R], G.106[=PEALD_5g6R], G.107[=PEALD_5g7R], G.108[=PEALD_5g8R], G.109[=PEALD_5g9R], G.110[=PEALD_5g10R], G.111[=PEALD_5g11R], G.112[=PEALD_5g12R], G.113[=PEALD_5g13R], G.114[=PEALD_5g14R], G.115[=PEALD_5g15R], G.116[=PEALD_5g16R], G.117[=PEALD_5g17R], G.118[=PEALD_5g18R], G.119[=PEALD_5g19R], G.120[=PEALD_5g20R], G.121[=PEALD_5g21R], G.122[=PEALD_5g22R], G.123[=PEALD_5g23R], G.124[=PEALD_5g24R], G.125[=PEALD_5g25R], G.126[=PEALD_5g26R], G.127[=PEALD_5g27R], G.128[=PEALD_5g28R], G.129[=PEALD_5g29R], G.130[=PEALD_5g30R], G.131[=PEALD_5g31R], G.132[=PEALD_5g32R], G.133[=PEALD_5g33R], G.134[=PEALD_5g34R],

G.135[=PEALD_5g35R], G.136[=PEALD_5g36R], G.137[=PEALD_5g37R], G.138[=PEALD_5g38R], G.139[=PEALD_5g39R], G.140[=PEALD_5g40R], G.141[=PEALD_5g41R], G.142[=PEALD_5g42R], G.143[=PEALD_5g43R], G.144[=PEALD_5g44R], G.145[=PEALD_5g45R], G.146[=PEALD_5g46R], G.147[=PEALD_5g47R], G.151[=PEALD_6j4R], IOL.C.115 (Ch.1292), L.046, L.047, L.048, L.049, P.2161P10, P.2161P11, P.2161P12, P.2180P3, P.2180P4, P.2207P3V, P.2496P2, P.2547P10, P.2547P6, P.2547P8, P.2547P9, P.2556P, P.2674+3428P1, P.2674+3428P10, P.2674+3428P1V, P.2674+3428P2, P.2674+3428P3, P.2674+3428P3V, P.2674+3428P5, P.2674+3428P7, P.2674+3428P8, P.2674+3428P9, P.2678+3956P2, P.2678+3956P3, P.2678+3956P4, P.2678+3956P5, P.2678+3956P6, P.2766P, P.2807P3, P.2825P1, P.2825P1V, P.2825P2, P.2825P3, P.2825P4, P.2885P, P.2930P1B, P.2930P2, P.2930P3, P.2950P, P.2954P, P.2973P1, P.2973P2, P.2973P3, P.2973P4, P.2973P5, P.2998P3, P.3054P4, P.3243P10, P.3243P15, P.3243P24, P.3243P29, P.3243P30, P.3243P32, P.3243P33, P.3243P35, P.3243P36, P.3243P37, P.3243P38, P.3243P39, P.3243P40, P.3243P41, P.3243P42, P.3243P43, P.3243P5, P.3288P4, P.3298P2, P.3305P2, P.3305P3, P.3305P4, P.3305P6, P.3305P7, P.3325P1, P.3369P1, P.3369P10, P.3369P11, P.3369P12, P.3369P5, P.3369P6, P.3369P8, P.3369P9, P.3416P3, P.3416P4, P.3451P6, P.3515B (P.sogd.17) P, P.3555B Fragment 11, P.3555B Fragment 14, P.3555B Fragment 17, P.3555B Fragment 18, P.3555B Fragment 28, P.3555B Fragment 46, P.3555B Fragment 47, P.3573P3, P.3573P4, P.3573P5, P.3590P1, P.3590P2, P.3590V, P.3696P1 至 P11V, P.3798P4, P.3798P5, P.3862P1, P.3875AP7, P.3877P2, P.3894P3, P.3894P4, P.3894P5, P.3897P6 至 P8, P.3910P, P.3945P, P.3962P, P.3967P1, P.3967P2, P.4022P1, P.4036P, P.4072(3)P2, P.4072(4)P, P.4534V, P.4634AP1 至 P12, P.4660P2, P.4686(1), P.4690AP3, P.4690AP3V, P.4690AP4, P.4690AP4V, P.4690C1, P.4690C1V, P.4690P, P.4739(2), P.4958(2), P.4981P, P.5028(19), P.5029L, P.5030, P.5031, P.5034P, P.5034PV, P.5573P, P.5579(13)(14)(15), P.5579(13)(14)(15)V, P.5579P1, P.5579P2, P.5589(10), P.6011(6), P.6011

(8)，P.6013，P.6028，P.6030，P.6034，P.6037，P.6038（3），P.6038（3）V，
S.0085V，S.0123V（3），S.0610V（2），S.0620V（3），S.0692V，S.1291V（2），
S.8193A，S.8292B，S.12133B，S.13045，Дх.01132，Дх.01147，Дх.01536，
Дх.03980B，Дх.04172V，Дх.04229，Дх.04251，Дх.04358，Дх.04521V，
Дх.04527，Дх.04553，Дх.04586，Дх.04592，Дх.04650，Дх.04651，
Дх.04666V，Дх.04669，Дх.04671，Дх.04671V，Дх.04677，Дх.04685，
Дх.04689，Дх.04853，Дх.04854，Дх.04932，Дх.04935，Дх.04936，
Дх.04974，Дх.04996V，Дх.05085，Дх.05092，Дх.05193V，Дх.05353V，
Дх.05554，Дх.05567，Дх.05568V，Дх.05624，Дх.05675，Дх.05685V，
Дх.05691，Дх.05710V，Дх.05733，Дх.05756V，Дх.05759，Дх.05762，
Дх.05844V，Дх.05847，Дх.05848，Дх.05852V，Дх.05863，Дх.05877V，
Дх.05990，Дх.05991，Дх.06000V，Дх.06003V，Дх.06004V，Дх.06009，
Дх.06010，Дх.06010V，Дх.06013，Дх.06014，Дх.06014V，Дх.06025，
Дх.06026，Дх.06098V，Дх.06323，Дх.06405，Дх.06494，Дх.06550V，
Дх.06631，Дх.07218，Дх.07325，Дх.07327，Дх.07368，Дх.07369，
Дх.07370，Дх.07437，Дх.07485，Дх.07539，Дх.07609，Дх.07814，
Дх.07815，Дх.07816，Дх.07821V，Дх.07961，Дх.07986，Дх.08009，
Дх.08107，Дх.08184，Дх.08209，Дх.08218，Дх.08248，Дх.08251，
Дх.08253，Дх.08421，Дх.08426，Дх.08462，Дх.08515，Дх.08547，
Дх.08548，Дх.08549，Дх.08550，Дх.08551，Дх.08568，Дх.08671，
Дх.08672，Дх.08673，Дх.08714，Дх.08773，Дх.08783，Дх.08784，
Дх.08789，Дх.08814，Дх.08861，Дх.08874，Дх.08903，Дх.08905，
Дх.09222V，Дх.09230V，Дх.09234，Дх.09442，Дх.09485，Дх.09490，
Дх.09499，Дх.09500，Дх.09507，Дх.10836，Дх.10837，Дх.10888V，
Дх.11088，Дх.11228，Дх.11300 至 Дх.11308，Дх.11328，Дх.11538V，
Дх.11593C，Дх.11631，Дх.12047V，Дх.12059，Дх.12101，Дх.12121V，
Дх.12288，Дх.12308，Дх.12358V，Дх.12386，Дх.12435，Дх.12445，
Дх.12506，Дх.12528，Дх.12529，Дх.12631，Дх.12715V，Дх.12735，
Дх.12794，Дх.12795，Дх.12796，Дх.12797，Дх.12798，Дх.12799，
Дх.12800，Дх.12801，Дх.12803，Дх.12804，Дх.12809，Дх.12812，

Дx.12905，Дx.14179，Дx.14196，Дx.14197，Дx.14211，Дx.14222，Дx.14248，Дx.14250，Дx.14252 至 Дx.14258，Дx.14272，Дx.14309，Дx.14323，Дx.14508，Дx.14522，Дx.14675，Дx.14805，Дx.15347，Дx.15579，Дx.15806，Дx.15807，Дx.15965，Дx.16002，Дx.16040，Дx.16570，Дx.16615，Дx.16641，Дx.16644 至 Дx.16646，Дx.16650 至 Дx.16652，Дx.16780，Дx.17470，Дx.17475，Дx.18709 至 Дx.18714，Дx.18949，Дx.18950，Дx.18951，Дx.18952，Дx.18953，Дx.18954，Дx.18962，Дx.18963，Дx.18982，Дx.18991，Дx.19019，Дx.19030，Дx.19031，Дx.19032，Дx.19034，Дx.19035，Дx.19048，Дx.19049，Дx.19057，Дx.19082，Дx.19082V，俄 Ф.123D，藤井 29- 东文 29- 饶目无此号，藤井 30- 东文 30- 饶目无此号，文研院 196（xj123-0660.104），文研院 208（xj135-0660.116），文研院 209（xj136-0660.117），文研院 211（xj138-0660.119）

残片（布伍寸等）

BM.SP.206（Ch.ciii.001）（2）

残片（二件）

S.4129V（1）

残片（佛教）

文研院 185（xj044-0660.25），文研院 186（xj047-0660.28），文研院 187（xj050-0660.31），文研院 188（xj087-0660.68），文研院 197（xj124-0660.105），文研院 198（xj125-0660.106），文研院 199（xj126-0660.107），文研院 216（xj166-0323.18），文研院 217（xj171-0323.23），文研院 218（xj187-0323.39），文研院 219（xj188-0323.40），文研院 220（xj189-0323.41），文研院 221（xj190-0323.42），文研院 222（xj203-0323.55），文研院 223（xj204-0323.56）

残片（伏恐南山当路等）

S.5540（9）

残片（昊天、旰知无碍）

S.1533V（2）

残片（解僧正开七斋僧数）

S.1607V（1）

残片（今乃刑煞无罪、畏威顺成）
　　S.1533V（1）

残片（僧日进）
　　S.2689V（2）

残片（十二大）
　　BD09920

残片（十六日还麦八石、丝一匹折白褐三四尺）
　　S.2746V（2）

残片（拾四人更帖、押牙王佛德、马壹头折粟）
　　S.2746V（1）

残片（为蜿则汝诚不、相视无有极时）
　　S.1533V（3）

残片（影与浮云共肖扫）
　　S.1393V（2）

残片（赵万达）
　　P.2207P3

残破官文书
　　BD11533

残破历
　　S.11339

残契
　　BD02557V（2），BD09999，S.1475V（8），S.8660（1），S.10393，S.11338，
　　S.11342A+C+B，S.11443，S.11559，Дх.19023，Дх.19024，Дх.19026

残契（写本）
　　Or.8210/P.6（1）

残契约
　　BD07567V，S.11602A、B、C

残人名
　　BD04400V（2）

残诗
　　S.0620V（2）

残诗六首
　　P.5033V

残史书
　　P.2380V

残书仪
　　浙敦117（浙博092）（2）

残书状
　　BD11582V

残寺籍文书
　　BD06173V（1）

残题记
　　BD13384

残帖
　　P.5579（9），P.5579（9）V

残文
　　P.4514P2，S.7648V（2）

残文书
　　BD02756V，BD03461V，BD04061V，BD04136V，BD04221V，BD04407V，BD05303V，BD06644V，BD09382V，BD10536V，BD15479，BD16023B，BD16023C，BD16070，BD16079C，BD16081，BD16090，BD16111E，BD16111F，BD16111K，BD16121，BD16200QI，BD16387B，BD16544C，S.9451，S.9466，S.9521（1），S.10395，S.11287EV，S.11301，S.11311，S.11575，S.11590，S.11593，S.11594，S.11726，S.12791，Дх.03982，Дх.19075

残文书附判词
　　BD12000V

残文书判语
　　S.9525

残文献

　　BD02787V

残线残绢残麻布等

　　BD13751

残羊帐

　　S.11442

残印半方

　　S.8679

残印章

　　BD12181

残赞文

　　S.9425

残渣

　　BD16320，BD16372，BD16520C，BD16540，BD16545，BD16569，BD16570，BD16577

残斋愿文

　　故宫新152094

残帐

　　S.11336，S.11340，S.11360D（2），S.11562，S.12335，S.12375，藤井7－东文7－饶目似无

残账历

　　BD11012，BD11986B（1），BD11986E，ZSD040号2

残纸

　　Дх.11100，Дх.11218，Дх.11221，Дх.12184，Дх.12185，Дх.12656

残纸条

　　BD12705

残纸渣一包

　　BD16284

残状

　　BD04578V，BD05849V，BD13200V，P.3451P2，S.4298V，S.9406，S.9998，

S.10560, S.10622, S.10644V, S.10672, S.10735B, S.11295（1）, S.11295（3）, S.11300A+B, S.11335A+B, S.11560

残状稿

　　S.11341A+ B

残字

　　BD09911，BD10097，BD10145，BD10146，BD10147，P.2161P9V，P.2180P2V，P.2342P8V，P.2582V，P.2870V，P.3243P18，P.3243P20，P.3243P4，P.3243P9，P.3368P1V，P.3558PV，P.3573V（1），P.3632V，P.3643P7，P.3705P3V，P.3705P4，P.3705P5，P.3705P6，P.3715P4V，P.3715P5，P.3758P1V，P.4020V，P.4900P，P.5026AV，P.5037V，S.9482，S.9536，S.9537，S.9990，S.10000，S.11381V，S.11400V，Дx.00480V，Дx.01303+Дx.06708V，Дx.01388V，Дx.01529V，Дx.01667+Дx.02446+Дx.02491+Дx.02508V，Дx.01864V，Дx.02442V，Дx.02465+Дx.02468V，Дx.02581V，Дx.02784V，Дx.03002V，Дx.03017

残字痕

　　BD09993，BD10001

仓司某年破除计会历

　　BD04905V

曹大王夫人宋氏邈真赞

　　P.4638（4）

曹良才邈真赞

　　P.4638（8）

曹美住等姓名题签

　　P.3764P2

曹卿辰典鑠抄

　　S.6130（2）

曹清忽贷白生绢契稿

　　BD15249V（2）

曹仁贵仲秋上某令公状

　　P.4638V（6）

曹延禄上表

　　P.3827

曹议金赐宋员进改补充节度押衙牒

　　P.3805

曹议金回向疏四件

　　P.2704

曹议金状

　　P.2675bisV

曹元㫋辞

　　Дx.18941

曹元忠荐亡法事疏

　　BD16192

曹元忠礼佛舍施发愿文

　　P.2733

曹元忠写佛名经题记

　　S.6255

曹元忠浔阳郡夫人等造供养具疏

　　S.3565（2）

曹元忠与回鹘可汗书

　　P.2155V（2）

曹元忠状二件

　　P.2703V（2）

草书残片

　　Дx.01809B

草书佛典

　　S.0080V，敦博082

草书歌

　　S.5648（8）

草书信牍

　　羽738

岑参诗集

　　P.5005

叉式摩那尼六法文

　　S.1516（1）

茶酒论

　　P.2718（2），P.2875，P.2972（1），P.3910（2），S.0406，S.5774

差科簿

　　S.6806V

差役名簿

　　S.5731V（1）

柴草历

　　P.3349P3

禅策问答

　　BD15054（2）

禅定消长夜诗等

　　津艺169V（1）

禅法

　　S.7450B（2）

禅偈

　　BD14926

禅门偈

　　台图132

禅门经

　　BD03495（2），BD07333，BD09649，BD12226，P.4646（5）

禅门经序

　　BD03495（1）

禅门经一卷并序

　　S.5532（2）

禅门秘诀

　　S.5692（2）

禅门秘要决
P.2104V（8），P.2105（4），P.3289（2），S.4037（1）

禅门十二时
P.3116（2），P.3116V，S.0427，S.1644V，S.2679（2），S.2679（4）

禅门十二时赞
P.2690V（6）

禅门要经
LD4982

禅秘要法经卷下
Дх.18543，Дх.18545，Дх.18591

禅师语录
P.2923，P.3360（2）

禅诗
P.2952V

禅数杂事下
津艺258

禅源诸诠集都序卷下
台图133

禅月大师赞念法华经僧
P.2104V（11）

禅月大师赞念法华经僧曲子一首
S.4037（3）

禅宗变文
BD12194C，BD12194D

禅宗残文献
BD09933，BD09934，BD09969，BD09969V，BD10167，BD10167V，BD10180，BD10180V，BD10818

禅宗文献
BD13653，S.8058

忏悔出罪真言

P.2322（9）

忏悔词

P.3887

忏悔发愿文

北大 D183

忏悔皈依文

P.2232

忏悔灭罪金光明经传

S.0462，S.4487，S.6035，S.9515，俄 Ф.260（1）

忏悔灭罪金光明经冥报传

BD00611（1）

忏悔文

BD14674，BD16200QC，P.2313V（7），P.2341V（9），P.2381V（1），P.3235（4），P.3293V（5），P.3487，S.4690V（1），Дx.00934，Дx.00989B，Дx.01054，Дx.01121，Дx.01633AV，北大 D205，北大 D210，文研院 189（xj107-0660.88），文研院 190（xj108-0660.89）

长阿含经卷一二

Дx.00560

长阿含经卷一八

BD01135，BD05715，S.2045，Дx.15700

长阿含经卷一九

S.2972，浙敦 163（浙博 138）

长安词

S.5540（4），Дx.00278V（2）

长安两街诸寺大德赠沙州都法师悟真诗抄

S.4654V（1）

长乐经

P.3091V（2）

长乐经卷六
　　P.3200，S.4610

长门怨一首
　　P.2748V（6）

长命真言
　　P.4679（6）

长信草（崔国辅撰）
　　S.0361V（4）

长兴元年（930）河西都僧统依宕泉建龛一所上梁文
　　P.3302V（2）

长兴元年（930）辛卯岁正月法瑞状
　　P.3495

长兴二年（931）正月普光寺尼徒众圆证等上都僧统状并判
　　S.6417（8）

长兴二年（931）十二月廿六日河西归义等军节度使检校令公大王曹议金回向疏
　　S.1181

长兴二年（931）十二月河西归义等军节度使检校令公大王曹议金结坛散食发愿文
　　S.1181V

长兴二年（931）与都头书
　　S.4920V（1）

长兴二年（931）御史大夫曹某请僧疏
　　S.5952V（1）

长兴二年（931）智藏致周僧正等和尚状
　　P.4005

长兴四年（933）癸巳岁具注历日
　　S.0276

长兴四年（933）中兴殿应圣节讲经文
　　P.3808

长兴五年（934）正月一日行首陈鲁修牒
    S.0076V（1）

长行坊马籍（？）
    S.10559C

长行马文书
    藤井18- 东文18- 饶目无此号

长爪梵志经
    S.0505

长爪梵志请问经
    BD03023，BD09246（1），P.2428，S.4253，S.6834，羽095，羽465之4

常定政事楼厅
    P.3276V（6）

常何墓碑
    P.2640（2）

常乐副使田员宗启
    P.2482V（1）

常乐押衙王留子乞司空矜免积欠羊毛状
    S.4459V

常住什物交割点检历
    P.3161

常住文书
    BD07261（1）

唱布历
    BD02296V

唱导文
    BD12299

唱道文
    北大D191（2）

唱道文一本
    P.3330

抄和戒文杂写

P.2033V

抄记〔显德三年（956）三月六日乙卯岁次八月二日书记之耳〕

S.5572（2）

抄经勘误录

敦研011

抄经录

BD16206B，S.7071V

抄经杂写

P.2042（1），P.3844V，津艺172V（1），上图076V，上图088V（2）

抄律记事

北大D196

抄十七地要

浙敦072（浙博047）

钞本一卷

羽170V之1

钞经杂写

Дx.02636V

嘲胡僧诗三首

S.5873，S.8658V

嘲沙门诗

S.1084V（1）

尘空观门

羽598

辰朝礼

P.2911（2）

辰年便物历

BD16230C

辰年都司诸色破历

S.7060

辰年二月三日孟家纳色历
    BD09295，BD09296
辰年某色物历
    BD16016A，BD16016B，BD16016C
辰年三月残状
    S.11304
辰年三月沙州僧尼部落米净眘牒上算使论悉诺啰接谟勘牌子历附辰年至申年注记
    S.2729（1）
辰年施入修造册录
    P.2837V
辰年四月十一日请添器具名
    P.3972V
辰年正月十五日道场施物疏
    北大D162V
陈千子榜题
    P.5020（2）
陈情等五言诗二首
    P.4042V
陈子昂集卷八
    S.5971，S.9432
儭司唱儭得布支给历
    BD02496V
称扬诸佛功德经卷上
    S.2892
称扬诸佛功德经卷下
    S.8093
称赞大乘功德经
    Дx.07494

称赞净土佛摄受经

BD01657，BD15727，S.0443，津图061，台图007

成君子便豆契

S.8350V

成实论卷一

Дx.17462

成实论卷三

Дx.16568，Дx.16919

成实论卷六

Дx.03456，Дx.03471，Дx.03475，Дx.03500，Дx.04150，Дx.05015，Дx.15210，石谷风070

成实论卷七

Дx.05015，Дx.06830

成实论卷八

P.2179，Дx.02214，Дx.08086，Дx.08086V，Дx.08092，Дx.08092V，Дx.08126，Дx.08126V

成实论卷九

BD08617，青博08（14），浙敦019（浙图19）

成实论卷一〇

S.3108，S.4304

成实论卷一一

S.1314，S.3108，S.4304，S.7251，ZSD003号，Дx.08160，Дx.08315，Дx.08323

成实论卷一二

BD15509，S.1300

成实论卷一三

Дx.00273，Дx.06620，Дx.11525

成实论卷一四

S.1427，S.1547

成实论卷一五

　　BD11128，BD15256，S.7759

成实论卷一六

　　BD00395，S.7726

成实论卷一七

　　上图113

成实论略抄

　　Дх.08330

成实论疏

　　BD03885V，BD15638，津艺024，文研院021（xj233－碑帖111.5正面），羽464

成实论义记卷四

　　羽182

成实论义记卷中

　　台图131

成实论义疏

　　BD09848

成唯识论

　　北三井103（025-14-20）

成唯识论（问答）

　　浙敦161（浙博136）

成唯识论笔记

　　BD09787V

成唯识论卷三

　　S.2530

成唯识论卷四

　　Дх.06499，Дх.07729，Дх.08237，Дх.09017

成唯识论卷七

　　S.7766，敦博036

成唯识论卷九

BD07929

成唯识论释

S.0567

成唯识论疏释

S.4244

成唯识论述记卷五

Дx.12164

呈报驿马毛色齿岁牒

P.3307V（1）

呈大蕃国沙州燉煌郡节度公贺文

P.2686V

呈司空诉状

P.2207P1V

呈文

Дx.02449+Дx.05176A

乘恩帖

Дx.06065，Дx.06065V

乘法口诀

Дx.02145V（1）

乘云咒

P.3810（7）

程定海等人将押牙安再通锁并钥匙记

BD12647

程富住阿耶身亡社司转帖

BD15434

澄心论

BD08475（1），P.3434（1），P.3777（5），S.2669V（4），S.4064（2），羽395之3

澄心论后仪
　　BD08475（2）

澄照大师于台山金阁院金字藏中检得七佛名号
　　P.3588（1）

持大悲经发愿文
　　BD01910（1）

持幡菩萨像（剪纸）
　　P.4517（1）

持戒十利
　　BD06230（3）

持人菩萨经卷二
　　哥图写卷2e（第2卷），羽145

持人菩萨经卷三
　　哥图写卷2i（第2卷）

持世经卷一
　　Дx.18529

持世经卷二
　　Дx.18346

持世经卷三
　　上博57（44962）

持世经卷四
　　BD10526，BD12302

持世菩萨第二卷
　　P.3079

持世陀罗尼经
　　Дx.05279

持世陀罗尼品经
　　S.2292

持诵佛名及功德文
　　BD00953（2）

持诵金刚经灵验功德记
　　BD03099（1），P.4025（3），P.4025V，P.5042AV，Дx.00138，Дx.05384，Дx.06235，Дx.06235V，Дx.08850

持诵金刚经灵验功德记金刚经赞一本
　　Дx.00296

持诵金刚经灵验功德记开元皇帝赞金刚经功德
　　Дx.10694

持心梵天所问经
　　Дx.15635

持心梵天所问经卷一
　　BD05536

持心梵天所问经卷三
　　P.3554

持斋念佛忏悔礼文
　　Дx.05357V，Дx.12026

尺牍
　　历博写本52

赤心乡百姓令狐宜宜等状
　　P.2595（4）

赤心乡等欠帐人名录
　　P.2622V（2）

敕都法师悟真告身
　　P.3720（2）

敕副僧统告身
　　P.3720（4）

敕归义军节度兵马留后使牒
　　P.3239

敕归义军节度使牒
　　S.0329V（11），Дx.01312

敕归义军节度使牒式二通
　　S.0515V

敕归义军节度使改补索力力为兵马使牒
　　P.3298P1

敕归义军节度使题款
　　Дx.01290V

敕归义军节度使杂写
　　P.3411V

敕河西都僧统洪䛒都法师悟真告身
　　P.3720（1），P.3720（6）

敕河西节度兵部尚书张公德政之碑
　　P.2762，S.3329，S.6161，S.6973，S.11564

敕河西节度使牒
　　P.3102V（2），P.3770V（4）

敕河西节度使银青光禄大夫检校国子祭酒从嗣状
　　BD14667V（2）

敕河西节度归义军使文
　　P.2005V（1）

敕书（？）〔宣宗年间〕
　　S.11345

敕授河西归义军节度留后使检校司空兼御史大夫曹写大佛名经壹部题记
　　P.4660P1

敕修弥勒禅
　　BD00791（2）

敕员外散骑侍郎周兴嗣次韵千字文
　　羽427

敕旨京城诸寺各写示道俗侵损常住僧物恶报灵验记〔先天元年（712）九月一日郭元震宣〕
　　S.5257（1）

敕准祠部牒文

P.2547P3

敕字和中阿含经经名等杂写

Дx.01314V

敕字押

Дx.01275V

崇恩和尚修功德记

P.4010，P.4615V

崇济寺禅师满和尚撰了性句并序

羽395之2

崇夏寺尼为修佛殿功德三月讲文

S.3728V

重修宝刹赞文

P.3490（4）

重修佛堂记

北大D195

重修南大像北古窟题壁并序

P.2641V（1）

酬李别驾

P.2976（9）

稠禅师解虎赞

P.3490（2），P.4597（17）

稠禅师疗有漏方

BD12172（2）

稠禅师药方疗有漏

P.3559+3664（7）

稠禅师意

P.3559+3664（6）

丑妇赋

S.5752（3）

丑年（821）安国寺寺户氾奉世等请便麦牒及处分
    BD06359V（8）

丑年（821）报恩寺人户团头刘沙沙请便麦牒及处分
    BD06359V（5）

丑年（821）金光明寺寺户团头史太平等请便麦牒及处分
    BD06359V（10）

丑年（821）开元寺寺户张僧奴等请便麦牒及处分
    BD06359V（7）

丑年（821）灵修寺寺户团头刘进国等请便麦牒及处分
    BD06359V（9）

丑年八月令狐大娘诉张鸾侵夺舍宅牒
    S.5812

丑年到未年都司仓入破历
    BD07384V

丑年九月十月吴法阇梨请经论卷袟数目
    S.2447V（1）

丑年九月宋判官请经论经疏卷袟数目
    S.2447V（2）

丑年十二月僧龙藏析产牒
    P.3774

丑年十二月沙州诸寺羊籍五通
    S.0542V（1）

丑年四月牒
    P.5587（4）

丑年寅年赞普新加福田转大般若经分付诸寺维那历
    P.3336（1）

丑年正月已后大众及私傭儭施布入历
    P.2912V（1）

丑女金刚缘
    S.2114V

丑女缘起
 P.3048，P.3592V

出唱物名目
 S.5897

出家功德经（出贤愚经）
 BD01034V（4）

出家功德文
 S.6000（2）

出家人受菩萨戒法卷一
 P.2196

出家赞
 P.2690V（5），P.3116（1），S.5539（3），S.6923V（6），Дх.00109，Дх.02430，Дх.18966，俄Ф.176V（3）

出家赞文
 BD09378，P.3824（8），P.3892（1），P.4597（24），S.5572（4），S.6273

出军大忌法
 P.2610（5）

出卖房舍契
 BD16162A，BD16162B

出门逢白霜诗（方形一首、圆形二首）
 S.5648（2）

出门逢白霜诗（方形一首、圆形一首）
 S.5648（11）

出三藏记集卷二
 BD16579

出生菩提心经
 BD05614

出曜经
 S.4651，文研院022（xj183-0323.35）

出曜经卷一
　　S.4325
出曜经卷二
　　BD15952，BD15960，BD15961，BD15965
出曜经卷一〇
　　上博 33（37494）
出曜经卷一一
　　Дx.07074
出曜经卷一二
　　Дx.07059，Дx.07316，Дx.07399，Дx.08540
出曜经卷一九
　　BD07035
出曜经卷二九
　　S.2769
初七斋追福文
　　S.2854
初受三归菩萨戒羯磨文
　　BD04361（2）
除患礼忏文
　　P.2850（2）
除咳逆短气方
　　俄 Ф.356V（1）
除恐灾患经
　　BD00308
除睡咒
　　S.2669V（5）
除夕钟馗驱傩文
　　S.2055V
除一切怖畏说如是咒
　　P.2104V（12），P.2105（7），P.3289（6）

楚辞音
　　P.2494

楚辞音补注
　　P.2494V

处分王孝璋等身死及改任职掌牒
　　P.4890

处分吴和尚经论录
　　BD14676（2）

处置亡故阿张家资什物状
　　BD09352

传宝纪七祖一卷
　　P.3664（5）

传法宝记·僧可传（杜朏撰）
　　S.10484

传法宝记并序
　　P.3559+3664（4）

传法宝纪
　　P.3858

传法宝纪并序
　　P.2634，P.3664（3）

传心法要略述
　　P.3184

创于城东第一渠庄新造佛堂一所功德记并序
　　P.3245

垂拱元年（685）大唐新译三藏圣教序
　　P.3586

春秋穀梁传哀公第十二
　　P.2486（1）

春秋穀梁传桓公二
　　BD15345

春秋穀梁传集解

  BD14475V（1），BD14475V（2），P.2590

春秋穀梁经传

  P.2536

春秋穀梁经传解释僖公上第五

  P.2535，P.4905

春秋后语

  P.2589，P.5010，P.5034V，P.5523V，Дх.02663+Дх.02724+Дх.05341+Дх.05784，Дх.11638，南京博物院藏本

春秋后语·秦语

  BD14665，LD5003，S.0713

春秋后语·赵语

  P.2872V，P.3616

春秋后语略出本

  P.2569（Pel.tib.113V）（1）

春秋后语题

  S.0713V（1）

春秋后语释文（魏第七、楚第八、燕第十）

  S.1439

春秋经传集解

  P.2523，P.2523P1，P.2523P2，P.2540，P.2562，P.4058（3）

春秋经传集解卷七

  P.2509

春秋经传集解僖公五年

  P.4636（4）

春秋正义永徽四年二月廿四日抄写题记

  P.3311

春秋左传

  BD02709V，S.1943

春秋左传（昭公七年）
  Дх.01712

春秋左传（昭公十三年）
  Дх.01456

春秋左传成公十六年杜注
  P.2973P6

春秋左传杜注（哀十四、僖十六、廿二、廿三）
  S.1443

春秋左传杜注（定四年）
  S.5625

春秋左传杜注（桓公二年）
  Дх.01367

春秋左传杜注（文十四——十七年）
  S.0085

春秋左传杜注（襄九——二十五年）
  S.0133

春秋左传杜注（襄十九年）
  S.3354

春秋左传杜注（宣十四年）
  S.6120

春秋左传杜注（昭二十四年）
  S.6258V

春秋左传杜注（昭十六）
  S.2984

春秋左传杜注（昭十三年）
  S.5857

春秋左氏传
  俄 Ф.356V（2）

春秋左氏传残卷
  中村不折137，中村不折138

春秋左氏传杜注
　　S.11563

春秋左氏传杜注（桓十二年）
　　S.5743

春秋左氏传杜注昭公七年
　　Дx.04512

春秋左氏传集解
　　P.2489+3611，P.2499+4058（3），P.3634，P.3635，P.4904

春秋左氏传集解襄公十八年
　　P.2767

春秋左氏传集解昭公廿八年廿九年
　　P.2981

春秋左氏传集解昭公十五年
　　P.2764

春秋左氏传解第四包首
　　俄 Ф.356（2）

春秋左氏传难字注音
　　P.3729V

春秋左氏传僖公二十二年
　　Дx.11029

春秋左氏传襄公十八年
　　Дx.04657，Дx.05067

春秋左氏传昭公十三年集解
　　P.3806

春秋左氏传昭公五年
　　P.3729

春秋左氏传正义
　　P.3634V，P.3635V

春秋左氏僖公二十一、二年传
　　Дx.00362+Дx.01252+Дx.01263+Дx.01463+Дx.02975

春日相饯一首
> P.3353V（4）

春至人先觉诗
> S.0713V（2）

淳化二年（991）四月廿八日回施疏
> S.0086

淳化二年（991）十月八日归义军节度使下寿昌都头等依例看侍防援兵将并官车牛帖
> S.4453

淳化二年（991）十一月十二日押衙韩愿定卖女与常住百姓朱愿松契
> S.1946

淳化三年（992）八月内亲从都头陈守定为亡父七七追荐设供请宾头卢颇罗堕和尚疏
> S.5696

淳化三年（992）陈守定请僧设供疏
> P.3152

淳化四年（993）五月都头曹长千设供请僧疏
> S.5941

淳化四年（993）癸巳岁具注历日
> P.3507（2）

戳印
> P.2679V（2）

词（辞）道场赞
> S.5722

词集
> P.3271V

词集（龙州词、水调词、郑郎子词、斗百草词、乐世词、阿曹婆词、何满子词、剑器词）
> S.6537V（8）

词曲
    P.3251

词三首
    P.3333

词四阕
    P.2506V（1）

词文
    S.12362

辞阿娘赞文
    S.4634V（2）

辞道场赞
    BD05746V（2），BD06200（2），BD06318（4），P.4028（1），P.4597（26），S.0779（3），S.1497（1），S.1947（1），S.5572（5），S.5652（1），S.6143，S.10014，

辞道场赞文
    P.2575V（8）

辞父母出家赞文
    P.4597（13）

辞父母赞
    S.6631V（7）

辞娘赞
    BD08174（4），P.2581+2919V，P.2713（1）

辞娘赞文
    BD06318（3），S.5892（3），羽037V之1

慈悲道场忏法
    Дх.18978

慈悲道场忏法卷二
    Дх.18970，Дх.18971，Дх.18972，Дх.19016，Дх.19017，Дх.19040

慈悲道场忏法卷九
    Дх.16925

慈悲道场忏法卷一〇
  Дx.18969

慈悲水忏法卷上
  BD16301A，BD16301B

慈悲水忏法卷中
  Дx.00690

慈惠乡百姓安粉塠状
  P.4814

慈惠乡百姓李进达状
  P.3730（10）

慈惠乡百姓王盈君请公凭取亡弟舍地填还债负诉状
  S.4654V（10）

慈惠乡分拆黄□名目
  P.3349P2

慈锐为亡弟乡官某设斋施舍回向疏
  S.8672

慈善孝子报恩成道经
  P.2582，故宫新153378

慈氏菩萨真言
  BD11482

慈氏真言
  BD09374（2），P.3932（6）

慈氏真言附回向功德文
  BD09515

慈童女缘
  BD15104V

此法实玄妙诗
  S.6454（2）

刺史书仪
  P.3449，P.3864

赐张淮深收瓜州敕
P.2709
粗面破历
S.6185
崔氏夫人训女文
P.2633（4），S.4129（2），S.5643（5）

D

达多等状（？）
    S.11345

达摩多罗禅经卷二
    Дх.06818

达摩多罗禅经卷下
    P.4027，Дх.08939

达摩多罗像
    P.4518（39）

达摩和尚绝观论
    BD09790，P.2885

达摩论
    S.3375V

达磨论一卷
    S.1880V

达磨胎息论
    BD11491

答张议潮上表敕书
    S.6342（2）

大哀经卷二
    Дх.03597

大哀经卷六
　　Дх.02634，Дх.03706，Дх.10359

大爱道般泥洹经
　　BD09955

大爱道比丘尼经卷上
　　Дх.00587

大爱道比丘尼经卷下
　　Дх.06461

大安般守意经卷下
　　津图001

大宝积经
　　首都师范大学历史博物馆藏本，文研院059（xj023-0660.04），文研院060（xj110-0660.91），文研院061（xj009-0662.09）

大宝积经卷一
　　BD00164I

大宝积经卷四
　　Дх.00383，Дх.08351

大宝积经卷七
　　BD07783

大宝积经卷八
　　敦研048，敦研121

大宝积经卷九
　　甘肃省档案馆2

大宝积经卷一二
　　BD06898

大宝积经卷一三
　　羽319

大宝积经卷一四
　　Дх.08163，Дх.08171，Дх.08176

大宝积经卷一五
定博 001

大宝积经卷一七
BD06912，S.3478，Дx.08612

大宝积经卷二〇
Дx.03221，Дx.03269，Дx.03503，Дx.15420，Дx.15638

大宝积经卷二三
BD07815

大宝积经卷二六
BD00520

大宝积经卷二七
BD07065，羽 457 之 4

大宝积经卷二九
S.0249

大宝积经卷三〇
S.4419

大宝积经卷三一
Дx.17714

大宝积经卷三三
Дx.02539V

大宝积经卷三四
S.2944（3）

大宝积经卷三五
BD10332，LB.043A，Дx.04655，Дx.05010

大宝积经卷三六
LB.043B，Дx.04681A，Дx.05593V

大宝积经卷三七
Дx.09480

大宝积经卷三八
BD08629，Дx.04067，Дx.04074

大宝积经卷三九
  P.4791, S.3477

大宝积经卷四〇
  BD03662, S.3214, Дx.14209

大宝积经卷四一
  甘博 122

大宝积经卷四二
  Дx.06492, Дx.07413, Дx.07851, Дx.09464, Дx.14235

大宝积经卷四四
  Дx.02222, 敦博 057

大宝积经卷四五
  BD07402

大宝积经卷四六
  Дx.00720, Дx.00902, Дx.04398, Дx.05344, Дx.06200, 羽 066V

大宝积经卷四七
  Дx.01552, Дx.04711, Дx.16770, 敦博 057

大宝积经卷四八
  BD09805

大宝积经卷四九
  P.3279（1）, S.1644

大宝积经卷五一
  Дx.07710

大宝积经卷五二
  Дx.07204

大宝积经卷五三
  BD07168

大宝积经卷五四
  BD03637, BD03639, Дx.07959, Дx.09425

大宝积经卷五六
  BD03356（1）

大宝积经卷五八

BD02319V（2），P.2105（14）

大宝积经卷五九

BD06504

大宝积经卷六一

BD05460，BD07090A，BD07090B

大宝积经卷六二

BD05528，BD06292，BD06596

大宝积经卷六三

BD06954

大宝积经卷六四

BD02401，BD10416

大宝积经卷六五

P.2178V（4）

大宝积经卷六六

S.7637

大宝积经卷六七

BD04206，S.2034，Дх.06387，Дх.07028

大宝积经卷七一

BD02767（2），BD05400，BD07526，S.4166

大宝积经卷七四

BD02894，S.3893

大宝积经卷七七

Дх.03899，Дх.16011，Дх.18747，津艺172（2）

大宝积经卷七八

BD03277（1）

大宝积经卷七九

S.7171，Дх.04488，俄Ф.278

大宝积经卷八二

P.3348

大宝积经卷八五
上图 076

大宝积经卷八七
Дх.03462，Дх.03578，Дх.05003

大宝积经卷八八
BD08544

大宝积经卷八九
羽 347

大宝积经卷九〇
石谷风 069，BD14836V（1），S.0362，Дх.08200B，Дх.11508V，Дх.11693，Дх.15165，Дх.18973

大宝积经卷九一
BD07063

大宝积经卷九二
BD03356（2）

大宝积经卷九三
BD06972，BD16180

大宝积经卷九四
BD10314

大宝积经卷九七
北大 D027

大宝积经卷九八
Дх.02539

大宝积经卷一〇〇
Дх.04361，Дх.05556

大宝积经卷一〇一
BD06310（1），BD08159，S.2944（1），S.4793

大宝积经卷一〇二
BD06310（2），BD15221，LD5142-02，S.1684，Дх.04077，鄂博 32

大宝积经卷一〇三

BD00641，BD03277（2），BD06310（3），BD14133，LB.049，P.4590，S.5301，S.6843，Дx.16441，鄂博33

大宝积经卷一〇四

BD06310（4），BD15317，S.2944（4），鄂博34，齐图230000-0903-0002728[1]

大宝积经卷一〇五

BD02019，S.4883，Дx.07885，鄂博35

大宝积经卷一〇六

BD14836（1），Дx.18607，Дx.18707

大宝积经卷一〇九

L.004

大宝积经卷一一〇

BD06750，Дx.04774

大宝积经卷一一一

BD14836V（2），Дx.00948，Дx.10163

大宝积经卷一一二

BD14836（2），Дx.02648A，Дx.03887V，Дx.05692A，Дx.08023，Дx.11168，Дx.11621，俄Ф.112（3）

大宝积经卷一一三

BD05426，BD16189A，BD16189B，BD16189C，P.4931，S.2026，S.5664，Дx.00018，Дx.04204，Дx.10770，Дx.12659，Дx.14783

大宝积经卷一一四

BD15545，浙敦158（浙博133）

大宝积经卷一一六

Дx.03589

大宝积经卷一一七

BD02612，BD04235，BD07121，BD07125，BD09800，S.0351，Дx.04430V，

---

1 齐齐哈尔市图书馆藏，见全国古籍普查登记基本数据库。

Дx.06253

大宝积经卷一一八
BD09800V，S.8108，Дx.04430（1）

大宝积经卷一二〇
BD15085

大宝积经宝髻菩萨会第四十七之二
羽113

大宝积经抄经录
P.3444V（1）

大宝积经钞
BD07197，BD14573

大宝积经丛抄
P.4569

大宝积经等废纸
S.3953

大宝积经第一帙略出字
S.3539

大宝积经第一帙字样
S.2142V

大宝积经第一袟第十卷录抄
P.3660V（2）

大宝积经废稿缀卷
BD04724

大宝积经经名杂写
P.2105V（2）

大宝积经经题
羽707R之2

大宝积经卷
旅博20.1539

大宝积经卷七二钞

BD09691

大宝积经难字

P.3823（2）

大宝积经难杂字

BD04843V

大宝积经内梵音词

P.3660

大宝积经内难字

P.3222

大宝积经提要

北大 D027V

大宝积经题签

Дх.01964，Дх.10812

大宝积经写经用纸数

羽 076V

大宝积经摘抄

P.3354V（1）

大宝积经纸数

BD12704

大宝积经袱皮

S.7939A

大宝于阗国进奉使司空刘再昇题签

P.5535（1）

大悲拔苦忏悔法

LD4983-03B

大悲变食真言

P.3861（9）

大悲分陀利经卷三

S.6456

大悲观世音菩萨颂
　　LB.037B
大悲观世音菩萨至道礼文
　　台图138
大悲经卷二
　　Дx.03441
大悲经卷下咒
　　P.2575V（5）
大悲经下卷咒
　　P.2575（5）
大悲经真言印一本
　　P.3861（10）
大悲曼荼罗法
　　S.2716
大悲祈请一卷
　　HHT040
大悲启请
　　P.2197（10），Дx.00529
大悲启请、佛顶尊胜加句灵验陀罗尼启请
　　S.2566
大悲启请文
　　S.4378V（1），S.5598
大悲坛法别行本
　　S.2498（2）
大悲陀罗尼真言
　　P.3861（8）
大悲心结护身印咒
　　P.4098（1）
大悲心陀罗尼
　　Дx.10652（1）

大比丘尼羯磨

BD01082，S.0736，S.2935，中村不折 031

大比丘尼戒本

S.6867

大比丘尼戒经

BD00895

大比丘尼杂羯磨

BD05278

大辩邪正经

BD04010，BD04548V（2），BD10274，BD10397，BD10533，BD10618，BD11163，BD11338，BD11865，BD14126

大般涅槃经

BD02393，BD02489，BD02495，BD09940，BD15822，L.017，L.018，LD28393，LD29450，LD4983-03A，LD5137-05，LD5137-06，LD5142-07，LD5142-14，LD8625-02，P.3026V，P.4536（2），P.4774，P.5023A，P.5582（2），P.5582P，S.1171，S.2127，S.5819，S.7808，SCM.D.02404，SCM.D.02409，SCM.D.08687，SCM.D.115853，SCM.D.142666，SCM.D.21598，Дх.00179，Дх.00620，Дх.00869，Дх.02221，Дх.02818，Дх.03103，Дх.03470，Дх.03478，Дх.07227，Дх.07504，北大 D119，北三井 056（025-10-14），北三井 057（025-10-43），北三井 058（025-14-12），北三井 059（025-10-20），北三井 060（025-14-7），北三井 061（025-14-19），北三井 062（025-14-8），北三井 063（025-10-13），北三井 064（025-10-15），北三井 065（025-13-3），北三井 066（025-10-44），北三井 067（025-10-7），北三井 068（025-13-5），北三井 069（025-10-24），北三井 070（025-14-4），北三井 071（025-10-42），北三井 072（025-13-4），北三井 073（025-14-21），北三井 074（025-10-23），北三井 075（025-10-41），故宫新 133894，故宫新 133895，故宫新 138350，故宫新 139948，故宫新 145420（2），故宫新 153366，故宫新 153374，故宫新 153376，故宫新 199431，津艺 082（1），津艺 102，津艺 216，堪萨斯纳尔逊美术

馆藏本[1]，昆山市昆仑堂美术馆藏本，旅博 20.1543，旅博 20.1546，上博 61(51033)，盛华堂藏本[2]，首博 32.536，首博 32.538，文研院 023（xj001-0662.01），文研院 024（xj063-0660.44），文研院 025（xj064-0660.45），文研院 026（xj066-0660.47），文研院 027（xj003-0662.03），文研院 028（xj024-0660.05），文研院 029（xj033-0660.14），文研院 030（xj035-0660.16），文研院 031（xj036-0660.17），文研院 032（xj038-0660.19），文研院 033（xj039-0660.20），文研院 034（xj057-0660.38），文研院 035（xj043.1-0660.24.1），文研院 036（xj046-0660.27），文研院 037（xj051-0660.32），文研院 038（xj052-0660.33），文研院 039（xj065-0660.46），文研院 040（xj067-0660.48），文研院 041（xj076-0660.57），文研院 042（xj088-0660.69），文研院 043（xj089-0660.70），文研院 044（xj098-0660.79），文研院 045（xj154-0323.06），文研院 046（xj156-0323.08），文研院 047（xj168-0323.20），文研院 048（xj030-0660.11），文研院 049（xj032-0660.13），文研院 050（xj099-0660.80），文研院 051（xj199-0323.51），文研院 052（xj202-0323.54），羽 109，羽 110，羽 111，羽 112，中村不折 035，重博 03，重博 20，重博 21

大般涅槃经卷一

BD00544，BD00686，BD00845，BD00982，BD05097，BD05596，BD06298，BD07452，BD07622，BD08615，BD09559，BD10655，BD12002，BD13840，BD13841（1），BD14613，HHT012，S.1088，S.1317，S.1550，S.3153，S.3679，S.3707，S.6037，S.6209，S.6943，S.7632，S.7738，S.8253，Дх.00369，Дх.00766，Дх.02785，Дх.03380，Дх.03655，Дх.04632，Дх.04696，Дх.04703，Дх.06453，Дх.06748，Дх.07011，Дх.07277，Дх.09050，Дх.09248，Дх.11443，Дх.14919，Дх.15934，Дх.16030，Дх.16990，Дх.17959，北大 D030，北大 D128，敦博 014，敦研 053，甘博 138，甘图 026，津艺 200，酒博 015，南图 023，启敦 110，石谷风 055，羽 300V 之 2

大般涅槃经卷二

BD01982，BD01997，BD02322，BD02350，BD02429，BD02595，BD10894，BD11601，BD13841（2），BD14507，BD14825BC，BD14825BD，

---

1 王惠民：《敦煌佛教与石窟营建》，兰州：甘肃教育出版社，2017 年，第 155 页。

2 见《第三批上海市珍贵古籍名录》。

BD14954, CXZ008, S.0049, S.0732, S.0829, S.1003, S.1044, S.1514, S.2415, S.4500, S.6098, S.6118, S.7479, S.7556, S.7715, S.7754, Дх.00117, Дх.00563, Дх.02622, Дх.03242, Дх.03450, Дх.03607, Дх.04140, Дх.04613, Дх.05670, Дх.05731, Дх.06748, Дх.07329, Дх.07424, Дх.07523, Дх.07817, Дх.08061, Дх.08509, Дх.09032, Дх.09117, Дх.09381, Дх.10585, Дх.14480, Дх.16140, Дх.16393, Дх.16521, Дх.16708, Дх.18538, Дх.18675, 敦博008, 敦研133, 美国国会图书馆藏本, 青博01, 上图165, 羽589之3, 羽589之4, 羽589之10

大般涅槃经卷三

BD01215, BD02336, BD02370, BD02726, BD04156, BD04355, BD07462, BD07516, BD07654, BD07659, BD09694, BD10383, BD10399, BD10420, BD10525, BD10604, BD10739, BD10740, BD10778, BD10835, BD11529, BD11569, BD13619, BD13841（3）, BD13842, BD14430, BD14459, BD14946, BD15151, BD15323, BD15503, BD15883, BD15929, BD15933, BD15956, LB.017, P.4834, S.2298, S.2835, S.2876, S.4720, S.4868, S.5163, S.6742, S.7626, S.8288, ZSD015号, Дх.00270, Дх.00390, Дх.00443, Дх.01604, Дх.01650, Дх.01938, Дх.01978, Дх.03192C, Дх.03239, Дх.03271, Дх.03520, Дх.03526, Дх.03603, Дх.03771, Дх.04203, Дх.04432, Дх.04629, Дх.04680, Дх.04722, Дх.04730, Дх.05193I, Дх.05727, Дх.06100, Дх.06246, Дх.06351, Дх.07035, Дх.07545, Дх.07703, Дх.07707, Дх.07825, Дх.08069, Дх.08723, Дх.08767, Дх.08941, Дх.09131, Дх.09146, Дх.11327, Дх.11341, Дх.12609, Дх.15224, Дх.15307, Дх.15418, Дх.15513, Дх.15716, Дх.16101, Дх.16408, Дх.17482, Дх.17576, Дх.17632, Дх.18051, 敦研198, 俄Ф.184, 韩国岭南大学图书馆藏本, 京博B甲259 图录208, 启敦147, 石谷风051, 首博32.527

大般涅槃经卷四

410000-2299-0000861（嵩山少林寺藏经阁藏本）[1], BD00303, BD00764,

---

[1] 见全国古籍普查登记基本数据库。

BD01519, BD01946, BD02676, BD03490, BD05261, BD06588, BD07894（1），BD07949, BD09908, BD10203, BD10309, BD10951, BD11150, BD11356, BD11771, BD12144, BD13101, BD13841（4），BD13843, BD14859, BD15361, BD15372, BD15890, BD16515A, P.2157V（5），S.0433, S.0623, S.2115, S.3518, S.8364, Дх.00161, Дх.00369, Дх.02268, Дх.02843, Дх.07438, Дх.07517, Дх.07699, Дх.08392, Дх.08968, Дх.09156, Дх.09332, Дх.09360, Дх.11814, Дх.11892B, Дх.11922, Дх.12511V, Дх.12607, Дх.14927, Дх.16331, Дх.16761, Дх.17012, Дх.18143, 大东急107-5-1-1J，敦博002，津艺022，浙敦090（浙博065），中村不折104

大般涅槃经卷五

BD00663, BD01038, BD01131, BD02760, BD03269, BD03405, BD05733, BD07029, BD08175, BD09721, BD09832, BD10246, BD10505, BD10536, BD10813, BD10838, BD11140, BD11309, BD11545, BD13841（5），BD13874, BD13875, BD14211, BD14949, BD14949V, BD15973, P.4955, P.5566, P.5586（2），P.5589（12），S.0547, S.1618, S.1966, S.5384, S.7658, S.7792, S.8057, ZSD041号，Дх.02528, Дх.02725, Дх.03434, Дх.03601, Дх.03605, Дх.04591, Дх.04731, Дх.06466, Дх.06617, Дх.06980, Дх.07372, Дх.07394, Дх.07756, Дх.08534, Дх.09247, Дх.10594, Дх.11312, Дх.11446, Дх.11988, Дх.12285, Дх.12290, Дх.12382, Дх.12628, Дх.12846, Дх.12881, Дх.14307, Дх.14807, Дх.14808, Дх.15720, Дх.15845, Дх.16042, Дх.16114, Дх.16155, Дх.16266, Дх.16471, Дх.16485, Дх.17630, Дх.18393, Дх.18583, Дх.18586, Дх.18666，敦博041，敦研056（1），敦研125，鄂博16，历博44，南图028，台图081

大般涅槃经卷六

BD01470, BD03173, BD03579, BD03975, BD07436, BD09440, BD09441, BD13844, S.2393, S.2864, S.5720, S.8001, Дх.00116, Дх.01515, Дх.03303B, Дх.03369, Дх.03425, Дх.03554, Дх.04688, Дх.06836, Дх.06840, Дх.07191, Дх.07528, Дх.07666, Дх.07933, Дх.08057, Дх.08472, Дх.09193, Дх.09476, Дх.11441, Дх.11593D,

Дх.15061，Дх.16010，Дх.16302，Дх.16663，Дх.16973，Дх.17538，Дх.17649，Дх.17803，Дх.18698，第五批 11397（华东师范大学图书馆藏本），敦研 020，敦研 021，敦研 127，敦研 202，敦研 211，敦研 216，敦研 243，敦研 244，傅图 17，甘博 055，上博 03（2416），台图 073，羽 163，羽 530，羽 537

大般涅槃经卷七

BD01209，BD01358，BD03430，BD06207（1），BD07519，BD08041，BD09576，BD09581，BD10100，BD10418，BD10421，BD11533V，BD12307，BD13845，BD14484，BD14811C，BD16087A，BD16087B，BD16087C，BD16087D，BD16469，S.0067，S.1368，S.4846，S.6573，S.7377，S.7403，S.7654，SCM.D.29126，ZSD014 号，Дх.01120，Дх.03715，Дх.04249，Дх.04676B，Дх.05038，Дх.05471，Дх.06421，Дх.07087，Дх.07156，Дх.07853，Дх.08436，Дх.08485，Дх.08670，Дх.12414，Дх.14308，Дх.15064，Дх.15861，Дх.16483，Дх.16819，Дх.17699，大东急 107-23-1，敦博 078，敦研 022（3），敦研 078，敦研 315，津图 164，津艺 328，启敦 047，羽 530，羽 537，羽 774

大般涅槃经卷八

BD00089，BD01983，BD03653，BD04806，BD06113，BD06207（2），BD09840，BD10120，BD10287，BD11770，BD12251，BD13846，BD13876，BD14464，BD14550，P.2205，P.2342P2，P.4772，S.0130，S.0486，S.0883，S.1041，S.4678V，S.4846，S.4876，S.5188，S.6942，S.8054，Дх.00132，Дх.03495，Дх.04108，Дх.04463，Дх.05485，Дх.05718，Дх.05798，Дх.06179，Дх.06186，Дх.06417，Дх.06678，Дх.06705，Дх.06841，Дх.06842，Дх.07341，Дх.07720，Дх.07745，Дх.07913，Дх.08496，Дх.09118，Дх.11159，Дх.11935，Дх.12045，Дх.12439，Дх.14524，Дх.15795，Дх.15822，Дх.15923，敦研 019，敦研 031，敦研 310，俄Ф.074，俄Ф.082，俄Ф.204B，京博 B 甲 427，南图 030，首博 32.522，首博 36.522，台图 078，台图 082，羽 589 之 22，羽 590 之 20，羽 774，中村不折 045，中村不折 062

大般涅槃经卷九

BD02136，BD02736，BD03046，BD03714，BD06709，BD07406，

BD09449, BD09741, BD09761, BD10193, BD10226, BD10270, BD10515, BD11149, BD11160, BD11832, BD13847, BD15078, BD15866, BD15872, CXZ003, G.014[=PEALD_8f4R], L.044, S.0093, S.2958, S.4788, S.5241, S.6510, S.7169, Дх.02045, Дх.02403, Дх.02404, Дх.02422, Дх.02454, Дх.02754, Дх.03395, Дх.03419, Дх.03577, Дх.03648, Дх.03740, Дх.03911, Дх.04129, Дх.04630, Дх.06613, Дх.07213, Дх.07508, Дх.07586, Дх.07945, Дх.08054, Дх.09109, Дх.09347, Дх.11268, Дх.11594, Дх.12395, Дх.12492, Дх.15844, Дх.16813, Дх.16960, Дх.16994, Дх.17790, Дх.18363, Дх.18536, Дх.18588, 敦研031, 敦研232, 敦研236, 上博04（2420）, 上博05（3260）, 上图106, 羽589之9

大般涅槃经卷一〇

BD00330, BD02686, BD05505, BD07382, BD07523, BD09569, BD09733, BD10053, BD10733, BD10796, BD11551, BD11668, BD11692, BD13848, BD13877, BD13878, BD13879, BD13880, BD14862, BD14870, BD14916, BD15028, BD15739, BD15877, P.4807, S.0630, S.1209, S.2086, S.2136, S.3738, S.7675, S.7678, Дх.01524, Дх.02412B, Дх.02690, Дх.02699, Дх.03742, Дх.04081, Дх.04117, Дх.04672, Дх.05019, Дх.05781, Дх.06429, Дх.06822, Дх.07136, Дх.07344, Дх.07719, Дх.08145, Дх.08304, Дх.08473, Дх.09122, Дх.09367, Дх.11367, Дх.11464, Дх.11562, Дх.12463, Дх.15567, Дх.16334, 敦研106, 敦研163, 敦研174, 俄Ф.076, 俄Ф.085, 津图034, 津图052, 津艺065（4）, 津艺278, 上图045, 首博32.556, 羽536

大般涅槃经卷一一

BD00749, BD01424, BD01713, BD03515, BD05055, BD07287, BD10330, BD13881, BD13900, BD14450B, BD14732, BD14736, BD14764, BD15170, BD16435, G.011[=PEALD_8f1R], S.0081, S.0535, S.1945, S.2514, S.2799, S.3316, S.4933, S.5936, S.6072, Дх.01759, Дх.02532, Дх.02837, Дх.02848, Дх.03262, Дх.03371, Дх.03704, Дх.04123, Дх.04484, Дх.05027, Дх.05265, Дх.07385, Дх.07482, Дх.07649, Дх.07935, Дх.08032, Дх.08483, Дх.08619, Дх.09308, Дх.09387,

Дх.09389，Дх.15207，Дх.15348，Дх.15361，Дх.17829，Дх.17958，Дх.18028，Дх.18506，大谷大学0716，第二批02423（西北大学图书馆藏本），敦研041，敦研155，敦研161，敦研193，敦研213，上图101，上图107，台图080，羽589之15，浙敦034（浙博009）

大般涅槃经卷一二

BD03331，BD03812，BD03851，BD03987，BD04101，BD04175，BD04217，BD04243，BD05118，BD06223，BD08142，BD10065，BD10575，BD10585，BD11463，BD11857，BD14606，BD14785，BD15293，BD15725，S.0478，S.0561，S.0693，S.1218，S.1569，S.2923，S.3119，S.4366，S.4426，S.4869，S.6553，S.6563，Дх.01119，Дх.01550，Дх.01935，Дх.03215，Дх.03255，Дх.04179，Дх.04206，Дх.04496，Дх.04612，Дх.04668，Дх.04692，Дх.04756，Дх.06273，Дх.06863，Дх.07084，Дх.07206，Дх.07364，Дх.07529，Дх.07533，Дх.07583，Дх.08625，Дх.09462，Дх.12049，Дх.12074，Дх.14545，Дх.15434，Дх.15543，Дх.15979，Дх.17669，Дх.17728，大谷大学0716，东大2993，敦研022（2），敦研152，敦研157，甘博014，国图WB32（14），604498，津图037，首博32.546，台图074

大般涅槃经卷一三

BD02685，BD04282，BD04321，BD04333，BD04336，BD04391，BD04426，BD04428，BD04439，BD04442，BD04444，BD04527，BD04563，BD04604，BD04643，BD04662，BD04676，BD04750，BD05099，BD05386，BD05919，BD05989，BD06266，BD06570，BD08276，BD09148，BD10272，BD10609，BD12075，BD13849，HHT004，L.007，P.4815，S.0193，S.1949，S.2152，S.2933，S.3385，S.3577，S.3632，S.3771，S.4916，Дх.00654，Дх.02293，Дх.03201，Дх.03346，Дх.03453，Дх.03479，Дх.03652，Дх.05061，Дх.06835，Дх.06855，Дх.07651，Дх.07907，Дх.07908，Дх.08224，Дх.08259，Дх.09223，Дх.10218，Дх.12855，Дх.12859，Дх.16186，Дх.16187，Дх.16425，Дх.16845，Дх.16846，Дх.16927，Дх.18347，Дх.18356，第二批02424（西北大学图书馆藏本），甘博132，津图093，津艺229，京博B甲264 图录213，上图108，首博32.520（24），首博32.520（25），首博32.520（26），台图083，羽735

大般涅槃经卷一四

BD00304，BD00842，BD01151，BD01679，BD03227，BD03402，BD04339，BD04413，BD04810，BD06796，BD07405，BD07547，BD07890，BD08058，BD09549，BD09585，BD09710，BD09898，BD10836，BD10979，BD11022，BD11232，BD11413，BD11638，BD11703，BD11704，BD13850，BD14678，BD14825AE，BD14865，BD15163，BD15837，BD15896，BD15972，LD4985，P.4846，S.1335，S.1354，S.2125，S.3771，S.6827，S.8080，ZSD006 号，Дх.00682，Дх.00790，Дх.01630B，Дх.01783，Дх.02305，Дх.03204，Дх.03658，Дх.03953，Дх.04151，Дх.06264，Дх.06500，Дх.06516，Дх.06539，Дх.06896，Дх.07017，Дх.07025，Дх.07253，Дх.07361，Дх.07471，Дх.07593，Дх.07635，Дх.08514，Дх.08624，Дх.09006，Дх.09093，Дх.09339，Дх.12115，Дх.12464，Дх.14962，Дх.16120，Дх.16171，Дх.16418，Дх.16451，Дх.16726，Дх.16765，Дх.16913，Дх.17710，Дх.17939，Дх.18007，Дх.18565，Дх.18596，北大 D031，北大 D136，敦研 022（1），津图 163，上图 050，上图 056，羽 283，羽 299 之 3

大般涅槃经卷一五

BD02558，BD02886，BD03514，BD06404，BD06618，BD07069，BD07483，BD07509，BD07591，BD07892，BD09946，BD09957，BD09982，BD10308，BD10312，BD10323，BD10413，BD11000，BD11189，BD11200，BD11439，BD11607，BD11726，BD11947，BD11948，BD11949，BD12016，BD12038，BD12051，BD12052，BD12053，BD12103，BD12306，BD13851，BD13882，BD14825AD，BD14842，BD15263，BD15856，BD16568A，S.0537，S.0979，S.1885，S.2917，S.4864，S.5182，XT.007，Дх.00433B，Дх.01527，Дх.02179，Дх.02411，Дх.02561，Дх.02891，Дх.02985，Дх.02994，Дх.03228，Дх.03683，Дх.04623，Дх.04723，Дх.04993，Дх.05086，Дх.05621，Дх.06846，Дх.06918，Дх.06929，Дх.06963，Дх.07061，Дх.07741，Дх.07838，Дх.07846，Дх.08021，Дх.08229，Дх.08419，Дх.08495，Дх.09412，Дх.11145，Дх.12075，Дх.12741，Дх.14812，Дх.14920，Дх.15063，Дх.15436，Дх.15565，Дх.16038，Дх.18672，敦研 353，敦

研365，俄Ф.080，鄂博18，国图WB32（15），566974，37入，台图084，羽283，羽418，中村不折173-1-1

大般涅槃经卷一六

BD00954，BD02351，BD03581，BD05657，BD10384，BD10589，BD11839，BD12368，BD13883，BD13884，BD14450A，BD14825BB，BD15004，P.5028（4），S.1269，S.1623，S.2598，S.3885，S.4527，S.4562，S.4861，S.5296，Дх.03196，Дх.03728，Дх.04458С，Дх.04461，Дх.04652，Дх.06382，Дх.07733，Дх.07978，Дх.08144，Дх.08638，Дх.09266，Дх.09346，Дх.09394，Дх.09399，Дх.12167，Дх.12461，Дх.14516，Дх.14536，Дх.16090，Дх.16122，Дх.16434，Дх.16996，Дх.17740，Дх.18244，敦博015，敦研274，敦研365，俄Ф.158（1），俄Ф.291，鄂博13B，津艺206，羽418，羽763，羽767

大般涅槃经卷一七

BD03903，BD04036，BD04140，BD04179，BD04815，BD06392，BD10639，BD11848，BD13852，BD14518，BD15126，BL.001，LD29400，S.1832，S.3292，S.3850，S.8163，S.8250，S.8386A，S.8386B，Дх.00678，Дх.01271（2），Дх.03483，Дх.03662，Дх.04543，Дх.04979，Дх.06354，Дх.06585，Дх.06839，Дх.07122，Дх.07127，Дх.07472，Дх.07661，Дх.07772，Дх.08586，Дх.09084，Дх.11395，Дх.11568B，Дх.11569，Дх.14194，Дх.14806，Дх.15308，Дх.15367，Дх.15825，Дх.16794，Дх.16795，Дх.17696，敦研209，敦研259，哥图写卷1（第1卷），津艺179，津艺243，京博B甲262图录211，启敦106，台图085，羽399，羽763

大般涅槃经卷一八

BD00327，BD02193，BD02773，BD03002，BD03621，BD03761，BD04814，BD07897，BD09580，BD10401，BD11279，BD12331，BD13853，BD14199，BD15711，LD4996，P.2281，P.4798，S.1280，S.2082，S.3060，S.6142，S.8052，Дх.00452，Дх.00453，Дх.00454A，Дх.02072，Дх.02332，Дх.03245，Дх.03387，Дх.03664，Дх.06341，Дх.06772，Дх.06950，Дх.07073，Дх.07395，Дх.07526，Дх.07725，Дх.08796，Дх.08999，Дх.09073，Дх.09209，Дх.09311，Дх.12867，Дх.14681，Дх.15035，

Дх.15059，Дх.16016，Дх.18650，大东急107-5-1-1C，敦研183，敦研199，敦研212，俄Ф.077，俄Ф.078，鄂博26，甘博013，甘博070，哥图写卷1（第1卷），国图WB32（39），566988，津艺267，上图007，台图086，伍伦10号，西博010，羽551，浙敦105（浙博080），中村不折033

大般涅槃经卷一九

BD00160，BD00433，BD01055，BD01123，BD03497，BD04066，BD05294，BD06168，BD11615，BD11651，BD13615，BD13854，BD13885，BD14470，BD14577，BD15508，BD15717，BD15811，L.005，S.0762，S.1858，S.2179，S.2591，S.4483，S.4547，S.6614，SCM.D.103877，Дх.01208，Дх.03258，Дх.04320，Дх.07330，Дх.07366，Дх.07475，Дх.07524，Дх.07525，Дх.07574，Дх.07952，Дх.07983，Дх.08380，Дх.08390，Дх.08400，Дх.08402，Дх.08424，Дх.09358，Дх.09481，Дх.09509，Дх.11437，Дх.11465，Дх.11468，Дх.12294，Дх.12865，Дх.12889，Дх.14216，Дх.15528，Дх.16004，Дх.17912，敦研183，敦研201，敦研203，敦研204，敦研245，敦研263，敦研272，甘博附137，津图095，津图134，津图135，津艺272，南图029，台图079，羽551，浙敦013（浙图13），浙敦119（浙博094）

大般涅槃经卷二〇

BD00246，BD01575，BD02827，BD03017，BD03310，BD03397，BD06051，BD07993，BD08677，BD11558，BD11795，BD13855，BD14443，BD14840KA，S.0489，S.1240，S.1295，S.1329，S.1833，S.2129，S.2145，S.6614，S.7263，S.7991，SF2004/4，Дх.00082，Дх.00540，Дх.00923，Дх.03280，Дх.04825，Дх.06861，Дх.07109，Дх.07714，Дх.08007，Дх.08019，Дх.08121B，Дх.08252，Дх.09063，Дх.09145，Дх.09337，Дх.10423，Дх.12379，Дх.15767，Дх.16094，Дх.18281，Дх.18651，敦研023，敦研091，敦研134，敦研182，敦研191，务本023号A，务本023号B

大般涅槃经卷二一

BD03843，BD03855，BD03887，BD04098，BD05009，BD09714，BD10290，BD10839，BD11374，BD11963，BD12017，BD13856，BD14775，BD14825CA，BD15696，BD15971，S.0219，S.0237，S.1805，S.1828，

S.2216，S.2375，S.4122，S.6899，S.6924，S.8297，Дх.03309，Дх.04214，Дх.04699，Дх.04772，Дх.05450，Дх.05631，Дх.06430，Дх.06777，Дх.07513，Дх.08452，Дх.11531，Дх.11907，Дх.12007，Дх.14450，Дх.14880，Дх.16175，Дх.16584，Дх.18432，津图165，启敦051，石谷风013，石谷风066，羽300R之1，羽547，羽585

大般涅槃经卷二二

BD02470，BD03266，BD05236，BD07543，BD07590，BD09149，BD09560，BD09575，BD09579，BD10174，BD11449，BD11706，BD13857，BD14744，BD15921，P.4773，S.0321，S.1122，S.2132，S.2153，S.2375，S.2396，S.3304，S.3527，S.7470，S.7655，S.7778，Дх.03642，Дх.03666，Дх.03667，Дх.03690，Дх.04130B，Дх.04164，Дх.04212，Дх.04438，Дх.04465，Дх.04583（2），Дх.04628，Дх.05018，Дх.06813，Дх.06829，Дх.07008，Дх.07466，Дх.07652，Дх.08349，Дх.08428，Дх.08433，Дх.08951，Дх.08996，Дх.09166，Дх.09174，Дх.15058，Дх.15223，Дх.15419，Дх.16136，Дх.16300，Дх.18293，Дх.18629，敦研122，敦研154，鄂博11，国图WB32（16），604490，38.3.29入，南京博物院藏本

大般涅槃经卷二三

BD00285，BD03552，BD04977，BD09443，BD13886，BD15670，BD15792，S.0116，S.0118，S.0174，S.0222，S.0262，S.0767，S.1814，S.2148，S.2559，S.6043，S.8228A，S.8228B，S.8228C，S.8228D，S.8361，Дх.03552，Дх.04226，Дх.05228，Дх.06267，Дх.06293，Дх.08079，Дх.09306，Дх.11427，Дх.11830，Дх.11939，Дх.14159，Дх.15634，Дх.16003，Дх.16058，Дх.16364，Дх.16437，Дх.16476，Дх.18282，敦博018，敦研108，敦研131，敦研172，敦研207，敦研318，上博80（71558），石谷风015

大般涅槃经卷二四

BD00879，BD01485，BD01487，BD01565，BD01578，BD01582，BD01645，BD01673，BD01705，BD01706，BD01720，BD01734，BD01758，BD01765，BD01802，BD01811，BD03657，BD04071，BD04897，BD07826，BD11258，BD13858，BD14825CB，BD15236A，P.5562，P.5589（8），S.0831，

S.2274, S.4764, S.5162, S.7373, S.7392, S.7919, Дх.00438, Дх.00549, Дх.02246, Дх.03317, Дх.03494, Дх.03699, Дх.03712, Дх.04490В, Дх.05118, Дх.06393, Дх.06610, Дх.07119, Дх.07282, Дх.07617, Дх.07727, Дх.07917А, Дх.08026, Дх.08291, Дх.08455, Дх.08629, Дх.08746, Дх.08989, Дх.09075, Дх.11342, Дх.11359, Дх.12388, Дх.14452, Дх.14544, Дх.14938, Дх.16877, Дх.16887, Дх.17007, 东大3519, 敦博001, 敦研056（2）, 敦研160, 敦研373, 津文455, 津艺201, 启敦119, 羽590之27, 招提16

大般涅槃经卷二五

BD00245, BD00639, BD01188, BD01911, BD02492, BD03527, BD05372, BD07371, BD07550, BD07773, BD09570, BD09572, BD09754, BD09923, BD10156, BD10529, BD10581, BD10669, BD10788, BD10950, BD11014, BD11138, BD11231, BD11487, BD11867, BD12124, BD12270, BD13859, BD14514, BD15014, BD15139, BD15342, BD15900, LB.048, S.0570, S.0574, S.2123, S.2198, S.2766, S.3656, S.5157, S.5279, S.7571, S.7651, S.8077, Дх.00456, Дх.01002, Дх.02084, Дх.02591, Дх.03384, Дх.03400, Дх.03557, Дх.03984, Дх.04020, Дх.04215, Дх.04257, Дх.04608А, Дх.05009, Дх.05236, Дх.05827, Дх.06356, Дх.06682, Дх.07171, Дх.07445, Дх.07650, Дх.07677, Дх.07718, Дх.07763, Дх.07904, Дх.08256, Дх.09223, Дх.09560, Дх.10363, Дх.10824, Дх.11267, Дх.11425В, Дх.11425D, Дх.11438, Дх.11447, Дх.12040, Дх.12204, Дх.12314, Дх.15012, Дх.16069, Дх.16821, Дх.17655, Дх.18481, Дх.18520, Дх.18868, 敦博044, 敦研197, 敦研258, 敦研260, 傅图19, 津艺152, 津艺274, 津艺334（临3）, 京博B甲293 图录233, 龙谷大学19.五一九, 上图037, 台图077, 羽501, 羽609之3, 羽626

大般涅槃经卷二六

BD01067, BD01737, BD02962, BD04462, BD05240, BD06715, BD07548, BD08046, BD08377, BD10437, BD10696, BD11281, BD11759, BD12259, BD13887, BD13888, BD14212, BD14553, BD14825CE, BD14825DB, BD14852, BD15669, BD15859, P.5586（1）, S.0056, S.0064, S.0204,

S.1289、S.1806、S.2010、S.2314、S.3021、S.3797、S.5298、S.7995、S.8065、Дх.00794、Дх.01195、Дх.02013、Дх.02014、Дх.02742、Дх.03401、Дх.04265A、Дх.05204、Дх.05424、Дх.05679、Дх.07672、Дх.08417、Дх.09379、Дх.11839、Дх.12870、Дх.14532、Дх.16487、Дх.17852、Дх.18195、Дх.18494、Дх.18662、第五批11399（北京市文物局图书资料中心藏本）、敦研081、俄Ф.348、傅图20、津艺323、上海龙华寺藏本、上图172、石谷风037、首博32.558（5）

大般涅槃经卷二七

BD01080、BD03805、BD03814、BD03844、BD04060、BD04143、BD04269、BD04344、BD04620、BD05382、BD06479、BD07404、BD07553、BD08107、BD09550、BD10499、BD10697、BD10784、BD10886、BD10985、BD11375、BD11737、BD12054、BD13860、BD13889、BD14625、BD16383、L.023、L.039、LB.016、S.0626、S.1860、S.2197、S.4535、S.4998、S.6534、S.8092、Дх.00338、Дх.03681、Дх.03710、Дх.03744、Дх.04698、Дх.04877、Дх.06459、Дх.06666、Дх.06849、Дх.06956、Дх.07050、Дх.07289、Дх.07516、Дх.07605、Дх.08614、Дх.08615、Дх.08654V、Дх.08719、Дх.09411、Дх.09428、Дх.12034、Дх.12077、Дх.12084、Дх.12113、Дх.15819、大东急107-5-1-1L、敦研082、俄Ф.081、甘博076、津艺239、启敦082、启敦156、伍伦35号

大般涅槃经卷二八

BD03144、BD05806、BD05963、BD06099、BD09568、BD09831、BD09842、BD09883、BD10125、BD10214、BD10260、BD10441、BD10646、BD11297、BD11428、BD11452、BD11454、BD11780、BD12201、BD13861、BD14544、BD14618、BD15123J、BD15235、BD15928、BD15930、L.033、LB.018、P.3339、P.4977、S.1194、S.2002、S.2090、S.3823、S.3851、S.4980、S.8352A、ZSD011号、Дх.00348、Дх.02534、Дх.03708、Дх.04331、Дх.06353、Дх.06416、Дх.06792、Дх.06838、Дх.07006、Дх.07403、Дх.07771、Дх.07877、Дх.08416、Дх.08511、Дх.09115、Дх.09312、Дх.09359、Дх.12246、Дх.12633、Дх.12674、Дх.14304、Дх.15325、Дх.15326、Дх.15401、Дх.15785、Дх.17556、敦博024、敦研200、敦研

210，敦研229，鄂博08，甘博076，羽532，羽589之17，羽590之22，羽590之23，羽590之21，羽590之18，羽590之12，羽590之19，羽590之16，羽590之17，羽590之13，羽590之14，羽590之15

大般涅槃经卷二九

BD00518，BD01941，BD03025，BD03027，BD03100，BD04069，BD04246，BD04265，BD04433，BD06349，BD07397，BD09582，BD10261，BD11634，BD12284，BD13049，BD13862，BD13890，BD13891，BD14156，BD14989，S.0737，S.2135，S.3416，S.7572，S.8046，Дx.00571，Дx.01107，Дx.01197，Дx.03292，Дx.03460，Дx.03477，Дx.03857，Дx.04019，Дx.04021，Дx.04109，Дx.04256，Дx.04470，Дx.04649，Дx.04988，Дx.05711，Дx.06378，Дx.06897，Дx.07162，Дx.07453，Дx.07740，Дx.09162，Дx.11337，Дx.11595A，Дx.12246，Дx.14540，Дx.15264，Дx.16638，大东急107-22-1-1，俄Ф.339，羽532

大般涅槃经卷三〇

BD02866，BD05430，BD07423，BD09406，BD09573，BD09702，BD10127，BD11029，BD11042，BD11412，BD12268，BD12346，BD13863，BD13892，BD14485，BD14579，LB.044，P.2741（1），S.0540，S.0781，S.2394，S.2654，S.2849，S.8243，Дx.00524，Дx.00604，Дx.00680，Дx.01175，Дx.02698，Дx.03199，Дx.03563，Дx.03975，Дx.04721，Дx.05156，Дx.05284，Дx.05876，Дx.06973，Дx.07009，Дx.07010，Дx.07024，Дx.07229，Дx.07287，Дx.07521，Дx.07786，Дx.07936，Дx.08159，Дx.08285，Дx.08489，Дx.08503，Дx.08504，Дx.08656，Дx.09538A，Дx.10201，Дx.10202，Дx.10722，Дx.11462，Дx.12144，Дx.12668，Дx.14676，Дx.15260，Дx.15631，Дx.16576，Дx.16638，Дx.16713，Дx.17002，Дx.17459，Дx.17791，Дx.18479，大谷大学0706，甘图021，津图036，津图171，津艺007，上博58（47259），上博63（51089），首博32.520（27），首博32.520（4），首博32.541，杨鲁安藏珍馆藏本，羽609之1，中村不折053

大般涅槃经卷三一

BD01000，BD01648，BD07189，BD09872，BD09918，BD10588，BD11755，BD12028，BD13864，BD13893，BD14586，BD14757F，BD14883，

BD15889, S.0200, S.2315, S.2861, S.2869, S.3429, S.4382, S.4415, S.4996, S.6144, S.6718, S.7464, S.8074, S.8307, Дx.00024, Дx.00588, Дx.00589, Дx.01151, Дx.02186, Дx.02841, Дx.05036, Дx.06373, Дx.06890, Дx.06919, Дx.06955, Дx.07047, Дx.07071, Дx.07348, Дx.07352, Дx.07536, Дx.07912, Дx.08121A, Дx.08152, Дx.08153, Дx.08277, Дx.08281, Дx.08282, Дx.08292, Дx.08311, Дx.08317, Дx.08389, Дx.08535, Дx.08556, Дx.08658, Дx.09316, Дx.12106, Дx.12451, Дx.15206, Дx.15788, Дx.15814, Дx.16102, Дx.16230, Дx.16307, Дx.18570, 北大D032, 第二批02427（西北大学图书馆藏本），敦研278, 敦研282, 俄Ф.069(1), 俄Ф.083, 俄Ф.084, 鄂博02, 国图WB32(17), 566975, 津艺331, 启敦043, 青博08（3）, 青博08（6）, 石谷风001, 伍伦09号, 务本011号, 耶鲁藏本, 羽609之1

大般涅槃经卷三二

BD00455, BD03486, BD04925, BD05393, BD10345, BD13865, BD13894, BD14436, BD14647, BD14825BF, BD15517, BD15842, P.2907, P.4683A, S.1543, S.1685, S.2475, S.4254, S.4756, S.5152, S.6541, S.6705, S.7321, S.8298, SCM.D.104238, Дx.00413, Дx.00693, Дx.00754, Дx.00776, Дx.01871, Дx.03194, Дx.03209, Дx.03247, Дx.03281, Дx.03721, Дx.04086, Дx.04187, Дx.05479, Дx.06786, Дx.06965, Дx.07093, Дx.07098, Дx.07300, Дx.07357, Дx.07371, Дx.07794, Дx.07795, Дx.08000, Дx.08350, Дx.08469, Дx.08910, Дx.09058, Дx.09380, Дx.09471, Дx.09491, Дx.11185, Дx.11520, Дx.12721, Дx.15190, Дx.16046, Дx.16057, Дx.16662, Дx.16671, Дx.17574, Дx.18562, 大东急107-5-1-1E, 俄Ф.352, 甘博006, 津艺318, 京博B甲255 图录200, 上图080, 羽416V, 羽429, 羽572

大般涅槃经卷三三

BD01827, BD02123, BD05932, BD09574, BD11813, BD12120, BD13866, BD13895, BD14754, BD15967, F1982.2（弗利尔美术馆藏本）[1],

---

[1] 图版见IDP。

P.2117, S.1275, S.2033, S.2475, S.4150, S.5273, Дх.04660, Дх.05807, Дх.07123, Дх.07421, Дх.07842, Дх.09139, Дх.09251, Дх.11425A, Дх.15228, Дх.16100, Дх.17558, Дх.17636, 敦博050, 俄Ф.079, 俄Ф.220, 羽429, 羽572

大般涅槃经卷三四

BD00140, BD00677, BD00763, BD01093, BD01261, BD01992, BD06333, BD10016, BD13867, BD14848, BD15032, MSG.68（摩根图书馆与博物馆藏本）[1], S.0326, S.1022, S.2131, S.2951, S.3104, S.4560, S.4955, S.5028, S.7155, ZSD019号, Дх.00260, Дх.01633B, Дх.04990, Дх.05062, Дх.05490, Дх.06153, Дх.06431, Дх.06434, Дх.06557B, Дх.08001, Дх.08908, Дх.08932, Дх.08937, Дх.11463, Дх.12866, Дх.12899, Дх.14306, Дх.15578, Дх.16892, Дх.16933, 第二批02428（贵州省博物馆藏本）, 敦博050, 酒博001, 台图087

大般涅槃经卷三五

BD01019, BD05513, BD06187, BD06535, BD07517, BD07891, BD09577, BD10083, BD10173, BD10374, BD11419, BD11868, BD13647, BD13868, BD13896, BD14201, BD15911, LD29379, S.0898, S.2740, S.2857, S.3482, S.7411, ZSD008号, Дх.00194, Дх.00195, Дх.00196, Дх.00592, Дх.01549, Дх.03088, Дх.03321, Дх.03413, Дх.03443, Дх.03583, Дх.03707, Дх.04065, Дх.04080, Дх.04211, Дх.04479, Дх.04618, Дх.04622, Дх.04648, Дх.05224, Дх.05460, Дх.07023, Дх.07480, Дх.07487, Дх.07642, Дх.07701, Дх.07754, Дх.08105, Дх.08158, Дх.08183, Дх.08185, Дх.08208, Дх.08226, Дх.08394, Дх.08598, Дх.08808, Дх.09235, Дх.09300, Дх.09304, Дх.12863, Дх.14523, Дх.14876, Дх.15087, Дх.15295, Дх.15615, Дх.16329, Дх.16449, Дх.16474, Дх.17665, Дх.17886, Дх.18521, 慈山寺佛教艺术博物馆藏本[2], 俄Ф.343, 津图176, 津图177, 津艺151, 酒博001, 首博32.573

---

1 图版见IDP。

2 图版见该馆官方网站 https://tszshanmuseum.org/cn

大般涅槃经卷三六

BD02723，BD03685，BD03743，BD05650，BD06503，BD06888，BD08584，BD09561，BD09578，BD09692B，BD10652，BD11968，BD12199，BD13869，BD13897，BD16534，HHT005，LD4969-03，S.0633，S.2779，S.2780，S.2855，S.4674，Дx.03360，Дx.04085，Дx.04516，Дx.05024，Дx.05207，Дx.05297，Дx.06783，Дx.08686，Дx.09152，Дx.09269，Дx.09273，Дx.12119，Дx.14479，Дx.14656，Дx.15082，Дx.16061，Дx.16320，Дx.18750，敦研056（3），敦研130，敦研177，敦研305，敦研352，俄Ф.069（2），俄Ф.286，津艺101，津艺126，津艺238，羽769

大般涅槃经卷三七

BD02371，BD03014，BD03054，BD03575，BD04515，BD04985，BD05918，BD07545，BD09717，BD09881，BD09901，BD09989，BD11043，BD11161，BD11221，BD11820，BD13870，BD13898，BD14499，BD15320，BD15834，BD15845，BD15865，BD15931，BD16543B，HHT020，LB.062，S.0307，S.0599，S.0997，S.1893，S.2311，S.7451，S.7569，Дx.00428，Дx.00547，Дx.01090，Дx.01095，Дx.01512，Дx.02892，Дx.04190，Дx.04714，Дx.05141，Дx.05142，Дx.05145，Дx.07515，Дx.07845，Дx.08289，Дx.08332，Дx.08725，Дx.09129，Дx.09353，Дx.09392，Дx.09487，Дx.10389，Дx.11350，Дx.14967，Дx.14976，Дx.15273，Дx.15718，Дx.16149，Дx.16764，Дx.16868，Дx.17851，北大D033，敦研128，敦研205，敦研214，敦研225，敦研233，敦研283，敦研371，俄Ф.294，鄂博21，甘图002，南图031，南图032，台图075，务本003号，羽584，招提02

大般涅槃经卷三八

BD00724，BD01957V（4），BD05133，BD05135，BD05810，BD06339，BD09780，BD10794，BD11276，BD13871，BD14632（1），S.2311，S.2791，S.2927，S.3439，S.7517，XT.004，Дx.00565，Дx.03391，Дx.04194，Дx.05007，Дx.07040，Дx.07075，Дx.07076，Дx.07189，Дx.07751，Дx.07856，Дx.07932，Дx.08518，Дx.08533，Дx.08691，Дx.09056，Дx.09078，Дx.09102，Дx.09264，Дx.09350，Дx.09503，Дx.10375，Дx.11561，Дx.11676，Дx.12393，Дx.12450，Дx.14685，Дx.15787，Дx.16023，

Дх.16091，大东急107-5-1-1I，敦博006，敦研374，俄Ф.314，津艺240，上图185，羽453，羽535，羽584，中村不折022

大般涅槃经卷三九

BD01049，BD01957V（1），BD02679，BD03471，BD05794，BD07228，BD08388B，BD09445，BD11977，BD12126，BD13872，BD13899，BD14737，BD14896，BD14947，BD14993，BD15053，BD15143，S.0331，S.2150，S.2231，S.2311，S.4230，Дх.00420，Дх.00421，Дх.03285，Дх.03473，Дх.03582，Дх.03765，Дх.06272，Дх.06290，Дх.07015，Дх.08177，Дх.08263，Дх.08359，Дх.08386，Дх.09534，Дх.11320，Дх.12044，Дх.14303，Дх.16034，Дх.16076，Дх.16092，Дх.16350，Дх.16384，Дх.17828，Дх.17933，Дх.17956，北大D034，敦博017，敦研029，敦研033，敦研056（4），敦研234，俄Ф.148，俄Ф.354，南京博物院藏本，南图002，台图076，永博附005，羽535，羽590之32，羽590之31

大般涅槃经卷四〇

BD00873，BD02022，BD02483，BD03119，BD03146，BD03665，BD03810，BD04275，BD04649，BD05896，BD06435，BD06784（1），BD07655，BD08376，BD10124，BD10470，BD10678，BD10832，BD10858，BD11198，BD11484，BD11883，BD13873，BD15257，BD15868，BD15874，BD15937，G.013[=PEALD_8f3R]，LB.029，S.0740，S.2311，S.2860，Дх.03657，Дх.04234，Дх.04453，Дх.04639，Дх.04968，Дх.05197，Дх.05591，Дх.06345，Дх.06379，Дх.06414，Дх.06469，Дх.07561，Дх.07713，Дх.08106，Дх.08986，Дх.09065，Дх.09351，Дх.11454，Дх.15651，Дх.16502，Дх.16634，Дх.16664，Дх.16995，Дх.18008，鄂博06，鄂博19，津文456，上博39（37903），首博32.570，浙敦014（浙图14），浙敦093（浙博068）

大般涅槃经卷四一

S.2311，S.2593，国赠26723（台北故宫博物院藏本）

大般涅槃经卷四二

BD13901，S.2311

大般涅槃经包首

酒博 020

大般涅槃经变壁画榜题

BD15637V

大般涅槃经并涅槃经后分注释书

羽 311

大般涅槃经残卷

安徽省博物院藏本

大般涅槃经钞

BD00020，BD00429，BD02838，BD03270，BD03386，BD06611，BD06999，BD09444，BD09448，BD11603，BD12292，BD15367，S.7741，S.7904，S.8081

大般涅槃经等兑废稿集缀

BD00473

大般涅槃经兑废缀稿

BD05813

大般涅槃经佛母品

BD06815，P.3919A（1），S.5215，S.5865，S.6367（1），Дх.00010，Дх.00825，Дх.01939，Дх.03774，Дх.04580，Дх.04888，Дх.05690，Дх.05899，Дх.05899V，Дх.11648，京博 B 甲 296 图录 250，羽 293

大般涅槃经后分

羽 108

大般涅槃经后分卷上

BD03591，BD05785，BD10333，BD10750，P.5576，S.7091，Дх.00442，Дх.01763，Дх.02537，Дх.02744А，Дх.02849，Дх.03296，Дх.03784，Дх.04177，Дх.04682，Дх.05291，Дх.05449，Дх.07481，Дх.07654，Дх.08369，Дх.08374，Дх.08378，Дх.10674В，Дх.11120，Дх.15924，Дх.16447，Дх.02408В，北大 D035，俄 Ф.075，鄂博 30，津艺 082（2）

大般涅槃经后分卷下

BD05063，BD14843D，Дх.01244，Дх.02061，Дх.03832，Дх.03889，

Дх.04189，Дх.04602，Дх.04603，Дх.07934，津文460，津艺166，羽529

大般涅槃经后分卷四一
BD04743

大般涅槃经后分卷四二
S.3012，甘博029，上博64（51106），台北"国立历史博物馆"藏本

大般涅槃经集解卷四二
御茶之水图书馆藏本

大般涅槃经集要卷二
傅图18

大般涅槃经节钞
BD07894V

大般涅槃经解
石谷风002，石谷风003

大般涅槃经经题
Дх.06694

大般涅槃经卷下
Дх.16979

大般涅槃经卷二钞
BD15769

大般涅槃经卷三〇至卷四〇摘抄
俄Ф.271VB

大般涅槃经卷三二摘抄
俄Ф.271（2）

大般涅槃经略抄要义见佛性法
羽300V之1，羽300V之2

大般涅槃经难字
P.3823（4）

大般涅槃经品目卷次提要
S.5047

大般涅槃经如来性品摘钞

Дx.01816，Дx.01817

大般涅槃经疏

BD00093，BD00260，BD07889，BD09732，BD10681，BD11459，BD15639，BD15652，P.3119，P.3502，S.7885，S.8006，S.8079，S.8241，京博B甲238 图录186，上图064，石谷风005，文研院053（xj042-0660.23），文研院054（xj229-碑帖111.1），羽725之1R+V

大般涅槃经疏卷一

P.2313，S.8221A，S.8221B，S.8221C，S.8221D，S.8221E，S.8221F，S.8221G，S.8221H，S.8221I，S.8221J

大般涅槃经疏卷八

Дx.15010

大般涅槃经疏释

P.2092

大般涅槃经题签

Дx.01014，Дx.01508，Дx.01850，Дx.01990，Дx.02360，Дx.02513A，Дx.03007，Дx.04934，Дx.05410，Дx.05930，Дx.05983，Дx.06103，Дx.06736，Дx.10843，Дx.11412，Дx.14940，Дx.15796，Дx.16156，Дx.18965，俄Ф.270，俄Ф.288

大般涅槃经要卷二

羽555

大般涅槃经一、二、三帙各卷头尾经句

S.1361

大般涅槃经义记

Дx.02392

大般涅槃经义记卷一

BD03390，BD06378V（1），S.0531，Дx.08155，Дx.08207，Дx.09453，Дx.09465

大般涅槃经义记卷二

BD00983V，S.6616

大般涅槃经义记卷三

　　石谷风 026

大般涅槃经义记卷八

　　S.7587

大般涅槃经音

　　P.2172，S.2821，S.3366

大般涅槃经音义

　　BD06007V，P.3025（1），P.3438

大般涅槃经引首

　　浙敦 042（浙博 017），浙敦 053（浙博 028），浙敦 054（浙博 029）

大般涅槃经摘抄

　　P.2822

大般涅槃经摘要

　　Дx.05507

大般涅槃经帙卷品检经录

　　P.3150（2），P.3150V

大般涅槃经袟卷品及首尾经文录

　　BD03463，BD03463V（2）

大般涅槃经字音

　　P.3415

大般涅槃摩耶夫人品经

　　P.2055（2）

大般泥洹经

　　BD12960

大般泥洹经卷二

　　Дx.03203

大般泥洹经卷三

　　S.0172

大般泥洹经卷四

　　Дx.07461

大般若波罗蜜多经

BD00438，BD12780，BD15428B，BD15917，BD15920，BD15923，BD15927，L.042，P.2700ter，P.3400，P.3403V，S.1576，S.2383V，SCM.D.02405，SCM.D.02406，SCM.D.02422，SCM.D.02427，SCM.D.02434，SCM.D.08688，SCM.D.21597，SCM.D.29124，Дх.00416，Дх.03804，Дх.04514，Дх.04675，Дх.04686，Дх.05005，Дх.05025，Дх.05193С，Дх.05774，Дх.06083，Дх.06407，Дх.06801，Дх.07408，Дх.08474，Дх.11772，Дх.12018，Дх.12335，Дх.12650，Дх.12714，Дх.14262，Дх.14658，Дх.14971，Дх.16420，Дх.16668，Дх.16856，Дх.16886，Дх.16906，Дх.17850，Дх.17936，Дх.17957，Дх.18334，Дх.18663，Дх.18691，Дх.18692，Дх.18696，安徽省博物院藏本，北三井002（025-10-4），北三井003（025-10-5），北三井004（025-13-2），北三井005（025-10-2），北三井006（025-10-8），北三井007（025-10-10），北三井008（025-14-25），北三井009（025-10-11），北三井010（025-13-1），北三井011（025-10-9），北三井012（025-14-26），北三井013（025-14-27），北三井014（025-10-12），北三井020（025-10-58），北三井025（025-10-36），大谷大学乙75，敦研322V，甘博066，甘博079，甘博085，甘博093，甘博附049，甘博附081，故宫新145420（1），故宫新153365，故宫新153373，故宫新166498，故宫新199430，故宫新87165，吉林省博物馆藏本，旅博20.1544，文研院055（xj186-0323.38），文研院056（xj200-0323.52），文研院057（xj100-0660.81），文研院058（xj213-碑帖179.7），重博74433

大般若波罗蜜多经卷一

BD03253，BD05643（2），BD06687（3），BD09551，S.3755，S.4818，S.7906，Дх.12468，鄂博09，西北师大003

大般若波罗蜜多经卷二

BD03157，BD06779，BD13902，S.7463，Дх.00717，Дх.01033，羽255，羽531

大般若波罗蜜多经卷三

BD01945，S.1762，S.3581，S.6854，SF180702/3，SF2004/6，Дх.00112，Дх.07540

大般若波罗蜜多经卷四

BD03130，BD03838，BD03951，BD09836，BD14203，BD14990

大般若波罗蜜多经卷五

BD00531，BD06931，BD07447A，S.0496，S.3784，S.5083，S.6658，Дx.11253，台图033

大般若波罗蜜多经卷六

BD00412，BD06882，BD07212，BD07923，BD11880，BD14510，S.6436，北大D001，酒博014

大般若波罗蜜多经卷七

BD07412，BD08062，BD09475，BD09802（2），BD12246

大般若波罗蜜多经卷八

BD01027，BD01297，BD01585，BD04893，BD04987，S.0660，S.2487，Дx.01676，Дx.07153

大般若波罗蜜多经卷九

BD02178，BD05486，BD05535，BD06965，BD14157，S.4449，S.7339

大般若波罗蜜多经卷一〇

BD01346，BD01372，BD03333，BD05391，S.0880，S.1434，S.2450，Дx.08596

大般若波罗蜜多经卷一一

BD05139，BD07294，BD08538，S.0001，S.2987，S.5099，S.7072，S.7073，敦研380，羽528

大般若波罗蜜多经卷一二

BD02716，BD03258，BD13903，BD13904，S.0285，S.7082，S.7154，Дx.01083，Дx.02620，Дx.03618，Дx.05665，Дx.09435

大般若波罗蜜多经卷一三

BD00854，BD04876，S.1016，S.1115，S.2339，S.7146，第二批02402（贵州师范大学图书馆藏本），俄Ф.030，甘博047，浙敦151（浙博126）

大般若波罗蜜多经卷一四

BD04956，BD07638，S.0758，S.3208，浙敦185（浙博160）

大般若波罗蜜多经卷一五

BD04968，BD06889，BD11479，S.1863，S.3200

大般若波罗蜜多经卷一六

BD04867，BD05123，BD13905，S.1583，S.7440，Дх.01774，大东急107-5-1-1P，羽463

大般若波罗蜜多经卷一七

BD03483，BD08398，BD10622，BD12324，S.2412，S.5044，S.5283，S.7499，Дх.01201A，俄Ф.283，上博46（40795）

大般若波罗蜜多经卷一八

BD00286，BD00912，BD02466，BD06872，BD15194

大般若波罗蜜多经卷一九

BD01175，BD06598，BD08479（2），S.1454，S.1790，S.3443，S.7971，Дх.16535，Дх.16539，Дх.16666A，Дх.16803，Дх.16806，Дх.16865，Дх.16923，Дх.16989，津艺227

大般若波罗蜜多经卷二〇

BD04417，BD08242，BD11068，P.3321，P.4831（1），S.0164，S.1792，S.2413，S.2561，Дх.06223，俄Ф.231

大般若波罗蜜多经卷二一

BD05842，BD13906，S.2844，S.5322，S.7540，Дх.10853，上图184

大般若波罗蜜多经卷二二

BD00452，BD01349，BD09615，BD15267，S.3955（3），S.4471，S.5285，S.8280，第二批02404（四川大学图书馆藏本），津艺144，上图173

大般若波罗蜜多经卷二三

BD02834，BD07660，BD07969，BD14833，BD15958，S.3621，S.6989，S.8354，Дх.00343，Дх.01490，Дх.03810，Дх.03845，Дх.03909，Дх.05516，Дх.06723，Дх.09224，Дх.11804

大般若波罗蜜多经卷二四

BD02302，BD05130，BD05867，BD07346，BD07780，BD11648，P.6031，S.1803，S.3586，S.3767，S.7031，S.7333，S.7938，Дх.01308，Дх.10878，Дх.10897，Дх.18526

大般若波罗蜜多经卷二五

BD13907，S.3556，S.6725

大般若波罗蜜多经卷二六

BD07664，BD09915，S.1601，S.7079，安思远藏本

大般若波罗蜜多经卷二七

BD01449，BD01550，BD01780，BD13908，S.6618V，Дx.01114，Дx.01756，Дx.02368，Дx.05746

大般若波罗蜜多经卷二八

BD02871，BD04445，BD04446，S.0877，S.1596，Дx.12481，历博47

大般若波罗蜜多经卷二九

BD02333，BD07587，BD08674，BD09814，BD16529，Дx.11824，Дx.11836，Дx.11905，Дx.11909，俄Ф.237，津图012，京博B甲302 图录255

大般若波罗蜜多经卷三〇

BD00874，BD05908，BD12350，S.1795，Дx.01038，Дx.01118，Дx.02635，Дx.16383，第一批00119（重庆市图书馆藏本）

大般若波罗蜜多经卷三一

BD00043A，BD15120，S.0243，Дx.11652，Дx.11661，Дx.11685

大般若波罗蜜多经卷三二

BD00592，BD15536，S.0428，Дx.02436

大般若波罗蜜多经卷三三

BD06994，BD07425，S.1311，S.5233，S.7024，敦博045，敦研347

大般若波罗蜜多经卷三四

BD00043B，BD00916，BD03499，BD06752，BD07363，BD14614

大般若波罗蜜多经卷三五

BD00043C，BD03449，BD08311，S.2151，Дx.11101，Дx.11677，傅图02，羽457之7，羽457之1

大般若波罗蜜多经卷三六

BD00563，S.1355，S.5003，S.5116，S.6427

大般若波罗蜜多经卷三七

BD00499，BD00507，BD00528，BD00600，BD00610，S.0955，S.1610，S.5111，Дx.01110

大般若波罗蜜多经卷三八

BD07139，BD07258，BD13909，S.3737，S.5069，S.6611，Дx.12879，上图025（2）

大般若波罗蜜多经卷四〇

BD09764，Дx.18659

大般若波罗蜜多经卷四一

BD01974，BD02059，BD06597，BD06857，BD08495，BD11478，S.2698，S.6937，Дx.01685

大般若波罗蜜多经卷四二

BD04309，BD06859，BD09669，S.0026，S.2666，S.5199，S.7459

大般若波罗蜜多经卷四三

BD08294，BD09672，S.8331，Дx.04414

大般若波罗蜜多经卷四四

BD01458，BD03475，BD04272，BD11311，BD12034，S.2657，S.4947，S.6861，S.6992，S.8263，Дx.01477，Дx.16582，首博32.553

大般若波罗蜜多经卷四五

BD01469，BD01522，BD01549，BD01571，BD01647，BD01658，BD01683，BD01767，BD07132V（2），BD09683，BD11547，S.0061，S.2706，S.3319，Дx.01201B，Дx.01201C，Дx.01215，Дx.16438

大般若波罗蜜多经卷四六

BD04186，S.1433

大般若波罗蜜多经卷四七

BD00496，BD12969，BD13910，BD13958（2），S.2667，Дx.02415，西北师大019

大般若波罗蜜多经卷四八

BD05439，S.0218，S.0225，S.7560

大般若波罗蜜多经卷四九

BD00704，BD02596，BD03850，BD11917，S.4014，S.6686，S.7420，S.7897，羽571

大般若波罗蜜多经卷五〇

BD00826，BD01374，BD10600，S.5093

大般若波罗蜜多经卷五一

BD01039，BD06467，BD11337，BD13911，S.7083，S.7129，科图子700.10024-4，上图169，首博32.579

大般若波罗蜜多经卷五二

BD03488，BD04328，BD04340，BD04347，BD04349，BD04408，BD04410，BD04416，BD04436，BD04438，BD04455，BD04474，BD04503，BD04513，BD04514，BD04521，BD04754，BD04760，BD06461，BD08497，BD15306，P.3543，S.2391，SF180702/8，Дх.07004，甘博041

大般若波罗蜜多经卷五三

BD02892，Дх.08958，Дх.08959，Дх.16262

大般若波罗蜜多经卷五四

BD03706，BD05962，BD14720B，Дх.03294B，Дх.09415，Дх.15922

大般若波罗蜜多经卷五五

BD04195，BD13912，S.1448，S.5290，Дх.01743，Дх.12483

大般若波罗蜜多经卷五六

BD08318，S.1432，S.1578，S.6892，S.6920，SCM.D.02407，安思远藏本，慈山寺佛教艺术博物馆藏本，第二批02405（西安博物院藏本），西博004

大般若波罗蜜多经卷五七

BD00382，BD02141，BD09737，Дх.06196，津艺175

大般若波罗蜜多经卷五八

BD01677，BD04944，BD05033，BD13913，S.6352，S.7071，Дх.18708，Дх.18715，羽315

大般若波罗蜜多经卷五九

BD00132，BD01158，BD04919，BD07378，BD07380，BD07574，S.0879，S.5815，S.6406

大般若波罗蜜多经卷六〇

BD00177，BD03500，BD04352，BD09682，P.2909，P.4857，Дx.01004，Дx.03009

大般若波罗蜜多经卷六一

BD09453，BD15191，S.0103，Дx.05336，Дx.05511，Дx.08677，北大D002

大般若波罗蜜多经卷六二

BD06037，BD06571，BD06966，BD13914，BD14595，BD16201A，BD16201B，S.1452，S.6905，石谷风057

大般若波罗蜜多经卷六三

BD03912，BD07724，BD09792

大般若波罗蜜多经卷六四

BD02443，BD02805，BD07424，BD14840P，S.1093，S.3093，Дx.01913，Дx.04379，Дx.06268，Дx.06710，Дx.06760，Дx.11629，上博78（69594）

大般若波罗蜜多经卷六五

BD06155，BD06799，BD13915，S.7455，S.7687

大般若波罗蜜多经卷六六

BD00994，BD01075，BD09680，BD13916，BD15056，启敦079

大般若波罗蜜多经卷六七

BD00995，BD04914，BD15027，BD15301，S.4971，Дx.00691，Дx.00692，Дx.05742A，甘博033，伍伦11号，浙敦064（浙博039）

大般若波罗蜜多经卷六八

BD03768，BD05003，BD05615，BD08402，BD08437，BD11085，BD13917，BD14716，S.4585，S.6400，S.6403，Дx.00635，敦博058

大般若波罗蜜多经卷六九

BD00997，BD01962，BD05296，BD05632，BD06916，BD09481，BD09678，BD13918，BD13919，BD13920，BD14765，S.5358，上图008

大般若波罗蜜多经卷七〇

BD00998，BD03889，BD04081，BD04084，BD04088，BD04266，BD04425，BD04677，BD08304，BD08391，BD13921，BD15190，BD16409，

LB.006，S.0638，S.0756，S.6601

大般若波罗蜜多经卷七一
BD03583，BD03779，S.2509，S.5117，S.6835，Дx.04517

大般若波罗蜜多经卷七二
BD00072，BD07680，S.0280，S.7427，S.7682，Дx.01168

大般若波罗蜜多经卷七三
BD13922，S.0733，S.1801，S.6895，Дx.09221，津艺311

大般若波罗蜜多经卷七四
BD00243，BD00987，BD02318，BD04384，Дx.08482，Дx.18425

大般若波罗蜜多经卷七六
BD00734，BD00736，BD00746，BD04376，BD13923，Дx.05756

大般若波罗蜜多经卷七七
BD01248，BD02639，BD02670，BD02677，BD04869，BD04930，BD05112，BD05160，BD11583，BD14858，S.2376，S.5042

大般若波罗蜜多经卷七八
BD00583，BD11010，BD13924，BD13925，S.0738，S.2234，S.6493，S.7851，Дx.02847，Дx.10884A，Дx.10884B

大般若波罗蜜多经卷七九
BD00346，BD02671，BD04091，S.4985，S.7196，Дx.05735，Дx.18612，Дx.18614，Дx.18667

大般若波罗蜜多经卷八〇
BD15598，BD15817，S.7198，浙敦160（浙博135）

大般若波罗蜜多经卷八一
BD00456，BD08655，BD14008，BD14502，S.0141，S.7353，Дx.06768，Дx.11622，Дx.12087，Дx.12128

大般若波罗蜜多经卷八二
BD06533，BD13926，S.3520，Дx.05292，Дx.10866，Дx.10900，Дx.12620，Дx.12744B

大般若波罗蜜多经卷八三
BD04006，BD04207，BD11826，S.0423，S.3894，S.5349，第二批02406（西

博005）

大般若波罗蜜多经卷八四

BD00006，BD00870，BD13927，BD15011，P.2944V，P.6038（2），S.4078，S.4798，定博009

大般若波罗蜜多经卷八五

BD09703，S.2028，S.7145，S.7683

大般若波罗蜜多经卷八六

BD00726，BD04253，BD08577，BD09493，P.5023E，S.1356，S.7161，Дх.10858

大般若波罗蜜多经卷八七

BD00094，BD03601，BD08012，BD09681，BD09712，BD09797，S.0260，S.7873，Дх.00886

大般若波罗蜜多经卷八八

BD00546，BD02208，BD07245，BD07846，BD08576，S.7062，上图005

大般若波罗蜜多经卷八九

BD04244，BD06147，BD08369，BD09841，BD15819，BD15823，P.2030，S.1333，Дх.01492，Дх.02043，Дх.02779，Дх.05110，Дх.05349B，俄Ф.193，津图003，羽732R之2

大般若波罗蜜多经卷九〇

BD08028（1），BD08028（2），BD08598，S.3643，Дх.01000

大般若波罗蜜多经卷九一

BD01800，BD03032，BD03251，BD04813，BD04861，BD05214，BD09480，S.5032

大般若波罗蜜多经卷九二

BD04769，BD08388A，S.3231，Дх.05681，Дх.09523，津图187，津艺205

大般若波罗蜜多经卷九三

BD07810，BD12327，BD13928，S.2907，Дх.07318，Дх.08213，Дх.09444，羽581，浙敦159（浙博134）

大般若波罗蜜多经卷九四

　　CXZ016，S.3675，S.3729，Дх.06391，Дх.07091，上博29（36225）

大般若波罗蜜多经卷九五

　　S.1750，S.5226，定博007，俄Ф.190

大般若波罗蜜多经卷九六

　　BD07297，BD11637，BD13929，S.1673，S.7057

大般若波罗蜜多经卷九七

　　BD05199，BD06665，BD09688，BD11849，S.7107，维多利亚1983.065.001.001-.008，羽294，浙敦169（浙博144）

大般若波罗蜜多经卷九八

　　BD08149，BD13930，Дх.03056，Дх.03092，Дх.03772，Дх.03803，Дх.08763，Дх.12420

大般若波罗蜜多经卷九九

　　BD06782，S.7080，甘博121

大般若波罗蜜多经卷一〇〇

　　BD02938，BD09633，S.1593，S.3849，Дх.18670，东大2994

大般若波罗蜜多经卷一〇一

　　BD04602，BD04638，BD07134，P.2927，S.0685，S.1369，S.6756，羽242，羽273

大般若波罗蜜多经卷一〇二

　　BD08532，S.5517，S.6754

大般若波罗蜜多经卷一〇三

　　BD02504，BD04394，BD06719，BD09874，S.0296，S.6757，Дх.05402，俄Ф.037

大般若波罗蜜多经卷一〇四

　　BD08361，BD08498，BD13931，S.2623，Дх.07362，津艺235

大般若波罗蜜多经卷一〇五

　　BD02997，BD03057，BD06955，BD15782，S.0670，S.0704，S.6755，Дх.02639

大般若波罗蜜多经卷一〇六
  BD03237，BD03784，BD05312，BD05472，BD07507，S.0167，S.6753，S.7059，Дх.02907В，Дх.02924，Дх.05536，Дх.18831

大般若波罗蜜多经卷一〇七
  BD03738，Дх.09544

大般若波罗蜜多经卷一〇八
  BD04078，BD05477，BD09487，BD11199，Дх.02835，Дх.02873，Дх.04415

大般若波罗蜜多经卷一〇九
  BD01016，BD04937，BD05351，BD05509，BD06345，BD08580，BD09494，BD09619，BD09753，LB.008，S.0675，S.3474，S.5363，S.7130，S.8237，S.8237A，S.8237B，S.8237C，S.8237D，S.8237E，S.8237F，S.8237G，S.8237H，S.8237I，S.8237J，S.8237K，S.8237L，S.8237M，S.8237N，S.8237O，S.8237P，S.8237Q，Дх.00403，Дх.01677，Дх.05429

大般若波罗蜜多经卷一一〇
  BD00887，BD09620，S.5061，京博Ｂ甲432

大般若波罗蜜多经卷一一一
  BD01959，BD07061，BD07066，BD07157，Дх.06462，Дх.09005，Дх.11507А，俄Ф.003，俄Ф.038，俄Ф.332

大般若波罗蜜多经卷一一二
  BD02290，BD06420，BD13932，S.1698，S.2387，S.2834，Дх.12038

大般若波罗蜜多经卷一一三
  BD01506，BD01509，BD01513，BD01545，BD01617，BD01656，BD07018，BD08243，BD13933，S.0987，S.7011，Дх.00774，Дх.01199，Дх.02902，Дх.03010，Дх.03077，Дх.05551，Дх.05618，Дх.10910

大般若波罗蜜多经卷一一四
  BD04129，BD07775，S.2919，S.3184，S.4880，S.7068，Дх.02023，首博32.561

大般若波罗蜜多经卷一一五
  BD00806，BD01155，BD06934，BD10329，BD11331，BD12197，

BD13934，BD16424，S.3681，S.3816，S.7152，Дх.05428

大般若波罗蜜多经卷一一六

BD05013，BD05109，BD05235，BD08562，BD10558，BD11444，BD11727，Дх.01191，Дх.02351A，Дх.04314，Дх.04422，Дх.05282，Дх.10918，务本004号

大般若波罗蜜多经卷一一七

BD02883，BD08569A，BD10033，BD11756，BD11952，BD13684，P.4844，S.2550，S.3584，S.4403，S.4800，S.4821，Дх.05435，Дх.10510

大般若波罗蜜多经卷一一八

BD02877，BD04957，BD05054，BD05174，BD09778，Дх.12274

大般若波罗蜜多经卷一一九

BD02633，BD02880，BD05048，BD14532，BD14536，P.2112，P.3013，S.0039，S.7786，Дх.00795，Дх.01826

大般若波罗蜜多经卷一二〇

BD06384，BD07076B（2），BD11539，S.0973，S.4825，S.6624，Дх.10862

大般若波罗蜜多经卷一二一

BD05272，BD07030，BD08022，BD09459，BD09743，BD09748，S.6484，Дх.05683，Дх.12041，Дх.12117A

大般若波罗蜜多经卷一二三

BD01948，BD07559，BD09468，S.6592

大般若波罗蜜多经卷一二四

BD00251，BD07330，BD08419，S.2846，S.3611，S.3748，S.6488，Дх.08432，上图023

大般若波罗蜜多经卷一二五

BD05389，BD07792，BD08192，BD08634，BD09736，BD13935，S.4126，S.5114，S.6359

大般若波罗蜜多经卷一二六

BD01186，BD01923，BD09647，Дх.08787

大般若波罗蜜多经卷一二七

BD01644，BD02854，BD07006，BD08518，BD08659，BD09704，BD10701，BD11141，BD13936，S.3838，S.4256，Дх.05523，Дх.06583，上图151

大般若波罗蜜多经卷一二八

BD03285

大般若波罗蜜多经卷一二九

BD07908，S.7417，S.7621，S.7746

大般若波罗蜜多经卷一三〇

BD00665，BD03284，BD05081，BD05180，BD05454，BD06465，BD08346，BD14882，S.4097，S.7500，S.7602，Дх.05285，Дх.06420，Дх.07082，Дх.07469，Дх.08523，Дх.11718，津艺212，羽343

大般若波罗蜜多经卷一三一

BD05144，BD06795，BD10806，BD13937，BD15558，Дх.04283，Дх.11706

大般若波罗蜜多经卷一三二

BD09782，S.1965

大般若波罗蜜多经卷一三三

BD04800，BD07054，BD08347，BD13938，BD14158，S.7719

大般若波罗蜜多经卷一三四

BD04808，S.3078，S.4617，S.4741，S.4979，S.5009，Дх.10896，浙敦127（浙博102）

大般若波罗蜜多经卷一三五

BD05169，BD07170，BD11343，BD13939，BD15052，羽525

大般若波罗蜜多经卷一三六

BD05209，BD11292，P.5553，S.0419，Дх.02612，Дх.10874B

大般若波罗蜜多经卷一三七

BD11316，BD13940，Дх.00964，Дх.16150，俄Ф.026

大般若波罗蜜多经卷一三八

BD05220，P.2097

大般若波罗蜜多经卷一三九

BD05221，BD11892，BD14205，BD14562，Дx.02679，Дx.03190

大般若波罗蜜多经卷一四〇

BD04989，BD07765，BD08572，BD13941，S.1573，Дx.02346，Дx.03594，津艺217

大般若波罗蜜多经卷一四一

BD04843，BD04916，BD08520，BD14520，S.2764，S.3996，S.4619，S.4829，S.6385

大般若波罗蜜多经卷一四二

BD07126，BD10941，BD11107，BD14757B，S.4388，S.6615，S.7332，俄Ф.025

大般若波罗蜜多经卷一四三

BD01810，BD04845，BD04926，BD05053，BD13942，BD13943，S.4575，S.5843

大般若波罗蜜多经卷一四四

BD01354，BD01808，BD04921，BD04976，BD13944，BD14638

大般若波罗蜜多经卷一四五

BD08113，S.7433，Дx.04228B，北大D154

大般若波罗蜜多经卷一四六

BD01766，BD03913，BD10409，S.2331，S.4776，S.6685，Дx.03044，启敦062

大般若波罗蜜多经卷一四七

BD01763，BD03929，BD08599，S.7996

大般若波罗蜜多经卷一四八

BD01735，BD04187，S.3830，S.4965，浙敦184（浙博159）

大般若波罗蜜多经卷一四九

BD02339，BD06766，BD09469，BD09722，BD13945，龙谷大学1.五〇一，启敦077

大般若波罗蜜多经卷一五〇

BD00075A，BD02341，BD08519，BD09660，BD15067，S.0741，S.1431

大般若波罗蜜多经卷一五一

BD02759，BD13946

大般若波罗蜜多经卷一五二
  BD06742，BD07084，BD07094，BD08469，S.3289，S.6855，Дx.06257

大般若波罗蜜多经卷一五三
  BD00312，BD04802，BD05202，BD10126，S.4904

大般若波罗蜜多经卷一五四
  BD04127，P.2782，北大 D148

大般若波罗蜜多经卷一五五
  BD03302，BD06605，BD06661，BD09775，BD11791，S.7437

大般若波罗蜜多经卷一五六
  BD02272，BD02289，BD08350，BD09661，BD09801，S.7227

大般若波罗蜜多经卷一五七
  BD06825，BD14160（2），上图 075

大般若波罗蜜多经卷一五八
  BD07060，BD08381，俄 Ф.033，羽 524

大般若波罗蜜多经卷一五九
  BD03572，Дx.10915

大般若波罗蜜多经卷一六〇
  BD14524，S.8011，Дx.01611

大般若波罗蜜多经卷一六一
  BD08481，BD14829，S.7012

大般若波罗蜜多经卷一六二
  BD04111，BD05077，Дx.10873，Дx.10917，Дx.12585，Дx.12767，敦研 003，羽 450

大般若波罗蜜多经卷一六三
  BD00720，BD04401，BD10445，S.6676，Дx.01757

大般若波罗蜜多经卷一六四
  BD00011，BD04962，BD11805，S.2668，S.5204

大般若波罗蜜多经卷一六五
  BD06299，BD06539，BD10644，S.0483，S.5266，S.7620，Дx.09219，启敦 146

大般若波罗蜜多经卷一六六

BD09837，BD10930，S.4853，S.6694，Дx.01881，Дx.01917，哥图写卷 3（第 3 卷）

大般若波罗蜜多经卷一六七

BD04854，BD11905，羽 520

大般若波罗蜜多经卷一六八

BD06681，BD11270，BD15609，S.2085，S.3925，Дx.00457，Дx.03735，Дx.03773，Дx.10889，中村不折 086

大般若波罗蜜多经卷一六九

BD06673

大般若波罗蜜多经卷一七〇

BD02004，BD08150，BD09540，BD13947，ZSD025 号，Дx.06554

大般若波罗蜜多经卷一七一

BD06268，BD06963，BD09808，Дx.04360，Дx.05035，Дx.06569，Дx.06570，Дx.06579，Дx.08655

大般若波罗蜜多经卷一七二

BD09622，BD11278，S.5325，S.6857

大般若波罗蜜多经卷一七三

BD08116，S.3999，上图 057，羽 521

大般若波罗蜜多经卷一七四

BD04100，BD06060，S.6858，Дx.05792，国图 WB32（10），604491，中医学院 002

大般若波罗蜜多经卷一七五

BD01292，BD07731，BD09809，BD10238，BD13948，中医学院 001

大般若波罗蜜多经卷一七六

BD02286，BD06908，BD10408，Дx.16550，启敦 081，启敦 084

大般若波罗蜜多经卷一七七

BD14159，Дx.10852

大般若波罗蜜多经卷一七八

BD02819，BD06288，BD14526，P.5560（2），S.0667，S.7722，津图 017

大般若波罗蜜多经卷一七九

BD02569，BD06977，BD08004，BD09897，敦博037

大般若波罗蜜多经卷一八〇

BD13949，S.0507，S.4018（1）

大般若波罗蜜多经卷一八一

BD02809，BD05381，BD06103，BD06754，BD08038，BD10219，BD10319，BD11154，S.1736，S.4096，S.7048，Дх.04971，Дх.06441，Дх.06445，Дх.07066，Дх.10875

大般若波罗蜜多经卷一八二

BD02804，BD06107，BD07149，BD07447B，BD09679，BD15613，S.3321，S.4331，S.8094A，Дх.02567，Дх.04182，Дх.12297，Дх.12377

大般若波罗蜜多经卷一八三

BD04258，BD04706，BD15089，S.5123，Дх.05289，Дх.11274

大般若波罗蜜多经卷一八四

BD01715，BD06108，BD14632（2），Дх.02012，俄Ф.034，津艺158

大般若波罗蜜多经卷一八五

BD02969，BD02996，BD03172，BD05005，BD06104，BD07223，BD08086，S.7081，Дх.04262，Дх.04280

大般若波罗蜜多经卷一八六

BD00039，BD00309A，BD02505，BD10438，S.3754，S.7052，Дх.10901，浙敦031（浙博006）

大般若波罗蜜多经卷一八七

BD02986，BD06105，BD13950

大般若波罗蜜多经卷一八八

BD00554A，BD06328，P.4982，S.2870，S.3549，S.5346，S.6634，Дх.06126，俄Ф.021，酒博011

大般若波罗蜜多经卷一八九

BD14812，BD15135，S.4895，S.7020，Дх.12039，Дх.12247，俄Ф.262

大般若波罗蜜多经卷一九〇

BD04366，S.5272，S.8225

大般若波罗蜜多经卷一九一
　　BD02131，BD05416，BD07419，S.0750，S.1699，Дх.02732（1）

大般若波罗蜜多经卷一九二
　　BD03837，BD04229，BD04259，BD07448，BD10732，S.3263，S.3567，S.5084，S.6814，Дх.02088，Дх.02587，Дх.02657，Дх.06110A，Дх.06598，Дх.10854，Дх.10874A，Дх.10874C

大般若波罗蜜多经卷一九三
　　BD01302，BD01525，BD02945，BD06253，BD08536，S.7085，Дх.00719

大般若波罗蜜多经卷一九四
　　BD04286，BD05262，BD13951，P.4041，S.3025，S.8143，Дх.01909，Дх.10886，羽265

大般若波罗蜜多经卷一九五
　　BD02288，BD02292，BD05349，BD05396，BD08253，BD11246，BD12132，S.0770，S.6357，Дх.07276，Дх.07777，Дх.09505，Дх.10870，Дх.10880，Дх.11273B，Дх.11507B，Дх.12626

大般若波罗蜜多经卷一九六
　　BD02653，BD04447，BD07004，BD13952，P.2233，S.1671，Дх.11273A，Дх.11353

大般若波罗蜜多经卷一九七
　　BD05096，S.3932（2），S.4042，Дх.01887，Дх.01900，Дх.03543，Дх.12725，南图003

大般若波罗蜜多经卷一九八
　　BD02444，BD03661，BD03937，BD09552，S.7013，S.7720，S.8000，Дх.01936

大般若波罗蜜多经卷一九九
　　BD01976，BD02052，BD04267，BD07500，BD09539，BD11131，S.0589，Дх.02811，Дх.03219，Дх.03745

大般若波罗蜜多经卷二〇〇
　　BD00378，BD01096，BD01890，BD01909，BD04979，BD07835，S.6633，Дх.03357，Дх.11782，俄Ф.117

大般若波罗蜜多经卷二〇一

BD00616, L.009, S.6540, S.6819, S.8355, Дx.04300

大般若波罗蜜多经卷二〇二

BD00001, BD05352, BD10135, BD13953, BD15574, P.5570, S.3157, Дx.16871, 津图018

大般若波罗蜜多经卷二〇三

BD06029, BD09611, BD15034, S.0444, S.0584, Дx.03279, Дx.05960

大般若波罗蜜多经卷二〇四

BD03748, BD04819, BD04981, BD10530, BD13678, S.4197, Дx.06260, 俄Ф.201, 哥图写卷4（第4卷）

大般若波罗蜜多经卷二〇五

BD05928, BD05979, BD05980, BD08488, BD08590（1）, BD11719, BD13954, S.7416, S.7537, Дx.09403, Дx.11475

大般若波罗蜜多经卷二〇六

BD03458, BD03746, BD04113, BD05772, BD06418, BD07960, BD11126, BD15113, S.2287, Дx.01806

大般若波罗蜜多经卷二〇七

BD03745, BD06033, BD09473, BD10446, BD13955, S.0460, S.1682, S.1938, S.4467, 台图034

大般若波罗蜜多经卷二〇八

BD03744, BD03927, BD04783, BD06936, BD09612, BD10245, BD12340, BD13956, S.4038, S.7484, S.8120, Дx.02543, Дx.10887

大般若波罗蜜多经卷二〇九

BD01142, BD11623, S.1769

大般若波罗蜜多经卷二一〇

BD05704, S.0889, S.1580, S.6464, Дx.17471, 羽457之3

大般若波罗蜜多经卷二一一

BD00811A, BD02631, BD06714, BD06993, BD09537, S.4738, Дx.01130

大般若波罗蜜多经卷二一二

BD00345，BD01094，BD06991，BD09466，BD09479，BD14474，LB.007，清华大学图书馆藏本，津艺234，羽668

大般若波罗蜜多经卷二一三

BD03808，BD03839，BD04395，BD04403，BD07147，BD08444，BD13957，BD14513，S.3299，Дx.02580，Дx.02582，Дx.07736，上图182

大般若波罗蜜多经卷二一四

BD01352，BD03350，BD04173，BD04228，BD05037，S.2850，S.3087，S.4058，S.5062，S.5089，S.5419，S.6368，S.7623，Дx.05283，国图WB32（11），604492

大般若波罗蜜多经卷二一五

BD01434，BD02461，S.0251，S.5110，S.7008

大般若波罗蜜多经卷二一六

BD05032，BD08647，BD09627，S.1594，S.5072，S.8064，Дx.08513

大般若波罗蜜多经卷二一七

BD07298，BD09865，S.5085，S.6445，S.7078，S.7084，ZSD059号，Дx.01088，Дx.01681，Дx.05663，俄Ф.028，羽644

大般若波罗蜜多经卷二一八

BD01455，BD04608，BD05514，BD06296，BD07995，BD08406，BD11354，S.2288，S.2397，S.4580，Дx.04554，Дx.04573

大般若波罗蜜多经卷二一九

BD00309B，BD02015A，BD02528，BD11317，BD14565，BD16008，S.3166，Дx.06530，Дx.10894

大般若波罗蜜多经卷二二〇

BD05095，BD07642，BD13958（1），BD13959，S.4728，S.5107，Дx.01181，Дx.11684，北大D003，甘博046，京博B甲256 图录227

大般若波罗蜜多经卷二二一

BD01603，BD08040，BD15314，S.7144，Дx.11275，俄Ф.040，津艺173

大般若波罗蜜多经卷二二二

BD02404，BD04033，BD05668，BD07719，BD08281，BD13960，S.1613，S.3551

大般若波罗蜜多经卷二二三

BD02617，BD14697，俄Ф.236

大般若波罗蜜多经卷二二四

BD00889，BD06809，S.1928，S.2257，S.2904，S.5075，Дх.00944，Дх.02764，Дх.04315A，津艺208，羽243

大般若波罗蜜多经卷二二五

BD00372，S.1049，S.1700，S.3560，S.4803，S.7213，Дх.04347

大般若波罗蜜多经卷二二六

BD02338，BD02628，BD04358，BD04399，BD06023，BD06746，BD08403，BD09623，S.6239，S.6904，Дх.02531，Дх.04163，Дх.10919

大般若波罗蜜多经卷二二七

BD00880，BD10734，BD15282，P.2031，P.2788，S.0953，S.6291，Дх.00176

大般若波罗蜜多经卷二二八

BD02626，BD03763，BD06214，BD06330，Дх.00274，羽523

大般若波罗蜜多经卷二二九

BD00218，BD01460，BD02313，BD06075，BD09625，BD11291，S.5422，S.6564，Дх.03818

大般若波罗蜜多经卷二三〇

BD02320，BD08514，BD13961，S.0596，S.3763

大般若波罗蜜多经卷二三一

BD07945，BD15299，S.0254，S.3098，S.3594，S.3932（1），S.4247，Дх.00301，Дх.08582，台图035

大般若波罗蜜多经卷二三二

BD00005，BD00358，BD00666A，BD01097，BD01295，BD01621，BD06806，BD08280，BD11397，S.3841，Дх.09124，敦研351

大般若波罗蜜多经卷二三三

BD08596，BD09613，BD13962，BD15588，P.2230（1），P.2249，S.3711，S.4346，S.7763，Дх.06344

大般若波罗蜜多经卷二三四
    BD00087, BD04934, BD07335, BD11546, BD11863, S.3269, S.3739

大般若波罗蜜多经卷二三五
    BD02458, BD09626, Дх.00647, 津文521-2

大般若波罗蜜多经卷二三六
    BD05113, BD06120, BD06549, BD11872, BD13963, S.2058, S.4903

大般若波罗蜜多经卷二三七
    BD00185, BD05882, S.4204, S.5118, S.7217, Дх.08437

大般若波罗蜜多经卷二三八
    BD07113, BD08244, BD13964, BD13965, P.2267, P.3319, S.3528, Дх.02923

大般若波罗蜜多经卷二三九
    BD00253, BD02015B, BD05978, BD08181, BD09492, BD10122, BD10960, BD11285, BD14847, S.0156, S.0855, S.6481, S.8096, Дх.10921

大般若波罗蜜多经卷二四〇
    BD00121, BD00405, BD03585, BD03832, BD04086, BD04121, BD05402, BD06962, BD08587, BD09482, BD09624, S.3255, S.7136, Дх.06808, Дх.12616

大般若波罗蜜多经卷二四一
    BD00004, BD01071, BD05621, BD06770, BD07454, BD09451, HHT033, S.7689, Дх.12745

大般若波罗蜜多经卷二四二
    BD03105, BD03111, LD5142-04, S.3215, Дх.05821A, 津图173, 津图174, 津艺226

大般若波罗蜜多经卷二四三
    BD04119A, BD07895, S.1652, S.4755

大般若波罗蜜多经卷二四四
    BD02294, BD03518, BD04606, BD07586, BD10755, Дх.05537

大般若波罗蜜多经卷二四五
    BD02285, BD08524, BD12039, S.2770, S.4835

大般若波罗蜜多经卷二四六
BD02201, BD02202, BD02533, BD11983, S.5287, Дх.10922

大般若波罗蜜多经卷二四七
BD01129, BD08490, BD08660, BD15009, S.6804, 美国国会图书馆藏本

大般若波罗蜜多经卷二四八
BD05069, S.3912

大般若波罗蜜多经卷二四九
BD04707, BD09629, BD10754, BD13966, S.1856, Дх.05129

大般若波罗蜜多经卷二五〇
BD02469, BD03522, BD03980, BD05660, BD07672, BD08560, BD08618, Дх.01684, Дх.05129, 北大 D219, 敦研 002, 南图 022

大般若波罗蜜多经卷二五一
BD07148, BD07769, BD08313, BD09472（1）, BD10403, BD12055, S.1225, S.6448, S.7805, Дх.04611, Дх.10904

大般若波罗蜜多经卷二五二
BD02274, BD02277, BD03455, BD04725, BD07284, S.7076

大般若波罗蜜多经卷二五三
BD06856, S.7111

大般若波罗蜜多经卷二五四
BD02583, BD03193, BD05039, BD07175, BD09478, BD10965, BD11754, P.4555, P.4800, S.0494, S.0902, S.4750, S.8142, Дх.04555, Дх.12001, 台图 036

大般若波罗蜜多经卷二五五
BD08307, BD10454, S.2819, S.3130, S.7879, Дх.10883, 甘博 053, 浙敦 167（浙博 142）

大般若波罗蜜多经卷二五六
BD00728, BD06802, BD09472（2）, BD09472V（4）, Дх.05974

大般若波罗蜜多经卷二五七
BD04341, BD11933, S.1723, S.7541, Дх.10890

大般若波罗蜜多经卷二五八

BD00023A，BD01688，BD01742，BD06891，BD08122，BD09472V(1)，BD09614，BD15213，S.2226，S.4497，S.7166，S.7737，Дх.10898，Дх.11977，Дх.12684，俄Ф.036，羽457之13

大般若波罗蜜多经卷二五九

BD00658A，BD04879，BD04923，BD05084，BD05138，BD05203，BD05550，BD11785，S.3095，S.7210，Дх.11802，Дх.11881，Дх.12535，Дх.12670

大般若波罗蜜多经卷二六〇

BD04959，BD05001，BD05008，BD05057，BD08355，BD09628，BD11308，BD11606，BD11722，BD14761，P.2956，S.5928，Дх.00470

大般若波罗蜜多经卷二六一

BD01723，BD02669，BD03825，BD06926，BD08315，S.0122，S.0965，S.1428，S.1890，S.8337，俄Ф.011，津艺233

大般若波罗蜜多经卷二六二

BD00913，BD01265，BD05683，BD06066，BD06573，BD08642，BD14552，S.3343，Дх.00398，傅图50B

大般若波罗蜜多经卷二六三

BD01666，BD02721（1），S.3479，Дх.01683，敦研325，启敦035

大般若波罗蜜多经卷二六四

BD01223，BD03416，BD05329，BD06098，BD07698，S.1579，S.5310，Дх.04750，甘博051，上图029

大般若波罗蜜多经卷二六五

BD01083，BD04960，BD06635，BD08354，S.0355，S.3726，S.4775，Дх.04949，Дх.11121，羽522

大般若波罗蜜多经卷二六六

BD00655，BD00708，BD08352，BD09491，BD13967，P.2230（2），S.1705，S.5108，S.5370，Дх.06366，第二批02408（西博003），美国国会图书馆藏本

大般若波罗蜜多经卷二六七

BD07181，S.0014，S.4830，S.5351，S.7215，Дх.12532，羽526

大般若波罗蜜多经卷二六八

BD02998，BD09715，BD11318，S.2912

大般若波罗蜜多经卷二六九

BD05647，BD13968，S.6933，Дx.02669，Дx.11897，Дx.11927，Дx.11930，Дx.11958，Дx.12652，津艺004，台图037，羽174

大般若波罗蜜多经卷二七〇

BD03480，BD03829，BD05756，BD07302，BD08456，BD11400，BD11518，S.1423，S.1577，S.3161，S.6723，Дx.07999，Дx.08003，俄Ф.010

大般若波罗蜜多经卷二七一

BD02194，BD03602，BD03606，BD03869，BD04182，BD06429，BD06460，BD14164，S.1030，S.4501，S.6535，西北师大006

大般若波罗蜜多经卷二七二

BD03371，BD04005，BD08641，S.0891，S.4790，Дx.09370，哥图写卷5（第5卷）

大般若波罗蜜多经卷二七三

BD03327，BD05429，BD06180，BD09553，BD09900，S.1961，S.3202，S.3530，S.4499，Дx.04549，Дx.10859

大般若波罗蜜多经卷二七四

BD00618，BD02721（2），BD04883，BD05091，BD08343，BD09631，BD10316，BD11228，S.5948，S.8042，Дx.02595，俄Ф.035

大般若波罗蜜多经卷二七五

BD03181，BD04670，BD04852，BD07685，BD07706，BD09535，BD10656，S.1120，S.1121，S.3170，S.4581，S.5334，S.6467，S.7408，龙谷大学橘1

大般若波罗蜜多经卷二七六

BD02962V，BD09490，BD13969，S.0933，S.3266，甘博123

大般若波罗蜜多经卷二七七

BD00608，BD02672，BD05065，BD10475，BD14983，BD15229，P.2114，S.8344，Дx.11613，Дx.11665，俄Ф.244

大般若波罗蜜多经卷二七八

BD02128，BD03882，BD06777，BD08569B，BD14830，S.0416，S.4582，S.7177，Дх.06515，甘图005

大般若波罗蜜多经卷二七九

BD01373，BD02348，BD09470，BD13970，俄Ф.159

大般若波罗蜜多经卷二八〇

BD00897，BD02088，BD04877，BD06370，BD07825，BD15132，S.4590，S.6939，Дх.02905，Дх.10908

大般若波罗蜜多经卷二八一

BD00217，BD00853，BD01918，BD07324，BD07838，BD08673，BD10615，S.1710，S.3495，S.7795，S.8310，Дх.01901，津艺325

大般若波罗蜜多经卷二八二

BD03506，BD07770，BD14616，Дх.02870

大般若波罗蜜多经卷二八三

BD02231，BD09467，BD09630，BD10161，BD11624，BD14547，BD15322，S.0716，S.4791，Дх.02362，Дх.02370，哥图写卷6（第5卷）

大般若波罗蜜多经卷二八四

BD01165，BD01230，BD02287，BD03727，BD06246，BD07906，BD13971，BD14922，S.1768，S.2531，S.3550，S.6369，S.7511，Дх.00280，伍伦12号

大般若波罗蜜多经卷二八五

BD03432，BD04252，BD07644，BD08383，BD08545，BD10980，BD14705，S.6372，S.7714，Дх.01674

大般若波罗蜜多经卷二八六

BD02114，S.1557，S.1883，S.6247，S.7097，上图070

大般若波罗蜜多经卷二八七

BD01629，BD13972，S.3721，S.5210，Дх.01155，Дх.01156，羽474

大般若波罗蜜多经卷二八八

BD03428，BD03435，BD13973，S.5092，Дх.05633，Дх.08765

大般若波罗蜜多经卷二八九

BD03362，BD03436，S.4736，Дх.01793

大般若波罗蜜多经卷二九〇

BD03438，S.0092，S.7288，S.7311B，S.8300，哥东图1. SPECIAL COLL. Scroll Chinese Series C No.9，启敦160，羽195

大般若波罗蜜多经卷二九一

BD02108，BD05475，BD07818，BD11436，S.7120，S.7222，Дх.10920

大般若波罗蜜多经卷二九二

BD05038，BD05376，BD09484，BD10880，BD10953，BD14607，S.3023，S.3218，S.7075，Дх.05296，Дх.09466

大般若波罗蜜多经卷二九三

BD02104，BD02331，BD02340，BD02706，BD03088，BD03740，BD04493，BD04884，S.7036，羽527

大般若波罗蜜多经卷二九四

BD01515，BD02642，BD03279，BD06341，BD06343，BD15063，P.3585，S.7708

大般若波罗蜜多经卷二九五

BD00075B，BD05021，BD09730，BD15851，S.0385，S.7025，Дх.05238

大般若波罗蜜多经卷二九六

BD00165，BD00298A，BD00298B，BD02105，BD03059，BD05323，BD05434，BD05437，BD05450，BD05458，BD07594，BD08464，BD08675，BD09495，BD09815，BD09879，BD15499，S.0491，S.0679，北大D004

大般若波罗蜜多经卷二九七

BD02107，BD14160（1），S.4874，S.6374

大般若波罗蜜多经卷二九八

BD01375，BD01557，BD01878，BD03641，BD15022，S.0357，Дх.04354，Дх.10857，Дх.10892

大般若波罗蜜多经卷二九九

P.4589bis，S.2255，S.6584，S.8103，石谷风028

大般若波罗蜜多经卷三〇〇

BD02110，BD03151，BD05705，BD13974，BD15312，Дх.03197，北大D137，

津文 462-1，上图 088，浙敦 183（浙博 158）

大般若波罗蜜多经卷三〇一
  BD00893，S.0449，S.4605，Дх.03529

大般若波罗蜜多经卷三〇二
  BD15316，S.2285，S.5250

大般若波罗蜜多经卷三〇三
  BD01859，BD01993，BD04234，BD06640，BD06664，BD07118，BD08287，BD09538，BD14590，S.2772

大般若波罗蜜多经卷三〇四
  S.4964，S.7010，Дх.00727，Дх.02766，Дх.04315B，Дх.10914

大般若波罗蜜多经卷三〇五
  BD08169，S.4228，S.4697，S.4958，S.5091，上图 025（1），首博 32.572

大般若波罗蜜多经卷三〇六
  BD05445，S.2897，S.4357，S.4588，S.7066，Дх.10906，Дх.14174

大般若波罗蜜多经卷三〇七
  BD00443，BD00722A，BD06792，BD07967，BD08207，S.1158

大般若波罗蜜多经卷三〇八
  S.2773，S.5187

大般若波罗蜜多经卷三〇九
  BD11955，BD11961，BD12323，S.7386，S.7725，Дх.01164，Дх.01165

大般若波罗蜜多经卷三一〇
  BD05996，BD07990，BD11394，S.2302，S.7414，Дх.00131

大般若波罗蜜多经卷三一一
  BD02096，BD09795，P.2892，Дх.09228，津艺 199

大般若波罗蜜多经卷三一二
  BD01026，BD06897，BD08471，BD14161，S.7748，Дх.05100，Дх.08831，Дх.18658，Дх.18852

大般若波罗蜜多经卷三一三
  BD00015，BD00320，BD00988，BD09818，BD15227，Дх.00423，Дх.02928，Дх.04818，台图 042

大般若波罗蜜多经卷三一五

　　BD04586，BD15012，P.2520，S.4858，S.6468，Дх.00146，敦博043，港中文2000.0072

大般若波罗蜜多经卷三一六

　　BD01203，BD02845，BD03205，BD05952，BD12019，S.7173，ZSD057号

大般若波罗蜜多经卷三一七

　　BD02261，BD04409，BD05904，BD10579，俄Ф.022

大般若波罗蜜多经卷三一八

　　BD03374，BD03590，BD07365，BD08669，BD09738，BD13679，S.3706，Дх.02780，Дх.02788，Дх.02939B，Дх.04958，Дх.10865

大般若波罗蜜多经卷三一九

　　BD05956，S.0603，Дх.09333，Дх.15258

大般若波罗蜜多经卷三二〇

　　BD03491，BD04057，BD09830，BD12366，S.1556，S.3158，S.4827，S.7170

大般若波罗蜜多经卷三二一

　　BD02680，BD05583，BD07972，S.4799，S.6579

大般若波罗蜜多经卷三二二

　　BD01768，BD01865，BD02264，BD07013，BD08624，S.0282，S.4620，北大D153，俄Ф.008，甘博125

大般若波罗蜜多经卷三二三

　　BD13975，P.4596，S.7229

大般若波罗蜜多经卷三二四

　　BD01163，BD06911，BD08411，BD13976，羽295

大般若波罗蜜多经卷三二五

　　BD01089，BD04892，BD05004，BD08037，BD09673，BD10158，BD15535，S.3775，津艺207，浙敦186（浙博161）

大般若波罗蜜多经卷三二六

　　BD01268，BD03187，BD07012，BD09847，BD12119，S.1566，S.5292，Дх.08653，Дх.10882，Дх.10903，Дх.12412，上博47（40796）

大般若波罗蜜多经卷三二七

BD07143，S.5343，S.7197，Дх.04522，Дх.05667

大般若波罗蜜多经卷三二八

BD02665，BD03425，BD05267，BD07411，BD13977，伍伦13号，羽062V

大般若波罗蜜多经卷三二九

BD02501，BD06753，BD07151，S.0676，S.0854

大般若波罗蜜多经卷三三〇

BD03516，P.2028，P.4956，S.0497，S.5095

大般若波罗蜜多经卷三三一

BD02970，BD03195，BD04801，BD04870，BD05119，BD05150，BD05492，BD07839，BD07913

大般若波罗蜜多经卷三三二

BD06773，S.1939，S.6608，Дх.07571

大般若波罗蜜多经卷三三三

S.1293，S.1377，北大D005

大般若波罗蜜多经卷三三四

BD14631

大般若波罗蜜多经卷三三五

S.4809，津艺040，津艺183

大般若波罗蜜多经卷三三六

BD15103，S.5095，Дх.01189

大般若波罗蜜多经卷三三七

BD02441，BD05192，BD15024，BD15200，S.4410，S.7157

大般若波罗蜜多经卷三三八

BD05350，BD05465，BD05537，BD05661，BD08397，S.6721

大般若波罗蜜多经卷三三九

BD04818，BD05017，BD05083，BD05227，BD06473，BD09786，Дх.00867，俄Ф.189B

大般若波罗蜜多经卷三四〇

BD07683，S.7770，S.7928

大般若波罗蜜多经卷三四一

BD00699，BD00860，BD07270，S.4188，Дх.07278，Дх.11608，山西博物院藏本

大般若波罗蜜多经卷三四二

BD02673，BD04699，BD09776，BD11188，BD14204，S.2796，S.6296

大般若波罗蜜多经卷三四三

BD01362，BD02448，BD03294，BD03916，BD05041，S.3788，苏02

大般若波罗蜜多经卷三四四

BD00671，BD03939，BD03979，BD03992，BD03997，BD06366，BD06427，BD07269，S.0221

大般若波罗蜜多经卷三四五

BD09536，S.6948，慈山寺佛教艺术博物馆藏本，启敦059，启敦142

大般若波罗蜜多经卷三四六

BD03902，BD03961，BD03989，S.3730，S.5294

大般若波罗蜜多经卷三四七

BD02027，BD05993，BD15563，BD15950，P.3046，S.0201

大般若波罗蜜多经卷三四八

BD02213，BD11186，S.3438，S.5055，Дх.06750

大般若波罗蜜多经卷三四九

BD00785，BD03831，BD06976，BD07328，Дх.10879，Дх.10924

大般若波罗蜜多经卷三五〇

BD01479，BD04895，S.3466，Дх.01866

大般若波罗蜜多经卷三五一

BD01995，BD03248，BD04128，BD08623，BD09857，BD15364，S.1312，S.1691，国图WB32（12），566976，37.1.16入

大般若波罗蜜多经卷三五二

BD01939，BD02220，BD03202，BD03785，BD04114，BD09725，S.1693，Дх.10909，Дх.11759，Дх.11912，Дх.18564

大般若波罗蜜多经卷三五三

BD03199，BD04174，BD04684，BD10917，BD15244，S.4766，Дх.04297

大般若波罗蜜多经卷三五四

BD01849，BD03520，BD05994，BD09507，Дх.01031，Дх.01679，Дх.02727，Дх.05963，Дх.06256，Дх.08880，Дх.08890，Дх.17648，Дх.17670，Дх.18392，哥图写卷8（第6卷）

大般若波罗蜜多经卷三五五

BD00795，BD04125，BD07195，P.5025（5），津图146

大般若波罗蜜多经卷三五六

BD00406，BD00549，BD00553，BD00614，BD00675，BD00679，BD00703，BD00730，BD04118，BD07671，BD07935，S.3596，Дх.05744，Дх.10860

大般若波罗蜜多经卷三五七

BD04572，BD04601，BD04671，BD04735，BD09728，BD09985，S.2629，S.3086，Дх.05576，Дх.05729，Дх.12365

大般若波罗蜜多经卷三五八

BD01386，BD01499，BD07080，S.5305，Дх.11336

大般若波罗蜜多经卷三五九

BD03660，BD04767，BD04887，BD06917，BD07748，BD08646，BD09867，LF.006，S.3124，S.3127，Дх.05028

大般若波罗蜜多经卷三六〇

BD01409，BD03525，BD03796，BD03846，BD04023，Дх.12489，俄Ф.198

大般若波罗蜜多经卷三六一

BD02539，BD04898，BD09643，S.2407，Дх.11262

大般若波罗蜜多经卷三六二

BD06996，BD07946，BD08379，S.2401，S.2402，S.4740，Дх.12095，Дх.18531

大般若波罗蜜多经卷三六三

BD00551，BD00651，BD00872，BD01963，BD15315，S.0396，S.3660，S.3668，Дх.00844，Дх.08849，Дх.12079

大般若波罗蜜多经卷三六四

BD07682，BD08267A，BD15088，BD15148，S.5148，S.5902，Дх.16245，

Дх.16673，俄 Ф.029

大般若波罗蜜多经卷三六五

BD07601，BD07688，BD13978，Дх.00005，Дх.08846，Дх.16148，北大D228

大般若波罗蜜多经卷三六六

BD07819，BD08193，S.4779，S.4795，Дх.00017，Дх.02258，Дх.04927，Дх.11770，浙敦110（浙博085）

大般若波罗蜜多经卷三六七

BD02142，BD11158，P.4605，S.4726，S.5063，S.5993，S.6811，Дх.02219，Дх.12097

大般若波罗蜜多经卷三六八

BD00534，BD06054，BD07656，BD07918，BD13979，P.4758（1），Дх.03182，俄 Ф.015

大般若波罗蜜多经卷三六九

BD11697，P.2798，Дх.03191，敦研334

大般若波罗蜜多经卷三七〇

BD01196，BD06287，BD07944，BD08353，BD09450，BD09812，BD12196，S.3574，S.4481，津艺191

大般若波罗蜜多经卷三七一

BD08570，S.4731

大般若波罗蜜多经卷三七二

BD13980，BD14162，S.0899

大般若波罗蜜多经卷三七三

BD05071，敦研335，俄 Ф.001，俄 Ф.172V（1）

大般若波罗蜜多经卷三七四

BD06451，BD06546，BD07814，BD14584，P.5590（11），S.0901，S.2948，俄 Ф.172，台图040

大般若波罗蜜多经卷三七五

BD08591，S.4186

大般若波罗蜜多经卷三七六
BD02499，BD06520，BD07079，BD09827，S.7406

大般若波罗蜜多经卷三七七
S.4510，S.6816，Дх.02600

大般若波罗蜜多经卷三七八
BD02156，BD07696，BD08517，S.2856，Дх.03181，Дх.10877，俄Ф.210

大般若波罗蜜多经卷三七九
BD06142，BD07107，S.5103，S.5275，S.5321，Дх.02935

大般若波罗蜜多经卷三八〇
BD08100A，BD08535，P.4657，S.0903，Дх.07436，津文444

大般若波罗蜜多经卷三八一
BD05747，BD06646，BD10797A，S.3854，S.6319，S.7839，Дх.01594，Дх.02273，Дх.02283，Дх.02608，Дх.03914，Дх.04374，Дх.09112，Дх.11152，Дх.11871，Дх.11895，Дх.11965，Дх.12606

大般若波罗蜜多经卷三八二
BD03155，BD04021，BD04534，BD07259，BD09452，BD11747，S.1997，S.6956

大般若波罗蜜多经卷三八三
BD00775V，BD04147，BD14009，Дх.12418，俄Ф.364

大般若波罗蜜多经卷三八四
BD04844，BD05592，BD13981，S.1575，S.1969，S.2270

大般若波罗蜜多经卷三八五
BD03489，BD06335，BD07735，碑林006

大般若波罗蜜多经卷三八六
BD05173，BD11362

大般若波罗蜜多经卷三八七
S.5271，Дх.16683，甘博044，浙敦092（浙博067）

大般若波罗蜜多经卷三八八
BD14921，S.7285，Дх.08321，西北师大005

大般若波罗蜜多经卷三八九
BD01814，S.0031

大般若波罗蜜多经卷三九〇
　　BD03926，BD04035，BD05763，BD10366，S.3709，S.4595，ZSD031号
大般若波罗蜜多经卷三九一
　　BD02436，BD14742，BD14743，S.0683
大般若波罗蜜多经卷三九二
　　BD05442，BD15164，S.4093，S.7364，Дх.00085，Дх.00154，北大D006，傅图50D，傅图50E，浙敦002（浙图02）
大般若波罗蜜多经卷三九三
　　BD06046，S.2365，Дх.02901，Дх.02987
大般若波罗蜜多经卷三九四
　　BD02459，BD13982，S.4423，Дх.04325，Дх.04552
大般若波罗蜜多经卷三九五
　　BD14597，敦研289，敦研290，敦研291，敦研292
大般若波罗蜜多经卷三九六
　　BD02536，BD04158，BD09461，BD11328，BD11483，S.4326，S.7471
大般若波罗蜜多经卷三九七
　　BD01924，BD09756
大般若波罗蜜多经卷三九八
　　BD15252，S.1973，S.7043，Дх.06999，津文519
大般若波罗蜜多经卷三九九
　　BD04164，BD04172，BD15313，S.6397，甘博061
大般若波罗蜜多经卷四〇〇
　　BD05301，BD05387，BD08018，BD08267B（1），BD08267B（3），BD08267C
大般若波罗蜜多经卷四〇一
　　BD07097，S.7660，Дх.00651，Дх.16826，甘图018
大般若波罗蜜多经卷四〇二
　　BD00521，BD13983，S.5213，S.5240，Дх.05499
大般若波罗蜜多经卷四〇三
　　S.5175，Дх.00732

大般若波罗蜜多经卷四〇四
　　BD01183，BD07093，BD07809，BD13984，S.7378，Дх.00736

大般若波罗蜜多经卷四〇五
　　BD06879，BD13985

大般若波罗蜜多经卷四〇六
　　BD04938，S.1793，S.4752，羽477

大般若波罗蜜多经卷四〇七
　　BD02624，BD03169，BD05854，BD07761，S.7034

大般若波罗蜜多经卷四〇八
　　BD00257，BD00713，S.2283，S.2395，S.7893，Дх.07173，浙敦181（浙博156），浙敦182（浙博157）

大般若波罗蜜多经卷四〇九
　　BD06544，BD08370，S.3591，S.6379，S.6993，津艺209

大般若波罗蜜多经卷四一〇
　　BD09508，S.0764，S.1232，Дх.02559

大般若波罗蜜多经卷四一一
　　BD05590，Дх.02458，Дх.10861，Дх.10867，Дх.10911

大般若波罗蜜多经卷四一二
　　BD04237，S.4824，俄Ф.018

大般若波罗蜜多经卷四一三
　　BD08125，BD09457，BD10211，S.1034，S.2690，Дх.10916，甘博011，甘博067

大般若波罗蜜多经卷四一四
　　BD03596，BD07078，BD09823，BD11553，S.1772，S.3606，S.6745，S.7488，Дх.10856

大般若波罗蜜多经卷四一五
　　BD13986，S.2189，S.4333，S.6751，甘博063，津文447

大般若波罗蜜多经卷四一六
　　BD02324，BD05970，BD06085，BD07059，CXZ023，S.2309，S.4502，津艺153

大般若波罗蜜多经卷四一七
BD00857，BD04144，BD04240，BD11889，S.3105，Дх.04402，Дх.06169

大般若波罗蜜多经卷四一八
BD04567，S.5264，S.6477，Дх.10899

大般若波罗蜜多经卷四一九
BD06865，BD07077，S.6743，Дх.02237，Дх.03805，Дх.16428，Дх.18210，俄Ф.013

大般若波罗蜜多经卷四二〇
BD07076B（1），BD07145，BD07794，BD09820，俄Ф.041，甘博052

大般若波罗蜜多经卷四二一
BD02140，BD09838，BD11878，BD12885，S.7019，S.7259，俄Ф.006

大般若波罗蜜多经卷四二二
BD05612，BD07264，BD07965，BD09686，S.1424，S.7436，Дх.10876，傅图03

大般若波罗蜜多经卷四二三
S.3099，S.4446，Дх.10891

大般若波罗蜜多经卷四二四
BD07829，S.1595，S.6704，S.7037，Дх.07358

大般若波罗蜜多经卷四二五
BD02551，BD04511，BD04517，BD04762，BD05485，BD11708，BD15855，BD15939，S.5094，安思远藏本，甘博045

大般若波罗蜜多经卷四二六
BD09806，LB.004，Дх.01690，羽457之8

大般若波罗蜜多经卷四二七
BD00811B，BD15035，S.7117，浙敦031（浙博006）

大般若波罗蜜多经卷四二八
BD05200，BD07242，P.2993，S.1564（2）

大般若波罗蜜多经卷四二九
BD01259，BD05856，BD07414

大般若波罗蜜多经卷四三〇

　　BD01258，BD06818，S.2286

大般若波罗蜜多经卷四三一

　　BD02293，BD08129，S.0885，上博 54（44959）

大般若波罗蜜多经卷四三二

　　BD03122，BD04051，BD04054，BD04076，BD04137，BD06873，S.0887

大般若波罗蜜多经卷四三三

　　BD02993，BD06662，BD14815，LD5137-02，Дх.08346

大般若波罗蜜多经卷四三五

　　BD07907，BD10660，BD12107，S.0888，S.1416，S.7847

大般若波罗蜜多经卷四三六

　　BD13988，S.0886，Дх.12437，上图 051，上图 183B

大般若波罗蜜多经卷四三七

　　BD01381，S.5983，Дх.05091

大般若波罗蜜多经卷四三八

　　BD06077，BD06876，BD07325，BD11275，S.0768，S.0906

大般若波罗蜜多经卷四三九

　　BD05991，BD06878，BD09781，BD10814，BD13989

大般若波罗蜜多经卷四四〇

　　BD00794，BD11313，BD12042，S.1587

大般若波罗蜜多经卷四四一

　　S.1697，S.3320，S.5096，S.5237，Дх.01941，Дх.02037，Дх.04710，Дх.05055，Дх.11482，Дх.11946，俄Ф.009

大般若波罗蜜多经卷四四二

　　S.4343，S.6856

大般若波罗蜜多经卷四四三

　　S.3295，Дх.00616，Дх.00845，Дх.07110，Дх.10912

大般若波罗蜜多经卷四四四

　　BD01326，BD03611，BD05374，BD07122，BD07252，S.2627，S.5102，俄Ф.042

大般若波罗蜜多经卷四四五
　　BD02659

大般若波罗蜜多经卷四四六
　　BD05888，BD07842，S.5196，S.5286，甘图009

大般若波罗蜜多经卷四四七
　　BD07854，BD14609，S.7522，俄Φ.032A

大般若波罗蜜多经卷四四八
　　BD08654，S.7429，Дх.05125，Дх.10885

大般若波罗蜜多经卷四四九
　　BD05574，BD07750，S.7523

大般若波罗蜜多经卷四五〇
　　BD05489，BD07194，BD10232，S.1331，S.2962，Дх.00783

大般若波罗蜜多经卷四五一
　　BD06919，BD10404，HHT039，S.7147，Дх.06917，Дх.08298，北大D007

大般若波罗蜜多经卷四五二
　　BD07931，BD09747，S.0283，S.4198，S.6995，Дх.01125，Дх.08993，俄Φ.027，津艺161，津艺220

大般若波罗蜜多经卷四五三
　　BD00541，BD05310，BD05597，BD15233，S.1276，S.7842

大般若波罗蜜多经卷四五四
　　BD06677，S.2901

大般若波罗蜜多经卷四五五
　　BD02238，BD08626，BD09966，Дх.03955，Дх.04319，Дх.05119

大般若波罗蜜多经卷四五六
　　BD01581，BD02999，BD08029，BD14784，S.0604，S.0974，碑林007（1），羽317

大般若波罗蜜多经卷四五七
　　BD07388（1），BD07388（2），BD07788，S.1253，S.2411，Дх.02005

大般若波罗蜜多经卷四五八
　　BD06154，BD08400，S.0591，S.3225

大般若波罗蜜多经卷四五九

BD14537，Дх.05952

大般若波罗蜜多经卷四六〇

S.1512，S.7208

大般若波罗蜜多经卷四六一

BD00365，BD04689，S.7381，S.7611

大般若波罗蜜多经卷四六二

BD05915，BD07566，BD08462，S.2332，S.2507，Дх.06828，Дх.18333，首博32.518，中村不折087

大般若波罗蜜多经卷四六四

BD02964，BD14840T，Дх.01992，Дх.02036，俄Ф.023

大般若波罗蜜多经卷四六五

BD01057，BD04701，BD07703，BD07708

大般若波罗蜜多经卷四六六

BD01022，BD01804，BD05732，BD08554，S.0884

大般若波罗蜜多经卷四六七

BD04679，BD04988，BD07499，BD08670，BD09706，S.3609，S.7742，Дх.00718B，Дх.04820，Дх.05742B，Дх.06190，首博32.515

大般若波罗蜜多经卷四六八

BD08292A，Дх.10925，Дх.10926

大般若波罗蜜多经卷四六九

BD08506，S.3689，S.5189，ZSD051号，Дх.02227

大般若波罗蜜多经卷四七〇

BD01021，BD13990，P.3570，S.3100，S.7021，S.7211，S.7238，Дх.01771

大般若波罗蜜多经卷四七一

BD13991，P.2877，S.1417，S.6957，S.7845

大般若波罗蜜多经卷四七二

BD08410，BD08440，BD09471，BD10801，BD13612，S.0684，S.4729

大般若波罗蜜多经卷四七三
BD08139，BD10380，BD11796，S.4189，S.4744，S.7077，酒博012

大般若波罗蜜多经卷四七四
BD13992，S.1764

大般若波罗蜜多经卷四七五
BD07251，S.2203

大般若波罗蜜多经卷四七六
BD02094，S.1418，S.1436，S.7209

大般若波罗蜜多经卷四七七
BD15110（1），P.3033

大般若波罗蜜多经卷四七八
BD01665，BD02235，BD04119B，BD07100，BD08567，S.4748，Дх.08368

大般若波罗蜜多经卷四七九
BD03615，BD04479，S.1701

大般若波罗蜜多经卷四八〇
BD07952

大般若波罗蜜多经卷四八一
BD01307A，BD09674，P.3072，S.2622，S.7067，Дх.05584，Дх.11645，俄Ф.017

大般若波罗蜜多经卷四八二
BD01310，S.7890，Дх.10923

大般若波罗蜜多经卷四八三
BD01308，BD05078，BD08470，BD15216，LB.035，S.1430，S.8061，Дх.01884，Дх.10881，羽449

大般若波罗蜜多经卷四八四
BD01303，BD01463，BD05988，BD09464，P.2790（1），S.7273，Дх.00731，伍伦14号

大般若波罗蜜多经卷四八五
BD01307B，BD08101，BD09462，S.5342，Дх.10895

大般若波罗蜜多经卷四八六

BD04834，BD06031，BD09707A，BD13993，S.1582，S.4694，S.7132，S.7783，Дx.01766，Дx.02007

大般若波罗蜜多经卷四八七

BD01300，BD06778，BD09632，P.5536，S.2471，S.6546，Дx.00775，Дx.02335，上图015，羽394

大般若波罗蜜多经卷四八八

BD01408，BD05365，BD07475，S.7183，S.8326，Дx.00770，Дx.03950，Дx.04510，Дx.04515，Дx.06561，Дx.10888，俄Ф.014

大般若波罗蜜多经卷四八九

BD01305，BD04993，Дx.05525，俄Ф.020

大般若波罗蜜多经卷四九〇

BD01309，BD03718，BD04448，BD04454，BD04472，BD04533，BD04624，BD04669，BD07617，BD08380，BD09804，BD13994，S.4810，S.6655，Дx.04872

大般若波罗蜜多经卷四九一

BD01748，BD06868，BD11416，P.4768，S.1353，S.3364，Дx.06209，Дx.12311

大般若波罗蜜多经卷四九二

BD08236，BD09869

大般若波罗蜜多经卷四九三

BD01450，BD06935，BD09463，BD09509，BD13995，BD13996，Дx.08458

大般若波罗蜜多经卷四九四

BD00635，BD01728，BD06760，BD06881，BD09684，BD10636，BD11953，BD11954，HKU.Ca.1986.0905，P.2800，P.4847，S.8002，S.8100，Дx.04902，Дx.06322

大般若波罗蜜多经卷四九五

BD01437，BD02780，S.4262，S.4828，浙敦086（浙博061）

大般若波罗蜜多经卷四九六

BD06524，BD06699，BD07127，BD10334，BD10879，S.0773，S.3525，Дх.11458，羽345

大般若波罗蜜多经卷四九七

BD01514，BD02719，BD03786，BD15109，S.3425

大般若波罗蜜多经卷四九八

BD01444，BD08088，BD08608，S.7200

大般若波罗蜜多经卷四九九

BD00836，BD01663，BD02452，BD09646，BD09652，S.5090，台图038，浙敦123（浙博098）

大般若波罗蜜多经卷五〇〇

BD07729，BD09696，BD11461，BD13997，Дх.04049，Дх.10855，Дх.10902

大般若波罗蜜多经卷五〇一

BD01664，BD03765，BD06967，BD07162，BD07639，BD10590，S.0358，S.6351，S.7009，Дх.08406，俄Ф.039，俄Ф.178

大般若波罗蜜多经卷五〇二

S.6412，S.7093，Дх.01691，Дх.01692，Дх.01693，Дх.02424，Дх.08911

大般若波罗蜜多经卷五〇三

BD00331，BD07163，BD09670

大般若波罗蜜多经卷五〇四

BD04197，BD07021，BD10096，S.3825，津图081，津艺160

大般若波罗蜜多经卷五〇五

Дх.00798，Дх.00798V

大般若波罗蜜多经卷五〇六

BD08310，BD09460，BD10479，BD11626，BD12089，BD13987，BD13998

大般若波罗蜜多经卷五〇七

BD01402，BD02846，BD09910，BD13999，S.5329，S.7026

大般若波罗蜜多经卷五〇九
　　S.5350，S.7014，Дх.02448，Дх.04418，Дх.06217

大般若波罗蜜多经卷五一〇
　　BD02895，BD06813，BD07105，BD07796，BD08100B，S.1537，Дх.05422，Дх.10907

大般若波罗蜜多经卷五一一
　　BD07221，S.4727，S.7978，Дх.00704，首博32.520（11），招提07

大般若波罗蜜多经卷五一二
　　BD06990，S.5007，Дх.02553，Дх.09237，俄Ф.004

大般若波罗蜜多经卷五一四
　　BD08425，BD09724

大般若波罗蜜多经卷五一五
　　BD04230，BD05388，BD05456，BD08594，BD09644，BD09653，BD11481，S.0184，S.1794，Дх.02546，Дх.10868

大般若波罗蜜多经卷五一六
　　BD00445A，BD07246，BD07652，BD07711，BD10387，S.1941

大般若波罗蜜多经卷五一八
　　BD07150，S.2225，Дх.03324

大般若波罗蜜多经卷五一九
　　BD03841，BD08531，BD09483

大般若波罗蜜多经卷五二〇
　　S.4498，Дх.02189，Дх.04913

大般若波罗蜜多经卷五二一
　　BD00554B，BD03978（1），BD03978（2），BD14846，BD15242V（2），S.0893，S.7046，津艺053

大般若波罗蜜多经卷五二二
　　BD04301，BD06894，BD09663，S.0894，S.7239，S.8060，甘博042

大般若波罗蜜多经卷五二三
　　BD08166，HHT038，S.0895，S.5270，Дх.17659，酒博019

大般若波罗蜜多经卷五二四
BD02757，BD09662，BD15212，S.4057，敦研附367，台图039

大般若波罗蜜多经卷五二五
BD08542，BD10718，P.4549，S.0896，S.3564，S.4698，Дх.01767

大般若波罗蜜多经卷五二六
LB.005，S.0897，S.1359，S.1559，S.3312，S.3342，S.4767，S.5122，Дх.00779，Дх.01578

大般若波罗蜜多经卷五二七
BD09465，BD10993，S.1630，S.4768，ZSD062号，Дх.01493，Дх.05953，台图046

大般若波罗蜜多经卷五二八
BD00237，BD00362，BD01269，S.4773，Дх.00145，Дх.08976

大般若波罗蜜多经卷五二九
BD01899，BD08662，BD14814，S.3447

大般若波罗蜜多经卷五三〇
BD11121，BD14820，S.0775，S.7230，Дх.08150，浙敦098（浙博073）

大般若波罗蜜多经卷五三一
BD00999，BD04853，BD04859，L.002，S.4934，S.7365，S.7426

大般若波罗蜜多经卷五三二
BD08216，S.0760，S.1346

大般若波罗蜜多经卷五三三
S.0977

大般若波罗蜜多经卷五三四
BD04327，BD04835，BD04848，BD04947，BD05012，BD05226，BD06988，BD16410，S.7017，Дх.05121

大般若波罗蜜多经卷五三五
BD02611，BD14000

大般若波罗蜜多经卷五三六
BD02361，BD03654，BD07083，BD12219，俄Ф.019

大般若波罗蜜多经卷五三七
    BD06676，BD09676，BD10650，S.1419，S.1798，S.6859

大般若波罗蜜多经卷五三八
    BD00154，BD02646，Дx.02344

大般若波罗蜜多经卷五三九
    BD02740，BD09458，S.4833，Дx.00035，Дx.02676，Дx.08381，Дx.16509，Дx.16611，Дx.16907，伍伦15号

大般若波罗蜜多经卷五四〇
    BD02327，BD04747，BD09698，S.3727，S.4090，S.6878，Дx.00670

大般若波罗蜜多经卷五四一
    BD04653，BD09783，P.2998，S.2349，S.2571，S.3604，羽775

大般若波罗蜜多经卷五四二
    BD00075C，BD00762，BD02204，BD03377，S.3435，S.4794，S.7294，巴图 Cod.sin.90[1]

大般若波罗蜜多经卷五四三
    BD06960，BD08461，Дx.10905，Дx.18997

大般若波罗蜜多经卷五四四
    S.7116，Дx.00764，Дx.01535，Дx.03598，Дx.05253，Дx.05914，Дx.12575，甘博043，羽457之5

大般若波罗蜜多经卷五四五
    S.4816，Дx.10864

大般若波罗蜜多经卷五四七
    BD00667，S.1972，S.4095

大般若波罗蜜多经卷五四八
    BD07312，BD09474，Дx.00049，Дx.03313

大般若波罗蜜多经卷五四九
    BD00979，BD02245，BD06289，BD14587，S.1342

---

[1] 德国巴伐利亚州立图书馆藏。见荣新江：《海外敦煌吐鲁番文献知见录》，南昌：江西人民出版社，1996年，第106—109页。

大般若波罗蜜多经卷五五〇

BD04850，BD08326，BD08543，BD09825，S.2996，S.3814

大般若波罗蜜多经卷五五一

BD00533，BD04657，BD05268

大般若波罗蜜多经卷五五二

BD06413，BD10963，BD14163，BD14581，S.4425，S.5328，S.5330，Дх.00747，Дх.01104，Дх.02743，Дх.04381，Дх.04609，Дх.06717，Дх.06718，Дх.10893A，Дх.10893B，Дх.10893C，Дх.10893D，Дх.11716

大般若波罗蜜多经卷五五三

BD02743，S.7150，俄Ф.016

大般若波罗蜜多经卷五五四

BD07319，BD08356，BD08555，BD09803，S.6752

大般若波罗蜜多经卷五五五

BD04443，BD04497，BD04579，BD04626，BD04629，BD04710，BD04746，Дх.00611，Дх.01491

大般若波罗蜜多经卷五五六

BD01490，BD03326，S.6951，S.7662，Дх.05564

大般若波罗蜜多经卷五五七

BD04225，BD05146，BD09602，BD10554，BD11919，S.0739，S.7074，哥图写卷10（第8卷），哥图写卷9（第7卷）

大般若波罗蜜多经卷五五八

S.7018，S.7088，Дх.16601

大般若波罗蜜多经卷五五九

BD01070，BD07538，BD08348，Дх.10913

大般若波罗蜜多经卷五六〇

BD01956，BD09621，BD15319，P.4883

大般若波罗蜜多经卷五六二

BD08292B，BD09477，BD09701（1），BD09859，S.0755，Дх.02592，Дх.11601，羽462

大般若波罗蜜多经卷五六三
BD01593, P.2025, S.3701

大般若波罗蜜多经卷五六四
BD07730, BD08020, BD10254, S.0070, S.7652, Дx.01904, 俄Ф.297

大般若波罗蜜多经卷五六五
BD08556, BD09486

大般若波罗蜜多经卷五六六
S.4114, Дx.05831, Дx.05869, Дx.06101, Дx.06105, Дx.08781, 敦博046, 首博32.578, 羽238

大般若波罗蜜多经卷五六七
BD11973, S.1420, S.1914, S.7829

大般若波罗蜜多经卷五六八
BD00324（1）, BD03365, BD05654, BD09488, S.2406, S.7094, Дx.04004, 俄Ф.002, 俄Ф.031

大般若波罗蜜多经卷五六九
BD03291, BD04112, BD09485, P.2024（1）, S.5155, Дx.01035

大般若波罗蜜多经卷五七〇
BD00200, BD01761, BD05229, BD05893, BD05972, S.3749

大般若波罗蜜多经卷五七一
BD01014, BD07274, BD14002, Дx.12527, Дx.14237

大般若波罗蜜多经卷五七二
S.2930, S.6666, Дx.04526, Дx.05137, Дx.10681, Дx.11854

大般若波罗蜜多经卷五七三
BD07095, BD07201, BD14004, Дx.02722, Дx.02906, Дx.06594, Дx.11774, Дx.11849, Дx.11976, Дx.12014

大般若波罗蜜多经卷五七四
BD00259, BD04015, BD10176, S.4944, 俄Ф.005, 上博69（51612）

大般若波罗蜜多经卷五七五
BD08121, BD14621, S.5023, S.5218, S.5994, Дx.10863

大般若波罗蜜多经卷五七六
  BD07352，P.3863V（1），S.0410，S.0849，S.6365

大般若波罗蜜多经卷五七七
  BD09455，BD11812，BD11970，BD12138，BD12149，BD14185，P.2891，P.5551bis，S.5124，Дх.00217，Дх.01784，Дх.01830，Дх.01855，Дх.05192，Дх.06852，Дх.07823，Дх.08409，Дх.16725，Дх.18066，Дх.18409，甘图027，羽088之2，羽088之3，羽088之4，羽088之5，羽088之6，羽088之7，羽088之8

大般若波罗蜜多经卷五七八
  BD05564，BD05833（2），BD09140，BD09141，BD09489（2），BD09645，BD10867，BD10998，BD15130（2），Дх.10645，羽391R，浙敦057（浙博032）（2），浙敦058（浙博033），浙敦059（浙博034）

大般若波罗蜜多经卷五七九
  BD00688，S.1602，S.1884

大般若波罗蜜多经卷五八〇
  BD06150，BD07508，S.0749，S.2046，S.4746，津艺187

大般若波罗蜜多经卷五八一
  BD01091，S.4757，S.4887

大般若波罗蜜多经卷五八二
  BD00475，BD00690，BD07055，BD08363，BD14980，S.2628，S.5278，S.7022，Дх.00081，Дх.00864，Дх.11647，俄Ф.007，津艺218

大般若波罗蜜多经卷五八三
  BD00472，BD00554C，BD07666，BD09708，BD10955，BD11365，S.1542，Дх.00801，北大D008

大般若波罗蜜多经卷五八四
  BD00476，BD06910，BD09822，BD14005，Дх.00695，Дх.06091

大般若波罗蜜多经卷五八五
  BD00622，BD02662，BD04703，S.1332，台图041

大般若波罗蜜多经卷五八六
  BD06290，BD09769，BD10882，Дх.00426

大般若波罗蜜多经卷五八七

BD00830，BD06791

大般若波罗蜜多经卷五八八

BD14561，Дx.01543

大般若波罗蜜多经卷五八九

BD00752，BD08219，BD08267B（2），S.3355

大般若波罗蜜多经卷五九〇

BD07192，BD09723，BD14006，BD14007，S.5269，Дx.00053，Дx.12677，酒博016

大般若波罗蜜多经卷五九一

BD00658B，BD04597，BD05946，BD07248，BD07781，BD09802（1），BD09807，BD11350，S.1406，S.1799，S.7486，S.7767，Дx.08078

大般若波罗蜜多经卷五九二

BD03994，BD09454，BD10395，BD11740，BD12076，BD12081，BD12082，BD12083，BD12108，BD12112，BD12142，S.3608，S.5295，S.7096，S.7220，S.7415，俄Ф.012

大般若波罗蜜多经卷五九三

S.0682，S.7317，国图WB32（13），604493，38入

大般若波罗蜜多经卷五九四

BD02896，BD07086，BD08256，S.3338，S.4716，S.5109，S.7168，俄Ф.024

大般若波罗蜜多经卷五九五

BD07131，S.0734，S.2284

大般若波罗蜜多经卷五九六

BD06877

大般若波罗蜜多经卷五九七

BD06236，BD09456，BD15230，S.6435，S.7258，S.7461，Дx.00521

大般若波罗蜜多经卷五九八

BD02100，BD02279，S.3207，S.6292，S.7134，Дx.03586，Дx.07339，Дx.08385，Дx.18613

大般若波罗蜜多经卷五九九

BD00281，BD01334，BD04790，S.0044，S.3175，S.3634，S.7293，S.7865，S.8115，Дх.01918，Дх.01928B，Дх.06052，Дх.07021

大般若波罗蜜多经卷六〇〇

BD06390，S.7425，S.7613，鄂博15，羽204

大般若波罗蜜多经般若理趣分述赞

Дх.12816

大般若波罗蜜多经般若理趣分述赞卷三

Дх.11032

大般若波罗蜜多经包首残片

P.5579（18）

大般若波罗蜜多经残片

BD12549

大般若波罗蜜多经钞

BD06647

大般若波罗蜜多经初分难信解品

Дх.06443

大般若波罗蜜多经第十会般若理趣分序

BD05833（1），BD09489（1），BD15130（1）

大般若波罗蜜多经点勘录

BD09320

大般若波罗蜜多经断简

羽423

大般若波罗蜜多经护首

BD00229V（2），BD08380V，HHT021，S.7457，S.7900

大般若波罗蜜多经会品卷开阖录

P.3279V（1），P.3302

大般若波罗蜜多经经题

羽039V之4

大般若波罗蜜多经经文杂写
　　BD07300（2），BD10881
大般若波罗蜜多经卷八四包首
　　上图105（1）
大般若波罗蜜多经卷次录
　　S.3522V
大般若波罗蜜多经卷名习字
　　Дх.02481
大般若波罗蜜多经卷名杂写
　　Дх.00119
大般若波罗蜜多经卷七九经文杂写
　　S.7953
大般若波罗蜜多经卷五三略抄
　　P.2760
大般若波罗蜜多经卷一〇二、一〇三节抄
　　敦博067
大般若波罗蜜多经卷帙号
　　Дх.00379V
大般若波罗蜜多经勘经记
　　Дх.02161V
大般若波罗蜜多经前两袟品次录
　　傅图34V
大般若波罗蜜多经神咒钞
　　BD00838
大般若波罗蜜多经首题
　　BD10004，BD10523
大般若波罗蜜多经题签
　　P.4735，P.4736，P.5021B，P.5579（3），P.5579（4），Дх.00023，Дх.00025，Дх.00032，Дх.00212，Дх.00219，Дх.00222，Дх.00301V，Дх.00322，Дх.00331，Дх.00333，Дх.00355，Дх.00359，Дх.00373，

Дx.00379, Дx.00391, Дx.00659, Дx.00661, Дx.00662, Дx.00664, Дx.00673, Дx.00674, Дx.00675, Дx.00677, Дx.00855, Дx.01011, Дx.01013, Дx.01015, Дx.01016, Дx.01018, Дx.01019, Дx.01022, Дx.01023, Дx.01025, Дx.01026, Дx.01071, Дx.01379, Дx.01389, Дx.01503, Дx.01510, Дx.01564, Дx.01576, Дx.01587, Дx.01617, Дx.01620, Дx.01625, Дx.01635, Дx.01753, Дx.01760, Дx.01764, Дx.01776, Дx.01835, Дx.01849, Дx.01897, Дx.01899, Дx.01919, Дx.01957A, Дx.01961, Дx.01965, Дx.01967, Дx.01969, Дx.01985, Дx.01997, Дx.02004, Дx.02027, Дx.02040, Дx.02076, Дx.02092, Дx.02094, Дx.02096, Дx.02098, Дx.02115, Дx.02122, Дx.02125, Дx.02279, Дx.02313, Дx.02402, Дx.02908, Дx.03038, Дx.03043, Дx.03146, Дx.03811, Дx.03833, Дx.03834, Дx.03969, Дx.04274, Дx.04327, Дx.04329, Дx.04426, Дx.04513, Дx.04548, Дx.04757, Дx.04759, Дx.04808, Дx.04860, Дx.04876, Дx.04915, Дx.04965, Дx.05190, Дx.05273, Дx.05379, Дx.05397, Дx.05469, Дx.05555, Дx.05571, Дx.05573, Дx.05700, Дx.05705, Дx.05717, Дx.05769, Дx.05844, Дx.05910, Дx.05911, Дx.05984, Дx.06154, Дx.06556, Дx.06696, Дx.06707, Дx.06757, Дx.06798, Дx.07201, Дx.07226, Дx.07236, Дx.08347, Дx.08506, Дx.08840, Дx.08864, Дx.08871, Дx.08876, Дx.08886, Дx.09008, Дx.10840, Дx.10841, Дx.10842, Дx.10844, Дx.10845, Дx.10846, Дx.10847, Дx.10848, Дx.10849, Дx.10850, Дx.10851, Дx.11226, Дx.11276, Дx.11277, Дx.11627, Дx.11632, Дx.11667, Дx.11876, Дx.11924, Дx.11963, Дx.11973, Дx.11982, Дx.12000, Дx.12702, Дx.12732, Дx.12733, Дx.12734, Дx.12736, Дx.12737, Дx.12738, Дx.12744A, Дx.12792, Дx.12819, Дx.12822, Дx.12839, Дx.14236, Дx.14827, Дx.17715, Дx.17719, Дx.18512, Дx.18517

大般若波罗蜜多经五十帙第六卷略抄

P.2157V（3）

大般若波罗蜜多经引首

浙敦 035（浙博 010），浙敦 037（浙博 012），浙敦 039（浙博 014），浙敦 040（浙博 015），浙敦 041（浙博 016），浙敦 044（浙博 019），浙敦 045（浙博 020），浙敦 047（浙博 022），浙敦 052（浙博 027），浙敦 101（浙博 076），浙敦 140（浙博 115），浙敦 141（浙博 116），浙敦 143（浙博 118）

大般若波罗蜜多经袱皮

BD05421V，BD14536V

大般若波罗蜜多经注本

L.027

大般若波罗蜜多经最胜天王会卷二

BD14001

大般若波罗蜜多经最胜天王会卷五

大东急 107-5-1-1O

大般若波罗蜜多经最胜天王会卷六

BD14003

大般若波罗蜜多心经

S.4216，S.4886（2）

大般若波罗蜜经

Дх.03340

大般若波罗蜜经残片

BD16094

大般若关

P.3559+3664（11）

大般若经

L.012，首博 32.541

大般若经补阙备用卷纸签

S.6191

大般若经第八至十四会序

P.2484V（2）

大般若经第二袠题签

P.3967P3

大般若经第六会序、第十会般若理趣分序

羽290

大般若经第六会序并般若波罗蜜多经卷五百六十六

羽248

大般若经第卅八袠内纸数

BD06776V

大般若经第三十五帙丝笺

P.5013

大般若经第十会般若理趣分序

S.0349

大般若经第十会般若理趣分序并经题

羽318

大般若经第十六会般若波罗蜜多分序

P.2484（2），P.2484V（3）

大般若经第四至第六会序文

P.3212（2），P.3212V（1）

大般若经第四袠题签

Дx.03140

大般若经第五会序

P.2481V（6），P.2484V（1），S.6365V，Дx.02299，Дx.02351B，Дx.02748

大般若经第五十八帙护首

南图016

大般若经点勘录

BD11874V（1），P.4668

大般若经会卷品目

P.2631V（1）

大般若经卷四一四题签
P.4727

大般若经名义释
BD03593

大般若经难信解品第卌四之廿五
上博48（41379）（27）

大般若经欠帙卷录
P.2727V

大般若经四处十六会
俄Ф.213

大般若经写经录
BD06963V

大般若经序
P.3949

大般若真言
Дх.01219+Дх.01220

大部禁方
S.2615V

大乘阿毗达摩杂集论卷一三
S.1272，S.3346

大乘百法论
台图097

大乘百法论卷下抄
P.2304

大乘百法论手记
S.2066

大乘百法论义章
BD03446

大乘百法明门广论
P.2751V

大乘百法明门开宗义记

BD15104

大乘百法明门论

P.2207，P.3039，Дх.11737

大乘百法明门论本品中略录名数

S.6102

大乘百法明门论本事分中略录名数

P.2513V，Дх.07760，Дх.07915，Дх.10690

大乘百法明门论本事分中略录名数释

BD09405，BD13675，BD13675V（2）

大乘百法明门论本事分中略录数

P.2423V

大乘百法明门论补记

P.2207V

大乘百法明门论抄

P.2576，S.2468，S.2586，S.2612

大乘百法明门论解义疏

BD15722

大乘百法明门论开宗义记

BD01861，BD02025，BD02920，BD03885，BD04106，BD04400，BD04406V（1），BD04740，BD05798，BD06219，BD06757，BD09348V，BD09843，BD10603V，BD10605V，BD10607V，BD10809，BD11749V，BD14671，BD14728，BD15631V，BD15635V，BD15641V，BD15651V，P.2070，P.2161，P.2180，P.2294，P.2366V，P.2589V，P.2938，P.2988，P.3089，P.3089V，P.3094，P.3220+3536，P.3223V，P.3234，P.3318，P.3536，S.0268，S.0464，S.1169，S.1923，S.2104，S.2114，S.2505，S.2651，S.2731V，S.4118，S.4227，S.6038，Дх.00384，Дх.02398+Дх.02502，Дх.05528，Дх.05568，Дх.06030，Дх.10704，Дх.11055B，Дх.11877，Дх.11908，Дх.11908V，Дх.11942，Дх.11942V，Дх.11943，Дх.12552，Дх.12552V，北大D141，敦研348，津艺098，津艺107V，津艺109，上博55（44960），上图066V，台图130，羽154V

大乘百法明门论开宗义记标题
　　俄 Ф.252V（2）

大乘百法明门论开宗义记补记
　　P.2161V，P.2180V，津艺 109V（1）

大乘百法明门论开宗义记抄经杂写
　　P.2046（Pel.tib.1257）（2）

大乘百法明门论开宗义记释
　　BD01218V，BD03818V，浙敦 099（浙博 074）

大乘百法明门论开宗义记手记
　　LB.052

大乘百法明门论开宗义记疏
　　BD01073V，BD02943，BD03406，BD07367，BD09290，BD09709，BD11473

大乘百法明门论开宗义记疏抄二卷
　　S.1893V

大乘百法明门论开宗义记随听疏
　　BD04406V（2），BD10830，BD10831，BD10833，BD10848A，BD10848B，BD10848C，BD10848D，BD10848E，BD10848F，BD10851A，BD10851B，BD10851C，BD10851D，BD10851E，BD10851F，BD10851G，BD10851H，BD10851I，BD10868，BD10869，BD10870，BD10871，BD11494，BD11561，BD11677，BD11678，BD11687，BD11695，BD12229

大乘百法明门论开宗义记要义
　　BD06759

大乘百法明门论开宗义记义解
　　BD09844

大乘百法明门论开宗义记义释
　　BD09358V

大乘百法明门论开宗义记杂释
　　BD09359

大乘百法明门论开宗义决

BD00490，BD00578，BD03956，BD09718，P.2077，P.2147V（3），P.2430V，P.2495V，P.2750+2430V，P.3002，P.3003，P.3499，S.0985V（1），S.2732V，S.3731，S.4603，Дх.00110V，Дх.00395，Дх.00507，Дх.00698，Дх.00723，Дх.00999，Дх.01345，Дх.02473，Дх.03115，Дх.03120，Дх.03124，Дх.04334，Дх.04370A，Дх.05470，Дх.05470V，Дх.05553，Дх.08852

大乘百法明门论开宗义决补记

P.2077V（2），P.3002V

大乘百法明门论开宗义决名数释

BD09407

大乘百法明门论开宗义决疏

BD04047V，BD09693，BD11661，BD14727V

大乘百法明门论开宗义决昙旷自序

S.6919V

大乘百法明门论开宗义决序释

S.6925V

大乘百法明门论释

BD08032

大乘百法明门论疏

BD04256，BD05803，P.4006，S.2317，S.4309

大乘百法明门论疏补记

P.3648V

大乘百法明门论疏抄

S.2720

大乘百法明门论疏卷上

BD06767，Дх.08502

大乘百法明门论疏卷下

BD07416，BD07420，务本012号

大乘百法明门论疏释

　　BD05051，P.3648，S.1056，S.2325，S.2583，S.3890，S.4011（3）

大乘百法明门论述记

　　BD04406

大乘百法明门论义序释

　　S.1313

大乘百法随听手抄

　　P.2328（2）

大乘百法随听手抄补记

　　P.2328V（4）

大乘般若五辛经品第八

　　BD03726（3）

大乘宝要义论卷二

　　Дx.12558

大乘悲分陀利经

　　P.5028（17）

大乘悲分陀利经离诤王授记品第六

　　P.2225

大乘北宗论一卷

　　S.2581

大乘本生心地观经序品第一

　　Дx.07002

大乘遍照光明藏无字法门经

　　Дx.15191

大乘布萨仪轨

　　P.3177

大乘大集地藏十轮经卷一

　　S.7041（2）

大乘大集地藏十轮经卷五

　　Дx.01572V，Дx.05046

大乘大集地藏十轮经卷六

Дx.08242

大乘大集地藏十轮经卷七

Дx.09060

大乘大集地藏十轮经卷一〇

Дx.03212，Дx.04243，Дx.16015

大乘大集经贤护分卷四

G.022[=PEALD_2bR and PEALD_2bV]，Дx.02796A，Дx.02801，Дx.02807B

大乘大集经贤护分卷五

Дx.05966，Дx.11160

大乘大集经贤护分授记品第十一

G.023[=PEALD_4aR]

大乘大集经贤护分现前三昧中十法品第三

S.1617

大乘稻芊经

BD00150，BD00485（1），BD00529，BD00681，BD02268，BD02494，BD02615，BD03004，BD03355（1），BD03670，BD03813，BD03867，BD04037，BD05768，BD06052，BD06069，BD06171，BD06205，BD06338，BD07327，BD07565，BD07665，BD07881，BD07905，BD08071，BD08541，BD08644，BD09252，BD09816，BD09863，BD14174，BD14554，BD14756，BD15131，P.4804，S.4475，S.7489，故宫新153377

大乘稻芊经疏

P.2436V，S.0706V

大乘稻芊经随听手镜记

BD07975，BD15358，P.2208，P.2208V（2），P.2303（2），P.2304V，P.2357V，P.2359V，P.2461V（1），P.2569V（Pel.tib.113）（3），P.3422，S.1080，S.6463，S.6619，S.6829，S.8175，S.8194，S.8203，Дx.00302，Дx.00494，北大D115

大乘稻芊经随听手镜记补记

北大D115V

大乘稻芉经随听疏

BD00260V（1），BD00260V（2），BD02109，BD02850，BD02934，BD03018，BD03559，BD05889（2），BD06314，BD06359，BD07762，BD07958，BD08413，BD09524V，BD10234，BD10410，BD10611V，BD11104V，BD12286，BD15702，P.2045（7），P.2284，P.2303（1），P.2508AV，P.2508BV，P.2583（1），P.2639V，P.2912，P.3055（3），P.3057（2），P.3785+3786V，P.4675，P.4965V，S.0316V，S.1475，S.3226，Дx.04017，Дx.05389，Дx.05400，Дx.10712V，京博B甲441，启敦071，上博43（39645），台图125，羽653R+V

大乘稻芉经随听疏决

BD10834，P.2328（1），上图183AV

大乘稻芉经随听疏决补记

P.2328V（3）

大乘稻芉经随听疏开决记

P.3519（P.sogd.6）

大乘稻芉经随听疏问答

BD09356

大乘顶王经

P.3921（2）

大乘顿悟成佛论

BD03833

大乘二十二问

BD08620，BD09392V

大乘二十二问本

P.2287，P.2835V，S.2707V（2），S.4297，Дx.00702，Дx.01315+Дx.01392V，Дx.10712A，北大D098，羽731

大乘二十二问钞

BD11901

大乘法界无尽藏法释

S.0721V（4）

大乘法苑义林卷一

羽 351（1）

大乘法苑义林章·抄

羽 745V

大乘法苑义林章卷一

BD15634，BD15648

大乘方广总持经一卷

甘博 022

大乘观门

P.2649V

大乘经纂要义

P.2298，S.0553，S.3966，Дх.01995

大乘净土赞

BD03925V（5），P.2483（12），P.3645V（2），S.0382，S.0447，S.3096（1），S.4654（4），S.5569（1），S.6109（1），S.6734V（1），Дх.02890，羽 711

大乘开心显性顿悟真宗论

BD09690，P.2162，S.4286

大乘理趣六波罗蜜多经卷二

Дх.16862

大乘莲华马头罗刹经

BD13798

大乘六根赞

S.0263（2）

大乘六念文

BD09374（1）

大乘律二十六部五十四卷五帙大乘律音义第二

S.5508

大乘密严经

P.2129，S.0166，S.1296，S.5519，S.6404，北三井 097（025-10-48）

大乘密严经卷上

BD00151（1），BD01985（1），BD06278A，BD14109（1），BD14971，BD15286（2），BD15346（2），BD15749，BD15756，P.2261（2），S.0441，S.1546，S.3719，S.4448，S.6533，S.6926，津图085，津艺154，台图100，西北师大004

大乘密严经卷中

BD00151（2），BD00527，BD00615，BD00676，BD00698，BD01985（2），BD04424，BD04441，BD04452，BD04471，BD04498，BD04506，BD04536，BD04560，BD04612，BD04751，BD09396，BD14109（2），BD15286（3），BD15938，BD15940，BD15959，P.2896，S.0009，S.0441，S.3497，S.4395，S.6897，S.6907，S.7308，Дх.18000

大乘密严经卷下

BD00151（3），BD01985（3），BD03722，BD03942，BD04138，BD04210，BD09892，BD14109（3），BD14110，BD15286（4），P.2248，P.2519，S.0441，S.0926，S.1279，S.1971，S.4906，S.6771，S.6897，Дх.03898，津艺026，首博32.562，西北师大001

大乘密严经密严会品第一

北大D080（2）

大乘密严经妙身生品之余

S.3428

大乘密严经入密严微妙身生品之余

Дх.01713

大乘密严经题签

Дх.01750，Дх.08189V

大乘廿二问本

S.2674

大乘涅槃经

南京博物院藏本

大乘起世论

P.2039V（2），S.7850

大乘起信论

BD15219，BD15692，P.5588（5），Дх.05473，Дх.11738，Дх.17473，俄Ф.141，启敦028

大乘起信论广释

LD4993

大乘起信论广释卷上

LD4977B

大乘起信论广释卷三

BD06295，S.2367，S.2554V，Дх.00283，Дх.11704，石谷风023

大乘起信论广释卷四

P.2412V，S.2721V，S.6886

大乘起信论广释卷五

BD08340，S.0272，S.2512V（2），S.4513，Дх.00598，Дх.02395，Дх.02572，京博B甲279 图录243，羽604，浙敦199（浙博174）

大乘起信论卷

S.0316

大乘起信论卷上

S.6413

人乘起信论略述

P.4811

大乘起信论略述补注卷上

S.2587

大乘起信论略述卷上

BD06346，BD06548，S.2431，S.2436，Дх.01722，Дх.01735，Дх.02203，Дх.10713，羽393V

大乘起信论略述卷上并序

P.2141

大乘起信论略述卷下

BD03561，BD07740，BD07741，P.2051，S.0125，S.8387V，Дх.03160，Дх.08721，俄Ф.366

大乘起信论略述上下卷

S.0964

大乘起信论略述疏卷上

P.2062

大乘起信论略述题签

P.4811V

大乘起信论疏卷下

S.7520

大乘起信论疏释

S.4137

大乘起信论题签

Дx.05820

大乘起信论一卷

P.2120，P.2200，S.0890，S.5289

大乘起信疏卷上

S.2675

大乘入道次第

BD05951，BD07595，BD09384，BD10442，P.2590V，P.3746，Дx.01264，Дx.06029，Дx.08065，Дx.10714

大乘入道次第卷一

BD07714

大乘入道次第开决

BD07465，P.2202V，S.2463V，S.6915，Дx.08641

大乘入道次第开决义释

BD09358

大乘入道次第疏

BD09363

大乘入道次第一卷

P.2067

大乘入道次第义疏

BD07468V

大乘入道次第章

BD00650，P.3342

大乘入楞伽经

北三井 096（025-10-28），龙谷大学橘 2，南京博物院藏本

大乘入楞伽经卷一

BD00809（1），BD00844，BD01894（2），BD03849，BD05047，BD05534，BD06585（2），BD07689（2），BD14152（2），P.2235，S.0006（2），S.2920，Дx.06085，北大 D158，北大 D216，历博 45

大乘入楞伽经卷二

BD00709，BD00809（2），BD01894（3），BD02048，BD03401，BD03959，BD04489，BD10328，BD10344，S.0564，S.2268，S.2789，S.2936，S.3583，S.3631，S.6657，S.6934

大乘入楞伽经卷三

BD00809（3），BD02308，BD04009，BD04437，BD07135，BD14574，BD15350（1），BQ1723C5S45（加州大学洛杉矶分校藏本），津艺 127，津艺 219，浙敦 017（浙图 17）

大乘入楞伽经卷四

BD00277，BD00809（4），BD01855，BD02865，BD02876，BD02955，BD03230，BD03451，BD04387，BD07039，BD07085，BD11260，BD11401，BD14991，BD15350（2），CXZ017，S.5022，Дx.04386，台图 018

大乘入楞伽经卷五

BD03136，BD06755，BD09212，BD10170，BD11233，BD11855，BD14106，S.6649，S.6714，Дx.01027，上图 100，台图 019（1），羽 206

大乘入楞伽经卷六

BD03571，BD04103，BD10977，BD14107，BD15001B，BD16011，BD16459，S.1560，S.3421，S.8244，Дx.02731，台图 019（2），羽 301（1），浙敦 122（浙博 097）

大乘入楞伽经卷七

BD00215，BD03142，BD03459，BD07440，BD15350（3），BD15394，S.2363，S.7100，Дx.11635，俄Ф.110，俄Ф.114，首博32.525，伍伦26号，羽278，羽301（2）

大乘入楞伽经钞

BD15178V（2）

大乘入楞伽经题签

Дx.00351

大乘入楞伽经序

BD01894（1），BD15435

大乘入楞伽心经卷七

S.2383，S.6479

大乘三聚忏悔经一卷

S.5610V

大乘三窠

P.3215

大乘十二问

S.4159（2）

大乘十信已文

S.2928（1）

大乘四大斋日等

P.3795

大乘四法经

BD00693（7），BD01036（3），BD03355（3），BD03726（2），BD06056（2），BD07928B，BD11571，P.2350V（1），P.2356V（1），S.3194（1），北大D081+D105（1），北大D082（1），羽154R之2，羽186，羽286R

大乘四法经论

P.2350V（2），羽154R之3，羽650V之1

大乘四法经论广略

羽667

大乘四法经论广释
P.2350V（3），羽650V之2

大乘四法经论广释开决记
BD07331，BD07442，BD07873，P.2691

大乘四法经论广释开决记义释
BD09362

大乘四法经论及广释开决记
BD03530，P.2794，P.3007，S.0216，S.2817

大乘四法经论释
Дx.01279

大乘四法经释
BD06056（3），BD09408，P.2356V（2），S.0609，S.2707（5），S.3194（2），北大D082（2）

大乘四法经释抄
P.2461V（2）

大乘四无量安心入道法要略
S.0522（2）

大乘寺残文书
BD16200K

大乘寺当寺应道场尼六十二人牒
P.5579（11）

大乘寺海妙绢练抄
S.0329V（13）

大乘寺僧名录
BD10230

大乘寺圣光寺等尼名录
P.2944

大乘寺题名
Дx.00990（1）

大乘寺张家润等绵紬历

P.6022B

大乘同性经卷上

鄂博 23

大乘同性经卷下

BD05320

大乘唯识论

Дx.03573

大乘无量寿记

S.3037

大乘无量寿经

BD16247,LD4992,LF.005,P.2142,P.2740,P.2992,P.3131,P.3134,P.4514(16)4,P.4518(37),P.4526,P.4527,P.4528,P.4530,P.4531,P.4532,P.4533,P.4541,P.4546,P.4551,P.4552,P.4568,P.4589,P.4594,P.4598,P.4599,P.4600,P.4601,P.4609,P.4670,P.4744,P.5556,P.5589(1),P.5589(16),P.5590(12),S.0068,S.0109,S.0121,S.0177,S.0178,S.0197,S.0339,S.0352,S.0492,S.0549,S.0700,S.0722,S.0763,S.0776,S.0787,S.0922,S.0990,S.1015,S.1068,S.1069,S.1079,S.1082,S.1106,S.1107,S.1132,S.1143,S.1374,S.1460,S.1561(2),S.1661,S.1676,S.1702,S.1711,S.1712,S.1713,S.1717,S.1719,S.1720,S.1771,S.1812,S.1834,S.1836,S.1837,S.1838,S.1839,S.1840,S.1841,S.1842,S.1843,S.1844,S.1861,S.1862,S.1866,S.1867,S.1868,S.1869,S.1870,S.1871,S.1872,S.1873,S.1874,S.1875,S.1892,S.1899,S.1900,S.1960,S.1987,S.1990,S.1991,S.1992,S.1993,S.1994,S.1995,S.2011,S.2012,S.2013,S.2014,S.2015,S.2016,S.2017,S.2018,S.2019,S.2087,S.2102,S.2121,S.2233,S.2351,S.2353,S.2355,S.2473,S.2524,S.2611,S.2642,S.2745,S.2888,S.2909,S.2913,S.2949,S.2950,S.2964,S.2976,S.2977,S.2982,S.3013,S.3014,S.3015,S.3032,S.3033,S.3034,S.3035,S.3036,S.3038,S.3097,S.3246,S.3279,S.3280,S.3281,S.3282,S.3283,S.3284,S.3285,S.3303,S.3307,S.3308,S.3309,S.3310,S.3311,S.3332,S.3340,S.3345,S.3349,S.3440,S.3452,S.3453,

S.3461, S.3724（1), S.3732, S.3733, S.3819, S.3824, S.3843, S.3844, S.3857, S.3891, S.3909, S.3915, S.3942, S.4022, S.4024, S.4025, S.4035, S.4048, S.4059, S.4061, S.4087, S.4088, S.4171, S.4176, S.4181, S.4183, S.4184, S.4185, S.4201, S.4203, S.4208, S.4232, S.4233, S.4239, S.4292, S.4421, S.4591, S.4594, S.4745, S.4777, S.4898, S.4929, S.4940, S.4942, S.4952, S.5011, S.5021, S.5053, S.5100, S.5143, S.5161, S.5229, S.5297, S.5300, S.5314, S.5365, S.5771, S.6152, S.6286, S.6408, S.6430, S.6647, S.6842, S.6935, S.6975, Дх.00129, Дх.00312, Дх.00374, Дх.00479, Дх.00488, Дх.00491, Дх.00496, Дх.00537, Дх.00603, Дх.00614, Дх.00716, Дх.00818, Дх.00826, Дх.00952, Дх.00983, Дх.01029, Дх.01065, Дх.01285, Дх.01577, Дх.01579, Дх.01614, Дх.01648, Дх.01706, Дх.01744, Дх.01752, Дх.01875, Дх.01931, Дх.02000, Дх.02020, Дх.02032, Дх.02172, Дх.02211, Дх.02274, Дх.02382, Дх.02423, Дх.02599, Дх.02604, Дх.02719, Дх.02745, Дх.02755, Дх.02781, Дх.02790, Дх.02817, Дх.02862, Дх.02867, Дх.02871, Дх.02903, Дх.02958, Дх.03012, Дх.03050, Дх.03068, Дх.03093, Дх.03880, Дх.03965, Дх.03970, Дх.03972, Дх.04007, Дх.04271, Дх.04276, Дх.04284, Дх.04287, Дх.04317, Дх.04373, Дх.04518, Дх.04536, Дх.04815, Дх.04816, Дх.04910, Дх.05095, Дх.05097, Дх.05184, Дх.05193A, Дх.05193F, Дх.05315, Дх.05353A, Дх.05388, Дх.05394, Дх.05399, Дх.05406, Дх.05873, Дх.05920, Дх.05957, Дх.06006, Дх.06011, Дх.06151, Дх.06175, Дх.06212, Дх.06538, Дх.06574, Дх.06639, Дх.06650, Дх.06668, Дх.06677, Дх.07228, Дх.07256, Дх.08750B, Дх.08755, Дх.10402, Дх.10404, Дх.10406, Дх.11096, Дх.11450, Дх.11633, Дх.11637, Дх.11678, Дх.11696, Дх.11825, Дх.11858, Дх.11906, Дх.12632, Дх.12747, Дх.14251, Дх.02429, 北大D094, 北三井053（025-10-63), 北三井054（025-10-62), 定博003, 定博005, 东大2996, 敦博059, 敦博060, 敦博061, 敦博062, 敦博063, 敦博064, 敦博066, 敦博068, 敦博069, 敦博075, 敦博080, 敦研327, 敦研339（1), 敦研339（2), 敦研339（3), 敦研339（4), 敦研339（5), 敦研344, 甘博

111，甘博112，甘博113，甘博114，甘博115，甘博116，甘博117，甘博118，甘博119，甘图013，故宫新121247，故宫新154421，国图WB32（7），566982，37.1入（1），津艺023，酒博002，南京博物院藏本，上博44（39646），上博65（51107），上图058，上图137，上图154，台图008，台图009，羽239，羽352，羽406，羽415，羽433，羽473，羽519，羽642之2之2，羽642之2之1，羽670，羽684R，羽717V，羽752V

大乘无量寿经两卷
S.3694

大乘无量寿经一卷
P.3323，龙谷大学53.一二七，羽437，羽438，羽439，羽440

大乘无量寿宗要经
P.2647，P.2671，P.2898，S.0198，S.0503，S.1081，S.4084，S.4085，S.4141，S.4142，S.6645，S.6646，S.6984，S.6999，S.7380，S.7601，S.7892，S.7934，S.8155，S.8156，S.8169，S.8170，S.8173，S.8176，S.8177，S.8183，S.8184，S.8185，S.8186，S.8187，S.8188，S.8189，S.8190，S.8191，S.8192，S.8202，S.8206，S.8207，S.8208，S.8209，S.8210，S.8212，S.8349，S.8378，S.8395，Дх.00004，Дх.01744，津文449，津文521-1，南图001

大乘无生方便门
BD03924V，BD15166，BD15637，BD15655，S.0735V，S.1002，S.2503，S.7961A，Дх.04489，Дх.11587，Дх.11587V

大乘五方便北宗
P.2058（1），P.2270（1）

大乘五更赞
羽155之3

大乘五更转
P.4617（2），S.4634V（1），S.4654（10）

大乘五门十地实相论
BD03106

大乘五门十地实相论卷六
BD03443

大乘五位
P.4633

大乘五蕴论
BD02989，BD15331，羽187，羽397

大乘显识经卷上
Дх.07239，国图WB32（6），604502

大乘显实论一卷
羽284之1

大乘心行论
P.3559+3664（8），P.3664（6）

大乘修行论
敦博038A

大乘修行菩萨行门诸经要集卷三第四十一出胜鬘师子吼一乘大方便方广经
Дх.11588

大乘修行菩萨行门诸经要集卷下
BD11036

大乘药关
P.3181

大乘要语一卷
S.0985V（3）

大乘一宗法
BD08305V（2）

大乘义章
北三井105（025-10-54）

大乘义章钞
BD09861

大乘义章节抄
Дх.10691

大乘义章卷一八
BD10364，BD10396，BD12106

大乘义章卷一九
    BD10991A，BD10991D

大乘义章三十七道品义科分钞
    BD07808V

大乘义章释
    ZSD045 号

大乘用心法
    羽284 之 2

大乘瑜伽金刚性海曼殊室千臂千钵大教王经卷四
    Дx.04481

大乘瑜伽金刚性海曼殊室千臂千钵大教王经卷五
    Дx.07613V

大乘赞一本
    P.2690V（8）

大乘中宗见解要义别行本
    P.4597（9）

大乘中宗见解义别行本
    P.3357V（2），S.2944V（1）

大乘诸法二边义
    P.3357V（3）

大乘庄严经论钞
    BD07217（1）

大乘庄严经论卷一
    BD14789（2）

大乘庄严经论卷七
    S.4644，Дx.11225C，Дx.11933A

大乘庄严经论卷八
    BD09597，S.4644

大乘庄严经论卷九
    BD09597V，S.4644

大乘庄严经论卷一〇
　　S.4644

大乘庄严经论序
　　BD14789（1）

大乘庄严论
　　S.5609

大乘庄严论序
　　P.2155（2）

大慈大悲救苦观世音菩萨像
　　P.4514（6）1-4，P.4514（9）12-13

大慈大悲救苦观世音菩萨像题记
　　P.4514（6）5-7

大慈如来十月廿四日告疏
　　敦研007

大摧碎金刚延寿陀罗尼真言及前仪
　　BD05298（2）

大道通玄要
　　S.3839

大道通玄要卷一并序
　　P.2456（2）

大道通玄要卷五
　　P.2466

大道通玄要卷六
　　P.2456（1），S.10284，S.12187

大道通玄要卷七
　　BD00017，S.3618

大道通玄要卷一二
　　P.2363

大道通玄要经卷一四
　　BD14523（1）

大得食真言
 P.4961（10）

大德沙门百一羯磨法
 敦研070

大洞真经
 IOL.C.100（Ch.75.iv.2），羽612

大洞真经篇目录（上清大洞真经目）
 羽614

大法鼓经卷上
 BD14757L，Дx.06882，青博08（11）

大法炬陀罗尼经卷五
 Дx.09243，Дx.12430

大法炬陀罗尼经卷一三
 BD03332

大法炬陀罗尼经卷一六
 BD03524，HHT006

大法炬陀罗尼经卷一九
 S.5135

大蕃敕尚书令赐大瑟瑟告身尚起律心儿圣光寺功德颂
 P.2765（Pel.tib.1070）V（2）

大蕃故燉煌郡莫高窟阴处士公修功德记
 P.4638（7）

大蕃故沙州大监军论董勃墓志铭
 羽689

大蕃沙州行人三部落兼防御兵马及行营留后某功德记
 Дx.01462

大蕃沙州释门教授洪䇮修功德文
 S.0779V

大蕃辛丑五月二日沙州释门都教授和尚画功德佛像记
 S.1686

大梵天王问佛决疑经卷上

Дx.04084

大方便佛报恩经

P.4794，S.5766（1），SCM.D.29122，北三井 001（025-010-53），文研院 062（xj209-碑帖 179.3），羽 205V 之 2

大方便佛报恩经卷一

BD01534，BD01610，BD02189，BD02227（1），BD03094，BD04162，BD09598，P.3053V，P.4863，S.5807，S.7104，Дx.00636，Дx.01590，Дx.02760，Дx.03096，Дx.03101，Дx.05278，Дx.05303，Дx.09037，Дx.10163V，甘博 102，国图 WB32（8），604501，38.3.29 入，台图 030

大方便佛报恩经卷二

BD02227（2），BD06679，BD07437V，BD15287，Дx.02939A，Дx.05151，Дx.06128，Дx.06531，俄 Ф.275（1），甘博 102，国图 WB32（9），566983，羽 320

大方便佛报恩经卷三

BD02227（3），BD04003，BD04765，BD14179，BD14555，Дx.00707，Дx.07430，Дx.08182，Дx.08998，俄 Ф.275（2），甘博 102

大方便佛报恩经卷四

S.0989，Дx.07467，敦研 332，俄 Ф.094

大方便佛报恩经卷五

BD00792，BD03707，S.0215，S.4623，务本 033 号

大方便佛报恩经卷六

BD06182，BD12310，S.0434，S.1975，S.7040，Дx.06997，Дx.16653，Дx.16680，Дx.16709，Дx.16820，台图 117，浙敦 118（浙博 093）

大方便佛报恩经卷七

BD02246，BD07988，BD15249，S.4284，Дx.07431，Дx.07603，Дx.09329

大方等大集经

P.2427（3），北三井 077（025-13-11），故宫新 166500，九州大学藏本，文研院 063（xj228-碑帖 085.2），重博 04

大方等大集经卷一
　　BD00334，BD04718，LB.050，Дх.11542，Дх.18068

大方等大集经卷二
　　S.2334，S.5299，Дх.03908

大方等大集经卷三
　　BD06812，BD09617，BD10846，BD14825BH，BD14825CF，BD15681，BD15682，LT.02（善3348），羽596

大方等大集经卷四
　　BD07653，BD09828，BD09856，BD10540，BD10659，BD10843，BD11207，BD11437，BD14825BA，BD14825CH，LB.031，S.0743，S.7126，Дх.10210，津艺141，启敦042

大方等大集经卷五
　　BD10550，S.4434，Дх.08465

大方等大集经卷六
　　Дх.01063，Дх.06487，Дх.08050，Дх.16531，Дх.18338，敦研017，敦研024，敦研051

大方等大集经卷七
　　BD09793，BD11017，BD11119，BD11137，BD15899，S.0627，S.7515，S.7972，Дх.00744，Дх.03510，Дх.12852，Дх.15227，Дх.15327，Дх.15362

大方等大集经卷八
　　BD06091，Дх.10823A，Дх.10823B，Дх.15929，Дх.16072

大方等大集经卷九
　　LB.039

大方等大集经卷一〇
　　BD02712V，Дх.07038，京博B甲252 图录198

大方等大集经卷一一
　　BD11753，BD14840EA，S.8276，Дх.07880，Дх.07973，Дх.08962，Дх.08963，Дх.09091，石谷风017

大方等大集经卷一二
　　Дх.09484，Дх.14161，京博B甲239 图录187，台图013

大方等大集经卷一三
 Дx.14534

大方等大集经卷一四
 BD01143

大方等大集经卷一五
 L.040，Дx.12509，京博B甲288 图录236

大方等大集经卷一六
 P.4525（5），Дx.04498，Дx.07768

大方等大集经卷一七
 Дx.17440

大方等大集经卷一八
 BD01228，BD06555，Дx.03398，Дx.04727，Дx.08668，Дx.15479

大方等大集经卷一九
 Дx.06624，京博B甲253 图录201

大方等大集经卷二〇
 P.2499+4058V（1），Дx.04165，Дx.14564，中村不折054

大方等大集经卷二一
 BD07438，BD11123，P.4525（15）

大方等大集经卷二二
 Дx.04587，Дx.07016，Дx.07722，Дx.07914，Дx.08566，Дx.16778

大方等大集经卷二三
 BD00179，S.1261，Дx.06369A，Дx.06369B，Дx.06386，Дx.07489，京博B甲243 图录189，羽593

大方等大集经卷二五
 BD11216

大方等大集经卷二六
 BD00846，BD14925，Дx.06425

大方等大集经卷二七
 Дx.01185

大方等大集经卷二八
BD14843E

大方等大集经卷二九
ZSD017号，Дх.06821，北三井076（025-14-18）

大方等大集经卷三〇
Дх.03670，Дх.06301，Дх.06304，Дх.16349

大方等大集经卷三一
BD09400，BD15907，Дх.08434

大方等大集经卷三二
Дх.07463

大方等大集经卷三三
傅图16

大方等大集经卷三四
Дх.11332，Дх.11360

大方等大集经卷四〇
HHT037V

大方等大集经卷四五
S.4683

大方等大集经卷五〇
P.5029I，P.5590（6），P.5590（7），Дх.12366

大方等大集经卷五一
Дх.03763，Дх.14339，Дх.15517，羽159

大方等大集经卷五二
BD08368（1），Дх.12137，Дх.12250

大方等大集经卷五五
Дх.07003

大方等大集经不可说菩萨品释
BD11877

大方等大集经钞
BD10555，BD11202

大方等大集经节抄
    甘博110
大方等大集经卷纸数
    S.5523
大方等大集经勘对抄
    S.5002V
大方等大集经菩萨念佛三昧分卷一
    BD01613，BD09395，Дх.00001，Дх.02229，Дх.02778，Дх.05416，Дх.05907，Дх.06214，Дх.10676
大方等大集经菩萨念佛三昧分卷四
    Дх.07090
大方等大集经菩萨念佛三昧分卷九
    Дх.16613，Дх.16741，Дх.16784
大方等大集经菩萨念佛三昧分卷一〇
    BD05358，BD14699，Дх.01294，Дх.01297，Дх.06993，Дх.07407，Дх.08053
大方等大集经菩萨念佛三昧分弥勒神通品第四
    Дх.07126
大方等大集经菩萨念佛三昧分赞如来功德品第六
    Дх.03743
大方等大集经题签
    Дх.04477
大方等大集经贤护分观察之余
    S.2020
大方等大集经贤护分卷一
    Дх.15290
大方等大集经贤护分卷三
    BD10520，P.2742
大方等大集经贤护分卷四
    BD05566，BD11383，BD14725，BD14726，甘博082，西北师大018

大方等大集经贤护分卷五
    BD06613, Дх.11810, Дх.11821, Дx.12701
大方等大集经贤护分疏
    BD06519, BD06575
大方等大集经贤护分思惟品
    S.2560, 天理大学 11.183-イ113, 羽169
大方等大集经月藏分中魔王波旬诣佛所品第二
    津艺076
大方等大集日藏经卷三四
    BD09651
大方等大集月藏经卷一
    BD11134
大方等大集月藏经卷三四
    天理大学 10.183-イ15
大方等大集月藏经卷五二
    BD09610（1）
大方等如来藏经
    BD06843, S.3888, 敦博020
大方等陀罗尼经
    S.5276
大方等陀罗尼经卷一
    BD02337, BD09699, BD09902, BD13673A, S.1524, S.4248, S.6727, Дх.07067, Дх.08038, Дх.16332
大方等陀罗尼经卷二
    BD03058, BD04570, BD07544, BD07546, BD07893, BD08260, BD09314, BD09607, BD09731, BD10075, BD10449, BD10783, BD11062A, BD11062B, BD11069, BD11728, BD13673B, BD15836, BD15849, S.1437, S.5383, Дх.00189, Дх.00792, Дх.01099, Дх.01761, Дх.02366C, Дх.05999, Дх.07691, Дх.08954, Дх.10776, Дх.11903, Дх.12588, Дх.12647, Дх.17504, Дх.17505, Дх.17601

大方等陀罗尼经卷三
    Дx.09406

大方等陀罗尼经卷四
    Дx.14748

大方等陀罗尼经并诸经内四众比丘比丘尼优婆塞优婆夷忏悔发愿文
    BD06158

大方等陀罗尼经初分第一
    羽166

大方等陀罗尼经护戒分卷四
    西北师大017

大方等无想大云经卷二
    S.3128

大方等无想大云经卷九
    S.6916

大方等无想经
    Дx.06916A

大方等无想经卷二
    Дx.18027

大方等无想经卷三
    Дx.07619，Дx.07826，Дx.07830，Дx.09391

大方等无想经卷四
    Дx.03328

大方等无想经卷六
    Дx.02406，Дx.04467B，Дx.04984，Дx.07765，Дx.08957，Дx.14507，Дx.18045

大方等无想经大云初分宝苴健度第十五
    S.4217

大方等无想经大云卷三
    上博34（37495）

大方广佛华严经

P.2383V，P.4713，S.0745，S.3072，S.3414，S.5141，S.6852，SCM.D.02634C，Дx.16311，北三井 050（025-10-19），北三井 051（025-14-2），北三井 052（025-13-12），故宫故 4774，故宫新 138352，故宫新 138353，故宫新 139508，故宫新 184190，故宫新 74070，国赠 05866（台北故宫博物院藏本），文研院 064（xj014-0662.14），文研院 065（xj043-0660.24），文研院 066（xj227-碑帖 085.1），重博 13

大方广佛华严经卷一

BD04031，BD07964，BD09905，BD11372，启敦 138

大方广佛华严经卷二

S.7539，S.8029，Дx.03373，Дx.03451，Дx.04197，Дx.04581V，Дx.04705，Дx.05011，俄Ф.353，上图 077

大方广佛华严经卷三

BD10172，BD10487，BD10506，BD12376，S.0916，S.8028，Дx.04499，Дx.04704，Дx.11354，Дx.18619，羽 056R

大方广佛华严经卷四

BD00127，BD00302，BD11099，S.4644，S.6784，Дx.11593A，Дx.14324，羽 056R，羽 590 之 8，羽 590 之 26

大方广佛华严经卷五

BD02994，BD14479，S.1651，S.6784，Дx.03695，Дx.03757，Дx.05706，Дx.08202，Дx.09254，羽 056R

大方广佛华严经卷六

BD15123F，Дx.16699，羽 056R

大方广佛华严经卷七

S.4644，S.7727，Дx.08479，石谷风 012

大方广佛华严经卷八

BD06084，BD06087，BD06092，BD06095，BD06096，BD06111，BD06903，BD08667，BD13624，BD14472，BD15667，Дx.10379，俄Ф.149，京博B甲 232 图录 231

大方广佛华严经卷九

BD09930，S.0132，S.0463，S.2245，S.2527，S.3026，Дх.01534В，Дх.01560В，Дх.04175，Дх.10663，Дх.16380

大方广佛华严经卷一〇

BD15060，BD15632，BD15770，P.2910，P.4808，Дх.00910，Дх.02195，Дх.11420，Дх.18625，台图003

大方广佛华严经卷一一

BD10551，上博37（37498），上图105（11），石谷风054

大方广佛华严经卷一二

BD11777，BD14919，北大D029

大方广佛华严经卷一三

BD08137，BD14651，启敦154

大方广佛华严经卷一四

BD08218，BD10107，S.3229，S.8088，S.8124，Дх.03094，Дх.03250，Дх.04614，Дх.05476，Дх.06660，Дх.12117В，Дх.14621，Дх.16073，津艺005，京博B甲265 图录215

大方广佛华严经卷一五

BD00164A，BD06247，S.0305，S.2918，S.3562（1），Дх.07183，Дх.15837，启敦046

大方广佛华严经卷一六

BD06568，BD12283，S.3423，S.3562（2），Дх.03366，Дх.03639，俄Ф.204C

大方广佛华严经卷一七

BD07203，BD07817，BD09211，BD10259，BD11652，BD12146，S.7967，Дх.02306，Дх.12891

大方广佛华严经卷一八

BD01009，BD01312，BD09767，BD09813，BD10489，BD15974，Дх.00758，Дх.03799，Дх.04473，Дх.04495，Дх.14521

大方广佛华严经卷一九

BD02137，BD02394，BD11030，BD11038，BD11418，BD12202，S.5361，Дх.01213

大方广佛华严经卷二〇

BD14825CI，BD14825CN，BD15673，S.4252，S.7449，Дх.00623，Дх.00624，启敦002，启敦003，启敦004，石谷风011，石谷风041

大方广佛华严经卷二一

BD06871，BD07210，BD08592，S.5068，S.7224，Дх.00107，Дх.03448，Дх.06158，Дх.07878，Дх.07881

大方广佛华严经卷二二

BD00380，BD00985，BD01024，BD07277，BD07786，BD08214，S.0544，S.0634，Дх.03620，Дх.07887

大方广佛华严经卷二三

BD14825CD，P.5589（14），Дх.16505，Дх.18528，甘博072，羽262，羽607

大方广佛华严经卷二四

BD01806，BD15123D，BD15123E，S.4145，Дх.01739，Дх.12057，Дх.12627，羽004，羽262

大方广佛华严经卷二五

S.4545，Дх.08306，Дх.18510，京博B甲242 图录190

大方广佛华严经卷二六

P.4525（14），Дх.06328，Дх.08088，Дх.08088V，Дх.08104，Дх.08136，Дх.08608，鄂博03

大方广佛华严经卷二七

BD15693，P.2307，S.6618，Дх.00433A，Дх.08422，Дх.09344

大方广佛华严经卷二八

BD03086，BD03087，BD07866，BD12022，P.3024（4），S.0967，Дх.07451，Дх.12299

大方广佛华严经卷二九

BD04789，BD09209，BD09858，BD09876，BD10217，BD10415，BD11034，BD11110，BD11417，BD11476，BD11485，BD12171，BD12188，S.0348，Дх.01533，Дх.04500B，Дх.04694，Дх.06568，Дх.08196，Дх.08475，Дх.18171，敦研319，鄂博04，历博40，石谷风010

大方广佛华严经卷三〇

BD02080，BD11650，BD15871，S.3489，Дx.05822，Дx.07896，羽168

大方广佛华严经卷三一

BD04949，BD14840N，BD14851，S.1878，Дx.00461，Дx.08287，Дx.11260，Дx.12124，Дx.12152，Дx.12155，Дx.15212，京都大学藏本，台图001，台图002

大方广佛华严经卷三二

BD14528，Дx.00557，Дx.06184

大方广佛华严经卷三三

BD10412，BD15123B，BD15123C，HHT001，S.1608，Дx.01560A，Дx.12042，Дx.12171

大方广佛华严经卷三四

BD00440，BD00491，BD07198，BD15675，S.6912（1），S.7813，Дx.00043，Дx.01106，Дx.06831，历博37

大方广佛华严经卷三五

BD10736，BD11405，BD11932，P.2110，S.0645，S.6912（2），Дx.03593，北大D120

大方广佛华严经卷三六

BD14438，S.2399，Дx.04152，Дx.04726，Дx.12392

大方广佛华严经卷三七

BD09225，BD10477，BD10504，BD10857，BD10945，BD11021，S.7450，Дx.14804，甘博035

大方广佛华严经卷三八

BD04254，P.3024（2），Дx.00038，Дx.04002，Дx.04823B，Дx.05150，Дx.06144，Дx.06551，Дx.06567，Дx.06572

大方广佛华严经卷三九

BD09720，BD09765，BD15123G，Дx.04460，Дx.04647，Дx.04725，Дx.07911，Дx.08130，Дx.08157，Дx.08174，Дx.08602，Дx.09456，Дx.11428

大方广佛华严经卷四〇
  BD04332，BD10608，BD10956，S.7516，Дх.05923，Дх.16497，Дх.18541，Дх.18541V，Дх.19028

大方广佛华严经卷四一
  Дх.01778，Дх.03926，Дх.05931，俄Ф.264，浙敦012（浙图12）

大方广佛华严经卷四二
  BD00164B，BD05406，S.2557，Дх.04299，浙敦012（浙图12）

大方广佛华严经卷四三
  BD00164C，BD00164D，BD03440，Дх.00072，Дх.18502

大方广佛华严经卷四四
  BD00164E，BD00164F，BD02491，BD14893

大方广佛华严经卷四五
  BD00164G，BD08504，BD14623，BD14838，BD15355，Дх.16716

大方广佛华严经卷四六
  BD00164H，BD06068，BD07513，BD07541，BD16517，S.4644，Дх.02672，Дх.03933V，Дх.03935V，Дх.03979V，津图114，津艺065（7）

大方广佛华严经卷四七
  BD00349，BD15665，BD15870，BD15895，S.0655，Дх.10197，启敦123

大方广佛华严经卷四八
  BD09224，BD10512，BD14794，P.3024V（2），S.0038，Дх.01726，Дх.03550，Дх.05796，Дх.07005，Дх.07581

大方广佛华严经卷四九
  BD06303，BD10455，BD10516，BD11526，BD14825CC，Дх.07937，Дх.16410，羽589之26，羽589之25

大方广佛华严经卷五〇
  BD03006，BD10654，BD10787，BD10853，BD11063，BD11169，P.4566，S.4644，石谷风039

大方广佛华严经卷五一
  Дх.02210，Дх.07857，Дх.08464，羽588

大方广佛华严经卷五二
　　BD05092，Дx.02310，Дx.03260，Дx.03303A，Дx.04585，Дx.04620，Дx.09055，Дx.14506，Дx.15008，Дx.15221，羽588

大方广佛华严经卷五三
　　BD15668，HHT016，S.0011，Дx.03672，Дx.07135，Дx.14170，Дx.15728，Дx.16137，Дx.16558，Дx.16692，Дx.16697，Дx.16869

大方广佛华严经卷五四
　　S.0011，S.8073，Дx.00564

大方广佛华严经卷五五
　　S.4644，S.8090，Дx.08741，Дx.12280A，敦博005

大方广佛华严经卷五六
　　BD01331，BD03698，Дx.04475，Дx.08901，Дx.09207，Дx.16051，敦博005

大方广佛华严经卷五七
　　BD00399A，BD15694，BD15932，BD15955，台图115

大方广佛华严经卷五八
　　BD14953，Дx.04291，Дx.11885，Дx.11940

大方广佛华严经卷五九
　　BD09210，BD14757I，BD14854，S.0157，Дx.16631，Дx.16665，Дx.16687，Дx.16812，Дx.16908，Дx.18824，敦研063，敦研308，羽600

大方广佛华严经卷六〇
　　BD00252B，BD03671，BD07555，BD12517，BD15273，BD15627，BD15935，S.3623，Дx.04101，Дx.06837，Дx.08191，Дx.08217，Дx.08247，Дx.08264，Дx.09550，北大D134，津艺246，羽600，羽757

大方广佛华严经卷六一
　　S.7069（1）

大方广佛华严经卷六四
　　S.4644，Дx.07942，Дx.07981，龙谷大学16.五一六（波13）

大方广佛华严经卷六五
　　S.4644

大方广佛华严经卷六六
　　BD09791，S.1955，S.4644，台图 004

大方广佛华严经卷六七
　　BD01327，BD14708，P.4869

大方广佛华严经卷六八
　　BD06810，BD11972，S.1536，Дx.10699

大方广佛华严经卷六九
　　S.6773，Дx.04337，Дx.04559，Дx.10699，启敦 013

大方广佛华严经卷七〇
　　S.3595

大方广佛华严经卷七一
　　BD00071A

大方广佛华严经卷七二
　　BD03694，BD03697，P.2159V（2），羽 246

大方广佛华严经卷七三
　　BD01345V（6）

大方广佛华严经卷七四
　　S.4644

大方广佛华严经卷七五
　　Дx.07531

大方广佛华严经卷七六
　　BD00282，P.4901，S.7113，Дx.04844B，Дx.12851

大方广佛华严经卷七七
　　BD02233，京博 B 甲 291 图录 232

大方广佛华严经卷七八
　　BD05067，BD07142

大方广佛华严经卷七九
　　BD08579V（2）

大方广佛华严经卷八〇
　　BD10291，BD15185，BD15231，Дx.09443

大方广佛华严经解
 S.7041（1）

大方广佛华严经金刚幢菩萨十回向品
 L.029

大方广佛华严经经名杂写
 Дx.00111

大方广佛华严经卷六七杂抄
 S.7069（2），S.7069V（1）

大方广佛华严经普贤菩萨行愿王品
 S.0709，S.2384

大方广佛华严经入法界品
 羽590之5，羽590之6

大方广佛华严经入法界品第三十四
 Дx.01963

大方广佛华严经疏卷一
 Дx.12446

大方广佛华严经随疏演义钞
 P.4536（1）

大方广佛华严经随疏演义钞卷二包首
 北大D227

大方广佛华严经随疏演义钞卷一二
 Дx.07590

大方广佛华严经随疏演义钞卷一六
 Дx.06937

大方广佛华严经随疏演义钞卷四七
 Дx.07688，Дx.15933

大方广佛华严经谈玄决择卷第三
 Дx.05653

大方广佛华严经题签
 Дx.00214A

大方广佛华严经写经题记
    BD11870

大方广佛华严经修慈分一卷
    S.5970（2）

大方广佛华严经引首
    浙敦038（浙博013），浙敦055（浙博030）

大方广佛华严经摘抄
    俄Ф.127

大方广华严十恶品经
    BD00447，BD05759（3），BD06045，BD06448，P.3275，S.1320，S.5612，S.6790，Дx.00928（1），羽090，羽465之2，羽648

大方广华严十恶品经题签
    Дx.05276

大方广菩萨藏文殊师利根本仪轨经卷三
    Дx.18394

大方广入如来智德不思议经
    BD05639A

大方广三戒经卷上
    Дx.17584

大方广三戒经卷中
    敦研173，敦研195

大方广十轮经封题
    S.5995

大方广十轮经卷一
    BD07358，BD07554，Дx.12005

大方广十轮经卷二
    BD01066，BD12110，BD12111，BD12113，Дx.15529

大方广十轮经卷三
    Дx.02407，Дx.03339，Дx.03659，Дx.04193，Дx.06780，Дx.09390，Дx.18375

大方广十轮经卷四
　　S.7633，Дх.00300，Дх.04822，羽143
大方广十轮经卷五
　　BD10910，羽590之2
大方广十轮经卷六
　　BD00273，BD07738，BD15141，S.7240，S.7555，S.7728，浙敦022（文保所02）
大方广十轮经卷七
　　BD00322，Дх.08427
大方广十轮经卷八
　　BD05723
大方广圆觉修多罗了义经
　　S.4644
大方广圆觉修多罗了义经卷上
　　P.3024（3）
大方广总持宝光明经卷三
　　Дх.08749C
大佛顶第八
　　P.3354V（2）
大佛顶经卷五
　　P.2220
大佛顶经卷六
　　S.6696
大佛顶经包首
　　Дх.01808
大佛顶经第一卷难字表
　　Дх.00512
大佛顶经第二卷难字表
　　Дх.00512V

大佛顶如来顶髻白盖陀罗尼神咒
    BD00718，P.4071（2）
大佛顶如来顶髻白盖陀罗尼神咒钞
    BD09155
大佛顶如来顶髻白盖陀罗尼神咒经
    P.3916（8），S.4637，S.6348，Дх.00927（1），Дх.05111，Дх.05111V，Дх.05721
大佛顶如来放光悉怛多般坦罗大神力都摄一切咒王陀罗尼经大威德最胜金轮三昧咒品第一
    S.3720
大佛顶如来放光悉怛多钵怛罗大神力摄一切咒王金轮帝殊罗大道场金轮三昧十方如来尊重宝印极大无量陀罗尼神咒经
    BD14637
大佛顶如来放光悉怛多大神力都摄一切咒王陀罗尼经
    S.3783
大佛顶如来放光悉怛多大神力都摄一切咒王陀罗尼经大威德最胜金轮三昧神咒
    BD14799
大佛顶如来放光悉怛多大神力都摄一切咒王陀罗尼经大威德最胜金轮三昧神咒品
    Дх.00566
大佛顶如来放光悉怛多钵哆罗大神力都摄一切咒王陀罗尼经大威德最胜金轮三昧咒品
    S.5932
大佛顶如来放光悉怛多大神力都摄一切咒王陀罗尼经大威德最胜金轮三昧咒品卷上
    S.0812，S.2542，Дх.00938
大佛顶如来放光悉怛他般多罗大神力都摄一切咒王帝殊罗尸金刚大道场三昧陀罗尼
    BD05395

大佛顶如来密因修证了义诸菩萨万行首楞严经

BD13481，S.2266，S.4359，大东急107-24-1

大佛顶如来密因修证了义诸菩萨万行首楞严经卷一

BD00537，BD02211，BD02328，BD03387，BD08147，BD14835，BD15220，HHT022，P.2152，P.2349，S.3077，Дх.01478，Дх.05094，俄Ф.138，津艺009，西北师大002，羽573

大佛顶如来密因修证了义诸菩萨万行首楞严经卷二

BD02446，BD02980，BD03003，BD03049，BD03050，BD03244，BD03325，BD06459，BD08302，BD08382，BD10106，BD11329，BD14052，HHT022，P.2152，P.2349，S.3052，S.5312，Дх.16731，俄Ф.090，上博35(37496)

大佛顶如来密因修证了义诸菩萨万行首楞严经卷三

BD02347，BD14604，BD14936，HHT022，P.2152，P.2349，Дх.00340，Дх.01953，Дх.17643，津图107，上博67(51610)，羽257

大佛顶如来密因修证了义诸菩萨万行首楞严经卷四

BD08158，BD09750，BD10047，BD10842，BD10988，BD11277，BD13669，BD14053，LB.027，P.2152，P.2349，S.0836，S.2762，Дх.05806，西北师大008，羽257

大佛顶如来密因修证了义诸菩萨万行首楞严经卷五

BD00351，BD00582，BD01222，BD02016，BD03299，BD04591，BD07022，P.2152，P.2349，S.3102，S.5177，Дх.01688，酒博017

大佛顶如来密因修证了义诸菩萨万行首楞严经卷六

BD00524，BD02826，BD03213，BD05868，BD05880，BD05890，BD07262，BD14054，BD15325，LB.046，S.2279，S.2305，Дх.00733，Дх.02318，Дх.04890，甘博058，上图079，羽256

大佛顶如来密因修证了义诸菩萨万行首楞严经卷七

BD04990，BD05791，BD09917，BD15081，BD15127B，S.8372，Дх.00847，Дх.12507，Дх.12717，俄Ф.092，津图098，羽256

大佛顶如来密因修证了义诸菩萨万行首楞严经卷八

BD03582，BD05246，BD07231，BD08607C，BD11255，BD11800，BD14055，BD14056，P.5560(1)，S.3785，S.5378，Дх.00834，Дх.10416，

Дx.11847，大东急24-162-999，俄Ф.093，羽256

大佛顶如来密因修证了义诸菩萨万行首楞严经卷九

BD01068，BD02282，BD04402，BD14057，BD14511，BD14512，BD14564，BD15134，P.2251，S.5302，俄Ф.089，俄Ф.091，国图WB32（18），604503，38.3.29入，上图131

大佛顶如来密因修证了义诸菩萨万行首楞严经卷一〇

BD03021，BD03281，BD03584，BD04017，BD04398，BD04709，BD06797，BD07266，BD08529，BD14058，BD14198，S.2486，第五批11408（清华大学图书馆藏本），敦博051，上博70（51613），上图013，上图170

大佛顶如来密因修证了义诸菩萨万行首楞严经题签

Дx.06758，Дx.10415

大佛顶如来密因修证了义诸菩萨万行首楞严经音义

P.3429+3651，S.6691V（1）

大佛顶如来密因修证了义诸菩萨万行首楞严经直指卷八

Дx.15495

大佛顶如来密因修证了义诸菩萨万行首楞严经咒

BD09237，BD09238，BD09239

大佛顶如来密因修证了义诸菩萨万行首楞严咒

BD00222，BD02585，BD05508，BD06800，BD07289，BD14891

大佛顶首楞严经卷一

S.6927

大佛顶首楞严经卷七

S.6680

大佛顶首楞严经卷八

S.4077

大佛顶首楞严咒

BD07512，BD07525

大佛顶陀罗尼

敦博071

大佛顶陀罗尼咒

　　BD07460

大佛顶万行首楞严经

　　羽138之1，羽138之2

大佛顶万行首楞严经卷一

　　S.1919，S.3103，S.6782，台图101

大佛顶万行首楞严经卷二

　　S.2990，S.3103

大佛顶万行首楞严经卷三

　　P.2229，S.3532，S.4354

大佛顶万行首楞严经卷四

　　S.0353，S.4797

大佛顶万行首楞严经卷五

　　S.0314

大佛顶万行首楞严经卷六

　　LD5137-01，P.5595，S.0264，S.0919，S.1362

大佛顶万行首楞严经卷七

　　S.1362，S.2326，S.3782

大佛顶万行首楞严经卷八

　　S.1362

大佛顶万行首楞严经卷九

　　S.1362，S.6447

大佛顶万行首楞严经卷一〇

　　S.1362，S.2803

大佛顶万行首楞严经题签

　　P.5595V

大佛顶尊胜出字心咒

　　BD09278，P.2104V（3）

大佛顶尊胜陀罗尼经

　　S.0073

大佛顶尊胜陀罗尼咒

Дх.05793

大佛略忏

BD15723，BD16200QA，BD16200QB，S.0345，S.2472，S.2682，S.6640，Дх.00986

大佛名忏悔略文卷下

S.2792

大佛名忏悔文

P.3128，P.3133，P.3706

大佛名忏悔一本

S.2141，S.6783V

大佛名忏悔一本（卷三至卷六）

S.6509

大佛名经

S.3152，S.4806

大佛名经忏悔文

BD15000V（2）

大佛名经内略出忏悔及经一卷

P.2042V（2）

大佛名略忏

BD06834V

大佛名略出忏悔

BD02095（1）

大佛名十六卷略出忏悔

P.2042（3）

大佛名要略忏悔文一卷

P.2376

大功德天富贵欢喜真言

P.2322（11）

大灌顶经卷五
　　S.1553

大灌顶经卷六
　　台图 105

大灌顶经卷一一
　　S.6952

大灌顶经卷一二
　　S.6800

大光明佛佛名和藏文杂写
　　Дx.00538V

大汉乾德二年（964）四月廿二日归义军节度使燉煌王曹元忠之凉国夫人翟氏施经巾题记
　　S.2687（2）

大汉三年楚将季布骂阵汉王羞耻群臣笑骂收军词文
　　S.2056V

大汉三年季布骂阵词文
　　P.2648，P.3386+3582（1），S.1156V（1）

大汉天福十三年（947）丁未岁十一月十九日归义军节度使曹元忠浔阳郡夫人翟氏施经巾题记
　　S.2687（1）

大吉祥天女十二契一百八名无垢大乘经
　　BD07678，羽 198

大集经卷三
　　S.2328，S.7877B，S.7877C

大集经卷五
　　大东急 107-8-1-1，甘博 010

大集经卷六
　　P.2866，S.0295，甘博 010

大集经卷七
　　S.4249，S.6774

大集经卷九
S.0628，S.2562

大集经卷一二
S.2022

大集经卷一七
S.4169

大集经卷一八
S.3935

大集经卷二一
S.1444

大集经卷二三
S.3372

大集经卷二四
P.2108

大集经卷二五
S.0304，S.0582，S.3371

大集经四十六卷
S.0126V

大集譬喻王经卷下
Дx.10414

大集月藏分第卅八
S.4543（5）

大戒尼羯磨文
BD02410，津艺250

大晋河西敦煌郡释门法律张氏和尚生前写真赞
P.3792V（1）

大晋天福八年（943）九月十五日题记
P.2482V（3）

大晋天福拾年（945）年号杂写
P.2026V（7）

大孔雀咒王经卷中
　　BD14132

大郎子等纳物抄
　　S.4060V（2）

大力金刚心印真言
　　P.3914（2）

大力金刚心真言
　　BD03099（3），S.7204V（1）

大力金刚真言
　　P.4075V（2）

大历二年（767）十二月长行坊状并判
　　S.12582A、B、C

大历七年（772）客尼三空追征李朝进负麦牒
　　P.3854V（1）

大历序
　　BD14636V（2）

大梁河西管内释门都僧政会恩和尚邈真赞
　　P.3630

大楼炭经
　　S.3129

大楼炭经卷三
　　P.2413，S.4573

大楼炭经卷四
　　Дx.03754

大楼炭经卷五
　　S.0918

大楼炭经卷六
　　P.2227，津艺021，羽321

大楼炭经卷七
　　S.0341

大楼炭经卷八
S.6295

大轮金刚法附陀罗尼坛
BD06125（4）

大明咒藏摩贺般若波罗蜜多心经
P.4577（1）

大漠行一首
P.2748V（5）

大目乾连冥间救母变文
BD00876，BD04085（1），BD04085（2），BD12303，P.2319，P.3107V（3），P.4044（4），P.4988V，P.3107，S.3704，石谷风063，石谷风064，石谷风065，羽019V，羽071

大目乾连冥间救母变文并图一卷并序
S.2614

大涅槃私记
Дx.00203，Дx.00204，Дx.00205，Дx.00206，Дx.00207

大涅槃义记
羽430R

大涅槃义记纸背注
羽430V

大毗卢遮那成佛神变加持经卷五
BD07580

大毗婆沙论杂抄一卷
S.6825

大毗婆娑论中略出杂抄
S.1721V

大品般若经幻人听品第二十七
龙谷大学60

大品般若经卷八
京博B甲247 图录194

大品般若经卷四〇
   京博 B 甲 284 图录 228

大品般若经题签
   Дx.05770

大品第十二
   S.0488

大品经卷五
   津艺 263

大菩萨藏经卷一
   P.2485V

大菩萨藏经卷三
   BD14560

大菩萨藏经卷四
   BD14145

大菩萨藏经卷一九
   京博 B 甲 285 图录 235

大秦景教三威蒙度赞一卷
   P.3847（1）

大秦景教宣元本经
   羽 431

大青面忿怒严峻摄一切毒龙□□毒害禁缚一切□□□夜迦驱逐一切夜叉罗刹大法□陀罗尼
   BD15055V（2）

大庆请丁田牒
   BD06173V（2）

大曲舞谱
   P.3501

大萨遮尼乾子所说经卷四
   S.6911，S.7405

大萨遮尼乾子所说经卷五钞
　　BD15658

大萨遮尼乾子所说经卷七
　　Дx.08599

大萨遮尼乾子所说经卷九
　　BD00457

大僧与比丘尼作羯磨文
　　BD00453（2）

大僧与比丘作羯磨文
　　BD00453（1）

大沙门百一羯磨法
　　Дx.04054，Дx.18511

大沙门百一羯磨法一卷摩那埵羯磨
　　Дx.16992

大社条封印
　　BD10844

大身真言
　　P.4789（1），S.5669，Дx.11036

大圣地藏菩萨像
　　P.4514（5）

大圣观音菩萨三念
　　P.4980

大圣毗沙门天王像
　　P.4514（1）1–11，P.4514（7）A–B

大圣文殊师利菩萨（刻本）
　　BD13791，BD13795，BD13796

大圣文殊师利菩萨普劝志心供养受持像
　　Дx.02970，Дx.03023，Дx.03028，Дx.03034，Дx.03112，Дx.03125，Дx.03141，Дx.03142，Дx.03157，Дx.03178

大圣文殊师利菩萨像

 P.4077，P.4514（2）1-29，P.4514（3）A（2），P.4514（8）1-2（1），北大 D181

大圣文殊师利菩萨像（印本）

 BD15280

大圣文殊师利菩萨像供养文

 Дx.01415

大圣文殊师利菩萨像及供养文

 Дx.02358，上博 49（44057）B

大树紧那罗王所问经卷二护首

 南图 024

大顺元年（890）十二月题记及白画兽首

 P.3666V（3）

大顺元年（890）契约

 BD07291V

大顺二年（891）辛亥岁正月一日百姓翟明明等户状

 P.3384

大顺二年（891）正月一日邓某请地状

 BD16328

大顺二年（891）四月十日团头名目

 S.0323

大顺贰年（891）伍月十九日杂写

 P.2669V（2）

大顺二年（891）佃地契

 BD16153

大顺三载（892）二月牒

 S.0329V（8）

大顺三年（892）十一月八日□弟子小娘子状

 P.3753（4）

大顺三年（892）十二月三日供养人智刚等题记并题名
　　BM.SP.28（Ch.xx.005）

大顺三年（892）催促造笔书
　　BD06550V（2）

大顺三年（892）僧惠通状及悟真判
　　BD04351V

大顺四年（893）瓜州营田使武安君状判凭
　　P.3711

大顺四年（893）灵图寺僧慈光问法师帖
　　Дх.00599

大顺四年（893）杂写
　　P.3434V（5）

大宋国沙州金光明寺比丘保净状
　　P.2068V（2）

大宋国太平兴国三年（978）应天具注历日
　　S.0612

大随求启请
　　上博48（41379）（5）

大随求陀罗尼经
　　S.0448

大唐敕授归义军应管内外都僧统氾和尚邈真赞
　　P.3556（2）

大唐大藏经数
　　P.3846

大唐燉煌译经三藏吴和尚邈真赞
　　P.2913V（3）

大唐河西道沙州燉煌郡守翟公讳神庆邈真赞
　　P.4660（27）

大唐河西道沙州故释门法律大德凝公邈真赞
　　P.4660（25）

大唐河西归义军节度左马步都押衙张府君邈真赞并序
  P.3518（P.sogd.7）V（3）

大唐后三藏圣教序
  BD11807A，BD15286（1），BD15346（1），LB.003，P.2261（1），Дх.02116，Дх.06795，北大D080（1）

大唐皇帝述圣记
  BD04292（2），BD06687（2），S.0343V（5），S.4612（2）

大唐吉凶书仪
  S.1725

大唐进士白居易千金字图
  P.2058（2）

大唐京西明寺沙门道宣谨依化制二教护僧物制
  S.4659

大唐开元礼卷四一
  BD09349A

大唐开元立成投龙章醮威仪法则
  P.2354

大唐开元立成投龙章醮仪
  BD14841F

大唐开元十六年（728）七月卅日敕为大惠禅师建碑于塔所设斋赞愿文
  P.3535V（2）

大唐刊谬补缺切韵
  P.2014（1），P.2015，P.4747，P.5531

大唐龙兴三藏圣教序
  Дх.00293，Дх.00771，Дх.02223，Дх.04810，Дх.04914，Дх.05533，Дх.06265，Дх.06599，Дх.07094，Дх.07095，Дх.10811，Дх.10834

大唐陇西李氏莫高窟修功德碑记〔大历十一年（776）八月十五日〕
  S.6203

大唐陇西李氏莫高窟修功德记
  P.3608V（3）

大唐内典录
　　P.3739, P.3877V, P.3898, P.4673（2）, S.9994, S.11427A

大唐内典录抄
　　S.6298V, S.10604

大唐内典录卷八
　　BD15455, BD16397A, BD16397B, BD16397C, BD16397D, P.3807, Дх.01518

大唐前节度押衙康公讳通信邈真赞
　　P.4660（4）

大唐三藏圣教序
　　BD04292（1）, BD06687（1）, BD11423, BD14641（1）, P.2323（1）, P.2780, P.3127, P.3127V, S.4612（1）, S.7864, S.11672, Дх.02056, Дх.09429

大唐三藏述圣记
　　BD14641（2）

大唐三藏赞
　　P.2680（11）

大唐沙州译经三藏大德吴和尚邈真赞
　　P.4660（24）

大唐天福三年（938）等习字杂写
　　P.3720V（2）

大唐天福三年（938）岁次己亥五月六日张富郎诗
　　P.3054V（1）

大唐同光四年（926）具历一卷
　　P.3247V

大唐五台曲子五首
　　P.3360（1）

大唐西域记
　　P.2700bis, P.3814, S.0958, S.2659V（1）

大唐咸通四年（863）燉煌管内寺窟算会
　　S.1947V（1）

大唐新定吉凶书仪一部并序
    S.6537V（9）

大唐新译三藏圣教序
    P.2155（3）

大唐玄宗皇帝问胜光法师而造开元寺文
    S.3728V（1）

大唐义净三藏赞
    P.2680（9），P.3727（14）

大唐中兴三藏圣教序
    BD02654（1），BD06950，BD07827，BD08998，BD11425，BD11630，BD11631，BD12216，LB.002，P.2632（2），P.2803（8），S.0462（2），北大D111

大通方广忏悔灭罪庄严成佛经
    Дх.16210，Дх.16211，文研院067（xj041-0660.22）

大通方广忏悔灭罪庄严成佛经卷上
    BD01205，BD01260，BD02002，BD02111，BD05588，BD08301，BD10036，BD10093，BD11302，BD11427，BD11438，BD12018，LD8604-02，Дх.01159，Дх.03590A，Дх.04858，Дх.06908，Дх.08039，Дх.08215，Дх.08456，Дх.08543，Дх.09419，Дх.11920，Дх.12583，Дх.12774，Дх.15742，Дх.16579，津图084，启敦039

大通方广忏悔灭罪庄严成佛经卷中
    BD00819，BD00824，BD03466，BD04288，BD05469，BD08131，BD09594，BD10548，BD10991B，BD10991C，BD11035，S.0538，台图114

大通方广忏悔灭罪庄严成佛经卷下
    BD02579，BD02687，BD06452，BD08091，BD09226，BD09227，BD09228，BD09229，BD09599，BD09616，BD10070，BD10094，BD10187，BD10251，BD10385，BD10578，BD10766，BD10866，BD10948，BD11265，BD11336，BD11364，BD11554，BD14603，BD15697，P.2986（Pel.tib.1251V），S.1847，Дх.01070，Дх.01738，Дх.03236，Дх.04309，Дх.06193，Дх.06647，Дх.06878，Дх.07998，Дх.08486，Дх.09141，Дх.11713，Дх.12421，Дх.14305，Дх.15036，Дх.15763，Дх.15963，Дх.17954，Дх.18169，

Дх.18170，Дх.18875

大通方广忏悔灭罪庄严成佛经卷上裱纸
上图111V（2）

大通方广忏悔灭罪庄严成佛经卷一
BD15718

大通方广经
旅博20.1542，重庆市图书馆藏本

大通方广经卷上
S.0099，S.4553，S.7588，津艺273

大通方广经卷中
BD15805，S.6382，S.7128，Дх.00180，Дх.01180，Дх.02597，Дх.02980，Дх.03303C，Дх.06130，Дх.06134，Дх.06135，Дх.09314，大谷大学0709，杨鲁安藏珍馆藏本，羽162

大通和上塔文
P.3664（4）

大通和尚七礼文
LD5161-02A

大统十三年（547）效穀郡（？）籍
S.0613V

大陀罗尼末法中一字心咒经
BD06226，P.3916（2）

大王等大字草书信札
羽746

大王观世音经
Дх.08328，Дх.08335

大威德毗沙门天王聪明太子真言
P.2322（10）

大威德陀罗尼经卷一一
Дх.04035，Дх.12419

大威德陀罗尼经卷一六
　　BD16394，Дx.17996

大威德陀罗尼经卷一八
　　HHT013，Дx.06339

大威德陀罗尼经卷一九
　　Дx.07735

大威仪经请问
　　Дx.03100（2）

大威仪经请问说
　　P.3919B（6）

大威仪请问
　　BD09145（2），S.1032V

大威仪请问经一卷
　　S.5649（2）

大沩警策
　　P.4638（1）

大文第二对缘正说分
　　BD02155C

大无量寿经
　　大谷大学乙68，中村不折091

大献乐陀罗尼
　　BD06412V（1）

大献乐陀罗尼神妙章句真言
　　BD08174（3）

大降魔秽积金刚圣者大心陀罗尼
　　P.2197（3）

大降魔秽积金刚圣者启请
　　BD06823V（1），P.2197（2）

大降魔秽积金刚圣者启请文
　　S.4400V（1）

大祥追念文
  P.3566（2）

大小乘廿二问本
  上博42（39644）

大兴善寺禅师沙门定惠赞
  S.5809（2）

大严法门经卷下
  Дx.03549

大业五年（609）六月十五日队副贾宗申甲槊弓箭帐牒
  S.3111V（1）

大义章
  BD00453V

大义章卷五
  S.6492

大元帅启请
  BD06823V（2），P.2197（4），P.2384

大云经疏
  S.2658，S.6502

大云轮请雨经卷上
  S.3976V

大云寺邀请并供养僧人帖
  P.4723

大云寺永安寺供奉题记
  P.3842V

大云无想经卷九
  羽721

大藏经及西天路程并大唐国寺观馆驿数目
  P.2987V（1）

大藏经中观药王药上二菩萨经
  P.3074V（2）

大藏随函广释经音序

P.4057（2）

大藏一览卷八

Дx.04303

大斋文

P.3405（2）

大丈夫论卷上

BD07717

大智第廿六品释论

P.2143

大智度初品中十一智释论第三十六

S.6632

大智度初品中文光释论

S.6124

大智度第卅一品释论卅二品释论

S.4492

大智度经

S.3673

大智度经等学品第六十三释论

港中文 2000.0075

大智度经卷第廿六

LD4981

大智度经六释论卷三

中村不折 061

大智度论

Дx.04997，Дx.17847，北三井 101（025-10-16），大谷大学 0714，故宫新 133893，故宫新 137369，故宫新 71355，京博 B 甲 424（2），文研院 068（xj016-0662.16），文研院 069（xj010-0662.10），文研院 070（xj056-0660.37），文研院 071（xj155-0323.07），羽 609 之 2，中村不折 057，重博 08

大智度论卷一

BD05850，S.3273，S.4614，Дх.00532，Дх.01623，Дх.11404，Дх.12027，Дх.12028，Дх.12256，Дх.14679，津艺 013（1）

大智度论卷二

BD02695，S.7105，Дх.03737，Дх.05948，Дх.15013，羽 761

大智度论卷三

BD06869B，BD09666，L.014，Дх.00241，Дх.04036B，Дх.09569，Дх.14958，浙敦 091（浙博 066）

大智度论卷四

Дх.03333，Дх.09045

大智度论卷五

BD15150，P.2913，P.4754，S.7138，Дх.01803，Дх.01804，Дх.01805，Дх.12868

大智度论卷六

XT.009，Дх.04222，敦研 025，敦研 026，津艺 011，浙敦 018（浙图 18）

大智度论卷七

P.4933，S.3865，S.6796，Дх.06662，Дх.11543，俄 Ф.305，启敦 030，启敦 144，石谷风 018

大智度论卷八

BD01364，BD03564，BD07723，BD12288，BD14825CG，BD14825DE，P.2106，P.4939，S.7646，S.7790，Дх.00526，Дх.01092，Дх.01807，Дх.03816，Дх.04411，Дх.06172，Дх.06679，Дх.11605，Дх.11609，俄 Ф.137，俄 Ф.307，京博 B 甲 230 图录 202，羽 001

大智度论卷九

BD14825CJ，BD15298

大智度论卷一〇

BD14506，S.2260，S.7573，SCM.D.115956，Дх.04663

大智度论卷一一

BD01145，Дх.02995，Дх.11318

大智度论卷一二
  S.8123，Дх.11539，Дх.14199，津艺252

大智度论卷一三
  BD02251，BD03614，BD07315，BD07385，BD10440，BD10898，BD11818，L.a，Дх.01618，Дх.12037，京博B甲257 图录203，历博39

大智度论卷一四
  BD03741，Дх.16499，上图115

大智度论卷一五
  Дх.03513，Дх.04445，Дх.04619，Дх.12178，Дх.16192

大智度论卷一六
  S.6093，Дх.06364，Дх.07310，Дх.18618，Дх.18636，Дх.18637，Дх.18688，津艺065（3）

大智度论卷一八
  S.0195

大智度论卷一九
  BD11224，BD15664，LD5142-08，LD5142-12，P.4584，P.4636（1），Дх.02931，Дх.03673，Дх.08129，Дх.11892，Дх.12006，Дх.16047，津图035，津艺265，伍伦20号

大智度论卷二〇
  Дх.04045V

大智度论卷二一
  BD14869，S.7863，Дх.03179

大智度论卷二二
  BD06811，BD09799，S.0629，S.7711，S.2866，Дх.08950，敦研030，南京博物院藏本

大智度论卷二三
  BD02833，BD06638，BD07581，BD07752，BD08223，BD09853，BD16419，P.2427（1），S.8274，Дх.06109，Дх.10246，Дх.12090，Дх.12148，Дх.17455，Дх.18697

大智度论卷二四

BD10269，BD10488，S.0313，Дx.03299，Дx.08991，Дx.09289，Дx.09290，芷兰斋藏本[1]

大智度论卷二五

BD07357，BD14424，Дx.03793，Дx.04097，Дx.04159，Дx.04627，Дx.15512

大智度论卷二六

BD00428，BD15352，Дx.08923，Дx.12901，Дx.12907

大智度论卷二七

BD14901，S.7787，Дx.07837，Дx.08249，Дx.09067

大智度论卷二八

S.3677，Дx.08147

大智度论卷二九

Дx.02412A，Дx.03502

大智度论卷三〇

BD00866，BD07658，BD10227，BD10758，BD11070，BD11714，S.7761，Дx.04985，Дx.07419，Дx.08095，Дx.08102，Дx.16161，Дx.17726，鄂博13A，津文436，羽210

大智度论卷三一

BD07657，BD11921，P.6017，Дx.04038，Дx.04747，Дx.05219，Дx.08896，Дx.11630，Дx.17707，第三批06917（盛华堂藏本），敦研120，台图134，务本001号

大智度论卷三二

BD14081，S.1538，Дx.18390

大智度论卷三三

敦研052，敦研143，敦研171，敦研224，敦研264，鄂博28，羽207

大智度论卷三四

BD01975，BD02901，BL.0012，Дx.05101，Дx.16934，Дx.16959，敦研

---

[1] 见国家图书馆"中华传统文化典籍保护传承大展"。

303，羽207

大智度论卷三五
　　Л.031，Дх.06996

大智度论卷三六
　　BD01227，BD10464，S.4945，S.7586，Дх.01882，Дх.02134，首博32.514，羽589之23，羽589之24

大智度论卷三七
　　BD11570，S.7163，Дх.03222B，Дх.04143

大智度论卷三八
　　BD08451，S.1934，S.3483，Дх.16305，Дх.17884

大智度论卷三九
　　BD05974，P.4865，S.7454，S.7668，Дх.03358，Дх.03359，Дх.04073，Дх.04078，Дх.05157，羽469

大智度论卷四〇
　　S.0224，S.5375，Дх.12125

大智度论卷四一
　　P.2082（2），S.0227

大智度论卷四二
　　S.4950，S.5130，Дх.15777

大智度论卷四三
　　S.1830，S.4960，Дх.05720，Дх.05786，Дх.05867，Дх.07836

大智度论卷四四
　　S.0457，Дх.03733，Дх.15960，Дх.18855

大智度论卷四五
　　S.5393，S.7950，Дх.06294A，Дх.06305，Дх.07888，俄Ф.346

大智度论卷四六
　　P.2082（1），S.1407，S.4968，S.5126

大智度论卷四七
　　S.4967，S.5120，Дх.15834

大智度论卷四八
>BD03729，BD12128，BD14454，S.1829，Дх.01531，Дх.12283，Дх.12284

大智度论卷四九
>Дх.03302，Дх.08463，Дх.08466，Дх.12221，Дх.12485

大智度论卷五〇
>S.4954，S.5119，Дх.03580，Дх.14274，Дх.17631，龙谷大学29.五三〇背（1）

大智度论卷五一
>BD14082，BD14086，P.2199，S.5288，启敦048

大智度论卷五二
>BD03533，BD08095，BD08533，BD10817，BD11474，S.4312，Дх.07803，Дх.12223，Дх.18605，上图030

大智度论卷五三
>Дх.04673

大智度论卷五四
>BD01198，BD14083，S.4006（2），Дх.17008，Дх.18848

大智度论卷五五
>BD05776，BD14024，Дх.18671，天理大学13.183-イ117

大智度论卷五六
>BD06724，BD07392，SCM.D.37517，Дх.07080，Дх.12281A

大智度论卷五七
>BD14084，S.1888，Дх.04492，Дх.06784，Дх.14486，务本032号

大智度论卷五八
>BD14085，Дх.06935，Дх.16170，鄂博25，傅图50C

大智度论卷五九
>BD05783，S.2942，Дх.16719

大智度论卷六一
>SCM.D.115211，Дх.09574，Дх.12261，Дх.18904

大智度论卷六二
>Дх.06479，Дх.06962，京博B甲261 图录210，京博B甲266 图录216

大智度论卷六三

BD11440，BD11809，BD13372，BD15223，S.0786，Дx.03320，Дx.08681，Дx.11544，启敦 025，台图 095

大智度论卷六四

BD00684，BD16456A，BD16456B，BD16456D，Дx.01122，俄 Ф.113

大智度论卷六五

BD14425，BD15310，S.3185，Дx.03254，港中文 2000.0074，津文 462-5

大智度论卷六六

BD06016，BD06018，BD11950，S.1534，哥图写卷 15（第 13 卷）

大智度论卷六七

Дx.08211，Дx.08528，Дx.09057，Дx.09061，南京博物院藏本

大智度论卷六八

BD15318，BD15353，Дx.12030A，Дx.12093，Дx.12105

大智度论卷六九

天理大学 14.183-イ109

大智度论卷七〇

BD04611，P.5589（11），Дx.06523，京博 B 甲 250 图录 197

大智度论卷七一

BD06397，Дx.03575，Дx.17741，羽 451

大智度论卷七二

BD10934，BD11641，Дx.03463，Дx.04232，浙敦 028（浙博 003）

大智度论卷七三

Дx.12031，Дx.12153，Дx.15962，Дx.16753，Дx.18196，首博 32.559（3）

大智度论卷七四

P.2739，Дx.11435，Дx.11473，Дx.16118，浙敦 091（浙博 066）

大智度论卷七五

P.2739，P.4838，Дx.00202，Дx.04881，Дx.10815

大智度论卷七六

BD06764

大智度论卷七七

BD07764，S.4241

大智度论卷七八

Дх.18172，Дх.18478，傅图 32

大智度论卷七九

S.4432，Дх.10814

大智度论卷八一

Дх.08979，上图 042

大智度论卷八二

Дх.07345，Дх.12338，Дх.12469，Дх.12471

大智度论卷八三

Дх.06290A，Дх.08987，Дх.12470，Дх.12488，招提 17

大智度论卷八四

Дх.06944，Дх.07274A，台图 096

大智度论卷八五

Дх.01085，敦研 064，敦研 223

大智度论卷八六

Дх.08230，Дх.09508

大智度论卷八七

S.7925

大智度论卷八八

BD01889，S.4006（1），Дх.04447，Дх.06294B，Дх.15309，Дх.15580，Дх.18683

大智度论卷八九

Дх.11874

大智度论卷九〇

BD14087，P.4525（16），P.4525（18），S.0461，S.4195，Дх.07178，Дх.07268，Дх.08524，鄂博 07，浙敦 027（浙博 002）

大智度论卷九一

BD01245，P.2138，Дх.09424，Дх.09434，津艺 241，浙敦 126（浙博

101）

大智度论卷九二
  羽 470

大智度论卷九三
  Дx.07550，羽 470

大智度论卷九四
  LD4989，S.7921，Дx.00559，Дx.05014

大智度论卷九五
  BD14998，Дx.08280，Дx.10827，大谷大学 0710，津艺 247，羽 471

大智度论卷九六
  Дx.03205

大智度论卷九七
  BD09890，BD10165，BD12148，P.5561

大智度论卷九九
  Дx.03653

大智度论卷一〇〇
  BD10006，BD10212，S.6996，Дx.00572，Дx.07079，Дx.07086，Дx.08027，Дx.11874

大智度论钞
  BD01034（2），BD03026

大智度论卷六四引首
  浙敦 046（浙博 021）

大智度论释含受品卷
  历博 38

大智度论题签
  P.5027（7），P.5579（2）

大智度品释论
  S.5955

大智度释初品中八念义三十六之余、大智度论初品中十想释论第三十七
  敦研 331

大智度释论经题签
　　Дx.01584

大智慧无极放光明品第一
　　S.2968

大智论卷第卌九
　　LD4971

大智论释卷六七第卌四品下
　　津艺174

大中四年（850）七月廿日状
　　P.2748V（8）

大中四年（850）十月令狐进达牒
　　藤井51- 东文51- 饶目牒状类15

大中五年（851）二月十三日僧光镜负儭布买钏契
　　S.1350

大中五年（851）七月一日患尼智灯苑状
　　P.3101（2）

大中六年（852）四月都营田李安定检生荒无主地牒
　　S.6235（4）

大中六年（852）十月令狐安子请地状
　　P.3254V（3）

大中六年（852）十一月百姓唐君盈户手实
　　S.6235V（1）

大中六年（852）十一月百姓杜福胜授田牒状
　　Дx.02163

大中六年（852）十一月女户宋氏汉授田牒状
　　Дx.02163V

大中六年（852）题记
　　P.3243P44

大中六年（852）僧张月光博地契
　　P.3394

大中七年（853）二月僧王伽儿等牒
  Дх.01326

大中七年（853）邓荣为弟舍化施舍疏
  P.4624

大中九年（855）九月廿九日社长王武等再立条件
  P.3544

大中十年（856）二月十二日寺主德胜神喻与前上座神哲交割凭
  S.6350

大中十二年（858）四月一日便麦粟契
  P.3192V（2）

大中十二年（858）五月廿三日什物抄
  S.0329V（12）

大中十二年（858）具注历日
  S.1439V

大中十三年（859）三月百姓张安□牒
  P.2622V（4）

大周故大乘寺法律尼曹阇梨邈真赞并序
  P.3556（4）

大周故普光寺法律尼清净戒邈真赞
  P.3556（8）

大周故应管内释门僧正贾和尚邈影赞并序
  P.3556（5）

大周广顺捌年（958）西川善兴寺法宗西天取经记
  BD02062V

大周刊定众经目录
  S.5943

大周新翻三藏圣教序
  P.3831

大周新译大方广佛花严经总目一卷
  P.2314（2）

大周新译大方广佛华严经序
　　P.2481V（1）

大周长安三年（703）十月四日三藏法师义净奉制译经题记
　　P.2585

大庄严法门经
　　BD15575

大庄严法门经卷上
　　P.2096

大庄严法门经卷下
　　P.2206，Дх.03235，Дх.04590，Дх.09281

大庄严法门经卷一
　　BD02801

大庄严经论卷五
　　Дх.18574

大庄严经论卷八
　　BD09668

大庄严经论卷一三
　　BD09668V

大庄严论经卷六
　　Дх.18498

大庄严论经卷七
　　Дх.07132

大庄严论经卷一三
　　BD07701，Дх.00415

大庄严论经卷一四
　　BD08559，S.6830V（2）

大庄严论选辑
　　Дх.03638

大自在总持大随求陀罗尼神妙章句
　　S.6205

大足元年（701）敦煌县效谷乡籍

  P.3669V

贷便历

  S.11308

贷绢契

  S.5881

贷绢契用尺长度补记

  P.3565V

待考

  BD10218，BD10253，BD10379，BD10398V

待考残佛教文献

  BD11385，BD11986F

待考残片

  BD00526V，BD10458，石谷风081，石谷风082，石谷风083

待考残破文献

  BD11749

待考残文

  BD10825

待考残文献

  BD11187B，BD11856V

待考禅宗残文献

  BD11884

待考禅宗文献

  BD11214，BD12172（1）

待考佛典

  BD09852，BD10206，BD10417，BD10453

待考佛教残片

  BD10706，BD10760，BD10768，BD10769，BD11765V，BD11909，BD11915

待考佛教典籍残片

BD10576

待考佛教经疏

BD10582

待考佛教论著

BD12109V

待考佛教文献

BD10507，BD10531，BD10545，BD11050，BD11574，BD11576（1），BD11649V，BD11657，BD12154

待考佛教文献残片

BD10779，BD10907，BD11032，BD11040

待考佛教疑伪经

BD11366

待考佛教赞颂

BD10508，BD10547

待考佛经

BD10450，BD10466，BD11560，BD12139，BD15226，津图008

待考佛经残片

BD10709，BD10715，BD10771，BD11133，BD11147，BD11148，BD11203，BD11206，BD11225，BD11237，BD11653，BD11660，BD11808，BD12129，BD12156

待考佛名经

BD12117

待考经疏残片

BD10474

待考律疏

BD11693

待考书仪

BD10378

待考疏释
    BD11662V
待考文献
    BD10671，BD10676V，BD11024，BD13213GV
待考疑伪经
    BD10565，BD11083，BD11599
待考杂文
    BD05067V
待考咒语
    BD11059
丹遐和尚甑珠吟
    P.3591（3）
单方
    P.2666V
当坊义邑创置伽蓝功德记并序
    S.4860V
当根破病药茅一卷略抄
    P.2550A
当来变经
    S.3554
当身勇猛无敌诗
    S.0289（2）
当寺转帖
    BD01020V，BD16388A，BD16388B，P.3555BP1，P.4958（3），P.4981
当团转帖
    Дх.01378
刀剑印剪纸
    S.9496A
刀印真言
    P.4961（2）

导凡圣悟解脱宗修心要论
P.3559+3664（3）

捣练子孟姜女词
P.3319V（2）

捣练子孟姜女二首
P.2809（2）

悼妹文
BD02126V（9）

悼诗
S.5744（1）

悼亡文范
Дx.02832，Дx.02840，Дx.03066

悼文
S.5944，Дx.04014

道安法师佛赞文
S.2985

道安法师念佛赞
BD09383（1）

道安法师念佛赞文附入山赞
台图139

道场布施簿
羽070

道场乐赞
P.3156（6）

道场祈福文
Дx.04022

道场司为下品尼去住上都僧统状
S.2575（5）

道场司智惠弁请处分牒、都僧统悟真授戒文
羽082

道场司状
    Дх.01329B，Дх.02151
道场文
    BD09146（1），Дх.04864
道德经卷上厌耻章第十三至赞玄章第十四
    Дх.11964
道德经开题序诀义疏
    P.2353
道德经顺硃
    Дх.11873，Дх.11890
道德经注疏
    S.6245，S.8289V，S.9431，S.9443
道德义渊
    S.1438
道典论
    P.2920，S.3547
道典论卷一
    S.7902
道典论卷三
    Дх.10195
道法坛图神印符式
    P.3811（1）
道凡趣圣悟解脱宗修心要论一卷
    P.3434（2），P.3434V（1），S.3558（2）
道行般若经
    P.2260，文研院072（xj212-碑帖179.6）
道行般若经卷一
    Дх.06522，Дх.09144，Дх.16675，Дх.16802，Дх.17005，敦研103
道行般若经卷二
    BD10543，BD11321，P.4507，S.6092，Дх.06406，Дх.08336，

Дx.08508, Дx.08676, Дx.08811, Дx.12354, Дx.12860, Дx.18589, 敦研168, 敦研186

道行般若经卷三

Дx.04631, Дx.06812, Дx.08919, Дx.08920, Дx.08933, Дx.16174, Дx.16564, Дx.16818, Дx.16852, Дx.16893, Дx.16964, 敦研147

道行般若经卷四

BD14620, BD14927, Дx.04155, Дx.04973, Дx.08597, 敦博007, 敦研138, 敦研149, 敦研151

道行般若经卷五

Дx.08239, Дx.12139, 敦博004, 敦研054

道行般若经卷六

BD05700, Дx.03716, Дx.16809

道行般若经卷七

Дx.07755, Дx.16056, Дx.18243, 敦研034

道行般若经卷九

S.4367, Дx.06296A, Дx.08004, Дx.08411, Дx.08498, Дx.16506, Дx.16682, 慈山寺佛教艺术博物馆藏本, 甘博136, 羽419

道行般若经卷一〇

敦研219

道行般若经卷一一

敦研268

道行经卷九

S.0459

道家方书（绝谷仙方、去三尸方、三万佛同根本神秘之印并法、龙种上尊王佛法第一等）

S.2438

道教残文书

BD16279

道教丛书残卷

国图WB32（30），604508，37.3.29入

道教发愿讲经文
  BD01219，BD07620

道教发愿文
  羽072之B之1

道教服药吞符秘法
  P.3749，Дх.00263

道教符咒坛式
  S.12262

道教经钞
  BD15783

道教九天
  BD08410V

道教炼丹服食法诀
  P.3093V（1）

道教文献
  BD16088，BD16098A，BD16098B，ZSD043号

道教相关艺文杂录
  羽072之B之2

道教厌幼鬼怪符法
  P.4793，P.4824，Дх.03876，Дх.06698

道教愿文
  羽673R

道教杂方术
  羽704 R

道教斋醮度亡祈愿文集
  P.3562V

道教镇宅符咒
  S.5775，S.5775V

道教镇宅禳解符咒
  P.5579（19）

道教中元金录斋讲经文
P.3021，P.3876

道经
S.1327，Дx.08201，国图 WB32（23），604500

道经残简
羽 666

道经经典
Дx.03558

道经疏
羽 414

道经义疏
P.3899

道经注释书
羽 410

道门大德李净状
S.10493A

道明还魂记
S.3092（2）

道情诗
S.5648（7）

道情诗如意园四首
S.5648（1）

道深为与弟惠晏分割债负上神毫牒
BD15438

道士祭度亡师祈愿文
P.4053

道士为唐高宗度亡造像文
P.3556V（5）

道要灵祇神鬼品经
BD14841M，P.2395，P.2432，P.2753，P.3297，P.3356，S.0986A，S.0986B，

S.1728，S.3370，北大 D199，文研院 073（xj007-0662.07）

道真补经录
BD01994

道真名衔
S.1635V

道真题记
Дx.05096

稻芉经
BD05252（2），BD11589

得道梯橙锡杖经
S.4294

得道真僧不易逢诗
S.5648（5）

得食真言等真言杂钞
BD05298（6）

得无垢女经
Дx.16280，Дx.17766

灯指因缘经
S.4336

邓存庆祭宅文
S.8516G

邓家残文书
BD16200M

邓撝搔等贷面抄
S.0663V（2）

邓庆□请乾元寺何僧政等疏
BD16499A，BD16499B

邓息儿所有物欠失届出文书残阙
羽 224 之 2

地持义记卷四
P.2141V

地籍
S.3011V（5）

地镜中
P.2610V（10）

地亩籍
S.5898，S.5961V（2）

地亩历
P.2623V（2），Дх.01288

地亩文书
BD16113A，BD16113B，BD16113C

地契
BD16191A，P.3555BP2（2）

地狱摧碎咒
P.2104V（14），P.2105（9）

地狱变
P.3018（1）

地藏菩萨（僧形象）立像残片
MG.17658

地藏菩萨本愿经
Дх.00508

地藏菩萨本愿经兑废缀稿
BD05931

地藏菩萨本愿经卷上
S.7474，俄Ф.176，京博B甲435，羽205V之1

地藏菩萨经
BD00919（2），BD03862，BD03925V（12），BD07281，BD09147（3），S.6983（2），Дх.02636

地藏菩萨经十斋日
    S.4175，S.4443V（2），S.5892（1）

地藏菩萨十斋日
    BD02918V（3），BD03925V（7），BD08168（4），BD09386，BD10688V，P.3011（1），S.2568，S.4175

地藏菩萨陀罗尼
    S.4543（3）

地藏菩萨像
    P.4518（35），弗利尔美术馆藏本[1]

地藏十轮经
    中村不折029

地藏十王图
    EO.1173，P.4523

地志
    BD16554，Дx.07125BV，Дx.09255，Дx.09267，敦博076

弟兄分家契稿
    羽066R

弟子规范
    BD16196

弟子施入疏文
    P.2863

弟子行范
    BD16191C

帝宫有疾
    P.3405（6）

帝王略论
    P.2636

---

[1] 马德：《散藏美国的五件敦煌绢画》，《敦煌研究》1992年第2期。

第二团僧名录
    Дх.01268
第二帙阴押牙六字
    S.0344V
第六帙帙号
    Дх.01491V
第廿三代付法藏人圣者鹤勒那夜奢
    P.2680（5）
第廿四代付法藏人圣者师子比丘
    P.2680（6）
第七祖三朝国师大照和尚寂灭日斋赞文
    S.2512V（1）
第三阶佛法广释
    BD05840
第三团僧俗名簿
    S.8713
第十八袱题记
    P.3967V（1）
第十四帙帙号
    Дх.01495V
第十四尊者伐那婆斯大阿罗汉颂
    BD07650V
第四十四品成就功德释论
    S.2160
第一判诸寺尼名录
    Дх.01459
第一祖达摩禅师
    P.2460V（2）
典物历
    P.5021H

点检金光明最胜王经壹帙纸数

　　S.4732V（2）

点经历

　　P.3986（1），P.3986V（1），Дx.02950

点经录

　　P.3060，P.3060V

点勘录

　　BD06679V，BD08606V

点勘圣光寺大般若波罗蜜多经数

　　BD07954

点勘杂录

　　BD03463V（1）

电神像

　　S.3326（3）

佃种土地人名录

　　Дx.01393+Дx.01465V

琱玉集

　　S.2072

雕版佛像

　　Дx.03717V，Дx.06274，Дx.06282，Дx.06285，Дx.07679，Дx.07690，Дx.07697，Дx.08607，Дx.11056，Дx.11506，Дx.12482，Дx.16400，Дx.16403，Дx.16405，Дx.16406

雕版菩萨像

　　Дx.05951，Дx.16401

牒

　　P.2358V（7），P.3016（2），Дx.11057A

牒文

　　P.2547P5，P.3384V，S.6022V

牒状

　　BD13443，BD15487，BD16030，BD16124，P.3474P2，P.3591V，P.4958（4），

P.5036V，Дх.02449C，Дх.05444，Дх.06547，Дх.11067BV

牒状及欠油历
　　P.6018

牒字等杂写
　　Дх.02972

丁丑年（977）八月归义军都头知作坊使邓守兴请判凭状并判
　　S.8673

丁丑年（977）九月归义军都头知作坊使邓守兴请判凭状并节度使判
　　S.9455

丁丑年赤心乡百姓郭安定雇驴契
　　上图017（6）

丁丑年九月百姓马善住牒并判
　　S.8516D（1）

丁丑年六月十日图李僧正迁化纳赠历
　　P.2972V（2）

丁丑年三月二十一日寺主延会沿寺破历抄
　　BD15246（5）

丁丑年四月官取黄麻粟等历
　　P.4075V（3）

丁丑年己卯年油抄
　　S.5465（2）

丁丑年正月十一日北檪户张贤君乙亥、丙子贰年课应见纳及沿檪破馀算会抄
　　S.6781（2）

丁丑至戊寅年都司仓诸色斛斗破历
　　S.4899

丁亥年燉煌乡百姓邓憨多雇工契
　　P.3826V（8）

丁亥年九月十二日令狐庆（？）儿妻亡纳赠历
　　S.5691

丁亥年六月七日买菜人名目
　　S.4703，S.4703V

丁亥年三月廿一日灵图寺僧智弁信函
　　P.5557V

丁亥年四月十四日书写经人僧会儿题记
　　P.3110V

丁亥年岁次正月十六日灵图寺学士郎张盈润写记题记
　　P.5011

丁亥年五月十五日僧常惠等祭姊文
　　S.0381V（3）

丁亥年五月十五日十二娘祭婆婆文二通
　　S.0381V（4）

丁亥年杂写
　　P.2700V

丁亥年长史米定兴于显德寺仓借回造麦凭
　　S.5945

丁亥年正月一日某寺诸色斛斗入破历计会
　　S.0372

丁卯年八月十七日钱某文书
　　Дx.00894C

丁卯年丙寅年文书
　　BD16111C，BD16111D，BD16111G

丁卯年九月十五日部落都头揭帖
　　Дx.10289

丁卯年四月二日邓南山母亡转帖
　　BD12304

丁卯年正月开大般若经第一会难杂字
　　BD08074

丁卯年正月廿四日甘州使头阎物成去时书本
　　P.3272V

丁卯至戊辰年某寺诸色斛斗破历
S.1053V

丁巳年残文书（？）
S.10716

丁巳年二月十一日董再德出便麦与人名目
S.10279+10273

丁巳年九月廿五日付酒历
P.5032（2）

丁巳年十一月十七日亲情□□放书
Дx.03002

丁巳年四月七日莫高乡百姓贺保定雇工契
P.3649V（3）

丁巳年粟酒破历
Дx.01337

丁巳年正月十一日通颊百姓唐清奴买牛契
P.4083

丁未年（947）四月十二日归义军米羊司就常乐官税掣家羊数名目
S.8446+S.8468+S.8445（5）

丁未年（947）十一月二十五日常乐副使田员宗手上领得新税羊数条记
S.8446+S.8468+S.8445V（2）

丁未年出便麦麻名目
S.6303

丁未年二月八日荣设司领油抄
S.5486（4）

丁未年二月廿九日马再清祭外甥宜宜文
P.2614V（6）

丁未年九月廿六日僧洪政等祭亡考文
P.2342P4

丁未年六月都头知宴设使呈设宴帐目
P.2641

丁未年十二月八日祭文
  S.5702V

丁未年十月社长瞿良友祭太原王丈人文
  BD09344V

丁未年至庚戌年分付邓阇梨等物色名目
  P.4763

丁酉年二月一日契
  P.3391V（6）

丁酉年莫高乡百姓阴贤子契稿
  P.4638V（4）

丁酉年十一月六日僧玄通祭姊师文
  S.2691

丁酉年十一月三日报恩寺徒众分付牧羊人康富盈羊抄
  S.3984

丁酉年四月契
  P.3391V（7）

顶荷来日面谢残片
  P.5009V

顶真体偈
  Дx.01852V

定风波三首
  P.3093V（2）

定光佛预言
  S.2713，G.004[=PEALD_8d1R]

定后吟
  P.2279（2）

定四等重轻兼辩声韵不和无字可切门
  P.2012V（2）

定祥舍施疏
  P.3556V（4）

定意定识定心难诗
S.1631（2）

东都发愿文
P.2189

东方金刚大集想
BD00905，BD03099（5）

东皋子集
P.2819V

东夏显正略记
S.5257（3）

董惠明等人名目
Дx.01306

董善通张善保雇驼契
P.3448V

董文员供奉观世音菩萨毗沙门天王像题记
历博写本56

董孝缵造经记
京博B甲241 图录207

董延长写经题记
羽707R之3

董永变文
S.2204（1）

洞山和尚神剑歌
P.3591（1）

洞玄灵宝九天生神章义疏
Дx.00268

洞玄灵宝天尊说济苦经
P.5029K，P.5030B，S.0793，S.5921，北大D117

洞玄灵宝天尊说禁诫经
S.0784

洞玄灵宝天尊说十戒经

P.3770（1），S.0794，S.6097，羽 003R

洞玄灵宝天尊说十戒经（并盟文）

BD14523（3），P.2347（2），P.2350（2），S.6454（1）

洞玄灵宝天尊说十戒经（仅存盟文）

P.3417，甘博 017

洞玄灵宝下元黄箓简文威仪经

BD14841K，BD14841L，P.3148（1），P.3663，S.11969A+D，Дх.00158

洞玄灵宝元始应变历化经

P.2449

洞玄灵宝斋宿启仪

P.2436

洞玄灵宝长夜之府九幽玉匮明真科

P.2352，P.2406，P.2442，P.2451，P.2730，P.4658，S.6312，S.7730，Дх.03637，Дх.06478，上图 138

洞玄灵宝自然斋戒威仪经

BD15636，P.2455，P.3282，S.6841

洞渊神咒经杀鬼品第四

羽 637R

洞渊神咒经卷三缚鬼品

启敦 036 [1]

洞渊神咒经卷七

IOL.C.101v（Ch.86.iv.）

洞真高上玉帝大洞雌一玉检五老宝经

石谷风 060

洞真上清经授度仪

S.4315

洞真上清诸经摘抄

BD01017

---

[1] 定名据王卡：《两件敦煌道经残片的定名》，《文献》2009 年第 3 期。

洞真太上说智慧消魔真经
　　BD16088

洞真太上说智慧消魔真经（碎片）
　　S.5840

窦昊为肃州刺史刘臣璧答南蕃书
　　Дx.05988

都防御判将仕郎状
　　P.2672V（1）

都渠泊使发愿文稿
　　S.11356

都僧录帖
　　P.4765

都僧统大师帖等杂写
　　S.8669

都僧统悟真授戒文
　　羽082

都僧统贤照都僧录谈广等上仆射状稿
　　LB.052VA

都僧政和尚荣葬差发帖
　　P.2930P4

都僧政纪念文
　　P.3259（3）

都师保恩破得麦粟油面抄
　　S.2532

都师惠法梁户阎海阙欠斛斗抄
　　S.5048（2）

都司（？）付什物历
　　S.4525

都司牒阴副使衙
　　藤井39－东文39－饶目无此号

都司书手董文员付笔历
> BD08007V

都统大德致沙州宋僧政等书
> P.3672.bis

都头某状
> S.5882

都头绍清等分书
> Дx.01288V

都头题记
> P.5026C

都乡仰渠地亩四至
> P.3776（1）

都虞候安怀恩处分赵奴奴兄弟争论事牒
> S.0619V（3）

都知兵马使吕富延阴义进等状
> P.3727（3）

读经记录
> Дx.19087

读经题记
> Дx.04358V

读史编年诗卷上并序
> S.0619

读诵楞伽经而说咒
> BD00597（2）

杜荀鹤诗四首
> P.4985

杜预注春秋左氏传昭公六年、七年
> 羽016

度僧尼文文范
> P.3781（2）

度世品经卷二
  Дx.10400A

端拱二年（989）三月归义军节度使曹延禄舍施疏
  P.3576

端拱二年（989）己丑岁具注历日
  P.2705

端拱二年（989）具注历日封题
  S.3985

端拱二年（989）往西天取菩萨戒兼传授菩萨戒僧志坚状
  S.3424V

端拱二年（989）智坚等往西天取菩萨戒记
  俄 B63[1]

端午造扇差令狐醜子着把木帖
  S.5933

断片
  羽664之6，羽664之8，羽664之10

断三界见修烦恼之图
  BD01034V（6），BD09618

断知更人名单
  BD04256V（1）

堆十禄逆顺歌
  BD15409V

对策
  BD14491，BD14650

对根起行法
  S.0832，S.2446，Дx.01813，Дx.01883，龙谷大学40.——三

---

[1] 图版见《俄藏黑水城文献》第6册，第65页。李正宇先生判断此件为敦煌文献。（李正宇：《俄藏〈端拱二年八月十九日往西天取菩萨戒僧智坚手记〉决疑》，甘肃敦煌学学会，社科纵横编辑部合编：《敦煌佛教文化研究——敦煌佛教文化研讨会论文集（社科纵横增刊）》，兰州，1996年1月，第3-11页。）

兑废杂写稿

BD05501

兑纸别记

津艺 172V（2）

兑纸杂写

P.3130V

敦煌北魏写经

美国国会图书馆藏本

敦煌仓曹手力牒

Дx.04776

敦煌都司仓诸色斛斗入破计会

S.4642V

敦煌汜氏人物传

S.1889

敦煌赋等

Дx.06176（3）

敦煌歌辞

Дx.05688

敦煌歌赋诗词

Дx.05579

敦煌归义军张淮深上唐王朝表

BD11287

敦煌洪润乡洪池乡百姓借贷契约

伍伦 03 号

敦煌欢喜佛像小轴

安徽省博物院藏本

敦煌郡典王隐为应遣上使及诸郡文牒事目事牒（天宝年间）

S.2703V（1）

敦煌郡典王隐为诸司上使封牒事目事牒（天宝年间）

S.2703V（3）

敦煌郡牒文抄目及来符事目历（天宝年间）
S.2703V（5）

敦煌郡敦煌县龙勒乡都乡里天宝六载（747）籍
P.2592，P.3354，S.3907

敦煌郡敦煌县西宕乡高昌里建初十二年（416）正月籍
S.0113

敦煌郡敦煌县效穀乡□□里天宝六载（747）籍
S.4583

敦煌郡羌戎不杂德政序
P.2605

敦煌郡张怀钦等告身
P.2547P1

敦煌零拾
浙敦200（浙博175）

敦煌马太守后亭歌等诗
Дx.01360+Дx.02974

敦煌密教经录
BD09321

敦煌名族志
P.2625

敦煌廿咏
P.2690V（4），P.2983，P.3870，S.6167V（2）

敦煌僧尼名录
BD06437V（1）

敦煌僧同题诗钞
P.3052

敦煌僧团戒律文书
BD16035A，BD16035B，BD16037

敦煌社人平诎子一十人劜于宕泉建窟一所功德记
P.2991B（2）

敦煌十二寺五尼寺抄经历

 P.3138V

敦煌十二寺五尼寺维那请经历

 P.3138

敦煌十三寺抄经分付历

 P.3205V

敦煌十一寺五十人名录

 BD11502（1）

敦煌石室古墨拾遗册

 安徽省博物院藏本

敦煌石室四分戒本残卷

 港中文 1987.0114

敦煌石室遗珠

 天理大学 1.222－イ47

敦煌寺院法事文书

 BD10677

敦煌唐人写经

 美国国会图书馆藏本

敦煌王曹某与济北郡夫人氾氏捐经题记

 俄 Φ.032B

敦煌王曹延禄镇宅文

 P.2573P2，P.2624V，P.2649，S.9411

敦煌王曹宗寿与济北郡夫人氾氏捐经题记

 俄 Φ.032C

敦煌昔日旧时人诗四首

 S.4654V（11）

敦煌县残状

 BD13185B

敦煌县莫高等乡配物历

 S.0528V（2）

敦煌县事目残历
 BD13185A，BD13185C

敦煌县寿昌县户口田籍
 俄 Φ.366V

敦煌县效穀等乡名簿
 S.2703（4）

敦煌县用印事目历
 BD11177，BD11178，BD11180，BD15406，BD15407

敦煌县诸乡征革鞍历
 S.2703V（4）

敦煌乡百姓曹海员诉状并判
 浙敦 135（浙博 110）

敦煌乡里并寺院名目
 P.2738V（4）

敦煌新本六祖坛经
 敦博 077D

敦煌姓氏等习字杂写
 BD05673V（3）

敦煌诸乡纳物历
 BD16452B

燉煌唱导法将兼毗尼藏主广平宋律伯彩真赞
 P.4660（23）

燉煌都教授陇西李教授阇梨写真赞
 P.4660（35）

燉煌管内僧政曹公邈真赞
 P.4660（2）

燉煌境在好川原诗
 P.3211P11

燉煌郡燉煌县龙勒乡都乡里天宝六载（747）籍
 P.3354

燉煌郡某乙等社条一道（二通）
    S.5629（1）

燉煌录一卷
    S.5448（1）

燉煌三藏法师图真赞
    P.4660（36）

燉煌寿昌等诗四首
    P.5007

燉煌寿昌县田契
    Дx.02159+Дx.03113+Дx.03119V

燉煌西裔是临边诗一首
    P.5026A

燉煌县神沙乡天宝三年（744）户籍
    P.2719（Pel.tib.163）V

燉煌乡百姓郝骨仑状
    P.3077（Pel.tib.151）V（3）

燉煌乡百姓康汉君状
    P.3753（2）

顿悟大乘正理决
    P.4623（2），P.4646（3），S.2672（1）

顿悟无生般若颂
    S.0468，S.5619（2）

顿悟真宗金刚般若修行达彼岸法门要决
    P.2799（1），S.5533，Дx.11623

顿悟真宗要决
    P.3922（2）

多宝如来等五如来真言
    BD05298（4）

多宝如来佛坐像
    EO.1398（P.172）

多三将纳丑年突田历
　　P.2162V（1）
多心经
　　P.2226（1），S.0137，S.1305，S.1632，S.5035，S.5234，S.5951
多心经疏一卷
　　P.3229V

E

恶观

  BD14573V，Дх.00092

萼啰鹿舍施追荐亡妻文

  P.2449V（1）

儿出家赞壹本

  P.3011（2）

儿来法师所问于维摩经中立三转法轮义

  羽715R

儿郎伟

  BD12301（2），P.2569V（Pel.tib.113）（1），P.2612V（3），P.3555BP4，P.3753V（2），P.3856，P.4011，P.4055，P.4976，S.6181，S.6207（1），Дх.01049

儿郎伟驱傩文

  P.3270，P.3270V（1），P.3552（1），P.3702

儿郎伟驱傩文等杂写

  Дх.02235V

儿郎伟驱傩文及符

  俄 Ф.247V

儿郎伟驱傩之法

  S.0329V（15）

尔时妙吉祥菩萨从东方来以微妙梵音赞叹普贤所行行愿赞
P.2322（6）

尔时玄藏法
S.2143（2）

尔时最胜天王请世尊决问邪正路
BD00324（2）

尔雅
P.3719

尔雅·释言
S.12073

尔雅卷中
P.2661+3735

二教论
P.2587，P.3742

二年十一月王嘉玉马契
Дx.01328V

二娘子家书
安徽省博物院藏本

二入四行论
BD01199（1），BD09829，P.4634Abis，P.4634AV，P.4795，S.7159，S.11446

二十八宿次位经和三家星经
P.2512

二十八宿纪日
P.2499+4058V（2）

二十八宿真言
P.2322（1）

二十卷本佛名经忏悔文行数
BD12809V

二十四节气诗

　　S.3880（1）

二十五等人图并序

　　P.2518

二月八日法会文

　　P.2481V（3）

二月八日文

　　BD15427，P.2237V（6），P.3346（2），P.3566（9），P.3765（7），P.3770V（3），P.4079，P.4606，S.4413，Дx.01228

二月八日逾城文

　　P.3566（4）

二月八日斋日祈愿文

　　P.6006（2）

二月九日帖

　　P.5585V（1）

二月六日衙前第一队转帖

　　Дx.01317

二月廿二日监军转经付诸寺维那历

　　P.3336V（3）

二月廿日王氏施舍疏

　　P.2583V（8）

二月三日酒壹瓮付僧子历

　　Дx.03136

二月十四日从姑藏县君十七娘状

　　P.2549+2980+3871P

二月四日

　　P.3405（10）

二月五日金紫光禄大夫检校司空兼御史大夫上柱国张匡邺状

　　P.2213P

二月一日内亲从都头知二州八镇管内都渠泊使兼御史大夫翟某上宰相状
P.2496P1

二月仲春色光辉诗
P.3500V

贰师泉赋
P.2488（1），P.2621V（3），P.2712（1）

F

发病书

P.2856

发病书之推年立法残片

羽 015 之 3 之 2 之 1

发露忏悔文

Дх.01381，北大 D211

发菩提心戒咒

BD07802（2）

发遣真言

P.4961（11）

发心参禅学道文

P.4035V

发愿忏悔略出文

P.3210（1）

发愿文

BD09147（4），BD13069V（3），P.2326V（1），P.2358V（1），P.2358V（5），P.2443V（1），P.2486（2），P.2486V，P.2526V，P.2543V，S.2580（2），P.2660P1，P.2668V（1），P.3765V（1），P.4703，S.2961（1），S.3825V，S.4480，S.4504V（10），S.5699，S.9459V，S.10001，S.10736，Дх.00144，Дх.00883A，Дх.01375+Дх.03019（1），Дх.02139，Дх.02886，Дх.03032，

Дx.03033+Дx.03129，Дx.03035，Дx.03988，Дx.04359，Дx.04371，Дx.04371V，Дx.05021，Дx.05371，Дx.05452V，Дx.05678，Дx.05802，Дx.05809V，Дx.05837V，Дx.05853，Дx.05936，Дx.05936V，Дx.05961，Дx.06023，Дx.06032，Дx.06039，Дx.06605，Дx.08754，Дx.09107，Дx.10159，Дx.10695，Дx.10696，Дx.10697，Дx.10720V，Дx.11058，Дx.11067B，Дx.11076，Дx.11215，Дx.12010，Дx.12831，Дx.18956，Дx.18957，俄Ф.109（3），俄Ф.166（1），上博48（41379）（13），羽081V之2

发愿文题记
Дx.08611

发愿文杂写
BD09147（1）

罚酒文书
BD16387AV

罚约
BD08367V

法成译般若波罗蜜多心经
P.4882

法船乐赞
北大D189

法海与都统和尚书
S.2213

法花行仪
羽011

法花经疏卷二
上博12（3303）

法花文记卷一
BD14798

法华经
哈佛1924.72，京博B甲424（1）

法华经抄

 S.1358V

法华经化城喻品

 中村不折 173-2-2

法华经精解评林卷上

 Дx.12449

法华经廿八品赞

 P.3120（2）

法华经劝发品

 中村不折 173-2-3

法华经释

 BD08090，Дx.01060，北大 D143，北大 D183V

法华经疏

 BD03215，BD04226，BD05811，BD15691，S.2439，S.2463（2），S.4107，S.6474，Дx.06649，Дx.18905，北大 D222，俄 Ф.359，津图 044，津图 046，津图 094，津艺 244，京博 B 甲 248 图录 195，龙谷大学 38.——

法华经疏释

 P.3292（2），石谷风 004

法华经疏赞卷一

 京博 B 甲 273 图录 224

法华经文外义一卷

 上博 15（3317）

法华经序品

 中村不折 173-2-4

法华经玄赞卷一

 P.3832

法华经玄赞卷四

 京博 B 甲 430

法华经演义卷七之二

 Дx.18023

法华经义记
　　P.3308，Дх.11225B

法华经义疏
　　S.4136，S.6891，津艺304

法华经卓解卷六
　　Дх.05203

法华论疏卷上
　　BD11838

法华论一卷
　　S.2502（1），S.2504

法华七礼文
　　BD06081V

法华三昧忏仪第四明行者请三宝方法
　　Дх.16732

法华玄论
　　Дх.11205

法华玄赞
　　北三井104（025-14-14）

法华玄赞钞
　　BD01213

法华玄赞第八
　　中村不折101

法华玄赞卷一〇包首
　　P.2118（1）

法华玄赞义决
　　中村不折099

法华要问答
　　S.2662

法华义记卷一
　　傅图28

法华义记卷三

S.2733，S.4102

法华义疏

BD16184，P.2346，Дх.04468，傅图33，羽331

法会为薛阇梨亡斋儭入破历

P.2583V（12）

法会杂记

P.3391V（4）

法集经卷五

S.0308

法寂静咒

P.2104V（16），P.2105（11）

法奖和尚讲经法会开讲赞文并答稿

S.6981DV

法界观题款

俄 Ф.362C

法界图并科判

P.2832B

法镜借龙兴寺藏本手帖

BD10785

法镜经

Дх.01361，Дх.03151，Дх.07788

法镜骑缝押

P.2036V（2）

法镜闻文

羽709

法句经

BD02580，BD03123，BD03417，BD03421，BD03424，BD03645，BD03646，BD15566，P.2308，P.2381，P.3922（1），S.7614，津图067，务本020号

法句经并法句经疏
　　羽 285

法句经卷上
　　BD15125，BD15709，BD15710，ZSD001 号，Дx.05175，Дx.07415，Дx.09176，Дx.12334，Дx.12339，启敦 045，启敦 019

法句经卷下
　　Дx.02895，Дx.05477，Дx.05478，Дx.05480，Дx.05486，Дx.07918，Дx.07926，Дx.11467，Дx.12348，甘博 001

法句经疏
　　P.2325（1），石谷风 058，石谷风 059

法句经疏补记
　　P.2325V

法句经疏释十七行
　　S.6220

法句譬喻经钞
　　BD05892，BD06401，BD06944

法句譬喻经卷一
　　北大 D091

法句譬喻经卷二
　　P.3086，S.1731

法句譬喻经卷三
　　BD06610，北大 D208

法句譬喻经卷四
　　Дx.11408A，Дx.11408B

法力等便黄麻历
　　S.11288

法律理通等各着食饭数目历
　　羽 067R

法律士、大众粟抄
　　S.5576V

法满题记

P.4957V

法门名义集

BD02889，BD04483，BD09719，BD10194，BD10605，BD10607，BD11675，BD12049，BD15386，BD15398，BD15501，P.2119，P.2128，P.2317，P.3001V（3），P.3008V，P.3009，P.4934，S.1520，S.5958，S.6016，Дх.00087，Дх.00533，Дх.00963，Дх.07125B，Дх.09433，Дх.10832，Дх.11607，Дх.01634，俄Ф.194，天理大学16.182-イ127

法门名义集钞

ZSD072号

法门名义集序

羽083之2

法门名义释

BD11170，S.8251

法名惠集受戒牒签

P.3203V

法舍利真言木印（藏汉双语）

Дх.01389V

法身礼

BD08579，P.2157V（1），P.4597（35）

法身菩萨王陀罗尼

Дх.10652（2）

法师答问

Дх.04355

法师道林上义弟道真书

P.5026B

法师偈

P.4701V

法师问答

S.0191，S.6172V

法师问对
 S.6810V（1）

法师问难
 Дx.01293

法数解释
 S.2463（1）

法谈文杂写
 Дx.02961V

法体十二时
 P.2813，P.3113（1）

法王本记东流传录
 P.3376

法王记
 P.2722V（2）

法王经
 BD00630，BD06326，BD06536，BD10938，BD14700，BD15098，S.7269

法性论八行
 S.6057

法虚上僧录和尚状
 P.2807P1

法言题名
 P.3696P12V

法苑珠林
 S.3997，S.5624，Дx.05393V

法苑珠林卷九
 BD09361V

法苑珠林卷一六
 HHT037

法苑珠林卷二一
 Дx.04567

法苑珠林卷三三
S.4647，Дх.15034

法苑珠林卷三四
Дх.11266

法苑珠林卷三六
Дх.06711

法苑珠林卷三八
Дх.05637

法苑珠林卷六四
Дх.06292

法苑珠林卷七二
Дх.10716

法苑珠林卷七三
BD09361，Дх.07118

法苑珠林卷八〇
Дх.15262

法苑珠林卷八六
Дх.14779

法苑珠林卷八九
Дх.04775

法苑珠林卷九四
Дх.05398V

法苑珠林钞
BD08328

法苑珠林节抄要览
S.6888

法照和尚念佛赞
龙谷大学62

法真等麦粟历
P.4683AV（3）

番役簿
S.7932

蕃卿当纳印子数
S.5818V（3）

翻梵语卷七神名第三十二
Дx.16108

翻译名义集七沙门服相篇第六十一
Дx.06317

凡节度使新受旌节仪
P.3773V

烦恼涅槃一异问答
BD09277（2）

烦人读自书偈
P.3486V（6）

樊崇圣纳笔历
S.4411

樊铸七言诗一首
P.2976V（1）

反书两字
Дx.00383V

犯戒罪报轻重经
BD00208（2），BD08427

氾府君图真赞并序
P.3268

氾怀义便粟历
Дx.11086

氾奴子戌年不入作历
BD14666V（6）

氾嗣宗和尚邈真赞并序
S.0390

氾瑭彦五言口号

S.4654V（13）

氾延（？）玉地籍

S.5818V（1）

范奴子等六人名录

P.2612V（5）

梵本般若波罗蜜多心经

北大 D118

梵汉对音陀罗尼

P.2778

梵摩渝经

P.2140（2），敦研 102

梵网经

S.0048，S.0144，S.0342，S.1337，S.2261，S.3123，S.3206，S.3298，S.3459，S.3867，文研院 074（xj114-0660.95）

梵网经卷上

S.4196，S.7793

梵网经卷下

S.0952，S.3253，S.7275，S.7307，S.7468，S.7501，S.7525，S.7610，S.7629，S.7680，S.7731，S.7772，S.8014，S.8104A，S.8104B，S.8229B，S.8229C，S.8229D，S.8229E，S.8254，S.8267，S.8340，S.8341，S.8347，S.8374，傅图 50F，津文 521-5

梵网经记

BD01904，S.2943V，Дx.01227

梵网经卢舍那佛说菩萨十重四十八轻戒

S.2665，S.3476，S.6281

梵网经卢舍那佛说菩萨心地戒品

P.3209，P.4545，P.4553，P.4801，S.0506，S.3363，S.3365，S.3948，S.5962，S.6741，Дx.00104

梵网经卢舍那佛说菩萨心地戒品第十钞

BD02379V（3）

梵网经卢舍那佛说菩萨心地戒品第十卷上

BD00526，S.0271，S.0303

梵网经卢舍那佛说菩萨心地戒品第十卷下

BD00108（2），BD00125，BD00271（2），BD00278，BD00502，BD00883，BD00908，BD01013，BD01025，BD01028，BD01119，BD01283，BD01406，BD01818，BD01838（2），BD01964，BD01972（2），BD02234（4），BD02258，BD02258V（2），BD02729，BD02749，BD02822，BD02823，BD02852（1），BD02861，BD02869，BD02878（1），BD02890，BD02923，BD02925，BD03097，BD03118（1），BD03153，BD03201，BD03229，BD03232，BD03250，BD03408，BD03410（2），BD03465，BD03651，BD03895，BD03970（2），BD04026，BD04136，BD04168，BD04183，BD04223（1），BD04317，BD04351，BD04473，BD04614（2），BD04661（2），BD05016，BD05161（2），BD05190（1），BD05504（1），BD05645，BD05823，BD05861，BD05870（2），BD05872，BD05910，BD06206，BD06235，BD06362（1），BD06406，BD06415（1），BD06444，BD06494，BD06527，BD06562（1），BD06583（2），BD06666，BD06682，BD06722，BD06786，BD07322，BD07421，BD07524（1），BD07674，BD07681（2），BD07759（2），BD08067（1），BD08081，BD08487，BD08593（2），BD08600，BD09160，BD09161，BD09162，BD09163，BD09164，BD09165，BD09166，BD09167，BD09168，BD09169（2），BD09170，BD09171，BD09172，BD09571，BD10149，BD10398，BD10521，BD10705，BD11009，BD11031，BD11053，BD11087，BD11347，BD11404，BD11410，BD11415，BD11446，BD11632，BD11679，BD11799，BD11866，BD12098，BD12136，BD14624，BD15543，BD15614，BD16190A，BD16190B，BD16190C，BD16190D，LD.5142-05，P.4635（1），P.4733，S.0102，S.0185，S.0566，S.1395，S.1646，S.2970，S.4163，S.4371，S.4695，S.4808，S.5059，S.5380，S.5400，S.5425，S.5429，S.5485，Дх.00063，Дх.00125，Дх.00454B，Дх.00503，Дх.00504，Дх.00548，Дх.00550，Дх.00782，Дх.00815，Дх.00819，Дх.01192，Дх.01193，Дх.01211B，Дх.01469B，Дх.01605，Дх.01960，Дх.01986，

Дх.02003, Дх.02038, Дх.02039, Дх.02113, Дх.02432, Дх.01651, Дх.01789+Дх.02864, Дх.01931V, Дх.02356, Дх.02425, Дх.02483, Дх.02601, Дх.02601, Дх.02611+Дх.02644, Дх.02618, Дх.03945, Дх.03956, Дх.03966, Дх.04312A, Дх.04420, Дх.04519, Дх.04546, Дх.04550, Дх.04561, Дх.04781, Дх.05128, Дх.05149B, Дх.05172, Дх.05239, Дх.05244, Дх.05259, Дх.05304, Дх.05316, Дх.05474, Дх.05501, Дх.05557, Дх.05563, Дх.05609, Дх.05765, Дх.05804, Дх.05821B, Дх.05838, Дх.05888, Дх.06077, Дх.06082, Дх.06590, Дх.06602, Дх.07012, Дх.07303, Дх.07655, Дх.07657, Дх.08461, Дх.08769, Дх.08819, Дх.08824, Дх.08924, Дх.09014, Дх.09410, Дх.09507V, Дх.10276, Дх.10354, Дх.10426, Дх.10427, Дх.10429, Дх.10765, Дх.11155, Дх.11664, Дх.11691, Дх.11733, Дх.11780, Дх.11803, Дх.11840, Дх.11955, Дх.11989, Дх.12539, Дх.12574, Дх.12644, Дх.12705, Дх.12825, Дх.16534, Дх.16747, Дх.18934, 北大 D159, 北大 D164, 甘博 056, 甘图 010, 津艺 156, 启敦 078, 青博 08（4），青博 08（7），青博 08（10），石谷风 056, 羽 087, 羽 092, 羽 354, 羽 402, 羽 654 之 2, 羽 654 之 1

梵网经卢舍那佛说菩萨心地戒品第十卷下钞

BD08606

梵网经卢舍那佛说菩萨心地戒品第十序

BD00108（1），BD00271（1），BD01838（1），BD01972（1），BD03410（1），BD03970（1），BD07681（1），BD11096（3）

梵网经卢舍那佛说菩萨心地戒品第十序（杂写）

BD02613V

梵网经菩萨羯磨文

BD16188A, BD16188B, BD16188D, BD16188E, BD16188F, BD16188G, BD16188H, BD16188I, BD16188J, BD16188K

梵网经菩萨戒本疏卷三

S.0454

梵网经菩萨戒布萨羯磨文
　　BD02540, BD03900（1）, BD07798V（3）

梵网经菩萨戒羯磨文
　　BD10188

梵网经菩萨戒受戒羯磨文
　　BD02234（2）

梵网经菩萨戒序
　　BD02234（1）, BD04614（1）, BD04661（1）, BD05161（1）, BD05870（1）,
　　BD06583（1）, BD07759（1）, BD07798V（2）, BD08274, BD16188C, S.0186,
　　S.4255, Дх.04312A, Дх.05857, Дх.18610

梵网经菩萨戒义疏
　　BD05878

梵网经疏
　　BD15684, Дх.01730

梵网经疏释义
　　BD11269

梵网经述记卷一
　　P.2157V（6）, P.2286

梵网经心地品菩萨戒义疏发隐卷一半月诵戒仪式戒序
　　Дх.04737, Дх.06558, Дх.06578, Дх.06580, Дх.15482

梵网经序
　　津艺 172（1）

梵网菩萨戒轻垢罪篇科文
　　浙敦 162（浙博 137）

梵音佛赞
　　P.3618（1）

梵语般若波罗蜜多心经
　　P.2322（16）, S.5627

梵语般若多心经
　　S.3178（2）

梵字佛顶尊胜真言
　　故宫新 152372（1）

方等三昧行法七日要心上首忏悔法
　　Дx.16968

方格图案
　　P.4518（20）V

方广大庄严经卷五
　　Дx.06953，羽 611

方广大庄严经序
　　S.6139

方角书（诗）一首
　　S.5644

芳草落花上
　　羽 589

芳草落花下
　　羽 590

防大佛行人名目
　　S.3005

房契
　　Дx.05299（1）

房舍地基帐
　　P.2985（2），P.2985V（6）

房舍地皮尺寸
　　P.4037

房中行气修炼图
　　P.2702V

房中养生治病药方
　　S.4433V

放钵经
　　BD10946

放光般若波罗蜜经

G.025[=PEALD_S1R and PEALD_S1V]

放光般若经

文研院 075（xj049-0660.30），文研院 076（xj068-0660.49）

放光般若经卷一

BD05775，S.5817，Дх.04458B

放光般若经卷二

Дх.03501，Дх.04107，Дх.07359，Дх.07967，Дх.08353，Дх.08357，Дх.11444，Дх.16025

放光般若经卷三

Дх.15478，Дх.17647，羽 732R 之 1

放光般若经卷四

L.022，Дх.03265，Дх.03654，Дх.06975，Дх.09373，Дх.09468

放光般若经卷五

Дх.15652

放光般若经卷六

Дх.04083，Дх.16660，Дх.16690，启敦 128，启敦 129，启敦 130，首博 32.520（9）

放光般若经卷七

Дх.07491，Дх.08841，Дх.09007，Дх.10818，Дх.16544，Дх.16648，Дх.16715，Дх.16767，Дх.16922，Дх.16954，青博 08（13）

放光般若经卷八

BD09705（2），S.4190，Дх.12897

放光般若经卷九

Дх.00447，Дх.06848，Дх.09275

放光般若经卷一〇

BD10163，Дх.09249

放光般若经卷一一

Дх.07985，Дх.09226

放光般若经卷一二

BD03966，Дx.03226，Дx.03734，Дx.06949，Дx.08571，Дx.09041，Дx.09535，Дx.09536，Дx.11409B

放光般若经卷一三

BD09833，Дx.01522，Дx.03198，Дx.07484，Дx.07787，Дx.08401，Дx.09013，Дx.09303，Дx.09378，Дx.10813

放光般若经卷一四

BD14688，BD15332，Дx.08243，Дx.09330，Дx.11453，Дx.17706，Дx.18476

放光般若经卷一五

BD14828，Дx.00208，Дx.09545，Дx.17474

放光般若经卷一六

S.2944（2），Дx.08620，Дx.18756

放光般若经卷一七

BD10434，BD14825BE，Дx.15669，Дx.17654，启敦105，羽590之24，羽590之25

放光般若经卷一八

ZSD007号，Дx.15256，Дx.16268，Дx.16723，Дx.16929，务木019号

放光般若经卷一九

BD14140，Дx.03293，Дx.15222

放光般若经卷二〇

L.024，Дx.03691，Дx.06879，Дx.14163，Дx.15211

放光般若经卷二一

BD14144

放光般若经卷二六

BD14023

放光经卷三三

S.3756

放妻书

P.4525（7），Дx.06043，Дx.11038

放僮书
　　Дх.11038

放亡躯殉节者从良书
　　S.5706（2）

飞天图残片
　　浙敦201（浙博176）

非佛经
　　Дх.06152，Дх.12020，Дх.12475，Дх.15402，Дх.16616，Дх.16654，Дх.18165，Дх.18168

扉画彩绘菩萨像
　　BD05796（1）

分房舍书
　　P.2985V（3）

分付永康龙兴报恩三寺大般若经帙卷录
　　P.2727

分家契
　　上图017（5）

分家书
　　Дх.11198，Дх.12012

分书
　　P.3973

分亡摄物法（分亡僧衣资法）
　　S.5645（4）

奋迅王问经
　　Дх.14902

封常清谢死表闻
　　P.3620（1）

封底杂写
　　Дх.02824（3）

封丘作
　　P.2976（3）

讽谏今上破鲜于叔明令狐峘等请试僧尼及不许交易书
　　P.3608V（6），P.3620（2）

奉和李中丞听祁侍御弹琵琶二首
　　P.3946V

奉判令追勘押衙康文达牒
　　Дx.01335

奉请八大金刚文
　　BM.SP.212（Ch.xi.001-2），S.5877，S.6328（1）

奉请八金刚
　　BD10943V

奉送盈尚书诗三首
　　S.4359V（2）

奉唐寺僧依愿上令公阿郎状
　　S.5953（2）

奉帖追土镇王祐生等番役不到事牒
　　S.2703（1）

奉为释迦降诞大会知转经僧尼帖
　　S.3879（2）

奉宣往西天取经僧道猷等牒稿
　　BD01904V

奉赠贺郎诗一首
　　P.2976（10）

佛八相成道纪年
　　P.3600（3）

佛本行集经
　　P.2837，S.0266，Дx.11025，上图111V（1），文研院077（xj170-0323.22），文研院078（xj175-0323.27）

佛本行集经卷一
　　P.2221，Дx.16633，大谷大学0731
佛本行集经卷四
　　S.1747，首博32.581
佛本行集经卷五
　　Дx.03192A，Дx.03284，Дx.03295，Дx.03569，Дx.03679
佛本行集经卷六
　　P.3157
佛本行集经卷七
　　S.0293，S.5837
佛本行集经卷一一
　　S.0482V，S.1826，S.4873
佛本行集经卷一二
　　Дx.04449
佛本行集经卷一五
　　Дx.08983，Дx.08984
佛本行集经卷一六
　　Дx.15953
佛本行集经卷一七
　　BD07635，Дx.03274，Дx.08934，Дx.08946
佛本行集经卷一九
　　BD14121
佛本行集经卷二〇
　　S.1054，Дx.07062，Дx.09345
佛本行集经卷二一
　　BD02307，SF2004/7，Дx.03276A，Дx.08132
佛本行集经卷二三
　　S.0920，Дx.04237
佛本行集经卷二四
　　Дx.08835

佛本行集经卷二七
　　S.4778，Дх.06906
佛本行集经卷二九
　　P.3680
佛本行集经卷三〇
　　Дх.09019，Дх.09408
佛本行集经卷三一
　　BD08171
佛本行集经卷三三
　　BD02888，Дх.12056
佛本行集经卷三四
　　BD10591，Дх.06972
佛本行集经卷三七
　　Дх.06419，Дх.09271
佛本行集经卷三九
　　BD10849
佛本行集经卷四〇
　　Дх.07390
佛本行集经卷四一
　　Дх.05823
佛本行集经卷四二
　　Дх.07100，Дх.07639，Дх.07645，Дх.08790
佛本行集经卷四三
　　S.6068，Дх.04987
佛本行集经卷四四
　　P.4752，津图179
佛本行集经卷四五
　　BD07811
佛本行集经卷四七
　　Дх.00002

佛本行集经卷四九
BD09240，羽213

佛本行集经卷五〇
Дx.07587

佛本行集经卷五一
津艺048

佛本行集经卷五三
BD09650

佛本行集经卷五四
P.3539（1）

佛本行集经卷五六
BD09242，首博32.558（6）

佛本行集经卷五七
S.3776（1）

佛本行集经钞
BD09648

佛本行集经第三卷已下缘起简子目号
P.3317

佛本行集经封题
S.0559

佛本行集经讲经文
P.2459V

佛本行集经经题杂写
P.2376V（2）

佛本行集经卷略抄
P.2303V

佛本行集经卷四一引首
浙敦142（浙博117）

佛本行集经难字
P.3506

佛本行集经难字表
　　Дx.02813

佛本行集经品次录
　　BD09241

佛本行集经释迦世系钞
　　BD09423V

佛本行集经俗文
　　BD06999V

佛本行集经题签
　　Дx.01975

佛本行集经演绎文
　　S.3096V

佛本行记
　　S.7785，S.8369A，S.8369B

佛本行经卷一
　　BD14720A

佛本行经题签
　　Дx.00663

佛般泥洹经卷上
　　Дx.12466

佛垂般涅槃略说教诫经
　　BD00696，BD02701，BD03355（5），BD05468，BD05847，BD06758，BD08499，BD09566，BD09600，BD10714，BD11683，BD15180，BD16543C，P.2243，S.2895，S.3134，S.7337，S.7465，Дx.00543，Дx.00544，Дx.04233，Дx.05345，Дx.16147，Дx.16429，津文450，京博B甲263 图录212，羽280

佛诞日请某法师大开讲筵疏
　　S.2472V（4）

佛地经
　　P.3709，S.4845

佛地经及论钞并科判
　　BD13646（1）
佛弟子本事
　　P.3462（2）
佛弟子名号
　　Дx.01762
佛弟子名号因缘
　　BD13180B
佛弟子赞
　　P.3727（7）
佛典
　　S.4600
佛典（问答体）
　　S.0319（1）
佛典残片
　　BD10090，BD10104，BD10113，BD10157，BD10302，BD10304，BD10305，BD10310，BD10322，BD10325，BD10326，BD10350，BD12179，BD12387，BD12392，BD13213E，BD13213F，BD13213W，S.7328B
佛典论释
　　首博32.1309（2）
佛典难字
　　P.3578V
佛典史传
　　P.2977
佛典疏释
　　BD10000，BD10105，BD16369V
佛典疏释残片
　　BD09958，BD16377
佛典疏释杂写
　　S.7936V（1）

佛典杂抄

P.2145V，P.3292（3），S.1513（3）

佛典摘抄

P.3288+3555AV（1）

佛典注释书断片

羽655之2，羽655之3，羽725之2

佛顶心观世音菩萨大陀罗尼经

P.3916（5）

佛顶心观世音菩萨大陀罗尼经卷上

BD09311

佛顶心观世音菩萨救难神验记

北大D160C，北大D160D

佛顶心观世音菩萨救难神验经卷下

P.3236

佛顶心咒

P.3835V（3）

佛顶尊胜加句灵验陀罗尼

P.2197（13）

佛顶尊胜加句灵验陀罗尼启请

P.2197（12），S.2566

佛顶尊胜加句灵验陀罗尼启请文

S.4378V（2）

佛顶尊胜经

P.2890（Pel.tib.1071V）（3），S.3369

佛顶尊胜陀罗

藤井53-东文53-饶目宗教类3

佛顶尊胜陀罗尼

S.2272，S.4616，北大D076，羽637V之3

佛顶尊胜陀罗尼经

BD00255（2），BD00287，BD00311，BD00993（2），BD00993（3），

BD01167, BD01350 (2), BD01403, BD01467, BD01696, BD02270 (2), BD02335, BD02509, BD02565, BD02582, BD02724, BD03125, BD03233, BD03343 (2), BD03713 (2), BD03736, BD03897, BD03949 (1), BD03949 (2), BD03953, BD04001, BD04004, BD04181, BD04374, BD05292 (2), BD05337, BD05364 (2), BD05480, BD05491, BD05658 (2), BD05784, BD05837, BD05923, BD06058, BD06065, BD06125 (3), BD06136, BD06317 (2), BD06472, BD07257, BD07677, BD07847, BD08665, BD09302, BD09727, BD10074, BD10095, BD10357, BD10899, BD10904, BD10905, BD10919, BD11220, BD11388, BD11620 (2), BD11940, BD12134, BD14119 (2), BD14476, BD14533, BD14582 (2), BD15309 (2), BD15494, HHT017, LB.020, LB.021, P.2103, P.2411, P.3920 (4), P.3923, P.4537, P.4662, S.0015, S.0229, S.0288, S.0346, S.0583, S.0878, S.1095, S.1109, S.1191, S.1201, S.1204, S.1383, S.1411, S.1704, S.1925, S.2004, S.2455, S.2483, S.2604, S.2625, S.2728, S.2845, S.3449, S.3465, S.4034, S.4826, S.4993, S.5185, S.5344, S.5848, S.6091, S.6105, S.6831, S.6930, S.7167, S.7172, S.7580, S.7762, S.7831, S.7948, Дх.00551, Дх.01170, Дх.01177, Дх.02205, Дх.03192В, Дх.03349, Дх.03508, Дх.03536, Дх.04173, Дх.04267, Дх.04690, Дх.05076, Дх.05103, Дх.05421, Дх.05916, Дх.06249, Дх.06759, Дх.06859, Дх.07391, Дх.08600, Дх.08661, Дх.08816, Дх.09238, Дх.09276, Дх.10321, Дх.10642, Дх.10649, Дх.10654, Дх.16261, Дх.16396, Дх.16738, Дх.17583, Дх.17657, Дх.18577, 北大D077, 北三井099 (025-10-57), 俄Ф.188, 鄂博31 (2), 津图162, 津文A-206, 酒博025, 龙谷大学28.五二八, 上图049, 上图094, 上图103, 台图104, 文研院079 (xj029-0660.10), 西北师大010, 羽133, 羽196, 羽480

佛顶尊胜陀罗尼经变榜题

BD09306

佛顶尊胜陀罗尼经并序

P.2286V (3), P.2309, P.2743, S.3757, 羽305, 羽308, 羽381, 羽383

佛顶尊胜陀罗尼经略抄

P.2564V (1)

佛顶尊胜陀罗尼经序

BD00255（1），BD00993（1），BD01350（1），BD02270（1），BD03343（1），BD03713（1），BD03735，BD03948，BD05292（1），BD05364（1），BD05658（1），BD06317（1），BD10280，BD10514，BD10552，BD10799，BD11620（1），BD12379，BD14119（1），BD14582（1），BD15309（1），P.3096，P.3296，S.4759，S.5715，S.5854，S.6122，S.7278，S.7713，S.8373，S.10306，Дх.00079，Дх.00871，Дх.02249，Дх.04318，Дх.07972，Дх.08945，Дх.08949，Дх.10833，Дх.10835，Дх.15088，鄂博31（1）

佛顶尊胜陀罗尼经序并经题

羽380

佛顶尊胜陀罗尼经咒

S.7548，S.8165

佛顶尊胜陀罗尼启请

羽304R

佛顶尊胜陀罗尼神咒

BD08034（2），P.5569，S.0165，S.4723，S.5914，Дх.01046，Дх.01174，Дх.02253，Дх.02324，国图WB32（7），566982，37.1入（2）

佛顶尊胜陀罗尼真言

Дх.07174

佛顶尊胜陀罗尼咒

BD03907，BD08112（2），BD08478，BD08583（1），BD09274，BD09275，BD09276，BD09277（1），BD09279，BD09301，BD09303，BD09304，BD11245，BD15783V，S.4962，S.5249，S.6113，Дх.02194，Дх.04408

佛顶尊胜陀罗尼咒持诵功德

BD08082（1）

佛顶尊胜王经卷一

S.6709

佛顶尊胜洗骨变胜灵验别行法

俄Ф.176

佛顶尊胜咒

敦研 094

佛顶尊胜咒本

P.3184V（1）

佛法东流传

P.2352V，P.2626+2862V，P.2654V，P.2763V，P.3446V

佛法问答

Дx.00870，Дx.00942，Дx.00971，北大 D149，北大 D213

佛法问答补记

北大 D149V

佛华严入如来德智不思议境界经

Дx.16206

佛华严入如来德智不思议境界经卷下

Дx.08956，Дx.17508

佛画

G.016[=PEALD_8hR]，P.4514，P.4518（10），P.4518（37）V，S.6099（1），S.9521（2）

佛画残片

BD04542V（2），Дx.04268，Дx.09439，Дx.09441，Дx.11016V，Дx.12748，Дx.16846V

佛会文

P.2481V（4）

佛及供养人像

S.6954

佛偈

S.5648（6）

佛家诗曲集

P.3056+4895

佛教残片

BD16063G

佛教初学入门书残卷

龙谷大学 34. 五三五

佛教传帖

Дx.00362V+Дx.01252V+Дx.01263V+Дx.01463V+Дx.02975V

佛教故事

P.2324V

佛教戒律

P.2321，P.2321V，P.2802V，上图 009（3）

佛教经典

S.7618，S.7679，S.7905，S.7914，S.7915，S.7957，S.8008，S.8069，S.8087，S.8394

佛教经录

P.2768

佛教经论（回鹘文汉文双语）

北大 D012V

佛教经疏

BD15646，BD15714

佛教论释

P.2174（2），P.2183（1），P.2183（2），P.2213V，P.2222C（2），P.2335V（3），P.2238，P.2238V，P.2807P2V，P.2828V，P.3316，P.3374，P.3387，P.3559+3664（2），P.4055V，Дx.00048，Дx.00836，Дx.00957+Дx.00958B，Дx.00958A，Дx.01131，Дx.01139B，Дx.01149，Дx.01539，Дx.01731，Дx.01732，Дx.01733，Дx.01991，上图 164

佛教论疏

P.2885V（1），S.7888，S.7910，S.8197，S.8305A

佛教论义文

CXZ026

佛教论著（待考）

石谷风 080

佛教律疏

BD13213M，BD13213N，BD13213O，BD13213P，BD13213Q，BD13213R，BD13213S，BD13213T，BD13213U，BD13213V，BD13213X，BD13213Y，LD4977V，S.8174

佛教名词

P.3073（Pel.tib.1129）V（1）

佛教名词解释

P.2231V，P.3789V（2），Дх.02161

佛教名数释义

BD07958V

佛教名数手记

BD01034（4）

佛教名数杂释

BD08305V（1）

佛教名相释

BD09759

佛教名相疏释

BD11168

佛教名义

Дх.00865

佛教诗偈

津艺109V（3）

佛教史书（待考）

石谷风079

佛教疏释

BD15526，BD16318

佛教疏释（待考）

石谷风006

佛教陀罗尼（待考）

BD15055V（1）

佛教文献

BD09893，BD09906，BD13213J，Дх.06115，Дх.06125，Дх.06131，Дх.06131V，Дх.06141，Дх.06147，Дх.06148，Дх.06155，Дх.06182，Дх.06287，Дх.06525

佛教文献（待考）

石谷风016，石谷风022，石谷风024，石谷风025，石谷风029，石谷风074

佛教文献残片

BD12287V，BD13213B

佛教问答

P.2807（9），P.2807V（1），P.2940V，P.2946，P.3279（3），P.3279V（2），P.3357V（1），Дх.00290，Дх.00385，Дх.01183，Дх.01658，Дх.01777，Дх.01920，Дх.01921，Дх.06202，Дх.06205，Дх.06230，Дх.06255，上图138V

佛教仪文

Дх.00059

佛教音义

文研院191（xj113-0660.94）

佛教杂钞

BD16523

佛教杂论义

BD08430V

佛教杂写文

羽637V之2

佛教赞文

Дх.01734

佛教真言

BD09810，BD09821，BD09824，BD15827，S.8154

佛教咒语

BD00992（1），BD00992V（1），BD05298V（2），BD06909，BD07040，启

敦 027

佛教注疏残片

浙敦 178（浙博 153）

佛教著作

上博 20（8918）（3）

佛金刚坛广大清净陀罗尼经

BD02070

佛经

P.2427（2），P.2427（4），P.2439V（1），P.2775V（3），P.2850V，P.2989V（Pel.tib.781）（2），P.3369P2，P.3826V（3），P.3987，P.3996，P.4812，P.4822，P.4852，P.5021G，P.5025（1），P.5025（10），P.5025（2），P.5025（9），P.5028（11），P.5028（15），P.5028（2），P.5579（7），P.5587（6），P.5587（8），P.6011（2），P.6011（5），P.6032，P.6033，S.0111，S.0249V，S.0746，S.1112，S.1307，S.1484，S.1591，S.1918，S.1977，S.2154（1），S.2191，S.2318，S.2492，S.2707（3），S.2709，S.2811，S.3286V，S.3315，S.3803，S.3979，S.3986，S.3990，S.4013，S.4040，S.4295，S.4379，S.4400V（2），S.4416，S.4457，S.4509，S.4515，S.4521，S.4552，S.4567，S.4636，S.4646V，S.4647V，S.4680，S.4681，S.4905，S.4913，S.4921，S.4948，S.5238，S.5401，S.5506（1），S.5550，S.5568，S.5703，S.5724，S.5764，S.5784，S.5913，S.5967，S.6009，S.6041，S.6056，S.6081，S.6085，S.6159，S.6166，S.6269（1），S.6316，S.6324，S.6537，S.6678V，S.6959，S.6977，Дх.00181，Дх.00446，Дх.00534，Дх.00492V，Дх.00945，Дх.00974，Дх.01021，Дх.01353，Дх.01394，Дх.01485，Дх.01525，Дх.01551V，Дх.01647，Дх.01649，Дх.02135，Дх.02142+Дх.03815，Дх.02298，Дх.02493+Дх.02555，Дх.02512，Дх.02668，Дх.02963，Дх.02964，Дх.02973，Дх.02981，Дх.03008，Дх.03027，Дх.03148，Дх.03237，Дх.03241，Дх.03243，Дх.03246，Дх.03277，Дх.03312，Дх.03318，Дх.03322，Дх.03332，Дх.03335，Дх.03355A，Дх.03373V，Дх.03376，Дх.03423，Дх.03435，Дх.03437，Дх.03482，Дх.03491，Дх.03498，Дх.03524，Дх.03528，北大 D229，敦博 013，敦博 023，敦博 030，敦博 034，敦博 035，敦研 253，敦研 256，敦研 270，敦研 284，敦研 358，敦研 359，敦研

361，敦研364，俄Дх.212，俄Дх.328，俄Дх.333，甘博034，甘博120，甘博126，甘博127，甘博附135，津艺011，津艺015（2），津艺025V，津艺065（5），津艺065（6），上图105（7），上图163

佛经（裱纸）

Дх.02065＋Дх.02330BV

佛经（草书）

S.0771

佛经包首

P.5022A，P.5022B，Дх.02401

佛经残片

BD09707B，BD09949，BD10443，BD11144，BD12180，BD12183，BD12265，BD12361，BD12377，BD12383，BD12385，BD12394，BD13192，P.2150V，P.2182P，P.2335P，P.2342P8，P.2441P，P.2562P，P.2722P，P.2998P1，P.3420+3466 P4，S.5727，S.5989，伍伦19号背，浙敦176（浙博151）

佛经残字

津图180，津图185

佛经词语解释补正

Дх.11654

佛经丛钞

S.1345

佛经答难

P.2947（2），P.2947V

佛经答问

P.4595

佛经地名人名

P.3506V

佛经点检历

Дх.01746+Дх.05360

佛经断片

S.5853

佛经及藏印

　　津艺 283V

佛经偈文

　　S.3592

佛经偈语

　　Дx.02762，敦研 141

佛经戒本

　　P.4574

佛经戒律

　　S.0300，S.0615V，S.1510，S.2491，S.2539（1），S.2707V（1），S.2822，S.2831，S.3233，S.3962（2），S.4094，S.4167，S.4438，S.4672，S.5088，S.5236，S.5662V，S.5738，S.6025，S.6238，S.6240，S.6661，S.6974，敦研 076，甘博 090

佛经戒律别二众法第一、人法第二

　　S.1315

佛经戒律二种

　　国图 WB32（47）

佛经戒律疏

　　S.2737

佛经经目

　　羽 056V 之 2

佛经卷次勘记

　　BD12425

佛经卷帙

　　S.3522

佛经卷袟数

　　S.9447

佛经类书

　　S.4679，S.5600

佛经流通分残片

　　BD10426

佛经论释

BD05776V，P.2222A，P.2469V（5），P.2335，P.3210V，P.3291，P.3413V，P.3684V(2)，P.3751，P.3755V，P.3771，P.4040V(2)，P.4623V(2)，P.4665+4688，P.4805V（2），P.4819，P.4833，P.4935，P.5023D，P.5029H，P.5587（5），P.6011（7），Дx.00073，Дx.00114，Дx.00122+Дx.01802，Дx.00384V，Дx.00393+Дx.00394，Дx.00480，Дx.00507+Дx.01345+Дx.03115+Дx.03120+Дx.03124，Дx.00697，Дx.00698，Дx.00723，Дx.00868，Дx.00999，Дx.01183，Дx.01325，Дx.01341+Дx.03126，Дx.01392V，Дx.01397，Дx.01450，Дx.01465，Дx.01513，Дx.01514，Дx.01571，Дx.01654，Дx.01723，Дx.01802，Дx.01891，Дx.02017，Дx.02160，Дx.02225，Дx.02308，Дx.02314，Дx.02367，Дx.02427，Дx.02486，Дx.02487，Дx.02502，Дx.02515，Дx.02642，Дx.02918，Дx.02961，Дx.03060，Дx.03188，Дx.03353，Дx.03405，Дx.03417，Дx.03540，Дx.03668，Дx.03732，Дx.03752，Дx.03776，Дx.03787V，Дx.03789，Дx.03856，Дx.03920，Дx.04144，Дx.04171，Дx.04205，Дx.04454，Дx.04493，Дx.04588，Дx.04661，Дx.05211V，Дx.05227V，Дx.05263，Дx.05263V，Дx.05270，Дx.05587，Дx.05588V，Дx.05732V，Дx.05881，Дx.06027，Дx.06040，Дx.06040V，Дx.06044，Дx.06046V，Дx.06049，Дx.06068，Дx.06068V，Дx.06238，Дx.06320，Дx.06392，Дx.06566，Дx.06566V，Дx.06593，Дx.06817，Дx.06820，Дx.06864，Дx.06943，Дx.07139，Дx.07261，Дx.07317，Дx.07393，Дx.07414，Дx.07456，Дx.07475V，Дx.07497，Дx.07511，Дx.07530，Дx.07548，Дx.07597，Дx.07629，Дx.07636，Дx.07660，Дx.07839，Дx.07906，Дx.07922，Дx.07948，Дx.07954，Дx.08199，Дx.08299，Дx.08449，Дx.08460，Дx.08561，Дx.08693，Дx.08756，Дx.08811V，Дx.08822，Дx.08867，Дx.08882V，Дx.08883，Дx.08899，Дx.08997，Дx.09001，Дx.09071，Дx.09088，Дx.09128，Дx.09272V，Дx.09364，Дx.09404V，Дx.09405，Дx.09420，Дx.09432，Дx.09436，Дx.09437，Дx.09470，Дx.09473，Дx.09510，Дx.10251，Дx.10296B，Дx.10442，Дx.10705，Дx.10715，Дx.10718，Дx.10719，Дx.11047，Дx.11182，Дx.11203，Дx.11204，Дx.11257，

Дх.11529, Дх.11534, Дх.11590, Дх.11668, Дх.11703, Дх.11818, Дх.11826, Дх.11828, Дх.11899, Дх.11932, Дх.11957, Дх.11979, Дх.12009, Дх.12235, Дх.12254, Дх.12268, Дх.12403V, Дх.12590, Дх.12594, Дх.12639, Дх.12689, Дх.12706, Дх.12709, Дх.12749, Дх.12754, Дх.12762, Дх.12765, Дх.12813, Дх.12847, Дх.15836, Дх.16049, Дх.16066, Дх.16330, Дх.16412, Дх.16518, Дх.16575, Дх.16688, Дх.16831, Дх.16853, Дх.16858, Дх.17461, Дх.17998V, Дх.18285, Дх.18391, Дх.18470V, Дх.18471, Дх.18477, Дх.18482, Дх.18505, Дх.18509, Дх.18509V, Дх.18513, Дх.18560, 俄Ф.180, 俄Ф.180V, 俄Ф.331V（2）, 俄Ф.358A, 启敦005, 启敦006, 启敦015, 启敦016, 启敦017, 启敦026, 上博01（2405）V

佛经论释（裱纸）

　　Дх.00113V, Дх.02198V, Дх.02641V, Дх.02646V

佛经论释（四门果义）

　　S.0277

佛经论释补记

　　Дх.02486+Дх.02515V

佛经论释残片

　　P.3420+3466 P1, P.3420+3466 P2

佛经论疏

　　BD13213H, BD13213I, BD13213K, BD13213L, S.7936V（2）, S.8290A, S.8290B, 俄Ф.334, 津艺103

佛经论述

　　Дх.00987, Дх.01996B+Дх.02006B

佛经名忏

　　S.8396

佛经名词解释

　　P.3035（2）, P.3663V

佛经目录

　　BD07894（2）, P.2472, P.4525（13）, Дх.02345, Дх.02353A, Дх.05344V,

Дх.05355, Дх.06001, Дх.06047

佛经难字

P.3823（7）

佛经签条

BD10285

佛经三分科判

Дх.00556V

佛经神咒

S.1131, S.1195

佛经释义

P.4709

佛经疏

津艺056

佛经疏释

BD09981, P.2128V（2）, P.2724V, P.2823V, P.3021+3876V（1）, P.3055（2）, P.3426, P.3435V, P.3850, S.0269（2）, S.0613, S.0759, S.1138, S.1461, S.1488, S.1568, S.1619, S.1642V, S.1827, S.2098, S.2546, S.2554, S.2594, S.2700, S.2718, S.2722, S.2748（2）, S.2781, S.3005V, S.3742, S.3789, S.3879V（1）, S.4052, S.4174, S.4219, S.4237, S.4242, S.4298, S.4299, S.4303, S.4313, S.4328, S.4337, S.4340, S.4375, S.4393, S.4408V, S.4414, S.4418（1）, S.4420, S.4444, S.4455, S.4459, S.4465, S.4470, S.4488, S.4576, S.4655, S.4668, S.4676, S.5533, S.5748, S.5841, S.5858, S.5915, S.5940, S.5988, S.6020, S.6088, S.6153, S.6190, S.6202, S.6218, S.6242, S.6338, S.6344, S.6715, S.6940, 北大D237, 北大D238, 石谷风007, 石谷风008

佛经疏释（草书）

S.5258, 国图WB32（37）, 566986, 37.1入

佛经题记

P.3778V（2）

佛经问答

P.2901V, P.3095, P.3208, P.5029A, Дх.02078

佛经习字

 P.3733V

佛经要钞

 P.2150

佛经已入未入记录及僧惠辩名

 P.3010V

佛经音

 P.4696

佛经音义

 P.2901，P.2948，P.3651，P.3971（2），P.3971V，S.3538

佛经杂写

 P.3029V（2），P.3131bisV，Дx.10504V

佛经摘抄

 P.2592V，俄Ф.235

佛经纸数

 P.3823（8）

佛经咒语

 BD04764，S.2027，S.4365V，S.4592，S.5496，S.5500，S.5501，S.6979，Дx.07949，Дx.08902，浙敦063（浙博038）

佛经注解

 敦研066V，敦研067V，敦研247V，敦研248V，敦研249V，敦研250V，敦研251V，敦研252V，敦研375V

佛经注释

 P.2684，P.4742V，Дx.00985

佛经字音

 P.2271，P.2271V（4），P.3765V（4）

佛窟画草

 S.4193V

佛临般涅槃略说教戒经

 S.1187，S.3776（2），S.3817，S.3900

佛临涅槃记法住经

BD03114

佛律

Дх.01430, Дх.01486, Дх.01487, Дх.01847, Дх.01877

佛名

Дх.03487

佛名并陀罗尼题名

P.3520（P.sogd.8）V

佛名恶略忏悔文一卷

Дх.01230

佛名经

BD10320, BD11132, BD11835, LB.063, P.2406V（1）, P.2420V, P.3153, P.3212V（2）, P.4639, P.4898, P.6011（11）, S.0090, S.0128, S.0253, S.0698, S.0719, S.0746V, S.0834, S.0995, S.1038, S.1059, S.1092, S.1094, S.1450, S.1718, S.1755, S.2029, S.2091, S.2264, S.2338, S.2357, S.2547, S.2790, S.2836, S.2965, S.2989, S.3008V, S.3084, S.3114, S.3162, S.3339V, S.3357, S.3504, S.3571, S.3572, S.3600, S.3626, S.3629, S.3780, S.3805, S.4693, S.4772, S.4963V, S.5428, S.5481, S.5484, S.5670, S.5979, S.6106, S.6364, S.7643, S.8198, S.8345, Дх.00807, Дх.00808+Дх.01051, Дх.00809, Дх.00814, Дх.00857, Дх.00860, Дх.00866+Дх.01134+Дх.01135, Дх.00894A, Дх.00896, Дх.00918+Дх.00921, Дх.00993, Дх.01554, Дх.01775, Дх.02914, Дх.03037, Дх.03231, Дх.03394, Дх.03427, Дх.03504, Дх.03546, Дх.03547, Дх.03572, Дх.03674, 俄Ф.097（1）, 俄Ф.120, 俄Ф.121, 俄Ф.226, 俄Ф.238, 港中文2000.0096, 国图WB32(32), 566979, 37.1.16入, 国图WB32（33）, 604494, 38.3.29入, 国图WB32（34）, 604495, 38.3入, 津文A-210, 龙谷大学20.五二〇（波18）, 龙谷大学59（2）, 首博31.3.331, 文研院080（xj106-0660.87）, 文研院081（xj008-0662.08）, 羽553

佛名经卷一

BD00068V, BD01614, BD01836, BD02165, BD02455, BD02591,

BD02862，BD03012，BD03092，BD03163，BD03225，BD03317，BD03534，BD03684，BD04062，BD04298，BD04312，BD04491，BD04494，BD04518，BD04554，BD04577（2），BD04691，BD04915，BD05193，BD05517，BD05883，BD05950，BD06114，BD06308，BD06484，BD06587，BD06589，BD06756，BD06904，BD07206，BD07484，BD08320，BD09253，BD09256，BD09263，BD09264，BD09265，BD09268，BD09269，BD09657，BD09887，BD09894，BD10109，BD10202，BD10267，BD10664，BD10726，BD11146，BD11441，BD11451，BD11600，BD11814，BD13126，BD13658，BD14122，BD14495，BD16430A，BD16525A，BD16525B，BD16565A，BD16565B，BD16565C，P.5596，S.0672，S.2452，S.3101，S.6250，S.6511，S.6887，S.7191，S.7202，S.7311A，S.7529，S.7596，S.7966，S.8179，伍伦33号

佛名经卷二

BD00279，BD00425，BD01473，BD01576，BD01687，BD01699，BD01707，BD01711，BD01717，BD01719，BD01726，BD01764，BD02046，BD02055，BD02056，BD02263，BD02449，BD02910，BD03203，BD03260，BD03320，BD03330，BD04422，BD04665，BD04828，BD05355，BD05424，BD05967，BD07179，BD09257，BD09260，BD09272，BD09974，BD10642，BD10666，BD10682，BD10730，BD11367，BD11420，BD13639，BD14895，LD4994，S.0823，S.2477，S.2555，S.5159，S.7472，S.8151，上图044，务本013号，羽181

佛名经卷三

BD00047，BD00172，BD00299，BD00461，BD00782，BD01058，BD01457，BD01459，BD01672，BD01769，BD01773，BD01915，BD03687，BD03688，BD03723，BD04865，BD05799，BD06824，BD09258，BD09259，BD10389，BD10747，BD11659，BD14187，BD15876，S.5260，S.7297，S.7559，S.7802，S.8010，S.8249，S.8333

佛名经卷四

BD02051，BD02793，BD03828，BD04780，BD04856，BD06600，BD08308，BD08417，BD09267，BD09891，BD11980，BD12131，BD13608，BD13614，BD16340，S.0240，S.0571，S.1175，S.3199，S.3536，S.3947，S.8012，

ZSD009 号，Дx.00810，Дx.02217

佛名经卷五

BD00633, BD01380, BD01396, BD01412, BD01471, BD01474, BD01597, BD01641, BD02192, BD03132, BD03478, BD03655, BD04811, BD04860, BD05802, BD05977, BD07019, BD07183, BD15392A, BD16020, BD16430B, LB.022, S.1037, 傅图 21, 甘博 104, 港中文 1981.0112, 石谷风 046

佛名经卷六

BD00191, BD01602, BD01877, BD01886, BD02472, BD02668, BD03165, BD03679, BD03945, BD04038, BD04169, BD04188, BD04478, BD04481, BD04484, BD04917, BD06057, BD06356, BD06684, BD06748, BD07249, BD07850, BD10707, BD10897, BD11092, BD11910, BD14456, BD15853, P.6011（10）, S.0581, Дx.00804, 津图 038, 津图 051, 津图 147, 津图 150

佛名经卷七

BD00976, BD01451, BD01454, BD02523, BD02613, BD03080, BD03135, BD04095, BD04323, BD04950, BD05943, BD06008, BD06130, BD06438, BD09685, BD10686, BD11320, BD11543, BD11629, BD11801, BD14746, BD15095, BD15567, S.0590, S.2108, S.6542, S.6544, S.7109, 青博 07

佛名经卷八

BD00313, BD00459, BD00798, BD00818, BD00841, BD02217, BD02616, BD02988, BD03313, BD03315, BD04368, BD04435, BD04975, BD05836, BD05844, BD06322, BD06360, BD06447, BD06621, BD07428, BD07957, BD09266, BD11920, BD12085, BD12086, BD12374, BD15073, BD15077, BD15392B, BD15392C, P.2772, S.0029, S.0062, S.2797, S.5341, S.6844, S.6938, ZSD022 号, ZSD036 号, 俄 Ф.272, 津图 148, 津艺 309, 首博 32.533

佛名经卷九

BD00343, BD00739, BD01152, BD01516, BD01860, BD02482,

BD03817，BD04310，BD04322，BD05159，BD08056，BD08145，BD09271，BD09849，BD10038，BD15672，BD15674，BD15863，P.2111，P.5589（15），P.6015，S.3503，S.5265，S.5482，S.7212，S.7624，S.8200，务本022号

佛名经卷一〇

BD01042，BD01069，BD01867，BD02739，BD02974，BD03680，BD03991，BD04248，BD04590，BD04711，BD05286，BD05418，BD05483，BD05903，BD05947，BD06285，BD07106，BD08649，BD09281，BD10689，BD11761，BD12358，CXZ005，P.4692V，P.4938，S.0101，S.2343，S.2458，S.3352，S.7504，S.7820

佛名经卷一一

BD01148，BD01405，BD02163，BD03300，BD03588，BD03629，BD03921，BD04018，BD04055，BD04063，BD04922，BD05848，BD06213，BD06706，BD08597，BD10625，BD11900，BD14608，BD15296，S.2549，S.3249，S.3335，S.6936，S.7579，S.7622，津图128，务本010号

佛名经卷一二

BD00231，BD00244，BD00249，BD00400，BD01074，BD01122，BD01194，BD02091，BD02122，BD02215，BD02412，BD02460，BD02693，BD03368，BD04773，BD06166，BD07158，BD10052，BD10462，BD10876，BD11395，BD12702，BD14197，BD14202，BD14717，BD14752，BD15195，P.5587（10），S.2427，S.6761，S.7661，S.8264，羽176，羽582

佛名经卷一三

BD00002，BD00101，BD01330，BD01733，BD02256，BD02802，BD03827，BD03884，BD03964，BD03965，BD04092，BD04133，BD04233，BD04613，BD04625，BD04637，BD05315，BD05322，BD05788，BD05934，BD05968，BD06175，BD06350，BD06351，BD06432，BD06471，BD06668，BD06933，BD06952，BD08384，BD10298，BD10651，BD10967（1），BD11345，BD15661，P.2312，S.3336，S.8199，S.8233

佛名经卷一四

BD02029，BD02030，BD02364，BD02534，BD03010，BD03479，BD03915，BD04146，BD04285，BD04297，BD04430，BD04459，BD04463，

BD04465，BD04486，BD04512，BD04529，BD04566，BD04588，BD04618，BD04644，BD04650，BD04673，BD04680，BD04715，BD04717，BD04721，BD04761，BD04770，BD04771，BD05076，BD06161，BD06237，BD07592，BD07651，BD07942，BD08146，BD10573，BD10908，BD11037，BD11718，BD15671，S.2548

佛名经卷一五

BD02785，BD03104，BD03448，BD04415，BD04799，BD04833，BD05154，BD05255，BD05257，BD05985，BD06327，BD07916，BD07979，BD09254，BD11633，BD12218，BD13623，S.2470，S.6244，S.6662，S.6720

佛名经卷一六

BD00012，BD00163，BD00221，BD02087，BD02206，BD02254，BD05559，BD05679，BD06211，BD06959，BD09261，BD09270，BD11567，BD12243，BD14120，BD15008，BD15122，S.2556，S.5317，S.5385，S.7558，S.7862，S.8242，S.8248

佛名经卷一七

BD00145，BD03289，BD06423，BD11295，S.6717，S.7186

佛名经卷一八

BD02010

佛名经卷一九

BD02512，Дx.00885，羽175

佛名经卷二〇

BD00560，BD00695，BD03587，BD05422，BD05820，BD14124，BD15662，S.7581，羽175

佛名经卷二一

津图149，羽175

佛名经卷二二

羽175

佛名经卷二三

羽175

佛名经卷二四
　　羽175

佛名经卷三〇
　　P.5587（7）

佛名经卷下
　　BD15112（2）

佛名经残卷
　　羽479

佛名经残片
　　BD09945，BD10293，BD13146，BD16032，S.6149，俄Ф.355C

佛名经忏悔文
　　BD04278V

佛名经忏悔文钞
　　BD06004，BD09499，BD14137（1）

佛名经钞
　　BD07092，BD16564A

佛名经断简
　　东博182

佛名经断片
　　国图WB32（31），566978，37.1.16入

佛名经卷三礼忏文钞
　　BD16353，BD16354

佛名经卷四忏悔文钞
　　BD05642

佛名经卷一三钞
　　BD13797V（2）

佛名经礼忏文
　　BD02257，BD03356V，BD07224

佛名经题签
　　P.5596，Дх.01943

佛名经杂写

    P.2999V（2）

佛名五行

    S.3503V

佛名杂写

    P.3706V（5），S.5412

佛母大孔雀明王经卷下

    P.2368

佛母经

    BD00743，BD02511，BD03781（3），BD03782，BD07390，BD07497，BD07999，BD09188B，BD09447，BD14644B，P.3136（1），P.4576，P.4654，P.4799，S.1371，S.2084（1），S.3306，S.5677（2），Дх.02047，Дх.02101，Дх.02267，俄Ф.259，甘博096，上博48（41379）（14），羽093，羽226

佛母经三字

    S.0153V

佛母赞

    BD02918V（1），BD03925V（6），P.3118（1），P.3156（5），P.3645V（4），P.3892（2），P.4597（23），S.5466，S.5473（1），S.5581（1），S.5689（2），S.5975，Дх.02175，羽615V之2

佛母赞文

    P.3645（3）

佛涅槃后一百至四百年佛经诸部表

    S.5390

佛奴都头买物状

    P.4701

佛菩萨名号

    Дх.00147

佛曲

    P.3288+3555AV（2）

佛曲残文

S.2092V（2）

佛劝十斋赞

S.5541（1）

佛日作佛事大会愿文

P.3179

佛升忉利天为母说法经卷下

Дx.09211

佛是大慈父偈

P.3470（1）

佛书

Дx.00128，Дx.00142，Дx.00142V，Дx.00768，Дx.00894AV，Дx.01061，Дx.02085V，北大D220，北大D239

佛书断简

京博B甲434

佛书注释书

羽015之2之1V

佛说阿阇世王经卷上

Дx.04042

佛说阿弥陀佛根本秘密神咒经

Дx.06648

佛说阿弥陀经

P.2226（2），P.2272，P.3915（5），P.4602，P.4669，P.4841，S.0005，S.0074，S.0117，S.0181，S.0363，S.0727，S.0951，S.1023，S.1283，S.1455，S.1706，S.1708，S.2107，S.2112，S.2386，S.2424，S.2434，S.2638，S.3027，S.3350，S.3542，S.3923，S.3940，S.4075，S.4182（1），S.4259，S.4801，S.4930，S.5024，S.5131，S.5150，S.5211，S.6282，S.6367（4），S.6839，Дx.00089，Дx.00289，Дx.00765，Дx.00878，Дx.01188，Дx.02196，Дx.02261，Дx.02359，Дx.02554（1），Дx.02716，Дx.02732（2），Дx.02734，Дx.02740，Дx.02899，Дx.03259，Дx.03372，Дx.03626，Дx.04258，Дx.04562，Дx.04607，Дx.04837，

Дх.04884, Дх.04943, Дх.04961, Дх.05054, Дх.05430, Дх.05569, Дх.05723, Дх.05904, Дх.06086, Дх.06194, Дх.06201, Дх.06550, Дх.07440, Дх.07488, Дх.08443, Дх.10308, Дх.10309, Дх.10310, Дх.11102, Дх.11142, Дх.12540, Дх.12580, Дх.12802, Дх.15220, Дх.15462, Дх.16173, Дх.16629, Дх.16939, Дх.18493, 北大D070, 北大D071, 北大D072, 北大D073, 北大D074（1）, 北三井055（025-10-18）, 甘博068, 故宫新154415（2）, 津艺020, 津艺049, 津艺121, 南京博物院藏本, 启敦070, 上图147, 上图180, 首博32.535, 台图006, 羽190, 羽232, 羽655之1, 招提09

佛说阿弥陀经（附藏文音写）

IOL.C.130（Ch.77.ii.3）

佛说阿弥陀经及咒

S.2175

佛说阿弥陀经讲经文

P.2122V（4）, P.2931

佛说阿弥陀经卷下

Дх.03937

佛说阿弥陀经卷一

S.0317, S.4161

佛说阿弥陀三耶三佛萨楼佛檀过度人道经卷上

Дх.02927, Дх.05610

佛说阿难律经

敦研018, 敦研050

佛说阿难陀目佉尼呵离陀隣尼经

Дх.04027

佛说阿难问事佛吉凶经

Дх.06979, 羽202

佛说安宅神咒经

P.3915（6）, S.2110（1）

佛说庵提遮女经

　　S.0163, S.0279, S.6096, 北大 D116

佛说八师经

　　Дx.15797, 敦研 178V

佛说八相如来成道经讲经文

　　首博 32.536V

佛说八阳经心咒

　　上博 48（41379）（12）

佛说八阳神咒经

　　P.2098, P.3759（1）, P.3897, P.3915（7）, P.3915（8）, P.3924（3）, P.3924V, S.0252, S.0386, S.0480, S.1062, S.1104, S.1222, S.1408, S.1472, S.1979, S.2330, S.2643（2）, S.3234, S.3244, S.3324, S.3468, S.4287, S.4288, S.4360, S.4820, S.5352, S.5373, S.5543, S.5673, S.6266, S.6384, S.6424, S.6451, S.6667, Дx.00137, Дx.00230, Дx.00502, Дx.00509, Дx.00593, Дx.00594, Дx.00628, Дx.01009（4）, Дx.01057, Дx.01203, Дx.01332, Дx.01484, Дx.01586A, Дx.01747, Дx.01799, Дx.01809A, Дx.01869+Дx.02133+Дx.02866+Дx.02868, Дx.01892, Дx.01894, Дx.01955, Дx.02118, Дx.02266, Дx.02330A, Дx.02348, Дx.02361, Дx.02588, Дx.02626, Дx.05992, Дx.11683, Дx.12557, 北大 D102, 俄 Ф.177, 俄 Ф.273, 津艺 210, 台图 017, 招提 05, 浙敦 115（浙博 090）（1）

佛说八阳神咒经习字

　　P.6016

佛说八支近住净戒经

　　S.1306（2）

佛说胞胎经

　　S.0042

佛说宝积三昧文殊师利菩萨问法身经

　　Дx.04583（1）

佛说宝雨经卷四

　　Дx.08900, Дx.09064

佛说宝雨经卷七

Дx.07124，Дx.07125A，Дx.07324

佛说宝雨经卷九

S.2278

佛说报恩奉盆经

Дx.10337

佛说北方大圣毗沙门天王经

S.5560，上博48（41379）（22）

佛说北方大圣毗沙门天王启请经

S.5576

佛说孛经抄

Дx.02033，Дx.02095，Дx.05165，Дx.05205，Дx.05210，Дx.08143，Дx.12277，敦研184，敦研261

佛说辩意经

S.2925V

佛说辩意长者子经

敦研185，敦研254

佛说般泥洹后比丘十变经

S.2109（3）

佛说般若波罗蜜多心经

P.3136（2），S.0429，S.1855（2），S.3566，S.5410，Дx.00332+Дx.02456，Дx.00882，Дx.02824（1）

佛说般若波罗蜜多心经（回文经）

S.4289

佛说般若波罗蜜多心经塔形抄本

P.2731

佛说般若波罗蜜多心经赞

Дx.06502

佛说不增不减经

羽201

佛说禅门经
　　Дx.06005，浙敦188（浙博163）

佛说长阿含经卷二
　　P.4525（4）（1），Дx.12364

佛说长阿含经卷三
　　P.2761V（1）

佛说长阿含经卷四
　　Дx.17472

佛说长阿含经卷五
　　Дx.03826，Дx.03854，Дx.07014

佛说长阿含经卷六
　　Дx.18593，上图065，上图105（13）

佛说长阿含经卷八
　　Дx.16970

佛说长阿含经卷九
　　Дx.05160

佛说长阿含经卷一二
　　Дx.03973，Дx.03990，Дx.03997A，Дx.12244

佛说长阿含经卷一三
　　Дx.04063，Дx.05213

佛说长阿含经卷一四
　　Дx.03998

佛说长阿含经卷一五
　　LD4983-02，Дx.02951，Дx.12228，Дx.12245，俄Ф.341

佛说长阿含经卷一六
　　俄Ф.338

佛说长阿含经卷一七
　　Дx.12885，Дx.18661

佛说长阿含经卷一八
　　Дx.12123，Дx.12149，Дx.12151，Дx.12156，Дx.12168，Дx.12202

佛说长阿含经卷一九

  P.4525（4）（2）

佛说长阿含经卷二〇

  Дх.04058

佛说长阿含经卷二一

  P.4525（4）（3）

佛说长阿含经相应品

  S.4408（1）

佛说称扬诸佛功德经卷上

  Дх.06825，Дх.06858，Дх.06862，Дх.07313，Дх.08715，Дх.14192，Дх.14221

佛说炽盛光大威德消灾吉祥陀罗尼经

  甘博016H

佛说出生菩提心经

  浙敦083（浙博058）

佛说除盖障真言

  上博48（41379）（8）

佛说除恐灾患经

  Дх.00642

佛说大悲陀罗尼

  P.4620

佛说大悲真言启请

  P.2105（3），P.3289（1）

佛说大辩邪正经

  P.2263，P.3137（4），P.4689，Дх.00601，Дх.04128，甘博036，国图WB32（24），604498，38.3.29入，羽597

佛说大般泥洹经卷一

  Дх.08059

佛说大般泥洹经卷三

  Дх.12336

佛说大般泥洹经卷五

Дх.11556，Дх.17496

佛说大乘不思议神通境界经

Дх.11771

佛说大乘稻芊经

P.2241，P.2852，P.3250，P.4529，S.0220，S.0550（1），S.0985，S.1065，S.1091，S.2889，S.2993，S.3810，S.4877，S.4893，S.5017，S.5219，S.6748，津艺072，津艺138，津艺159，津艺271，龙谷大学橘6

佛说大乘稻芊经讲经提纲

S.5835

佛说大乘入楞伽经

S.2800

佛说大乘入楞伽经卷四

S.5191，京博B甲301 图录257

佛说大乘入楞伽经卷五

京博B甲301 图录257

佛说大乘入楞伽经卷六

S.3570，Дх.00849

佛说大乘入楞伽心经卷七

S.4396，S.6459（1）

佛说大乘无量寿经

S.4158，S.5224

佛说大乘无量寿宗要经

S.0941

佛说大乘无量寿宗要陀罗尼经

俄Ф.316

佛说大慈大悲救苦观世音菩萨经

Дх.05925

佛说大摧碎金刚延寿陀罗尼真言

P.4912（2）

佛说大方广菩萨十地经
　　S.1590，S.3637，Дx.10238

佛说大方广十轮经卷一
　　S.3136

佛说大方广十轮经卷七
　　台图 014

佛说大回向轮经一卷
　　P.2008（1）

佛说大轮金刚密迹总持陀罗尼法
　　G.017[=PEALD_3aV]

佛说大轮金刚总持陀罗尼法
　　P.3835V（9）

佛说大轮金刚总持陀罗尼神咒经
　　P.3920（8）

佛说大随求真言启请
　　P.2197（15）

佛说大随求真言启请册
　　安徽省博物院藏本

佛说大威德炽盛光如来吉祥陀罗尼经
　　P.2194，P.2382，上博 48（41379）（18）

佛说大威德金轮佛顶炽盛光如来消除一切灾难陀罗尼经
　　P.3920（12）

佛说大威仪经一卷
　　P.3920（13）

佛说大献乐谨
　　羽 027V 之 2

佛说大献乐陀罗尼真言
　　羽 027 之 2

佛说大药善巧方便经卷上
　　敦研 336

佛说道神足无极变化经卷四

Дx.03650，Дx.09012，Дx.12109

佛说地藏菩萨经

P.2289（3），P.3748（2），P.3760V（2），P.3932（4），S.0431，S.2247，S.5458（4），S.5531（3），S.5535（4），S.5618（3），S.5672，S.5677（3），S.6257（2），Дx.00277，Дx.00397+Дx.01235+Дx.02025（2），Дx.03000（2），Дx.05809，安思远藏本，甘博016B，上博48（41379）（16），上图062

佛说地藏菩萨经经名

Дx.03128V

佛说地藏菩萨经题签

P.3748V（1）

佛说弟子慢法为耆域述经

Дx.12189

佛说东方月光面胜如来宝庄严佛国土上王安土地陀罗尼启请

P.2197（8）

佛说伅真陀罗所问如来三昧经卷中

Дx.12263

佛说多心经

S.0945，S.3938，Дx.00689，Дx.01912，Дx.01930，Дx.01977

佛说法集经卷二

Дx.16020

佛说法句经

P.2192，P.3924（2），S.0033，S.2021，S.3968，S.4106，S.4666，北大D103，台图119C，中村不折090

佛说法句经普光庄严菩萨等证信品第八

Дx.03220A，Дx.04219，Дx.04653

佛说法句经求善知识不惜内外寿命嫌疑品第十普光问如兹偈答品第十一

S.0837

佛说法句经疏

羽736

佛说法句经题签

Дx.05312

佛说法句经一卷引首

浙敦 048（浙博 023）

佛说法王经

S.2692, Дx.01109, Дx.03968, Дx.03989, Дx.05080, Дx.05387, Дx.05513, Дx.06080, Дx.06140, Дx.06546, Дx.07105, Дx.09438

佛说犯戒罪报轻重经

P.3919B（3），Дx.02665，上图 009（2），羽 156 之 2

佛说梵网经直解卷下之一

Дx.05761

佛说方等般泥洹经卷下度地狱品第五

Дx.03665

佛说分别善恶所起经

Дx.03830V

佛说佛顶尊胜陀罗尼经

上博 48（41379）（9）

佛说佛顶尊胜陀罗尼经并序

S.3635

佛说佛名经

HHT041, P.6006（1）（1），S.0548, S.0577, S.0578, S.1202, S.3964, S.3980, S.4047, S.4187, S.4261, Дx.01162+Дx.01506+Дx.03087, Дx.01530, Дx.02643, Дx.03647, Дx.03674, Дx.03783, Дx.04070, Дx.04120, Дx.04429, Дx.04674, Дx.06018, Дx.06285, Дx.06623, Дx.06715, Дx.07418, Дx.07435, Дx.07698, Дx.07811, Дx.07994, Дx.08156, Дx.08181, Дx.08310, Дx.08965, Дx.09134, Дx.09245, Дx.10470, Дx.10496A, Дx.10729, Дx.11315, Дx.11529V, Дx.11938, Дx.12841, Дx.12842, Дx.14189, Дx.14505, Дx.15323, Дx.15815, Дx.16078, Дx.16436, Дx.16528, Дx.16607, Дx.16736, Дx.16768, Дx.17682, Дx.17686, Дx.17709, Дx.18602, 北三井 079（025-14-33），敦博 070，故

宫新176123，津艺016，津艺017，津艺064，津艺065（1），津艺106，上博23（19714），上海龙华寺藏本，上图086，台图072，西北师大007，招提15，浙敦081（浙博056），浙敦096（浙博071），浙敦125（浙博100），浙敦166（浙博141），重博01

佛说佛名经卷一

S.0752，S.1226，S.3328，Дх.00150，Дх.00229＋Дх.01231，Дх.01797，Дх.02277，Дх.02338，Дх.02354，Дх.02461，Дх.02564，Дх.02707，Дх.03107，Дх.03214，Дх.03410，Дх.03623，Дх.03812，Дх.05048，Дх.05709，Дх.05785，Дх.05938，Дх.05970，Дх.07112，Дх.07738，Дх.08759，Дх.08760，Дх.08853，Дх.08856，Дх.09147，Дх.09154，Дх.09160，Дх.09215，Дх.09216，Дх.09250，Дх.09313，Дх.10469A，Дх.10496B，Дх.11439，Дх.11574，Дх.12258，Дх.12367，Дх.12376，俄Ф.172V（2），津艺257，羽080，羽089，羽267，羽291，羽297，浙敦075（浙博050）

佛说佛名经卷二

G.021[=PEALD_2aR]，S.3240，Дх.00439，Дх.01519，Дх.01526，Дх.01559，Дх.04323，Дх.04595，Дх.05865，Дх.06355，Дх.07031，Дх.07711，Дх.08742，Дх.10478，Дх.11333，Дх.11477，Дх.14358，中村不折111

佛说佛名经卷三

Дх.04185，Дх.04862，Дх.05229，Дх.05589，Дх.05865，Дх.09159，Дх.11433，Дх.12436，Дх.14879，北大D114，第二批02501（西北大学图书馆藏本），上图012，羽244，羽485，浙敦080（浙博055），浙敦097（浙博072）

佛说佛名经卷四

G.015[=PEALD_8gR]，L.001，L.008，S.1628，S.2246，S.2727，S.4240，S.5202，S.6902，Дх.00037，Дх.00045，Дх.00156，Дх.00224，Дх.00243，Дх.00486，Дх.01837，Дх.02102，Дх.02457，Дх.02484，Дх.03004，Дх.04788，Дх.05332，Дх.05799，Дх.05813，Дх.05856，Дх.07197，Дх.07284，Дх.07588，Дх.09098，Дх.09104，Дх.10475，Дх.10480，

Дx.10483，Дx.10484，Дx.10485，Дx.10489A，Дx.10493，Дx.11489，Дx.11586，Дx.12169，Дx.12321，Дx.12561，Дx.12691，Дx.15632，Дx.16897，大东急107-10-1-1，台图015，维多利亚1983.065.004.001-.003，杨鲁安藏珍馆藏本，羽507，羽567，浙敦189（浙博164）

佛说佛名经卷五

S.0635，S.3010，Дx.00278（1），Дx.00279，Дx.00579，Дx.01598，Дx.02120，Дx.03680，Дx.04364，Дx.05443，Дx.06137，Дx.06203A，Дx.06596，Дx.10477，Дx.12129，Дx.12205，Дx.12634，Дx.14183，Дx.14185，Дx.14205，Дx.16225，京博B甲303 图录254，羽574

佛说佛名经卷六

S.1981，S.2184，S.3076，S.3760，S.4589，Дx.00580，Дx.00582，Дx.00584，Дx.01724，Дx.02011，Дx.04448，Дx.05231，Дx.05515，Дx.06519，Дx.06549，Дx.06672，Дx.07164，Дx.08029，Дx.08675，Дx.10469B，Дx.12154，Дx.14193，Дx.16689，甘博021，甘博103，上博25（25644），上图031，羽297，浙敦077（浙博052），浙敦191（浙博166）

佛说佛名经卷七

S.0659，S.3107，S.4891，S.4981，S.6486，Дx.00278（2），Дx.01867，Дx.04741，Дx.06971，Дx.10495，Дx.11783，Дx.11962，Дx.16769，Дx.16998，Дx.18504，敦研378，甘博021，启敦067，台图016，西博001，浙敦107（浙博082），浙敦144（浙博119），浙敦145（浙博120）

佛说佛名经卷八

L.030，S.1110，S.1642，S.2582，S.3116，Дx.01042，Дx.02405+Дx.02506+Дx.02540（3），Дx.03632，Дx.04898，Дx.04998，Дx.06336，Дx.07500，Дx.07970，Дx.10491，Дx.18524

佛说佛名经卷九

P.3276，S.3772，S.5080，Дx.02496，Дx.02613，Дx.02838，Дx.03356，Дx.04436，Дx.04794，Дx.06231，Дx.07288，Дx.10479，Дx.12078，Дx.12174，Дx.15336，俄Ф.154，津艺249，石谷风038，羽245，羽764

佛说佛名经卷一〇

S.1791，Дх.00056，Дх.00335，Дх.01043，Дх.01222，Дх.01223，Дх.03316，Дх.04275，Дх.04753，Дх.04836，Дх.05423，Дх.08785B，Дх.08793B，Дх.08795B，Дх.08801B，Дх.08832B，Дх.08842B，Дх.09184，Дх.09527，Дх.09530，Дх.10494，Дх.11486，Дх.11675，Дх.12312，Дх.14960，北大D182，玉佛01号，羽764

佛说佛名经卷一一

S.1984，S.2164，S.2921，S.4323，Дх.02746，Дх.03949，Дх.08450，Дх.11094，Дх.16830，羽251

佛说佛名经卷一二

S.0450，S.1930，S.2291，Дх.00342，Дх.01488，Дх.01489，Дх.03397，Дх.03442，Дх.04980，Дх.07068，Дх.09036，Дх.10499，Дх.11779，Дх.16446，羽297，浙敦111（浙博086）

佛说佛名经卷一三

P.2252，S.0379，Дх.00334，Дх.01050，Дх.01599，Дх.01632，Дх.08943，Дх.10473，Дх.10474

佛说佛名经卷一四

S.5076，Дх.04523，Дх.07479，Дх.16153，敦研005，津艺067

佛说佛名经卷一五

S.1026，S.1740，S.3691，Дх.01659，Дх.01660，Дх.03013，羽586之1，浙敦192（浙博167）

佛说佛名经卷一六

Дх.00406，Дх.01226，Дх.05645，Дх.07114，Дх.11944，Дх.19066，羽241，羽568

佛说佛名经卷一七

S.2312，Дх.01041，Дх.03054，Дх.06626B，Дх.11857

佛说佛名经卷一八

S.3276

佛说佛名经卷一九

Дх.00752，Дх.00856，Дх.01848，Дх.01905，Дх.02042，Дх.02922，

Дх.06206, Дх.06241, Дх.07860, Дх.09035, Дх.10930

佛说佛名经卷二〇

S.6654, Дх.02440, Дх.16737, 俄Ф.139

佛说佛名经卷二一

Дх.00102, Дх.02526, Дх.06674, Дх.08785A, Дх.08793A, Дх.08795A, Дх.08801A, Дх.08832A, Дх.08842A

佛说佛名经卷二二

Дх.07242, Дх.11233

佛说佛名经卷二三

Дх.11672

佛说佛名经卷二五

Дх.08652, Дх.16000

佛说佛名经卷二七

Дх.02471

佛说佛名经卷二八

Дх.08319

佛说佛名经卷二九

Дх.03819, Дх.11712

佛说佛名经卷三〇

Дх.06084, Дх.06713, Дх.10472, Дх.16712

佛说佛名经卷六勘经记

上博25（25644）V

佛说佛名经卷一二及白描佛像

Дх.04980

佛说佛名经题签

Дх.01507, Дх.01983, Дх.05676, Дх.08652V, Дх.11723

佛说佛母经

S.6960（1）

佛说佛藏经卷第一

上海朵云轩藏本

佛说父母恩重经

P.2285，P.3919A（2），P.3919A（3），S.1189，S.1323，S.1548（1），S.1907，S.2084（2），S.2269，S.4476，S.5215V，S.5253，S.5408，S.5433（2），S.6007，S.6062，S.6074，S.6087，Дx.00044，Дx.00139，Дx.00140，Дx.00304，Дx.00927（5），Дx.01140，Дx.01595，Дx.01689，Дx.01982，Дx.01989，Дx.02909，Дx.03075，Дx.03084，Дx.03147，Дx.05544，Дx.05604，Дx.05612，Дx.05664，Дx.05767B，Дx.05794，Дx.05836，Дx.05862，Дx.05868，Дx.05872，Дx.08752，Дx.08770，Дx.08775，Дx.08857，Дx.10345，Дx.11164，Дx.11165，Дx.11701，Дx.12646，Дx.12649，Дx.12669，Дx.12726，Дx.12793，北大D100，故宫新121248，上博48（41379）（15），上博56（44961），上图119，台图031，羽152，羽230，羽426

佛说妇人遇辜经

Дx.04991

佛说高王观世音经

Дx.00531，Дx.12510

佛说观佛三昧海经

Дx.03513

佛说观佛三昧海经卷一

S.4615，Дx.03248，Дx.03738，Дx.07790，Дx.09427，Дx.15811A，Дx.15811B，上博14（3315），羽234

佛说观佛三昧海经卷二

Дx.08554，Дx.11914，Дx.15835，浙大古籍所藏本[1]

佛说观佛三昧海经卷三

Дx.01547，Дx.01548，Дx.16052，Дx.16284，敦博009

佛说观佛三昧海经卷四

P.2078，Дx.02031，Дx.02206

佛说观佛三昧海经卷五

S.1877，Дx.01142，甘博003

---

[1] 见新华社："启功家人向浙江大学捐赠敦煌写经残卷真迹"，http://culture.people.com.cn/GB/7568120.html

佛说观佛三昧海经卷六

S.3274，Дх.03746，羽606

佛说观佛三昧海经卷九

Дх.05581，Дх.10373，Дх.15086

佛说观佛三昧海经卷一〇

Дх.07299

佛说观佛三昧海经本行品第八

P.2130（3），P.2300，Дх.06776，Дх.11272，Дх.11570，Дх.15380，俄Ф.363

佛说观经

P.3835（3），Дх.00015+Дх.01597+Дх.02464V

佛说观经观十方法

S.2585

佛说观弥勒菩萨上生兜率天经

P.2071（1），S.3024，S.4607，Дх.01296，Дх.05104，Дх.06361，Дх.08717，Дх.11455，启敦008，上图004（2）

佛说观弥勒菩萨上生兜率天经讲经文

P.3093

佛说观弥勒菩萨上生兜率陀天经

P.2373，S.3807

佛说观普贤经

中村不折173-1-4

佛说观普贤菩萨行法经

S.4516，Дх.01243，Дх.11801，Дх.12270

佛说观世音经

P.4511，S.5151，S.5866，甘博016G

佛说观世音三昧经

台图110，羽233

佛说观无量寿佛经

S.1950，S.1956，Дх.01205，Дх.01505，Дх.03283，Дх.03325，

Дх.03364，Дх.03678，Дх.04089，Дх.04147，Дх.04983，Дх.05468，Дх.05864，Дх.06754，Дх.06767，Дх.08683，Дх.09039，Дх.09077，Дх.09092，Дх.16068，Дх.16176，Дх.16250，Дх.16394，Дх.16617，Дх.16628，Дх.16667，Дх.16674，Дх.16702，Дх.16703，Дх.16704，Дх.16822，Дх.16873，甘博040，启敦112，上博20（8918）（2）

佛说观无量寿佛经疏

甘博101

佛说观无量寿经

羽188

佛说观药王药上二菩萨经

Дх.02538，Дх.02695，Дх.04119，Дх.03590B，Дх.03688，Дх.04091，Дх.04485，Дх.05366，Дх.06807，Дх.07498，Дх.08345，Дх.12071，Дх.14563，Дх.16231，Дх.16917，Дх.16941

佛说观音经

P.4656，S.0142，S.2306，S.2388，S.2938，S.3180，Дх.02510A（1），俄Ф.103，中村不折114

佛说灌顶拔除过罪生死得度经

G.001[=PEALD_8aR]，P.2013，P.4842，P.4892，S.5510，务本002号，中村不折173-3-3

佛说灌顶拔除过罪生死得度经卷一二

P.4027V，Дх.00259，Дх.02016，Дх.02034，Дх.02294，Дх.02524，Дх.02651，Дх.03223，Дх.03276B，Дх.03278A，Дх.03304，Дх.03374B，Дх.03440，Дх.03464，Дх.03469，Дх.03488，Дх.03551，Дх.03559，Дх.03649A，Дх.03723，Дх.03724，Дх.03770，Дх.03842，Дх.04236，Дх.05012，Дх.05132，Дх.05327B，Дх.05453，Дх.05558，Дх.05701，Дх.05929，Дх.05971，Дх.05978，Дх.05987，Дх.05989，Дх.05994，Дх.05995，Дх.05998，Дх.06325，Дх.06437，Дх.06557A，Дх.06934，Дх.06998，Дх.07063，Дх.07078，Дх.07097，Дх.07137，Дх.07145，Дх.07806，Дх.08337，Дх.08564，Дх.08931，Дх.08981，Дх.09022，Дх.09087，Дх.09256，Дх.09277，Дх.09496，Дх.10634，Дх.10777，

Дх.10779，Дх.10780，Дх.10781A，Дх.10781B，Дх.10783，Дх.10784，Дх.11098，Дх.11249，Дх.11322，Дх.11981，Дх.12882，Дх.14201，Дх.14648，Дх.14776，Дх.15060，Дх.15532，Дх.15649，Дх.15766，Дх.15790，Дх.16158，Дх.16248，Дх.16299，Дх.16743，Дх.16759，Дх.16840，Дх.16912，Дх.17621，Дх.17629，Дх.17703，Дх.17738，Дх.18483，Дх.18547，Дх.18840，Дх.18842，Дх.18846，Дх.18854，津艺119，首博32.1324，羽235，羽468，羽577

佛说灌顶百结神王护身咒经卷四

Дх.16077，Дх.16549，Дх.16787

佛说灌顶梵天神策经卷一〇

S.1322，Дх.00436，Дх.02244，Дх.15570，Дх.16542，Дх.16807

佛说灌顶伏魔封印大神咒经卷七

羽199

佛说灌顶宫宅神王守镇左右咒经卷五

Дх.15558

佛说灌顶吉祥陀罗尼咒

P.4912（5）

佛说灌顶经

S.2515，故宫新179351

佛说灌顶经卷一

启敦033，启敦034

佛说灌顶经卷一二

L.032，Дх.00913，津艺270，浙敦068（浙博043），浙敦084（浙博059）

佛说灌顶摩尼罗亶大神咒经卷八

Дх.07108

佛说灌顶七万二千神王护比丘咒经卷一

Дх.05693，Дх.15789，羽455

佛说灌顶随愿往生十方净土经

S.0002，S.0297，S.1348，S.5903，羽131

佛说灌顶随愿往生十方净土经卷一一
　　Дx.02989, Дx.03291, Дx.03382, Дx.04184, Дx.04616A, Дx.04950, Дx.06782, Дx.07058, Дx.07331, Дx.07560, Дx.07570, Дx.15516, Дx.15838, 上图105（4），羽165，羽503

佛说灌顶章句拔除过罪生死得度经
　　P.2178V（1），P.4826，S.1968，S.2494，S.3265，S.3779，S.3903，北三井111（025-14-24），国图WB32（19），694499

佛说灌顶章句拔除过罪生死得度经卷一二
　　敦研009，敦研055，敦研065，敦研355

佛说灌顶拯拔幽途往生十方净土经
　　S.2381

佛说灌顶冢墓因缘四方神咒经卷六
　　Дx.03531, Дx.04487, Дx.09342

佛说广博严净不退转轮经卷二
　　Дx.16048, Дx.18406

佛说广博严净不退转轮经卷三
　　Дx.03438, Дx.04255, Дx.08083, Дx.09082

佛说广博严净不退转轮经卷五
　　Дx.07632

佛说广博严净不退转轮经卷六
　　Дx.00251

佛说鬼问目连经
　　P.2087（2），Дx.15784

佛说国王不黎先泥十梦经
　　S.1959

佛说海龙王经
　　S.3883

佛说海龙王经卷四法供养品第十八
　　Дx.06444

佛说恒水经
　　S.2109（2）

佛说弘道广显三昧经卷一
　　Дx.09150

佛说弘道广显三昧经卷三
　　Дx.14530

佛说护身命经
　　Дx.00660，Дx.04227，Дx.11679，Дx.15954，Дx.16352，Дx.17683，羽387之3

佛说护诸童子陀罗尼经咒
　　S.6334

佛说护诸童子陀罗尼咒经
　　S.0988

佛说华手经卷一
　　Дx.15719

佛说华手经卷三
　　Дx.03392，Дx.04637，Дx.15350

佛说华手经卷四
　　Дx.07492

佛说华手经卷五
　　Дx.05343，Дx.08204，Дx.12131，Дx.12214

佛说华手经卷六
　　Дx.06664，Дx.06823

佛说华手经卷七
　　Дx.04068，Дx.05656，Дx.06452，Дx.07454，Дx.12426

佛说华手经题签
　　Дx.12062

佛说华严经卷四九
　　S.6476

佛说幻士仁贤经
　　敦研 178
佛说回向轮经
　　P.3918（1），S.1385，S.2540（3），Дх.01573，Дх.08439，Дх.10762，Дх.12551，Дх.12567，甘博 128，羽 219
佛说济诸方等学经一卷
　　哥图写卷 2a（第 2 卷）
佛说加句灵验佛顶尊胜陀罗尼神妙章句
　　P.3919B（5）
佛说加句灵验佛顶尊胜陀罗尼神妙章句真言
　　上博 48（41379）（7）
佛说迦叶禁戒经
　　S.4540，Дх.10322
佛说解百生怨家经
　　Дх.03000（1），首博 32.577
佛说解百生怨家经等杂写
　　Дх.02675V
佛说解百生怨家经卷题
　　S.6195
佛说解百生怨家经题签
　　Дх.05334
佛说解百生怨家陀罗尼经
　　P.2169，P.3824（3），P.3932（5），S.2900，S.4223，S.4271，S.4431，S.5235，S.5531（2），S.5677（4），Дх.02675，北大 D137V，敦博 039，上图 053
佛说解百宛经
　　Дх.00926
佛说解节经过一异品第三
　　Дх.04457
佛说戒轻罪报经·戒缘下卷
　　京博 B 甲 237 图录 185

佛说戒相应法经

　　羽 287 之 2

佛说金刚般若

　　S.6879

佛说金刚般若波罗蜜经

　　S.0959，S.2280，S.5338，S.5339，Дx.00553，旅博 20.1545，台图 047

佛说金刚般若经

　　S.0072，S.2605

佛说金刚经纂

　　P.3024V（4）

佛说金刚莲花部大摧碎启请

　　P.2197（6）

佛说金刚莲花部大摧碎延寿陀罗尼

　　P.2197（7）

佛说金刚莲花部大摧碎金刚启请

　　P.3914（3），P.4912（1）

佛说金刚神咒

　　G.020[=PEALD_3dR]

佛说金刚坛广大清净陀罗尼经

　　P.3918（3）

佛说金刚坛陀罗尼经[1]

　　Дx.10341

佛说净度经卷三

　　俄 Ф.351

佛说净度三昧经卷中

　　S.5960

佛说净度三昧经卷下

　　S.2301

---

1 此条虽为题名不同，但与上一条 P.3918（3）可缀合。

佛说净饭王般涅槃经

Дx.02993

佛说净饭王般涅槃经并洗浴温室经四月八日经

LD.4969-01

佛说净土盂兰盆经

P.2185

佛说敬福经一卷

Дx.01619

佛说九色鹿经变文

羽590之28

佛说九色鹿王经变文

羽153V

佛说救拔焰口饿鬼陀罗尼经

P.3022（1），P.3920（11），S.1397，S.1896，S.4119（2），S.6323

佛说救护身命经

P.2340，京博B甲287 图录247

佛说救疾经

P.4563，S.1451，S.2467，S.6095，Дx.00177，Дx.02711，Дx.02712，Дx.04712，Дx.06346，Дx.06815，Дx.07618，Дx.07800，Дx.15731，Дx.15926，Дx.16017，Дx.16209，Дx.18209，启敦018，上博50（44955），重博05

佛说救苦观世音经

Дx.01591（2）

佛说具足多心经一卷

Дx.00919

佛说决定毗尼经

Дx.11798

佛说决罪福经卷上

Дx.03378，Дx.06857

佛说决罪福经卷下
Дx.17824

佛说楞伽经禅门悉谈章
P.3082

佛说楞伽经禅门悉谈章并序
P.2204，P.2212（1），P.3099，Дx.00492

佛说立世毗昙藏卷二
S.2734（3）

佛说六佛经
俄Ф.097（2）

佛说六门陀罗尼经
S.5503

佛说六字咒王经
北大D078

佛说罗摩伽经卷上
Дx.04975

佛说罗摩伽经卷中
羽632

佛说马有三相经
P.2177

佛说骂意经
Дx.12265

佛说骂意经卷一
Дx.12134

佛说弥勒菩萨上生兜率天经
北大D075

佛说弥勒菩萨上生下生经二卷
S.0650

佛说弥勒下生成佛经
P.2071（2），Дx.08560，Дx.12876，Дx.16829，上图004（3），羽220，

羽 254

佛说弥勒下生经

Дx.06488

佛说妙好宝车经

P.2157V（2），中村不折 060

佛说灭十方冥经

羽 200

佛说摩诃刹头经

Дx.08643，京博 B 甲 233 图录 242

佛说摩利支天经

P.3136（3），S.5618（4），Дx.00213+Дx.00227+Дx.00323+Дx.00336+Дx.01509+Дx.01615+Дx.02384（2），Дx.00927（4），甘博 016C，羽 299 之 2

佛说摩利支天经一卷天福六年（941）小娘子曹氏题记

P.2805

佛说摩利支天菩萨陀罗尼经

P.3110（1），P.3759（2），Дx.11913，Дx.12814

佛说摩利支天菩萨陀罗尼经一卷并序

S.2059

佛说摩利支天陀罗尼咒经

P.3912（1），Дx.08866，Дx.11692，Дx.12415，Дx.12690，Дx.12757，Дx.12758，羽 508 之 2

佛说魔逆经

北三井 087（025-10-27）

佛说魔娆乱经

P.2441

佛说奈女祇域因缘经

Дx.07785，Дx.12460

佛说菩萨本行经

安思远藏本

佛说菩萨本行经卷上
  安思远藏本
佛说菩萨本行经卷下
  Дx.12175
佛说菩萨本业经
  P.3921（1）
佛说菩萨奉施诣塔作愿念经
  LD4969-04
佛说菩萨戒本
  P.3025（2），S.1249
佛说菩萨睒子经
  Дx.05767A
佛说菩萨受无尽戒羯磨一卷
  P.2950
佛说菩萨修行四法经
  P.3919B（1）
佛说菩萨要行舍身经
  S.4318（1）
佛说菩萨藏经
  俄 Ф.066
佛说普遍光明焰鬘无垢清净炽盛思惟如意宝印心无能胜大明王即得大自在总持大随求陀罗尼神妙章句
  P.2197（16）
佛说普遍光明焰鬘无垢清净炽盛思惟如意宝印心无能胜大明王即得大自在总持随求陀罗尼神妙章句真言
  P.2105（2）
佛说普广菩萨随愿往生经
  Дx.02207
佛说普门品经
  Дx.01653，Дx.05457，Дx.06535，Дx.07263，Дx.07744，Дx.08018，

Дх.09043，Дх.12629，大谷大学 0733

佛说普贤菩萨灭罪陀罗尼咒

上博 48（41379）（26）

佛说七阶佛名经

S.1931

佛说七阶礼佛文

S.1084

佛说七俱胝佛母心大准提陀罗尼经

P.2289（1），P.3916（3），S.2007，Дх.11364，Дх.15132，Дх.15417，Дх.16312，羽 624

佛说七俱胝佛母准泥大明陀罗尼经

P.3916（1）

佛说七女观经

S.1548（2），S.5839，Дх.05828B，Дх.05845

佛说七女经

Дх.11256

佛说七千佛神符经

Дх.06411，Дх.08410，Дх.08977，Дх.09259，北大 D104（1）

佛说七千佛神符益算经

BD10021，P.2558（1），P.2723，P.3022（2），S.2708，Дх.03432

佛说千手千眼菩萨经卷中

津艺 214

佛说清净斋法经

S.6269（2）

佛说瞿昙弥记果经

S.3514

佛说劝善经一卷题签

P.3036V（1）

佛说仁王般若波罗蜜经卷上

Дх.00060，Дх.02533，Дх.03561，Дх.03764，Дх.03785，Дх.04156，

Дx.04593，Дx.06350，Дx.07165，Дx.07315，Дx.07616，Дx.07626，Дx.07773，Дx.07946，Дx.07984，Дx.08071，Дx.08260，Дx.08352，Дx.08552，Дx.08979V，Дx.09049，Дx.12402，Дx.14924

佛说仁王般若波罗蜜经卷下
Дx.02494，Дx.02673，Дx.03268，Дx.03300，Дx.03354B，Дx.03496，Дx.03533，Дx.03643，Дx.03778，Дx.03806，Дx.04168，Дx.04209，Дx.05329，Дx.06927，Дx.07449，Дx.09258，Дx.09315，Дx.14190，Дx.14210，Дx.14922，Дx.15241，Дx.15272，Дx.16310，Дx.17656，Дx.17697，俄Ф.111

佛说仁王般若波罗蜜经题签
Дx.07225

佛说仁王护国般若波罗蜜经卷下
S.5978，羽656

佛说仁王护国般若波罗蜜经序品第一卷上
S.3472

佛说如幻三昧经卷下
台图005

佛说如来成道经
S.1032，Дx.05127，Дx.05874，甘博016D

佛说如来相好经
浙敦020（浙图20）

佛说如来兴显经
Дx.16843

佛说三厨法一卷
S.2673

佛说三厨经
P.3032，S.2673，S.2680

佛说三昧海经观相品之四
S.6112

佛说沙弥所应奉行诫

敦研 059

佛说睒子经

Дx.03830，Дx.05026

佛说善恶因果经

L.045，P.2055（3），P.2922，S.0714，S.2077，S.3400，S.4866V，S.4911，S.4978，S.5458（2），S.5602，S.6311，S.6960（2），Дx.01166，Дx.02441，Дx.04504，Дx.04892，Дx.05616，Дx.10342，Дx.10772，Дx.11157，Дx.11612，羽 264，羽 336

佛说善恶因果经经名签条

BD11139

佛说善恶因缘经一卷

S.5610

佛说舍利弗悔过经

敦研 037

佛说舍身发愿文

S.1060

佛说神道足无极变化经卷四

Дx.12145

佛说甚深大回向经

S.2154（2），Дx.00917，Дx.02339A，Дx.04912，Дx.07275，故宫新 137371，启敦 083

佛说生经第一

P.2965

佛说十二佛名神咒校量功德除障灭罪经

Дx.04524，Дx.04882，Дx.05940

佛说十二佛名神咒校量功德除障灭罪经题签

Дx.05940V

佛说十二头陀经一卷

S.1063

佛说十力经

Дx.16044

佛说十王经赞一卷附图

S.3961

佛说十想经

P.3919B（2），天理大学 5.183－イ279（1），羽287之1

佛说十一面观世音神咒经

Дx.16888，启敦001

佛说十一面神咒心经一卷

S.3007

佛说时非时经

北大D086

佛说示所犯者瑜伽法镜经一卷

S.2423

佛说首楞严三昧经卷上

Дx.04665，Дx.05209，Дx.11424，敦研239，敦研313，敦研314，上图097

佛说首楞严三昧经卷下

Дx.04167，Дx.11415，Дx.11493，敦研116，敦研126，敦研132，敦研137，敦研156，敦研230，敦研238，上博13（3314）

佛说水月光观音菩萨经

津艺193（2）

佛说四门经

P.4677

佛说四天王经

P.2071（3），Дx.16876

佛说四愿经

Дx.05216

佛说随求即得大自在陀罗尼神咒

S.0403

佛说随求即得大自在陀罗尼神咒经

P.3920（5），P.3982，P.4912（3），Дх.03820，Дх.03851，Дх.06060，Дх.11068，Дх.17717，安徽省博物院藏本

佛说随愿往生经

S.6801

佛说太子慕魄经

Дх.01072

佛说太子瑞应本起经卷上

Дх.05221

佛说太子须达拏经

P.2166

佛说太子须大那经

S.2096

佛说提谓经

P.3732

佛说提谓经卷下

S.2051，Дх.01657

佛说天地八阳神咒经

P.2181（1），P.5579（6），S.0127，S.0500，Дх.00052，Дх.00054，Дх.00324，Дх.00482，Дх.01695，Дх.01937，Дх.01958，Дх.02568，Дх.02749，Дх.02750，Дх.02834，Дх.02852，Дх.02866，Дх.02868，Дх.02897，Дх.03085，Дх.03102B，Дх.03172，Дх.03568，Дх.03947，Дх.03948，Дх.03951，Дх.03952，Дх.03967，Дх.04011，Дх.04172，Дх.04263，Дх.04286，Дх.04312B，Дх.04324，Дх.04542，Дх.04576，Дх.04600，Дх.04606，Дх.04608B，Дх.04770，Дх.04857，Дх.04944，Дх.04952，Дх.05078，Дх.05114，Дх.05170，Дх.05257，Дх.05326，Дх.05542，Дх.05620，Дх.05672，Дх.05708，Дх.05779，Дх.05905，Дх.05968，Дх.06395，Дх.06526，Дх.06577，Дх.06651，Дх.06671，Дх.07001，Дх.07034，Дх.08493，Дх.08817，Дх.09138，Дх.09568，Дх.10230，Дх.10231，Дх.10232，Дх.10328，Дх.10344，Дх.11055A，

Дx.11144, Дx.11509, Дx.11761, Дx.11777, Дx.11813, Дx.11815, Дx.11817, Дx.11843, Дx.11850, Дx.11852, Дx.11870, Дx.11896, Дx.11898, Дx.11910, Дx.11916, Дx.11934, Дx.11953, Дx.12015, Дx.12415V, Дx.12554, Дx.12573, Дx.12577, Дx.12586, Дx.12593, Дx.12612, Дx.12637, Дx.12740, Дx.12753, Дx.12790, Дx.14990, Дx.14993, Дx.15463, Дx.15776, Дx.16742, Дx.16900, Дx.18358, Дx.18395, 敦研354, 俄Ф.355A, 启敦153, 羽091, 羽215, 羽346, 羽595, 羽622, 羽636之1R+V, 浙敦060（浙博035）

佛说天公经一卷
S.2714

佛说天皇梵摩经卷七
天理大学9.183–イ107

佛说天皇梵摩经卷一〇
首博32.1329

佛说天请问经
P.2374（3），S.2089，S.4548（2），S.5531（4），Дx.02130，津艺193（4）

佛说停厨经
P.2637（2），P.2703（2）

佛说陀罗尼集经卷二
Дx.03904

佛说陀罗尼集经卷四
LD5142-03

佛说陀罗尼集经卷一〇
Дx.02490

佛说往生经
S.2484，S.3066

佛说维摩诘经卷上
Дx.04248，Дx.05039，Дx.06618B，Дx.06629，Дx.07146，Дx.10489C，Дx.11399，Дx.14261，上博01（2405）

佛说维摩诘经卷中

Дx.02111

佛说维摩诘经卷下

Дx.04431，Дx.06081，Дx.06381，Дx.06385，Дx.06388，Дx.06974，Дx.07212，Дx.07363，Дx.08569，Дx.08812，Дx.09298，Дx.12032

佛说未曾有经

北三井098（025-13-8）

佛说未曾有因缘经

S.6837，Дx.08634，Дx.14680，Дx.16985，羽005

佛说温室洗浴众僧经

P.3919B（4），Дx.04625，Дx.04625V，Дx.06296B，Дx.17628

佛说文殊师利现宝藏经

S.5376

佛说无常经

P.2181（2），P.3163，S.0274（2），S.0573，S.1103，S.2540（2），S.3887，S.4007，S.4713（2），S.5138，S.5160，S.5280，S.5447（1），S.6367（3），Дx.02349，Дx.04400，Дx.04544，Дx.04806，Дx.05318，Дx.05321，Дx.05549，Дx.05702，Дx.05885，Дx.06112，Дx.07606，Дx.10661，Дx.10692，Дx.12788，北大D093，津艺193（1），首博Y51

佛说无常经经名

Дx.00538

佛说无常三启经

P.3924（1），P.5585，P.5588P9，S.0153，S.0311，S.1479，S.2926，S.4164，S.4529，Дx.01124，Дx.02833，Дx.02845，Дx.02853，津艺202（1），酒博013，故宫新151452，羽279，羽652，羽658

佛说无垢贤女经

敦研072，敦研269

佛说无极宝三昧经

S.5695

佛说无尽意菩萨化身三千大千世界鬼神部元帅大将甘露身陀罗尼神妙章句真言

P.2197（5）

佛说无量大慈教经

S.0110V，S.1018，S.1627，S.1726，S.4308，S.4368，S.4559，S.5618（1），S.6961，Дх.01588，Дх.02723，Дх.05465，Дх.06098，敦博056B，俄Ф.350，甘图016，山西师范大学图书馆藏本，羽164，羽203，羽306之3，羽467

佛说无量清净平等觉经

Дх.07752

佛说无量清净平等觉经卷三

Дх.11393，Дх.11499，Дх.11532

佛说无量清净平等觉经卷四

Дх.05217，Дх.14164

佛说无量清净平等觉经卷上

S.0408

佛说无量寿观经

S.0939，S.1789，S.3115，S.3243，S.3695，S.4763，S.4842，S.5798，S.6764，津艺036，津艺074，津艺253，津艺254，首博Y62

佛说无量寿经

S.0176，S.0290，S.0324，S.1660，S.2078，S.2372，S.3821

佛说无量寿经卷上

Дх.03375，Дх.04030，Дх.09354，羽605

佛说无量寿经卷下

P.4506bis，S.0927，Дх.00065，Дх.00070，Дх.06894，Дх.07552，Дх.07963，Дх.15496，港艺FA1982.0001

佛说无量寿宗要经

CBL C 1750，CBL C 1751，CBL C 1752，CBL C 1753，P.3087，P.4759，P.4950，P.4953，P.4954，S.0098，S.0115，S.0175，S.0183，S.0340，S.0356，S.0438，S.0452，S.0458，S.0551，S.0552，S.0701，S.0702，S.1078，S.1117，S.1173（1），S.1173（2），S.1384，S.1561（1），S.1562，S.1662，S.1714，S.1715，S.1716，S.1982，S.1986，S.2644，S.2646，S.2823，S.2833，S.2858，S.2859，S.2954，S.3009，S.3121，S.3314，S.3493，S.3531，S.3603，S.3745，S.3759，

S.3762, S.3842, S.3913, S.4023, S.4026, S.4054, S.4574, S.4634, S.4804, S.4865, S.4866, S.4897, S.4937, S.5015, S.5018, S.5078, S.5139, S.5144, S.5165, S.5221, S.5228, S.5230, S.5231, S.5243, S.5245, S.6361, S.6607, Дх.00505, Дх.00961, Дх.01020, Дх.01173, Дх.02104, Дх.06697, Дх.06714, Дх.06764, Дх.06774, Дх.11931, Дх.11952, Дх.11987, Дх.12024, Дх.12534, Дх.12541, Дх.12587, 北大D095, 俄Ф.086, 俄Ф.087, 俄Ф.088, 俄Ф.140, 俄Ф.143, 俄Ф.144, 俄Ф.145, 俄Ф.146, 俄Ф.147, 俄Ф.227, 津艺088, 津艺089, 京博B甲439, 京博B甲440, 台图010, 台图011, 台图012, 招提11

佛说无所希望经
　　S.4645

佛说无言童子经卷上
　　S.6706

佛说无言童子经卷下
　　LD5142-06

佛说五百梵志经
　　羽633之2

佛说五部持念在道场主毗卢化身灌顶吉祥金色大轮王陀罗尼启请
　　P.2197（9）

佛说五无返复经
　　Дх.01097, Дх.08646, 北大D085

佛说五字真言
　　P.3912（3）

佛说贤劫千佛名经
　　S.0338, S.4593, S.6485

佛说贤劫千佛名经卷上
　　S.4601

佛说贤劫十方千五百佛名经卷上
　　S.5082

佛说现报当受经

　　S.2076，Дх.00495，Дх.02252

佛说相好经

　　LD5142-01，P.3593V，S.2461，S.2686，第二批02508（1）〔西博008（1）〕，俄Ф.363

佛说香火本因经第二

　　台图111

佛说像法决疑经

　　P.2087（1），S.2075，Дх.01832，Дх.01853+Дх.01854+Дх.01878+Дх.01957B，Дх.06745，羽281

佛说消灾除横灌顶延命真言经

　　S.2037，S.2095

佛说小法灭尽经

　　S.2109（4）

佛说孝子经

　　Дх.12233V

佛说校量数珠功德经

　　S.2926V（1）

佛说新岁经

　　S.2109（1）

佛说行七行现报经

　　羽098R

佛说须摩提菩萨经

　　敦研142，敦研192，敦研286

佛说续命经

　　P.2374（2），P.3115，P.3760V（3），P.3932（3），S.1215（2），S.3795，S.5531（5），S.5535（3），S.5618（2），S.5679（2），Дх.00927（7），Дх.01009（3），Дх.01591（3），甘博016F，故宫新156153

佛说延寿经

　　S.2293

佛说延寿命经

P.2171, P.2289（2）, P.2374（1）, P.3110（2）, P.3824（6）, S.2428, S.3492, S.5433（1）, S.5531（7）, S.5555（2）, S.5563（2）, S.5570, S.5679（1）, S.6236, Дx.02824（2）, 甘博016E, 龙谷大学橘3, 羽218, 羽628之1

佛说延寿命经佛说续命经

故宫新156153

佛说延寿命经解说

羽628之2

佛说延寿命经尾题

Дx.01745B

佛说延寿命神咒经

S.6268

佛说阎罗王阿娘住

上博48（41379）（43）

佛说阎罗王经

S.4805, S.5531（8）, 羽723, 羽742V

佛说阎罗王受记经

Дx.00143, Дx.00143V, Дx.00803

佛说阎罗王受记令四众逆修生七斋功德净土经

羽073之2

佛说阎罗王受记令四众逆修生七斋功德往生净土经

P.5580（2）, S.5450（2）

佛说阎罗王受记令四众逆修生七斋往生净土经

上博48（41379）（17）

佛说阎罗王受记劝修生七斋功德经

S.4890

佛说阎罗王授记令四众逆修生七斋功德往生净土经

S.5544（2）, S.5585

佛说阎罗王授记四众逆修生七往生净土经

羽408

佛说阎罗王授记四众逆修生七斋功德经

S.2489

佛说阎罗王授记四众逆修生七斋往生净土经

S.3147

佛说阎罗王授记四众预修生七往生净土经

P.2003，P.3761

佛说药师经

P.2928，S.0534，S.1042，S.1446，S.1754，S.2495，S.3160，S.3699，S.3768，S.3874，S.4554，S.5014，S.6947，津艺313，上图071，首博32.524

佛说药师琉璃光佛本愿功德经

上图099

佛说药师琉璃光经

S.0162，S.4083

佛说药师琉璃光如来本愿功德经

S.0053，S.0501，S.2444，S.3030，S.3639，S.3847，S.3965，S.4713（1），S.4722，S.5125，S.5359，津艺148，津艺268

佛说药师如来本愿经

SF2004/5，Дx.07608，Дx.07903，Дx.15816

佛说药王药上二菩萨经

Дx.04119

佛说要行舍身功德经

S.1060

佛说要行舍身经

LD8626，P.2228，S.2044，S.2110（2），S.2926V（2），S.5885，Дx.02243，Дx.02499，Дx.04289，Дx.04783，Дx.05254，Дx.07267，Дx.11238，Дx.11584，羽222，羽229，羽282，羽483

佛说益算经

P.2558（2）

佛说银色女经

S.0469

佛说盂兰盆经
 P.2055（1），S.2540（4），S.3171，S.4264，S.5959，S.6163，Дx.00389，Дx.08117

佛说盂兰盆经疏孝衡钞卷下
 Дx.05840，Дx.05841

佛说盂兰盆经尾题
 Дx.16816

佛说浴像功德经
 Дx.00265

佛说预修十王生七经
 Дx.00501，Дx.03906，Дx.04560，Дx.05269，Дx.05277，Дx.06099，Дx.06612，Дx.06612V

佛说月灯三昧经
 Дx.04765，京博B甲260 图录209

佛说月上女经卷下
 羽730

佛说枟特罗麻油述经
 敦研010A

佛说杂宝藏经
 俄 Ф.142

佛说杂藏法
 P.3710

佛说赞僧功德经
 S.6115

佛说斋法清净经
 P.3295，S.4548（1），Дx.04018，Дx.10304，Дx.10418，羽216

佛说斋法清净经（刺绣）
 P.4500

佛说斋经
 P.2109，敦研164，敦研241

佛说长者女庵提遮师子吼了义经

 P.2302，S.1653，Дx.01602，京博 B 甲 278 图录 226，浙敦 164（浙博 139）

佛说照明菩萨经

 羽 084

佛说证香火本因经

 S.0971，S.1552

佛说痔病经

 S.5379

佛说智慧海藏经卷下

 S.4000，S.4103

佛说忠心经

 Дx.05980

佛说众请□经

 Дx.16526

佛说咒魅经

 LD5142-09，P.3689，S.0418，S.2088，S.2517，S.4311，S.4524，S.6146，Дx.06626A，Дx.08823，Дx.08992，甘博 064，津艺 193（3），羽 096，羽 751

佛说咒魅神经

 台图 112

佛说诸德福田经一卷

 津艺 125

佛说诸法本经

 羽 097

佛说诸福田经

 俄 Ф.112（2）

佛说诸经杂缘喻因由记

 P.3849P，P.3849V（1），S.5643（8）

佛说祝毒经

 敦研 010B

佛说转法轮经
　　Дx.09310
佛说转女身经
　　Дx.08356
佛说庄严王陀罗尼咒
　　S.3179
佛说自爱经
　　S.2862
佛说罪业报应教化地狱经
　　S.0354，S.3224，羽586之2
佛说尊胜陀罗尼经咒
　　国图WB32（22），604496，38.3入
佛寺历
　　P.3555BP2V（1）
佛所行赞守财醉象调伏品第二十一
　　Дx.15618
佛塔
　　P.4517（9），P.4517（9）V
佛堂
　　P.2588V（1）
佛堂文
　　P.3819+3825（1）
佛图澄和尚因缘
　　S.1625V（1）
佛图澄和尚因缘记
　　P.2680（10）
佛图澄罗汉和尚赞
　　S.0276V（3）
佛图棠所化经
　　敦研370

佛为善男子说地狱报应经

BD02908

佛为首迦长者说业报差别经

BD01944，BD08399，BD16177B，P.4025（1），S.0337，S.2536，Дх.00928（2），Дх.01633A，Дх.02183，Дх.02648B，Дх.03887，Дх.11168V，Дх.11621V，敦博056A

佛为首迦长者说业报差别经略钞

S.7391

佛为首迦长者说业法差别经

羽465之1

佛为心王菩萨说头陀经

BD15369，Дх.16139，Дх.16997

佛为心王菩萨说头陀经续

BD09779V

佛为心王菩萨说投陀经

北三井109（025-14-23），津艺171

佛为心王菩萨说投陀经卷上

P.2052

佛为心王菩萨说投陀经续

BD09746V

佛为诸盲聋说明眼目陀罗尼神咒

BD11886

佛文

P.2341V（2）

佛像

P.4517（2），P.4517（3），P.4517（6），P.4518（12），P.4518（15），P.4518（29），P.4518（40），S.3412V，S.6110（2），上博08（3297），上博09（3298），上博10（3299），上博11（3300），上博22（9591）

佛像画

S.5667

佛心咒并图

S.5656

佛性观

台图 099

佛性观修善法

BD07879，BD14802

佛性海藏经卷一

S.5181

佛性海藏智慧解脱破心相经

S.2169，Дx.04369，Дx.05351，甘博 130

佛性海藏智慧解脱破心相经卷下

BD03298

佛性经

BD09401

佛性论卷四辩相分第四中无变异品第九

Дx.17888

佛学字书（汉藏对译）

P.2046（Pel.tib.1257）(1)

佛于伽维那国与普贤菩萨三昧坛法图

P.4009

佛与供养人像

P.4090

佛藏经卷一

BD02353V（1）

佛藏经卷二

BD00066，BD02353V（2）

佛藏经卷三

BD04992

佛藏经卷四

BD01902，BD02000，S.2156，S.5765

佛藏经卷上
　　BD08179，BD09959，BD11335，BD12167，Дх.00357，Дх.02420，Дх.12310，Дх.18600，敦研075，羽610

佛藏经卷中
　　BD03774V，BD07336，HHT036，S.4280，S.4542，Дх.03509，Дх.06804，Дх.06843，Дх.14270，Дх.16162，羽236

佛藏经卷下
　　Дх.03193，Дх.03282，Дх.03931，Дх.03940，Дх.03985，Дх.03986，Дх.04001，Дх.11264，Дх.18357，羽236

夫妻相别书一道
　　P.3212V（4）

夫与妻书
　　P.3555BP3

夫子劝世词
　　P.4094（2）

服药咒
　　俄Ф.281（1）

浮游先生等传
　　P.3650（1）

符咒真言
　　P.3835V（5）

福惠诗二首
　　P.3246V（2）

福慧谈迅骑缝押
　　P.2038V（1），P.2039V（5）

福慧骑缝押
　　俄Ф.330V

福田判官愿济状
　　P.4767

福圆等唱布历

P.6005

府君庆德邈真赞并序

P.3556（7）

府君忧道邈真赞并序

P.3718（10）

府君元清邈真赞并序

P.3882（2）

辅篇义记卷之二

P.2047

辅篇义记卷之二补记

P.2047V

父母恩重经

BD00439，BD01036（1），BD03781（2），BD04714，BD04940，BD05685，BD05728，BD06925，BD07522，BD08433，BD09234，BD09245，BD10425，BD10704，BD11208，BD12365，BD14807，BD15020，BD15210，BD15846，S.0149，S.0865（1），S.3228，S.4724，S.7203，S.7635，S.7779，Дx.00619，Дx.00975，北大D101，羽326（2）

父母恩重经讲经文

P.2418，Дx.03457

父母恩重俗文

BD06412

父母恩重赞

S.0126（3），S.2204（4）

父母遗书一道范文

Дx.02333B

父母赞文

S.5572（15）

父子合集经卷三净饭王致礼如来品第三

Дx.15702

付饼粟历

Дх.01269+Дх.02155+Дх.02156V

付弟神友书

BD16036

付法藏壁画榜题

BD10988V

付法藏记传

S.8247

付法藏人传

P.2774V，P.2775，P.2775V（2），P.2776V

付法藏因缘榜题

P.3355V

付法藏因缘传

S.4478，法隆寺01

付法藏因缘传卷三

BD11003，BD11766，Дх.04744

付法藏因缘传卷四

P.2124

付法藏因缘传钞

BD07262V

付法藏传

P.3727（1），P.4968，P.4968V

付法藏传略抄

P.3212（1），S.5981（2）

付法传

S.0264V，S.0276V（1），S.0366V，S.1053

付法传卷六

S.1730

付工匠料历

BD16485

付画家麦分付历

　　P.2469V（4）

付金光明寺龙兴寺诸色人等经历

　　P.3869

付经历

　　P.3336V（2）

付经账目

　　P.4611

付绢历

　　P.2631PV

付绢罗绫等历

　　P.2631P

付军械状

　　浙敦156（浙博131）

付粮物历

　　S.6306

付麦清单

　　津艺060V

付麦粟历

　　P.3273

付披子疏

　　Дх.00883C

付亲情社色物历

　　S.3405

付色物饼粟历

　　S.5691V

付粟抄

　　S.5632V（1）

付索苟苟豆等历

　　S.10011

付物历
　　BD16137A，BD16137AV，BD16137B，P.3231V，P.5021D

付银椀人名目
　　S.4609V

付主人布历
　　BD11991

付嘱法藏传略抄
　　P.2791

妇科验方
　　Дx.00924

妇人背痣相
　　P.2829（1），P.2829V

妇人名册
　　Дx.02485A

副僧统僧政法律等收诸寺物文书
　　BD16288A，BD16288B

副使安雨莫借粟契
　　S.11599A+B

缚鬼真言
　　P.4961（3）

G

盖山禅院经袱
BD11174

甘露王如来真言
P.3835V（1）

甘棠集
P.4093（3）

甘州阎江清共阿王寄物状
P.4706

干支纪日
P.5024C

干支五行
Дx.02898

高丞德启
P.2670V

高僧传略（康僧会、鸠摩罗什、竺道生、法显、佛图澄）
S.3074

高声念佛赞
P.3892（4），S.5572（8），上博48（41379）（1）

高适诗
S.0788（1）

高适诗集
　　P.3862

高王观世音经
　　P.3920（14），Дх.01592

高文昌等名录
　　P.3894P1

高宗天训
　　P.5523

格式律令事类
　　Дх.06521

格纸
　　P.2197V（2）

各勒计口自办粮牒
　　S.8081V

各数汇集名抄
　　S.1631（1）

给马驴草料历
　　Дх.02160V（1）

根本萨婆多部律摄卷一
　　BD07749

根本萨婆多部律摄卷二
　　BD15193

根本萨婆多部律摄卷四
　　S.4234

根本萨婆多部律摄卷五
　　羽560

根本萨婆多部律摄卷一二
　　BD14131，甘博100

根本萨婆多部律摄卷一三
　　Дх.08587

根本说一切有部苾刍尼毗奈耶卷第十四
Дx.09111

根本说一切有部别解脱戒经疏部
P.3314（2）

根本说一切有部别解脱戒经疏释
S.6551

根本说一切有部目得迦卷七
Дx.04072，Дx.09220，Дx.18535

根本说一切有部毗奈颂卷上第三部舍堕法
Дx.17010

根本说一切有部毗奈耶卷一
羽156之3

根本说一切有部毗奈耶卷一〇
苏01

根本说一切有部毗奈耶卷一九
BD07582

根本说一切有部毗奈耶卷二四
Дx.12861

根本说一切有部毗奈耶颂卷五
津艺169

根本说一切有部毗奈耶杂事钞
BD03328

根本说一切有部毗奈耶杂事卷一一
S.4742

根本说一切有部毗奈耶杂事卷一二
浙敦195（浙博170）

根本说一切有部毗奈耶杂事卷二二
浙敦088（浙博063）

根本说一切有部毗奈耶杂事卷二七
P.3791

根本说一切有部毗奈耶杂事卷三三
　　S.2516

根本说一切有部毗奈耶杂事卷三四
　　Дx.00703

根本说一切有部毗奈耶杂事卷三九
　　羽716R

根本说一切有部毗奈耶杂事卷四〇
　　Дx.04366

庚辰年八月九月驼官张憨儿请处分死驼皮判凭状及判共三通
　　S.2474（1）

庚辰年客将氾幸端贷绢契
　　P.2161P1

庚辰年麦抄
　　S.5465（1）

庚辰年三月廿一日平康乡堤上见点得人名籍
　　P.3721V（1）

庚辰年三月十七日雇工契
　　S.6614V（4）

庚辰年社司转帖
　　S.5631

庚辰年十二月廿日金光明寺僧惠员惠进等题记
　　P.3108V（6）

庚辰年十一月仓司旧把仓僧分付回残麦凭
　　S.5806

庚辰年十一月翟家开大般若经诸僧分派部袠名目
　　S.6031

庚辰年正月报恩寺主延会诸色入破历算会牒
　　P.2821

庚辰年正月二日僧金刚会手下便麦抄
　　S.1781（2）

庚辰年正月十五日夜见点人名籍
　　　P.3721V（2）
庚申年八月至申（辛）酉年三月敦煌都司前后执仓斛斗交历
　　　S.4613
庚申年七月十五日于阗公主施舍簿
　　　P.3111
庚申年十一月廿三日僧正道深分付牧羊人王拙罗寔鸡羊抄
　　　Дx.01424
庚申至癸亥灵修寺招提司诸色斛斗入破历计会
　　　S.1600（1）
庚午年（970？）至壬申年（972？）归义军破除历
　　　BD14806（3）
庚午年某寺破历
　　　S.4657（1），S.4649
庚午年十二月六日阎愿深书斋文
　　　P.3503
庚午年十月学生吕惠达抄经题记
　　　Дx.02955V
庚午年正月廿五日比丘福惠社长王安午等十六人修佛窟凭
　　　S.3540
庚午年至甲戌年入破历算会牒
　　　P.3882V（2）
庚戌年便物历
　　　S.11333
庚戌年某寺麸历
　　　P.3264
庚戌年闰四月社司转帖
　　　Дx.01410
庚戌年十二月寺院文书
　　　P.2271V（1）

庚寅年二月三日寺家汉不勿张押衙等贷出褐历
S.4445V

庚寅年九月粟麻支付历
P.4907

庚寅年僧王保昌写经录
BD05883V（1）

庚寅年十月十八日题记
P.3826V（4）

庚寅年十月一日已后破历
P.3156P4

庚寅年四月六日燉煌乡百姓郑继温贷绢契稿
P.4093（2）

庚子年二月至四月麸破历
S.5048V（1）

庚子年某寺寺主善住领物历
P.4021bis

庚子年三月一日洪润乡百姓阴富晟雇工契稿
S.10564（1）

庚子年十二月廿二日都师愿通沿常住破历
S.5937

庚子年十二月十四日都司仓常住斛斗案
S.4701

庚子年十一月卅日都寺主法净领得前寺主戒福手下布褐入历
P.3997

庚子年十月廿六日报恩寺徒众分付牧羊人康富盈羊抄
S.4116

庚子年巳年社司记事
P.3310V

庚子年羊抄卷题
S.4116V

庚子年至辛丑年孟受康章六等纳蓝历
　　Дх.02168

更漏长
　　P.3994（1）

公文
　　P.3305P1

公文残片
　　Дх.03452V

公文草稿
　　P.2699V

公文底稿
　　Дх.02800V，Дх.03183V

公文稿
　　BD11999

公元920年前后报恩寺算会酒户张盈子手下酒破历
　　羽068

公元904年前后亲情社社条
　　S.8160

公主君者者上北宅夫人状
　　S.2241（2）

宫词
　　S.6171（1）

供甘州来于阗大德二人账
　　P.4705

供养菩萨像
　　S.5684

供养人兵马使张佛奴等题名
　　BM.SP.28（Ch.lvii.001）

供养人发愿文
　　BM.SP.217（Ch.xxviii.007）

供养人发愿文并题名

BM.SP.67-68（Ch.lii.004、Ch.lxi.008）

供养人缝鞋靴匠索章三题记

BM.SP.30（Ch.liv.0011）

供养人九娘题名

BM.SP.07（Ch.xviii.003）

供养人灵图寺僧愿成等题名

BM.SP.158（Ch.lviii.009）

供养人令狐和君等题记

BM.SP.203（Ch.i.0014）

供养人题记

BM.SP.213（Ch.00212）

供养人题名

BM.SP.196（Ch.xxiv.008a）

供养人温义等题记

BM.SP.03（Ch.xxxviii.005）

供养人像

P.4518（2）

供养人像残片

EO.1157

供养人徐汉荣题名

BM.SP.26（Ch.xxxvii.002）

供养图

S.6119

苟居士写经灵验记

S.4037V（3）

古籍

S.10624、S.10843、S.11317、S.11447A、S.11507、S.11565、S.11685、S.12073V、S.12839

古籍残片
　　S.10489
古籍残文
　　S.10003
古今令语
　　羽664之1
古诗文抄（昭君、古贤集、酒赋、少年老翁相叹诗、藏钩、河南县尉卢鸿龙门赋、北邙篇等）
　　S.2049V（1）
古文尚书
　　P.2523P3，P.3469
古文尚书尧典孔安国传
　　S.9935
古文尚书第五
　　P.2643
古文尚书顾命
　　P.4509
古文尚书及目录
　　P.2549+2980+3871V
古文尚书孔安国传
　　S.8464，S.10524A
古文尚书孔氏传洛诰第十五至蔡仲之命第十九
　　P.2748
古文尚书盘庚
　　P.3670
古文尚书夏书
　　P.2533，P.5543
古文尚书益稷
　　P.3605，P.3615（1）

古文尚书胤征
P.3752，P.5557

古文尚书禹贡
P.3169，P.3615（2），P.3628，P.4033，P.4874，P.5522

古文尚书传
BD14681

古文尚书传蔡仲之命
BD12280

古文有注
P.4636（3）

古贤集
P.2748V（4），P.3113（2），P.3174，P.3929（2），P.3960，P.4972，S.2049V，S.6208V（3），Дх.02776

殺羊帐
P.3156P3

故禅和尚赞
P.4660（30）

故陈子昂集拾卷
P.3590

故燉煌阴处士邈真赞并序
P.4660（11）

故法和尚赞
P.4660（37）

故和尚大祥祭文
S.2139（2）

故李教授和尚赞
P.4660（33）

故前河西节度押衙清河张府君讳禄邈真赞
P.4660（15）

故前释门都法律京兆杜和尚写真赞
P.3726

故前伊州刺史左公赞
P.4660（21）

故沙州释门梁僧政邈真赞
P.4660（28）

故沙州缁门三学法主李和尚写真赞
P.4660（34）

故吴和尚赞
P.4660（29）

故吴和尚赞文
P.4640（10）

故圆鉴大师二十四孝押座文
Or.8210/P.1，S.3728V（4），S.9530，Дx.01064+Дx.01699+Дx.01700+Дx.01701+Дx.01702+Дx.01703+Дx.01704（3）

雇马人名簿
S.11354

雇人史章□种地契
羽069之1

雇羊契
S.10625

雇佣契
S.5583，Дx.12012

瓜沙等州节度使状
P.2968

瓜沙古事系年并序
S.5693

瓜沙州大王印
BD15645，P.2318V，P.2413V，北大D103V

瓜沙州大王印骑缝印
　　俄Ф.125V，津艺141V

瓜沙州大王印砵印
　　P.4725

瓜州刺史康使君邈真赞并序
　　P.4660（10）

瓜州刺史阎公邈真赞并序
　　P.4660（14）

瓜州大节度斋文
　　BD11662（2）

瓜州牒状
　　P.4638（9）

瓜州卢流奴填还龙佛德羊只判文
　　Дx.01364

瓜州门弟智光上苻僧正和尚状封启
　　S.11349

瓜州判官某状
　　P.2618V（2）

瓜州水官王安德何愿□状
　　S.2241（1）

瓜州衙推梁敬儒等及百姓上司空状稿
　　P.2618V（4）

瓜州衙推翟永吉防御使残稿
　　羽701R

瓜州帐、籍〔西魏大统十三年（547）〕
　　S.0613V

寡妇阿阴状
　　P.2014（3）

观察诸法行经卷一
　　BD09397

观察诸法行经卷二
　　BD02952

观佛三昧海经
　　P.4687，P.5592（1），Дх.03048

观佛三昧海经卷一
　　BD09762，BD09846，BD12078，BD14840LA，俄Ф.152

观佛三昧海经卷二
　　BD10672，BD11930，BD14615，首博32.557

观佛三昧海经卷三
　　P.4751，S.3884，北大D155，敦研294，敦研295

观佛三昧海经卷四
　　S.7482

观佛三昧海经卷五
　　BD10944，Дх.00806

观佛三昧海经卷六
　　羽481

观佛三昧海经卷七
　　BD01247

观佛三昧海经卷九
　　BD06521，S.4678，Дх.03210，津图115

观佛三昧海经卷一〇
　　S.6821

观佛三昧海经经袟签条
　　BD11129

观经十六观赞
　　P.3156（1）

观弥勒菩萨上生兜率天经
　　BD02155B，BD02538，BD04049，BD04161，BD05812A，BD06642（3），BD09398，BD11156，BD12043，P.4535，津图106

观弥勒菩萨上生兜率天经疏
　　P.2844
观弥勒菩萨上生兜率天经题序
　　BD08222
观弥勒菩萨上生兜率陀天经
　　S.5555（1）
观弥勒上生兜率天经赞卷下
　　Дх.00823
观弥勒上生兜率天赞经卷上
　　龙谷大学64
观念阿弥陀佛相海三昧功德法门一卷
　　羽303
观普贤菩萨行法经
　　BD11182，BD15507，S.7481
观善经
　　P.3498，P.5021F，S.3792
观世音不空羂索心王神咒第十一、第十二
　　S.5741
观世音不空羂索心王神咒功德法门名不空成就王法
　　S.0232
观世音不空羂索心咒造像成验
　　P.4018
观世音佛名一卷
　　S.0795
观世音及世尊符印十二通及神咒
　　P.3874（1）
观世音经
　　BD00008，BD00027，BD00116，BD00408，BD00517，BD00530，BD00852，BD00919（1），BD00978，BD01105，BD01201，BD01207，BD01348（1），BD01587，BD01708，BD01830，BD01830V（1），BD01830V

(2), BD01830V (3), BD01921, BD01996, BD02418, BD02548, BD02557, BD02627, BD03140, BD03188, BD03381, BD03411, BD03537, BD03574, BD03631, BD03739, BD03804V, BD03888, BD03932B, BD03957B, BD04178, BD04190, BD04290, BD04295, BD04307, BD04375V, BD04584, BD04757, BD04888, BD05010, BD05029, BD05188, BD05232, BD05449, BD05624, BD05800, BD05821 (3), BD05958, BD06028, BD06034, BD06115, BD06143, BD06252, BD06255, BD06257, BD06261, BD06325, BD06783, BD06814, BD06870, BD06924V, BD06929, BD06943, BD06970, BD07009, BD07037, BD07041, BD07049, BD07064, BD07070, BD07117, BD07132, BD07155, BD07204, BD07207, BD07220, BD07225, BD07253, BD07356 (1), BD07375, BD07399, BD07496V, BD07605, BD07704, BD07716, BD07718, BD07722, BD07760, BD07822, BD07837, BD07896, BD07910, BD07927, BD07934, BD07984, BD08007 (1), BD08050A, BD08050B, BD08106, BD08114, BD08156, BD08190, BD08208, BD08208V, BD08233, BD08245, BD08327, BD08339, BD08445 (2), BD08447, BD08468, BD08549, BD08601 (2), BD08657, BD08690, BD08781 (3), BD08782, BD08785, BD08788, BD08789, BD08792, BD08795, BD08796, BD08797, BD08799, BD08800, BD08801, BD08803, BD08807, BD08808, BD08809, BD08810, BD08813, BD08814, BD08816, BD08818, BD08819, BD08820, BD08821, BD08822 (1), BD08880V, BD09137, BD09138, BD09142 (1), BD09147 (2), BD09190, BD09196, BD10085, BD10205, BD10497, BD10524, BD10685, BD10742, BD10992, BD11157, BD11368, BD11369, BD11392, BD11470, BD11836, BD13611, BD13655, BD14175, BD14840AC, BD15061 (1), BD15174 (1), BD15204, BD15760, BD15761, BD15762, BD16069, CXZ010, LD4980, P.3132, S.0217, S.0369, S.0869, S.1118, S.1227, S.1302, S.1609, S.2939, S.2992, S.2997, S.3045, S.3054, S.3205, S.3409, S.3688, S.3860, S.3861, S.4397, S.5316, S.6277, S.6893, S.7267, S.8240, Дх.00220, Дх.00291, Дх.00314, Дх.00638, Дх.00760, Дх.00874, Дх.01102, Дх.01580, Дх.02688, 北大D053 (1), 北大D054, 京博B甲270 图录221, 上图116, 台图109, 伍伦25号, 招提27, 招提28, 中村不折075, 中村不折173-2-5

观世音经（血书）
　　BD14679

观世音经（杂写）
　　BD03925V（2）

观世音经经文杂钞
　　BD06185

观世音经经文杂写
　　BD06706V

观世音经卷
　　S.3827，S.4031

观世音经杂写
　　BD08372

观世音菩萨大悲随心陀罗尼神咒
　　BD06125（6）

观世音菩萨符印一卷
　　P.2602V，S.2498（1）

观世音菩萨秘密藏如意轮陀罗尼神咒经
　　BD02385（1），Дх.06690，青博08（12），青博08（16）

观世音菩萨秘密藏无障碍如意心轮陀罗尼经
　　P.2799（2），P.3835（1），S.4376

观世音菩萨秘密藏无障碍如意心转心轮陀罗尼
　　S.5586（1）

观世音菩萨秘密无障如意轮陀罗尼藏义法经
　　京博B甲295 图录249

观世音菩萨如意轮陀罗尼章句咒并别行法
　　P.2153（2）

观世音菩萨说伏膏咒印药法别卷
　　敦博071VA

观世音菩萨显圣图
　　S.5642

观世音菩萨像

P.4518（6），P.4518（11），上博06（3295）

观世音菩萨咒

S.5801，S.6978（2）

观世音如意轮陀罗尼画像法并别行文一卷

P.2153（3）

观世音三昧经

BD00662，BD02380，S.4338，甘博032，羽660

观世音陀罗尼集

BD08349

观世音治头痛咒

S.6978（1）

观无量寿佛经

BD00799，BD01276，BD01551V，BD01833，BD02026，BD03354，BD03360，BD03388，BD04334，BD05347，BD05845，BD05937，BD06271，BD06449，BD07874，BD07943，BD08044，BD08186，BD08482，BD09091，BD10064，BD10770，BD11587，BD12386，BD14448，S.2537，S.2971，S.4193，S.4278，S.4404，S.6953，S.7255，S.7705，S.7756，S.7780，S.7816，S.7986，S.8013，S.8091，S.8370，Дх.00793，Дх.02551，Дх.02576，Дх.03544，Дх.03584，傅图15

观无量寿佛经卷一

BD14446

观无量寿佛经卷二

BD14471

观无量寿佛经十六观

BD09092（1）

观无量寿佛经疏

BD15002

观无量寿佛经疏释

P.2720

观无量寿佛经注释
　　P.3014

观无量寿经
　　羽177，羽599

观无量寿经变画
　　G.153[=PEALD_6k10R]

观无量寿经疏
　　BD07443，龙谷大学56

观无量寿经义记
　　S.0327

观无量寿经义疏
　　BD06378V（2），BD07394

观无时寿佛经
　　S.4631

观想文殊菩萨修行念诵仪轨
　　P.2698

观心论
　　P.2460V（1），P.4646（4），P.4745V，S.0646，S.2595，S.5532（1）

观虚空藏菩萨经
　　Дx.08575

观虚空藏菩萨经过去三十五佛名钞
　　BD11194V

观药王药上二菩萨经
　　文研院084（xj054-0660.35），文研院085（xj161-0323.13），文研院086（xj162-0323.14），文研院087（xj163-0323.15）

观音大圣神验记
　　S.4242V

观音偈
　　P.2376V（1），P.2939（1），P.3818，P.3828，P.3844

观音经

P.2010, S.0475, S.1464, S.1530, S.2863, S.2890, S.5452, S.5458（1），S.5681, S.5682, Дх.00671, Дх.01616, Дх.01652, Дх.02093, Дх.02519, Дх.03158, 南图025, 台图108

观音经变相图

MG.17665

观音经讲经文

P.2133

观音经金刚藏菩萨注

BD03351

观音礼

BD04577（1），BD09373, S.5554（2），S.5559, S.5650

观音礼文

BD03925（3）

观音品经

S.5678, Дх.00213+Дх.00227+Дх.00323+Дх.00336+Дх.01509+Дх.01615+Дх.02384（1）

观音菩萨供养文

Дх.03186

观音菩萨立像

MG.22799

观音菩萨名号

P.3834（6）

观音菩萨图

MG.23080

观音菩萨像

MG.17695, P.4082V

观音像

P.4514（13），P.4518（18）

观音一卷

Дх.00020, Дх.03803, Дх.04285, Дх.04308, Дх.10513, Дх.10520

观音证验赋
    上图 105（14）
观自在菩萨大悲咒等杂咒
    BD05298（1）
观自在菩萨千转灭罪陀罗尼（木刻）
    BM.SP.248（Ch.00151.t）
观自在菩萨如意轮念诵仪轨
    P.3916（9）
观自在菩萨像
    上博 07（3296）
观自在如意轮菩萨瑜伽法要
    P.3916（10）
官布籍
    P.4525（8）
官称"归义军节度押衙"等字一行
    S.8448C（1）
官府审婢迎定牒
    S.0089V
官府杂帐（名籍、黄麻、地亩、地子等）
    S.2214
官吏住宿破用历
    Дx.02166
官俗人名
    S.4274V
官文书
    Дx.06521，Дx.06531V，文研院 194（xj121-0660.102）
官营牧羊算会历
    P.3945V
官斋历
    P.4693

馆藏缺

Дх.03645, Дх.03824, Дх.03839, Дх.04994, Дх.05745, Дх.05928, Дх.06275, Дх.06276, Дх.06277, Дх.06280, Дх.06281, Дх.06283, Дх.06284, Дх.06686, Дх.06727, Дх.07231, Дх.07237, Дх.07246, Дх.07265, Дх.07279, Дх.07280, Дх.07585, Дх.07920, Дх.08111V, Дх.08131, Дх.08240, Дх.08308, Дх.08557, Дх.08692, Дх.08694, Дх.08696, Дх.08698 至 Дх.08701, Дх.08703 至 Дх.08705, Дх.08707 至 Дх.08712, Дх.09262, Дх.09283, Дх.09383, Дх.09393, Дх.09512 至 Дх.09519, Дх.09525, Дх.09526, Дх.09531, Дх.09532, Дх.09546, Дх.09547, Дх.09551, Дх.09557, Дх.09559, Дх.09572, Дх.09575, Дх.09577, Дх.09579 至 Дх.09584, Дх.10161, Дх.10162, Дх.10164 至 Дх.10169, Дх.10172 至 Дх.10178, Дх.10181, Дх.10183 至 Дх.10194, Дх.10196, Дх.10198 至 Дх.10200, Дх.10203 至 Дх.10209, Дх.10211 至 Дх.10217, Дх.10220 至 Дх.10229, Дх.10233 至 Дх.10237, Дх.10243, Дх.10244, Дх.10247 至 Дх.10250, Дх.10262, Дх.10267, Дх.10300 至 Дх.10302, Дх.10307, Дх.10311, Дх.10312, Дх.10315 至 Дх.10318, Дх.10320, Дх.10323 至 Дх.10326, Дх.10331 至 Дх.10336, Дх.10340, Дх.10343, Дх.10347, Дх.10351 至 Дх.10353, Дх.10355 至 Дх.10358, Дх.10360, Дх.10362, Дх.10364 至 Дх.10366, Дх.10368, Дх.10369, Дх.10374, Дх.10376 至 Дх.10378, Дх.10380, Дх.10381, Дх.10384 至 Дх.10386, Дх.10398, Дх.10399, Дх.10401, Дх.10403, Дх.10405, Дх.10407 至 Дх.10413, Дх.10419 至 Дх.10421, Дх.10424, Дх.10428, Дх.10430, Дх.10432, Дх.10434 至 Дх.10436, Дх.10438, Дх.10441, Дх.10443 至 Дх.10449, Дх.10451, Дх.10455 至 Дх.10459, Дх.10497, Дх.10498, Дх.10509, Дх.11026 至 Дх.11028, Дх.11052 至 Дх.11054, Дх.11097, Дх.11105 至 Дх.11109, Дх.11115, Дх.11116, Дх.11118, Дх.11119, Дх.11125, Дх.11127, Дх.11128, Дх.11130, Дх.11132, Дх.11134 至 Дх.11136, Дх.11147, Дх.11150, Дх.11151, Дх.11153, Дх.11158, Дх.11163, Дх.11167, Дх.11171 至 Дх.11175, Дх.11177, Дх.11178, Дх.11186 至 Дх.11188, Дх.11202, Дх.11206 至 Дх.11208,

Дx.11211 至 Дx.11213，Дx.11217，Дx.11254，Дx.11278 至 Дx.11289，Дx.11385，Дx.11387，Дx.11390，Дx.11410，Дx.11411，Дx.11426，Дx.11461，Дx.11481，Дx.11502，Дx.11514，Дx.11515，Дx.11517 至 Дx.11519，Дx.11521 至 Дx.11524，Дx.11526 至 Дx.11528，Дx.11530，Дx.11533，Дx.11536，Дx.11537，Дx.11540，Дx.11541，Дx.11546 至 Дx.11550，Дx.11552，Дx.11557，Дx.11559，Дx.11560，Дx.11565，Дx.11567，Дx.11597，Дx.11598，Дx.11600，Дx.11634，Дx.11670，Дx.11687，Дx.11688，Дx.11699，Дx.11705，Дx.11709，Дx.11727，Дx.11730，Дx.11732，Дx.11734，Дx.11748 至 Дx.11751，Дx.12011，Дx.12179 至 Дx.12183，Дx.12191 至 Дx.12199，Дx.12776 至 Дx.12785，Дx.14178，Дx.16415，Дx.16495，Дx.16496，Дx.16605，Дx.18913，Дx.18945

管公明卜法
P.4778

管公明卜要决一卷
P.3868

管内都僧录谟广道场告帖
北大 D203

管内都僧统贤照题名
P.4597V（2）

管内都政僧故曹僧政邈真赞
P.4660（3）

管内两厢马步军都校拣使阴某起居状
S.4274

灌顶拔除过罪生死得度经
BD00602，S.7098，S.7187，S.7256，S.7323，S.7562，S.7575，S.7631，S.7650，S.7735，S.8030，津图058，文研院082（xj025-0660.06）

灌顶拔除过罪生死得度经卷一二
P.5025（6）

灌顶梵天神策经

BD14118

灌顶经卷一

大东急 107-5-1-1F

灌顶经卷八

上博 66（51108）

灌顶经卷一一

ZSD049 号，Дx.01214，Дx.01856

灌顶经卷一二

Р.4914，Дx.00014，Дx.01500，Дx.01675，俄 Ф.200，台图 103，羽 506

灌顶摩尼罗亶大神咒经

BD07076A，文研院 083（xj184-0323.36）

灌顶七万二千神王护比丘咒经

BD02767（1）

灌顶随愿往生十方净土经

BD01843，BD03042，BD14444，BD14899，S.7665，S.7749，S.7833

灌顶章句拔除过罪生死得度经

BD00032，BD00033，BD00317，BD00391，BD00737，BD00848，BD01169，BD01178，BD01397，BD01414，BD01495，BD02103，BD02130，BD02232，BD02435，BD02656，BD02691，BD02756，BD02791，BD02909，BD03143，BD03306，BD03407，BD03567，BD03619，BD03798，BD04039，BD04220，BD04263，BD04407，BD04505，BD04507，BD04510，BD04627，BD04920，BD05277，BD05451，BD05452，BD05464，BD05702，BD05843，BD06225，BD06477，BD06545，BD06672，BD06674，BD06690，BD06734，BD07407，BD07496，BD07790，BD07876，BD07959，BD08151，BD08167，BD08607A，BD08862，BD08929，BD08931，BD08932，BD08933，BD08937，BD08938，BD08939，BD08942，BD08943，BD08944，BD09130，BD09131，BD10286，BD10457，BD10630，BD11100，BD11115，BD11234，BD11453，BD11514，BD11515，BD11516，BD11517，BD11527，BD11528，BD11535，

BD11723，BD11736，BD11869，BD11926，BD12008，BD12091，BD12143，BD12151，BD12152，BD12213，BD14465，BD14824，BD14840H，BD14908，BD15036，BD15059，BD15107，BD15182，BD15183，BD15274，BD15288，BD15589，BD15786

灌顶召五方龙王摄疫毒神咒上品经
　　BD06552

光化三年（900）正月一日已后讲下破除数
　　S.5800

光化三年（900）二月廿三日龙兴寺出藏本经录
　　BD12029

光化三年（900）四月绍净等请寺主牒
　　S.1073V

光化三年（900）五月廿日弟子比丘律师念记题记
　　P.4597V（3）

光化三年（900）题记
　　P.3155V（5）

光化四年（901）正月都僧录帖
　　P.3894V（1）

光禄大夫守大都督府左司马知府事尚某状
　　S.5946

光启元年（885）十二月廿五日书写沙、伊等州地志
　　S.0367

光启二年（886）安国寺上座滕净等状
　　P.2838（2）

光启二年（886）社司转帖
　　S.1453V（2）

光启三年（887）二月作坊使康文通牒并张淮深判
　　S.7384B（1）

光启三年（887）三月作坊使康文通牒并张淮深判
　　S.7384B（2）

光启三年（887）四月官酒户龙粉堆牒并判词
  P.3569V（2）

光启三年（887）四月押衙阴季丰奉判令算会官酒户马三娘龙粪堆酒本牒
  P.3569V（4）

光启三年（887）五月十日文坊巷社肆拾贰家创修私佛塔记
  P.4044（3）

光启三年（887）金刚经神验记事
  P.3863V（2）

光启三年（887）酒司判凭
  P.2937P2

光启三年（887）酒司判凭四件
  P.2937P1

光启三年（887）沙州进奏院状
  S.1156

光启三年（887）僧善惠为母大祥追福请宾头罗疏
  BD02126V（10）

光言童子经卷上、下
  S.3436

光赞般若波罗蜜经卷四
  BD07205，BD14840AA

光赞般若波罗蜜经卷八
  BD14907

光赞般若经卷二
  P.2318

光赞般若经题签
  P.5027（6）

光赞经
  故宫新121249，故宫新139949

光赞经卷一
  BD16146，ZSD013 号，Дх.02337，Дх.04978，Дх.07427，Дх.07474，

Дх.07483，Дх.08405，Дх.08669，Дх.09137，Дх.09265，Дх.16669，Дх.17437，Дх.17439，Дх.18539，Дх.18567

光赞经卷二

Дх.04644，Дх.08339，Дх.08980，Дх.17555，浙敦089（浙博064）

光赞经卷三

Дх.06415，Дх.07381，Дх.07565，Дх.08749I，Дх.09386，Дх.14789

光赞经卷四

S.4429V，Дх.03288，Дх.04490A，Дх.06976，Дх.06995，Дх.08037，Дх.09072，Дх.09100，Дх.12143，Дх.15765

光赞经卷五

Дх.03459，Дх.06954，Дх.08736，Дх.08821，Дх.17598

光赞经卷六

Дх.09236，Дх.09287，Дх.12305，Дх.12555，Дх.16124，羽132

光赞经卷七

P.4580，Дх.03362，Дх.03581，Дх.04106，Дх.07161，Дх.07163，Дх.08526，Дх.12459，Дх.12880，Дх.15167，Дх.15616，Дх.17519

光赞经卷八

BD04016，S.4402，Дх.02062，Дх.12504，津艺299

光赞经卷九

Дх.04773，Дх.09121

光赞经卷一〇

Дх.12500，首博32.520（12）

光赞摩诃般若波罗蜜经

S.5608

光赞摩诃般若波罗蜜经卷四

台图045

光赞摩诃般若波罗蜜经卷五

P.2060

广百论疏卷一

P.2101

广博严净不退转轮经
　　文研院088（xj164-0323.16），文研院089（xj151-0323.03），文研院090（xj165-0323.17），文研院091（xj167-0323.19）

广博严净不退转轮经卷三
　　Дx.02409A

广德某年牒
　　S.10595V

广弘明集辩正论十喻九箴篇
　　P.3617

广弘明集卷七辩惑篇第二之三叙列代王臣滞惑解下
　　Дx.06928

广顺二年（952）壬子岁正月一日百姓索庆奴受田契
　　Дx.02954

广顺二年（952）正月题记
　　P.2490V

广顺贰年（952）三月平康乡百姓郭憨子牒
　　P.4084

广顺二年（952）五月甘沙瓜肃宣谕于阗国礼使右领卫将军侯延超功德疏
　　S.5860

广顺二年（952）某月五日归义军节度使曹元忠帖
　　S.8516B

广顺三年（953）三月廿日施主李幸通发愿文并供养人题名
　　BM.SP.16（Ch.xxxiii.001）

广顺三年（953）十月廿二日莫高乡百姓龙祐定兄弟出典地契
　　S.0466

广顺三年（953）十二月十九日归义军节度使曹元忠牓
　　S.8516A+C

广顺三年（953）公牍封套
　　Дx.03015+Дx.03156

广顺叁年（953）题记
　　P.3400V（1）

广愿文
　　P.3346（5）

归极乐去赞
　　P.2483（1），S.6631V（1），羽412（4）

归命礼三宝文
　　Дx.00969

归三十字母例
　　S.0512

归西方赞
　　P.3118（2），P.4572（2）

归西方赞一部包首
　　P.2066（1）

归向西方赞
　　P.3118（3）

归依文
　　Дx.01040

归义军兵马留后曹元深起居启
　　S.1286

归义军残文书
　　S.6998F

归义军曹氏表状稿三通
　　P.4065

归义军贺文书仪
　　P.3715P1

归义军己未至辛酉年布纸破用历
　　P.4640V

归义军节度兵马留后使检校司徒兼御史大夫曹上回鹘众宰相状
　　P.2992V（1）

归义军节度留后使曹元德状
  P.3260（1）

归义军节度马步都虞候银青光禄大夫检校太子宾客兼监察御史上柱国张怀政邈真赞并序标题
  P.3288+3555AV（9）

归义军节度使曹元忠设斋功德疏
  S.3565（1）

归义军节度使曹致蕃官首领书
  P.4525（9）V

归义军节度使牒
  S.6180，Дх.01352

归义军节度使检校司徒南阳张府君墓志铭
  P.2913V（2）

归义军节度使天册西平王曹延禄状
  S.5917

归义军节度使新铸印
  P.3878V（1），S.5571V，S.5590V

归义军节度使张议潮奏表
  S.10602

归义军节度使致甘州回鹘顺化可汗状
  P.2992V（3）

归义军节度押衙兼尚侍庞致新师状
  BD07410V

归义军节度押衙杨洞芊雕印普贤菩萨像发愿文
  BM.SP.246（Ch.00205）

归义军节度衙内翟章定一心供养
  P.4776（1）V

归义军节度左都押衙安怀恩并管内三军蕃汉百姓一万人奏请表
  S.4276

归义军酒破历
  P.2629，S.8426A-H

归义军军资库司纸破历
  Дx.01275

归义军群牧马驼羊见行籍算会
  S.6998A

归义军僧官书仪
  P.2729

归义军时期阶和渠康音九等地亩籍
  S.9949

归义军时期王道员等户地子籍
  S.8655

归义军时期诸色破历
  S.9405

归义军授官牒
  P.3827V

归义军文书
  P.2555P1

归义军押衙知悬泉副使荆幸昌启
  S.9452

归义军衙府酒破历
  敦研001，敦研369

归义军衙内都押衙守玉门军使曹仁裕献酒状稿
  S.11343

归义军羊籍
  BD08320V，BD11347，BD15439

归义军右马步都虞候张某状
  S.8404

归愿文
  S.3092（1）

归真为刘大师转读佛经批文
P.4707

鬼问目连经
BD09246（2），BD09247，ZSD078号2

癸丑年纳油历
P.2887V（1）

癸丑年五月至九月归义军军资库司大箭破历
S.8661（1）

癸亥年（963?）八月十日亲情社转帖
S.6981F

癸亥年十月四日色物历
BD15649

癸亥年四月六日官役付粟历
Дx.01427

癸亥年正月廿二日得此文题记
P.3738V

癸亥年至乙丑年月次当番人纳役簿
S.3982

癸卯年便豆粟帐
P.4635（3）

癸卯年慈惠乡百姓吴庆顺典身龙兴寺契
P.3150（1）

癸卯年九月慕容刺史三周斋施耕牛乳牛记
P.4783

癸卯年三月七日准经录抄记
Дx.02829

癸卯年三月契约
BD16200J

癸卯年十二月廿三日妹祭兄文
P.2614V（7）

癸卯年十二月十八日僧法藏祭师姑文
　　P.2614V（8）

癸卯年正月一日已后直岁沙弥广进葯破历
　　P.3234V（7）

癸卯年正月至十一月都师道成于樑户价进子手上就库领（零）散领油抄
　　S.1823（3）

癸卯年正月至十一月都师道成于樑户张员住手上就库领（零）散领油抄
　　S.1823（4）

癸巳年七月廿五日谨录人送路物
　　P.3985

癸巳年十一月十二日张马步女师迁化纳赠历
　　P.2916

癸巳年十月十日社司转帖
　　P.5593

癸巳年驼官马善昌状并判凭四件
　　P.2737

癸未年（863）五月抄录官算籍
　　S.1947V（2）

癸未年八月廿二日将兑纸人目
　　P.4525（4）V

癸未年八月七日龙勒乡张定仗借帛绢契
　　P.3603V

癸未年八月十一日于藏经内再点勘经教现有部袠数目
　　BD00841V

癸未年绢利使用条记
　　S.8660（2）

癸未年七月十九日净土寺周僧正还王都料锁价绢历
　　Дx.01365

癸未年三月龙勒乡□文德雇工契稿
　　BD09520V（3）

癸未年三月十四日粟麦算会抄
    S.3405V

癸未年三月王勺勺敦贷生绢契稿
    BD09520V（2）

癸未年十二月九日索进晟等祭弟十四郎文
    S.6347

癸未年十一月史喜酥买马契
    羽027之1

癸未年十月一日衙内转经翻替历
    S.3189

癸未年四月平康百姓沈延庆货緤契稿
    BD09520V（4）

癸未年四月张修造于价延德雇驼契稿
    BD09520V（6）

癸未年四月张修造于王通通雇驼契稿
    BD09520V（5）

癸未年五月平康乡彭顺子便麦粟契稿
    BD09520V（11）

癸未年正月一日龙勒乡百姓樊再昇雇佣效穀乡百姓氾再员契
    S.6452V（3）

癸未年正月张幸德卖褐契
    P.4803

癸未至乙酉年沙州诸乡人户纳欠官柴历
    S.5073

癸巳年六月五日契
    S.8651（1）

癸酉·甲戌二年某寺谷油等入破历残缺
    羽677

癸酉年八月李判官兼米判官题记
    P.2537V（1）

癸酉年八月李判官题记
P.2537V（2）

癸酉年酒破历
S.8353V

癸酉年莲台寺诸家散施历状
P.2552+2567V（2）

癸酉年檫户史汜三沿寺诸处使用油历
P.3578

癸酉年六月至八月硙户董流达园硙诸色破历
S.4373

癸酉年三月十九日社户罗神奴及男请三官众社除名状
S.5698

癸酉年十月十二日僧寺帖
S.2244

癸酉年十月五日杨将头留与小妻等遗物书
S.4577

癸酉年至丙子年平康乡官斋籍
P.3231

癸酉至己卯年曹亦胡等还便黄麻历
Дx.01451

郭奴子之子某所立契
P.2161P4

郭幸者等油麻历
BD16030V

国忌日行香文
P.2854（2）

国家转经㜽施历等
BD04389（2）

国母天公主为故男尚书诸郎君百日追念文
S.6417（5）

国清百录

P.5588P6

国清父母予军使吕都知阴都知状

P.3727（5）

国师唐和尚百岁书

P.2748V（7），P.3054V（3），P.4026V

国有灾厉合城转经

P.3405（5）

国语卷三周语下

敦研368

过去七佛忏悔灭罪愿文

羽075R

过去现在因果经卷二

S.3430，Дх.01721，Дх.18519

过去现在因果经卷三

S.7954，Дх.00252

过去现在因果经略抄

Дх.10252

过去庄严劫千佛名经

BD09273，BD10541，BD10743V，Дх.00019，Дх.06142

H

海净祭文
  BD16177C

海味咸论
  BD11218

亥年六月十一日修城役丁夫名簿
  S.2228（1）

亥年某寺破用历
  Дх.00981+Дх.01311+Дх.05741+Дх.05808

亥年三月十八日杨老老便麦历
  BD16130

亥年三月寺主义深诸色斛斗入破计会牒
  S.4191V（1）

亥年十月一日已后应诸家散施入经物色目
  S.2447V（3）

亥年四月二十四日一真借龙兴寺《大般若经》录
  BD09340

亥年四月廿九日勘教经附五月二日付经录
  BD11493

亥年正月九日张怀庆请僧赴灵图寺法会疏
  P.6015V

正编

417

函状
> BD15442，BD16045，BD16154B，BD16200F，BD16200G，BD16200H，S.7648V（1）

韩朋赋
> P.2653（2），P.3873，S.2922，S.3227（2），S.3904，S.4901，S.10291，Дx.10277V

韩擒虎话本
> S.2144

韩诗注
> 未知藏地[1]

寒食篇
> P.3608V（4）

汉八年楚灭汉兴王陵变一铺
> P.3627（1），P.3867（1）

汉法本内传
> P.3475，P.3740

汉法内传
> S.5916

汉将王陵变
> S.5437（3），S.9946，北大D188

汉将王陵变封题
> S.5437（2）

汉书卷八一匡张孔马传第五十一
> 羽432

汉书卷八一匡衡传
> S.0020

---

[1] 此件《韩诗注》或藏于中国历史博物馆（今国家博物馆）。见王素：《敦煌土地庙发现的〈诗经注〉残卷——读〈王重民向达所摄敦煌西域文献照片合集〉札记之一》，樊锦诗，荣新江，林世田主编：《敦煌文献·考古·艺术综合研究：纪念向达先生诞辰110周年国际学术研讨会论文集》，北京：中华书局，2001年，第476—484页。

汉书卷八二
　　S.10591

汉书食货志下
　　Дх.11386

汉书天文志
　　Дх.03131

汉书王莽传
　　P.2513

汉书项羽传
　　P.5009

汉书萧何曹参传张良传
　　P.2973B

汉书萧望之传
　　P.2485，S.2053

汉书刑法志
　　P.3557，P.3669

汉文藏文残片
　　P.3369P14

汉藏对译千字文
　　IOL.C.132（Ch.86.iiBack）

汉藏对译瑜伽师地论词汇表
　　S.10746A

汉藏对译长卷
　　IOL.C.131（Ch.9.ii.17）

汉藏对照词汇
　　P.3301（Pel.tib.1261）

汉藏佛经汇对译残片
　　天理大学 5.183-ㄓ279（7）

瀚海军经略大使牒马军行客石抱玉
　　藤井12-东文12-饶目牒状类17

好住道场赞

Дх.00599V

好住娘

Дх.00278V（3），Дх.02966，Дх.03903V

好住娘赞

S.0019V（2）

好住娘赞（辞娘赞）

S.1497（2）

纥骨萨部落百姓宋德子便布契

羽062R

合部金光明经

北三井090（025-10-60），文研院092（xj072-0660.53），文研院093（xj169-0323.21）

合部金光明经卷一

BD02244，BD04315，BD05948，BD10780，BD15915，S.8024，Дх.01184，Дх.02821，Дх.04090，Дх.04348，Дх.06315，Дх.06316，Дх.07505，Дх.07706，Дх.08476，Дх.08930，Дх.09181，Дх.11326，Дх.11490，Дх.12108，Дх.12110，Дх.12141，Дх.12874，Дх.15999，Дх.16009，Дх.16423，Дх.17805，甘博019，务本028号

合部金光明经卷二

BD02632，BD12345，BD14135，BD14811D，BD15611，BD16472B，S.3261，S.7356，S.7990，Дх.00186，Дх.03390，Дх.03532，Дх.03800，Дх.05049，Дх.07187，Дх.07582，Дх.07827，Дх.11966，Дх.12565，Дх.12591，Дх.12693，Дх.12791，Дх.18584，Дх.18609，南图026，首博32.520（16）

合部金光明经卷三

BD00316，BD01339，Дх.00412，Дх.03535，Дх.03614，Дх.05574，Дх.06335，Дх.06342，Дх.06399，Дх.06454，Дх.08296，Дх.09031，Дх.09374，Дх.14991，北大D127，甘博074，津艺014，浙敦124（浙博099）

合部金光明经卷四

BD02035，BD14136，HHT015，Дх.00244，Дх.03791，Дх.07121，

Дx.07600，Дx.07852，Дx.08407

合部金光明经卷五

P.4860，Дx.00347，Дx.00569，Дx.01568，Дx.03534，Дx.04443，Дx.07822，Дx.16411，甘博124，浙敦023（文保所03）

合部金光明经卷六

BD03231，BD10002，BD10621，S.7809，Дx.02696，Дx.06925，Дx.09260，Дx.09561，Дx.15421，甘博080

合部金光明经卷七

BD03395，BD12121，S.3236，Дx.00287，Дx.00484，Дx.00967，Дx.03608，Дx.03859，Дx.08043，Дx.08995，台图029

合部金光明经卷八

BD00123，BD00196，BD00950，BD01752，BD04440，BD11552，BD11850，S.7992，Дx.00066，Дx.06960，Дx.07065，Дx.08616，Дx.12416

合部金光明经序

Дx.04293

何生兑纸记事

P.4525（2）V（2）

何庭玉等杂写

P.2643PV

何晏论语集解

P.4875

何晏论语集解卷一

P.3193

何晏注论语学而

P.4686（2）

和戒文

P.2789V（1），P.2921（1），P.3185，P.3826（1），P.3826V（1），S.5497，S.5557，S.5894（1），S.5977，S.6211（2），S.8236，上图140

和诚文一本

S.5457

和菩萨戒文

　　BD02918V（4），BD07805（1），BD08059，BD08374，BD08528，P.3241，P.4597（1），P.4597V（7），P.4967，S.1073，S.4301，S.4662（1），S.6631V（11），Дх.00600，Дх.00897，Дх.01217，Дх.01827，Дх.01839，Дх.02193，Дх.02414，Дх.02452，Дх.02812，Дх.02991，Дх.03177，Дх.03187，Дх.04790，Дх.04802，Дх.05139，Дх.05176，Дх.05295，Дх.05497V，Дх.05619，Дх.06071，Дх.06121，Дх.06138，Дх.06251，Дх.10313，Дх.10314，Дх.10452，Дх.10755V，Дх.11614，Дх.11686，Дх.11832，Дх.12825V，伍伦31号，浙敦061（浙博036），浙敦062（浙博037），浙敦115（浙博090）（2），浙敦196（浙博171）

和菩萨戒文下

　　Дх.04403

和尚程政信邈真赞并序

　　P.3718（11）

和尚邈真赞并序

　　P.2481V（10）

河西都防御判官将仕郎何成状二通

　　S.6234V（1）

河西都防御押衙王公讳景翼邈真赞并序

　　P.4660（13）

河西都防御招抚押蕃落等使状

　　P.3863

河西都僧统官名杂写

　　P.2668V（2）

河西都僧统京城内外临坛供奉大德兼阐扬三教大法师赐紫沙门悟真邈真赞并序

　　BD06437V（2）

河西都僧统沙门悟真邈真赞并序

　　P.4660（5）

河西都僧统悟真百岁书并序

　　S.0930V（2）

河西节度使曹元德造佛窟功德记
　　S.4245，S.4536

河西节度使呈文
　　Дx.01381V

河西节度使道场文
　　傅图 35（2）

河西节度使尚书修大窟功德记
　　P.3781（1）

河西节度使司空造大窟功德记
　　P.3457

河西节度使司空造大窟功德记补记
　　P.3457V

河西节度使司徒愿文
　　Дx.01254

河西节度使张议潮国忌日行香文式
　　P.2815

河西节度阴文通邈真赞
　　P.4660（26）

河西沙门和尚墓志铭并序
　　P.3720（8）

河西支度营田使文书
　　历博藏本

荷泽寺和尚神会五更转
　　S.6103（2）

鹖冠子注
　　散 0704（齐齐哈尔市图书馆藏本）[1]

鹤神所在日期
　　P.3810（3）

---

[1] 王卡：《敦煌道教文献研究：综述·目录·索引》，北京：中国社会科学出版社，2004年，第305页。

恒安骑缝押
  P.3770V（1）

弘道广显三昧经卷四
  S.2943（1）

弘明集题签
  Дx.09548

洪池乡百姓高黑头状
  P.3935V（2）

洪池乡玉关乡文书残片
  P.3368P4

洪润乡百姓氾庆子去癸巳年于远田共人户唐奴子合种状
  P.3451P1

洪润乡平富德签条
  BD10570

洪种（钟）振（震）香（响）觉群名（迷）诗
  S.5573（4）

后出阿弥陀佛偈
  S.2116

后汉秦嘉徐淑夫妇报答书
  Дx.12213

后晋天福四年（939）具注历日
  BD15292

后晋天福九年（944）甲辰岁具注历日
  P.2591

后晋文抄〔大晋皇帝祭文、大晋皇帝致北朝皇帝遗书、大行皇帝谥（议）状、集贤相公遭母丧尽七后（辞）起复表、亡姊秦国太夫人祭文〕
  S.4473（1）

后梁贞明九年（923）癸未岁具注历日
  P.3555BP14

后唐河西燉煌府释门刘和尚生前邈真赞并序
P.3718（6）

后唐朔方节度使书启底稿
P.2539V

后唐同光二年（924）具注历日
S.2404

后周广顺二年（952）正月一日百姓赵盐久户状
羽028

后周显德元年（954）押衙安员进等牒稿
P.3501V（1）

候风法
P.2610（18）

呼吸静功妙诀附神仙粥
P.3810（8）

忽起气肠嘘诗
P.3573P1V（2）

胡粉等入破历
P.2912V（5）

斛斗破历
S.6233V（4）

户籍
BD01915V，S.11303A，Дx.01394V，Дx.03676V，Дx.03762V，Дx.03820V，Дx.03851V，Дx.11068V，Дx.04020V，Дx.04094V，Дx.09334

护多神能令君臣喜不嗔咒等咒语两道
BD06125（2）

护法释法琳别传
P.2640V

护国寺处分家人帖
S.5868

护身经六佛七神名

S.4456（3）

护身命经

BD09796，BD10108（1），BD10108（2），BD11465，S.10479，Дх.00988，Дх.07958，Дх.07976，Дх.08373，中村不折 173-2-1

护身真言

上博 48（41379）（23）

护首（□…□经九灵太妙龟山元录）

BD12715

护首（阿弥陀经）

BD12977

护首（阿毗达磨俱舍论）

BD12973

护首（般若波罗蜜多心经）

BD13111

护首（大般涅槃经）

BD10460，BD12400，BD12401，BD12435，BD12438，BD12444，BD12448，BD12459，BD12484，BD12486，BD12501，BD12521，BD12535，BD12543，BD12559，BD12576，BD12577，BD12579，BD12581，BD12582，BD12590，BD12591，BD12592，BD12593，BD12594，BD12595，BD12604，BD12619，BD12622，BD12627，BD12657，BD12658，BD12663，BD12670，BD12682，BD12701，BD12708，BD12720，BD12721，BD12723，BD12754，BD12757，BD12761，BD12766，BD12785，BD12789，BD12804，BD12821，BD12828，BD12835，BD12844，BD12847，BD12848，BD12857，BD12863，BD12882，BD12887，BD12891，BD12932，BD12964，BD12981，BD13001，BD13005，BD13014，BD13022，BD13029，BD13032，BD13053，BD13054，BD13059，BD13103，BD13121，BD13167，BD13172，BD13180A，BD13508

护首（大般涅槃经·大宝积经）

BD15620

护首（大般若波罗蜜多经）

BD09446，BD10028，BD10030，BD10035，BD10049，BD10471，BD10480，BD10577，BD10631，BD10641，BD10744，BD11403，BD11510，BD11511，BD11513，BD12269，BD12390，BD12396，BD12397，BD12398，BD12402，BD12407，BD12408，BD12409，BD12411，BD12412，BD12413，BD12416，BD12417，BD12418，BD12420，BD12421，BD12423，BD12428，BD12431，BD12432，BD12433，BD12436，BD12437，BD12439，BD12440，BD12441，BD12442，BD12445，BD12446，BD12449，BD12450，BD12455，BD12456，BD12458，BD12460，BD12461，BD12463，BD12464，BD12465，BD12466，BD12468，BD12470，BD12472，BD12474，BD12476，BD12477，BD12478，BD12481，BD12483，BD12485，BD12487，BD12488，BD12490，BD12491，BD12492，BD12493，BD12494，BD12497，BD12502，BD12503，BD12504，BD12505，BD12506，BD12507，BD12508，BD12509，BD12512，BD12514，BD12515，BD12516，BD12519，BD12520，BD12523，BD12525，BD12527，BD12529，BD12530，BD12531，BD12533，BD12536，BD12539，BD12540，BD12544，BD12546，BD12547，BD12548，BD12550，BD12552，BD12553，BD12555，BD12556，BD12557，BD12560，BD12561，BD12562，BD12563，BD12564，BD12565，BD12566，BD12567，BD12568，BD12569，BD12570，BD12571，BD12574，BD12575，BD12578，BD12583，BD12585，BD12586，BD12587，BD12588，BD12589，BD12599，BD12600，BD12601，BD12602，BD12603，BD12606，BD12607，BD12608，BD12610，BD12611，BD12617，BD12618，BD12620，BD12623，BD12625，BD12628，BD12629，BD12630，BD12631，BD12632，BD12633，BD12634，BD12635，BD12636，BD12637，BD12638，BD12639，BD12640，BD12644，BD12645，BD12650，BD12651，BD12653，BD12654，BD12655，BD12660，BD12662，BD12664，BD12665，BD12668，BD12672，BD12673，BD12674，BD12676，BD12679，BD12680，BD12681，BD12683，BD12685，BD12693，BD12694，BD12695，BD12697，BD12698，BD12700，BD12703，BD12707，BD12709，BD12710，BD12712，BD12713，BD12716，BD12717，BD12718，BD12724，BD12725，BD12727，BD12728，BD12729，BD12732，BD12736，BD12737，BD12738，

BD12740, BD12741, BD12742, BD12744（1）, BD12747, BD12748, BD12749, BD12750, BD12751, BD12752, BD12753, BD12755, BD12756, BD12759, BD12760, BD12762, BD12763, BD12767, BD12769, BD12775, BD12776, BD12778, BD12779, BD12781, BD12782, BD12784, BD12788, BD12793, BD12795, BD12796, BD12800, BD12802, BD12803, BD12807, BD12808, BD12809, BD12812, BD12813, BD12814, BD12815, BD12818, BD12819, BD12820, BD12824, BD12825, BD12826, BD12829, BD12830, BD12831, BD12833, BD12834, BD12836, BD12837, BD12839, BD12841, BD12842, BD12843, BD12846, BD12849, BD12850, BD12851, BD12853, BD12854, BD12855, BD12856, BD12858, BD12861, BD12862, BD12864, BD12865, BD12866, BD12867, BD12868, BD12869, BD12873, BD12875, BD12876, BD12877, BD12878, BD12879, BD12880, BD12881, BD12883, BD12884, BD12886, BD12889, BD12890, BD12892, BD12893, BD12895, BD12896, BD12897, BD12899, BD12900, BD12901, BD12902, BD12904, BD12907, BD12908, BD12909, BD12910, BD12912, BD12916, BD12917, BD12921, BD12923, BD12924, BD12925, BD12930, BD12934, BD12935, BD12936, BD12937, BD21938, BD12939, BD12941, BD12942, BD12943, BD12946, BD12947, BD12948, BD12950, BD12951, BD12952, BD12953, BD12954, BD12955, BD12956, BD12957, BD12958, BD12959, BD12961, BD12965, BD12967, BD12968, BD12972, BD12978, BD12979, BD12980, BD12983, BD12984, BD12985, BD12987, BD12988, BD12990, BD12991, BD12992, BD12993, BD12995, BD12996, BD12997, BD12998, BD12999, BD13000, BD13002, BD13003, BD13007, BD13008, BD13009, BD13010, BD13015, BD13016, BD13017, BD13018, BD13024, BD13028, BD13031, BD13036, BD13037, BD13038, BD13039, BD13040, BD13041, BD13044, BD13045, BD13046, BD13047, BD13048, BD13050, BD13051, BD13052, BD13055, BD13057, BD13061, BD13064, BD13065, BD13066, BD13067, BD13070, BD13071, BD13075, BD13077, BD13083, BD13084, BD13085, BD13086, BD13088, BD13090, BD13091, BD13092, BD13093, BD13094, BD13095, BD13096, BD13100, BD13102, BD13104, BD13106, BD13107, BD13109,

BD13110, BD13114, BD13115, BD13119, BD13120, BD13127, BD13129, BD13130, BD13131, BD13133, BD13134, BD13135, BD13136, BD13137, BD13138, BD13154, BD13160, BD13165, BD13169, BD13174, BD13176, BD13390, BD13402, BD13418, BD13441, BD13483, BD13491, BD13549, BD13682, BD13686, BD13706, BD15778A, BD15778B, BD16007, BD16010, BD16095A, BD16466B

护首（大宝积经）

BD11384, BD12395, BD12399, BD12403, BD12404, BD12405, BD12447, BD12452, BD12482, BD12496, BD12532, BD12534, BD12551, BD12554, BD12614, BD12626, BD12648, BD12669, BD12691, BD12692, BD12699, BD12739, BD12746, BD12771, BD12772, BD12894, BD12905, BD12945, BD12994, BD13023, BD13063, BD13099, BD13168, BD13367, BD13385, BD15624

护首（大乘密严经）

BD12806

护首（大乘入道次第）

BD13004

护首（大乘入楞伽经）

BD12810, BD13030

护首（大方便佛报恩经）

BD11605

护首（大方等大集经）

BD13173

护首（大方广佛华严经）

BD08952V, BD12209, BD12406, BD12677, BD12949, BD13116

护首（大佛顶经）

BD11927, BD12500, BD12719, BD12773, BD12787, BD12822, BD13105, BD13142

护首（大品般若波罗蜜经）

BD13035

护首（大智度论）
　　BD12426，BD12966
护首（佛本行集经）
　　BD12661，BD16405
护首（佛顶尊胜陀罗尼经）
　　BD12410，BD12572，BD12573，BD12790
护首（佛名经）
　　BD12498，BD12541，BD12641，BD12696，BD12735，BD12799，BD12906，BD13020，BD13068，BD13117，BD13124（1），BD13340，BD15453
护首（教戒经）
　　BD12871
护首（解百生怨家陀罗尼经）
　　BD12838
护首（金刚般若波罗蜜经）
　　BD12415，BD13043，BD16324
护首（金刚般若波罗蜜经绘图本）
　　BD12859
护首（金光明经）
　　BD12797，BD12940，BD13060，BD13158
护首（金光明最胜王经）
　　BD10852，BD12193，BD12473，BD12495，BD12499，BD12545，BD12609，BD12642，BD12643，BD12671，BD12678，BD12777，BD12791，BD12801，BD12816，BD12845，BD12870，BD12929，BD12962，BD13097，BD13177，BD13194
护首（金篆晨夜十方忏）
　　BD13571
护首（经名不清）
　　BD16095B
护首（经名不详）
　　BD09931，BD10847，BD11048，BD12262，BD12419，BD12427，

BD12451，BD12462，BD12469，BD12471，BD12475，BD12479，BD12510，
BD12511，BD12526，BD12538，BD12597，BD12656，BD12666，BD12684，
BD12706，BD12714，BD12726，BD12764，BD12783，BD12794，BD12817，
BD12913，BD12919，BD12920，BD12944，BD13011，BD13021，BD13026，
BD13056，BD13058，BD13074，BD13079，BD13080，BD13081，BD13125，
BD13132，BD13159，BD13161，BD13166，BD13178，BD13189，BD13232，
BD13234，BD13241，BD13243，BD13253，BD13255，BD13278，BD13279，
BD13280，BD13300，BD13308，BD13312，BD13333，BD13359，BD13365，
BD13382，BD13386，BD13392，BD13393，BD13398，BD13400，BD13404，
BD13406，BD13407，BD13411，BD13424，BD13430，BD13439，BD13446，
BD13447，BD13451，BD13452，BD13455，BD13456，BD13458，BD13459，
BD13464，BD13482，BD13489，BD13497，BD13498，BD13501，BD13506，
BD13511，BD13514，BD13517，BD13521，BD13532，BD13544，BD13547，
BD13557，BD13561，BD13563，BD13564，BD13568，BD13570，BD13590，
BD13689，BD13693，BD13694，BD13695，BD13698，BD13699，BD13700，
BD13708，BD13722，BD13723，BD13724，BD13725，BD13733，BD13737，
BD13738，BD13739，BD16017，BD16346，BD16467C

护首（净名经关中释抄）

BD12989

护首（究竟大悲经）

BD12733

护首（救病疾经）

BD13122

护首（令狐温子□身）

BD12811

护首（妙法莲华经）

BD11512，BD12422，BD12524，BD12537，BD12558，BD12584，
BD12598，BD12613，BD12624，BD12659，BD12743（1），BD12758，BD12765，
BD12768，BD12792，BD12823，BD12827，BD12832，BD12840，BD12874，
BD12898，BD12911，BD12915，BD12922，BD12926，BD12931，BD12971，

BD12982，BD13012，BD13019，BD13033，BD13034，BD13042，BD13072，BD13073，BD13076，BD13078，BD13089，BD13098，BD13108，BD13118，BD13170，BD13175，BD13179，BD13515，BD13569

护首（妙法莲华经度量天地品）

BD13409

护首（妙法莲华经卷六）

BD15623

护首（妙法莲华经优波提舍）

BD13171

护首（摩诃般若波罗蜜经）

BD11746，BD12649，BD12852，BD12976，BD13025，BD13027，BD13087

护首（某般若经）

BD10807

护首（普门品经）

BD12434

护首（切韵）

BD13128

护首（三洞道科诫）

BD12612

护首（十吉祥经）

BD11705

护首（十一面观自在经）

BD11881

护首（四分比丘尼戒本）

BD12986

护首（四分羯磨）

BD12970

护首（四分羯磨小钞）

BD12975

护首（四分律）

BD12430，BD12443，BD12454，BD12480，BD12596，BD12646，BD12686，BD12888，BD12963，BD13164

护首（太上说济苦经）

BD12872

护首（维摩诘经）

BD12798，BD12933，BD13013，BD16537

护首（无常经）

BD13069

护首（无垢净光大陀罗尼经）

BD12467

护首（相好经）

BD12805

护首（延寿命经）

BD12414

护首（阎罗王受记经）

BD12928

护首（业报差别经）

BD16177A

护首（业报因缘经）

BD13113

护首（优婆塞戒经）

BD12745

护首（赞僧功德经）

BD13123

护首（证明经）

BD12927

护首残片

BD12389，BD13162，BD13577

护宅神历卷
P.3358

护诸童子经一卷
Дx.02091

护诸童子女神符
BM.SP.177（Ch.00217）

护诸童子陀罗尼经
BD04544（2），S.6986

护诸童子陀罗尼咒经
BD04378（2）

花聚陀罗尼咒经
BD15565

花严经关脉义记一卷
P.2279（1）

花严经探玄记卷一
BD10442V

花严经问答
俄Ф.269（1）

花严经指归
BD01349V

花严三昧
俄Ф.269（3）

花严仪文序
北大D236

花赞文
P.4597（11）

花字（大圣弥勒之院）
S.2202

花字（佛法僧）
S.5488

花字（忍辱波罗蜜）
　　S.5952

华手经
　　BD01407

华手经卷四
　　BD09817

华手经卷八
　　鄂博 27

华手经卷一一
　　S.2943（3）

华手经卷一二
　　S.5793

华严变相九会榜题
　　S.2113V（3）

华严经护首经名签
　　BD02258V（1）

华严经卷四
　　S.5362，S.5396

华严经卷五
　　S.2460

华严经卷七
　　上图 092

华严经卷一三
　　羽 436

华严经卷一四
　　上图 022

华严经卷一六
　　S.2067

华严经卷一七
　　津艺 038

华严经卷二〇
　　大谷大学 0715

华严经卷二一
　　大谷大学 0715

华严经卷二七
　　S.0593

华严经卷三〇
　　S.6650

华严经卷三三
　　上图 067

华严经卷三七
　　P.2144，S.6547

华严经卷四四
　　S.1319

华严经卷四六
　　S.1381，S.1848

华严经卷四七
　　S.4520，大谷大学 0705

华严经卷四八
　　S.0235

华严经卷四九
　　S.1529

华严经卷五八
　　P.4843

华严经卷五九
　　羽 179

华严经卷六〇
　　羽 179

华严经卷三用纸廿七张
　　S.2724

华严经论

　　S.3987，哥图写卷 2d（第 2 卷），哥图写卷 2h（第 2 卷），哥图写卷 2j（第 2 卷）

华严经论卷一〇

　　Дx.03512，哥图写卷 2b（第 2 卷）

华严经论卷一五

　　哥图写卷 2c（第 2 卷）

华严经论卷一八

　　S.3960

华严经内章门等杂孔目章卷二第五会依其五教明顺善法数义

　　Дx.18523

华严经内章门等杂孔目章三宝义章

　　Дx.11735

华严经疏

　　BD12263

华严经探玄记

　　故宫新 137370，故宫新 176124

华严经探玄记卷八

　　BD15354

华严经探玄记卷一四

　　BD12316V，Дx.00319V

华严经探玄记卷一九

　　P.2219

华严经章

　　S.2466

华严经旨归

　　BD10797B，BD10797C，BD16133，Дx.10817

华严略疏卷一

　　BD01053

华严略疏卷三

　　S.2694

华严文义记卷之六
  京博 B 甲 231 图录 205
华严藏世界品第五疏释
  S.2721
华夷译语（？）
  S.0189V（2）
华印真言
  P.4961（14）
化度寺故僧邕禅师舍利塔铭（拓本）
  S.4510，S.5791
画稿
  P.4514（1）4V，P.4514（16）5，P.4522V（1），Дx.05518，堪萨斯纳尔逊美术馆藏本[1]
画观音菩萨仪轨
  Дx.04926
画马残片
  BD15772A，BD15772B
画线垫纸墨痕
  Дx.01308V
画像抄经题记
  P.3940V
怀素师草书歌
  P.2555
淮南子时则训
  Дx.00236，Дx.03936

淮南子主术训
  P.3635P

---

[1] 王惠民：《敦煌佛教与石窟营建》，兰州：甘肃教育出版社，2017 年，第 155 页。

欢喜国王缘

P.3375V（1），上图016，上图028V

还布历

P.3595（2）

还钱历

P.4690AP1

还冤记

P.3126

换须发方

羽043

换油麻历

P.4913V

浣溪沙曲谱

P.3719V

患得损

P.2237V（4）

患文

BD00062V（1），BD06164V（1），BD12277，P.2237V（8），P.2854（6），P.3232，P.3259（2），P.3282V（3），P.3566（5），P.3566（8），P.3566V（3），P.4966（1），S.8303，上图085（1），羽665R+V，羽691R，羽745R

患文等文样

S.9505

患文第四

P.3819+3825（4）

患愿文

BD12020

皇帝赐曹元忠玉、玉制鞦辔、马、镔状

羽686

皇兴二年（468）康那造幡发愿文

敦研343

黄巢起义记事
　　故宫新 152093V

黄紬孝衣布缣等入支历
　　P.3977V

黄帝内经素问
　　Дx.00613，Дx.17453

黄帝宅经卷上
　　P.3865

黄昏礼忏文
　　S.5620，羽 755V

黄昏礼忏一本
　　S.5490，Дx.02085

黄昏六时礼忏文一本
　　S.4293

黄昏无常偈
　　BD08956（3），S.1807（2）

黄麻历徐僧正补注
　　P.3290V（2）

黄麻麦粟等历
　　P.2972（2）

黄麻粟布等历
　　Дx.01412

黄门侍郎卢藏用仪例一卷
　　P.3849（2），P.4036（2）

黄石公之略
　　Дx.17449

黄仕强传
　　BD02921（1），BD06558（1），P.2136，P.2186（1），P.2297（1），Дx.01672，Дx.01680，Дx.04792，大谷大学乙 71，上图 084（2），伍伦 27 号 1，浙敦 026（浙博 001），中村不折 068

黄仕强入冥记
LB.019A

黄子霞施小麦疏
俄 Φ.230V（3）

回鹘文佛经（夹杂汉文）
甘博 125V

回鹘文汉文双语文献
傅图 50BV

回施文
P.3332V

回施文等
天理大学 5.183-イ279（3）

回文
P.5004（2）

回文诗
BD02126V（3）

回向发愿文
BD06164V（2），P.2855（Pel.tib243V）（2），P.3184V（2）

回向轮经
BD04074，BD09850

回向疏
Дx.01331

回向往生兜率天宫文
BD09379

回向文
P.2850（3），P.3235（5），P.4015，S.4474V（4），S.4995

会兴题礼佛文
Дx.01064+Дx.01699+Дx.01700+Дx.01701+Дx.01702+Дx.01703+Дx.01704（2）

会真宗论

BD09664

绘画
BD13264

绘画残片
BD12175，BD12176，BD13264

绘入佛名经
龙谷大学 57

绘图本佛说十王经一卷
P.2870

秽积金刚法禁百变第二
P.3047V（3）

秽积金刚神符变病及延年法卷下
P.3047V（4）

秽积金刚显神通大陀罗尼
P.3047V（2）

惠达和上顿悟大乘秘密心契禅门法
BD03286

惠广杂谢状抄
S.5713

惠觉本沙弥十戒并威仪
BD07261（2）

惠净禅师赞
P.3727（10）

惠水骑缝押
P.4597V（4）

惠通下康法师等名录
Дx.01586B

慧超往五天竺国传
P.3532

慧上菩萨问大善权经卷上
　　S.7397，傅图 14
慧上菩萨问大善权经卷下
　　Дx.07558
婚嫁图
　　S.4282（1）
婚礼文
　　S.6215（3）
婚配吉凶书
　　P.4680V
火部禁方
　　P.3835V（4）
获果利神增善陀罗尼
　　P.2322（15）

J

积聚皆消散偈

P.2917V

吉祥大万神咒月幢陀罗尼

S.4543（6）

吉祥偈

Дx.00927（2）

吉祥天女真言

上博48（41379）（25）

吉祥童子授草偈

P.2886（2）

吉凶签

Дx.00946

吉凶书

S.8362

吉凶书仪

BD16336A（2），ZSD076号，Дx.00915，Дx.01307

吉凶书仪上下卷

P.3442

吉凶书仪上下两卷

P.2622（1）

极乐宝地赞

　　S.5572（9）

急就篇

　　BD12278

集神州三宝感通录

　　S.3728V（2）

集一切福德三昧经

　　羽148

集一切福德三昧经卷下

　　BD08564

集诸经礼忏仪

　　Дх.03813V，Дх.03910V，Дх.03915V，Дх.05079，Дх.06064VB，Дх.06645，Дх.06740

集诸经礼忏仪卷上

　　BD10181A，BD11729，BD12007，BD12305，BD16502，Дх.00990（2），Дх.03705，Дх.03821，Дх.04507，Дх.05131，Дх.05698，Дх.05890，Дх.06090，Дх.08726，Дх.08848，Дх.10158，Дх.10160，Дх.10171，Дх.10179，Дх.10260V，Дх.10471，Дх.10492，Дх.11639，Дх.12530，Дх.12584，Дх.16086，Дх.16578

集诸经礼忏仪卷上合香之法

　　Дх.05602，Дх.12728，Дх.18345

集诸经礼忏仪卷上合香之法、一切普诵、说偈咒愿

　　Дх.06073

集诸经礼忏仪卷上合香之法与礼忏文一本拼抄

　　Дх.10488

集诸经礼忏仪卷上叹佛咒愿

　　Дх.06915，Дх.08244，Дх.11808，Дх.11861，Дх.16642

集诸经礼忏仪卷下

　　BD16105A，BD16105B，BD16118，Дх.06514

籍账

Дх.04906, Дх.05427BV, Дх.05448V, Дх.05451BV, Дх.05534V, Дх.06038V, Дх.06045V, Дх.07694, Дх.07961V, Дх.08507, Дх.10284, Дх.10285, Дх.11071, Дх.11095, Дх.11413, Дх.12444, Дх.15443, Дх.18998, Дх.19062

己丑年（929）三月四日普光寺道场司差发沿道场所要什物名目牓

S.2575V（2）

己丑年（929）三月廿六日都僧统为普光寺道场取税人粮物敷具牓

S.2575V（1）

己丑年七月十九日杂写

S.8688V

己丑年十二月廿三日何愿德贷褐契

S.4445（1）

己丑年十二月十三日陈佛德贷褐契

S.4445（2）

己丑年十月七日巷社一周结案局席凭

S.0327V（2）

己丑正月曹仁德妻亡纳赠历

BD09332V

己丑正月周诜等同社邑人祭曹氏文

BD09332, BD09339V（1）

己亥年二月廿二日巷社赵社官男亡荣凶纳赠历

BD00381V

己亥年十二月二日某寺算会分付黄麻凭

P.3290（1）

己亥年至壬寅年付索胡子麦粟冬衣历

S.5750

己卯六月十六日龙兴寺学侍郎鉴惠题记

Дх.00277V

己卯年八月八日宣昌得鞋价麦抄
  S.0092V

己卯年八月廿四日袁僧定弟亡纳赠历
  P.4887

己卯年二月十日社司转帖
  P.3286V

己卯年军资库司判凭十五通
  P.3878

己卯年六月牧羊人康定奴状
  Дх.01359+Дх.03114

己卯年十二月廿四日僧惠绎等祭表姊什二娘文
  S.0381V（2）

己卯年十二月十六日僧正守志转贴
  S.3156

己卯年十一月廿六日冬至见点人名籍
  P.3721V（3）

己卯年十一月驼官邓富通状及判
  S.2474（2）

己卯年四月牧羊人王阿朵状并判凭
  P.2761V（3），P.2985V（1）

己卯年四月至九月入破历
  Дх.04277，Дх.06042

己卯年五月九日马军某男海宜贷绢契
  Дх.01303，Дх.06708

己巳年八月廿三日都押衙宋慈顺为故男小祥追念设供请三界寺僧疏
  P.3367

己巳年酒油麦粟历
  P.3941

己巳年三月九日付图经本数
  S.0375

己巳年五月十日等杂写
　　Дx.02869BV

己未年二月十日取黄麻历
　　P.3108V（1）

己未年四月某寺粮麻入历
　　S.1574

己未年麦贷出历
　　羽695R

己酉年安九祭大阿娘文
　　上图033

己酉年二月十四日龙良晟等便斛斗历
　　S.4060（1）

己酉年历日
　　P.2797V

己酉年纳僧历
　　P.2842P2

计帐残缺
　　羽695V

记功状
　　藤井32- 东文32- 饶目无此号

记事（佛经目录）
　　S.5665

记事大地土之本
　　BD08463

记事文
　　Дx.02485B

记事杂写等九行
　　敦研011V

记室备要
　　S.5888

记室备要一部并序
> P.3723

记物帐
> P.2549+2980+3871PV

记字杂写
> 上图 067V

伎乐天画稿
> P.4514（16）2

纪年
> 津艺 258V

季布歌一卷
> S.5439

季布诗咏
> P.3645（2）

季布一卷
> S.1156V（2）

继迁葬亲状并判
> BD16479A、BD16479B

继思状
> S.2472V（2）

偈
> IOL.C.136（Ch.73.viii.13）（2）、P.2104V（9）、P.2105（5）

偈二则
> P.3289（4）

偈颂
> BD16559V、P.2885V（3）

偈文抄（入布萨堂说偈文、受水偈文、浴筹说偈文、受香汤说偈文、唱行香说偈文、受筹说偈文、还筹说偈文、清净妙偈文、布萨竟说偈文）
> S.2580（1）

偈语
>P.3091V（1），P.3812V（5），Дх.01511V，Дх.05828A

祭慈母文
>Дх.00285+Дх.02150+Дх.02167+Дх.02960+Дх.03020+Дх.03123V（2）

祭杜阇梨文
>P.3491V（4）

祭风伯文
>S.10530

祭故弟四郎文
>P.2255V（9）

祭鸿恩律师文
>S.5926

祭驴文一首
>S.1477

祭妹文
>BD02126V（5）

祭嫂文
>P.3812V（2）

祭十四娘文
>首博32.1309（1）

祭四天王文
>P.2854（13）

祭外甥女文
>P.3854V（2）

祭亡姚文
>P.2255V（10）

祭亡夫人文稿
>BD04108（1）

祭文
>BD06583V（1），BD09370V（1），BD10773A，BD16210，BD16210V，

BD16401，BD16470，P.2011（2），P.2222C（1），P.2556V（2），P.2614V（2），P.3213V，P.3214，P.3216P1V，P.3259（4），P.3798V，P.3967V（2），S.3920V（1），S.5744（2），S.6235V（2），S.9461，S.11439，北大 D241V，文研院 195（xj122-0660.103）

祭文稿
　　S.7943，羽 718V

祭文文范
　　P.4046V，P.4062V（1）

祭文文范三篇
　　P.4043

祭新妇文
　　P.6010

祭薛阇梨文
　　P.3491V（1）

祭押衙哥哥文
　　P.3783V（1）

祭宅文
　　S.9539

祭侄女付一娘文
　　P.2255V（8）

寂和尚偈
　　P.3559+3664（9）

寂和尚说偈
　　BD02284（3）

寂调音所问经
　　Дx.00236V，Дx.03936V，Дx.05161，Дx.17463V

罽夷罗夫妇自卖设会现获报缘
　　Дx.08101

加句灵验佛顶尊胜陀罗尼
　　BD14805

加颂文殊师利所说般若波罗蜜经
　　BD10994

加注四分律比丘戒本
　　BD06761

迦絺那衣第廿诵律义记卷三
　　S.6826

迦丁比丘说当来变经
　　Дх.03237V，Дх.05144，Дх.05201

迦毗罗三昧真言
　　P.2322（13）

迦叶如来具大悲偈
　　Дх.02545

家儿自咏一绝
　　P.4787（2）

家书
　　Дх.19059，上图017（1）

嘉璋老病牒
　　BD16522

夹注本般若波罗蜜多心经
　　Дх.02986

夹注大乘起信论
　　S.8086

夹注待考文献
　　BD10375

夹注金刚般若波罗蜜经
　　BD14112，鄂博14，文研院094（xj237－碑帖111.9）

夹注金刚经
　　BD10376，BD10391，BD15689，石谷风036

夹注金刚经疏
　　BD15403V

夹注楞伽阿跋多罗宝经卷五
　　BD14138（1）

夹注楞伽阿跋多罗宝经卷六
　　BD14138（2）

夹注楞伽阿跋多罗宝经卷七
　　BD14138（3）

夹注楞伽阿跋多罗宝经卷八
　　BD14138（4）

夹注四分律卷五
　　S.7567

夹注御注金刚般若波罗蜜经宣演
　　S.8044

甲辰丙午年莫高百姓契
　　P.3706V（9）

甲辰年（944？）五月十一日某寺入麦历
　　S.8443F（2）

甲辰年二月后东库惠安惠戒手下便物历
　　P.3234V（3）

甲辰年洪池乡百姓安员进卖舍契
　　BD16238

甲辰年净土寺麦抄
　　S.0395V（2）

甲辰年三月廿四日见分付牧羊人贺保定收羊契
　　P.3234V（4）

甲辰年社长孙景华等祭宋丈人文
　　P.2614V（9）

甲辰年十二月四日安凤进祭大嫂文
　　P.2614V（13）

甲辰年四月廿九日社官翟英玉等祭苏氏文
　　P.2614V（14）

甲辰年五月廿一日窟头修佛堂社凭约
 P.4960

甲辰年五月十日田美奴祭丈母文
 P.2614V（15）

甲辰年五月周明子祭大嫂王氏文
 P.2614V（16）

甲辰年正月十三日得酒条记
 BD16269

甲辰至丁未年（944-947?）李阇梨出便黄麻及麦名目
 S.8443A-E

甲申年二月十七日王万定男身亡纳赠历
 S.5509

甲申年二月四日诸家上欠便勿名目
 Дx.02956

甲申年三月僧子昌欠高阇梨粟等历
 P.4782

甲申年六月五日南宅赛马神用柴抄
 S.8688

甲申年三月五日燉煌乡百姓苏流奴雇韩壮儿契
 S.5509V

甲申年十二月某寺直岁愿住手下诸色入破历算会牒残卷
 羽065之2

甲申年十一月廿六日某寺算酒历
 S.5786

甲申年为阿婆修七斋及百日斋历
 S.5527

甲申年五月廿二日平康乡曹延延贷绢契
 S.0766V（3）

甲申年羊籍
 IOL.C.107（Ch.i.0021a）

甲午年八月十八日邓善子借契
　　P.3124

甲午年二月五日听讲经（？）题记
　　S.10400

甲午年五月十五日阴家婢子小娘子荣亲客目
　　S.4121，S.4643，S.4700

甲午岁五月百姓李英弁牒
　　P.4721

甲午役人名录
　　P.2621V（8）

甲戌年慈惠乡百姓窦跛蹄雇工契稿
　　BD03925V（4）

甲戌年九月廿七日杂写
　　P.2690V（1）

甲戌年渠人转帖
　　P.2558P

甲戌年十月十五日法律保进及高指撝间绢褐交换文书
　　羽688

甲戌年四月沙州妻邓庆连上肃州僧李保祐状
　　BM.SP.76（Ch.00144）（2）

甲戌年五月十日为府主大王小患付经历
　　P.3365

甲戌年五月十四日西汉燉煌国圣文神武王敕
　　S.1563

甲戌年造轮便历
　　Дх.02347

甲戌年正月廿二日洪润乡百姓高延晟祭宅神文
　　S.6094

甲寅、乙卯年大乘寺百姓李恒子等便麦契
　　Дх.01416+Дх.03025

甲寅年奉官处分交割讲下所施麦粟等账
　　P.2846

甲寅年历日
　　P.2765（Pel.tib.1070）(2)

甲寅年历日一卷题签
　　P.2765（Pel.tib.1070）Ⅴ(3)

甲寅年七月十五日就大乘寺纳设历
　　P.2271V（2）

甲寅年四月廿三日唐像奴借契
　　P.3124V

甲寅年五月廿八日龙勒乡百姓张纳鸡雇工契
　　S.3877（5）

甲仗簿
　　S.1898

甲子年八月七日于阗太子将法华经第四卷题记
　　P.3184V（3）

甲子年残文书
　　BD16342

甲子年等杂写
　　Дx.02681V

甲子年家内物名
　　BD16256C

甲子年三月一日氾怀通兄弟等贷绢契
　　P.3565

甲子年正月十五日三界寺授李憨儿八关戒牒
　　P.2994

甲子乙丑年翟法律出便与人名目
　　P.2932

贾耽上表
　　P.3608V（7）

假读百车经诗
　　S.0646（2）

假客文
　　LD5161-02C

驾行温汤赋
　　P.5037（2）

嫁娶图法
　　Дx.00098V

监门宿卫式
　　BD15403

检校工部尚书兼将作监柳晟状
　　BD01583V

剪后残图案
　　BD11534（2）

见论一卷
　　P.3450（2）

见一切入藏经目录
　　BD14129

饯送达法师诗钞六首
　　P.3676V

建常定楼记
　　P.2481V（8）

建佛堂门楼文
　　P.2857

建隆元年（960）哀子某延僧为母追念疏
　　BD02258V（3）

建隆二年（961）正月洪池乡百姓郝护卖宅契
　　BD16195

建隆二年（961）二月归义军节度使曹元忠为亡父忌辰设供请宾头卢降驾疏
　　S.2974

建隆二年（961）三月奴相德等残籍
　　Дx.04679V

建隆四年（963）三月点检历
　　Дx.04749

建隆四年（963）五月廿二日施主康清奴发愿文并供养人题名
　　BM.SP.19（Ch.lviii.003）

建隆四年（963）九月十日李安信发愿文并供养人题名
　　BM.SP.24（Ch.xxi.001）

建隆四年（963）文书
　　BD16079B

建章初首故称第一
　　中村不折047

建中辛酉五月沙州安九谟大草信札
　　羽755R

荐亡父母斋文
　　P.3639

渐备一切智德经卷一初发意悦豫住品第一
　　Дx.15423

江赋注
　　Дx.18292

将军论
　　P.4064

将龙光颜等队下名单
　　P.3249V

将取西州去物色目
　　P.3579V

将仕郎前守沧州南皮县令王谦上侍郎启
　　S.4473V（2）

将释僧戒初篇四波罗夷义决
　　BD02689，BD09772，S.0123，S.4062，S.4611，S.5041，S.5403，S.5742，

S.6444，S.6504

讲经文

　　Дx.00050+Дx.00949+Дx.00951+Дx.01583，Дx.01064+Дx.01699+Дx.01700+Дx.01701+Дx.01702+Дx.01703+Дx.01704（5）

讲论大法师毗尼藏主赐紫沙门和尚写真赞并序

　　P.2991B（1）

降生礼文

　　BD03925（1）

交割历

　　Дx.04896

较量生稻念佛赞

　　P.3118V（2）

校经记录

　　Дx.06621，Дx.10242，Дx.11595AV

校量坐禅念佛赞

　　上博48（41379）（3）

校字

　　P.2669V（1），P.2674+3428V（2），P.2832Bbis.P7V

揭帝礼

　　BD03925（2）

节度上司内外都孔目官孔明亮撰题记等习字

　　P.3718V（2）

节度押衙樊文升致表兄状

　　BD16460

节度押衙兼瓜州衙推梁某状

　　P.2618V（1）

节度押衙张和荣题记并供养人题名

　　BM.SP.27（Ch.00101）

节度押衙张厶乙敬图大慈大悲观音菩萨并侍从壹铺发愿文

　　P.4638（3）

节度押衙知画行都料董保德等建造兰若功德记（二通）
S.3929V

劫章诵
BD07857

结解戒场法
BD16176

结戒集十句义解
BD05889（1）

结戒场法
S.5836

结戒场法（木简）
S.5889

结界场羯磨文
S.6221

结界真言
P.4961（1）

结界咒
P.2104V（6）

结磨阿阇梨偈
Дx.00701V

结社修窟功德记
P.3276V（1）

结坛散食发愿文
BD14973，Дx.01059

结坛散食回向发愿文
BD05298（5），P.3162，S.1147，S.1160，S.2144V（3），Дx.00721，Дx.10735，台图136

结坛散食文
BD06421

结坛散食咒

P.3391V（2）

结坛文

P.4638（5）

羯磨

BD01224，BD10359，P.2593V，P.3413，P.5590（2），S.1162，Дx.08804，京博B甲245 图录192，台图089，伍伦30号，羽589之12

羯磨本题签

Дx.10766

羯磨断简

羽456

羯磨法钞

BD00793

羯磨卷下

BD15283，第二批02476（青海省博物馆藏本）

羯磨卷下包首

Дx.01483

羯磨（尼律）

S.0754

羯磨疏

津艺028

羯磨文

BD02787，BD15976，S.4650，北三井100（025-14-3）

羯磨问答

北大D169

羯磨一卷

津艺251

羯磨一卷（出昙无德律）受戒法第二

Дx.06222

羯磨仪式
　　Дх.05262

羯磨杂文
　　S.8295V

羯磨自恣法第六
　　P.4023，Дх.02700+Дх.03308+Дх.03692

羯羊账
　　北大 D193

解百生怨家陀罗尼
　　CXZ025

解百生怨家陀罗尼经
　　BD00693（2），BD08590（2），BD13668，BD14171，BD14840AB

解断伏义
　　P.2183V

解梦书
　　P.2829（2），P.3105（1），S.0620，S.2222，S.2222V，Дх.01327，Дх.02844A，Дх.10787V

解迷显智成悲十明论
　　BD10568

解深密经
　　羽 008

解深密经卷一
　　Дх.04767，Дх.04771，Дх.08223

解深密经卷二
　　BD10222，S.2519

解深密经卷三
　　S.8114，津艺 228

解深密经卷四
　　S.4486，Дх.02336，敦博 047

解深密经卷五

BD08439，Дх.04604，Дх.04845

解深密经钞

ZSD065 号

解脱道论卷八

Дх.07844

解脱戒经

Дх.16983，Дх.16984

解一切咒陀罗尼

敦博 071VB

解座文

P.3128V（3）

戒本

Дх.00597，Дх.00791，Дх.01030，Дх.02942，Дх.03022，Дх.03361，Дх.04013A，Дх.08925，Дх.16519，Дх.16562，俄 Ф.258A

戒本残片

BD16315

戒本抄

Дх.00833

戒本含注一卷

P.2201，S.4238，北大 D168，招提 08

戒本疏

BD16375，北大 D209

戒本杂抄

北大 D124V

戒德香经

BD14127

戒法本合注一卷

S.5164

戒律

 S.3836，S.3902（2），Дх.02022，Дх.04200，Дх.04389，Дх.04800，Дх.05977，Дх.06122，Дх.06124，Дх.06187，Дх.06228，Дх.16952，藤井57-东文57-饶目无此号，中村不折094，中村不折117

戒律教义杂记

 BD06097V

戒律上卷

 羽768

戒律释论

 S.0335

戒律疏

 P.3167V（2），Дх.11719

戒律疏释

 P.3353V（1），S.0377，石谷风019

戒律疏释钞

 BD01034V（5）

戒律五篇七聚疏

 P.3167

戒融六念发愿文

 BD09412

戒融骑缝押

 津艺165V

戒疏

 BD07351

戒疏卷一

 BD14113，P.2178

戒疏卷三

 S.0580

戒缘卷下

 BD00076，京博B甲237 图录185

戒杂喻

S.8348

借贷往来信札

藤井5-东文5-饶目似无

借卷记录

P.2005V（2）

借物帐

P.2555P6

今见花特满树弘诗一首

P.3346V

今日好风光词

Дx.01319V

今日好风光诗

P.3319V（3），S.3713

今时礼书本

P.3909

今朝好风光诗

P.4787（1）

今朝闷会会诗

P.3305V（2）

金翅鸟因缘

BD15719V

金刚□经金刚顶一切如来深妙秘密金刚界大三昧耶修行四十二种坛法经作用威仪法则大毗卢遮那佛金刚心地法门心法戒坛法并仪则

S.2144V（2）

金刚般若波罗蜜多经

HHT026

金刚般若波罗蜜多经第三十五品

哈佛1924.71

金刚般若波罗蜜多经附四菩萨八金刚图

S.5646（1）

金刚般若波罗蜜经

BD00021，BD00023B，BD00024，BD00030，BD00034，BD00042，BD00045，BD00049，BD00070，BD00073，BD00079，BD00095，BD00106，BD00110，BD00120，BD00135，BD00138，BD00139，BD00153，BD00170，BD00178，BD00182，BD00190，BD00195，BD00199，BD00214，BD00229V（1），BD00232A，BD00264，BD00276，BD00292，BD00293，BD00306，BD00307，BD00321，BD00325，BD00335，BD00336，BD00341，BD00348，BD00353，BD00375，BD00387，BD00388A，BD00390，BD00398，BD00399B，BD00407，BD00409，BD00415，BD00420，BD00426，BD00468，BD00480（1），BD00486，BD00498，BD00506，BD00543，BD00565，BD00580，BD00584，BD00589，BD00594，BD00607，BD00626，BD00632，BD00643，BD00653，BD00664，BD00666B，BD00716，BD00721，BD00723，BD00740，BD00753，BD00754，BD00757，BD00778，BD00802，BD00813，BD00825，BD00849（1），BD00862，BD00868，BD00877，BD00878，BD00896A，BD00920，BD00934，BD00949，BD00952，BD00958，BD00963，BD00965，BD00977，BD00983，BD00986，BD01001，BD01003，BD01004，BD01018，BD01029，BD01051，BD01059，BD01063（1），BD01078，BD01099，BD01102，BD01104，BD01108，BD01127，BD01147，BD01170，BD01177，BD01179，BD01212，BD01216（1），BD01220，BD01225，BD01229，BD01239，BD01244，BD01272，BD01296，BD01321，BD01337，BD01347，BD01355，BD01357，BD01361，BD01366，BD01382，BD01388，BD01393，BD01399，BD01404（2），BD01416，BD01431，BD01435，BD01448，BD01456，BD01464，BD01466，BD01493，BD01496，BD01497，BD01501，BD01508，BD01512，BD01520，BD01524，BD01527，BD01529，BD01530，BD01532，BD01537，BD01539，BD01540，BD01542，BD01546，BD01551，BD01555，BD01563，BD01577，BD01580，BD01584，BD01589，BD01590，BD01595，BD01609，BD01611，BD01615，BD01620，BD01622，BD01623，BD01624，BD01631，BD01634，BD01636，BD01652，BD01668，BD01678，BD01689，BD01690，BD01692，BD01693，BD01694，BD01695，

BD01697，BD01703，BD01704，BD01712，BD01727，BD01732，BD01738，BD01759，BD01770，BD01772，BD01782，BD01783，BD01792，BD01793，BD01797，BD01805，BD01812，BD01813，BD01817，BD01823（2），BD01825，BD01839，BD01852，BD01854，BD01864，BD01908，BD01925（1），BD01929，BD01958，BD01965，BD02013，BD02018，BD02028，BD02036，BD02038，BD02053，BD02060，BD02069V，BD02077，BD02081，BD02101，BD02106，BD02117，BD02119，BD02121，BD02129，BD02144，BD02146，BD02154，BD02157，BD02161，BD02168，BD02169，BD02170，BD02180，BD02187，BD02207，BD02216，BD02222，BD02240，BD02253，BD02265，BD02269，BD02283，BD02309，BD02310，BD02312，BD02326，BD02330，BD02362，BD02365，BD02382，BD02390，BD02409，BD02415，BD02419，BD02420，BD02424，BD02427，BD02431，BD02432，BD02433，BD02437，BD02438，BD02447，BD02464，BD02465，BD02480，BD02486，BD02502，BD02508，BD02510，BD02521，BD02529，BD02537，BD02541，BD02545，BD02555，BD02556，BD02561，BD02572，BD02575，BD02584，BD02590，BD02599，BD02601，BD02602，BD02608，BD02614，BD02618，BD02620，BD02622，BD02623，BD02645，BD02649，BD02655，BD02658，BD02663，BD02664，BD02667，BD02678，BD02692，BD02696，BD02698，BD02714，BD02720，BD02742，BD02747，BD02748，BD02762，BD02763A，BD02763B，BD02766，BD02768，BD02769，BD02770，BD02795，BD02806，BD02810，BD02811，BD02812，BD02817，BD02849，BD02855，BD02864（1），BD02885，BD02899，BD02906，BD02912，BD02915，BD02916，BD02919，BD02932，BD02937，BD02942，BD02944，BD02954，BD02968，BD02981，BD02985，BD02987，BD03028，BD03036，BD03043，BD03056，BD03063，BD03066，BD03067，BD03069，BD03075（1），BD03091，BD03107，BD03145，BD03166，BD03178，BD03180，BD03192，BD03197，BD03207，BD03208，BD03209，BD03223，BD03226，BD03245，BD03247，BD03265，BD03278，BD03283，BD03290，BD03293，BD03297，BD03301，BD03303，BD03304，BD03359，BD03364，BD03379，BD03380，BD03389，BD03414，BD03415，BD03418，BD03419，BD03420，BD03426，BD03434，BD03460（1），BD03461（2），BD03462，

BD03464, BD03468, BD03494, BD03508, BD03511, BD03519, BD03523, BD03531, BD03545, BD03551, BD03556, BD03576, BD03580, BD03597, BD03625, BD03636, BD03644, BD03695, BD03702, BD03704, BD03711, BD03719, BD03720, BD03721, BD03732, BD03734V, BD03749, BD03753, BD03762, BD03777, BD03790, BD03791, BD03794, BD03799, BD03801, BD03802（1）, BD03803, BD03804, BD03811, BD03816, BD03819, BD03822, BD03824, BD03830, BD03847, BD03856, BD03858, BD03859, BD03865, BD03866, BD03870, BD03872, BD03873, BD03875, BD03877, BD03890, BD03891, BD03892, BD03901, BD03904, BD03930, BD03933, BD03934, BD03950, BD03960, BD03962, BD03971, BD03974, BD03976, BD03981, BD03982, BD03983, BD03986, BD03990, BD04000, BD04013, BD04014, BD04024, BD04030, BD04043, BD04045, BD04046, BD04058, BD04082, BD04096, BD04120, BD04122, BD04130, BD04142, BD04150, BD04151, BD04152, BD04165, BD04166, BD04167, BD04176, BD04180, BD04185, BD04203, BD04216, BD04219, BD04221, BD04231, BD04249, BD04257, BD04276, BD04279, BD04294, BD04320, BD04345, BD04356, BD04357, BD04359, BD04362, BD04364, BD04365, BD04369, BD04393, BD04396, BD04419, BD04434, BD04449, BD04453, BD04461, BD04464, BD04469, BD04502, BD04504, BD04516, BD04522, BD04528, BD04531, BD04541, BD04542, BD04543, BD04551, BD04558（1）, BD04559, BD04574, BD04576, BD04592, BD04593, BD04596, BD04598, BD04599, BD04609, BD04616, BD04632, BD04639, BD04645, BD04654, BD04660, BD04702, BD04712, BD04716, BD04720, BD04723, BD04727, BD04728, BD04734, BD04736, BD04737, BD04739, BD04748, BD04755, BD04779, BD04788, BD04807, BD04825, BD04831, BD04832, BD04851, BD04858, BD04862, BD04864, BD04880, BD04882, BD04885, BD04886, BD04889, BD04894, BD04899, BD04908, BD04943, BD04954, BD04958, BD04963, BD04966, BD04980, BD04984, BD04995, BD05002, BD05022, BD05024, BD05025, BD05027, BD05031, BD05056, BD05060, BD05061, BD05062, BD05064, BD05068, BD05087, BD05101, BD05115, BD05122, BD05134, BD05145, BD05148,

BD05156，BD05167，BD05185，BD05187，BD05206，BD05207，BD05212，
BD05217，BD05218，BD05222，BD05230，BD05265，BD05276，BD05280，
BD05282A，BD05282B，BD05289，BD05291，BD05311，BD05316，BD05319，
BD05331，BD05367，BD05368，BD05371，BD05379，BD05401，BD05414，
BD05420，BD05428，BD05433，BD05436，BD05438，BD05446，BD05476，
BD05493，BD05498，BD05502，BD05540，BD05576，BD05578A，BD05578B，
BD05579，BD05584，BD05585，BD05589，BD05610，BD05618，BD05622，
BD05637，BD05646A，BD05659，BD05678，BD05687，BD05688，BD05690，
BD05696，BD05697，BD05706，BD05712，BD05718，BD05726，BD05742（1），
BD05748，BD05754，BD05758，BD05765，BD05771，BD05774，BD05786，
BD05796（2），BD05807，BD05826，BD05829，BD05831，BD05846，BD05855，
BD05858，BD05865，BD05881，BD05886，BD05887，BD05894，BD05901，
BD05902，BD05914，BD05940，BD05976，BD05983，BD06009，BD06015，
BD06038，BD06039，BD06042，BD06043，BD06044，BD06049，BD06064，
BD06071，BD06074，BD06078，BD06080，BD06100，BD06119，BD06133，
BD06135，BD06140，BD06152，BD06179，BD06186，BD06193，BD06203，
BD06204，BD06234，BD06241，BD06258，BD06294，BD06316，BD06329，
BD06332，BD06344，BD06358（1），BD06361，BD06364A，BD06364B，
BD06365A，BD06365B，BD06372，BD06373，BD06383，BD06398，BD06399，
BD06402，BD06407，BD06416，BD06419，BD06437，BD06442，BD06443，
BD06456，BD06469A，BD06469B，BD06478，BD06495，BD06497，BD06498，
BD06505，BD06506，BD06518，BD06528，BD06543，BD06554，BD06565（2），
BD06566，BD06572，BD06592，BD06606，BD06607（1），BD06612，BD06614，
BD06620，BD06632，BD06645，BD06669，BD06675，BD06678，BD06686，
BD06693，BD06707，BD06713，BD06720，BD06731，BD06732，BD06733B，
BD06736，BD06772，BD06775，BD06781，BD06794，BD06817，BD06827，
BD06845，BD06846，BD06883，BD06884，BD06895，BD06921，BD06924，
BD06945，BD06968，BD06975，BD06981，BD07003，BD07010，BD07011，
BD07033，BD07034，BD07042，BD07044，BD07073，BD07087，BD07104，
BD07140，BD07165，BD07184，BD07186，BD07191，BD07196，BD07216，

BD07236，BD07243，BD07255，BD07256，BD07265，BD07285，BD07296，BD07309，BD07317，BD07320，BD07332，BD07344，BD07345，BD07379，BD07391，BD07446，BD07463，BD07466，BD07467，BD07473，BD07478，BD07486，BD07494，BD07518，BD07529，BD07533，BD07535，BD07557，BD07561，BD07583，BD07597，BD07608，BD07610，BD07615，BD07618，BD07629，BD07631，BD07636，BD07637，BD07641，BD07694，BD07697，BD07758，BD07772，BD07782，BD07793，BD07797，BD07799，BD07802（1），BD07806，BD07840，BD07911，BD07912，BD07924，BD07948，BD07955，BD07961，BD07966，BD07970，BD07971，BD07974，BD07982，BD07983，BD07987，BD08002，BD08005，BD08017，BD08021，BD08026，BD08030，BD08036，BD08051，BD08057，BD08073，BD08076，BD08089，BD08098，BD08102，BD08115，BD08126，BD08127，BD08141，BD08144，BD08152，BD08165，BD08183，BD08188，BD08200，BD08204，BD08205，BD08211，BD08221，BD08225，BD08226，BD08229，BD08239，BD08241，BD08251，BD08263，BD08270，BD08283，BD08293，BD08297，BD08300，BD08317，BD08338，BD08385，BD08390A，BD08390B，BD08394，BD08409，BD08422，BD08452，BD08457，BD08505，BD08509，BD08521，BD08552，BD08553，BD08609，BD08619，BD08658，BD08671，BD08823，BD08824，BD08825，BD08826，BD08827，BD08828，BD08829，BD08830，BD08831，BD08832，BD08833，BD08834，BD08835，BD08836，BD08837，BD08838，BD08839，BD08840，BD08841，BD08842，BD08843，BD08844，BD08845，BD08846，BD08847，BD08848，BD08849，BD08850，BD08851，BD08852，BD08853，BD08854，BD08855，BD08856，BD08857，BD08858，BD08859，BD08860，BD08861，BD08862V，BD08863，BD08864，BD08865，BD08866，BD08867，BD08868，BD08869，BD08870，BD08871，BD08872，BD08873，BD08874，BD08875，BD08876，BD08877，BD08878，BD08879，BD08880，BD08881，BD08882，BD08883，BD08885，BD08886，BD08887（2），BD08888（1），BD08889，BD08890，BD08891（1），BD08892，BD08893，BD08894，BD08895，BD09112，BD09113，BD09114，BD09115，BD09116，BD09117，BD09118，BD09119，BD09120，BD09121，BD09122，BD09123，BD09124，BD09125，

BD09126，BD09127，BD09128，BD09129，BD09154，BD09884，BD09889，
BD09927，BD09937，BD09943，BD09944，BD09961，BD09964，BD09965，
BD09973，BD09977，BD09979，BD09984，BD09986，BD09991，BD10003，
BD10005，BD10009，BD10013，BD10023，BD10039，BD10044，BD10045，
BD10057，BD10058，BD10066，BD10099，BD10115，BD10116，BD10117，
BD10128，BD10136，BD10140，BD10143，BD10144，BD10148，BD10152，
BD10168，BD10177，BD10183B，BD10184，BD10195，BD10213，BD10216，
BD10235，BD10248，BD10249，BD10263，BD10275，BD10278，BD10281，
BD10303，BD10318，BD10324，BD10339，BD10343，BD10348，BD10351，
BD10352，BD10381，BD10382，BD10419，BD10422，BD10469，BD10478，
BD10481，BD10491，BD10493，BD10495，BD10517，BD10544，BD10553，
BD10557，BD10584，BD10594，BD10602，BD10617，BD10632，BD10637，
BD10643，BD10662，BD10674，BD10679，BD10693，BD10735，BD10741，
BD10748，BD10749，BD10752，BD10762，BD10763，BD10798，BD10802，
BD10850，BD10860，BD10865，BD10872，BD10883，BD10891，BD10900，
BD10902（1），BD10921，BD10928，BD10974，BD10975，BD10989，BD10995，
BD11002，BD11004，BD11018，BD11044，BD11051，BD11055，BD11056，
BD11057，BD11061，BD11065，BD11066，BD11067，BD11091，BD11098，
BD11102，BD11103，BD11114，BD11125，BD11172，BD11173，BD11197，
BD11229，BD11238，BD11249，BD11280，BD11282，BD11293，BD11296，
BD11303，BD11307，BD11319，BD11332，BD11370，BD11378，BD11379，
BD11398，BD11407，BD11429，BD11445，BD11456，BD11471，BD11477（2），
BD11519，BD11520，BD11522，BD11538，BD11541，BD11565，BD11566，
BD11597，BD11619，BD11644，BD11655，BD11671，BD11682，BD11699，
BD11711，BD11715，BD11730，BD11750，BD11779，BD11789，BD11790，
BD11811，BD11819，BD11821，BD11822，BD11828，BD11830，BD11853，
BD11854，BD11856，BD11864，BD11879，BD11893，BD11904，BD11906，
BD11935，BD11937，BD11938，BD11941，BD11959，BD11966，BD11971，
BD11976，BD12011，BD12023，BD12027，BD12030，BD12033，BD12118，
BD12125，BD12127，BD12135，BD12157，BD12164，BD12165，BD12224，

BD12230, BD12231, BD12240, BD12241, BD12245, BD12248, BD12257, BD12275, BD12325, BD12351, BD12356, BD12621, BD12786, BD12903, BD12980V, BD13006, BD13140（2）, BD13621, BD13622, BD13625, BD13630, BD13634, BD13638, BD13640, BD13644, BD13676, BD13677, BD14146, BD14153, BD14154, BD14173, BD14181, BD14189, BD14195, BD14208, BD14209, BD14422, BD14440, BD14441, BD14453, BD14460, BD14466, BD14490, BD14498, BD14515, BD14516, BD14517, BD14527, BD14545, BD14566, BD14576, BD14594, BD14596, BD14612, BD14628, BD14640, BD14644A, BD14645, BD14691, BD14702, BD14703, BD14712, BD14757E, BD14757G, BD14766A, BD14766B, BD14769, BD14779, BD14819, BD14823, BD14840EC, BD14840O, BD14840Q, BD14857, BD14861V, BD14876, BD14878, BD14879, BD14886, BD14911, BD14923A, BD14929, BD14967, BD14970, BD15003, BD15018, BD15029, BD15031, BD15037, BD15040, BD15043, BD15044, BD15045, BD15046, BD15048, BD15049, BD15110（2）, BD15117, BD15119, BD15121, BD15137, BD15144, BD15146, BD15175, BD15188, BD15198, BD15205, BD15209, BD15232, BD15242V（4）, BD15253, BD15255, BD15262, BD15269, BD15270, BD15272, BD15336, BD15401, BD15414, BD15424, BD15495, BD15497, BD15523, BD15546, BD15548, BD15553, BD15564, BD15569, BD15590, BD15593, BD15596, BD15600, BD15601, BD15604, BD15610, BD15618, BD15619, BD15724, BD15728, BD15732, BD15735, BD15745, BD15753, BD15755, BD15758, BD15789, BD15790, BD15791, BD15794, BD15796, BD15798, BD15800, BD15802, BD15804, BD15806, BD15808, BD15810, BD15820, BD15825, BD15829, BD15831, BD15835, BD15838, BD15857, BD15875, BD15879, BD15880, BD15881, BD15892, BD15894, BD15902, BD15903, BD15910, BD15912, BD15914, BD15916, BD15926, BD15934, BD15942, BD15945, BD15946, BD15951, BD15953, BD15966, BD15968, BD15978, BD16005, BD16046, BD16048, BD16050, BD16149, BD16159, BD16161, BD16227A, BD16227B, BD16227C, BD16227D, BD16250, BD16323A, BD16400, BD16411, BD16412, BD16413, BD16414, BD16443B,

BD16443C, BD16456C, BD16463A, BD16463B, BD16463C, BD16467B, BD16568B, CXZ009, HHT014, HHT025, L.021, LB.012, LB.015, LB.026, LB.034, LB.042, LD4979, LD5160-01, Or.8210/P.2 (1), P.2006, P.2022, P.2083, P.2094, P.2240, P.2262, P.2265, P.2266, P.2336, P.2408, P.2415P4, P.2478, P.2741 (2), P.2785, P.2789, P.2876, P.2895, P.2897, P.2926, P.2969, P.3031, P.3049, P.3338, P.3377, P.3398 (1), P.3642, P.3801, P.3824 (2), P.3915 (3), P.4097, P.4098 (3), P.4515, P.4516, P.4525 (14) V, P.4543, P.4547, P.4557, P.4561, P.4578 (3), P.4581, P.4591, P.4592, P.4593, P.4655, P.4678, P.4681, P.4682, P.4734, P.4750, P.4760, P.4802, P.4831 (2), P.4853, P.4922, P.4945, P.4946, P.4948, P.4952, P.5023B, P.5025 (8), P.5028 (12), P.5028 (18), P.5028 (7), P.5029C, P.5029F, P.5029G, P.5042A, P.5573, P.5574, P.5579 (17), P.5583, P.5584 (1), P.5587 (1), P.5588 (3), P.5588P11, P.5588P7, P.5589 (17), P.5589 (4), P.6011 (13), P.6011 (3), P.6011 (4), P.6035, S.0007, S.0028, S.0034, S.0036, S.0047, S.0057, S.0058, S.0087, S.0096, S.0119, S.0139, S.0146, S.0150, S.0151, S.0169, S.0179, S.0226, S.0239, S.0242, S.0259, S.0392, S.0394, S.0439, S.0445, S.0485, S.0502, S.0513, S.0563, S.0579, S.0585, S.0588, S.0597, S.0608, S.0631, S.0632, S.0636, S.0653, S.0656, S.0658, S.0666, S.0671, S.0673, S.0674, S.0677, S.0678, S.0687, S.0689, S.0690, S.0691, S.0695, S.0696, S.0697, S.0708, S.0729, S.0748, S.0761, S.0833, S.0841, S.0844, S.0845 (2), S.0856, S.0859, S.0860, S.0867, S.0868, S.0900, S.0910, S.0925, S.0936, S.0940, S.0981, S.0983, S.0998, S.0999, S.1000, S.1006, S.1008, S.1011, S.1021, S.1024, S.1035, S.1052, S.1063V, S.1071, S.1076, S.1090, S.1097, S.1099, S.1100, S.1116, S.1119, S.1125, S.1127, S.1141, S.1149, S.1207, S.1208, S.1216, S.1229, S.1230, S.1234, S.1241, S.1247, S.1250, S.1277, S.1290, S.1292, S.1318, S.1330, S.1336, S.1352, S.1360, S.1363, S.1367, S.1387, S.1435, S.1453, S.1483, S.1499, S.1503, S.1521, S.1567, S.1571, S.1615, S.1620, S.1626, S.1629, S.1640, S.1656, S.1663, S.1665, S.1666, S.1667, S.1668, S.1672, S.1678 (2), S.1679, S.1680, S.1681, S.1690, S.1695, S.1696, S.1724, S.1727, S.1745, S.1746, S.1757, S.1763, S.1796,

S.1816, S.1819, S.1820, S.1859, S.1887, S.1912, S.1915, S.1932（4）, S.1952,
S.1980, S.1989, S.2001, S.2003, S.2006, S.2036, S.2057, S.2118, S.2124,
S.2128, S.2170, S.2177, S.2190, S.2205, S.2208, S.2249, S.2256, S.2259,
S.2265, S.2271, S.2319, S.2323, S.2327, S.2336, S.2340, S.2344, S.2359,
S.2362, S.2379, S.2380, S.2389, S.2398, S.2416, S.2417, S.2418, S.2451,
S.2456, S.2459, S.2478, S.2482, S.2518, S.2520, S.2545, S.2563, S.2564,
S.2632, S.2635, S.2696, S.2699, S.2749, S.2757, S.2767, S.2802, S.2807,
S.2810, S.2824, S.2826, S.2828, S.2830, S.2842, S.2852, S.2874, S.2898,
S.2902, S.2905, S.2908, S.2940, S.2953, S.2959, S.2969, S.2995, S.2998,
S.3003, S.3020, S.3042, S.3049, S.3062, S.3063, S.3067, S.3085, S.3088,
S.3110, S.3117, S.3118, S.3122, S.3138, S.3142, S.3145, S.3148, S.3149,
S.3159, S.3164, S.3182, S.3183, S.3204, S.3209, S.3210, S.3213, S.3216,
S.3219, S.3220, S.3230, S.3235, S.3237, S.3238, S.3254, S.3264, S.3268,
S.3272, S.3290, S.3291, S.3294, S.3300, S.3313, S.3317, S.3327, S.3337,
S.3341, S.3351, S.3356, S.3386, S.3390, S.3397, S.3403, S.3407, S.3408,
S.3411, S.3413, S.3431, S.3433, S.3450, S.3451, S.3484, S.3485, S.3500,
S.3501, S.3512, S.3515, S.3533, S.3537, S.3575, S.3580, S.3585, S.3589,
S.3599, S.3602, S.3610, S.3616, S.3630, S.3633, S.3638, S.3641, S.3642,
S.3649, S.3651, S.3653, S.3662, S.3665, S.3669, S.3676, S.3682, S.3686,
S.3744, S.3787, S.3808, S.3811, S.3813, S.3818, S.3834, S.3864, S.3868,
S.3889, S.3892, S.3899, S.3906, S.3911, S.3917, S.3918, S.3944, S.3949,
S.3955（1）, S.3957, S.3959, S.3972, S.3975, S.4008, S.4017, S.4028, S.4029,
S.4032, S.4041, S.4044, S.4069, S.4070, S.4074, S.4132, S.4134, S.4135,
S.4140, S.4147, S.4180, S.4229, S.4316, S.4324, S.4342, S.4347, S.4349,
S.4385, S.4436, S.4462, S.4517, S.4584, S.4598, S.4709, S.4721, S.4732,
S.4733, S.4751, S.4754, S.4765, S.4774, S.4785, S.4811, S.4814, S.4849,
S.4850, S.4862, S.4882, S.4907, S.4912, S.4918, S.4928, S.4949, S.4959,
S.4970, S.4982, S.4988, S.5027, S.5029, S.5066, S.5067, S.5097, S.5098,
S.5145, S.5153, S.5158, S.5169, S.5172, S.5178, S.5186, S.5193, S.5195,
S.5201, S.5203, S.5206, S.5216, S.5217, S.5223, S.5225, S.5248, S.5291,

S.5331, S.5333, S.5398, S.5409, S.5415, S.5416, S.5420, S.5436, S.5443, S.5444, S.5445, S.5446, S.5450（1）, S.5451, S.5459, S.5461, S.5462, S.5468, S.5469, S.5470, S.5479, S.5480, S.5498, S.5499, S.5521, S.5534, S.5536, S.5538, S.5544（1）, S.5582, S.5628, S.5653, S.5669, S.5688, S.5694, S.5911, S.5965, S.6280, S.6294, S.6322, S.6354, S.6373, S.6393, S.6407, S.6415, S.6422, S.6441, S.6450, S.6478, S.6496, S.6527, S.6543, S.6554, S.6561, S.6572, S.6585, S.6598, S.6605, S.6612, S.6613, S.6617, S.6622, S.6628, S.6631, S.6638, S.6641, S.6643, S.6669, S.6675, S.6682, S.6693, S.6707, S.6726, S.6744, S.6765, S.6770, S.6785, S.6803, S.6813, S.6817, S.6823, S.6832, S.6833, S.6850, S.6851, S.6860, S.6876, S.6894, S.6908, S.6950, S.7027, S.7042, S.7045, S.7056, S.7058, S.7064, S.7092, S.7095, S.7099, S.7101, S.7103, S.7106, S.7110, S.7115, S.7127, S.7137, S.7139, S.7141, S.7142, S.7143, S.7148, S.7179, S.7184, S.7189, S.7194, S.7207, S.7226, S.7232, S.7243, S.7252, S.7254, S.7268, S.7270, S.7289, S.7303, S.7315, S.7334, S.7336, S.7340, S.7342, S.7357, S.7382, S.7384A, S.7387, S.7399, S.7400, S.7401, S.7422, S.7424, S.7438, S.7441, S.7447, S.7456, S.7467, S.7473, S.7480, S.7485, S.7492, S.7505, S.7509, S.7518, S.7532, S.7534, S.7538, S.7545, S.7557, S.7564, S.7570, S.7585, S.7591, S.7612A, S.7612B, S.7619, S.7627, S.7630, S.7649, S.7669, S.7670, S.7685, S.7693, S.7699, S.7700, S.7702, S.7704, S.7709, S.7716, S.7723, S.7733, S.7734, S.7744, S.7771, S.7773, S.7784, S.7791, S.7796, S.7804, S.7817, S.7827, S.7837, S.7843, S.7844, S.7857, S.7859, S.7869, S.7874, S.7901, S.7920, S.7922, S.7970, S.7993, S.7998, S.7999, S.8009, S.8031, S.8048, S.8049, S.8050, S.8056, S.8062, S.8066, S.8068, S.8070, S.8097, S.8106, S.8109, S.8111, S.8116B, S.8129, S.8222, S.8226, S.8227, S.8265, S.8275, S.8279, S.8283, S.8284, S.8294, S.8301, S.8306, S.8314, S.8320, S.8323, S.8328, S.8329, S.8332, S.8338, S.8342, S.8360, S.8377, S.8377V, SF180702/7, WJ.001（兰州某氏藏本）, XT.001, XT.005, XT.008, ZSD018号, ZSD026号, ZSD028号, ZSD030号, ZSD038号, Дx.00006, Дx.00007, Дx.00022, Дx.00028, Дx.00042, Дx.00047, Дx.00074, Дx.00086, Дx.00088+Дx.00099+Дx.

06054+Дx.11040V，Дx.00091，Дx.00093，Дx.00097，Дx.00099，Дx.00126+Дx.00127，Дx.00157，Дx.00164+Дx.00165，Дx.00166，Дx.00171，Дx.00329，Дx.00339+Дx.01006+Дx.01569+Дx.03873+Дx.04834+Дx.04867，Дx.00380，Дx.00404，Дx.00414，Дx.00474，Дx.00499+Дx.00539，Дx.00500+Дx.02127，Дx.00522，Дx.00525，Дx.00539，Дx.00605，Дx.00608+Дx.02710，Дx.00629，Дx.00637+Дx.04909，Дx.00644+Дx.01178+Дx.01179，Дx.00658，Дx.00667，Дx.00672，Дx.00686，Дx.00722，Дx.00739，Дx.00755+Дx.00756，Дx.00772+Дx.05926，Дx.00773，Дx.00777，Дx.00789，Дx.00839，Дx.00850，Дx.00854，Дx.00858，Дx.00877，Дx.00888，Дx.00892+Дx.00893+Дx.01621+Дx.02304+Дx.03149+Дx.03150，Дx.00900，Дx.00920，Дx.00932，Дx.00933，Дx.00939，Дx.00978，Дx.01003，Дx.01006，Дx.01007，Дx.01010，Дx.01032，Дx.01036，Дx.01037+Дx.02615，Дx.01045，Дx.01052，Дx.01078，Дx.01084，Дx.01086+Дx.06180+Дx.10941，Дx.01100，Дx.01101，Дx.01126，Дx.01153，Дx.01154，Дx.01157+Дx.01158+Дx.05303，Дx.01178+Дx.01179，Дx.01194，Дx.01239+Дx.01240，Дx.01248+Дx.01470，Дx.01300+Дx.03134+Дx.03137+Дx.03139+Дx.05233+Дx.05760，Дx.01446，Дx.01470，Дx.01471+Дx.01472+Дx.01801+Дx.02051，Дx.01474，Дx.01501，Дx.01558，Дx.01569，Дx.01575，Дx.01601，Дx.01607，Дx.01612，Дx.01621，Дx.01624+Дx.02435，Дx.01638+Дx.02474+Дx.06211+Дx.06247，Дx.01682，Дx.01718+Дx.01719，Дx.01755+Дx.10955+Дx.10959，Дx.01768，Дx.01769，Дx.01790В+Дx.01794+Дx.01796，Дx.01794，Дx.01796，Дx.01801，Дx.01833，Дx.01836+Дx.02714，Дx.01842，Дx.01864，Дx.01865+Дx.02805，Дx.01932+Дx.01933+Дx.01956，Дx.01950，Дx.01952，Дx.01956，Дx.01959+Дx.05248，Дx.01966，Дx.01973+Дx.02018+Дx.02107+Дx.02110+Дx.02388，Дx.01976+Дx.02741，Дx.01996А+Дx.02006А，Дx.02006А，Дx.02018，Дx.02028，Дx.02051，Дx.02080，Дx.02081，Дx.02082，Дx.02083，Дx.02086，Дx.02107，

Дх.02109, Дх.02110, Дх.02127, Дх.02176+Дх.05152, Дх.02216+Дх.03406, Дх.02247, Дх.02251, Дх.02255, Дх.02260, Дх.02262, Дх.02265+Дх.04298, Дх.02272В+Дх.02281+Дх.02316+Дх.02444, Дх.02281, Дх.02296, Дх.02297+Дх.02307, Дх.02304, Дх.02307, Дх.02316, Дх.02334, Дх.02351С+Дх.02353В, Дх.02353В, Дх.02364, Дх.02369, Дх.02379, Дх.02388, Дх.02416, Дх.02428, Дх.02434А, Дх.02434В+Дх.02472+Дх.03040, Дх.02435, Дх.02437+Дх.03878+Дх.06092, Дх.02444, Дх.02453, Дх.02459+Дх.02469, Дх.02460, Дх.02469, Дх.02472, Дх.02474, Дх.02488+Дх.02505+Дх.05382, Дх.02492, Дх.02505, Дх.02511+Дх.05750, Дх.02520（2）, Дх.02544, Дх.02560, Дх.02578, Дх.02596, Дх.02598, Дх.02605, Дх.02607, Дх.02615, Дх.02617, Дх.02623, Дх.02633+Дх.03047, Дх.02649, Дх.02656, Дх.02674, Дх.02687, Дх.02692, Дх.02703+Дх.02704, Дх.02710, Дх.02713, Дх.02714, Дх.02726+Дх.03097, Дх.02741, Дх.02747, Дх.02756, Дх.02758, Дх.02765, Дх.02772, Дх.02805, Дх.02846+Дх.03062+Дх.03086, Дх.02865, Дх.02894, Дх.02907А+Дх.02916, Дх.02910+Дх.02912, Дх.02912, Дх.02913+Дх.02932, Дх.02916, Дх.02932, Дх.02944, Дх.02945, Дх.02946, Дх.02992В, Дх.03001, Дх.03040, Дх.03041, Дх.03047, Дх.03052, Дх.03061+Дх.03074, Дх.03062, Дх.03063, Дх.03069+Дх.03071, Дх.03071, Дх.03082, Дх.03086, Дх.03097, Дх.03106, Дх.03134, Дх.03137, Дх.03139, Дх.03149+Дх.03150, Дх.03180, Дх.03244, Дх.03251, Дх.03272, Дх.03286, Дх.03326, Дх.03327, Дх.03329, Дх.03331+Дх.04142+Дх.04724, Дх.03344А, Дх.03367+Дх.04137, Дх.03377, Дх.03406, Дх.03411, Дх.03445, Дх.03447, Дх.03466, Дх.03493, Дх.03505, Дх.03515А, Дх.03516, Дх.03591, Дх.03615+Дх.03621А, Дх.03621В, Дх.03627, Дх.03663, Дх.03687, Дх.03696, Дх.03700, Дх.03720+Дх.06008, Дх.03749, Дх.03777, Дх.03817, Дх.03836, Дх.03843, Дх.03853, Дх.03866, Дх.03873, Дх.03878, Дх.03881, Дх.03912+Дх.05503, Дх.03943,

Дx.03943V, Дx.03959, Дx.03960B, Дx.03971, Дx.03992, Дx.03994B, Дx.04124, Дx.04132, Дx.04137, Дx.04141, Дx.04142, Дx.04146, Дx.04153, Дx.04154, Дx.04188, Дx.04192, Дx.04195, Дx.04240A, Дx.04298, Дx.04302, Дx.04306, Дx.04313, Дx.04338, Дx.04344, Дx.04387, Дx.04392, Дx.04393, Дx.04407+Дx.05508, Дx.04435, Дx.04441, Дx.04444, Дx.04462, Дx.04483, Дx.04502, Дx.04503A, Дx.04503B, Дx.04525, Дx.04535, Дx.04537, Дx.04540, Дx.04582, Дx.04624, Дx.04664, Дx.04716, Дx.04718, Дx.04724, Дx.04740, Дx.04746, Дx.04793, Дx.04796, Дx.04797, Дx.04798, Дx.04804, Дx.04821+Дx.04911+Дx.06149+Дx.10938+Дx.10951, Дx.04826+Дx.04840, Дx.04834, Дx.04842A, Дx.04843, Дx.04846, Дx.04859, Дx.04867, Дx.04875, Дx.04878+Дx.04879A, Дx.04901, Дx.04905, Дx.04905 第 4 片, Дx.04905 第 5 片, Дx.04905 第 7 片, Дx.04905 第 8 片, Дx.04905 第 9 片, Дx.04905 第 10 片, Дx.04905 第 11 片, Дx.04905 第 12 片, Дx.04909, Дx.04911, Дx.04956, Дx.04962, Дx.05013, Дx.05032, Дx.05037, Дx.05045, Дx.05053, Дx.05109, Дx.05112, Дx.05148, Дx.05152, Дx.05180A, Дx.05186, Дx.05226B, Дx.05233, Дx.05248, Дx.05294, Дx.05298, Дx.05302+Дx.06327, Дx.05308, Дx.05313, Дx.05339, Дx.05357, Дx.05372, Дx.05375+Дx.05381, Дx.05376, Дx.05380, Дx.05381, Дx.05413, Дx.05417, Дx.05434, Дx.05467, Дx.05493, Дx.05503, Дx.05508, Дx.05530, Дx.05546, Дx.05575, Дx.05635, Дx.05641, Дx.05646, Дx.05659B, Дx.05677, Дx.05694, Дx.05703, Дx.05713, Дx.05719, Дx.05725, Дx.05743, Дx.05743V, Дx.05750, Дx.05751, Дx.05757, Дx.05760, Дx.05777, Дx.05788A, Дx.05833, Дx.05879, Дx.05882, Дx.05894, Дx.05896, Дx.05896V, Дx.05926, Дx.05945, Дx.05947, Дx.05950, Дx.06008, Дx.06076, Дx.06092, Дx.06096, Дx.06107, Дx.06120+Дx.06226, Дx.06145, Дx.06149, Дx.06168, Дx.06171, Дx.06180, Дx.06181, Дx.06197, Дx.06198, Дx.06210+Дx.10929, Дx.06211, Дx.06219, Дx.06220, Дx.06226, Дx.06227, Дx.06247, Дx.06266, Дx.06327, Дx.06338,

Дх.06363+Дх.06426+Дх.06508，Дх.06365，Дх.06371，Дх.06376，Дх.06394，Дх.06404，Дх.06408，Дх.06412，Дх.06426，Дх.06435+Дх.06446，Дх.06439+Дх.08555А，Дх.06446，Дх.06458+Дх.07037+Дх.07563+Дх.09417，Дх.06490+Дх.08527，Дх.06493，Дх.06503，Дх.06508，Дх.06518，Дх.06562+Дх.06563+Дх.06606，Дх.06576В，Дх.06592，Дх.06606，Дх.06607，Дх.06622，Дх.06628，Дх.06637，Дх.06659，Дх.06689，Дх.06720，Дх.06721，Дх.06752，Дх.06762，Дх.06793，Дх.06851，Дх.06854，Дх.06938，Дх.06959，Дх.06967，Дх.06983，Дх.07030，Дх.07037，Дх.07041，Дх.07044，Дх.07046，Дх.07053，Дх.07142，Дх.07149，Дх.07158，Дх.07181，Дх.07208，Дх.07217，Дх.07235，Дх.07244，Дх.07260，Дх.07306，Дх.07322，Дх.07374，Дх.07417，Дх.07450，Дх.07464，Дх.07473，Дх.07563，Дх.07620，Дх.07623，Дх.07647，Дх.07704，Дх.07758，Дх.07841，Дх.07921，Дх.07940，Дх.07950，Дх.07962，Дх.07974，Дх.07988，Дх.08020，Дх.08085，Дх.08090，Дх.08186，Дх.08187，Дх.08227，Дх.08258，Дх.08312，Дх.08360，Дх.08361，Дх.08367，Дх.08393，Дх.08429，Дх.08481，Дх.08517，Дх.08527，Дх.08536，Дх.08555А，Дх.08627，Дх.08628，Дх.08645，Дх.08647，Дх.08674，Дх.08684，Дх.08764，Дх.08794，Дх.08834，Дх.08872，Дх.08887，Дх.08888，Дх.08897，Дх.08909，Дх.08942，Дх.08952，Дх.09016，Дх.09021，Дх.09030，Дх.09066，Дх.09095，Дх.09133，Дх.09257，Дх.09297，Дх.09321，Дх.09338，Дх.09355，Дх.09382，Дх.09417，Дх.09418，Дх.09426，Дх.09477，Дх.09482，Дх.09494，Дх.09553，Дх.09578，Дх.10296А，Дх.10370，Дх.10687，Дх.10795，Дх.10816，Дх.10928，Дх.10929，Дх.10931，Дх.10932，Дх.10933，Дх.10934，Дх.10935，Дх.10936，Дх.10937，Дх.10938，Дх.10939，Дх.10940，Дх.10941，Дх.10942，Дх.10943，Дх.10944，Дх.10945，Дх.10946，Дх.10947，Дх.10948，Дх.10949+Дх.10969+Дх.10987，Дх.10950，Дх.10951，Дх.10955，Дх.10956，Дх.10957，Дх.10958，Дх.10959，Дх.10960，Дх.10961，Дх.10962，Дх.10963，Дх.10964，

Дх.10965+Дх.10975, Дх.10966, Дх.10967, Дх.10969, Дх.10970, Дх.10971, Дх.10972, Дх.10973, Дх.10974, Дх.10975, Дх.10976, Дх.10977, Дх.10979, Дх.10980, Дх.10981, Дх.10982, Дх.10983, Дх.10984, Дх.10985, Дх.10986, Дх.10987, Дх.10988, Дх.10989, Дх.10990, Дх.10991, Дх.10992, Дх.10993, Дх.10994, Дх.10995, Дх.10996, Дх.10997, Дх.10998, Дх.10999, Дх.11000, Дх.11001, Дх.11002, Дх.11003, Дх.11005, Дх.11006, Дх.11007, Дх.11008, Дх.11009, Дх.11010, Дх.11011, Дх.11012, Дх.11013A, Дх.11013B, Дх.11013C, Дх.11013D, Дх.11014, Дх.11015, Дх.11039, Дх.11039V, Дх.11046, Дх.11046V, Дх.11131, Дх.11243, Дх.11244, Дх.11245A, Дх.11589, Дх.11611, Дх.11650, Дх.11671, Дх.11680, Дх.11714, Дх.11741, Дх.11758, Дх.11760, Дх.11776, Дх.11786, Дх.11812, Дх.11820, Дх.11845, Дх.11853, Дх.11865, Дх.11868, Дх.11875, Дх.11887, Дх.11918, Дх.11926, Дх.11970, Дх.11978, Дх.12003, Дх.12016, Дх.12091, Дх.12207, Дх.12356, Дх.12363, Дх.12405, Дх.12429, Дх.12432, Дх.12462, Дх.12563, Дх.12578, Дх.12596, Дх.12613, Дх.12623, Дх.12635, Дх.12636, Дх.12643, Дх.12672, Дх.12681, Дх.12683, Дх.12695, Дх.12698, Дх.12698V, Дх.12700, Дх.12710, Дх.12712, Дх.12727, Дх.12772, Дх.12789, Дх.12807, Дх.12811, Дх.12823, Дх.12854, Дх.12871, Дх.14171, Дх.14180, Дх.14204, Дх.14225, Дх.14243, Дх.14509, Дх.14673, Дх.14849, Дх.14930, Дх.14998, Дх.15144, Дх.15235, Дх.15424, Дх.15469, Дх.15501, Дх.15734, Дх.15774, Дх.15805, Дх.15808, Дх.15820, Дх.15921, Дх.15956, Дх.15996, Дх.15998, Дх.16028, Дх.16088, Дх.16229, Дх.16281, Дх.16308, Дх.16348, Дх.16444, Дх.16473, Дх.16614, Дх.16776, Дх.16789, Дх.16823, Дх.16829V, Дх.16844, Дх.16854, Дх.16889, Дх.16898, Дх.17497, Дх.17553, Дх.17559, Дх.17563, Дх.17645, Дх.17666, Дх.17702, Дх.17792, Дх.18049, Дх.18311, Дх.18373, Дх.18412, Дх.18486, Дх.18606, Дх.18653, Дх.18914, Дх.19061, 巴图 Cod.sin.4, 碑林 007（2），北大 D013, 北大

D014，北大 D015，北大 D016，北大 D017，北大 D018，北大 D019，北大 D020，北大 D021，北大 D133，北大 D140，北大 D206，北三井 026（025-10-35），北三井 027（025-10-32），北三井 028（025-10-30），北三井 029（025-10-34），北三井 030（025-13-6），北三井 031（025-10-33），北三井 032（025-10-31），常博藏本[1]，大东急 107-16-1，大东急 107-5-1-1Q，大谷大学 0730，东北师大藏本[2]，敦博 052，敦博 053，敦博 079，敦煌民间藏本[3]，敦研 079，敦研 086，敦研 089，敦研 323，敦研 377，俄 Φ.067，俄 Φ.105（2），俄 Φ.160，俄 Φ.161，俄 Φ.162，俄 Φ.163，俄 Φ.164，俄 Φ.166(2)，俄 Φ.169，俄 Φ.225，俄 Φ.240，俄 Φ.253，俄 Φ.268V，俄 Φ.304，傅图 07，傅图 08，傅图 09，甘博 018，甘博 048，甘博 086，甘博 087，甘博 094，甘博 097，甘博 099，甘博附 134，甘图 004，故宫新 184191，故宫新 21120，国图 WB32（1），566977，37.1.16入，国图 WB32（38），566987，津图 005，津图 007，津图 011，津图 020，津图 028，津图 055，津图 080，津图 091，津图 099，津图 100，津图 102，津图 103，津图 105，津图 118V，津图 119，津图 129，津图 144，津图 182，津图 184，津图 186，津图 188，津文 451，津文 A-209B，津艺 003，津艺 042，津艺 044，津艺 050，津艺 057，津艺 059，津艺 062，津艺 065（8），津艺 077，津艺 086，津艺 129，津艺 130，津艺 132，津艺 133，津艺 142，津艺 143，津艺 149，津艺 150，津艺 155，津艺 170，津艺 189，津艺 195，津艺 213，津艺 262，津艺 280，津艺 306，津艺 310，津艺 314，津艺 315，津艺 317，津艺 319，京博B甲 437，酒博 003，酒博 006，酒博 010，酒博 021，酒博 023，酒博 028，昆山市昆仑堂美术馆藏本，龙谷大学 2.五〇二（波 10），龙谷大学 3.五〇三（波 2），龙谷大学 4.五〇四（波 7），龙谷大学 5.五〇五，龙谷大学 6.五〇六，龙谷大学 7.五〇七（波 8），龙谷大学 8.五〇八，龙谷大学 9.五〇九，龙谷大学 10.五一〇（波 15），南图 018，启敦 049，启敦 050，启敦 052，启敦 092，启敦 095，启敦 108，启敦 113，启敦 116，启敦 136，启敦 148，青博 08（15），上博 19（3323），上博 41（39643），上博 51（44956），上博 75（54863），上海龙华寺藏本，上图 020，上图 026，上图 083，上图 102，上图 105（10），上图 105（12），上图 105（8），上图 124，上

---

[1] 常州博物馆编：《常州博物馆五十周年典藏丛书·书法卷》，北京：文物出版社，2008年，第2-3页。
[2] 刘奉文：《东北师范大学图书馆馆藏珍本古籍举要》，《社会科学战线》2009年第9期。
[3] 窦侠父：《散失在敦煌民间的唐写本金刚经》，《敦煌研究》1983年创刊号。

图 174，上图 181，石谷风 044，石谷风 052，首博 32.520（23），首博 32.520（5），首博 32.520（6），首博 32.530，首博 32.540，首博 32.554，首博 32.555，首博 32.558（3），首博 32.568，首博 32.587，首博 32.592，首都图书馆藏本，台图 048，台图 049，维多利亚 1982.075.004，文研院 095（xj101-0660.82），文研院 096（xj104-0660.85），文研院 097（xj177-0323.29），文研院 098（xj176-0323.28），文研院 099（xj178-0323.30），务本 006 号 1，务本 007 号，务本 016 号，西博 012，杨鲁安旧藏本，羽 047，羽 073 之 1，羽 316，羽 357，羽 358，羽 361，羽 362，羽 363，羽 365，羽 366，羽 367，羽 368，羽 369，羽 370，羽 371，羽 372，羽 374，羽 375，羽 376，羽 377，羽 378，羽 379，羽 407，羽 457 之 9，羽 461，羽 505，羽 508 之 1，羽 590 之 4，羽 662，招提 03，浙敦 004（浙图 04），浙敦 005（浙图 05），浙敦 006（浙图 06），浙敦 033（浙博 008），浙敦 082（浙博 057），浙敦 087（浙博 062），浙敦 138（浙博 113），中村不折 070

金刚般若波罗蜜经、般若多心经经题

  Дx.01642

金刚般若波罗蜜经并梁朝傅大士颂金刚经序

  S.3373

金刚般若波罗蜜经并序

  高博 001

金刚般若波罗蜜经传外传中卷

  羽 141

金刚般若波罗蜜经传外传卷下

  S.2670，S.6877

金刚般若波罗蜜经后序并赞

  P.2184（2）

金刚般若波罗蜜经会解卷下

  Дx.08261

金刚般若波罗蜜经挟注

  Дx.04823A，Дx.04923

金刚般若波罗蜜经讲经文

  P.2133V（1）

金刚般若波罗蜜经经名

　　P.2094V

金刚般若波罗蜜经论

　　BD04846，P.3293，Дx.06511，Дx.07897，永博附006

金刚般若波罗蜜经论卷上

　　BD05998（3），Дx.00633

金刚般若波罗蜜经论卷中

　　BD05998（4），S.2788，Дx.08128，Дx.08837，Дx.09377，台图116

金刚般若波罗蜜经论卷下

　　BD05998（5），BD06088，BD09671，Дx.03747，Дx.04409，Дx.05064，Дx.06166，Дx.18540，Дx.18592

金刚般若波罗蜜经论疏

　　BD16505A，BD16505B

金刚般若波罗蜜经前仪

　　BD11477（1）

金刚般若波罗蜜经释

　　P.3708

金刚般若波罗蜜经疏

　　BD06937，BD11902，BD15687，S.2047，S.6021，ZSD053号，Дx.01815，Дx.12386V

金刚般若波罗蜜经疏释

　　P.2165V，S.3922

金刚般若波罗蜜经题签

　　P.4734+4945V，P.5027（2），Дx.00676V，Дx.01758，Дx.02140，Дx.08878

金刚般若波罗蜜经序分第一

　　Дx.00400

金刚般若波罗蜜经义记

　　Дx.08190

金刚般若波罗蜜经杂钞

　　BD06751V，BD07534V

金刚般若波罗蜜经赞释

　　津艺 034V

金刚般若波罗蜜经旨赞

　　Дx.00319，Дx.19020

金刚般若波罗蜜经旨赞卷上

　　S.2539（2），Дx.18604

金刚般若波罗蜜经注

　　P.2184（1），P.2216，Дx.04556，北三井 024（025-14-15），敦研 096

金刚般若波罗蜜经注疏

　　S.2511

金刚般若经

　　P.3278，S.3622，大谷大学 0708，羽 012

金刚般若经挟注

　　S.6337

金刚般若经卷上

　　S.4440

金刚般若经开玄钞卷一

　　Дx.00700

金刚般若经开玄记卷二

　　羽 550

金刚般若经开玄记卷三

　　羽 446

金刚般若经论卷上

　　S.2719

金刚般若经疏

　　BD07368，北大 D022

金刚般若经序

　　S.5710

金刚般若经宣演卷下
　　P.2132

金刚般若经一卷
　　S.1517，S.2172，S.2275，S.3297

金刚般若经依天亲菩萨论赞略释秦本义记
　　P.2159

金刚般若经义记
　　羽327

金刚般若经义疏卷二
　　俄Φ.167，上图125

金刚般若经赞述卷二
　　俄Φ.242V

金刚般若经赞述卷四
　　俄Φ.168

金刚般若经旨赞
　　P.2493，P.2493（1），S.2437V，S.2597，故宫新137370V，故宫新176124V，文研院100（xj040-0660.21）

金刚般若经旨赞卷上
　　BD12316，P.2034，S.2744，S.2782，S.7911V，敦博065，羽298

金刚般若经旨赞卷下
　　BD12254，BD15354V，P.2082V，P.2627V，S.0721，俄Φ.334V，傅图33V，南图021，台图140

金刚般若经注释书
　　羽355

金刚般若论卷上
　　BD05998（1），P.3007V

金刚般若论卷下
　　BD05998（2）

金刚般若疏卷下
　　BD02221，BD02228A，BD02228B

金刚般若疏上卷
　　S.6378

金刚般若疏一卷
　　Дx.01661

金刚般若心中真言
　　S.5586（3）

金刚般若义记一卷上
　　S.1087V

金刚忏悔受戒文
　　BD08337

金刚丑女因缘一本
　　S.4511（2）

金刚丑女缘
　　P.2945V

金刚杵图
　　P.4518（25）

金刚大总持大摧碎陀罗尼真言
　　P.3861（7）

金刚顶经曼殊室利菩萨五字心陀罗尼品附真言杂钞
　　BD00059

金刚顶经一切如来深妙秘密金刚界大三昧耶修习瑜伽迎请仪
　　BD02319（1），P.3920（9），S.4510V

金刚顶经一切如来真实摄大乘现证大教王经深妙秘密金刚界大三昧耶修习瑜伽仪
　　P.3920（10）

金刚顶经一切如来真实摄大乘现证大教王经深妙秘密金刚界大三昧耶修习瑜伽仪（金刚顶莲华部心念诵仪轨）
　　BD02319（2）

金刚顶莲华部心念诵仪轨
　　Дx.05245，Дx.11742，Дx.12367V，上图055（2）

金刚顶一切如来真实摄大乘现证大教王经卷上

  羽 661V

金刚顶瑜伽理趣般若经

  S.3018

金刚顶瑜伽念诵仪轨

  P.2105V（1）

金刚顶瑜伽千手千眼观自在菩萨修行仪轨经卷下

  Дx.12264

金刚顶瑜伽中略出念诵经卷一

  BD15383（2）

金刚儿咒

  敦博071VC

金刚解脱真言

  P.2322（20）

金刚界大曼吒罗十六菩萨赞

  P.2322（2）

金刚界大毗卢遮那摄取上大乘秘密甚深心地法门传受密法界大三昧耶修行瑜伽心印仪

  S.2272V

金刚界五佛图

  MG.17780

金刚经

  重博09，重博10

金刚经包背封皮

  BD10943

金刚经残卷

  甘肃省档案馆1

金刚经道场前仪

  Дx.02060

金刚经等杂经十卷一袱录
BD16511

金刚经等诸杂经经袱
BD16510

金刚经断片
中村不折096

金刚经后仪
BD06358（2）

金刚经经末咒
BD03461（3）

金刚经卷
港中文2000.0073

金刚经灵验记
Дx.00514

金刚经启请
BD01823（1），BD03461（1）

金刚经如是解
Дx.06208

金刚经善现起请分第二大乘正宗分第三妙行无住分第四笺
P.5042B

金刚经疏
BD05815，BD05944（1），BD07737，BD09609，BD10204，BD10684，BD10703，BD14739B，S.2050，S.7634，S.7930，S.8393

金刚经疏卷下
S.3713V

金刚经疏释
S.3111

金刚经陀罗尼
BD03075（2）

金刚经陀罗尼神咒

　　BD00480（2），BD03460（2），BD03802（2），津艺202（2）

金刚经陀罗尼咒

　　BD01925（2），BD05742（2）

金刚经陀罗尼咒（附转经咒）

　　BD05796（3）

金刚经序

　　BD13140（1）

金刚经要略

　　浙敦177（浙博152）

金刚经一卷

　　S.1309，S.4886（1），S.5307，S.6873

金刚经赞

　　S.5464（3），俄Φ.323

金刚经赞释

　　P.2629V

金刚经赞文

　　BD09381，P.3645（5）

金刚经赞一卷

　　P.2039V（4）

金刚经真言六种

　　羽457之15

金刚经注

　　S.2068

金刚经注疏

　　敦研369V

金刚经注疏残片

　　浙敦095（浙博070）

金刚经注疏杂抄

　　浙敦069（浙博044），浙敦102（浙博077），浙敦103（浙博078）

金刚经注颂释
BD01901，BD02242

金刚经传
BD09221

金刚经咨义
北大 D139

金刚经纂一卷
S.2565V

金刚峻经金刚顶一切如来深妙秘密金刚界大三昧耶修行四十二种坛法经作用威仪法则，大毗卢遮那佛金刚心地法门秘法戒坛法仪则
BD02431V，BD06329V，BD15147，P.3913

金刚峻经金刚顶一切如来深妙秘密金刚界大三昧耶修行四十九种坛法经作用威仪法则，大毗卢遮那佛金刚心地法门法界坛法仪则
BD02301V，BD02074，BD02074V

金刚莲华大摧碎真言
BD00904，BD00907，BD00909

金刚面天
P.4518（5）

金刚廿八戒
P.3861（4）

金刚启请
P.4095，P.4096（1）

金刚三昧经
BD00593，BD04281，BD13670，S.2368V，S.2445，S.2610，S.2794，S.8246，羽147

金刚三昧经本觉利品第四
Дx.14519

金刚三昧经入实际品第五
Дx.16681

金刚三昧经序品
　　S.3615

金刚神咒符
　　S.4690

金刚坛广大清净陀罗尼经
　　BD00290，BD00370，BD00385，BD00800

金刚坛陀罗尼经
　　Дх.00473+Дх.00477，Дх.02248

金刚童子心咒
　　P.3914（1）

金刚五礼
　　BD07329，BD08174（2），P.2325（2），俄Ф.176V（1）

金刚五礼附发愿回向文
　　BD07370

金刚五礼文
　　BD09146（3），P.3645V（3），P.4597（19）

金刚仙论卷三
　　BD00827

金刚仙论卷六
　　BD02266

金刚仙论卷七
　　首博32.1729

金刚仙论卷八
　　BD00054

金刚仙论卷一〇
　　BD01345V（7）

金刚仙论释义
　　P.4671（1）

金刚像
　　P.4514（11）

金刚心地法门必法戒坛法仪则卷二

  S.2316V

金刚映卷上

  Дx.06616V

金刚暎序

  P.4748

金刚藏菩萨三字观想

  P.3835V（7）

金刚藏菩萨数珠真言

  P.2104V（7）

金刚藏三身真言

  S.5621

金刚旨赞疏抄中卷

  P.2075，S.6733

金刚座记

  P.3927（2）

金刚座图样

  S.6264V

金光明变相一铺铭

  P.3425（2）

金光明经

  L.019，P.2099，P.2203（2），S.3545，S.6635，北三井088（025-10-50），北三井089（025-10-46），大东急107-15-1-1，俄 Ф.260（2），华中师范大学博物馆藏本，美国国会图书馆藏本

金光明经卷一

  BD00611（2），BD00961（2），BD01255（2），BD02162（2），BD02413（2），BD03162，BD03669（2），BD03883，BD03999（2），BD04139，BD05339，BD06388，BD06466（2），BD08969，BD09021，BD09583，BD14508（2），BD14630（1），BD14698，BD15582，BD15586，BD15869，BD15918，BD15924，CXZ027（2），P.4941，P.5597V，P.6009，S.0364（2），S.0409，S.1998，S.2426，

S.2490, S.2957, S.2981, S.3257, S.4155, S.4936, S.4984, S.5251, S.6514, S.7296, S.7583, S.8273, Дх.02569, Дх.03617, Дх.04180, Дх.04633B, Дх.04684, Дх.05167, Дх.06359, Дх.07653, Дх.07658, Дх.07761, Дх.07766, Дх.07980, Дх.08478, Дх.09009, Дх.10659, Дх.11325, Дх.11405, Дх.11545, Дх.11558, Дх.16085, Дх.16104, Дх.16409, Дх.16751, Дх.18284, 敦研062, 敦研098, 敦研312, 甘博060, 津图023, 上图024, 上图040, 羽192

金光明经卷二

BD00492, BD00512, BD00609, BD00642, BD00654, BD00661, BD00766, BD00807, BD01356, BD01368, BD01844, BD02162 (3), BD02301, BD02651, BD04431, BD04967, BD05295, BD05313, BD05333, BD05473, BD05506, BD05525, BD05780, BD06283, BD06627 (1), BD07190, BD07505, BD07871, BD08054, BD08976, BD09008, BD09009, BD10007, BD10566, BD12271, BD13629, BD14630 (2), P.2958, P.3872A, P.4506, S.0668, S.0711, S.1388, S.1402, S.1963, S.2981, S.3137, S.3193, S.4155, S.4839, S.4889, S.4908, S.6356, S.6525, S.7496, S.7656, Дх.00325, Дх.00435, Дх.01541, Дх.02074, Дх.02381, Дх.03213A, Дх.03229, Дх.03234, Дх.03240, Дх.03499, Дх.03539, Дх.03579, Дх.03641, Дх.03788, Дх.03792, Дх.03794, Дх.03962, Дх.04096, Дх.04231, Дх.04456, Дх.04531, Дх.04538, Дх.05041, Дх.05050, Дх.05068, Дх.06321, Дх.06460, Дх.07144, Дх.07627, Дх.07685, Дх.07848, Дх.07944, Дх.07992, Дх.08044, Дх.08056, Дх.08058, Дх.08228, Дх.08318, Дх.08364, Дх.09068, Дх.09284, Дх.09305, Дх.09307, Дх.09409, Дх.10371, Дх.11432, Дх.11491, Дх.14677, Дх.14935, Дх.15772, Дх.15798, Дх.16012, Дх.16037, Дх.16433, Дх.16591, Дх.17849, Дх.17887, Дх.18571, 敦博026, 敦博028, 敦研088, 敦研115, 敦研129, 敦研135, 敦研136, 敦研217, 敦研276, 敦研307, 甘图030, 津图013, 台图023, 台图028

金光明经卷三

BD00781, BD02162 (4), BD02681, BD02733, BD03243, BD06353,

BD12077, BD14059, BD14172, BD14486, BD14630（3）, P.4862, S.0415（1）, S.0611, S.0993, S.1203, S.1541, S.1777, S.2032, S.2350, S.2798, S.2981, S.3059, S.3360, S.3470, S.3636, S.4355, S.4943, S.5074, S.5136, S.5146, S.6443, S.6931, S.8110, Дх.00315, Дх.00586В, Дх.02409В, Дх.03216, Дх.03472, Дх.03751, Дх.04482В, Дх.04642, Дх.04954, Дх.05000, Дх.05001, Дх.05074, Дх.05082, Дх.05405, Дх.06819, Дх.06824, Дх.06891, Дх.06981, Дх.07383, Дх.07389, Дх.07640, Дх.07966, Дх.08572, Дх.08576, Дх.08724, Дх.08735, Дх.08907, Дх.09126, Дх.09279, Дх.09324, Дх.09388, Дх.11343, Дх.11451, Дх.14173, Дх.14191, Дх.15499, Дх.16087, Дх.16128, Дх.16165, Дх.16318, Дх.18829, 大东急107-5-1-1M, 敦研316, 津图167, 上图046, 首博32.520（14）, 台图023, 羽766

金光明经卷四

BD00489, BD00816A, BD01428, BD02162（5）, BD02550, BD02961, BD03076, BD04090, BD04199, BD04241, BD05814, BD05863, BD05935, BD06500, BD06616, BD06625, BD06627（3）, BD07763, BD09028, BD09223, BD10527, BD10623, BD10756, BD10761, BD10912, BD11717, BD12380, BD14060, BD14630（4）, BD14840RA, BD14894, BD15294, BD15731, BD15746, BD15936, BD16480B, LF.007, S.0205, S.0616, S.0625, S.1157, S.1176（1）, S.1737, S.1948, S.2221, S.2469, S.2765, S.2981, S.3106, S.3764, S.3774, S.3855, S.3933, S.4424, S.4692, S.4938, S.6513, S.6593, S.6775, Дх.01202, Дх.01528, Дх.02272А, Дх.02275, Дх.02729, Дх.03342, Дх.03404, Дх.04681В, Дх.04982, Дх.05346, Дх.05996, Дх.06899, Дх.07045, Дх.07048, Дх.07219, Дх.07784, Дх.08047, Дх.08397, Дх.08398, Дх.08399, Дх.08415, Дх.08938, Дх.08944, Дх.09106, Дх.09291, Дх.09349, Дх.10596, Дх.11242А, Дх.11242В, Дх.11242С, Дх.11398, Дх.11402, Дх.11434, Дх.11535, Дх.14223, Дх.14529, Дх.15400, Дх.15569, Дх.15951, Дх.16065, Дх.16074, Дх.16577, Дх.16583, Дх.16587, Дх.16677, Дх.16705, Дх.16735, Дх.16835, Дх.16836, Дх.16867, Дх.16928, Дх.16962, Дх.16965, Дх.16981,

Дх.17476，Дх.17897，Дх.18595，Дх.18598，碑林003，敦研036，津图056，津图089，台图023，伍伦16号，羽516

金光明经卷五

BD04786，BD06485，BD10363，S.0539，S.2207，S.2230，S.3648，S.4049，上图093

金光明经卷六

S.0909，S.2227，S.2843，S.6651，S.6730

金光明经卷七

P.2274，S.0720，S.1178，S.1409，S.1964，S.5190，Дх.00100，京博B甲283 图录241

金光明经卷八

S.4214

金光明经忏悔灭罪传

BD00961（1），BD01255（1），BD01477，BD02162（1），BD02413（1），BD03669（1），BD03999（1），BD04255，BD06269，BD06466（1），BD11196，BD14508（1），CXZ027（1），P.2203（1），Дх.02325，Дх.04363，Дх.05611，Дх.05692B，Дх.05755，Дх.06587，石谷风050，羽192

金光明经果报记

S.0462（1）

金光明经舍身品

S.4290，津艺140，京博B甲429

金光明经疏

Дх.05400V

金光明经疏释

P.2954V

金光明经题签

P.5578（2），Дх.05812，Дх.11593B，Дх.18480

金光明经尾题

Дх.03368

金光明经文句文句记会本卷六
　　Дx.14926

金光明经转经文
　　BD09472V（2）

金光明寺故索法律邈真赞并序
　　P.4660（1）

金光明寺僧帖
　　IOL.C.110（Vol.69.fol.17）（2）

金光明寺僧造食用麦油等历
　　Дx.02164

金光明寺僧祝阇梨集经供养记题记
　　俄Ф.091V

金光明寺写经人名
　　S.2711

金光明寺学郎显须等杂写
　　P.3420+3466P3

金光明寺主惠登书状习字
　　羽039V之2

金光明传
　　S.0364（1）

金光明最胜王会功德之赞
　　P.3425（3）

金光明最胜王经
　　BD04675，P.3504，P.5025（3），P.5025（7），P.5557bis（2），P.5582（1），P.5589（2），S.0032，S.0210，S.0233，S.0400，S.2240，S.2304，S.3259，S.3396，S.3593，S.3970，S.4648，S.5142，S.6283，S.6469，S.6550，S.6697，S.6716，S.6928，S.6929，Дx.03163，北三井091（025-10-45），北三井092（025-13-14），北三井093（025-10-47），北三井094（025-10-52），故宫新153370，文研院101（xj173-0323.25），文研院102（xj005-0662.05），中村不折084，中村不折SH.176-94

金光明最胜王经卷一

BD00071B，BD00186，BD00233，BD00288，BD00394，BD00417A，BD00432，BD00648，BD00717（1），BD00828，BD00981，BD01317，BD01583，BD01826，BD01960，BD02047，BD02067，BD02177，BD02197，BD02383，BD02386（2），BD02654（2），BD02688，BD02732（1），BD03011，BD03138，BD03170，BD03236，BD03340，BD03664，BD03852，BD03863，BD04050，BD04064，BD04208，BD04381，BD04578，BD04667，BD04759，BD04900，BD04911，BD04953，BD05239，BD05303，BD05965，BD05981，BD06025，BD06482（1），BD06501，BD06514，BD06708，BD06987，BD07129，BD07481，BD08367，BD08595，BD08643，BD08968，BD08977，BD08978，BD08989，BD08995，BD09003，BD09010，BD09017，BD09022，BD09032，BD09036，BD09503，BD09675，BD09777，BD09929，BD10025，BD10162，BD10200，BD10223，BD10282，BD10362，BD10435，BD10463，BD10539，BD10873，BD10966，BD11074，BD11077，BD11113，BD11153，BD11183，BD11210，BD11359，BD11670，BD11721，BD11798，BD11831，BD11922，BD11923，BD11942，BD12074，BD12096，BD12210，BD12388，BD13648，BD13649，BD14207，BD14972（1），BD15374，BD16047，BD16382A，BD16406，P.2129V（1），P.2899，P.3042，P.3154，P.3178，P.4025（2），P.4771，P.4929，P.5555，S.0862，S.1177，S.1465，S.1614，S.1916，S.1974，S.2092，S.2746，S.2875，S.2934，S.3248，S.3446，S.3454，S.3858，S.4268，S.4523，S.4671，S.4851，S.5372，S.5386，S.5704，S.6558，S.6708，S.7248，S.7306，S.7434，S.7460，S.7695，S.7834，S.7846，S.7889，S.7944，S.8230，S.8232，S.8309，Дх.00216，Дх.00218，Дх.00318，Дх.00366，Дх.00367A，Дх.00787，Дх.00884，Дх.01138，Дх.01144，Дх.01482，Дх.01694，Дх.01845，Дх.01999，Дх.02009，Дх.02132，Дх.02480，Дх.02589，Дх.02706，Дх.02718，Дх.02720，Дх.02744B，Дх.02797A，Дх.02798B，Дх.03073，Дх.03099，Дх.03102A，Дх.03350，Дх.03844，Дх.03864，Дх.03919，Дх.03925，Дх.04307，Дх.04332，Дх.04339，Дх.04423，Дх.04434，Дх.04777，Дх.04784，Дх.04807，Дх.04955，Дх.04957，Дх.05193K，Дх.05246，Дх.05274，Дх.05286，Дх.05290，Дх.05580，Дх.05601，Дх.05669，

Дх.05696, Дх.05714, Дх.05834, Дх.05958, Дх.06156, Дх.06239, Дх.06669, Дх.06673, Дх.06687, Дх.07335, Дх.08022, Дх.08810, Дх.08862, Дх.08863, Дх.08877, Дх.09230, Дх.10219, Дх.10572, Дх.10595, Дх.11599, Дх.11707, Дх.11998, Дх.12081, Дх.12553, Дх.12566, Дх.12568, Дх.12569, Дх.12665, Дх.12708, Дх.15125, 甘博083, 津图026, 津艺203, 启敦061, 上博20（8918）（4）, 上图038, 首博32.582, 台图021, 台图022, 羽069之2, 羽205R, 羽312, 羽349, 羽707R之5

金光明最胜王经卷二

BD00069, BD00090, BD00328, BD00332, BD00338, BD00481, BD00487, BD00603, BD00717（2）, BD00885, BD00940, BD00942, BD01193, BD01275, BD01282, BD01304, BD01333, BD01338, BD01341, BD01398, BD01423, BD01430, BD01669, BD01876, BD02262, BD02304, BD02478, BD02506（1）, BD02732（2）, BD02967, BD03038B, BD03079, BD03115（1）, BD03234, BD03268, BD03776, BD03836, BD03905, BD03993, BD04019, BD04061, BD04284, BD04405, BD04432, BD04480, BD04488, BD04546, BD04607, BD04634, BD04640, BD04666, BD04678, BD04686, BD04738, BD05000, BD05042, BD05254, BD05269, BD05279, BD05341, BD05384, BD05390, BD05423, BD05425, BD05462, BD05521, BD05567, BD05575, BD05577, BD05603, BD05640, BD05669, BD06215, BD06463, BD06482（2）, BD06569, BD06886, BD06948, BD07007, BD07136, BD07187, BD07232, BD07630（1）, BD07726, BD07791, BD07940, BD08093, BD08275, BD08465, BD08502, BD08988, BD08996, BD09014, BD09556, BD09587, BD09742, BD09789, BD09938, BD10142, BD10221, BD10538, BD10668, BD10737, BD10746, BD10829, BD10942, BD11135, BD11151, BD11286, BD11346, BD11409, BD11691, BD11797, BD12198, BD12239, BD12315, BD12333, BD14061, BD14206, BD14480, BD14575, BD15222, BD15347, BD15504, BD15505, BD15580, BD15608, BD16472A, S.0097, S.0261, S.0723, S.0858, S.0980, S.1098, S.1214, S.1223, S.1372, S.1466, S.1654, S.1732, S.1913, S.1926, S.1936, S.2101, S.2290, S.2322, S.2356, S.2570, S.2848, S.2891, S.2952,

S.3188, S.3191, S.3381, S.4091, S.4265, S.4391, S.4522, S.4822, S.5381, S.6446, S.6466, S.6522, S.6558, S.6695, S.6884, S.6914, S.7061, S.7193, S.7443, S.7490, S.7745, S.7768, S.7777, S.8053, S.8384, ZSD040 号 1, Дх.00225, Дх.00226, Дх.00422, Дх.00478, Дх.00685, Дх.00714, Дх.00718A, Дх.00738, Дх.00746, Дх.00853, Дх.01234, Дх.01469A, Дх.01846, Дх.02049, Дх.02282, Дх.02292, Дх.02357, Дх.02366B, Дх.03065, Дх.03430, Дх.04396, Дх.04917, Дх.05325, Дх.05331, Дх.05337, Дх.05338, Дх.05509, Дх.05819, Дх.05946, Дх.06224, Дх.06510, Дх.06615, Дх.06670, Дх.09148, Дх.09149, Дх.10433, Дх.10664, Дх.10672, Дх.10678, Дх.10712B, Дх.10793, Дх.11126, Дх.11179, Дх.11252, Дх.11681, Дх.12473, Дх.12496, Дх.12498, Дх.12499, Дх.14233, Дх.14814, Дх.15527, Дх.16135, 俄Ф.133, 津图029, 京博B甲300 图录256, 首博32.583, 台图118

金光明最胜王经卷三

BD00363, BD00735, BD00783, BD00789, BD00803, BD00932, BD00973, BD01115, BD01204, BD01273, BD01284, BD01319, BD01392, BD01517, BD01653, BD02115, BD02506（2）, BD02730, BD02731, BD02781, BD02867, BD03093, BD03115（2）, BD03176, BD03182, BD03228, BD04110, BD04153, BD04159, BD04209, BD04250A, BD04250B, BD04571, BD04776, BD04784, BD04827, BD04837, BD04874, BD04903, BD05137, BD05151, BD05166, BD05196, BD05260, BD05284, BD05285, BD05497, BD05523, BD05594, BD05790, BD05992, BD06061, BD06178, BD06275, BD06323, BD06352, BD06391, BD06482（3）, BD06547, BD06602, BD06627（2）, BD06741, BD06844, BD06957, BD06974, BD07048, BD07159, BD07343, BD07841, BD07843, BD08252, BD08434, BD08537, BD08970, BD08984, BD08986, BD08990, BD08991, BD08993, BD09015, BD09020, BD09031, BD09542, BD09545, BD09564, BD09912, BD10062G, BD10569, BD10828, BD10949, BD11669, BD11885, BD12088, BD12311, BD14062, BD14063, BD14834, BD15187, BD16066, BD16484A, BD16484B, P.2026, P.2224, P.2253, P.2936, P.3298, S.0822, S.1462, S.1654, S.1741, S.2178, S.2238,

S.2758, S.2813, S.2881, S.2899, S.3318, S.3496, S.3568, S.3862, S.3897, S.3941, S.3958, S.4539, S.4653, S.4999, S.5907, S.6518, S.6558, S.6863, S.7214, S.7324, S.7498, S.7648, S.7686, S.8038, S.8239, S.8317, S.8388, ZSD063 号, Дх.00173, Дх.00174, Дх.00471, Дх.00472, Дх.01843, Дх.01857, Дх.01858, Дх.02215, Дх.02254, Дх.02447, Дх.02682, Дх.02915, Дх.02917, Дх.04296, Дх.04735, Дх.04755, Дх.04812, Дх.04833, Дх.04933, Дх.05093, Дх.05195, Дх.05347, Дх.05373, Дх.05420, Дх.05643, Дх.06129, Дх.06199, Дх.06207, Дх.06252, Дх.06725, Дх.10600, Дх.10660, Дх.10668, Дх.11059A, Дх.11075, Дх.11114, Дх.11146, Дх.11148, Дх.11161, Дх.11721, Дх.11807, Дх.11827, Дх.11851, Дх.11968, Дх.12013, Дх.12160, Дх.12678, Дх.12730, Дх.15952, Дх.18503, 俄Ф.131, 哥东图3. SPECIAL COLL. Scroll Chinese Series C No.25, 津图122, 津艺255, 羽193, 羽403, 羽457之6

金光明最胜王经卷四

BD00050, BD00068, BD00225, BD00776, BD00815, BD00906, BD01154, BD01240, BD01257, BD01426, BD01789, BD01819, BD01847, BD01850, BD01851, BD02164, BD02171, BD02248, BD02278, BD02314, BD02344, BD02378, BD02933, BD03160, BD03185, BD03373, BD03826, BD03935, BD03984, BD04032, BD04116, BD04126, BD04134, BD04485, BD04520, BD04583, BD04585, BD04685, BD04742, BD04839, BD05023, BD05213, BD05215, BD05361, BD05377, BD05407, BD05611, BD06126, BD06210, BD06482（4）, BD06510, BD06644, BD06711, BD07020, BD07174, BD07339, BD07341, BD07801, BD07992, BD08109, BD08184, BD08203, BD08424, BD08476, BD08974, BD08994, BD09018, BD09029, BD09033, BD09546, BD09584, BD09586, BD09655, BD09855, BD10250, BD10367, BD10964, BD11108, BD11274, BD11301, BD11523, BD11557, BD11596, BD11598, BD11604, BD11768, BD14791, BD14837, BD14928, BD14942, BD15524, BD15860, BD16073, BD16480C, BD16527, HHT031, P.2224, P.2736, P.4947, P.5028（14）, S.0043, S.0187, S.0643, S.1341, S.2097, S.2493, S.2558,

S.2903, S.3065, S.3068, S.4935, S.5012, S.6390, S.6455, S.6558, S.6648, S.7108, S.8158, S.8315B, ZSD064号, Дx.00071, Дx.00254, Дx.00367B, Дx.00489, Дx.00552, Дx.00627, Дx.00631, Дx.00936, Дx.00968, Дx.01561, Дx.01600, Дx.01606, Дx.02119, Дx.02208, Дx.02213, Дx.02509B, Дx.04281, Дx.04405, Дx.04828, Дx.05250, Дx.05251, Дx.05319, Дx.05527, Дx.05577, Дx.05772, Дx.06463, Дx.06483, Дx.07140, Дx.07509, Дx.10640, Дx.10641, Дx.10665, Дx.12743, Дx.12746, 傅图25, 甘博057, 津图175, 羽348, 羽428, 羽533, 浙敦015（浙图15），浙敦024（文保所04）

金光明最胜王经卷五

BD00234, BD00384, BD00706, BD00771, BD00822, BD00823, BD00859, BD00984, BD01031, BD01088, BD01453, BD01954, BD02450, BD02451, BD02690, BD02728, BD02879, BD03113, BD03117, BD03149, BD03339, BD03557, BD03626, BD04205, BD04508, BD04545, BD04628, BD04633, BD04907, BD04972, BD05086, BD05098, BD05114, BD05184, BD05216, BD05253, BD05378, BD05417（1），BD05884, BD05924, BD05964, BD06063, BD06139, BD06482（5），BD06688, BD06726, BD06899, BD07247, BD07361, BD08364, BD08375, BD08500, BD08516, BD08967, BD08985, BD08999, BD09001, BD09004, BD09005, BD09024, BD09030, BD10029, BD10134, BD10560, BD10720, BD10774, BD10856, BD11861, BD12025, BD12295, BD12381, BD14064, BD14180, BD14184, BD14543, BD14610, BD14751, BD15335, BD16063A, BD16063B, BD16063C, BD16063D, P.2224, S.0017, S.0199, S.0641, S.0924, S.1176（2），S.1180, S.1500, S.2166, S.3833, S.4351, S.4860, S.5336, S.6437, S.7301, S.7338, S.7533, S.7536, S.7965, S.8286, S.8327A, Дx.00317, Дx.00748, Дx.00843, Дx.00876, Дx.02312, Дx.04088, Дx.04145, Дx.04295, Дx.05120, Дx.05559, Дx.05726, Дx.05895, Дx.05975, Дx.05976, Дx.06234, Дx.06775, Дx.07534, Дx.08412, Дx.08884, Дx.09023, Дx.09366, Дx.09475, Дx.10476, Дx.10666, Дx.10675, Дx.10677, Дx.10688, Дx.12385, Дx.12621, Дx.12694, Дx.15219, Дx.16500, Дx.18426, 北大D157, 敦博

040，俄Ф.196，津艺118，龙谷大学26.五二六（伊23），首博32.569，清华大学图书馆藏本，羽457之2，羽457之16，羽583

金光明最胜王经卷六

BD00230，BD00519，BD00657，BD00707，BD01098，BD01538，BD01919，BD02099，BD02150，BD02516，BD02600，BD03001，BD03013，BD03020，BD03030，BD03031，BD03048，BD03074，BD03077，BD03179，BD03216，BD03217，BD03218，BD03259，BD03603，BD03705，BD03792，BD03868，BD04163，BD04227，BD04262，BD04268，BD04296，BD04530（1），BD04722，BD04868，BD04905，BD05090，BD05142，BD05250，BD05288，BD05324，BD05342，BD05354，BD05478，BD05556，BD05572，BD05591，BD05762，BD05984，BD06337，BD06901，BD06930，BD07472A，BD07472B，BD07837V（2），BD07930，BD07963，BD08011，BD08429，BD08633，BD08971，BD08972，BD08973，BD08975，BD08980，BD08987，BD09000，BD09002，BD09006，BD09007，BD09013，BD09019，BD09025，BD09026，BD09035，BD09557，BD09914，BD10164，BD10225，BD10483，BD10522，BD10958，BD10959，BD11239，BD11489，BD11542，BD11786，BD14065，BD14570，BD15556，BD16443A，LD5137-08，S.0045，S.0267，S.0320，S.0816，S.1252，S.1457，S.1501，S.1903，S.2185，S.2289，S.2316，S.2522，S.3666，S.3853，S.4170，S.4348，S.5239，S.5247，S.6213，S.6874，S.6903，S.7053，S.7205，S.7316，S.7491，S.7895，S.7946，S.7968，S.8018，S.8339，S.8399，Дх.00027，Дх.00076，Дх.00121，Дх.00554，Дх.00581，Дх.01232，Дх.01646，Дх.01745А，Дх.01814，Дх.01929，Дх.01972，Дх.02030，Дх.02065，Дх.02075，Дх.02100，Дх.02103，Дх.02121，Дх.02200，Дх.02285，Дх.02330В，Дх.02517，Дх.02647，Дх.02684，Дх.02736，Дх.02795，Дх.02815，Дх.03067，Дх.04261，Дх.04341，Дх.04345，Дх.04384，Дх.04508，Дх.04745В，Дх.04847В，Дх.04863，Дх.04873，Дх.04879В，Дх.05193G，Дх.05234，Дх.05363，Дх.05673，Дх.05934，Дх.06106，Дх.06552，Дх.06652，Дх.06692，Дх.06704，Дх.06735，Дх.08805，Дх.10667，Дх.10682，Дх.10684，Дх.10685，Дх.11618，Дх.11796，Дх.11822，Дх.12441，Дх.12442，大谷大学0735，首都师范大

学图书馆藏本，定博004，定博008，俄Ф.170，俄Ф.185，俄Ф.203，俄Ф.208，津艺192，历博46，南图019，台图024，羽048，浙敦074（浙博049）

金光明最胜王经卷七

BD00175，BD00267，BD00525，BD00702，BD00715，BD00758，BD00900，BD01156，BD01190，BD01233，BD01552，BD02008，BD03081，BD03692，BD04034，BD04072，BD04450，BD04530（2），BD04795，BD04830，BD04873，BD05075，BD05873，BD05982，BD06106，BD06468，BD06567，BD06874，BD07167，BD07211，BD07456，BD07692，BD07844，BD08048，BD08136，BD08182，BD08264，BD08418，BD08441，BD08992，BD09590，BD10215，BD10360，BD10484，BD10676，BD10845，BD11106，BD11288，BD11300，BD11382，BD11536，BD14066，BD15094，BD15108，BD15365，BD15560，BD15888，LB.051，P.2333，P.2960，P.3230，S.0018，S.0188，S.0294，S.0432，S.2040，S.2239，S.2382，S.2453，S.2543，S.2804，S.3146，S.3588，S.4098，S.4210，S.4283，S.4565，S.4783，S.4910，S.4986，S.5242，S.6107，S.6566，S.6798，S.7898，Дх.00763，Дх.00797，Дх.01567，Дх.01570，Дх.02396，Дх.02467，Дх.02514，Дх.02739，Дх.03921，Дх.03974А，Дх.04260，Дх.04279，Дх.05180В，Дх.05252，Дх.05330，Дх.05541，Дх.05927，Дх.06730，Дх.06731，Дх.10670，Дх.10674А，Дх.10797，Дх.11616，Дх.12742，Дх.14202，Дх.18534，北大D063，北大D064，俄Ф.128，上博48（41379）（10），羽625，浙敦197（浙博172）

金光明最胜王经卷八

BD00040，BD00129，BD00295，BD00508，BD00786，BD01243，BD01395，BD01417，BD01494，BD01505，BD01511，BD01749，BD02249，BD02485，BD02490，BD02535，BD02682，BD02882，BD02911，BD03033，BD03038A，BD03096，BD03275，BD03336，BD04460，BD04890，BD04932，BD04971，BD05045，BD05411，BD05444，BD05519，BD05625，BD06017，BD06232，BD06385，BD06656，BD07103，BD07383，BD07432，BD07501，BD07669，BD07869，BD08220，BD08631，BD09027，BD09532，BD09705（1），BD09995，BD10587，BD10978，BD11165，BD11548，BD12234，BD12688，BD14191，BD14501，BD15087，CXZ018，LB.036，LD29380，P.2477，P.2745，

P.2933, P.4780, S.0523, S.0565, S.0814, S.1255, S.1999, S.3221, S.3712, S.3870, S.4469, S.4966, S.4989, S.5079, S.6386, S.6414, S.7030, S.7351, S.7841, S.7979, S.8220, S.8259, Дх.00130, Дх.00381, Дх.00726, Дх.01565, Дх.01567, Дх.01910, Дх.01911, Дх.02278, Дх.02594, Дх.02631, Дх.03344B, Дх.04282, Дх.04395, Дх.04916, Дх.04924, Дх.05077, Дх.05545, Дх.05722, Дх.05788B, Дх.06110B, Дх.06512, Дх.06533, Дх.06541, Дх.06655, Дх.06663, Дх.06744, Дх.06751, Дх.07397, Дх.07723, Дх.08545, Дх.10669, Дх.10671, Дх.10686, Дх.16548, Дх.17013, Дх.17013V, Дх.17608, Дх.18630, 碑林004, 俄Ф.129, 俄Ф.195, 俄Ф.310, 鄂博42, 津文521-4, 津艺308, 酒博004, 石谷风071, 台图026, 台图027, 羽136, 浙敦108（浙博083）, 浙敦190（浙博165）

金光明最胜王经卷九

BD00483, BD00545, BD00612, BD00918, BD01314, BD01387, BD01411, BD01528, BD01548, BD01618, BD01628, BD01714, BD01777, BD01795, BD02116, BD02118, BD02400, BD02609, BD02635, BD02777, BD02788, BD02870, BD03061, BD03161, BD03242, BD03321, BD03323, BD03363, BD03367, BD03441, BD03699, BD03769, BD03773, BD03778, BD03896, BD03988, BD04170, BD04535, BD04792, BD04794, BD04918, BD04991, BD04996, BD04998, BD05234, BD05264, BD05703, BD05851, BD05942, BD06027, BD06395, BD06445, BD06969, BD07372, BD07400, BD07612, BD07872, BD08254, BD08266, BD08395, BD08408, BD08527, BD08981, BD08982, BD08983, BD09011, BD09012, BD09034, BD09136, BD09588, BD10055, BD10121, BD10452, BD10647, BD10711, BD10986, BD11071, BD11757, BD11803, BD11852, BD13627, BD14196, BD14714, BD15271, BD15344, BD15555, P.3668, P.4796, P.5598V（1）, S.0050, S.0100, S.0180, S.0586, S.0649, S.0772, S.1179, S.1341V（1）, S.1551, S.2038, S.2159, S.2960, S.2983, S.3587, S.4786, S.4847, S.4848, S.5170, S.5518, S.6416, S.6432, S.6625, S.6724, S.7279, S.7350, S.7366, S.7495A, S.7503, S.7565, S.7628, S.7949, ZSD039号, Дх.00249, Дх.00713, Дх.01080, Дх.01133, Дх.01190, Дх.01749, Дх.02577, Дх.02667, Дх.02853,

Дх.03104，Дх.03319，Дх.03458，Дх.04466，Дх.04701，Дх.04903，Дх.04919，Дх.05083，Дх.05090，Дх.05133，Дх.05350，Дх.06261，Дх.06853，Дх.06895，Дх.07542，Дх.08302，Дх.08588，Дх.09543，Дх.10662，Дх.10792，Дх.11626，Дх.11644，Дх.12544，Дх.12773，Дх.14160，Дх.14341，Дх.18472，北大 D065，敦研 330，俄 Ф.134，甘图 017，甘图 028，国图 WB32（2），604497，台图 025，羽 261，羽 514，浙敦 016（浙图 16）

金光明最胜王经卷一〇

BD00176，BD01007，BD01241，BD01607，BD01869，BD01969，BD01973，BD01987，BD01990，BD02138，BD02148，BD02191，BD02530，BD02563，BD02661，BD02830，BD02875，BD02963，BD03167，BD03392，BD03700，BD03894，BD04212，BD04280，BD04582，BD04797，BD04939，BD05178，BD05198，BD05266，BD05410，BD06381，BD06441，BD06491，BD06517，BD06569V，BD06835，BD07137，BD07398，BD07461，BD07488，BD07584，BD07600，BD07611，BD07973，BD08979，BD08997，BD09016，BD09023，BD09562，BD09563，BD09589，BD09784，BD09895，BD10151，BD10402，BD10482，BD10688，BD10984，BD11080，BD11256，BD11639，BD11787，BD11842，BD14067，BD14559，BD14639，BD14704，BD15102，BD15290，BD15496，BD16063E，BD16063F，BD16063H，BD16063I，BD16063J，BD16063K，BD16063L，BD16063P，P.4673（1），S.0206，S.0710，S.0712，S.1025，S.1108，S.1213，S.1622，S.2100，S.2163，S.2297，S.2303，S.2346，S.4749，S.4792，S.5129，S.5284，S.6278，S.6371，S.6389，S.6674，S.6677，S.6688，S.7029，S.7233，S.7283，S.7310，S.7453，S.7594，S.7729，S.7801，S.7870，S.8311，ZSD071 号，Дх.00358，Дх.00842，Дх.00976+Дх.00989C，Дх.01081，Дх.01245，Дх.01705，Дх.01902，Дх.02470，Дх.02610，Дх.04273，Дх.04416，Дх.05087，Дх.05666，Дх.05790，Дх.06931，Дх.07056，Дх.07057，Дх.08762，Дх.08792，Дх.08858，Дх.09142，Дх.10500，Дх.10673，Дх.10871，Дх.11170B，Дх.11643，Дх.11951，Дх.12682，Дх.12756，北大 D066，北大 D131，俄 Ф.132，酒博 009，龙谷大学 27.五二七（伊 29），上图 148，伍伦 17 号，羽 413，羽 475，羽 476，羽 691V 之 1

金光明最胜王经（杂写）卷一
    BD01602V，BD03925V（1）

金光明最胜王经（杂写）卷三
    BD00831V

金光明最胜王经变一铺赞文
    P.4886

金光明最胜王经钞
    BD06737，BD09143，BD09144，BD12217

金光明最胜王经卷八引首
    浙敦109（浙博084）

金光明最胜王经卷二经文杂抄
    南图004

金光明最胜王经卷六钞
    BD08728（2）

金光明最胜王经卷七卷末音义残片
    羽657之3

金光明最胜王经卷三钞
    BD09788

金光明最胜王经卷四补抄纸
    BD16471

金光明最胜王经卷四护首
    S.8315A

金光明最胜王经卷五杂抄
    S.8395V

金光明最胜王经卷一并序
    P.2883

金光明最胜王经卷一音义并长安三年（703）译场义净等名
    S.6033

金光明最胜王经品名
    S.1186

金光明最胜王经疏卷二
　　Дх.14182

金光明最胜王经题签
　　P.4737（1），P.4737（2），P.5027（1），Дх.00676，Дх.01603，Дх.01770，Дх.01782，Дх.02099，Дх.02593，Дх.04307V，Дх.05073

金光明最胜王经陀罗尼钞
　　BD01823V，BD02544

金光明最胜王经陀罗尼略抄
　　俄Ф.173，俄Ф.182

金光明最胜王经音
　　S.6691V（2）

金光明最胜王经咒
　　BD07823

金光明最胜王经咒语
　　S.5434

金光明最胜王经咒语钞
　　BD07068（2），BD10827

金光寺□照付案牒
　　P.4698

金光五礼本
　　P.3792V（2）

金光五礼赞
　　P.2975

金录斋十方忏文范
　　羽673R

金轮佛顶心真言
　　P.4961（8）

金轮三昧陀罗尼神咒
　　北三井110（025-10-59）

金七十论卷上

  P.2770

金有陀罗尼经

  BD00381，BD00631，BD01266，BD01343，BD01676，BD01774，BD01815，BD01940，BD02166，BD02252，BD02552，BD02936，BD05163，BD05176（1），BD05176（2），BD05233，BD05237，BD05304，BD05511，BD05699，BD05708，BD05753，BD05801，BD05879，BD05916，BD06003，BD06020，BD06202，BD06231，BD06262，BD06433，BD06513，BD06701，BD06890，BD07038，BD07051，BD07193，BD07244，BD07360，BD07453，BD07625，BD07751，BD08069，BD08092，BD08111，BD08247，BD08401，BD08460，BD08512，BD09310，BD10299，BD14142，BD15069，BD15201，BD15385，S.0481，S.1152，S.1211，S.1818，S.2069，S.3544，S.3954，S.4202，S.5923，S.6702，S.6760，S.6838，S.6840，Дх.00785，Дх.01980，Дх.02556，Дх.02624，Дх.03064，Дх.12008，Дх.12533，北大D107，俄Ф.207，俄Ф.274，京博B甲298图录251，羽191，羽224之1，羽289R，羽424

金藏论

  BD03578，BD07798，BD07804

金藏论卷五

  BD03686（1），BD07316

金藏论卷六

  BD03686（2）

金紫光禄大夫守刑部尚书兼御史中丞侯昌业直谏表

  P.2811V（2），Дх.01698，Дх.01698V

金字大宝积经内略出交错及伤损字数

  P.3017

矜免诸杂差发等役判

  S.5770

锦衣篇

  P.2748V（11）

锦於篇

 P.2598V（5）

谨检大小乘经食胡荾菜得恶趣报

 BD08001V

进尚书状

 BD14667V（5）

进庭夜朝祠一首

 P.3468（1）

进新译大方广佛花严经表

 P.2314（1）

进译经表

 S.0343V（6）

晋故归义军节度内亲从都头兼左厢马步军都知兵马使银青光禄大夫检校国子祭酒兼御史大夫上柱国济北氾府君图真赞并序

 P.2482（6）

晋故归义军节度左班都头银青光禄大夫检校左散骑常侍兼御史大夫上柱国南阳张府君邈真赞

 P.3390（3）

晋故归义军节度左班都头银青光禄大夫检校左散骑常侍兼御史大夫上柱国南阳张府君邈真赞补记

 P.3390V（1）

晋故归义军节度左班首都头知节院军使银青光禄大夫检校左散骑常侍兼御史大夫上柱国太原郡阎府君邈真赞并序

 P.2482（4）

晋故归义军陇西李府君邈真赞并序

 P.3718（17）

晋故归义军太原阎府君写真赞并序

 P.3718（15）

晋故归义军薛府君邈真赞并序
  P.3718（16）

晋故归义军应管内衙前都押衙银青光禄大夫检校左散骑常侍兼御史大夫上柱国南阳张府君邈真赞并序
  P.2482（5）

晋故河西应管内外诸司马步军都指挥使银青光禄大夫检校工部尚书兼御史大夫上柱国豫章郡罗府君邈真赞并序、墓志铭并序
  P.2482（2），P.2482（3）

晋记
  P.2586

晋纪
  P.5550（1）

晋书（列传卷十七、十八、二十、廿四）
  S.1393

晋书何曾列传
  P.3481（2）

晋书载记
  P.3813

晋唐写经残卷
  故宫新179084

晋右军将军王羲之笔势论
  P.3515A（P.sogd.5）V

京房八宫卦次
  P.2482V（4）

经变白画
  上图126V

经变画草稿
  P.2868V，P.2869P1，P.2869P2

经变画画稿
  P.4514（16）2V，P.4514（16）4V，P.4514（16）6

经典释文
　　S.5735
经典释文（礼记）
　　BD09523
经济文书
　　Дx.10272B，Дx.10295+Дx.11057+Дx.11058
经戒
　　S.4641
经卷封笺（堪入藏）
　　S.4665
经卷卷末题记
　　浙敦036（浙博011）
经卷名
　　Дx.02927V
经卷名目
　　BM.SP.83V（Ch.00208V）
经卷首尾佛像画
　　S.0413
经卷素纸
　　浙敦050（浙博025）
经卷题签
　　P.5021A
经卷引首物
　　浙敦129（浙博104）
经卷纸签
　　S.5982
经卷纸签等
　　S.6135
经录
　　BD09100（1）

经论要抄
    S.1004
经论杂钞
    BD06769，BD06774
经律异相卷四
    启敦014
经律异相卷一〇
    俄Ф.275（3）
经律异相卷四一钞
    BD15528
经律字音杂抄
    Дх.00330，Дх.00935
经名签条
    BD09972，BD10073，BD10982，BD11377，BD11498，BD11499，BD11500，BD11501，BD11508
经名习书
    浙敦104（浙博079）
经名习字杂写
    P.2939（2）
经名杂写
    BD11496，P.2650V，P.2692V，P.2697V，P.3539（2），P.4007V（2），上图049V
经名杂写（金光明最胜王经）
    Дх.01294+Дх.01297V
经目
    Дх.04365，Дх.04683，Дх.09539，Дх.09562，Дх.12731，Дх.16422
经书残稿
    BD10823V
经疏
    Дх.00684，津艺063

经题杂写

P.2379V，Дх.00471+Дх.00472V，Дх.01227V，Дх.01320V，Дх.01582

经文录字

S.0464V

经文杂钞

BD06061V

经文杂写

BD16049，BD16477A

经序

Дх.05271V

经音字

Дх.12287，Дх.16870，Дх.17010V

经缘略要

北大 D156

经藏入经数

S.5818V（2）

经袱

BD07698V，BD08315V，BD08365V，BD08375V，BD08599V，BD08618V，BD08638V，BD08660V，BD08751V，BD09092V，BD09641V，BD10040V，BD11145（1），BD11176，BD12000（1），BD12457，BD12522，BD13147，BD13199（1），BD13200，BD13204，BD13209（2），BD13231，BD13301，BD13314，BD13317，BD13342，BD13428，BD13488，BD13494，BD13632，BD13659，BD15430，BD15437，BD15447，G.026[=PEALD_WR]，P.6002

经袱（大般涅槃经）

BD12424，BD13185D

经袱（大智度论）

BD13502

经袱（兑经）

BD09623V，BD09633V

经袱（妙法莲华经）
    BD12617

经袱（摩诃般若波罗蜜经）
    BD13208D

经袱残片
    BD10793，BD13213A

经袱带
    Дx.12739

经袱及题签
    S.6080

经袱交付历
    P.5568

经袱录
    P.3459V

经袱签条
    BD11013，BD11274V

经字音
    Дx.08687

精密神妙金刚般若波罗蜜多经
    龙谷大学52.一二六

景德传灯录卷三〇菩提达磨略辨大乘入道四行
    Дx.08178A

景福元年（892）壬子岁具注历日
    P.4983（1）

景福二年（893）二月押衙索大力牒
    P.2803（4）

景福二年（893）九月押衙兼侍御史卢忠达状
    P.2825V（2）

景福二年（893）草院纳粗草录
    P.2856V（2）

景福二年（893）具注历日
P.4996

景福三年（894）燉煌义族社约
P.3989

景福年间（892—893）施舍回向疏（二篇）
S.11286

景云二年（711）七月九日赐沙州刺史能昌仁敕
S.11287A

净度三昧经
S.4546

净度三昧经卷二
BD03751，BD14445，启敦041

净度三昧经卷上
BD03563，BD03565，BD15308，S.2752，S.7452

净度三昧经卷下
BD00902，S.7444

净饭王般涅槃经
羽590之3

净口业真言
Дx.11036

净口真言
P.3912（2）

净名关中释批卷上
S.6712

净名经关中抄卷下
北大D097

净名经关中释抄
P.3432V，P.4712V（1）

净名经关中释抄卷上
BD02296，BD03924，BD04499，BD06480，BD09250，BD10256，

BD14730，P.2079，P.2244，P.2288，P.2580，S.1357，Дх.04216，Дх.06054，Дх.16306，国图 WB32（5），604504，台图 122，台图 123，台图 124

净名经关中释批卷上补记

P.2079V

净名经关中释抄卷下

BD00411，BD02102，BD02300，BD05620，BD07941，BD12290，P.2154，Дх.05626，Дх.05639，Дх.05871，Дх.08757，Дх.08776，Дх.12497，Дх.12505

净名经关中释抄卷一

Дх.18260

净名经关中释批

俄 Ф.165

净名经关中释批卷上

P.2076，S.2739

净名经关中释批卷下

BD14091

净名经关中疏

九州大学藏本

净名经关中疏卷上

P.2222D，S.2701，S.3475，S.6580，S.6810，台图 121

净名经关中疏卷上背注

S.6580V

净名经关中疏卷下

P.2191，S.6458，S.6610，S.6713，津艺 030

净名经集解关中释抄卷上

S.2584

净名经集解关中疏

BD02517，BD03716，BD05271，BD06170，BD06551，BD10347，BD10427，BD15074，G.006[=PEALD_8d3R]，G.012[=PEALD_8f2R]，P.2595（1），S.1983，S.1985，S.2596，S.3481，S.3765，S.3773，Дх.01822，Дх.01862，

Дх.01863，Дх.01903，Дх.07240，北三井108（025-10-39）

净名经集解关中疏卷二

Дх.02809，Дх.02810

净名经集解关中疏卷上

BD00414，BD00434，BD01791，BD01872，BD03271，BD03272，BD04562，BD06453，BD07603，BD07713，BD07736，BD07832，BD08053，BD08154，BD08473，BD08648（2），BD09249，BD09605，BD11559，BD12382，BD15699，P.2188，S.1412，S.1482，S.2113，S.2702，S.3770，S.6391，S.6503，Дх.00016，Дх.03184，Дх.04223，Дх.04541，Дх.04868，Дх.05900，Дх.05986，Дх.06709，Дх.06712，Дх.06738，Дх.07941，Дх.10702V，Дх.10706A，Дх.10706B，Дх.10706C，Дх.10706D，Дх.10710，Дх.11602，Дх.11641，北大D161，俄Ф.299，羽422

净名经集解关中疏卷上并序

Дх.01229

净名经集解关中疏卷上补记

P.2188V

净名经集解关中疏卷下

BD05782，BD05920A，BD06194，BD06798，BD07290，BD08928，BD10258，BD14092，BD14093，BD14943，BD15719，BD16408A，BD16408B，S.1813，S.2670V，S.4834，S.6418，S.6870，Дх.02224，Дх.06616，Дх.08231，Дх.08563，Дх.09272，Дх.10507B，Дх.10703A，Дх.10703B，Дх.10703C，Дх.10709，上图130

净名经集解关中疏序

石谷风027，羽748

净名经科要

BD03147，BD03262

净名经疏卷上

S.6568

净三业真言

浙敦180（浙博155）

净三叶真言
    P.2575（4），P.2575V（4）

净土法身赞
    Дx.01047

净土乐赞
    S.2945（2）

净土论卷上
    Дx.09436V

净土念佛诵经观行仪卷下
    P.2963

净土寺藏佛经题签
    P.5021DV

净土寺食物等品入破历
    P.2032V（2），P.2040V（1）

净土寺西仓司麦豆布緤粟油等破历
    P.3234V（6）

净土寺学郎曹延纬杂书
    羽663V

净土寺直岁保护牒
    P.2049V（1）

净土寺直岁保全戒弁丁卯年至戊辰年算会稿
    P.4081（2）

净土寺直岁愿达牒
    P.2049V（2）

净土寺诸儒仕转帖
    羽682R

净土寺诸色斛斗破历
    S.6452（1）

净土谈广骑缝押
    P.2245V

净土问答
　　Дx.00831，Дx.00959

净土五会念佛略法事仪赞观经十六观赞
　　Дx.07167

净土五会念佛诵经观行仪
　　P.2130（2），北大 D190

净土五会念佛诵经观行仪卷中
　　BD10377，BD10640，BD12373，P.2066（3），ZSD079 号，Дx.18047，Дx.18537

净土五会念佛诵经观行仪卷下
　　BD07989，P.2250，P.3373V，Дx.10297，Дx.18047，Дx.18537，京博 B 甲 274 图录 244，羽 634，羽 704V

净土赞
　　S.0370（1）

净心净土名目略
　　P.3609

净住子卷卌八
　　S.0721V（2）

敬礼三宝文
　　Дx.00955，Дx.04272

敬礼三宝仪文要目杂写
　　BD08728V

敬礼十二神王
　　BD09329

敬僧法功德法行法
　　P.2081

镜图
　　P.4514（15）

鸠摩罗什传
　　S.0381（2）

鸠摩罗什法师诵法

BD02234（3），BD03900（2），BD04361（1），BD07798V（1），BD07804V（3），S.7524，台图092

鸠摩罗天像

P.4518（28）

究竟大悲经

P.4825，故宫新153369，羽134

究竟大悲经卷一

S.0487

究竟大悲经卷二

BD00315，BD07884，BD14115，S.2224，S.4352，Дx.06183，甘图025，羽263

究竟大悲经卷三

BD04726，BD14763，BD14768，BD14864，BD14912，S.1263，S.2499，S.6932，S.7975，北大D138

究竟大悲经卷四

BD14617，S.2967，甘博037，港艺XB1992.0001，刘氏虚白斋藏本，羽180

究竟无量大慈教经

S.6962

究竟一乘宝性论卷四无量烦恼所缠品第六

Дx.15209

九九表

BD10820

九九乘法歌诀

S.4569

九九歌

Дx.02904

九九歌钞

BD05673V（1）

九九歌诀

S.8336V

九九口诀
P.2502V（4）

九品往生
Дx.00705

九想观
Дx.03018，上博48（41379）（35）

九想观诗
P.3022V（1），P.3892（5），P.4597（22）

九相观诗并序
S.6631V（10）

九曜星官真言
P.2197（1）

九月廿八日题记
P.3729P

灸法图
S.6168，S.6262

灸经（明堂）
S.5737

酒赋一本
P.2488（4），P.2633（3），S.2049V

酒户索再昌状
BD12272

酒历
P.3288P3

酒令舞谱
BD10691

酒破历
BD16052B，S.1398V（1），S.9495，S.10565

酒泉子
P.2809V（1），P.2809（4），P.3911（4），S.4332

酒头大张法律等名簿

S.10618

酒账

P.4597（36），Дх.04929，Дх.05941，Дх.06045，北大 D194，故宫新 152095

旧杂譬喻经卷上

敦研 045

旧杂譬喻经卷下

S.1558，首博 32.560

救拔焰口饿鬼陀罗尼经

BD07767，BD08285，BD15383（1），津图 109，津图 110 号 1，津图 112 号 2

救护疾病经

BD03780，BD03781（1）

救护身命济人疾病苦厄经

BD15159

救护身命经

BD00646

救护众生恶疾经

S.1978

救疾经

BD05308，BD06083，BD07504，BD08010，BD08314，BD14431，BD14548，BD14760，S.2867，S.6285，大谷大学 0721，敦研 077，俄 Ф.135

救苦观世音经

S.4456（2）

救诸生苦难经、新菩萨经

京都大学藏本

救诸众生恶疾经

S.1198

救诸众生苦难经

BD07338（1），BD07606（1），BD08063（1），BD08108（1），BD09244（1），

BD09312（1），BD09964V，BD10024（2），BD14804（1），P.2653（3），P.2953（1），P.3117（1），S.0414（1），S.1184，S.1185，S.2649，S.3685，S.3696，S.4924，S.5256（1），S.5679（3），S.6060，Дх.01609+Дх.02035（1），北大 D108，上图 061（1），羽 253

救诸众生苦难经、新菩萨经
S.0470，S.3417，S.5060

救诸众生苦难经劝善偈
S.6469V（1）

救诸众生一切苦难经
S.0136（1），S.3126，S.4479（1），Дх.00966，Дх.01251+Дх.01464（1），Дх.01574В，Дх.01708+Дх.02399（1），Дх.01838，Дх.02057（1），Дх.04401，Дх.06638，Дх.06643，Дх.06765，Дх.10348，羽 313，羽 578 之 1，羽 697

救诸众生一切难经一卷
P.3857（1）

举子名簿
S.5876

巨海不渡不测水深文
P.3730V（3）

具注历
P.4983V（1），P.5024E，S.11415C，Дх.01295+Дх.02976+Дх.03515（2），Дх.02880，北大 D195V，北大 D198

具注历日
BD16202，BD16281A，BD16281B，BD16281C，BD16281D，BD16281E，BD16281F，BD16281H，BD16281I，BD16281J，BD16281K，BD16289，BD16365A，BD16365B，BD16374，P.3555BP9，Дх.01454+Дх.02418V

具注历日（808 年）
IOL.C.106（Ch.87.iii）

具注历日（写本）
Or.8210/P.9V，Or.8210/P.9（2）

具注历日〔乙巳岁（945）〕
　　S.0681V

具注历日抄
　　S.9533+9532V

具注历日序
　　S.4634V

钜鹿□公邈真赞
　　P.3718（13）

钜鹿索法律和尚义辩墓志铭
　　S.0530

俱舍论本颂卷二
　　北大 D223

俱舍论卷四
　　S.0249

俱舍论实义疏（？）
　　石谷风 076+077，石谷风 078

俱舍论释
　　P.3684V（1）

俱舍论疏
　　P.3753V（1）

俱舍论颂
　　天理大学 5.183-イ279（2）

俱舍论颂疏论本卷一
　　P.2174（3），Дx.08388，Дx.11564

俱舍论颂疏论本卷二
　　Дx.00261+Дx.00262+Дx.00417+Дx.00418+Дx.00421+Дx.01545，Дx.07512，Дx.07598，Дx.07833，Дx.09125

俱舍论颂疏论本卷三
　　Дx.07956，Дx.08297

俱舍论颂疏论本卷一四
 Дх.17955

俱舍论颂疏论本卷二三
 浙敦049（浙博024）

俱舍论颂疏论本卷二九
 浙敦067（浙博042）

俱舍论注疏分别世品第三之一
 Дх.02530

捐经目录
 P.3948

镌龛祈愿文
 P.3550

卷背题记（甲申六月丙辰十九日甲戌申时写讫）
 S.6349V（1）

卷数杂写
 P.4605V

卷题（常住黄麻案）
 S.4702V

卷题（纳羔子文字）
 S.4704V

卷题（往西天求法沙门智严西传记）
 S.2659V（4）

卷题（子年常住物案）
 S.4701V

卷帙号
 P.2146V（1）、P.2292V、P.2307V、P.3161V、P.3769V、P.4668V、Дх.00274V、Дх.00342V、Дх.01035V、Дх.01038V、Дх.01062V、Дх.01067V、Дх.01110V、Дх.01201B、Дх.01201CV、Дх.01677V、Дх.01681V、Дх.01793V、Дх.01872V、Дх.02005V、Дх.02074V、Дх.02126、Дх.02739V、Дх.02835+Дх.02873V、Дх.02847V、

Дх.02907В+Дх.02924V，Дх.03341，Дх.04539，Дх.04570，Дх.05255，Дх.11004V，Дх.14541，俄Ф.007V，俄Ф.013V，俄Ф.017V（1），俄Ф.058V，俄Ф.117V，津艺026V，上博27（34666）V

卷帙号及杂写
  俄Ф.030V

卷袱数
  P.3135V

绢绸历
  P.2869P3，P.2869P4

绢褐布历
  Дх.05092V，Дх.11088V

绢画
  BD09519

绢画残片
  G.152[=PEALD_6k5R]

决罪福经
  S.4526

绝观论
  BD02284（1），P.2074

绝粒法
  羽704R

军荼利提牙印咒
  BD02385（2）

军资库司用纸牒
  S.6249

军资库司纸破历
  P.2342P7

郡望姓望
  BD10613

K

开宝三年（970）八月节度押衙知司书手马文斌呈诗牒
    S.2973

开宝三年（970）十一月七日为母做七启请永安寺翟僧正等疏
    BD00234V

开宝四年（971）五月一日内亲从都头知瓜州衙推汜愿长等状
    P.2943

开宝四（五）年（972）九月六日步军队头张揭搔发愿文并施主等题名
    BM.SP.52（Ch.00167）

开宝五年（972）十二月右衙都知兵马使丁守勋牒
    P.2985V（2）

开宝悟（五）年癸酉（973）正月廿日净土寺学士郎辛延晟曹愿长二人结会记
    S.2894V（5）

开宝六年（973）三月右衙都知兵马使丁守勋牒二件
    P.2804V

开宝七年（974）正月归义军节度使燉煌王曹元忠舍施回向疏
    S.5973（1）

开宝七年（974）二月归义军节度使燉煌王曹元忠舍施回向疏
    S.5973（2）

开宝八年（975）正月归义军节度使曹延恭舍施回向疏
　　S.5973（3）

开宝八年（975）二月归义军节度使曹延恭舍施回向疏
　　S.5973（4）

开宝八年（975）十月兄弟社社官阴幸恩等请宾头卢波罗堕和尚疏
　　S.6424V（3）

开宝八年（975）六臂观音经变相
　　波士顿美术馆 No.201570[1]

开宝九年（976）杂写等
　　P.3797V

开封府牒状
　　P.3235P

开喉真言
　　P.4961（9）

开皇三年（583）信行遗文
　　S.2137（2）

开皇七年（587）信行遗文
　　S.2137（3）

开皇十七年（597）写经题记
　　S.5762

开经文
　　BD04558（2），P.2838V（3），P.3084（1），P.4999，S.6248，S.8295A（2），北大D221

开经转念礼佛发愿文
　　P.3293V（4）

开窟佛会祈愿文
　　P.3262

---

[1] 马德：《散藏美国的五件敦煌绢画》，《敦煌研究》1992年第2期。

开蒙要训

BD14667，BD15434V（1），P.2487，P.2578，P.2588（1），P.2717V，P.3029，P.3054，P.3102，P.3147，P.3189，P.3243，P.3408，P.3486，P.3610，P.3875A（2），P.4972V，S.0705（1），S.1308，S.5431，S.5449，S.5463（1），S.5464（2），S.5584（2），S.6128，S.6131，S.6224，S.9448，S.9449，S.9470，Дx.00895，Дx.01442，Дx.02485BV，Дx.02654（2），Дx.02655，Дx.03991，Дx.04410，Дx.04799，Дx.04907，Дx.05260，Дx.05990V，Дx.06236，Дx.10258，Дx.10277，Дx.10740A，Дx.11066，Дx.12600，Дx.12601，Дx.12673，Дx.12715，Дx.18959，Дx.18960，Дx.19083，历博写本47，上图017（7），天理大学1.222-イ47（7），羽029R

开蒙要训等杂写

P.3166V

开蒙要训一卷题签

P.3029V（3）

开蒙要训摘抄

S.5513

开蒙正训一卷

P.3311V

开元二年（714）三娘状

藤井28-东文28-饶目牒状类1

开元七年（719）三月群头赵元爽状

藤井19-东文19-饶目牒状类4

开元七年（719）三月二十八日酸枣戍状

藤井42-东文42-饶目牒状类2

开元七年（719）八月某押官都督状

藤井41-东文41-饶目似无此号

开元八年（720）四月二十王日典杨牒状

藤井26-东文26-饶目牒状类6

开元九年（721）十一月参军王沙□请改给牒并判

S.5714

开元九年（721）长行坊牒为马料马价事并判
　　S.8877A—E

开元九年（721）长行坊状
　　藤井45- 东文45- 饶目牒状类7

开元九年（721）见食牒
　　羽740

开元十年（722）三月一日牒
　　藤井24- 东文24- 饶目牒状类11

开元十年（722）三月二日牒
　　藤井22- 东文22- 饶目牒状类10

开元十年（722）三月西州收马所状
　　藤井14- 东文14- 饶目牒状类8

开元十年（722）沙州敦煌县莫高乡户籍
　　P.2684V

开元十年（722）西州收马所状
　　藤井38- 东文38- 饶目牒状类8

开元十一年（723）九月公文残片等
　　BD13211

开元十六年（728）九月牒
　　藤井23- 东文23- 饶目牒状类14

开元十六年（728）金满县上孔目司牒
　　藤井15- 东文15- 饶目牒状类12

开元十七年（729）中书省符牒残片
　　BD13209（1）

开元十八年（730）娶新妇年命相尅不和文
　　P.2551V（2）

开元廿九年（741）二月九日授得菩萨戒牒
　　Дх.02881，Дх.02882

开元贰拾玖年（741）西州天山县南平乡户籍
　　北大D205V

开元兵部选格
　　P.4978V

开元户部格
　　S.1344

开元户籍
　　BD16147A，BD16147B

开元皇帝劝十斋赞
　　上博48（41379）（32）

开元皇帝赞金刚经
　　BD06550V（1），P.2721（2）

开元间州仓粟麦纸墨军械什物历
　　P.3841V

开元律疏议杂律卷二十七毁人碑碣石兽条
　　羽020R

开元目录
　　P.3313

开元释教大藏经目录
　　S.5594（1）

开元水部式
　　P.2507

开元寺藏经包首题签
　　P.5588P18

开元寺大藏经印
　　P.2351V

开元寺粮油入破历
　　Дх.00295V

开元寺徒众请补辞荣充寺主状并都僧统判词
　　BD13183，BD13184

开元寺下硙受除粟麦历
　　Дх.03168

开元新格卷三
  BD09348，BD10603

开运二年（945）寡妇阿龙等口分地案牒
  P.3257

开运三年（946）二月十五日某寺癸卯年直岁保集应入诸司见存斛斗布緤案
  S.4452（1）

开运三年（946）三月一日某寺甲辰年直岁福信应入诸司见存斛斗布緤案
  S.4452（2）

开运四年（947）三月九日曹元忠为故兄追念设供请金光明寺僧疏
  P.3388

开运四年（947）七月十五日归义军节度使曹元忠雕印大圣毗沙门天王像发愿文
  BM.SP.245（Ch.xxx.002），Or.8210/P.8

开运四年（947）七月十五日归义军节度使曹元忠雕印观世音菩萨像发愿文
  BM.SP.242（Ch.00185.d），Or.8210/P.9（1）

开运四年（947）丁未岁等杂写
  P.3306V（1）

开支历
  P.3165V（1）

刊谬补缺切韵
  P.2011（1），Дx.01267+Дx.03109

刊谬补缺切韵序
  P.2129V（2）

勘大般若经部袟数目
  S.6039

勘记
  BD10718V，BD12453，BD12528，BD12605，BD16371

勘经部袟数目
  S.0375V，S.0396V，S.4447，S.4686（1），S.4688，S.5782，S.5925，S.5985，S.6314

勘经记

P.2146V（2），P.2174V（1），P.2221V，P.2312V，P.2322V，P.4525（17）V，P.5027（4），Дх.00155，Дх.01089V，Дх.02327V，Дх.02979V，俄Ф.171V，俄Ф.270V，俄Ф.310V，俄Ф.317CV，津艺070V，津艺227V，津艺234V，津艺235V，津艺238V，津艺245V，津艺248V，津艺253V，津艺289V，津艺292V

勘经记号

俄Ф.298V（1）

勘经录

BD07124V，BD07688V，P.4514（16）7，P.4779，Дх.01898，Дх.10241

勘经签条

BD09896

勘经题记

BM.SP.208（Ch.xxii.0026）

堪舆书

P.4930

康富子雇人契

P.3441V（2）

康继福题名

P.2646V（2）

康坚意坚晋名

S.4192V（1）

康僧会传

P.4964

康贤照邈真赞

P.3556（1）

康愿德等粮食账册

Дх.02971

科注妙法莲华经卷七

Дх.17597

刻本文殊师利菩萨像

藤井 49- 东文 49- 饶目无此号

刻雕绘像注

北大 D245V（2）

恪法师第一抄

LD4978

空白卷轴装

BD13643

空白签条

P.4518（19）V

空号

BD13776 至 BD13790，P.4101-4499，S.7005，S.7044，S.7531，S.7577，S.7605，S.7764，S.7856，S.7872，S.7894

空号（阿弥陀经）

BD00430

空号（般若波罗蜜多心经赞）

BD01045

空号（大般涅槃经卷六）

BD03627

空号（大般若波罗蜜多经）

BD00617

空号（大乘入楞伽经并序）

BD00344（1）

空号（金刚般若波罗蜜经）

BD00619，BD00962，BD03573

空号（金光明经）

BD00620

空号（妙法莲华经卷二）

BD00613

空号（妙法莲华经卷六）
　　BD03450
空号（妙法莲华经卷一）
　　BD00368
空号（送奥地利博物院）
　　BD06848，BD06849，BD06850，BD06851
空号（送张骞）
　　BD06852，BD06853，BD06854，BD06855
空号（维摩经注）
　　BD00886
空号（无量寿宗要经）
　　BD00239
空号（已合编）
　　BD16442
空号（已缀接）
　　BD09342，BD09347，BD15773，BD15788，BD16434H，BD16434I
空缺
　　BD16169D，BD16169J 至 BD16169M，BD16432
孔安信借毯契
　　Дx.01322
孔目官氾祐禛施入报恩寺撰集百缘经一袠记事
　　P.3878V（2）
孔雀王咒经
　　BD14811B，大谷大学0726
孔天等纳色物历
　　IOL.C.103AV（Ch.73.viiiV）
孔员信女三子为分遗物事上司徒状
　　S.6417V（2）
孔再成等贷麦豆本历
　　P.2953V

孔子备问书
    P.2579，P.2581+2919，P.2594V（1），P.3155，P.3756

孔子家语王注卷十
    S.1891

孔子马头卜法
    S.1339，S.2578（2），S.9501+9502+11419+13002V

孔子项讬相问书
    BD15450，P.3102V（1），P.3255，P.3754，P.3826V（7），P.3833（2），P.3882（1），P.3883，S.0395（1），S.1392，S.2941，S.5529（2），S.5530，S.5674，Дx.01356+Дx.02451，Дx.02352，上海朵云轩藏本，羽033，羽617R+V

孔子传
    Дx.02962

口分地出卖契
    P.4017（1）

窟上用面破历
    S.8152V（1）

窟檐凭佛画
    S.6345

会稽镇遏使罗祐通供养佛像
    P.4060

会计历
    S.10524BV

阃外春秋
    P.2668（1）

阃外春秋卷四
    P.2501

阃外春秋卷五
    P.2501

L

腊八燃灯分配窟龛名数
    敦研 322
兰若赞
    P.2483（2），S.6631V（2）
兰亭集序
    Дx.18943A
兰亭记
    IOL.C.119（Ch.86.iv.3）（1）
兰亭序习字
    P.2544，P.2622V（1），P.3194V（2），P.4764，S.1619，羽664
兰亭序杂写
    Дx.00538
蓝达王经
    大谷大学 0732
郎君须立身
    BD14504V，S.3724V（4）
莨菪不归乡嵌药名曲子
    S.4508（2）
老病孝僧尼名目
    S.4654V（6）

老君七十二相八十一好
　　P.4690P1+P.4690P10+P.4690P3

老君说安宅八阳经
　　S.12140，S.12609

老君说一百八十戒并叙
　　P.4562，P.4731

老人赞
　　Дx.06034V

老僧诗
　　S.5648（10）

老宿绍建与僧法律愿庆相诤根由责勘状
　　P.3223

老子
　　津图074，历博写本46

老子变化经
　　S.2295

老子道德经
　　南京博物院藏本，羽458

老子道德经（白文本）卷上
　　P.3235V（2）

老子道德经（白文本）卷下
　　P.2420，P.3895，S.5920

老子道德经（无注本）卷上
　　S.0792

老子道德经残卷
　　中村不折131

老子道德经顾欢注
　　S.4430

老子道德经河上公章句
　　BD00004V，BD16086A，BD16086B，BD16086C，BD16086D，BD16086E，

BD16086F，BD16086G，BD16086H

老子道德经河上公章句（上经）
　　S.0477

老子道德经河上公章句（下经）
　　P.2639，S.3926，S.4681V

老子道德经节解
　　S.6228V

老子道德经开题序诀义疏
　　S.12838，S.5887

老子道德经李荣注卷下
　　P.2577，P.2594，P.2864，P.3237，P.3277，S.2060

老子道德经论注（何晏？）
　　BD14649，BD14738

老子道德经五千文卷上
　　BD00941，BD15698，P.2255，P.2329（3），P.2370（2），P.2421，P.2435+2596（2），P.2584（2），P.4781，S.0783，S.0798，S.13248，Дх.03334，Дх.11658，Дх.11805，Дх.11809，Дх.11816，Дх.11959，Дх.12820，Дх.12821

老子道德经五千文卷下
　　P.2347（1），P.2350（1），P.2417，P.2599，P.2735，S.0189，S.0602，Дх.01111+Дх.01113，Дх.06806，Дх.08894

老子道德经五千文上下卷
　　BD14633，P.2375，S.2267，S.6453

老子道德经想尔注卷上
　　S.6825V

老子道德经序诀
　　LD8618，P.2329（1），P.2370（1），P.2407，P.2435+2596（1），P.2462（1），P.2584（1），S.0075，S.1585，Дх.02761，Дх.04352，Дх.05136

老子道德经序诀义疏
　　BD12237

老子道德经义疏

BD09524，BD14677，S.6044

老子道德经义疏卷五（成玄英疏）

P.2517

老子化胡经

P.2360

老子化胡经卷一

P.2007，S.1857

老子化胡经卷二

S.6963，Дx.00769

老子化胡经卷八

P.3404（1）

老子化胡经卷一〇

P.2004

老子十方像名经卷上

P.3344，S.1513（2），S.6009V，S.10599V，S.10608V，羽638

老子说法食禁诫经

P.2447

老子说罪福大报应经第七

P.2818

老子玄通经亦曰天应经一卷

上图096

老子枕中经

S.0170

老子中经

P.3784V

乐入山

P.2563V（1），Дx.01629（1）

乐入山赞

P.3915（1），S.1497（4）

乐璎珞庄严方便品经

Дx.08948

乐住山

P.2563V（2），P.3288+3555AV（3），Дx.00278V（1），Дx.01629（2）

乐住山赞

P.3915（2），S.0779（2）

类句

P.3622，P.4034

类林

P.2635，Дx.00970+Дx.06116

类书

BD10154，BD14665V，P.2502，P.2682P，P.3156P1，P.3636，P.3661（1），P.3665，P.3715，P.3733，P.3890，P.4022，P.4062V（2），P.4710，P.5002，S.0079V，S.5615，Дx.00487+Дx.00829+Дx.02771B，羽050

类书（禽畜、药草、酒食等）

S.3836V

类书（石器部、靴器部、农器部等）

S.3227V（1）

类书酷吏传

P.5544

类书习字

P.3644

类书序

Дx.12829+Дx.12830

楞伽阿跋多罗宝经

文研院103（xj086-0660.67），文研院104（xj086.1-0660.67.1）

楞伽阿跋多罗宝经卷一

BD11918，BD14094，BD16399A，BD16399B，S.1341V（2），S.6909，Дx.16304

楞伽阿跋多罗宝经卷二
    BD00833，BD02209，BD06971，BD14095，BD14694，Дх.07295

楞伽阿跋多罗宝经卷三
    Дх.07283

楞伽阿跋多罗宝经卷四
    BD01834，BD14583

楞伽阿跋多罗宝经疏卷一
    P.2198

楞伽阿跋多罗宝经注解卷三
    Дх.07687

楞伽经禅门悉昙章
    BD00041（1）

楞伽经卷二
    津艺070，上博59（47282）

楞伽经卷四
    S.5311，东大2995

楞伽经疏
    S.5603

楞伽经心印
    Дх.06021

楞伽师资记
    BD09933V，BD09934V，BD10428，BD11884V，BD13654，P.3436，P.3537，P.3703，S.2054，S.4272，Дх.05464，Дх.05466，Дх.08300，Дх.11901，Дх.18947

楞伽师资记并序
    P.4564

楞伽师资记序
    BD12294，P.3294，Дх.01728

离别词
    俄Ф.247+Дх.02752V

离合诗图四首（日日昌楼望等）

S.3835V（4）

礼阿弥陀佛文

BD01897（4），S.5227

礼忏

S.6981H

礼忏发愿文

BD09417，BD16033

礼忏偈文

S.6336

礼忏文

BD01048V（1），BD02317，BD02416，BD04108（2），BD05727，BD09351，BD10790，BD11101，BD11958，BD12026，BD13641，BD15426，BD16058A，BD16402A（2），BD16402B，P.2157V（4），P.2415P2，P.2537V（3），P.2692（2），P.2832Bbis.P8，P.2869，P.2991A（1），P.3038，P.3078V，P.3166，P.3645V（6），P.3826（2），P.3842，P.4072（1），P.4884V，P.4940（1），S.0161，S.0263（1），S.0453，S.0972，S.1674，S.1904，S.4130，S.4300，S.4451，S.4514，S.4673V，S.4781，S.4909，S.5552，S.5596，S.5645（1），S.5808，S.5892（4），S.6206，S.6557V，S.7450B（1），S.7609，S.7956V，S.8084，S.8178V，S.8193B（1），S.8196，S.8368，Дх.00003，Дх.00026，Дх.00364，Дх.00392，Дх.01048，Дх.01131+Дх.01139B+Дх.01149V（2），Дх.01233，Дх.01400+Дх.02148+Дх.06069V，Дх.01429，Дх.01671，Дх.01970，Дх.02721，Дх.02814，Дх.03762，Дх.03821V，Дх.03837，Дх.03913，Дх.04094，Дх.04870，Дх.05922，Дх.06034，Дх.06050，Дх.06063，Дх.06064，Дх.10170，Дх.10261，Дх.10482，Дх.11789，Дх.11800，Дх.11985，Дх.11999，Дх.12618，Дх.18936，Дх.19081，北大D180（1），羽039V之6，中村不折173-4-3

礼忏文（寅朝礼忏、黄昏偈、中夜无常偈、后夜无常偈、六根忏）

S.2354

礼忏文一本

P.2873（2），S.0236，Дх.00214B，Дх.00223，Дх.00295，Дх.00341，Дх.00377，Дх.00510，Дх.01889，Дх.02145，Дх.02209，Дх.02383，Дх.02385，Дх.02465，Дх.02468，Дх.02602+Дх.03813+Дх.03910+Дх.03915V，Дх.02839，Дх.03408V，上图 118

礼忏文杂抄

S.7069V（2）

礼忏文杂写

BD08961V

礼忏一本

S.5562，S.5651

礼佛忏悔文

BD03120，S.2574，浙敦 165（浙博 140）

礼佛忏灭寂记

P.2566V，P.2575（1），P.2575V（1），P.2817

礼佛忏灭寂记题记

P.2566（3）

礼佛忏文

P.3881

礼佛发愿文

P.2854（1），P.2854（11）

礼佛图

S.1113V

礼佛文

P.3085，P.3618V，P.5588（1），Дх.05534，羽 589 之 11

礼佛斋意文

文研院 184（xj017-0662.17）

礼佛真言

Дх.11596，Дх.11596V

礼记
　　Дх.03016，Дх.06753

礼记第三卷
　　P.2500

礼记点勘录
　　BD09522

礼记坊记
　　Дх.16721，Дх.16839

礼记曲礼上第一
　　Дх.02173V

礼记文王世子篇、檀弓上篇、杂记下篇
　　羽017之2

礼记文王世子篇、杂记下篇
　　羽017之1

礼记音（杂记上第廿一——续缁第卅三）
　　S.2053V（1）

礼记月令
　　Дх.07892，Дх.17463

礼记正义
　　P.3106（2）

礼记正义（礼运）
　　S.1057

礼记正义·射义第四六
　　BD16019

礼记郑氏注（儒行——大学）
　　S.0575

礼记郑玄注
　　P.3380

礼弥勒愿文
　　BD07746（2）

礼弥陀愿文
　　BD07746（1）

礼三宝真言两道
　　BD11488

礼三佛三宝文
　　北大 D104（2）

礼三十五佛文
　　BD06634（2）

礼十方佛灭罪经
　　BD14902

礼书
　　Дx.01256

礼文
　　P.2911（1）

礼无量寿佛求生彼国文
　　上博 16（3318）

礼西方阿弥陀佛文
　　Дx.01914+Дx.01915+Дx.01916A+Дx.03154

李存勖诗
　　S.0373（1）

李都头母亡纳赠历抄
　　S.8667

李阇梨等便粟麦历
　　Дx.10269

李端公讳明振墓志铭
　　P.4010V

李端公墓志
　　P.4615（2）

李福员发愿诸杂经书写文
　　羽 416R

李辅国奉河西节度使残牒

BD11427V

李翰自注蒙求

敦研 095

李瀚蒙求

P.2710

李和子便纸历

BD11989

李家五娘子杂写

P.3238V

李君修慈悲佛龛碑

P.2551V（1）

李老君周易十二钱卜法

S.0813（1），S.5686，S.11415A+B

李老君周易十二钱卜法（习字本）

S.3724（2），S.3724V（3）

李老君周易十二钱卜法钞

S.1468（2）

李林甫撰大唐天下郡姓氏族谱

羽 059R

李陵变文

BD14666

李陵苏武往还书

P.2498，P.2847

李陵与苏武书

P.3692（1），S.0173（1），S.0785（1）

李明振再修功德记

P.4640（3）

李娘子等纳麦面历

S.7060V（4）

李峤杂咏

BD03196V，Дх.02999V，Дх.03058V，Дх.05898，Дх.10298，Дх.11210V

李峤杂咏注

P.3738，S.0555

李庆持经灵验记

S.4037V（6）

李僧录赞

P.4640（7）

李山山卖舍契

羽064

李绍宗敬造菩萨像

P.5598

李涉法师劝善文

S.3287（7）

李相公叹真身诗

S.4358

李友庆等名录

P.3894V（4）

里正牒

S.11589

理论疏卷上

S.2437

历

P.3862P2V，P.4514P1

历代法宝记

P.2125，P.3717，P.3727（15），S.0516，俄Ф.261，津图044背，津艺103V，津艺304V

历代法宝记（颂唐朝第五祖弘忍禅师碑、唐朝第六祖惠能禅师碑）

S.1776V

历代法宝记（隋薛道衡撰第三祖璨禅师碑）

S.1611

历代高僧"传心印付嘱偈文"

S.2144V（1）

历代三宝记卷五、卷十四

Дх.16093

历日

P.3054P1，P.3054P1V，S.3454V，S.3824V（4），S.5919，Дх.07955，Дх.12480

历日杂写

BD08781（2）

立成孔子马坐卜占法

S.0813（2）

立成算经一卷

S.0930V（1）

立世阿毗昙论

P.3454V（2）

立坛法（？）

S.5844

立像西秦五州占第廿二

P.3288+3555A，Дх.01366V

励忠节钞

BD15409，P.2549+2980+3871，P.2711，P.3657，P.4026，P.4059，P.5033，S.1441，S.1810，S.5615，S.5763，Дх.10464，Дх.10698V，Дх.10838V

利口法师偈

BD03726（5）

隶古定尚书（蔡仲之命）

S.5626

隶古定尚书（蔡仲之命、多方）

S.6259

隶古定尚书（蔡仲之命第十九——立政第廿一）
　　S.2074

隶古定尚书（大禹谟）
　　S.0801，S.3111V（2）

隶古定尚书（大禹谟孔传）
　　S.5745

隶古定尚书（洛诰）
　　S.6017

隶古定尚书（泰誓中——武成）
　　S.0799

莲瓣图
　　S.5769

莲花部普赞叹三宝
　　S.2975

莲华面经卷上
　　HHT036V

莲华面经卷下
　　羽306之2，羽306之1

莲化部普赞叹三宝
　　S.3178（1）

莲生法性流偈
　　Дx.00508V

莲台寺等出车人夫及工料等名数
　　S.11347

莲藏经印
　　Дx.03021

练字杂写
　　P.2003V，P.2133V（2），P.3114

凉州都督府之印
　　Дx.01111V，Дx.01113V

梁朝傅大士颂金刚经

　　BD03444，BD08884，P.2286V（1），P.3325，P.4823，P.5580（1），Дх.04316，Дх.04789，Дх.04789V，Дх.04905，Дх.04905 第 1 片，Дх.04905 第 2 片，Дх.04905 第 3 片，Дх.04905 第 6 片，Дх.04905 第 13 片，Дх.04905 第 14 片，Дх.04905 第 15 片，Дх.04947，Дх.05126，Дх.05268，Дх.05327A，Дх.05382，Дх.05736，Дх.05736V，Дх.06094，Дх.06164，Дх.06164V，Дх.06254V，Дх.06684，Дх.06729，Дх.07559，Дх.10952，Дх.10952V，Дх.10953，Дх.10954，Дх.11040V，Дх.11041，Дх.11042，Дх.11043，Дх.11044，Дх.11045，Дх.11628，Дх.11651，Дх.18912，上图 004（1）

梁朝傅大士颂金刚经节录

　　S.4105

梁朝傅大士颂金刚经序

　　P.2286V（2），P.2756，P.3094V（1），S.1846，Дх.00120，Дх.00253，Дх.00253V，Дх.02520（1），Дх.04372

梁朝傅大士颂金刚经序（二通）

　　S.0110

梁朝傅大士颂金刚经序及偈颂摘抄

　　P.2997

梁朝傅大士颂金刚经摘抄

　　P.2277

梁故管内释门张和尚写真赞并序

　　P.3718（8）

梁太守庄丘诗

　　Дх.06753V

梁吴均五言诗二首

　　Дх.02173

梁武帝问志公和尚如何修道

　　P.3641

梁真状
　　Дх.01439V

粮历
　　Дх.01431

粮食出破历
　　BD05910V（2）

粮食计会历
　　S.7939AV，S.7940A，S.7940BAV

粮食历
　　BD14666V（4），BD16052C

粮食入破历
　　敦研012

粮食帐残片
　　天理大学5.183-イ279（6）

粮食帐数笔
　　S.0985V（2）

粮油酒历
　　Дх.01426

粮油破历
　　BD15469

粮账
　　P.2832Bbis.P3，P.3798P2

两街大德赠悟真法师诗七首
　　P.3886V

两种涅槃论
　　BD12223

量处轻重仪末
　　Дх.11236

量处重轻物仪
　　P.2215

了性句

S.3558（1）

了性句并序

BD08467，BD09110V，P.3434V（3），P.3777（4），S.4064（1）

列国传（伍子胥变文）

S.0328

列子古注本节抄

S.6134

列子杨朱篇（张湛注）

BD12335，BD12364，S.0777，S.9928，S.10799，S.11422，S.12087+13496+13624，S.12124，S.12285，S.12288（1）+（2），S.12295，S.12710，S.12728，S.12951，S.12971，S.12991，S.13219，S.13441，S.13496，S.13624

列子张湛注节抄本

P.2495A

临圹文

P.2341V（3），P.2483（10），P.3172（1），P.3276V（4），P.3282V（2），P.3351V（2），P.3566（12），P.4694V，P.6004（1），羽749R

临旷文

BD02126V（6），BD15065（2），P.3765（6），Дx.04433，Дx.06022，俄Ф.263+Ф326（7）

临盆发愿文

P.3232V

临王羲之书法帖

P.4642

灵宝金录斋忏方仪

P.2989（Pel.tib.781V），P.4894，S.3071，S.10576，国图WB32（3），604505

灵宝金录斋行道仪

P.4965，S.10605，S.4652

灵宝经

文研院105（xj060-0660.41）

灵宝经义疏（通门论）卷下
　　P.2256，P.2861（2），P.3001

灵宝自然斋行道仪
　　BD15420，P.3484，ZSD054号，北大D171

灵棋卜法
　　P.4048，P.4984V，S.9766，S.9766V

灵棋卜法（甲本）
　　P.3782，S.0557

灵棋经
　　P.3803（1）

灵图寺藏经目
　　BD14676（1）

灵图寺等僧人佃地历
　　P.3947V

灵图寺寄住僧道猷状牒
　　北大D185

灵图寺名称残片
　　BD16065A

灵图寺徒众举纲首牒及都僧统金光惠判词
　　BD14670

灵图寺招提司状题记
　　P.4983（2）

灵武节度使押衙公文
　　P.2234（1）

灵修寺般若经欠剩数
　　S.4627

灵修寺比丘尼式叉尼毗尼心
　　羽651

灵修寺某年香积厨破历
　　S.6981AV

灵修寺尼菩提意为役事上僧正状稿
  S.8197V（3）

灵修寺文书
  S.10606V

灵验记
  Дx.05830

灵裕序大般涅槃经卷一
  羽762

灵真戒拔除生死济苦经
  P.2385（1），P.4559

灵州龙兴寺白草院和尚曾忍刺血书经义记
  P.3727（11）

灵州龙兴寺白草院和尚俗姓史法号增忍与节度使李尚书立难刺血写经义
  P.3902B

灵州龙兴寺白草院史和尚以节度使李公度尚书立难刺血写经义
  P.3570V（4）

灵州龙兴寺白草院史和尚因缘记
  S.0528

灵州龙兴寺白草院和尚俗姓史法号增忍以节度使李公度尚书立难刺血书经义
  P.2680（4）

灵州史和尚因缘记
  S.0276V（2）

凌冬走马归诗
  P.3967V（3）

陵阳子说黄金秘法
  S.6030

领军械状
  浙敦155（浙博130）

领粟凭
  Дx.01423

领物历
    BD16115I，BD16454，Дх.06012

令烽燧守捉官存纪纲加捉搦文
    BD09330

令狐留留叔侄等分产书
    BD09300

令狐明信等贺状
    Дх.03867V

令狐晟子借功直凭
    S.5827

令狐眼全造笔壹管牒
    Дх.02954V

令知蕃法师厨费帖
    BD09346

刘兵马使祭文
    羽692

刘婆等便黄麻历
    S.9996V

刘萨诃和尚因缘记
    P.2680（7），P.3570V（3），P.3727（13）

刘萨何与莫高窟
    BD14666V（2）

刘萨何与莫高窟稿
    BD14666V（3）

刘师礼文
    BD08168（3）

刘晏述三教不齐论
    S.5645（8）

刘长卿高兴歌
    P.4993

刘子
>BD12279，S.12042

刘子·从化第十三
>BD10822

刘子残卷
>东京国立博物馆藏本

刘子卷八兵术第四十
>S.6029

刘子新论
>BD14488，P.2546，P.3562，P.3704，S.10441A

流通杂经录
>BD11502（2）

柳公权书金刚般若波罗蜜经（拓本）
>P.4503

六臂观音像
>P.4518（1）

六丙法
>P.2610（14）

六波罗蜜法
>S.3546

六波罗蜜义三身义八识义四智义开决
>P.2871

六禅师偈
>P.3409（2）

六禅师七卫士酬答故事
>S.3017，S.5996

六度集经卷七禅度无极章第五
>Дх.09044，Дх.09051

六度礼忏文
>CXZ012

六法文

Дх.06229，Дх.06240

六根论护首

S.7961B

六根赞

P.3242，羽155之1

六钩之所听法

P.2610（7）

六门陀罗尼经

BD07328V，BD07403，BD07464（1），BD07464（2），BD08112（1），BD08155（2），BD09309（1），BD09309（2），BD10757，BD14892（2），BD15278，P.2404V（1），P.3919C（2），S.0609，S.1513V（2），S.4925，S.6317，Дх.00735，Дх.01984，Дх.06544，Дх.10460，Дх.11176，Дх.11660，Дх.17711，石谷风047.1，羽178，羽421

六门陀罗尼经广释

S.0848V（1）

六门陀罗尼经论

P.2404V（2），S.1513V（3），石谷风047.2

六门陀罗尼经论并广释开决记

P.2165，P.2256V，P.2861V

六门陀罗尼经论广释

BD03561V（1），P.2404V（3），S.0230，S.2709V，京博B甲276 图录225

六门陀罗尼经论广释疏

BD03561V（2）

六念唱本

故宫新152372（3），故宫新152372V（3）

六念文

S.5622，S.5634，S.5805，S.5938，S.6053，S.6305，S.11360D（2），S.11556A、B

六念议
  Дx.03525

六七追念文书
  BD16265

六神名字
  S.5799

六十甲子历
  Дx.04960，Дx.10786

六十甲子纳音
  P.2255V（11），P.3984V（2），P.4711，S.1815V（1），S.3724V（1），S.8350（1），S.11415A+B背面

六十甲子纳音性行法
  S.3287（5），S.3724V（2）

六十甲子配九宫表
  BD01237V（2）

六十甲子推吉凶法
  S.6258

六十四卦卦名
  P.2663（Pel.tib.1074）V

六时礼佛文
  S.7125

六首六臂神像
  P.4518（36）

六韬
  P.3454

六言诗一首
  P.2807V（2）

六因飞杂写
  Дx.03423V

六月十九日孟赞善三兄家信
　　P.3662V

六月四日节度观察孔目官氾某状
　　P.3660V（3）

六字千文一本
　　S.5467（2）

六字咒王经
　　BD06801

六祖惠能大师于韶州大梵寺施法坛经一卷
　　S.5475

龙晋惠云绍宗等牒
　　P.4638V（12）

龙晋惠云绍宗等端午节献酒牒
　　P.4638V（14）

龙白画稿
　　Дх.00046

龙弁奉请齐阇梨等参与大云寺追念法会疏
　　BD16034

龙大录内无名藏中见有经数
　　P.4962

龙德四年（924）二月一日燉煌乡百姓张某雇工契
　　S.1897

龙光寺僧智惠弁常秘等状
　　Дх.01443

龙勒百姓契
　　P.3706V（10）

龙勒乡百姓曹富盈牒
　　P.2504P1

龙勒乡百姓氾乾真
　　S.2098V

龙勒乡部落管见在及向东人户田亩历
    P.2259V（1）
龙录内无名经论律
    P.3202，P.3202V（2）
龙门赋
    P.3885（5）
龙泉神剑歌一首
    P.3633V（1）
龙树传
    S.3879V（2）
龙树菩萨传
    BD10265，BD10498V，Дх.03719
龙树菩萨礼阿弥陀佛文
    BD05488
龙树菩萨陀罗尼
    P.2322（18）
龙树五明论
    Дх.12545
龙兴大会题
    S.4050
龙兴寺、乾元寺、开元寺、永安寺、金光明寺傩状
    P.2250V
龙兴寺比丘发露录
    BD07286V
龙兴寺藏经录
    P.4039
龙兴寺付经历
    S.8071，S.8071V
龙兴寺毗沙门天王灵验记
    S.0381（3）

龙兴寺器物历
P.3432

龙兴寺僧惠晏文一本
BD01150

龙兴寺索僧正等五十八人就唐家蓝若请宾头庐文
BD09472V（3）

龙兴寺应转经卌一人分为两蕃定名
P.3947

龙牙祖偈
S.2165V（2）

陇西李家先代碑记
P.4640（2）

楼炭经略
BD06702，甘博038

漏尽钞
S.4221

卢楚张季珣传
S.6271

卢舍那佛轮头上五佛唵字曼荼罗
P.4991V

卢舍那佛名杂写
P.3937V

卢相公咏廿四气诗
P.2624

庐山远公话
S.2073

陆德明庄子音义
P.2499+4058（2）

陆德明庄子音义残卷
P.3602

陆德明庄子音义残片
    S.6256
陆法言切韵
    P.4879，S.10720
陆法言切韵序
    P.2638V（1），P.4871（1）
陆机五等论
    历博写本42
鹿儿赞文
    S.1973V（2）
鹿母夫人缘
    P.3375V（3）
轮寺斋僧文
    BD05931V（1）
轮台县计帐
    藤井37- 东文37- 饶目无此号
论阿摩罗识
    傅图36（2）
论八背舍
    津图087
论比丘
    BD09860
论道书
    Дх.00679
论第八识
    BD14801V
论刚柔性情
    Дх.00487+Дх.00829+Дх.02771А
论鸠摩罗什法师通韵
    S.1344V（1）

论女人淫欲经文钞
BD09516

论三界烦恼
BD09739

论三身三种般若
BD12287

论十二支
S.8043V

论疏
北大 D217，京博 B 甲 251 图录 206

论五阴八识与出离
BD12109

论眼心见色
BD02920V

论一卷
S.2715

论义道士答言
P.2820（2）

论义道士又答
P.2820（4）

论语
P.2664P，P.3643P12，天理大学 1.222－イ47（1）

论语卷一
P.2604，P.2618，P.2677（2），P.2681，P.2766，Дх.01460

论语卷二
P.2510，P.2676，P.2904，P.3972

论语卷三
P.3643

论语卷四
P.2699，P.3194，P.3534（1），P.3705

论语卷五

P.2663（Pel.tib.1074）(1)，P.3271，P.3305（1），P.3783，S.0966，S.5756

论语卷六

P.2548，P.2620，P.2687A，P.3192，P.3254，P.3402，P.3441，P.3474P2V，S.0782，羽014之1

论语卷七

P.2716

论语卷八

P.3433，P.3745

论语（为政）

Дx.18286

论语（泰伯、子罕）

S.6023

论语（子罕、乡党）

Дx.02144

论语（乡党）

Дx.05322

论语（子路）

Дx.00953

论语（卫灵公）

Дx.02666，Дx.05307

论语集解

P.2496（Pel.tib.2123V），P.2601，P.2628，P.3359，P.3467，P.3474，P.3607，Дx.11081，Дx.11082，Дx.12760，Дx.18932

论语集解（序、学而）

S.5781

论语集解（学而）

IOL.C.103A（Ch.73.viii），IOL.C.103B（Ch.73.viii），P.3962，P.4643

论语集解（学而、为政）

S.4696

论语集解（为政）
　　Дx.18944

论语集解（八佾）
　　S.7003A

论语集解（里仁）
　　S.1586

论语集解（公冶长）
　　S.5792（1），S.7002

论语集解（述而、泰伯）
　　S.0800（1）

论语集解（子罕）
　　S.3992，羽014之2

论语集解（乡党）
　　S.5726，S.6079，Дx.01399+Дx.02844B

论语集解（先进）
　　P.3606，P.4732

论语集解（先进、颜渊、子路）
　　S.3011

论语集解（颜渊）
　　P.2664

论语集解（子路、宪问）
　　P.2597

论语集解（宪问）
　　Дx.08580

论语集解（卫灵公）
　　羽014之3

论语集解（卫灵公、季氏）
　　S.0747

论语集解（阳货）
　　S.5789

论语集解（阳货、微子）
S.0618

论语疏
P.3573

论语摘抄
Дx.02174

论语郑氏注
BD09954，S.3339，S.6121，S.7003B，S.11910，Дx.05919，上博24（24579）

论语郑注音义
BD09521，BD10610

论语注
P.4742，日本国学院大学藏本

论圆宗义
BD11573

论真俗二谛
BD14808V（2）

罗法光受度告牒
P.3952（1）

罗福海戒六卷杂写
P.2068V（1）

罗汉圣僧集
Дx.03166

罗睺星君禳解神像咒诀
S.4279，S.5666

罗忍子等便麦历
S.9463

罗什法师赞
P.2680（12），P.4597（15），S.6631V（12）

罗贤信杂写
P.3458V

罗云忍辱经
S.8113

裸男画
S.1360V

洛晟晟买园舍契
Дх.01355+Дх.03130

洛晟晟卖园舍契
S.9456

落书
羽037V之2

驴头李法律等名目
S.9414

吕氏春秋
Дх.18631，Дх.18633，Дх.18634

吕文满状
P.2996V（3）

律部疏释
P.3343，S.1540

律部疏释补注
P.3343V

律抄
P.2385V（2），P.3659，Дх.11291，Дх.11292，Дх.11293，Дх.11294，Дх.11296，Дх.11297，Дх.11298，Дх.11314，中村不折018

律抄第三卷手决一卷
S.3001

律抄释
P.3659V

律二十二明了论
Дх.06410

律戒本疏

　　BD07739，P.2157，P.2435+2596V

律戒本疏广略总流通分门记

　　羽434

律戒疏

　　Дx.11497

律略抄本

　　S.0129，S.1334，S.1822，S.2321

律摄卷四

　　S.1188

律书

　　Дx.08467

律疏

　　BD01524V，P.3770V（6），Дx.00078，Дx.01152，Дx.02269，北大D165V，俄Ф.186，俄Ф.211

律疏小钞一卷

　　羽627

律疏（贼盗）

　　S.6138

律文断片

　　羽739V

律学发轫卷上

　　Дx.05261

律杂抄

　　P.3465，俄Ф.199，上图009（1）

律藏初分卷一四

　　中村不折021

律藏初分卷一五

　　S.4867

律藏第三分卷一〇
    S.0287
律藏第四分卷六
    S.1415
律藏论释
    P.2385V（7）
律中杂抄别行本
    P.2043
律宗经典
    Дx.08414，Дx.08854
略抄本
    P.2137，P.2445V，P.2802，P.3357，S.4063，S.4167V，S.6644
略抄一本
    P.2145，P.4653
略抄一卷
    S.4418（2）
略出籯金一部并序
    P.2537
略四分律僧羯磨一卷
    S.1922
略杂难字壹册记
    P.3109V
略诸经论念佛法门往生净土集卷上
    Дx.08232

M

麻豹历
    P.2914V（3）
麻布缠包竹轴
    BD16572
麻布经袟
    BD15382
麻禅师行状
    P.3035（1）
麻绳一包
    BD16576
马白画稿
    Дx.00046V
马定奴等便粟麦历
    P.3959
马法律卖宅院契
    S.4707，S.6067
马伏爱器物条记
    S.11287E
马军氾再晟状
    P.4992（2）

马军宋和信状稿
P.4638V（2）

马利罗刹观包音陀罗尼
S.4543（2）

马匹历
BD11649

马头罗刹忏悔文
BD04929（2），龙谷大学59（1）

马头像等
S.5407V

埋骨祭文
P.4629

买姜布帐
P.3034V

买麦着麦抄
S.4060（4）

买去城南今草园诗
S.4669V

买舍契
Дх.06051

买羊皮帐
P.4997V

麦·粟·黄麻·豆·油·苏历
羽681

麦麸破历
S.8663A

麦黄麻破用历
Дх.03027V

麦酒破历
S.2228（3）

麦面羊皮破历

　　S.6136

麦粟布破历

　　S.2228V

麦粟历

　　P.3672V（1），P.3787，Дх.01434，Дх.02431

麦粟破用历

　　S.5830（2）

麦粟油豹黄麻豆布等入破历

　　P.4957

麦粟油破除历

　　BD07977V

麦账

　　P.3025V，P.3421V

卖菜人名目

　　S.1477V

卖舍契

　　S.9930

卖舍与姚文清契

　　S.5700（1）

卖宅舍契

　　S.2092V（1）

卖政教坊巷宅舍契

　　S.8691

脉经

　　P.3106V（3），P.3481（1），S.8289（2），S.10527

满道场赞

　　Дх.02885

满月文

　　Дх.00981+Дх.01311+Дх.05741+Дх.05808V（1）

曼荼罗
    P.3937, P.4518（33）, P.5590（1）V（2）

曼荼罗画
    P.4514（12）

猫儿题
    Дx.00147V

毛诗（周南关雎——陈风宛丘）
    P.2529, P.4634（2）, S.0789, S.1722（2）, S.3951, Дx.01640, Дx.11933B, Дx.11937, Дx.12697, Дx.12750, Дx.12759, 文研院109（xj109-0660.90）

毛诗（小雅鸿雁——十月之交、大雅緜——桑柔）
    S.3330, S.6346V, S.6196V

毛诗（小雅小旻——瞻彼洛矣）
    P.2978

毛诗（小雅甫田之什）
    羽015之3

毛诗（周颂般——商颂）
    P.3737

毛诗传笺
    文研院107（xj119-0660.100）, 文研院108（xj120-0660.101）

毛诗传笺（周南樛木——桃夭）
    P.2660

毛诗传笺（邶风柏舟——静女）
    P.2538, S.0541V, S.0010

毛诗传笺（淇奥至硕人）
    BD12252

毛诗传笺（齐风——魏风）
    P.2669（2）, 天理大学1.222-イ47（4）, 天理大学1.222-イ47（5）

毛诗传笺（豳风——小雅鹿鸣之什）
    P.2514, P.2570, P.4994, S.0134, S.1442, S.2049, Дx.01068

毛诗传笺（小雅六月——吉日）
　　P.2506

毛诗传笺（小雅小旻）
　　羽015之2之1R

毛诗传笺（小雅小宛）
　　LB.030BV

毛诗传笺（小雅小弁）
　　羽015之2之2R

毛诗传笺（小雅小弁——巧言）
　　Дx.05588

毛诗传笺（小雅巧言——何人斯）
　　S.1533V

毛诗传笺（小雅北山、鼓钟）
　　P.4072（4）

毛诗传笺（大雅文王之什）
　　BD14636V（1），P.2669（1），羽015之1

毛诗传笺（周颂潜——雍）
　　S.5705，S.11309

毛诗传笺（周颂敬之——小毖）
　　Дx.08248

毛诗正义（大雅思齐）
　　Дx.09328

毛诗正义（大雅民劳）
　　S.0498

毛诗卷一一鸿雁之什诂训传第十八标题
　　P.2129V（8）

毛诗音
　　S.2729（2），P.3383，Дx.01366

毛诗郑笺音隐
　　S.0010V

卯年八月录事索荣国牒及判
　　S.2590V

卯年二月十一日阿骨萨部落百姓马其隣便麦契
　　S.1475V（17）

卯年九月廿四日纳七器历
　　P.3616V（2）

卯年九月七日某寺转付经历
　　S.4914

卯年三月十九日后装潢经论戒律几经同帙录
　　P.3010（5）

卯年十一月二十一日破麦抄
　　S.6829V（3）

卯年十一月十八日算后寅年以前课粮油取油抄
　　S.5880

卯年十一月四日说稻芊经一遍讫记事
　　P.2912V（3）

卯年四月十八日悉董萨部落百姓翟米老便麦契
　　S.1475V（18）

卯年四月一日悉董萨部落百姓张和子预取永康寺常住造苾蒚价麦契
　　S.6829V（4）

卯年张怀义博换房舍契
　　P.2161P3

卯年正月廿四日祭子文
　　S.1318V

卯年正月十九日曷骨萨部落百姓武光贤便麦契
　　P.3422V

每月十斋
　　上博48（41379）（31）

每月十斋日
　　S.5541（4），S.6897V（3）

妹夫守左龙武军长史致大夫十一兄书

　　S.7989

门道丈量及粮食历

　　P.3653（2）

门人道安上都僧统大师状封启

　　S.11348

蒙求

　　Дx.11170C

蒙求注

　　P.4877

蒙书

　　P.2874（2），P.2874V，Дx.00699，Дx.01131+Дx.01139B+Дx.01149V（1）

孟姜女变文

　　P.5019，P.5039，S.8466+8467，Дx.11018

孟姜女变文附变相

　　BD11731

孟姜女变相

　　Дx.11018V

孟曲子捣练子

　　P.3911（2）

孟受上祖庄上浮图功德记并序

　　P.3390（2）

孟受中界先祖庄西□□兰若功德记

　　P.3268V

孟说秦语中第二

　　P.2702

孟遇禄命一部

　　P.3602V

孟子梁惠王上

　　北大D224

梦书

  P.3571V（1）

弥勒成佛经

  S.1259

弥勒成佛经义疏

  BD03968（1）

弥勒佛真言

  P.3834（4）

弥勒经游意第八辨弥勒与释迦同时涅槃不同灭度

  Дx.07724

弥勒净土变相图

  EO.1135

弥勒菩萨所问本愿经

  文研院110（xj185-0323.37）

弥勒下生成佛经

  BD00393，BD00967，BD00992（3），BD03532，BD03952，BD05812B，BD06642（1），BD06642（2），BD09656，BD11204，BD14867，BD15236B，S.3672，Дx.00282

弥勒下生成佛经变白描图

  S.0259V

弥勒下生成佛经略抄

  P.4966V

弥勒下生缘

  BD01005V

弥沙塞部和醯五分律卷一

  BD10394，Дx.16827

弥沙塞部和醯五分律卷六

  Дx.16537，Дx.16541，Дx.16585，Дx.16655，Дx.16849，Дx.16894，Дx.16910，Дx.16914，Дx.16935，Дx.16942，Дx.16949，Дx.16966，Дx.16988

弥沙塞部和醯五分律卷七
　　BD10789

弥沙塞部和醯五分律卷二三
　　Дх.06992，Дх.07294

弥沙塞部和醯五分律卷二四
　　Дх.08257

弥沙塞部和醯五分律卷二五
　　BD01345V（1）

弥沙塞羯磨本
　　P.4035，Дх.14247

弥沙塞五分戒本
　　Дх.01211A，Дх.02552，Дх.15271

弥陀赞
　　S.2583V（2）

迷理义
　　BD07845，BD08000

米豆破历
　　Дх.01302

密教法会散食仪轨
　　BD09510

密教法会转经文
　　BD09511

密教手印
　　Дх.02157

密教修持仪
　　BD08213，港中文1989.0053

密教修习仪轨
　　BD10885

密教仪轨
　　P.2523P4

密教最上乘法观行法

BD09512, BD09513 (2)

密宗二十八戒

BD06504V (1)

面油破历

S.2472V (3), S.8353

面麦历

BD01062V

邈真赞

P.2913V (1)

妙法花经明决要述卷四

P.2118 (2)

妙法经卷五

S.0435

妙法莲华法

P.5588P12, P.5588P13, P.5588P14, P.5588P15, P.5588P16, P.5588P17

妙法莲华观世音经

S.1643, 大谷大学 0720

妙法莲华经

BD04537, BD05170, G.016[=PEALD_8hV], LD5137-03, LD5137-04, LD5137-07, P.2050, P.3447 (Pt.290) V, P.5029D, P.5588P1, P.5588P10, P.5588P2, P.5588P3, P.5588P4, P.5588P8, S.0023, S.0037, S.0040, S.0306, S.0404, S.0504, S.0558, S.0572, S.0942, S.2441, S.2812, S.3055, S.3056, S.3057, S.3081, S.3125, S.3131, S.3144, S.3163, S.3169, S.3195, S.3201, S.3212, S.3239, S.3247, S.3262, S.3275, S.3293, S.3331, S.3426, S.3444, S.3456, S.3480, S.3499, S.3502, S.3511, S.3628, S.3644, S.3646, S.3657, S.3670, S.3690, S.3769, S.3799, S.3869, S.3929, S.3991, S.4056, S.4112, S.4222, S.4251, S.4969, S.5174, S.5208, S.5212, S.6287, S.6465, S.6471, S.6498, S.6501, S.6521, S.6524, S.6545, S.6571, S.6623, S.6629, S.6653, S.6660, S.6668, S.6684, S.6698, S.6732, S.6777, S.6779, S.6883, S.6901, S.6923, S.6945, S.6949, SCM.D.02411,

SCM.D.02416，SCM.D.08683，SCM.D.29127，Дx.14988，北三井033（025-10-29），北三井034（025-14-29），北三井035（025-14-9），北三井036（025-10-25），北三井037（025-14-11），北三井038（025-10-17），北三井039（025-13-13），北三井040（025-14-34），北三井042（025-10-55），北三井043（025-14-10），北三井044（025-14-30），北三井045（025-10-37），北三井046（025-10-6），北三井047（025-10-26），北三井048（025-10-61），清华大学图书馆藏本，故宫新138354，故宫新139950，故宫新152093，故宫新153379，故宫新153381，故宫新154415（1），故宫新154423，故宫新155994，故宫新166499，故宫新187422，故宫新56454，故宫新57488，国赠05866（台北故宫博物院藏本），津艺111，津艺112，津艺117，津艺120，津艺128，津艺137，津艺177，九州大学藏本，昆山市昆仑堂美术馆藏本，龙谷大学54.二〇六，旅博20.1541，旅博20.1547，上海龙华寺藏本，上图011，首博32.534，首博32.537，首博32.542，文研院111（xj019-0662.19），文研院112（xj069-0660.50），文研院113（xj149-0323.01），文研院114（xj150-0323.02），文研院115（xj160-0323.12），文研院116（xj226-书画140），文研院117（xj020-0660.01），文研院118（xj021-0660.02），文研院119（xj031-0660.12），文研院120（xj059-0660.40），文研院121（xj074-0660.55），文研院122（xj077-0660.58），文研院123（xj080-0660.61），文研院124（xj085-0660.66），文研院125（xj105-0660.86），文研院126（xj112-0660.93），文研院127（xj172-0323.24），文研院128（xj174-0323.26），文研院129（xj179-0323.31），文研院130（xj180-0323.32），文研院131（xj192-0323.44），文研院132（xj193-0323.45），文研院133（xj201-0323.53），文研院134（xj195-0323.47），文研院135（xj194-0323.46），文研院136（xj196-0323.48），文研院137（xj198-0323.50），文研院138（xj191-0323.43），文研院139（xj197-0323.49），文研院140（xj006-0662.06），文研院141（xj022-0660.03），文研院142（xj026-0660.07），杨鲁安藏珍馆藏本，宜宾市博物院藏本，羽205V之3，羽353，羽387之4，羽636之4之2R+V，羽636之4之1，羽657之2之2，羽657之2之1，俞正藏本，中村不折092，中国印刷博物馆藏本，重博06，重博07，重博16，重博17，重博18，重博19

妙法莲华经卷一

BD00029，BD00048，BD00105，BD00113，BD00115，BD00118，

BD00136, BD00156, BD00159, BD00174, BD00354, BD00539, BD00591, BD00656, BD00712, BD00725, BD00787, BD00796, BD00797, BD00829, BD00855, BD00865, BD00869, BD00955, BD00989, BD01043, BD01116, BD01187, BD01208（2）, BD01208（3）, BD01274, BD01286, BD01390, BD01443, BD01489, BD01498, BD01601, BD01608, BD01646, BD01667, BD01701, BD01741, BD01745, BD01747, BD01880, BD01907, BD01922, BD01926, BD02057, BD02071, BD02075, BD02076, BD02085, BD02086, BD02120, BD02124, BD02133, BD02184, BD02195（1）, BD02199, BD02212, BD02305, BD02411, BD02423, BD02547, BD02554, BD02578, BD02606, BD02607, BD02634, BD02657, BD02704, BD02779, BD02797, BD02847, BD02863, BD02929, BD02947, BD02976, BD03095, BD03128, BD03156, BD03175, BD03246, BD03257, BD03261, BD03309, BD03378, BD03384, BD03385, BD03502, BD03558, BD03760, BD03775, BD03783, BD03928, BD03972, BD04002, BD04044, BD04067, BD04094, BD04115, BD04141, BD04177, BD04189, BD04196, BD04214, BD04236, BD04299, BD04302, BD04314, BD04482, BD04490, BD04549, BD04692, BD04745, BD04749, BD04817, BD04866, BD04881, BD04927, BD04955, BD04970, BD04974, BD05011, BD05019, BD05046, BD05093, BD05121, BD05251, BD05314, BD05348, BD05385, BD05543, BD05548, BD05557, BD05569, BD05571, BD05593, BD05599, BD05613, BD05617, BD05629, BD05710, BD05716, BD05722, BD05743, BD05766, BD05817（1）, BD05849, BD05877, BD05900, BD05913, BD05939, BD05971, BD05973, BD06112, BD06167, BD06227, BD06284, BD06293, BD06297, BD06347, BD06426, BD06436, BD06474, BD06475, BD06509, BD06523, BD06531, BD06538, BD06578, BD06579, BD06586, BD06650, BD06654, BD06655, BD06680, BD06763, BD06830, BD06839, BD06947, BD06983, BD06985, BD06997, BD07102, BD07115, BD07144, BD07226, BD07239, BD07280, BD07288, BD07304, BD07514, BD07542, BD07558, BD07568, BD07589, BD07593, BD07623, BD07632, BD07705, BD07950, BD07998, BD08070, BD08084, BD08096, BD08105, BD08118, BD08259, BD08261, BD08295, BD08309, BD08420, BD08496,

BD08585, BD08664, BD08682, BD08689, BD08696, BD08703, BD08705, BD08707, BD08712, BD08716, BD08721, BD08729, BD08748, BD08749, BD08761, BD08764, BD08779, BD09216, BD09496, BD09543, BD09950, BD09963, BD09968, BD09990, BD10011, BD10026, BD10054, BD10078, BD10112, BD10132, BD10155, BD10175, BD10186, BD10196, BD10288, BD10354, BD10392, BD10429, BD10433, BD10503, BD10510, BD10586, BD10598, BD10628, BD10638, BD10648, BD10653, BD10710, BD10723, BD10731, BD10812, BD10861, BD10887, BD10888, BD10895, BD10896, BD10923, BD10937, BD10976, BD11016, BD11026, BD11073, BD11095, BD11116, BD11136, BD11159, BD11162, BD11263, BD11268, BD11272, BD11290, BD11310, BD11568, BD11613, BD11673, BD11698, BD11732, BD11769, BD11859, BD11914, BD12072, BD12115, BD12140, BD12145, BD12232, BD12256, BD12258, BD12332, BD12352, BD12722, BD13652, BD13801, BD13808, BD13812, BD13816 (1), BD13820, BD13823, BD13827, BD14165, BD14166, BD14428, BD14447, BD14542, BD14563, BD14578, BD14589, BD14591, BD14721, BD14753, BD14770, BD14782, BD14811H, BD14843C, BD14872, BD14877, BD14906, BD14909, BD14910, BD14968, BD14976, BD15021, BD15157, BD15172, BD15189, BD15225, BD15261, BD15502, BD15533, BD15542, BD15554, BD15572, BD15594, BD15597, BD15602, BD15617, BD15729, BD15734, BD15744, BD15766, BD15809, BD15818, BD15821, BD15962, BD16014, BD16225, CXZ004, CXZ006, HHT019, L.c, LB.028, LB.061, LB.064, LD5004, LD5137-09, LD5137-10, LD28402, LD4969-02, LD4983-01, LD5126, P.2102, P.2151, P.2781, P.2783, P.2801, P.2881, P.2906, P.3076, P.3788, P.3933, P.4512, P.4540, P.4544, P.4575, P.4828, P.4839, P.4850, P.4856, P.5572, P.5584 (2), P.5590 (10), S.0025, S.0112, S.0131, S.0138, S.0194, S.0255, S.0325, S.0384, S.0424, S.0437, S.0442, S.0536, S.0598, S.0637, S.0661, S.0821, S.0825, S.0830, S.0872, S.0873, S.0875, S.0876, S.0915, S.0946, S.0970, S.1007, S.1114, S.1136, S.1148, S.1161, S.1217, S.1228, S.1262, S.1282, S.1404, S.1506, S.1525, S.1657, S.1734, S.1748, S.1759, S.1761, S.1766, S.1767, S.1784,

S.1797, S.1849, S.1882, S.1996, S.2219, S.2220, S.2236, S.2374, S.2400, S.2442, S.2485, S.2510, S.2513, S.2602, S.2626, S.2634, S.2639, S.2645, S.2763, S.2774, S.2775, S.2777, S.2785, S.2839, S.2877, S.2931, S.3004, S.3029, S.3361, S.3402, S.3404, S.3462, S.3498, S.3509, S.3529, S.3590, S.3601, S.3612, S.3640, S.3645, S.3710, S.3840, S.3846, S.3896, S.3937, S.3950, S.4009, S.4027, S.4051, S.4152, S.4157, S.4305, S.4320, S.4353, S.4383, S.4384, S.4390, S.4435, S.4466, S.4549, S.4699, S.4717, S.4813, S.4815, S.4819, S.4838, S.4840, S.4894, S.4902, S.5013, S.5051, S.5127, S.5149, S.5205, S.5267, S.5318, S.5348, S.5357, S.6410, S.6434, S.6461, S.6500, S.6523, S.6574, S.6602, S.6627, S.6671, S.6719, S.6736, S.6759, S.6766, S.6824, S.6830, S.6849, S.6885, S.6913, S.6921, S.7118, S.7162, S.7181, S.7201, S.7260, S.7262, S.7295, S.7300, S.7304, S.7305, S.7327, S.7360, S.7372, S.7389, S.7419, S.7478, S.7502, S.7507, S.7510, S.7526, S.7552, S.7563, S.7593, S.7625, S.7663, S.7706, S.7717, S.7747, S.7774, S.7814, S.7818, S.7838, S.7908, S.7917, S.7969, S.8027, S.8035, S.8095, S.8101, S.8118, S.8138, S.8245, S.8260, S.8261, S.8308, S.8343, S.8346, S.8359, S.8363, S.8366, S.8382, ZSD005号, Дх.00108, Дх.00135, Дх.00163, Дх.00172, Дх.00242, Дх.00257, Дх.00258, Дх.00349, Дх.00455, Дх.00459, Дх.00469, Дх.00574, Дх.00625, Дх.00640, Дх.00650, Дх.00749, Дх.00778, Дх.00848, Дх.00872, Дх.00906, Дх.00908, Дх.01034, Дх.01108, Дх.01145, Дх.01148, Дх.01161, Дх.01167В, Дх.01497, Дх.01498, Дх.01499, Дх.01630Е, Дх.01643, Дх.01670, Дх.01673, Дх.01678, Дх.01714, Дх.01717, Дх.01736, Дх.01737, Дх.01795, Дх.01825, Дх.01829, Дх.01834, Дх.01859, Дх.01860, Дх.02108, Дх.02184, Дх.02199, Дх.02238, Дх.02326, Дх.02327, Дх.02378, Дх.02386, Дх.02397, Дх.02417, Дх.02522, Дх.02523, Дх.02527, Дх.02562, Дх.02653, Дх.02658, Дх.02965, Дх.03256, Дх.03330, Дх.03363, Дх.03379, Дх.03396, Дх.03588, Дх.03599, Дх.03693, Дх.03709, Дх.03729, Дх.03731, Дх.03767, Дх.04098, Дх.04166, Дх.04186, Дх.04218, Дх.04220, Дх.04264,

Дх.04288, Дх.04328, Дх.04330, Дх.04342, Дх.04376, Дх.04390, Дх.04424, Дх.04451А, Дх.04633А, Дх.04658, Дх.04709, Дх.04791, Дх.04805, Дх.04897, Дх.04920, Дх.04931, Дх.04940, Дх.04972, Дх.05004, Дх.05052, Дх.05099, Дх.05102, Дх.05164, Дх.05198, Дх.05206, Дх.05309, Дх.05383, Дх.05456, Дх.05510, Дх.05520, Дх.05524, Дх.05532, Дх.05550, Дх.05570, Дх.05594, Дх.05655, Дх.05933, Дх.05964, Дх.05967, Дх.06075, Дх.06159, Дх.06162, Дх.06204, Дх.06300, Дх.06330, Дх.06413, Дх.06418, Дх.06442, Дх.06474, Дх.06489V, Дх.06680, Дх.06781, Дх.06794, Дх.06850, Дх.06869, Дх.06892, Дх.06903, Дх.06936, Дх.06945, Дх.06947, Дх.06964, Дх.06968, Дх.06969, Дх.07133, Дх.07203, Дх.07205, Дх.07210, Дх.07214, Дх.07249, Дх.07298, Дх.07311, Дх.07323, Дх.07373, Дх.07501, Дх.07502, Дх.07527, Дх.07621, Дх.07644, Дх.07663, Дх.07669, Дх.07682, Дх.07682V, Дх.07721, Дх.07747, Дх.07753, Дх.07770, Дх.07781, Дх.07854, Дх.07871, Дх.07939, Дх.07991, Дх.08006, Дх.08099, Дх.08123, Дх.08124, Дх.08180, Дх.08234, Дх.08245, Дх.08276, Дх.08379, Дх.08404, Дх.08444, Дх.08448, Дх.08454, Дх.08468, Дх.08490, Дх.08499, Дх.08522, Дх.08525, Дх.08584, Дх.08636, Дх.08649, Дх.08748, Дх.08777, Дх.08845, Дх.09018, Дх.09052, Дх.09362, Дх.09454, Дх.09461, Дх.09540, Дх.09555, Дх.10523, Дх.10531, Дх.10549, Дх.10557А, Дх.10558, Дх.10566, Дх.10569, Дх.10577, Дх.10581, Дх.10583, Дх.10587, Дх.10599, Дх.10602, Дх.10610, Дх.10616, Дх.10621, Дх.10622, Дх.10625, Дх.10636, Дх.11154, Дх.11407, Дх.11551, Дх.11595В, Дх.11669, Дх.11690, Дх.11695, Дх.11724, Дх.11960, Дх.11975, Дх.12022, Дх.12025, Дх.12030В, Дх.12046, Дх.12051, Дх.12052, Дх.12085, Дх.12103, Дх.12147, Дх.12147V, Дх.12187, Дх.12190, Дх.12200, Дх.12222, Дх.12257, Дх.12317, Дх.12390, Дх.12422, Дх.12453, Дх.12465, Дх.12624, Дх.14169, Дх.14227, Дх.14275, Дх.14682, Дх.14746, Дх.14928, Дх.15128, Дх.15238,

Дх.15349, Дх.15832, Дх.15846, Дх.15859, Дх.15967, Дх.15995, Дх.16014, Дх.16027, Дх.16116, Дх.16246, Дх.16432, Дх.16435, Дх.16442, Дх.16512, Дх.16566, Дх.16618, Дх.16635, Дх.16724, Дх.16783, Дх.16810, Дх.16815, Дх.16847, Дх.16859, Дх.16872, Дх.16901, Дх.16903B, Дх.16930, Дх.16946, Дх.16955, Дх.17006, Дх.17667, Дх.17708, Дх.18289, Дх.18487, Дх.18544, Дх.18554, Дх.18566, Дх.18569, Дх.18621, Дх.18632, Дх.18673, Дх.18847, Дх.18856, 碑林005, 北大D036, 北大D121, 北大D129, 北大D135, 大东急101-18-1-1, 第一批00145（南京师范大学图书馆藏本）, 敦博029, 敦博033, 敦博048, 敦研035, 敦研038, 敦研040, 敦研046, 敦研074, 敦研083, 敦研107, 敦研111, 敦研158, 敦研169, 敦研175, 敦研218, 敦研220, 敦研222, 敦研226, 敦研231, 敦研265, 敦研267, 敦研277, 敦研281, 俄Ф.044, 俄Ф.049, 俄Ф.050, 俄Ф.060, 俄Ф.064, 俄Ф.095, 俄Ф.119, 俄Ф.187, 俄Ф.217, 俄Ф.289, 俄Ф.293, 俄Ф.303, 甘博030, 甘博089, 甘图015, 甘图029, 津图014, 津图015, 津图024, 津图030, 津图045, 津图065, 津图069, 津图118, 津图155, 津图157, 津图168, 津文458, 津艺073, 津艺123, 津艺124, 津艺146, 津艺197, 津艺225, 津艺282, 津艺293, 津艺320, 酒博018, 酒博022, 酒博024, 南京博物院藏本, 南师大02, 启敦093, 启敦096, 启敦098, 启敦099, 启敦100, 启敦101, 启敦102, 启敦103, 启敦104, 青博03, 上博36（37497）, 上博77（69592）, 上图032, 上图055（1）, 上图063（1）, 上图132, 上图143, 首博32.520（2）, 首博32.529, 首博32.566, 台图053, 台图054, 台图055, 台图056, 台图057A, 台图058, 伍伦34号, 西博013, 西博014, 羽010, 羽114, 羽115, 羽116, 羽117, 羽400, 羽484, 羽539, 羽641, 羽758, 招提19, 浙敦007（浙图07）, 浙敦030（浙博005）

妙法莲华经卷二

BD00053, BD00077A, BD00128, BD00139V, BD00141, BD00147, BD00166, BD00197, BD00207, BD00289, BD00356, BD00364, BD00418, BD00427, BD00493, BD00532, BD00559, BD00567, BD00572, BD00595, BD00596, BD00621, BD00629, BD00637, BD00640, BD00689, BD00745, BD00748, BD00756, BD00767, BD00784, BD00812, BD00820, BD00882,

BD00964、BD00971、BD00996、BD01015、BD01033、BD01056、BD01126、BD01149、BD01159、BD01160、BD01171、BD01271、BD01280、BD01328、BD01336、BD01342、BD01351、BD01359、BD01365、BD01371、BD01419、BD01425、BD01440、BD01445、BD01461、BD01468、BD01480、BD01521、BD01543、BD01567、BD01642、BD01680、BD01724、BD01754、BD01781、BD01803、BD01853、BD01873、BD01882、BD01883、BD01895、BD01896、BD01905、BD01934、BD01937、BD01949、BD01953、BD02020、BD02031、BD02034、BD02089、BD02175、BD02176、BD02195（2）、BD02281、BD02297、BD02356、BD02374、BD02376、BD02387、BD02388、BD02395、BD02396、BD02398、BD02402、BD02414、BD02428、BD02430、BD02434、BD02479、BD02518、BD02527、BD02532、BD02546、BD02570、BD02597、BD02640、BD02652、BD02702、BD02703、BD02725、BD02734、BD02772、BD02783、BD02786、BD02792、BD02856、BD02924、BD02928、BD02946、BD02948、BD02949、BD02951、BD03007、BD03016、BD03045、BD03047、BD03124、BD03168、BD03174、BD03183、BD03240、BD03255、BD03256、BD03273、BD03391、BD03423（4）、BD03423（6）、BD03452、BD03485、BD03521、BD03569、BD03616、BD03620、BD03633、BD03747、BD03771、BD03848、BD03860、BD03973、BD04065、BD04075、BD04201、BD04242、BD04392、BD04631、BD04698、BD04731A、BD04731B、BD04778、BD04803、BD04805、BD04809、BD04816、BD04821、BD04840、BD04855、BD04969、BD04973（1）、BD04983、BD05020、BD05082、BD05088、BD05111、BD05117、BD05125、BD05143、BD05177、BD05181、BD05183、BD05186、BD05248、BD05249、BD05302、BD05306、BD05334、BD05344、BD05356、BD05369、BD05380、BD05403、BD05404、BD05415、BD05427、BD05435、BD05448、BD05455、BD05471、BD05484、BD05496、BD05503、BD05527、BD05531、BD05587、BD05606、BD05616、BD05663、BD05692、BD05694、BD05709、BD05745、BD05751、BD05764、BD05817（2）、BD05839、BD05857、BD05897、BD05898、BD05955、BD06047、BD06093、BD06109、BD06181、BD06238、BD06256、BD06281、BD06331、BD06394、BD06410、BD06425、BD06507、BD06530、BD06559（1）、BD06580、BD06601、BD06643、BD06718、BD06730、BD06739、

BD06768, BD06822, BD06826, BD06837, BD06953, BD06973, BD06986, BD07008, BD07024, BD07026, BD07031, BD07057, BD07214, BD07293, BD07349, BD07427, BD07433, BD07613, BD07699（2）, BD07710, BD07728, BD07833, BD07870, BD07875, BD07938, BD07939, BD08079, BD08083, BD08085, BD08195, BD08196, BD08199, BD08271, BD08323, BD08551, BD08680, BD08688, BD08702, BD08708, BD08709, BD08727, BD08735, BD08754, BD08769, BD08771, BD09500, BD09531, BD09531V, BD09899, BD09947, BD10014, BD10017, BD10027, BD10042, BD10110, BD10373, BD10595, BD10633, BD10657, BD10687, BD10700, BD10782, BD10826, BD10889, BD10890, BD10935, BD10971, BD11045, BD11090, BD11195, BD11306, BD11333, BD11349, BD11462, BD11532, BD11810, BD11837, BD11911, BD11965, BD12013, BD12309, BD12321, BD12329, BD12391, BD13802, BD13809, BD13812, BD13816（2）, BD13821, BD13822, BD14426, BD14429, BD14435, BD14451, BD14452, BD14467, BD14469, BD14487, BD14494, BD14605, BD14643, BD14692, BD14762, BD14776, BD14840D, BD14853, BD14885, BD14937, BD15079, BD15083, BD15096, BD15133, BD15145, BD15149, BD15328, BD15534, BD15562, BD15577, BD15606, BD15607, BD15654, BD15688, BD15833, BD15850, BD16173, BD16467A, CXZ007, HHT032, L.028, LB.054, LB.057, LB.060, LD4998, LD4999P.2246, P.2264, P.2480, P.2949, P.3071, P.3158, P.3226, P.3673, P.4556, P.4830, P.4832, P.4845, P.4864, P.4902, P.4920, P.4949, P.5028（13）, P.5589（13）, S.0027, S.0035, S.0051, S.0052, S.0082, S.0106, S.0158, S.0228, S.0245, S.0301, S.0402, S.0412, S.0484, S.0592, S.0606, S.0642, S.0647, S.0651, S.0718, S.0757, S.0802, S.0807, S.0815, S.0824, S.0838, S.0847, S.0908, S.0917, S.0921, S.1009, S.1050, S.1064, S.1089, S.1096, S.1111, S.1130, S.1168, S.1237, S.1254, S.1271, S.1288, S.1294, S.1297, S.1391, S.1426, S.1490, S.1492, S.1618, S.1749, S.1808, S.1821, S.1851, S.1932（6）, S.1935, S.1962, S.2008, S.2120, S.2167, S.2181, S.2215, S.2276, S.2281, S.2335, S.2371, S.2378, S.2544（1）, S.2569, S.2573, S.2599, S.2621, S.2760, S.2784, S.2829, S.2837, S.2966, S.3000, S.3006, S.3028, S.3043, S.3044, S.3055,

S.3083、S.3094、S.3141、S.3271、S.3278、S.3296、S.3301、S.3302、S.3333、S.3494、S.3541、S.3576、S.3579、S.3613、S.3766、S.3802、S.3804、S.3848、S.3931、S.4073、S.4177、S.4207、S.4485、S.4608、S.4670、S.4684、S.4714、S.4926、S.4932、S.4961、S.5043、S.5052、S.5183、S.5192、S.5281、S.5323、S.5326、S.5327、S.5369、S.5421、S.5528、S.5847、S.5908、S.6133、S.6375、S.6421、S.6431、S.6480、S.6482、S.6489、S.6528、S.6565、S.6578、S.6687、S.6692、S.6699、S.6710、S.6778、S.6807、S.6853、S.6913、S.6955、S.7016、S.7035、S.7065、S.7087、S.7119、S.7124、S.7165、S.7175、S.7204、S.7237、S.7281、S.7309、S.7320、S.7326、S.7341、S.7362、S.7379、S.7430、S.7446、S.7458、S.7462、S.7476、S.7497、S.7551、S.7553、S.7616、S.7642、S.7681、S.7684、S.7797、S.7812、S.7822、S.7875、S.7880、S.7881、S.7909、S.7923、S.7927、S.7976、S.7994、S.8017、S.8021、S.8022、S.8082、S.8105、S.8136、S.8257、S.8322、S.8325、S.8389、SF180702/6、ZSD037号、Дх.00031、Дх.00083、Дх.00151、Дх.00175、Дх.00275、Дх.00448、Дх.00449、Дх.00450、Дх.00451、Дх.00562、Дх.00669、Дх.00743、Дх.00786、Дх.00846、Дх.00852、Дх.00863、Дх.00909、Дх.00972、Дх.00973、Дх.01127、Дх.01169、Дх.01238、Дх.01532、Дх.01537А、Дх.01772、Дх.01537А、Дх.01773、Дх.01790А、Дх.01792、Дх.01907、Дх.01908、Дх.01940、Дх.01944、Дх.01971、Дх.02041、Дх.02068、Дх.02070、Дх.02097、Дх.02218、Дх.02250、Дх.02525、Дх.02529В、Дх.02541、Дх.02563、Дх.02609、Дх.02689、Дх.02694、Дх.02697、Дх.02717、Дх.02735、Дх.02855、Дх.02921、Дх.02926、Дх.03222А、Дх.03278В、Дх.03287、Дх.03323、Дх.03347、Дх.03439、Дх.03538、Дх.03565、Дх.03567、Дх.03616、Дх.03631、Дх.03644、Дх.03660、Дх.03739、Дх.04114、Дх.04135、Дх.04181、Дх.04183、Дх.04240В、Дх.04266、Дх.04370В、Дх.04478、Дх.04691、Дх.04707、Дх.04708、Дх.04819、Дх.04908、Дх.04981、Дх.04986、Дх.05066、Дх.05117、Дх.05194、Дх.05212、Дх.05266、Дх.05377、Дх.05739、Дх.05789、Дх.05801、Дх.05811、Дх.05826、Дх.06113、Дх.06132、Дх.06139、Дх.06269、Дх.06295、Дх.06337、Дх.06349、Дх.06403、Дх.06423、Дх.06432、

Дх.06450, Дх.06455, Дх.06456, Дх.06505, Дх.06506, Дх.06509, Дх.06513, Дх.06591, Дх.06653, Дх.06742, Дх.06785, Дх.06800, Дх.06873, Дх.06889, Дх.06920, Дх.06921, Дх.06926, Дх.06933, Дх.06952, Дх.06957, Дх.06988, Дх.07018, Дх.07027, Дх.07152, Дх.07292, Дх.07309, Дх.07321, Дх.07326, Дх.07338, Дх.07377, Дх.07446, Дх.07518, Дх.07538, Дх.07546, Дх.07557, Дх.07646, Дх.07670, Дх.07681, Дх.07684, Дх.07774, Дх.07775, Дх.07789, Дх.07859, Дх.07901, Дх.07924, Дх.08008, Дх.08016, Дх.08028, Дх.08040, Дх.08046, Дх.08082, Дх.08093, Дх.08113, Дх.08221, Дх.08246, Дх.08512, Дх.08516, Дх.08521, Дх.08538, Дх.08562, Дх.08631, Дх.08635, Дх.08659, Дх.08688, Дх.08690, Дх.08738, Дх.08780, Дх.08807, Дх.08809, Дх.08827, Дх.08912, Дх.08955, Дх.08969, Дх.08988, Дх.09010, Дх.09025, Дх.09029, Дх.09038, Дх.09047, Дх.09053, Дх.09116, Дх.09286, Дх.09372, Дх.09452, Дх.09493, Дх.09495, Дх.09563, Дх.10532, Дх.10541, Дх.10545, Дх.10554, Дх.10560, Дх.10567, Дх.10568, Дх.10574, Дх.10576, Дх.10588, Дх.10623, Дх.10638, Дх.10658, Дх.11099, Дх.11122, Дх.11258, Дх.11269, Дх.11363, Дх.11400, Дх.11429, Дх.11436, Дх.11625, Дх.11663, Дх.11838, Дх.11889, Дх.12036, Дх.12076, Дх.12249, Дх.12319, Дх.12320, Дх.12413, Дх.12454, Дх.12476, Дх.12873, Дх.14780, Дх.15352, Дх.15435, Дх.15464, Дх.15617, Дх.15667, Дх.15860, Дх.15868, Дх.16113, Дх.16119, Дх.16452, Дх.16475, Дх.16538, Дх.16543, Дх.16643, Дх.16656, Дх.16661, Дх.16678, Дх.16696, Дх.16717, Дх.16718, Дх.16728, Дх.16936, Дх.16944, Дх.16958, Дх.16991, Дх.17009, Дх.17438, Дх.17506, Дх.17622, Дх.17713, Дх.17788, Дх.18029, Дх.18500, Дх.18515, Дх.18548, Дх.18599, Дх.18603, Дх.18611, Дх.18616, Дх.18624, Дх.18627, Дх.18665, Дх.18748, 安徽省博物院藏本, 北大 D037, 大东急 107-5-1-1A, 敦研 071, 敦研 085, 敦研 337, 敦研 349, 敦研 363, 俄 Ф.045, 俄 Ф.340, 傅图 10, 甘博 012, 甘博 065, 甘博 075, 甘图 003, 甘图 031, 哥东

图 4. SPECIAL COLL. Scroll Chinese Series C No.26, 哥图写卷 11（第 9 卷），哥图写卷 7（第 5 卷），国图 WB32（25），604487，38.3.29 入，国图 WB32（26），566972，37.1.16 入，国图 WB32（36），566985，37.1.16 入，津图 021，津图 043，津艺 052，津艺 145，津艺 300，津艺 324，京博 B 甲 258 图录 199，京博 B 甲 272 图录 223，京博 B 甲 286 图录 229，京博 B 甲 431，美国国会图书馆藏本，南图 015，启敦 007，启敦 009，启敦 087，启敦 091，启敦 111，启敦 114，上博 53（44958），上图 001，上图 047，上图 063（2），上图 133，上图 150，石谷风 032，石谷风 033，石谷风 067，首博 32.520（13），首博 32.559（2），首博 32.565，首博 32.589，台图 059，台图 119A，台图 119B，伍伦 01 号，西北师大 014，西北师大 015，永博 001，永博 002，羽 118，羽 122，羽 123，羽 171，羽 385V，羽 392，羽 457 之 17，羽 538，羽 541，招提 20，中村不折 073

妙法莲华经卷三

BD00007, BD00060, BD00063, BD00086, BD00109, BD00193, BD00201, BD00205, BD00209, BD00211, BD00228, BD00238, BD00240, BD00254, BD00263, BD00294, BD00301, BD00310, BD00318A, BD00339, BD00352, BD00392, BD00417B, BD00419, BD00431, BD00436, BD00497, BD00516, BD00522, BD00561, BD00605, BD00638, BD00668, BD00674, BD00744, BD00788, BD00850, BD00888, BD00892, BD00959, BD01008, BD01079, BD01181, BD01182, BD01195, BD01249, BD01256, BD01263, BD01277, BD01287, BD01293, BD01306, BD01383, BD01394, BD01401, BD01432, BD01476, BD01502, BD01504, BD01572, BD01619, BD01625, BD01626, BD01654, BD01662, BD01698, BD01731, BD01750, BD01914, BD01935, BD01936, BD01943, BD01970, BD01978, BD01981, BD02041, BD02132, BD02153, BD02173, BD02185, BD02186, BD02226, BD02260, BD02355, BD02373, BD02375, BD02384, BD02454, BD02497, BD02566, BD02573, BD02588, BD02630, BD02814, BD02907, BD02926, BD02930, BD02975, BD03008, BD03009, BD03029, BD03040, BD03073, BD03133, BD03204, BD03210, BD03220, BD03235, BD03239, BD03241, BD03307, BD03314, BD03344, BD03353, BD03358, BD03361, BD03431, BD03560, BD03612, BD03617, BD03630, BD03634, BD03640, BD03673, BD03681,

BD03724, BD03787, BD03788, BD03820, BD03821, BD03834, BD03857, BD03947, BD04022, BD04117, BD04148, BD04160, BD04171, BD04184, BD04192, BD04287, BD04342, BD04370, BD04388, BD04457, BD04476, BD04781, BD04804, BD04842, BD04849, BD04924, BD04928, BD04941, BD04946, BD04948, BD04973（2）, BD05058, BD05059, BD05106, BD05110, BD05136, BD05179, BD05182, BD05189（1）, BD05194, BD05258, BD05353, BD05443, BD05538, BD05681, BD05707, BD05730, BD05736, BD05738, BD05739, BD05741, BD05744, BD05779, BD05809, BD05816, BD05875, BD05953, BD06121, BD06124, BD06145, BD06196, BD06248, BD06267, BD06304, BD06305, BD06320, BD06389, BD06403, BD06405, BD06454, BD06462, BD06483B, BD06526, BD06542, BD06559（2）, BD06594, BD06595, BD06608, BD06670, BD06710, BD06784（2）, BD06833, BD06842, BD06920, BD06949, BD06992, BD06998, BD07000, BD07005, BD07098, BD07178, BD07238, BD07271, BD07318, BD07321, BD07342, BD07409, BD07482, BD07490, BD07563, BD07577, BD07774, BD07795, BD07922, BD08061, BD08143, BD08238, BD08288, BD08316, BD08453, BD08454, BD08525, BD08558, BD08625, BD08656, BD08681, BD08686, BD08687, BD08693, BD08701, BD08725, BD08738, BD08747, BD08755, BD08768, BD08780, BD09501, BD09544, BD09558, BD09952, BD10022, BD10032, BD10063, BD10087, BD10092, BD10192, BD10239, BD10289, BD10467, BD10492, BD10528, BD10599, BD10702, BD10713, BD10781, BD10920, BD10922, BD10972, BD11008, BD11185, BD11219, BD11304, BD11305, BD11312, BD11334, BD11357, BD11411B, BD11422, BD11575, BD11617, BD11686, BD11716, BD11738, BD11776, BD11817, BD11967, BD12073, BD12114B, BD12204, BD12264, BD12273, BD12675, BD12860, BD13665, BD13803, BD13810, BD13812, BD13816（3）, BD13824, BD14167, BD14433, BD14434, BD14461, BD14477, BD14503, BD14530, BD14534, BD14588, BD14593, BD14745, BD14755, BD14777（1）, BD14781, BD14811A, BD14827, BD14840B, BD14840G, BD14843A, BD14845, BD14849, BD14887, BD14914, BD14931, BD14986, BD14987,

BD14997, BD15010, BD15013, BD15025, BD15075, BD15082, BD15101
(1), BD15115, BD15142, BD15176, BD15234, BD15242V (3), BD15260,
BD15276 (1), BD15340, BD15373, BD15388, BD15498, BD15506, BD15510,
BD15571, BD15581, BD15666, BD15676, BD15720, BD15730, BD15740,
BD15754, BD15768, BD15844, BD15858, BD15897, BD15898, BD15901,
BD15905, BD15947, BD15949, BD15975, BD16415, CXZ013, CXZ028,
G.005[=PEALD_8d2R], HHT011, L.006, LB.055, LB.065, LD.4984, P.2123,
P.2209, P.2278, P.2345, P.2853 (Pel.tib.1134V), P.2957, P.4068, P.4613,
P.4652, P.4861, P.4926, P.5028 (3), P.5590 (1), S.0008, S.0430, S.0456,
S.0595, S.0664, S.0665, S.0724, S.0791, S.0911, S.0923, S.0931, S.0991, S.1019,
S.1028, S.1047, S.1050, S.1197, S.1260, S.1265, S.1338, S.1370, S.1413,
S.1495, S.1507, S.1509, S.1511, S.1555, S.1572, S.1641, S.1647, S.1677,
S.1770, S.1773, S.1779, S.1785, S.1802, S.1804, S.1817, S.1851, S.1853, S.1932
(5), S.1958, S.2005, S.2023, S.2065, S.2119, S.2347, S.2419, S.2631, S.2637,
S.2647, S.2656, S.2676, S.2677, S.2750, S.2760, S.2808, S.2865, S.2887,
S.2924, S.3241, S.3277, S.3508, S.3513, S.3535, S.3661, S.3684, S.3746,
S.3796, S.3809, S.3812, S.3826, S.3988, S.3995, S.4021, S.4030, S.4046, S.4053,
S.4133, S.4139, S.4168, S.4200, S.4207, S.4209, S.4263, S.4372, S.4380,
S.4405, S.4496, S.4503, S.4762, S.4972, S.4973, S.4974, S.4977, S.4994,
S.4997, S.5033, S.5040, S.5176, S.5197, S.5207, S.5222, S.5274, S.5304,
S.5319, S.5320, S.5366, S.5417, S.5423, S.5783, S.6288, S.6423, S.6482,
S.6512, S.6519, S.6520, S.6555, S.6679, S.6700, S.6703, S.6735, S.6820,
S.6872, S.6913, S.6917, S.7055, S.7122, S.7185, S.7188, S.7216, S.7221,
S.7249, S.7299, S.7302, S.7345, S.7347, S.7348, S.7354, S.7358, S.7359,
S.7383, S.7394, S.7423, S.7448, S.7466, S.7514, S.7527, S.7542, S.7546,
S.7549, S.7582, S.7604, S.7644, S.7673, S.7755, S.7765, S.7789, S.7815,
S.7823, S.7853, S.7861, S.7892B, S.7918, S.8032, S.8098, S.8107, S.8128,
S.8161, S.8256, S.8277, S.8281, S.8302, S.8357, ZSD066 号, Дх.00051,
Дх.00101, Дх.00103, Дх.00118, Дх.00247, Дх.00267, Дх.00309,
Дх.00481, Дх.00734, Дх.00805, Дх.00830, Дх.01087, Дх.01146,

Дх.01290, Дх.01475, Дх.01476, Дх.01481, Дх.01494, Дх.01566, Дх.01581, Дх.01665, Дх.01669A, Дх.01725, Дх.01781, Дх.01968, Дх.02026, Дх.02087, Дх.02192, Дх.02410B, Дх.02413, Дх.02521, Дх.02536, Дх.02547, Дх.02550, Дх.02581, Дх.02685, Дх.02708, Дх.02782, Дх.03014, Дх.03314, Дх.03786, Дх.03929, Дх.03932, Дх.04025, Дх.04026, Дх.04029A, Дх.04029B, Дх.04031, Дх.04122, Дх.04292, Дх.04351, Дх.04357, Дх.04368, Дх.04397, Дх.04557, Дх.04605, Дх.04640, Дх.04715, Дх.04763, Дх.04814, Дх.04829, Дх.04855, Дх.04894, Дх.04966, Дх.05058, Дх.05058V, Дх.05116, Дх.05123, Дх.05124, Дх.05230, Дх.05323, Дх.05427A, Дх.05436, Дх.05437, Дх.05439, Дх.05451A, Дх.05562, Дх.05585, Дх.05597, Дх.05598, Дх.05607, Дх.05642, Дх.05650A, Дх.05650B, Дх.05680, Дх.05707, Дх.05738, Дх.05800, Дх.05861, Дх.05866, Дх.05908, Дх.05949, Дх.06143, Дх.06248, Дх.06312, Дх.06340, Дх.06384, Дх.06396, Дх.06400, Дх.06440, Дх.06473, Дх.06542, Дх.06545, Дх.06600, Дх.06627, Дх.06661, Дх.06688, Дх.06771, Дх.06834, Дх.06977, Дх.06978, Дх.06982, Дх.06991, Дх.07088, Дх.07166, Дх.07190, Дх.07233, Дх.07247, Дх.07251, Дх.07304, Дх.07307, Дх.07333, Дх.07378, Дх.07401, Дх.07460, Дх.07477, Дх.07486, Дх.07569, Дх.07628, Дх.07633, Дх.07678, Дх.07683, Дх.07705, Дх.07737, Дх.07808, Дх.07824, Дх.07862, Дх.07863, Дх.07900, Дх.07910, Дх.07928, Дх.07977, Дх.08049, Дх.08075, Дх.08118, Дх.08125, Дх.08146, Дх.08164, Дх.08166, Дх.08169, Дх.08170, Дх.08173, Дх.08192, Дх.08200A, Дх.08220, Дх.08372, Дх.08408, Дх.08484, Дх.08531, Дх.08621, Дх.08662, Дх.08716, Дх.08730, Дх.08737, Дх.08740, Дх.08753, Дх.08820, Дх.08893, Дх.08918, Дх.09002, Дх.09090, Дх.09110, Дх.09114, Дх.09268, Дх.09282, Дх.09385, Дх.09498, Дх.09558, Дх.10534, Дх.10539, Дх.10540, Дх.10542, Дх.10543, Дх.10579, Дх.10584, Дх.10586, Дх.10606, Дх.10607, Дх.10613, Дх.10618, Дх.10624, Дх.10626, Дх.10631,

Дх.10632, Дх.11133, Дх.11183, Дх.11324, Дх.11388, Дх.11422, Дх.11456, Дх.11480, Дх.11508, Дх.11657, Дх.11659, Дх.11778, Дх.11834, Дх.11855, Дх.11866, Дх.11884, Дх.11886, Дх.11990, Дх.12035, Дх.12276, Дх.12301, Дх.12397, Дх.12404, Дх.12408, Дх.12448, Дх.12456, Дх.12581, Дх.12598, Дх.12722, Дх.12824, Дх.14242, Дх.14340, Дх.14994, Дх.15310, Дх.15666, Дх.15809, Дх.15958, Дх.15964, Дх.16109, Дх.16138, Дх.16172, Дх.16336, Дх.16354, Дх.16413, Дх.16520, Дх.16522, Дх.16640, Дх.16694, Дх.16788, Дх.16905, Дх.16915, Дх.16931, Дх.16961, Дх.16972, Дх.16999, Дх.17004, Дх.17573, Дх.17698, Дх.17825, Дх.17885, Дх.18355, Дх.18546, Дх.18552, Дх.18575, Дх.18737, Дх.19009，安徽省博物院藏本，北大 D038，北大 D130，北大 D244，大谷大学 0727，第二批 02435（中国佛教图书文物馆藏本），第一批 00146（山西省图书馆藏本），敦博 073，敦研 042，敦研 110，敦研 206，敦研 301，敦研 379，俄 Ф.043，俄 Ф.058，俄 Ф.062，俄 Ф.284，俄 Ф.295，俄 Ф.313，俄 Ф.329，鄂博 41，鄂博 43，傅图 11，甘博 008，甘图 001，甘图 003，甘图 011，高博 002，国图 WB32（27）604488，38，3，29 入，华东师范大学图书馆藏本，津图 040，津图 041，津图 042，津图 079，津图 116，津图 121，津图 130，津图 151，津图 153，津图 169，津图 170，津艺 043，津艺 055，津艺 078，津艺 104，津艺 186，津艺 292，津艺 294，京博 B 甲 268 图录 218，南京博物院藏本，南师大 03，南图 006，南图 008，青博 08（8），青博 08（9），上博 17（3321），上博 30（36642），上博 62（51081），上图 039，上图 063（3），上图 089，上图 144，上图 145，首博 32.1330，首博 32.520（17），首博 32.531，首博 32.548，首博 32.559（1），首博 32.563，首博 32.585，首博 32.590，台图 057B，台图 060，台图 067，永博 003，羽 046，羽 296，羽 340，羽 502，羽 765，张博 001，浙敦 008（浙图 08），浙敦 032（浙博 007），浙敦 094（浙博 069），浙敦 120（浙博 095），浙敦 149（浙博 124）

妙法莲华经卷四

BD00022, BD00031, BD00046, BD00077B, BD00082, BD00085, BD00167, BD00171, BD00184, BD00206, BD00232B, BD00241, BD00247, BD00262, BD00265, BD00274, BD00284, BD00305, BD00314, BD00318B,

BD00401, BD00413, BD00422, BD00423, BD00435, BD00484, BD00555, BD00645, BD00864, BD00875, BD00899, BD00939, BD01050, BD01138, BD01146, BD01210, BD01214, BD01298, BD01299, BD01301, BD01313, BD01329, BD01335, BD01345, BD01385, BD01420, BD01475, BD01507, BD01523, BD01533, BD01544, BD01594, BD01606, BD01616, BD01632, BD01649, BD01700, BD01716, BD01760, BD01775, BD01778, BD01779, BD01787, BD01798, BD01801, BD01807, BD01816, BD01837, BD01848, BD01912, BD01913, BD01968, BD01980, BD02082, BD02203, BD02366, BD02379, BD02453, BD02514, BD02543, BD02629, BD02637, BD02674, BD02675, BD02713, BD02735, BD02893, BD02914, BD02931, BD02941, BD02995, BD03037, BD03044, BD03053, BD03078, BD03108, BD03127, BD03152, BD03288, BD03318, BD03322, BD03337, BD03399, BD03400, BD03404, BD03409, BD03447, BD03476, BD03512, BD03586, BD03626V（1）, BD03626V（2）, BD03648, BD03650, BD03656, BD03676, BD03696, BD03772, BD03835, BD03842, BD03845, BD03879, BD03938, BD03985, BD03995, BD04056, BD04077, BD04079, BD04104, BD04124, BD04194, BD04198, BD04202, BD04211, BD04218, BD04260, BD04271, BD04273, BD04363, BD04553, BD04556, BD04623, BD04630, BD04756, BD04796, BD04812, BD04945, BD04973（3）, BD04999, BD05049, BD05108, BD05153, BD05157, BD05162, BD05172, BD05175, BD05189（2）, BD05283, BD05287, BD05338, BD05409, BD05467, BD05598, BD05608, BD05646B, BD05662, BD05670, BD05674, BD05680, BD05691, BD05725, BD05731, BD05852, BD05890V, BD05895, BD05933, BD06000, BD06076, BD06090, BD06144, BD06162, BD06199, BD06244, BD06270, BD06313, BD06336, BD06488, BD06617, BD06717, BD06807, BD06828, BD06847, BD06956, BD06989, BD07058, BD07180, BD07199, BD07200, BD07222, BD07301, BD07350, BD07489, BD07531, BD07556, BD07745, BD07926, BD08003, BD08008, BD08047, BD08052, BD08094, BD08117, BD08133, BD08153, BD08178, BD08319, BD08342, BD08503, BD08526, BD08685, BD08691, BD08692, BD08699, BD08711, BD08715, BD08718, BD08720, BD08724, BD08733,

BD08736, BD08741, BD08744, BD08745, BD08746, BD08752, BD08753, BD08756, BD08767, BD08775, BD08777, BD09193, BD09591, BD09875, BD09924, BD09994, BD10084, BD10101, BD10114, BD10185, BD10210, BD10233, BD10244, BD10284, BD10432, BD10461, BD10532, BD10583, BD10620, BD10724, BD10775, BD10786, BD10804, BD10840, BD10913, BD10932, BD10940, BD11117, BD11118, BD11142, BD11143, BD11166, BD11283, BD11324, BD11339, BD11348, BD11351, BD11363, BD11402, BD11435, BD11572, BD11602, BD11609, BD11665, BD11778, BD11792, BD11815, BD11843, BD11844, BD12093, BD12101, BD12336, BD12338, BD12353, BD12359, BD13618, BD13804, BD13812, BD13816（4）, BD13825, BD13826, BD13828, BD14169, BD14478, BD14539, BD14592, BD14724, BD14757D, BD14773, BD14787, BD14788, BD14863, BD14900, BD14984, BD14988, BD15006, BD15007, BD15039, BD15041, BD15111, BD15161, BD15171, BD15184, BD15238, BD15242（1）, BD15276（2）, BD15303, BD15329, BD15341, BD15436, BD15515, BD15551, BD15578, BD15591, BD15599, BD15603, BD15706, BD15747, BD15764, BD15765, BD15807, BD15812, BD15813, BD15815, BD15826, BD15909, BD16156, BD16157, BD16158A, BD16253A, BD16253B, BD16253C, BD16253D, BD16253E, CXZ002, CXZ015, G.002[=PEALD_8BR], HHT028, LB.024, LB.045, LB.059, LD.4984, P.2784, P.2890 (Pel.tib.1071V)（1）, P.2925, P.3075, P.3159, P.3182, P.3407, P.4576V, P.4579, P.4654V, P.4851, P.4919, P.5029B, P.5551, P.5571, S.0024, S.0066（1）, S.0069, S.0089, S.0104, S.0152, S.0265, S.0312, S.0322, S.0493, S.0569, S.0652, S.0703, S.0744, S.0806, S.0853, S.0863, S.0874, S.0994, S.1139, S.1375, S.1394, S.1410, S.1421, S.1476, S.1486, S.1491, S.1502, S.1544, S.1636, S.1658, S.1670, S.1729, S.1742, S.1743, S.1744, S.1756, S.1787, S.1850, S.1852, S.1909, S.2031, S.2062, S.2063, S.2093, S.2094, S.2126, S.2155, S.2157, S.2168, S.2223, S.2250, S.2252, S.2273, S.2333, S.2408, S.2521, S.2601, S.2640, S.2753, S.2756, S.2847, S.3053, S.3070, S.3079, S.3181, S.3250, S.3325, S.3384, S.3401, S.3543, S.3614, S.3667, S.3717, S.3740, S.3751, S.3778, S.3866, S.3939, S.3943,

S.4002, S.4003, S.4111, S.4143, S.4206, S.4551, S.4599, S.4725, S.4802, S.4919, S.5034, S.5086, S.5179, S.5252, S.5268, S.5293, S.5355, S.5399, S.5842, S.6376, S.6399, S.6401, S.6429, S.6438, S.6482, S.6589, S.6597, S.6738, S.6793, S.6805, S.6896, S.6913, S.7140, S.7228, S.7241, S.7253, S.7277, S.7284, S.7291, S.7314, S.7325, S.7331, S.7335, S.7352, S.7376, S.7606, S.7645, S.7671, S.7674, S.7712, S.7750, S.7752, S.7760, S.7775, S.7825, S.7840, S.7854, S.7896, S.7913, S.7929, S.7947, S.7960, S.7980, S.7997, S.8005, S.8041, S.8130, S.8145, S.8150, S.8271, S.8282, S.8371, S.8390, SF180702/5, ZSD016号, ZSD021号, ZSD024号, ZSD033号, ZSD035号, ZSD055号, ZSD056号, Дх.00009, Дх.00058, Дх.00090, Дх.00096, Дх.00133, Дх.00193A, Дх.00201B, Дх.00250, Дх.00271, Дх.00298, Дх.00307, Дх.00356, Дх.00363, Дх.00368, Дх.00370, Дх.00401, Дх.00402, Дх.00460, Дх.00518, Дх.00545, Дх.00546, Дх.00573, Дх.00615, Дх.00626, Дх.00655, Дх.00729, Дх.00730, Дх.00757, Дх.00762, Дх.00840, Дх.00873, Дх.00898, Дх.01039, Дх.01105, Дх.01176, Дх.01247, Дх.01562, Дх.01631, Дх.01663, Дх.01798, Дх.01928A, Дх.02002, Дх.02071, Дх.02202, Дх.02271, Дх.02280, Дх.02302A, Дх.02339B, Дх.02463, Дх.02575, Дх.02715, Дх.02770, Дх.02783, Дх.02786, Дх.02792, Дх.02804, Дх.02934, Дх.02982, Дх.02990, Дх.02992A, Дх.03049, Дх.03051, Дх.03173, Дх.03211, Дх.03227, Дх.03311, Дх.03348, Дх.03433, Дх.03444A, Дх.03519, Дх.03555, Дх.03564, Дх.03612, Дх.03689, Дх.03750, Дх.03753, Дх.03760, Дх.03801, Дх.03993, Дх.04069, Дх.04112, Дх.04149, Дх.04162, Дх.04322, Дх.04350, Дх.04377, Дх.04452, Дх.04459, Дх.04480, Дх.04486, Дх.04563, Дх.04565, Дх.04569, Дх.04634, Дх.04702, Дх.04717, Дх.04817, Дх.04830, Дх.04921, Дх.04925, Дх.04937, Дх.04945, Дх.05033, Дх.05040, Дх.05044A, Дх.05056, Дх.05113, Дх.05122, Дх.05256, Дх.05340, Дх.05349A, Дх.05426, Дх.05441, Дх.05454, Дх.05462, Дх.05492, Дх.05608, Дх.05634, Дх.05685, Дх.05730, Дх.05754, Дх.05773, Дх.05795,

Дх.05824, Дх.05829, Дх.05883, Дх.05902, Дх.05906, Дх.05969, Дх.05972, Дх.06185, Дх.06271, Дх.06348, Дх.06357, Дх.06358, Дх.06374, Дх.06409, Дх.06428, Дх.06449, Дх.06480, Дх.06501, Дх.06573, Дх.06589, Дх.06951, Дх.06990, Дх.07000, Дх.07042, Дх.07115, Дх.07116, Дх.07120, Дх.07129, Дх.07155, Дх.07159, Дх.07168, Дх.07169, Дх.07184, Дх.07285, Дх.07334, Дх.07396, Дх.07412, Дх.07468, Дх.07543, Дх.07551, Дх.07591, Дх.07625, Дх.07634, Дх.07686, Дх.07693, Дх.07696, Дх.07717, Дх.07743, Дх.07746, Дх.07757A, Дх.07767, Дх.07776, Дх.08025, Дх.08041, Дх.08114, Дх.08197, Дх.08343, Дх.08370, Дх.08377, Дх.08447, Дх.08470, Дх.08501, Дх.08541, Дх.08574, Дх.08818, Дх.08830, Дх.08915, Дх.08967, Дх.09033, Дх.09079, Дх.09206, Дх.09317, Дх.09376, Дх.09483, Дх.09521, Дх.09529, Дх.09538B, Дх.09542, Дх.09570, Дх.09573, Дх.10533, Дх.10544, Дх.10551A, Дх.10551B, Дх.10552A, Дх.10552B, Дх.10561, Дх.10562, Дх.10564, Дх.10571, Дх.10575, Дх.10582A, Дх.10582B, Дх.10589, Дх.10591, Дх.10593, Дх.10603, Дх.10612, Дх.10615, Дх.10619, Дх.10629, Дх.10630, Дх.10633, Дх.10635, Дх.11117, Дх.11138, Дх.11250, Дх.11334, Дх.11406, Дх.11445, Дх.11603, Дх.11720, Дх.11766, Дх.11775, Дх.11794, Дх.11795, Дх.11842, Дх.11863, Дх.11872, Дх.11882, Дх.11888, Дх.11904, Дх.11915, Дх.11919, Дх.11929, Дх.11956, Дх.11983, Дх.12017, Дх.12063, Дх.12073, Дх.12092, Дх.12162, Дх.12165, Дх.12217, Дх.12220, Дх.12253, Дх.12286, Дх.12293, Дх.12357, Дх.12368, Дх.12396, Дх.12411, Дх.12531, Дх.12536, Дх.12562, Дх.12572, Дх.12599, Дх.12604, Дх.12692, Дх.12707, Дх.12761, Дх.12805, Дх.14195, Дх.14226, Дх.14259, Дх.14546, Дх.14567, Дх.14693, Дх.14813, Дх.14903, Дх.15428, Дх.15717, Дх.15786, Дх.16021, Дх.16121, Дх.16498, Дх.16503, Дх.16514, Дх.16515, Дх.16516, Дх.16596, Дх.16672, Дх.16779, Дх.16792, Дх.16805, Дх.16848, Дх.16860V, Дх.16902, Дх.16921, Дх.16950,

Дх.16982，Дх.17721，Дх.17724，Дх.18067，Дх.18096，Дх.18348，Дх.18550，Дх.18590，Дх.18608，Дх.18620，Дх.18623，Дх.18649，Дх.18681，Дх.18841，Дх.18851，安徽省博物院藏本，巴图 Cod.sin.89，北大 D039，北大 D040，北大 D041，北大 D151，北大 D218，北三井 041（025-14-28），大东急 107-5-1-1G，第二批 02437（西北大学图书馆藏本），东大 3094，敦博 042，敦博 072，敦研 099，敦研 105，敦研 153，敦研 179，敦研 227，敦研 240，敦研 271，敦研 273，敦研 338，俄 Ф.052，俄 Ф.054，俄 Ф.057，俄 Ф.218，俄 Ф.243，俄 Ф.285，俄 Ф.287，俄 Ф.306，俄 Ф.349，鄂博 36，甘博 023，甘博 024，甘博 027，甘博 031，甘博 091，甘博 092，甘博 095，甘博 131，哥东图 4. SPECIAL COLL. Scroll Chinese Series C No.26，国赠 05868（台北故宫博物院藏本），津图 016，津图 031，津图 033，津图 062，津图 072，津图 154，津图 178，津图 181，津文 442，津艺 002，津艺 039，津艺 081，津艺 136，津艺 198，津艺 224，津艺 230，津艺 232，津艺 248，津艺 260，津艺 261，津艺 284，津艺 285，津艺 296，津艺 316，津艺 322，津艺 326，津艺 329，津艺 332（临 1），津艺 333（临 2），京博 B 甲 244 图录 191，京博 B 甲 246 图录 193，刘氏虚白斋藏本，龙谷大学 11.五一一（波 6），南图 010，南图 012，启敦 073，启敦 107，启敦 143，青博 08（1），上博 72（51615），上博 73（51616），上图 002，上图 043，上图 052，上图 063（4），上图 069，上图 105（5），上图 162，上图 176，石谷风 053，首博 32.520（1），首博 32.520（18），首博 32.520（20），首博 32.520（22），首博 32.550，首博 32.558（1），首博 32.567，首博 32.576，首博 32.586，私 001，台图 061，西北师大 013，西北师大 016，羽 006，羽 045，羽 046，羽 119，羽 120，羽 121，羽 124，羽 125，羽 126，羽 128，羽 129，羽 130，羽 272，羽 341，羽 364，羽 398，羽 401，羽 405，羽 466，羽 534 之 2，羽 544，羽 557，羽 608，招提 01，浙敦 009（浙图 09），浙敦 130（浙博 105），浙敦 193（浙博 168），浙敦 194（浙博 169），中村不折 085

妙法莲华经卷五

BD00028，BD00058，BD00080，BD00146，BD00152，BD00162A，BD00162B，BD00192，BD00203，BD00213，BD00223，BD00272，BD00280，BD00283，BD00340，BD00361，BD00388B，BD00416，BD00444，BD00448，BD00449，BD00540，BD00570，BD00579，BD00598，BD00624，BD00682，

BD00692, BD00732, BD00738, BD00770, BD00779, BD00805, BD00808, BD00817, BD00832, BD00847, BD00867, BD00884, BD00969, BD01073, BD01085, BD01092, BD01109, BD01168, BD01184, BD01192, BD01217, BD01267, BD01320, BD01400, BD01410, BD01433, BD01441, BD01462, BD01483, BD01535, BD01553, BD01691, BD01753, BD01786, BD01928, BD01942, BD01947, BD01991, BD02001, BD02021, BD02023, BD02042, BD02066, BD02181, BD02273, BD02354, BD02462, BD02487, BD02520, BD02712, BD02715, BD02813, BD02837, BD02857, BD02966, BD03085, BD03110, BD03189, BD03190, BD03214, BD03319, BD03352, BD03382, BD03403, BD03445, BD03456, BD03469, BD03470, BD03473, BD03484, BD03526, BD03529, BD03592, BD03599, BD03632, BD03643, BD03689, BD03701, BD03703, BD03899, BD03914, BD03923, BD03969, BD04070, BD04073, BD04283, BD04418, BD04547, BD04595, BD04605, BD04664, BD04668, BD04693, BD04694, BD04696, BD04729, BD04841, BD04878, BD04982, BD05066, BD05070, BD05072, BD05073, BD05089, BD05116, BD05147, BD05189（3）, BD05224, BD05228, BD05245, BD05299, BD05375, BD05421, BD05544, BD05600, BD05644, BD05667, BD05677, BD05770, BD05824, BD05859, BD06032, BD06307, BD06340, BD06371, BD06393, BD06396, BD06430, BD06470, BD06512, BD06540, BD06541, BD06622, BD06623, BD06633, BD06685, BD06691, BD06692, BD06695, BD06712, BD06716, BD06723, BD06808, BD06834, BD06860, BD06885, BD06927, BD07056, BD07209, BD07227, BD07230, BD07337, BD07340, BD07377, BD07444, BD07455, BD07477, BD07480, BD07492, BD07498, BD07570, BD07599, BD07602, BD07670, BD07687, BD07777, BD07936, BD07991, BD07994, BD08027, BD08033, BD08072, BD08110, BD08187, BD08249, BD08268, BD08362, BD08548, BD08586, BD08630, BD08653, BD08697, BD08706, BD08714, BD08734, BD08737, BD08743, BD08750, BD08757, BD08758, BD08765, BD08778, BD09217, BD09502, BD09967, BD09980, BD09987, BD10046, BD10060, BD10067, BD10081, BD10098, BD10166, BD10321, BD10349, BD10353, BD10472, BD10486, BD10494, BD10496,

BD10580, BD10649, BD10727, BD10810, BD10815, BD10892, BD10933, BD10970, BD11075, BD11179, BD11215, BD11227, BD11327, BD11360, BD11455, BD11457, BD11549, BD11584, BD11621, BD11745, BD11824, BD11888, BD11896, BD11916, BD12014, BD12032, BD12130, BD12170, BD12339, BD13635, BD13637, BD13660, BD13805, BD13813, BD13817, BD13829, BD13830, BD13831, BD13832, BD14168, BD14190, BD14210, BD14437, BD14481, BD14497, BD14571, BD14599, BD14600, BD14601, BD14646, BD14749, BD14772（2）, BD14843F, BD14955, BD14975, BD14979, BD14995, BD14999, BD15017, BD15023, BD15026, BD15038, BD15091（1）, BD15091（2）, BD15092, BD15093, BD15099, BD15116, BD15129, BD15140, BD15153, BD15160, BD15192, BD15203, BD15207, BD15208, BD15242（2）, BD15265, BD15268, BD15302, BD15307, BD15327, BD15334, BD15368, BD15538, BD15540, BD15549, BD15568, BD15570, BD15576, BD15595, BD15752, BD15801, BD15803, BD15816, BD15839, BD15848, BD15963, BD15970, BD16543A, G.007[=PEALD_8e1R], HHT018, L.038, LB.056, LB.058, LD4984, LD4988, P.2334, P.2835, P.2851（Pel. tib.1040V）, P.3044, P.3925, P.4502, P.4538, P.4604, P.4672, P.4769, P.4835, P.4916, P.4918, P.5023C, P.5028（5）, P.5028（9）, P.5586（3）, P.5590（13）, S.0003, S.0016, S.0054, S.0084, S.0246, S.0309, S.0422, S.0436, S.0654, S.0662, S.0804, S.0819, S.0820, S.0850, S.0892, S.0904, S.0935, S.0968, S.0982, S.1048, S.1058, S.1190, S.1236, S.1281, S.1425, S.1456, S.1528, S.1669, S.1688, S.1735, S.1738, S.1751, S.1778, S.1786, S.1917, S.1932（2）, S.2217, S.2218, S.2299, S.2341, S.2345, S.2370, S.2409, S.2457, S.2776, S.2809, S.2896, S.2978, S.2979, S.3002, S.3064, S.3075, S.3082, S.3242, S.3359, S.3398, S.3464, S.3510, S.3516, S.3573, S.3598, S.3654, S.3658, S.3671, S.3678, S.3703, S.3734, S.3741, S.3882, S.3901, S.4055, S.4110, S.4322, S.4422, S.4450, S.4484, S.4888, S.4975, S.5025, S.5036, S.5054, S.5262, S.5347, S.5364, S.5430, S.5611, S.5761, S.5849, S.6089, S.6362, S.6363, S.6377, S.6399, S.6439, S.6442, S.6630, S.6664, S.6762, S.6763, S.6769, S.6791, S.6792, S.6845, S.7121, S.7195, S.7219, S.7242, S.7257, S.7287, S.7363, S.7393,

S.7395, S.7432, S.7442, S.7494, S.7547, S.7554, S.7666, S.7667, S.7672, S.7696, S.7701, S.7707, S.7721, S.7740, S.7776, S.7788, S.7959, S.7973, S.7985, S.8033, S.8040, S.8047, S.8051, S.8126, S.8137, S.8148, S.8255, S.8358, S.8375, S.8376, S.8381, S.8392, XT.006, ZSD032号, ZSD047号, ZSD048号, Дx.00039, Дx.00055, Дx.00057, Дx.00088, Дx.00099, Дx.00168, Дx.00193A, Дx.00271, Дx.00313, Дx.00365, Дx.00427, Дx.00523, Дx.00632, Дx.00639, Дx.00641, Дx.00875, Дx.01067, Дx.01089, Дx.01093, Дx.01143, Дx.01544, Дx.01555, Дx.01574A, Дx.01751, Дx.01851, Дx.01987, Дx.01994, Дx.02058, Дx.02090, Дx.02619, Дx.02621, Дx.02629, Дx.02640, Дx.02677, Дx.02737, Дx.02825, Дx.02836, Дx.02856, Дx.02859, Дx.02996, Дx.03046, Дx.03230, Дx.03264, Дx.03267, Дx.03294A, Дx.03517, Дx.03571, Дx.03610, Дx.03651, Дx.03697, Дx.04006, Дx.04157, Дx.04247, Дx.04265B, Дx.04290, Дx.04311, Дx.04326, Дx.04343, Дx.04346, Дx.04391, Дx.04399, Дx.04597, Дx.04745A, Дx.04751, Дx.04764, Дx.04769, Дx.04827, Дx.04835, Дx.04838, Дx.04938, Дx.04977, Дx.05193D, Дx.05240, Дx.05249, Дx.05275, Дx.05310, Дx.05335, Дx.05407, Дx.05414, Дx.05431, Дx.05458, Дx.05540, Дx.05586, Дx.05590, Дx.05600, Дx.05606, Дx.05625, Дx.05638, Дx.05659A, Дx.05697, Дx.05747, Дx.05782, Дx.05803, Дx.05817, Дx.05825, Дx.05959, Дx.06054, Дx.06074, Дx.06111, Дx.06188, Дx.06191, Дx.06215, Дx.06254, Дx.06375, Дx.06390, Дx.06457, Дx.06524, Дx.06529, Дx.06584, Дx.06604, Дx.06608, Дx.06625, Дx.06656, Дx.06747B, Дx.06790, Дx.06860, Дx.06875, Дx.06924, Дx.06930, Дx.07013, Дx.07043, Дx.07060, Дx.07064, Дx.07104, Дx.07113, Дx.07147, Дx.07170, Дx.07176, Дx.07207, Дx.07254, Дx.07308, Дx.07342, Дx.07355, Дx.07375, Дx.07379, Дx.07386, Дx.07422, Дx.07428, Дx.07495, Дx.07499, Дx.07562, Дx.07566, Дx.07624, Дx.07643, Дx.07671, Дx.07673, Дx.07832, Дx.07866, Дx.07953, Дx.07971, Дx.08212, Дx.08254, Дx.08413, Дx.08430, Дx.08438, Дx.08480,

Дх.08491, Дх.08492, Дх.08494, Дх.08500, Дх.08532, Дх.08565, Дх.08613, Дх.08618, Дх.08633, Дх.08679, Дх.08729, Дх.08739, Дх.08751, Дх.08791, Дх.08803, Дх.08813, Дх.08879, Дх.08921, Дх.08970, Дх.09080, Дх.09143, Дх.09161, Дх.09179, Дх.09204, Дх.09252, Дх.09299B, Дх.09309, Дх.09343, Дх.09356, Дх.09423, Дх.09486, Дх.09502, Дх.09552, Дх.09556, Дх.09564, Дх.10350, Дх.10530A, Дх.10530B, Дх.10536, Дх.10537, Дх.10556, Дх.10559, Дх.10565, Дх.10570, Дх.10573, Дх.10578, Дх.10590, Дх.10597, Дх.10601, Дх.10604, Дх.10608, Дх.10611, Дх.10617, Дх.10627, Дх.11040, Дх.11113, Дх.11137, Дх.11345, Дх.11391, Дх.11449, Дх.11459, Дх.11479, Дх.11698, Дх.11736, Дх.11856, Дх.11923, Дх.11928, Дх.11941, Дх.11994, Дх.11996, Дх.12047, Дх.12072, Дх.12080, Дх.12122, Дх.12140, Дх.12327, Дх.12378, Дх.12399, Дх.12400, Дх.12401, Дх.12407, Дх.12410, Дх.12484, Дх.12657, Дх.12664, Дх.12667, Дх.12675, Дх.12858, Дх.12862, Дх.12898, Дх.12904, Дх.14329, Дх.14348, Дх.14526, Дх.14810, Дх.14823, Дх.15122, Дх.15270, Дх.15288, Дх.15564, Дх.15681, Дх.15762, Дх.15823, Дх.15874, Дх.16054, Дх.16080, Дх.16188, Дх.16244, Дх.16397, Дх.16440, Дх.16627, Дх.16647, Дх.16734, Дх.16793, Дх.16825, Дх.16940, Дх.17003, Дх.17436, Дх.17443, Дх.17444, Дх.17445, Дх.17446, Дх.17454, Дх.17457, Дх.17562, Дх.17988, Дх.18258, Дх.18496, Дх.18507, Дх.18563, Дх.18572, Дх.18622, Дх.18677, Дх.18740, Дх.18823, Дх.18827, Дх.18845, 安徽省博物院藏本, 碑林002, 北大D042, 北大D043, 北大D044, 北大D045, 北大D142, 大谷大学0722, 大谷大学0736, 东大3518, 敦博012, 敦研043, 敦研109, 敦研165, 敦研329, 俄Ф.051, 俄Ф.059, 俄Ф.065, 俄Ф.301, 鄂博12, 鄂博37, 甘博009, 甘博025, 甘图008, 港中文2000.0076, 高博003, 津图009, 津图019, 津图022, 津图025, 津图027, 津图078, 津图097, 津图127, 津文437, 津艺069, 津艺080, 津艺167, 津艺185, 津艺196, 津艺245, 津艺290, 津艺297, 京博B甲267 图录217, 京博B甲271 图录222, 京博B甲282 图录

230，历博 41，南图 011，南图 027，启敦 040，启敦 074，启敦 075，上博 18(3322)，上博 79（69595），上图 063（5），上图 109，上图 134，上图 186，石谷风 045，首博 32.520（15），首博 32.520（19），首博 32.520（21），首博 32.520（3），首博 32.520（7），首博 32.528，首博 32.558（4），首博 32.761，台北历史博物馆藏本，台图 057C，台图 062，台图 063，台图 064，台图 065，台图 068B，台图 068C，台图 068D，天理大学 8.183－イ53，伍伦 02 号，伍伦 06 号 1，务本 005 号，务本 014 号，羽 007，羽 088 之 1，羽 127，羽 149，羽 344，羽 542，羽 543，羽 552，羽 630，招提 06，招提 21，招提 22，浙敦 010（浙图 10），浙敦 011（浙图 11），浙敦 085（浙博 060），浙敦 146（浙博 121），浙敦 147（浙博 122），浙敦 148（浙博 123）

妙法莲华经卷六

BD00003，BD00051，BD00064，BD00074，BD00088，BD00107，BD00117，BD00122，BD00124，BD00143，BD00183，BD00258，BD00297，BD00347，BD00350，BD00359，BD00360，BD00367，BD00373，BD00451，BD00466，BD00471，BD00504，BD00576，BD00644，BD00729，BD00747，BD00804，BD00921，BD00931，BD00937，BD00957，BD00972，BD01118，BD01173，BD01262，BD01264，BD01279，BD01429，BD01436，BD01531，BD01682，BD01685，BD01686，BD01736，BD01746，BD01829，BD01841，BD01845，BD01846，BD01858，BD01862，BD01863，BD01868，BD01875，BD01891，BD01916，BD01930，BD01961，BD02050，BD02063，BD02125A，BD02125B，BD02214，BD02223，BD02225，BD02230，BD02236，BD02391，BD02399，BD02524，BD02526，BD02576，BD02586，BD02666，BD02744，BD02746，BD02841，BD02903，BD02913，BD02917，BD02957，BD03071，BD03072，BD03267，BD03308，BD03342，BD03376，BD03413，BD03423（1），BD03423（2），BD03423（3），BD03423（5），BD03433，BD03453，BD03487，BD03492，BD03553，BD03555，BD03600，BD03613，BD03674，BD03690，BD03733，BD03766，BD03770，BD03797，BD03823，BD03853，BD03854，BD03861，BD03931，BD03943，BD04012，BD04042，BD04053，BD04089，BD04123，BD04200，BD04222，BD04247，BD04270，BD04277，BD04306，BD04353，BD04354，BD04468，BD04487，BD04532，BD04540，BD04568，

BD04575, BD04594, BD04600, BD04610, BD04658, BD04674, BD04741, BD04775, BD04798, BD04836, BD04863, BD04875, BD04965, BD04986, BD05034, BD05040, BD05052, BD05085, BD05107, BD05127, BD05140, BD05149, BD05164, BD05211, BD05225, BD05231, BD05241, BD05263, BD05346, BD05370, BD05373, BD05413, BD05440, BD05459, BD05481, BD05495, BD05499, BD05524, BD05549, BD05573, BD05595, BD05609（1）, BD05675, BD05693, BD05717, BD05777, BD05795, BD05925, BD05960, BD06006, BD06022, BD06026, BD06030, BD06134, BD06174, BD06265, BD06282, BD06312, BD06424, BD06457, BD06522, BD06667, BD06683, BD06740, BD06790, BD06838, BD06841, BD06867, BD07146, BD07166, BD07171, BD07229, BD07268, BD07292, BD07381, BD07469, BD07506, BD07549, BD07552, BD07634, BD07663, BD07800, BD07836, BD07865, BD07882, BD08014, BD08023, BD08119, BD08359, BD08416, BD08458, BD08613, BD08616, BD08627, BD08628, BD08632, BD08640, BD08695, BD08704, BD08710, BD08713, BD08722, BD08723, BD08730, BD08732, BD08739, BD08742, BD08751, BD08766, BD09554, BD09878, BD10082, BD10207, BD10208, BD10268, BD10279, BD10295, BD10365, BD10431, BD10456, BD10629, BD10665, BD10805, BD10855, BD10915, BD10925, BD10927A, BD10927B, BD10987, BD11011, BD11223, BD11608, BD11612, BD11614A, BD11614B, BD11614C, BD11643, BD11840, BD11891, BD11936, BD12087, BD12227, BD12236, BD13141, BD13806, BD13814, BD13818, BD13833, BD13834, BD13835, BD13836, BD14194, BD14432, BD14442, BD14462, BD14509, BD14525, BD14642, BD14731, BD14757A, BD14767, BD14874, BD14905, BD14932, BD14951, BD14982, BD14994, BD15127A, BD15169, BD15224, BD15242V（1）, BD15324, BD15363, BD15375, BD15529, BD15573, BD15659, BD15737, BD15797, BD15830, BD15843, BD15854, BD15861, BD15864, BD16241, G.010[=PEALD_8e4R], L.011, LB.025, P.2195, LD4984, LD4986, LD8604-01, P.2951, P.3459, P.4614, P.4840, P.4854, P.4858, P.4928, P.5025（4）, S.0004, S.0248, S.0256, S.0257, S.0310, S.0393, S.0411, S.0640, S.0717, S.0947, S.0962, S.0963, S.1010,

S.1017、S.1033、S.1070、S.1101、S.1166、S.1174、S.1182、S.1192、S.1221、
S.1257、S.1274、S.1382、S.1496、S.1504、S.1505、S.1508、S.1532、S.1570、
S.1752、S.1758、S.1775、S.1879、S.1881、S.1901、S.1902、S.1944、S.2000、
S.2030、S.2043、S.2070、S.2099、S.2254、S.2337、S.2366、S.2377、S.2481、
S.2592、S.2615、S.2736、S.2783、S.2825、S.2932、S.2937、S.2955、S.3022、
S.3089、S.3167、S.3223、S.3348、S.3406、S.3467、S.3573、S.3620、S.3627、
S.3698、S.3752、S.3859、S.3977、S.4043、S.4675（1）、S.4076、S.4080、S.4123、
S.4212、S.4266、S.4285、S.4335、S.4369、S.4461、S.4596、S.4735、S.4758、
S.4841、S.4939、S.4987、S.5006、S.5154、S.5166、S.5168、S.5198、S.5263、
S.5413、S.5427、S.5990、S.6387、S.6396、S.6428、S.6460、S.6517、S.6567、
S.6569、S.6621、S.6652、S.6882、S.6900、S.6910、S.6944、S.7063、S.7114、
S.7176、S.7178、S.7223、S.7367、S.7369、S.7390、S.7396、S.7421、S.7477、
S.7574、S.7584、S.7608、S.7688、S.7694、S.7798、S.7806、S.7824、S.8020、
S.8125、S.8131、S.8132、S.8141、S.8144、S.8258、S.8272、S.8385、S.8400、
Дх.00030、Дх.00061、Дх.00115、Дх.00134、Дх.00136、Дх.00187、
Дх.00192、Дх.00346、Дх.00375、Дх.00405、Дх.00431、Дх.00576、
Дх.00645、Дх.00657、Дх.00715、Дх.00740、Дх.00745、Дх.00781、
Дх.00907、Дх.00984、Дх.01001、Дх.01062、Дх.01075、Дх.01091、
Дх.01103、Дх.01163、Дх.01187、Дх.01504、Дх.01534A、Дх.01557、
Дх.01589、Дх.01664、Дх.01710、Дх.01711、Дх.01727、Дх.01823、
Дх.01824、Дх.01874、Дх.01945、Дх.01948、Дх.01949、Дх.02024、
Дх.02064、Дх.02069、Дх.02073、Дх.02124、Дх.02190、Дх.02300、
Дх.02387、Дх.02390、Дх.02408A、Дх.02455、Дх.02476、Дх.02627、
Дх.02686、Дх.02733、Дх.02771、Дх.03011、Дх.03098、Дх.03105、
Дх.03195、Дх.03202、Дх.03225、Дх.03261、Дх.03263、Дх.03307、
Дх.03315、Дх.03338、Дх.03351、Дх.03355B、Дх.03374A、Дх.03407、
Дх.03409、Дх.03414、Дх.03428、Дх.03436、Дх.03455、Дх.03474、
Дх.03481、Дх.03490、Дх.03530、Дх.03560、Дх.03574、Дх.03640、
Дх.03775、Дх.03795、Дх.03879、Дх.03958、Дх.03987、Дх.04013B、
Дх.04062、Дх.04087、Дх.04105、Дх.04127、Дх.04133、Дх.04170、

Дх.04210, Дх.04217А, Дх.04294, Дх.04311, Дх.04335, Дх.04382, Дх.04412, Дх.04446, Дх.04505, Дх.04594, Дх.04615, Дх.04719, Дх.04732, Дх.04739, Дх.04813, Дх.04895, Дх.04999, Дх.05016, Дх.05022, Дх.05023, Дх.05063, Дх.05149А, Дх.05168, Дх.05188, Дх.05208, Дх.05306, Дх.05411, Дх.05442, Дх.05445, Дх.05582, Дх.05599, Дх.05617, Дх.05649, Дх.05710, Дх.05962, Дх.05979, Дх.06233, Дх.06352, Дх.06448, Дх.06464, Дх.06465, Дх.06484, Дх.06532, Дх.06575, Дх.06603, Дх.06609, Дх.06675, Дх.06706, Дх.06726, Дх.06827, Дх.06885, Дх.06893, Дх.06923, Дх.07007, Дх.07029, Дх.07051, Дх.07052, Дх.07085, Дх.07099, Дх.07106, Дх.07232, Дх.07337, Дх.07340, Дх.07346, Дх.07382, Дх.07388, Дх.07493, Дх.07522, Дх.07554, Дх.07556, Дх.07567, Дх.07575, Дх.07579, Дх.07709, Дх.07734, Дх.07780, Дх.07783, Дх.07796, Дх.07813, Дх.07957, Дх.07979, Дх.08017, Дх.08024, Дх.08030, Дх.08033, Дх.08048, Дх.08052, Дх.08112С, Дх.08137, Дх.08138, Дх.08275, Дх.08327, Дх.08329, Дх.08333, Дх.08342, Дх.08365, Дх.08376, Дх.08382, Дх.08387, Дх.08457, Дх.08542, Дх.08567, Дх.08825, Дх.08865, Дх.08869, Дх.08875, Дх.08889, Дх.08961, Дх.09024, Дх.09042, Дх.09083, Дх.09105, Дх.09120, Дх.09132, Дх.09244, Дх.09253, Дх.09261, Дх.09301, Дх.09322, Дх.09335, Дх.09413, Дх.09414, Дх.09488, Дх.09554, Дх.10283, Дх.10338, Дх.10535, Дх.10546, Дх.10547, Дх.10548, Дх.10555, Дх.10557В, Дх.10598, Дх.10605, Дх.10614, Дх.11232, Дх.11237, Дх.11248, Дх.11259, Дх.11270, Дх.11271, Дх.11362, Дх.11452, Дх.11474, Дх.11483, Дх.11488, Дх.11511, Дх.11553, Дх.11610V, Дх.11879, Дх.11902, Дх.12136, Дх.12243, Дх.12289, Дх.12359, Дх.12360, Дх.12361, Дх.12371, Дх.12387, Дх.12425, Дх.12427, Дх.12455, Дх.12457, Дх.12458, Дх.12479, Дх.12490, Дх.12493, Дх.12564, Дх.12892, Дх.14215, Дх.14240, Дх.14525, Дх.14659, Дх.14697, Дх.14744, Дх.14781, Дх.15102, Дх.15239, Дх.15261, Дх.15408,

Дx.15477，Дx.15563，Дx.15648，Дx.15698，Дx.15699，Дx.15733，Дx.15842，Дx.15961，Дx.16013，Дx.16036，Дx.16096，Дx.16110，Дx.16127，Дx.16208，Дx.16228，Дx.16249，Дx.16443，Дx.16445，Дx.16523，Дx.16530，Дx.16560，Дx.16571，Дx.16622，Дx.16772，Дx.16785，Дx.16838，Дx.16879，Дx.16951A，Дx.17466，Дx.17794，Дx.17870，Дx.17871，Дx.18065，Дx.18312，Дx.18449，Дx.18508，Дx.18549，Дx.18556，Дx.18558，Дx.18594，Дx.18654，Дx.18734，安徽省博物院藏本，北大D046，北大D047，北大D055，北大D230，北大D243，慈山寺佛教艺术博物馆藏本，第二批02508（2）〔西博008（02）〕，东京国立博物馆藏本，敦博011，敦博055，敦研080，敦研101，敦研190，敦研293，俄Ф.046，俄Ф.053，俄Ф.056，俄Ф.123B，俄Ф.254，俄Ф.317B，鄂博17，甘博026，甘图023，国图WB32（28），566973，37.1.16入，津图049，津图088，津图101，津图145，津图158，津艺010，津艺015（1），津艺046，津艺083，津艺105，津艺188，津艺223，津艺264，津艺266，津艺279，津艺321，津艺327，津艺330，京博B甲269 图录220，龙谷大学12.五一二（伊17），龙谷大学15.五一五，启敦058，启敦086，青博08（2），青博08（5），上图021，上图027，上图063（6），上图082，上图135，上图136，上图175，首博32.539，首博32.580，首博32.588，首博32.1368，台图052，台图066，藤井36-东文36-饶目无此号，藤井46-东文46-饶目宗教类6，伍伦04号，伍伦05号，伍伦06号2，务本021号，务本026号，务本027号，羽009，羽382，羽478，羽546，羽580，羽722V，玉佛02号，招提18，中村不折067，中村不折173-1-2

妙法莲华经卷七

BD00013，BD00019，BD00026，BD00092，BD00097，BD00104，BD00126，BD00133，BD00173，BD00220，BD00252A，BD00319，BD00377，BD00410，BD00437，BD00485（2），BD00488，BD00503，BD00511，BD00547，BD00694，BD00719，BD00773，BD00775，BD00816B，BD00840，BD00922，BD00925，BD00974，BD01012，BD01037，BD01077，BD01110（2），BD01112，BD01180，BD01208（1），BD01236，BD01246，BD01322，BD01325，BD01422，BD01438，BD01452，BD01465，BD01488，BD01492，BD01560，BD01562，BD01650，BD01681，BD01709，BD01730，BD01743，BD01744，BD01755，

BD01756，BD01757，BD01771，BD01788，BD01824，BD01856，BD01931，
BD01977，BD02039，BD02054，BD02151，BD02172，BD02280，BD02329，
BD02352，BD02389，BD02405，BD02473，BD02484，BD02549，BD02581，
BD02650，BD02718，BD02753，BD02761，BD02771，BD02832，BD02848，
BD02873，BD02922，BD02977，BD02979，BD02984，BD03022，BD03035，
BD03082，BD03112，BD03154，BD03295，BD03305，BD03312，BD03316，
BD03324B，BD03348，BD03457，BD03474，BD03517，BD03589，BD03607，
BD03609，BD03623，BD03642，BD03647，BD03649，BD03708，BD03725，
BD03764，BD03880，BD03881，BD03906，BD03908，BD03936，BD03977，
BD03996，BD03998，BD04028，BD04131，BD04149，BD04191，BD04251，
BD04337，BD04338，BD04360，BD04373，BD04383，BD04404，BD04420，
BD04467，BD04509，BD04573，BD04587，BD04655，BD04688，BD04690，
BD04695，BD04700，BD04768，BD04772，BD04782，BD04793，BD04820，
BD04847，BD04872，BD04901，BD04912，BD04942，BD05000V，BD05050，
BD05104，BD05120，BD05141，BD05155，BD05168，BD05201，BD05223，
BD05318，BD05487，BD05510，BD05526，BD05541，BD05563，BD05565，
BD05581，BD05602，BD05609（2），BD05742（3），BD05760，BD05761，
BD05769，BD05819，BD05866，BD05911，BD05929，BD05945，BD06005，
BD06013，BD06053，BD06079，BD06151，BD06163，BD06198，BD06224，
BD06321，BD06354，BD06400，BD06434，BD06481，BD06493，BD06508，
BD06590，BD06604，BD06629，BD06660，BD06663，BD06671，BD06698，
BD06700，BD06744，BD06788，BD06793，BD06831，BD06913，BD06961，
BD07025，BD07074，BD07081，BD07089，BD07091，BD07123，BD07130，
BD07138，BD07141，BD07208，BD07215，BD07218，BD07254，BD07272，
BD07273，BD07299，BD07307，BD07395，BD07401，BD07431，BD07476，
BD07515，BD07551，BD07576，BD07645，BD07662，BD07693，BD07727，
BD07877，BD07885，BD07888，BD07933，BD08104，BD08189，BD08210，
BD08255，BD08265，BD08286，BD08290，BD08306，BD08336，BD08373，
BD08396，BD08459，BD08540，BD08546，BD08547，BD08573，BD08582，
BD08589，BD08604，BD08666，BD08672，BD08683，BD08684，BD08694，

BD08698, BD08700, BD08717, BD08719, BD08726, BD08731, BD08740, BD08759, BD08760, BD08762, BD08763, BD08770, BD08772, BD08774, BD08776, BD08783, BD08784, BD08786, BD08787, BD08790, BD08791, BD08793, BD08794, BD08798, BD08802, BD08804, BD08805, BD08806, BD08812, BD08815, BD08817, BD09191, BD09192, BD09194, BD09195, BD09218A, BD09218B, BD09219, BD09220, BD09925, BD09936, BD09951, BD09971, BD10018, BD10031, BD10043, BD10056, BD10086, BD10091, BD10129, BD10138, BD10150, BD10224, BD10241, BD10243, BD10252, BD10313, BD10342, BD10346, BD10355, BD10368, BD10390, BD10400, BD10411, BD10473, BD10490, BD10535, BD10537, BD10562, BD10567, BD10593, BD10612, BD10634, BD10680, BD10683, BD10692, BD10725, BD10745, BD10753, BD10759, BD10808, BD10875, BD10911, BD10924, BD10926, BD10931, BD10952, BD11001, BD11015, BD11025, BD11027, BD11052, BD11122, BD11192, BD11217, BD11248, BD11253, BD11289, BD11294, BD11381, BD11424, BD11434, BD11475, BD11480, BD11521, BD11540, BD11544, BD11556, BD11635, BD11658, BD11663, BD11709, BD11744, BD11760, BD11772, BD11773, BD11774, BD11782, BD11806, BD11807C, BD11862, BD11924, BD11939, BD11960, BD12040, BD12046A, BD12046B, BD12047A, BD12047B, BD12050, BD12079, BD12079V, BD12084, BD12095, BD12097, BD12104, BD12122, BD12125V, BD12150, BD12155, BD12159, BD12168, BD12173, BD12185, BD12195, BD12238, BD12297, BD12318, BD12322, BD12330, BD12342, BD12344, BD12362, BD12378, BD12513, BD12837, BD12914, BD13082, BD13149, BD13616, BD13620, BD13626, BD13636, BD13651, BD13807, BD13811, BD13815, BD13819, BD14182, BD14200, BD14449, BD14482, BD14492, BD14538, BD14549, BD14551, BD14556, BD14602, BD14690, BD14757J, BD14758, BD14772（1）, BD14778, BD14816, BD14821, BD14825DC, BD14840EB, BD14840F, BD14840I, BD14861, BD14923B, BD14948, BD14969, BD14977, BD14981, BD14985, BD15005, BD15015, BD15042, BD15114, BD15118, BD15165, BD15196, BD15202, BD15254, BD15266, BD15295, BD15311,

BD15321, BD15518, BD15537, BD15539, BD15547, BD15561, BD15583, BD15587, BD15605, BD15616, BD15653, BD15736, BD15748, BD15763, BD15793, BD15814, BD15832, BD15862, BD15878, BD15882, BD15891, BD15948, BD15957, BD15964, BD15969, BD15977, BD15981, BD15983, BD15984, BD16168, BD16305A, BD16305B, BD16307, BD16416A, BD16416B, BD16416C, BD16416D, BD16416E, BD16416F, BD16417, BD16418, BD16458A, BD16458B, BD16466A, BD16544A, BD16544B, BD16546A, BD16555, HHT007, HHT008, HHT024, L.013, L.026, L.036, Or.8210/P.13, P.2023, P.2027, P.2090, P.2223, P.2479, P.2566（1）, P.2929, P.2935（P.el.tib.1262）, P.2961, P.3139, P.3329, P.3351（1）, P.3760, P.3760V（1）, P.3824（1）, P.3915（4）, P.3932（1）, P.4075, P.4100, P.4513, P.4577V, P.4729, P.4743, P.4749, P.4753, P.4757, P.4827, P.4829, P.4891, P.5023F, P.5028（10）, P.5028（16）, P.5028（6）, P.5029E, P.5041, P.5552, P.5587（2）, P.5589（7）, P.5590（5）, P.5594, S.0004, S.0060, S.0066（2）, S.0094, S.0108, S.0114, S.0155, S.0160, S.0207, S.0213, S.0244, S.0247, S.0291, S.0415（3）, S.0562, S.0587, S.0594, S.0601, S.0640, S.0644, S.0657, S.0725, S.0731, S.0790, S.0803, S.0805, S.0826, S.0851, S.0852, S.0882, S.0944, S.0956, S.1012, S.1014, S.1017, S.1072, S.1105, S.1123, S.1129, S.1134, S.1193, S.1196, S.1233, S.1235, S.1274, S.1343, S.1459, S.1469, S.1470, S.1480, S.1493, S.1527, S.1535, S.1584, S.1597, S.1598, S.1606, S.1607, S.1637, S.1650, S.1655, S.1659, S.1664, S.1675, S.1800, S.1809, S.1854, S.1855（1）, S.1876, S.1894, S.1927, S.1929, S.1932（2）, S.1953, S.2061, S.2078V（1）, S.2083, S.2173, S.2211, S.2212, S.2253, S.2310, S.2364, S.2529, S.2533, S.2576, S.2633, S.2705, S.2768, S.2814, S.2841, S.2880, S.2883, S.2956, S.3058, S.3080, S.3090, S.3190, S.3232, S.3258, S.3260, S.3270, S.3344, S.3353, S.3379, S.3420, S.3455, S.3490, S.3519, S.3605, S.3652, S.3655, S.3664, S.3674, S.3692, S.3715, S.3777, S.3791, S.3800, S.3895, S.3989, S.4082, S.4099, S.4100, S.4124, S.4138, S.4267, S.4273, S.4356, S.4389, S.4408（2）, S.4691, S.4730, S.4769, S.4770, S.4807, S.4836, S.4976（2）, S.4991, S.5026, S.5070, S.5153V, S.5171, S.5194, S.5209, S.5220, S.5277,

S.5432, S.5438, S.5442, S.5455, S.5489, S.5531（1）, S.5535（1）, S.5542, S.5563（1）, S.5577（2）, S.5595, S.5642, S.5683, S.5851, S.6293, S.6355, S.6360, S.6487, S.6515, S.6560, S.6599, S.6606, S.6609, S.6711, S.6758, S.6776, S.6794, S.6802, S.6818（1）, S.6828, S.6871, S.6988, S.6994, S.7015, S.7032, S.7089, S.7090, S.7102, S.7112, S.7131, S.7160, S.7174, S.7180, S.7182, S.7199, S.7225, S.7231, S.7244, S.7246, S.7250, S.7272, S.7282, S.7290, S.7313, S.7318, S.7322, S.7329, S.7343, S.7346, S.7374, S.7402, S.7428, S.7487, S.7493, S.7506, S.7512, S.7513, S.7543, S.7566, S.7576, S.7599, S.7615, S.7640, S.7641, S.7732, S.7743, S.7753, S.7758, S.7769, S.7810, S.7826, S.7830, S.7849, S.7852, S.7855, S.7858, S.7867, S.7871, S.7916, S.7955, S.7977, S.8004, S.8019, S.8063, S.8102, S.8122, S.8133, S.8134, S.8149, S.8217, S.8268, S.8278, S.8321, S.8356, S.8367, S.8383, S.8391A, ZSD023号, ZSD027号, ZSD034号, ZSD044号, ZSD050号, ZSD052号, ZSD058号, Дх.00012А, Дх.00075, Дх.00077, Дх.00080, Дх.00160, Дх.00191, Дх.00248, Дх.00266, Дх.00288, Дх.00306, Дх.00311, Дх.00316, Дх.00337, Дх.00344, Дх.00407, Дх.00408, Дх.00424, Дх.00441, Дх.00490В, Дх.00493, Дх.00516, Дх.00536, Дх.00595, Дх.00609, Дх.00610, Дх.00618, Дх.00646, Дх.00652, Дх.00653, Дх.00681, Дх.00687, Дх.00709, Дх.00725, Дх.00753, Дх.00759, Дх.00761В, Дх.00767, Дх.00861, Дх.00881, Дх.00929, Дх.00930, Дх.00960, Дх.00962, Дх.00979, Дх.00992, Дх.01010, Дх.01056, Дх.01074, Дх.01116, Дх.01117, Дх.01128, Дх.01129, Дх.01182, Дх.01204, Дх.01206, Дх.01207, Дх.01224, Дх.01342, Дх.01496, Дх.01517, Дх.01608, Дх.01630С, Дх.01666, Дх.01668, Дх.01669В, Дх.01686, Дх.01779, Дх.01780, Дх.01788, Дх.01810, Дх.01831, Дх.01868, Дх.01895, Дх.01925, Дх.01974, Дх.02136, Дх.02181, Дх.02212, Дх.02220, Дх.02230, Дх.02231, Дх.02234, Дх.02236, Дх.02239, Дх.02259, Дх.02263, Дх.02286, Дх.02303, Дх.02315, Дх.02317, Дх.02319, Дх.02322, Дх.02329, Дх.02365, Дх.02366А, Дх.02373, Дх.02376, Дх.02400, Дх.02408С, Дх.02421,

Дх.02439, Дх.02450, Дх.02466, Дх.02509А, Дх.02510В, Дх.02513В,
Дх.02542, Дх.02570, Дх.02614, Дх.02630, Дх.02638, Дх.02650,
Дх.02652, Дх.02659, Дх.02660, Дх.02661, Дх.02678, Дх.02702,
Дх.02705, Дх.02759, Дх.02773, Дх.02777, Дх.02787, Дх.02819,
Дх.02820, Дх.02858, Дх.02911, Дх.02919, Дх.02929, Дх.02936,
Дх.02937, Дх.02940, Дх.02947, Дх.03003, Дх.03039, Дх.03045,
Дх.03057, Дх.03133, Дх.03218, Дх.03220В, Дх.03224, Дх.03238,
Дх.03310, Дх.03336, Дх.03343, Дх.03345, Дх.03365, Дх.03381,
Дх.03418, Дх.03444В, Дх.03454, Дх.03467, Дх.03497, Дх.03507,
Дх.03514, Дх.03542, Дх.03576, Дх.03587, Дх.03596, Дх.03600,
Дх.03619, Дх.03636, Дх.03656, Дх.03701, Дх.03702, Дх.03722,
Дх.03796, Дх.03886, Дх.04009, Дх.04010, Дх.04015, Дх.04033,
Дх.04092, Дх.04104, Дх.04125, Дх.04131, Дх.04139, Дх.04224,
Дх.04235, Дх.04238, Дх.04241, Дх.04285, Дх.04308, Дх.04335,
Дх.04362, Дх.04375, Дх.04378, Дх.04394, Дх.04427, Дх.04467А,
Дх.04511, Дх.04520, Дх.04571, Дх.04641, Дх.04700, Дх.04720,
Дх.04738, Дх.04743, Дх.04748, Дх.04768, Дх.04782, Дх.04785,
Дх.04824, Дх.04839, Дх.04852, Дх.04861, Дх.04891, Дх.04900,
Дх.04904, Дх.04918, Дх.04946, Дх.04951, Дх.04967, Дх.05043,
Дх.05051, Дх.05065, Дх.05070, Дх.05089, Дх.05173, Дх.05182,
Дх.05232, Дх.05237, Дх.05287, Дх.05311, Дх.05333, Дх.05391,
Дх.05419, Дх.05447, Дх.05461, Дх.05496, Дх.05517, Дх.05526,
Дх.05531, Дх.05560, Дх.05592, Дх.05654, Дх.05658, Дх.05661,
Дх.05682, Дх.05737, Дх.05752, Дх.05758, Дх.05763, Дх.05778,
Дх.05791, Дх.05814, Дх.05815, Дх.05816, Дх.05818, Дх.05859,
Дх.05860, Дх.05878, Дх.05884, Дх.05903, Дх.05909, Дх.05917,
Дх.05932, Дх.05956, Дх.06061, Дх.06097, Дх.06102, Дх.06146,
Дх.06163, Дх.06173, Дх.06177, Дх.06195, Дх.06203В, Дх.06216,
Дх.06242, Дх.06262, Дх.06278, Дх.06343, Дх.06367, Дх.06472,
Дх.06481, Дх.06482, Дх.06527, Дх.06534, Дх.06553, Дх.06560,

Дх.06571, Дх.06576А, Дх.06642, Дх.06658, Дх.06681, Дх.06719, Дх.06732, Дх.06739, Дх.06747А, Дх.06787, Дх.06788, Дх.06803, Дх.06805, Дх.06816, Дх.06844, Дх.06847, Дх.06872, Дх.06887, Дх.06907, Дх.06911, Дх.06913, Дх.06922, Дх.06940, Дх.06941, Дх.06985, Дх.06989, Дх.07026, Дх.07036, Дх.07077, Дх.07083, Дх.07157, Дх.07215, Дх.07248, Дх.07286, Дх.07297, Дх.07314, Дх.07367, Дх.07443, Дх.07462, Дх.07470, Дх.07514, Дх.07547, Дх.07555, Дх.07580, Дх.07601, Дх.07602, Дх.07612, Дх.07659, Дх.07712, Дх.07749, Дх.07793, Дх.07882, Дх.07889, Дх.07891, Дх.07905, Дх.07930, Дх.07951, Дх.07995, Дх.07996, Дх.08015, Дх.08042, Дх.08142, Дх.08198, Дх.08214, Дх.08216, Дх.08309, Дх.08314, Дх.08326, Дх.08362, Дх.08371, Дх.08423, Дх.08487, Дх.08497, Дх.08505, Дх.08544, Дх.08622, Дх.08626, Дх.08650, Дх.08664, Дх.08734, Дх.08772, Дх.08774, Дх.08873, Дх.09113, Дх.09285, Дх.09318, Дх.09336, Дх.09396, Дх.09401, Дх.09416, Дх.09421, Дх.09469, Дх.09489, Дх.09524, Дх.09571, Дх.10486, Дх.10501, Дх.10502, Дх.10503, Дх.10505, Дх.10506, Дх.10507А, Дх.10508, Дх.10511, Дх.10512, Дх.10513, Дх.10514, Дх.10515, Дх.10516, Дх.10517, Дх.10518, Дх.10519, Дх.10520, Дх.10521, Дх.10522, Дх.10524, Дх.10525, Дх.10526, Дх.10527, Дх.10528, Дх.10529, Дх.10550, Дх.10553, Дх.10563, Дх.10580, Дх.10592, Дх.10609, Дх.10620, Дх.10639, Дх.10927, Дх.10941А, Дх.11030, Дх.11031, Дх.11032, Дх.11033, Дх.11034В, Дх.11035, Дх.11181, Дх.11241А, Дх.11241В, Дх.11241С, Дх.11316, Дх.11321, Дх.11344, Дх.11366, Дх.11425С, Дх.11431V, Дх.11460, Дх.11476, Дх.11478, Дх.11512, Дх.11592, Дх.11640, Дх.11653, Дх.11674, Дх.11682, Дх.11700, Дх.11708, Дх.11792, Дх.11811, Дх.11819, Дх.11833, Дх.11844, Дх.11864, Дх.11867, Дх.11883, Дх.11894, Дх.11950, Дх.11967, Дх.11971, Дх.11995, Дх.12082, Дх.12114, Дх.12234, Дх.12487, Дх.12542, Дх.12597, Дх.12603, Дх.12608, Дх.12610,

Дх.12617, Дх.12630, Дх.12640, Дх.12641, Дх.12655, Дх.12662, Дх.12662V, Дх.12663, Дх.12704, Дх.12719, Дх.12769, Дх.12770, Дх.14198, Дх.14200, Дх.14214, Дх.14238, Дх.14537, Дх.14538, Дх.14989, Дх.15083, Дх.15215, Дх.15324, Дх.15422, Дх.15647, Дх.15769, Дх.15794, Дх.15800, Дх.15817, Дх.15821, Дх.15833, Дх.16005, Дх.16008, Дх.16018, Дх.16033A, Дх.16033B, Дх.16045, Дх.16131, Дх.16134, Дх.16159, Дх.16315, Дх.16351, Дх.16453, Дх.16490, Дх.16513, Дх.16517, Дх.16547, Дх.16623, Дх.16695, Дх.16700, Дх.16811, Дх.16814, Дх.16916, Дх.16918, Дх.16920, Дх.16932, Дх.16978, Дх.17001, Дх.17495, Дх.17554, Дх.17557, Дх.17585, Дх.17587, Дх.17599, Дх.17609, Дх.18048, Дх.18193, Дх.18194, Дх.18242, Дх.18280, Дх.18332, Дх.18336, Дх.18551, Дх.18652, Дх.18660, Дх.18693, Дх.18706, Дх.18906, 安徽省博物院藏本, 安思远藏本, 北大D049, 北大D048, 北大D050, 北大D051（1）, 北大D052, 北大D056, 北大D057, 北大D058, 北大D059, 大东急24-163-1000, 大谷大学0728, 定博002, 东大2997, 敦博074, 敦研006, 敦研039, 敦研087, 敦研112, 敦研189, 敦研196, 敦研242, 敦研246, 敦研324, 俄Ф.048, 俄Ф.055, 俄Ф.061, 俄Ф.063, 俄Ф.123C, 俄Ф.174, 俄Ф.175, 俄Ф.202, 俄Ф.205, 俄Ф.239, 俄Ф.302, 俄Ф.336, 俄Ф.345, 傅图12, 傅图13, 甘博007, 甘博084, 甘博088, 甘博098, 甘图024, 哥东图2. SPECIAL COLL. Scroll Chinese Series C No.11, 吉林省博物馆藏本, 津图050, 津图077, 津图123, 津图133, 津图152, 津文459, 津艺008, 津艺013（2）, 津艺047, 津艺093, 津艺165, 津艺178, 津艺180, 津艺259, 津艺287, 津艺307, 龙谷大学13.五一三（波1）, 龙谷大学14.五一四（吕1）, 美国国会图书馆藏本, 南京博物院藏本, 南图014, 启敦010, 启敦011, 启敦149, 上博48（41379）（4）, 上博68（51611）, 上图010, 上图034A, 上图063（7）, 上图098, 上图105（3）, 上图187, 首博32.520（8）, 首博32.544, 首博32.571, 首博32.584, 台图068A, 台图069, 台图070, 台图071, 伍伦06号3, 伍伦07号1, 羽101之2, 羽102, 羽103, 羽104, 羽105, 羽106, 羽107, 羽240, 羽350, 羽360, 羽389, 羽390, 羽435, 羽540, 羽554, 羽628之3, 御茶之水图书馆藏本, 招提

23，招提 24，招提 25，浙敦 021（文保所 01），中村不折 076

妙法莲华经卷八

BD00402，BD00562，BD00911，BD01086，BD01110（1），BD01427，BD01643，BD02188，BD02392B，BD02789，BD02836，BD02851，BD03638，BD04470，BD04730，BD05648，BD06002，BD06156，BD06525，BD08773，BD13681，BD13838，BD14177（1），BD15101（2），BD15197，S.0013，S.1212，S.1526，S.2248，S.2577，S.2652，S.3120，S.3198，S.4250，S.4392，S.5038，S.5137，S.5140，S.5387，S.6457，S.6505，S.6588，S.7033，ZSD020 号，第二批 02445（西博 006），俄 Ф.047，俄 Ф.250，津艺 033，津艺 066，津艺 276，青博 04，首博 32.532，伍伦 08 号，西博 007，羽 545，招提 26

妙法莲华经卷九

BD03338，BD03454，S.0258，S.0960，S.3832，S.6642

妙法莲华经卷一〇

BD01084，S.2105

妙法莲华经安乐行品

羽 373

妙法莲华经抄经杂写

P.3926（2）

妙法莲华经钞

BD01799

妙法莲华经等佛经难字

S.5690

妙法莲华经第二譬喻品第三难字

S.5685

妙法莲华经度量天地品

BD02218，BD02463，BD03917，BD04025，BD04027，BD04525，BD05100，BD05671（1），BD05671（2），BD08449，BD09555，BD09595，BD13839，BD16345A，BD16345B，P.2234（2），P.3401，S.1298，S.4334，S.4490，S.4885，S.5389，WJ.002（兰州某氏藏本），Дх.00899，Дх.16193，津图 156，上博 48（41379）（21），上图 179

妙法莲华经观世音一卷
　　S.1077

妙法莲华经观音显圣图
　　BM.SP.117（Ch.xxiv.003），BM.SP.128（Ch.xxvi.a.009）

妙法莲华经继从序
　　P.3023

妙法莲华经讲经文
　　P.2305，俄Ф.365，俄Ф.365V

妙法莲华经节抄
　　敦博054

妙法莲华经卷六经文杂写
　　BD08728（1）

妙法莲华经卷七杂写
　　BD15716

妙法莲华经卷七注疏
　　Дx.01556

妙法莲华经卷三咸亨三年题记
　　P.2644

妙法莲华经卷四护首
　　S.8094B

妙法莲华经卷下
　　BD02457

妙法莲华经卷一至七
　　安徽省博物院藏本

妙法莲华经论优波提舍
　　BD07753

妙法莲华经马鸣菩萨品第三十
　　BD01211，BD14713，P.3008，S.2734（2），S.3051，S.4572，S.5931，S.7835，Дx.03669，Дx.03907，Дx.04178，Дx.06422，Дx.07320，Дx.07404，Дx.12331，Дx.12883，Дx.16659，Дx.18413，故宫新153368，上图006，首

博 32.520（10）

妙法莲华经马鸣菩萨注释
P.3055V

妙法莲华经片段
S.0648V

妙法莲华经品名录
S.2092V（3）

妙法莲华经品题
羽 288V

妙法莲华经七卷
第三批 06899（苏州博物馆藏本）

妙法莲华经入疏卷十二
Дх.05901

妙法莲华经十七品赞
P.3600（1）

妙法莲华经疏
BD01670，BD05281V，BD06532，BD10020，BD10563，BD14693，P.4567，S.8023，ZSD046 号，Дх.07351，南图 020，文研院 143（xj232－碑帖 111.4）

妙法莲华经疏释
S.0113V，S.6494，S.6789，上图 183A

妙法莲华经题签
P.4738，Дх.00106，Дх.00353，Дх.01012，Дх.01017，Дх.01742，Дх.01791，Дх.01821，Дх.01993，Дх.02010，Дх.02662，Дх.04305，Дх.09270，Дх.11610，Дх.12810，Дх.12826，Дх.12878，Дх.14695，Дх.16070

妙法莲华经习字杂写
BD05428V

妙法莲华经序
Дх.11245B

妙法莲华经序品钞

BD05797V（2）

妙法莲华经序题签

Дх.04851

妙法莲华经玄赞

P.4797，P.4818，Дх.04458A，Дх.11225A，Дх.11225D，Дх.12763，故宫新137368，故宫新138065，故宫新150679，文研院144(xj117.1-0660.98.1)，文研院145（xj117-0660.98）

妙法莲华经玄赞卷一

BD03543，BD03548，BD04766，BD10228，BD11468，BD11579，BD12056，BD12057，BD12058，Дх.11891，Дх.12703，Дх.16799

妙法莲华经玄赞卷二

BD00968，BD14546

妙法莲华经玄赞卷四

BD00112，BD06439，Дх.06961V

妙法莲华经玄赞卷五

P.4910，S.8072

妙法莲华经玄赞卷六

BD12031，P.2176，S.8215

妙法莲华经玄赞卷七

S.1589

妙法莲华经玄赞卷一〇

BD12123，BD14710

妙法莲华经玄赞第四函

中村不折100

妙法莲华经玄赞科判

石谷风040

妙法莲华经玄赞科文卷二

P.2159V（1）

妙法莲华经押座文
    BD07849
妙法莲华经演义卷二之一
    Дx.12307
妙法莲华经要解
    Дx.03957
妙法莲华经要解卷一一
    Дx.05059
妙法莲华经忧波提舍卷上
    BD10071，Дx.06507，Дx.12002
妙法莲华经忧波提舍卷上序品第一
    Дx.08766，Дx.08779
妙法莲华经忧波提舍卷下譬喻品第三
    Дx.08154V
妙法莲华经杂写
    BD08811（1）
妙法莲华经赞
    S.7886
妙法莲华经赞疏
    S.7887
妙法莲华经注释书
    羽589之5·6
妙法莲华经字音及品名录
    P.3406
妙好宝车经
    Дx.00666，Дx.06559，Дx.16874
妙色身如来真言
    P.3835V（1）
灭灾符咒
    P.3211P5

名册
　　Дx.02393

名籍
　　BD04048V

名历断片
　　羽669之2，羽725之3

名录
　　BD06583V（3），BD09370V（2），BD14667V（6），BD16003A，BD16003B，BD16026A，BD16026B，BD16026C，BD16111O，BD16111P，BD16170，BD16200QG，BD16200QJ，BD16200QK，BD16200QM，BD16200QN，BD16200RA，BD16200RB，BD16200RD，BD16200RE，BD16200RG，BD16200RH，BD16200RI，BD16200RL，BD16200RM，BD16384V，BD16398AV，BD16503AV，BD16504G，BD16553A，BD16560V，P.2680V（1），P.3254V（2），P.3391V（3），P.4992（1）

名目
　　P.3416P1V，P.3416P2，P.3416P2V

名数法门抄
　　敦博038B

名相释
　　BD15626

明《大般若经》四处十六会文
　　BD01034V（7）

明诗论
　　S.6082

明四分律义
　　羽157之3

明堂五藏论一卷
　　P.3655（2），P.3655V（2）

明一切法不定
　　P.2385V（6）

明月夜照当街诗

  S.4444V（4）

明证教二道论

  文研院146（xj233-碑帖111.5背面）

明诸大乘修多罗内世间出世间两阶人发菩提心法同异法注释书

  Дx.10425

鸣钟振响觉群迷诗

  S.0381（4）

命书

  P.3862V

摹王羲之状一通

  Дx.01333

摩登伽经卷中

  S.3374

摩登王论二十八宿经

  S.1648

摩诃般若波罗蜜阿惟越致相品第六十二

  P.2239（1）

摩诃般若波罗蜜大品经卷一六

  S.3463

摩诃般若波罗蜜大品经卷二〇

  S.3410

摩诃般若波罗蜜大品经卷三六

  S.2294

摩诃般若波罗蜜多经卷一〇

  羽579

摩诃般若波罗蜜多经卷一一

  Дx.12048，羽579

摩诃般若波罗蜜多心经断片

  羽636之3之2，羽636之3之1

摩诃般若波罗蜜放光经卷六
　　S.2187

摩诃般若波罗蜜放光经卷七
　　S.2130，S.2147

摩诃般若波罗蜜放光经卷一〇
　　P.2239（2）

摩诃般若波罗蜜放光经卷一六
　　S.5121，津艺295

摩诃般若波罗蜜放光经卷一七
　　S.3552

摩诃般若波罗蜜放光经卷二三
　　S.4855

摩诃般若波罗蜜放光经品第六十六
　　S.3956

摩诃般若波罗蜜放光经问僧那品之二
　　S.3976

摩诃般若波罗蜜光赞经卷九护首
　　BD03806V

摩诃般若波罗蜜经
　　BD09904，BD15592，P.2890（Pel.tib.1071V）（4），P.4776（1），P.4776（2），P.5589（5），S.0055，S.0234，S.0938，S.1445，S.2133，S.2925，S.3555，S.4532，S.6299，S.6538，S.6581，S.6747，Дx.02816，Дx.02872，Дx.03232，Дx.03253，Дx.03257，北三井015（025-13-9），北三井017（025-14-16），北三井018（025-13-10），北三井019（025-10-1），大谷大学0724，敦研326，故宫新138351，故宫新153367，津艺029，津艺032，津艺037，京博B甲423，启敦115，上海师范大学博物馆藏本，文研院147（xj230-碑帖111.2），重博02

摩诃般若波罗蜜经卷一
　　BD14961，S.4068，Дx.03625，Дx.03635，Дx.04388，Дx.09119，Дx.09136，Дx.09157，Дx.10382，Дx.11492，Дx.15189，Дx.15721，Дx.16059，Дx.16883，Дx.16890，Дx.16924，Дx.16963，鄂博10，津图

002，台图 043，浙敦 003（浙图 03）

摩诃般若波罗蜜经卷二

BD01278，BD05720，BD11344，BD14825CK，P.5559，S.7445，S.8059，Дx.08320，Дx.10826，Дx.12850，Дx.15775，Дx.17456，Дx.17935，甘博 028，津文 462-6，羽 576

摩诃般若波罗蜜经卷三

BD00161，BD14777（2），BD15643，S.1085，Дx.04476，Дx.06588，Дx.08035，大东急 107-5-1-1B，甘博 028，津图 048，上图 048

摩诃般若波罗蜜经卷四

BD04732，BD05997，BD11735，BD11975，BD13606，S.0071，S.3174，S.4067，S.7047，S.7647，Дx.01115，Дx.02019，Дx.02021，Дx.02046，Дx.05002，Дx.06871，Дx.10819，Дx.11516，Дx.14510，Дx.15519，Дx.16075，Дx.16477，Дx.16479

摩诃般若波罗蜜经卷五

BD05204，S.1933，S.2906，S.3222，Дx.01687，Дx.04551，Дx.04564，Дx.07269，Дx.10825，俄 Ф.265

摩诃般若波罗蜜经卷六

BD04350，BD06915，BD14011，P.4943，S.1886，S.4213，Дx.03297，Дx.04119A，Дx.04121，Дx.07689，Дx.08488，Дx.16035，Дx.16169，Дx.16450

摩诃般若波罗蜜经卷七

BD09659，BD09768，BD10511，BD12253，BD12266，BD12312，BD14757H，BD14757K，BD14839，BD14898，BD15068，S.0546，S.1224，S.1831，S.2192，S.4108，S.4558，Дx.04497，Дx.07365，Дx.12232，Дx.16309，Дx.16507，Дx.16572，Дx.16722，Дx.17586，甘博 020，甘图 022，台图 050，羽 556

摩诃般若波罗蜜经卷八

BD06094，BD14012，BD14938，Дx.04676A，Дx.12229，Дx.12282，Дx.15081，Дx.15236，Дx.18491，敦研 104

摩诃般若波罗蜜经卷九

BD06414，BD14840SA，G.003[=PEALD_8cR]，ZSD010 号，Дх.03252，Дх.03383，Дх.03677，Дх.03769，Дх.04093，Дх.04136，Дх.04208，Дх.05006，Дх.06987，Дх.07392，Дх.15865，鄂博 20

摩诃般若波罗蜜经卷一〇

BD01289，BD12372，BD14014，BD15360，Дх.07801，Дх.08573，北大 D147

摩诃般若波罗蜜经卷一一

BD00056，BD04380，BD05665，P.4582，S.0292，S.2209，S.3245，S.7370，S.7903，ZSD029 号，Дх.03682，Дх.06451，Дх.06948，Дх.07923，Дх.08445，Дх.08446，Дх.08581，Дх.08594，Дх.08604，Дх.08833，Дх.09086，Дх.12433，Дх.14217，Дх.15783A，Дх.15925，Дх.16398，北大 D125，津图 159，羽 085

摩诃般若波罗蜜经卷一二

BD09760，BD11414，BD11690，BD14015，BD14557，BD16567，P.4504，S.5719，S.8398，Дх.01122，Дх.03758，Дх.04367，Дх.07259，Дх.07637，Дх.08205，上图 087

摩诃般若波罗蜜经卷一三

BD03370，BD04550，G.009[=PEALD_8e3R]，P.4504，S.0835，S.2726，Дх.04221，Дх.06814，Дх.06939，Дх.07019，Дх.07476，Дх.07695，Дх.07732，Дх.08836，Дх.16951B，鄂博 05，津图 160，津图 161，务本 031 号

摩诃般若波罗蜜经卷一四

BD06892，BD10501，BD14701，BD14825CM，BD16473A，S.4033，Дх.03354A，Дх.07380，Дх.09070，Дх.12172，Дх.16430，Дх.18489，Дх.18492，羽 212，羽 590 之 11

摩诃般若波罗蜜经卷一五

BD14013，BD14733，S.1325，Дх.10820，Дх.16545，Дх.16586，Дх.16801，Дх.16904，津艺 012

摩诃般若波罗蜜经卷一六

BD01040，BD02198，BD02247，BD02250，BD10571，BD11951，BD15338，HHT009，Дх.04099，Дх.05162，Дх.12434，Дх.14342，Дх.14811，Дх.15761A，Дх.17646，Дх.17998，津艺031，首博32.545

摩诃般若波罗蜜经卷一七

BD10884，BD14944，BD15047，S.7266，Дх.00817，Дх.03301，Дх.10822，Дх.11004，Дх.11166，Дх.12251

摩诃般若波罗蜜经卷一八

BD07075，BD11386，BD14648，BD15128，LD5142-11，P.3059，S.0680，S.1379，Дх.01521，Дх.03630，Дх.05057，Дх.06958，Дх.07160，Дх.07398，Дх.08727，Дх.16417，Дх.17564

摩诃般若波罗蜜经卷一九

BD09770，BD10448，BD15152，BD15679，BD15680，BD15944，S.4708，S.7952，Дх.03385，Дх.03480，Дх.10538，Дх.12543

摩诃般若波罗蜜经卷二〇

BD09729，BD11005，S.2194，Дх.00688，Дх.01630F，Дх.01729，Дх.09229，Дх.09576，Дх.10821，Дх.10828，Дх.11261，Дх.16525，羽274，羽338

摩诃般若波罗蜜经卷二一

BD00951，BD04933，BD06823，BD06905，BD09877，BD10716，BD14840MA，BD14840MB，BD14974，BD15841，S.4377，S.4538，S.5156，S.6980，Дх.02159，Дх.03113，Дх.03119，Дх.07264，Дх.07274B，Дх.08559，Дх.09522，Дх.10978，Дх.11457，Дх.12259，羽139

摩诃般若波罗蜜经卷二二

BD00691，BD14016，S.0948，S.3936，S.4922，S.5167，Дх.03118，Дх.03422，Дх.03633，Дх.08265，Дх.12150，Дх.15041，Дх.16903A，俄Ф.219，上图041

摩诃般若波罗蜜经卷二三

BD01986，BD04697，BD05432，BD05864，BD07667，BD11734，BD11934，S.2193，S.2195，S.6868，Дх.00606，Дх.03522，Дх.04160，

Дx.07199, Дx.07886, Дx.09280, Дx.16385, Дx.16395

摩诃般若波罗蜜经卷二四

BD12328, BD14017, BD14687, BD14897（1）, BD15552, BD15663, S.2641, S.2730, S.4006（3）, S.4568, S.6941, S.7409, S.7435, Дx.00182, Дx.00183, Дx.06108, Дx.07553, Дx.08420, Дx.12872, Дx.16754, Дx.17565, Дx.18522, 历博42, 启敦131

摩诃般若波罗蜜经卷二五

BD06657, BD11978, BD14897（2）, BD15016, P.5565, S.0398, S.0455, S.2196, S.2229, S.2655, Дx.01613, Дx.04028, Дx.04196, Дx.05154, Дx.05613, Дx.05615, Дx.07665, Дx.08642, Дx.10968, Дx.15770, Дx.16115, 傅图05, 甘博073, 津艺277, 上图167, 浙敦025（灵隐寺01）

摩诃般若波罗蜜经卷二六

BD00700, BD01065, BD14718, BD14996, LB.014, S.2229, S.2414, S.3217, S.7413, Дx.02549, Дx.03270, Дx.03604, Дx.03768, Дx.04667, Дx.05071, Дx.06914, Дx.07792, Дx.09015, Дx.09395, Дx.09402, Дx.12406, Дx.17658, Дx.18533, 上图178

摩诃般若波罗蜜经卷二七

BD01006, BD09819, BD10447, BD14018, BD15138, P.2180P1, S.8043, Дx.03492, Дx.03888, Дx.04842B, Дx.07117, Дx.07131, Дx.09054, Дx.09208, Дx.09210, Дx.09323, Дx.12875, Дx.15237, Дx.15542, 津艺085

摩诃般若波罗蜜经卷二八

BD00669, BD05909

摩诃般若波罗蜜经卷二九

BD03806, BD14019, BD14866, 津艺291

摩诃般若波罗蜜经卷三〇

BD14020, BD14747, 北大D010, 东大3517

摩诃般若波罗蜜经卷三一

BD03481, BD04102, BD07828, BD07831

摩诃般若波罗蜜经卷三二
  BD14021，S.1422，Дх.01281，上图 081

摩诃般若波罗蜜经卷三三
  BD04475，BD14022，BD14950，S.3619，东京国立博物馆藏本，台图 044

摩诃般若波罗蜜经卷三四
  BD00755，S.2188，S.3619

摩诃般若波罗蜜经卷三五
  BD02897，S.3781，京博 B 甲 297 图录 214，南京博物院藏本

摩诃般若波罗蜜经卷三六
  S.2149，S.3781

摩诃般若波罗蜜经卷三七
  BD00898，BD11111，BD15339

摩诃般若波罗蜜经卷三八
  BD02982

摩诃般若波罗蜜经卷三九
  BD15300，BD15389

摩诃般若波罗蜜经等品第五
  北三井 016（025-14-6）

摩诃般若波罗蜜经第卅五
  国赠 26724（台北故宫博物院藏本）

摩诃般若波罗蜜经魔事品第卅五
  上博 52（44957）

摩诃般若波罗蜜经建立众生品第八十
  S.1165

摩诃般若波罗蜜经净佛国品第八十一
  S.2619

摩诃般若波罗蜜经七譬品第八十六
  P.6021

摩诃般若波罗蜜经萨陀波仑品之下
  上图 105（2）

摩诃般若波罗蜜经钞

BD00226，BD00956，BD02229，BD02237，BD06355，BD08217，S.7782，傅图 04，傅图 06

摩诃般若波罗蜜经光赞经卷九

S.2134

摩诃般若波罗蜜经勘经记

P.5027（5）

摩诃般若钞经卷三地狱品第五

Дx.09081

摩诃般若钞经卷三清净品第六

Дx.16945

摩诃般若钞经卷四恒架调优婆夷品第九

Дx.07022

摩诃般若钞经卷五

S.1489

摩诃般若经胜天王般若经勘经记

Дx.01785V

摩诃摩耶经卷上

P.2160，Дx.00905

摩诃摩耶经卷下

Дx.00914，Дx.18283

摩诃僧祇比丘尼戒本

BD10695，BD11486，BD14930，S.7926，S.8015，Дx.05267，京博B甲428，启敦132

摩诃僧祇律

文研院 148（xj152-0323.04），文研院 149（xj205-0323.57），文研院 150（xj206-0323.58）

摩诃僧祇律卷一

P.3464V，S.5766（2）

摩诃僧祇律卷二

  S.3448，S.5766（2），Дх.04610

摩诃僧祇律卷三

  Дх.00197，Дх.00198，Дх.00199，Дх.05805，Дх.11620

摩诃僧祇律卷五

  BD02481，BD03068，BD05274，BD07649，BD09687，BD09854，BD10137，BD10386，BD10439，BD10859，BD11120，BD11562，BD11752，BD12035，Дх.02602，Дх.03408，Дх.03813，Дх.03910，Дх.03915，津图126，浙敦066（浙博041），浙敦136（浙博111），浙敦137（浙博112）

摩诃僧祇律卷六

  Дх.07631

摩诃僧祇律卷七

  BD01345V（3），Дх.03938，Дх.04037，Дх.05484

摩诃僧祇律卷一一

  S.2818

摩诃僧祇律卷一六

  Дх.02728，Дх.06665

摩诃僧祇律卷一九

  Дх.03983，Дх.05214，Дх.11554，Дх.11555

摩诃僧祇律卷二二

  Дх.07668，Дх.18530

摩诃僧祇律卷二七

  Дх.04976，Дх.06380，Дх.06986，Дх.07328，Дх.08233，Дх.08477，Дх.12452

摩诃僧祇律卷二八

  BD14569

摩诃僧祇律卷二九

  Дх.15764，Дх.17620

摩诃僧祇律第三六

  Дх.10769

摩诃僧祇律卷三九
  Дx.12058，Дx.12120，Дx.12133

摩诃僧祇律大比丘戒本
  Дx.18377，羽510

摩诃僧祇律第一袟用纸历
  P.3986（2）

摩诃衍经卷一三
  S.2161

摩诃衍经卷二五
  东京国立博物馆藏本

摩诃衍经卷三一
  中村不折019

摩诃衍经卷三二
  中村不折017

摩诃衍经卷四三
  P.2089

摩诃衍经卷四五
  S.2410，S.5132，S.5134

摩诃衍经卷四九
  S.2761

摩诃衍经卷五〇
  S.4953

摩诃衍经卷五六
  S.2988

摩诃衍经卷七四
  Дx.00535

摩诃衍经题签
  Дx.03179V

摩利支天经
  BD15366，P.3824（5），S.0699，S.2681，S.5391，S.5531（6），上博48（41379）

(19)

摩利支天菩萨陀罗尼经
　　S.5392

摩利支天陀罗尼咒经
　　BD01598（2）

摩尼光佛教法仪略
　　P.3884，S.3969

摩尼教经典（待考）
　　BD00256

摩醯首罗卜
　　S.5614（2）

摩耶经
　　BD08065

磨觸戒第五
　　S.3039

魔逆经
　　S.7070

莫道今朝人其哉诗一首
　　S.3393（2）

莫高窟百姓袁文信状
　　P.3666V（7）

莫高窟功德记
　　P.3564

莫高窟记
　　P.3720V（1）

莫高窟素画功德赞文
　　P.2991B（3）

莫高窟再修功德记
　　P.2641V（6）

莫高乡百姓贷绢抄
　　S.6327
莫高乡百姓阎义成状
　　P.3583
墨斑
　　BD12616
墨迹
　　P.2712V
墨线
　　P.4930V
墨线描绢幡残缺
　　羽720
墨印
　　P.3861（1）
某残牒
　　BD11145V
某禅宗语录
　　BD15656
某慈父与子书
　　S.6537V（3）
某弟身故纳历
　　Дx.01269，Дx.02155，Дx.02156
某弟子从沙州龙兴寺神卓受菩萨戒牒
　　BD11406
某佛寺常住器物点检历
　　P.3598
某佛寺常住器物交割点检历
　　P.3587
某官为张璘欠负麦准拨留填替州仓判文
　　S.1307V

某和尚说反魂记
　　羽698R
某户秋苗历
　　BD10040
某甲等谨立社牒
　　P.3730V（5）
某甲奉牒补充节度押衙兼龙勒乡务上大王谢恩启
　　Дx.01291+Дx.01298（3）
某讲经纪录
　　BD07261V
某戒本疏
　　Дx.10263
某戒本疏题签
　　Дx.05455
某经第二帙抄经用纸历
　　BD15686
某经点勘录
　　BD13203（2）
某经难杂字
　　BD11986B（2）
某经首题
　　BD11222
某经疏分门图
　　Дx.04541V
某经疏首部三分解
　　BD15721
某经题记
　　BD11733
某经题签
　　Дx.03923，Дx.05272，Дx.07301，Дx.07641，Дx.08971，Дx.10240，

Дx.10265, Дx.11067A, Дx.11227, Дx.11440, Дx.11893, Дx.11997, Дx.12231, Дx.12324, Дx.12592, Дx.12622, Дx.12626V, Дx.15650, Дx.18054

某经译场列位
BD04145V

某令公重修开元寺功德记
S.8659（2）

某论残序
BD03416V

某年八月十六日社司转帖
S.11353

某年八月十三日兄丑儿左右欠阙他人名目
BD16562

某年八月释门僧正赐紫道真等状稿
BD16376

某年八月太子上法奖和尚启稿
S.6981B

某年便麦历
S.8402

某年敦煌郡敦煌县莫高乡承阳里清信弟子邓某关系文书
BD07242V

某年二月队头赵再住等转帖
BD09345B

某年二月九日僧谈会少有斛㪷出便与人名目
BD16083

某年二月十四日灵图寺僧神宝便麦契
S.1475V（10）

某年二月一日灵图寺僧义英便麦契
S.1475V（12）

某年二月一日某寺散施入历
　　S.8443F（4）

某年甘州使头都头某甲帖
　　P.4044（2）

某年给□意藏冬衣状
　　BD10077

某年给常洪则冬衣状
　　BD09953

某年给冬衣状残片
　　BD09962，BD10306，BD12166

某年给冯阿四等冬衣状
　　BD11433

某年给姜玄表等冬衣状
　　BD09334

某年给李洪静等冬衣状
　　BD11997

某年给瞿敬爱等冬衣状
　　BD09280

某年给阎洪庆等冬衣状
　　BD11998

某年给祝二郎等冬衣状
　　BD12384

某年归义军某官状及判
　　S.6998D

某年归义军押衙知羊司田某状及判
　　S.6998C（2）

某年归义军应管内外诸司都指挥使知左马步都押衙曹仁裕等状
　　S.8683

某年归义军紫亭镇羊数名目
　　S.8448B，S.8448BV（1），S.8448BV（2）

某年后四月十八日公廨司出便物名目
　　S.7963V

某年九月二日赞佛文并供养人敦煌书手李文定等题名
　　BM.SP.63（Ch.00102）

某年九月七日衙前第六队转帖
　　S.6010

某年九月新妇小娘子阴氏上某公主状
　　Дх.01400+Дх.02148+Дх.06069（1）

某年九月一日管内都僧正转帖
　　S.6307

某年九月一日之后新写藏经入藏目录
　　P.3010（2）

某年具注历
　　S.12459

某年具注历日
　　S.11314，S.11381，S.11382

某年具注历日残
　　羽040V

某年六月廿七日杨法律与僧戒满书
　　S.4677

某年六月押牙樊继受等状
　　P.4518（11）V

某年六月永安寺僧绍进上表并都僧统判
　　S.9227

某年六月宰相兼御史大夫张文彻上启
　　S.5394

某年卖驴残契
　　Дх.18948B

某年莫高乡付物历
　　BD09318B

某年某寺布帛入历
  S.8443F（5）

某年某寺香积厨诸色斛斗破历
  BD09294

某年某月某将欠负名目
  BD09297，BD09368，BD12001

某年七月十九日女人社社条
  Дx.01413

某年七月十五日造佛盆斛斗抄
  S.4171V

某年乾元寺出唱历
  BD09283

某年三月二十四日纳赠历
  S.11557

某年三月何搔撂等鞋价抄
  S.5578V

某年三月六日灵图寺僧惠云便麦契
  S.1475V（16）

某年三月六日灵图寺僧神寂便麦契
  S.1475V（15）

某年三月廿七日阿骨萨部落百姓赵卿卿便麦契
  S.1475V（13）

某年三月廿七日当加（家）人使（史）奉仙便麦契
  S.1475V（14）

某年三月廿日骨子等便黄麻青麦历
  Дx.01387（1）

某年三月廿四日翁家梁某家书
  S.3198V

某年三月史允通牒及批语
  藤井50-东文50-饶目牒状类21

某年三月四日安国寺阇梨法律分付牧羊人羊抄
   Дx.01421

某年三月随使宅案孔目官孙延滔谢僧吊仪状
   S.4571V（2）

某年三月一日中元部落百姓曹清奴典铛便豆麦契
   S.1291（2）

某年三月至八月某寺南仓取粟历
   S.8443F（3）

某年十二月廿四日潘□致秀才十三兄状
   S.0076V（5）

某年十二月乞瓜州刺史阿郎容纳牛驼鸡兔等物状
   S.5758

某年十二月十六日队头程住儿雇驴契
   S.1403

某年十二月十五日分付宋法达经本抄
   S.4018（2）

某年十二月五日僧光璨请遣还龙藏经本帖
   S.3983

某年十一月二十一日某寺唱儭历
   S.7882

某年十一月十九日押衙薛九安谢张索二都头状
   S.2578（1）

某年十一月十六日摄茶陵县令谭□状
   S.0076V（3）

某年十一月十七日发瓜州行人出物抄
   S.6235（3）

某年十月僧正道林启
   S.4128V

某年十月十七日两家诸色斛斗抄
   S.1358

某年十月衙内都部署使冯某谢僧状
S.4571V（1）

某年四、五月份某寺面破历
S.8659（1）

某年四月付赁钱历
P.4056V（3）

某年四月廿二日灵图寺人户索满奴便麦契
S.1475V（11）

某年四月廿六日惠润出织物历
P.5588（2）

某年四月廿六日解女贷黄麻抄
S.2228（4）

某年四月十三日上下藏般若经诸帙点欠数目
S.5046

某年四月十五日沙州寺户严君便麦契
S.1475V（9）

某年五月八日尹宝宝斋上行香不到人物条记
BD09338（2）

某年五月二十日征纳白刺帖
S.8696

某年五月某寺粟入历
S.8443F（1）

某年五月十六日宋荣与张天一驴抄
S.5790（2）

某年五月长行马文书
藤井21-东文21-饶目牒状类22

某年张智刚请祭诸神用物牒
S.1725V（2）

某年正月廿四日尚书与邓法律书
S.0376

某年正月四日归义军应管内外都指挥知都押衙曹仁裕与都押衙张保山状

  S.8665

某年正月四日摄茶陵县令谭□状

  S.0076V（2）

某年仲冬某人致都头仁兄状

  BD03406V（2）

某年诸色斛斗入破历计会

  S.0378

某人发愿文

  S.9958V

某人领手工麦及麸历各一条

  BD15246（3）

某人邈真赞

  Дх.04964V，Дх.06716

某人请发绫绢价牒

  BD15440A（2）

某人上端公状

  S.8646V

某人上太保状稿

  S.11355

某人上太傅状

  S.9839

某人书状

  S.10725AV

某人述二首

  P.2641V（2）

某人为娘子难产修功愿文

  S.8159V

某人为亡父设斋发愿文

  S.11544

某人为亡考初七设斋文
S.8751

某人夏季致惠严禅师书状
Дx.04126

某人种田契
Дx.01354

某人状
S.9404, S.11357

某僧佛事手帖
BD00017V

某僧邈真赞残片
BD12371

某僧乞请某大德赐药草状
S.5901

某僧手本
BD15390

某僧诉状
S.10617

某僧正邈真赞稿
S.8159

某僧追悼文稿断简之二
羽077V之2

某社支面名录
P.3102V（3）

某氏建三龛功德记
P.3302V（1）

某氏邈真赞（？）
S.10572

某寺便粟油历
IOL.C.111（Ch.0047）（1）

某寺丙午年十一月就库纳油付都师用历
　　S.6275

某寺布褐绫绢破历
　　S.4120

某寺残历
　　BD10773BV（1），BD10773BV（2）

某寺仓司出便豆契
　　S.10607

某寺藏经目
　　S.1519V，S.2079

某寺藏杂经录
　　BD11504

某寺常住什物点检历
　　S.6050，S.9496B

某寺常住什物交割点检历
　　P.2706，P.4908A

某寺常住什物交历
　　S.4199，S.4215，S.4706

某寺常住什物历
　　S.8750，S.9512，S.9931V，S.10286+10285

某寺唱儭历
　　S.8706

某寺呈当寺尼数目牒状
　　P.3600V（1）

某寺出便麦与陈友子等名目
　　S.7589

某寺贷付还入斛斗历
　　S.5064

某寺得荆官子等地颗（课）麦替物抄
　　S.4705V（2）

某寺得入支给历
P.3491P1V

某寺点勘藏经欠经录
S.8201

某寺法律道鸾（？）牓
S.11352

某寺分付牧羊人王悉罗等羊抄
S.5964（1）

某寺佛典点勘录
BD11874V（2）

某寺佛典流通录
BD11507，BD12652

某寺付面历
S.1653V

某寺付僧尼面苏历
S.4852V

某寺付油历
S.6226

某寺工料杂破历
BD10773B

某寺癸巳年正月一日以后诸色入破历计会
S.5753

某寺斛斗入破历
S.5632（2）

某寺斛斗什物破历
S.6217（3）

某寺交割常住什物点检历
P.3067，P.4004

某寺经济文书
BD14466V

某寺勘大般若波罗蜜多经数目
S.6059（1）

某寺勘经目
S.6055

某寺粮食入破历
BD12003

某寺麦面破历残缺
羽753

某寺麦粟布入历
Дх.01433

某寺面破历
S.8152

某寺面油破历
P.3364

某寺某年六月到八月诸色斛斗破历
BD09282

某寺配补大般若经用纸历
BD11505

某寺配补正法念处经用纸历
BD11506

某寺破历
BD11187AV，S.6099（2）

某寺破油面历（辛亥年）
S.1519（1）

某寺欠麦余麦抄
S.4705V（1）

某寺入破历
BD10773AV，S.10795AV

某寺入破历计会
S.6233V（2）

某寺上座帖
  P.2769

某寺社司转帖
  BD16281AV，BD16281BV，BD16281CV，BD16281DV，BD16281EV，BD16281FV，BD16281HV，BD16281IV，BD16281JV，BD16281KV

某寺申酉二年麦破历并除破外合得麦计会
  S.6981BV

某寺什物点检历
  S.7939B，S.7940BB，S.7941

某寺粟麦账
  P.3424

某寺粟破历
  S.7942

某寺算会状并判
  S.11440

某寺徒众贞秀等牒
  S.12590

某寺为白露道场告诸团僧课念帖
  S.4664

某寺未纳经人名籍
  S.8037V

某寺修渠浇水耕种法事等事目
  S.7060V（2）

某寺修舍告疏
  浙敦154（浙博129）

某寺一伴交历
  S.2607V

某寺乙未年后常住什物点检历
  P.2917

某寺油见麻历
P.4913

某寺油粮账
P.2738P

某寺油面破历
S.1316

某寺愿戒惠润等付入豆麦等谷物簿
P.3112

某寺月计诸色粮物破历
S.3920V（3）

某寺杂经录
S.8291V

某寺杂物点检历
BD16292

某寺杂物历
BD16112A，BD16112B，BD16112C，BD16112D，BD16112E，BD16112G

某寺诸色斛斗破历
P.2642V（2），S.0366，S.1733，S.5039，S.6233V（1），S.6330，S.6452V（4），S.11461A

某寺诸色斛斗入破计会
S.5008，S.5050，S.5071

某寺诸色斛斗入破历计会
S.0420，S.4657（2），S.8318，S.9409

某寺诸色斛斗什物破历
S.6233

某寺诸色粮物破历
S.3920V（4）

某寺诸色入破历计会
S.2325V

某寺诸色食物破历

 S.9469

某寺诸色物破历

 S.4705

某寺诸色斛斗破历

 S.5927V（1）

某寺诸色斛斗入破历计会

 S.6061，S.6154

某寺子丑寅年以前入麦面历计会

 S.1733V（2）

某寺子年领得什物历

 S.5878，S.5896

某寺总得斛斗抄

 S.0985V

某寺作道场面油破历

 S.8649

某田亩历杂写

 BD04562V（2）

某乡百姓某专用放妻书一道

 P.3730V（7）

某寅年残文书

 浙敦116（浙博091）（2）

某月廿八日某衙为大宝国皇帝百晨（辰）设供追念请诸寺僧尼降赴疏

 S.3180V

某月十八日王法律小有斛斗出便人名目

 Дx.01449

某状残判

 S.6998C（3）

某追悼文稿断简之一

 羽077V之1

某追悼文稿断片
　　羽077V之3
木材帐
　　P.2832AV
木刻大圣文殊师利菩萨像
　　BD11411A，BD12349
木刻花形装饰图案
　　BD10667
木刻净土宫图（二件）
　　S.4644V
木刻捺印图案
　　BD11981V
木刻文殊师利菩萨像
　　BD12114A，BD15771
木刻文殊师利菩萨像残片九块
　　BD12114D
木刻装饰图案
　　BD12048
木捺佛像
　　BD06065V，BD09520，BD14711V，BD15281，BD15492，BD15525，BD15644，BD16513，S.7001，傅图38，傅图39，津图142
木捺佛像（朱印）
　　BD15279
木印章
　　P.3207V
目丑奴纳面历断片
　　羽664之7
目连变文
　　P.3485，Дх.05418，Дх.11862

目连经

　　S.4564

目连救母变文

　　BD03789，BD04108（3），S.9530，台图032A

目连问戒律中五百轻重事

　　BD01090，S.7799，S.8036

目连缘起

　　P.2193

目录

　　Дx.06047V，Дx.06054V

目录两行

　　敦博077E

牧羊籍

　　P.3011V

牧羊人安于略请赐碾硙呈仆射状

　　P.3928V

暮春有怀衡阳小隐兼呈院中诸判官

　　P.3946（2）

暮客名录

　　BD16111A

暮煞法

　　P.2610（12）

N

纳布历
> P.2161P6

纳柴历
> P.3368P2，P.3368P3，P.3368P5

纳付钱牒
> S.6354V

纳斛斗计会
> S.10008B

纳口承僧保力等十二人名录
> P.3332（2）

纳粮户籍与曹先玉借麦契
> 历博文书46

纳面历断片
> 羽664之3R+V，羽664之5R+V

纳面历
> BD07502V（2）

纳青麦历（木简）
> S.5891

纳酥历
> BD06359V（11）

纳粟历

P.4606V，S.10827

纳粟账

Дх.04529

纳物历

BD07129V，BD16145A，Дх.19065

纳音甲子占人姓行法

P.3175

纳赠历

BD07322V（1），BD09298，BD09299，BD09319，BD16175A，BD16175B，BD16175D，BD16175F，BD16175G，BD16263，P.3555BP11，P.4057V，S.0782V（1），S.6198，S.6235（5），S.6252，S.6981E（1），S.6981E（2），S.7328A，S.8520，S.10281，S.10530V，S.11445，S.11552A-F，Дх.10275，Дх.11092B，Дх.11092V，Дх.11094V，Дх.11199

纳赠破用历

S.5680（2）

纳支黄麻等历

S.2214V

纳支粟历

S.5883

捺印佛

P.6008

捺印佛名经

Дх.03206

捺印佛塔像

P.4514（18）

捺印佛像

BD03194B，P.3880，P.3954，P.3957，P.3983，P.4013，P.4078，P.4086，P.4514（17）B，P.4514（19），P.4514（20），P.4514（21），P.4514（23），P.4514（24），P.4714，P.5526，Дх.01340

捺印弥勒变

P.3024V（1）

捺印菩萨

P.3938

捺印菩萨像

P.3961，P.4076，P.4087，P.4514（17）A，P.4514（22）

捺印一佛二菩萨

P.3943，P.4728

捺印一佛二菩萨像

P.4024bis

男人像

S.3877（6）

男子采龙世界杂写

Дx.00397+Дx.01235+Дx.02025V

南北诤佛杂写

P.2664V

南本大般涅槃经会疏卷一

Дx.15123

南本大般涅槃经会疏卷七

Дx.03595

南本大般涅般经会疏卷一四

Дx.15033

南本大般涅槃经会疏卷一八

Дx.09384

南本大般涅槃经会疏卷二四

Дx.05029

南本大般涅槃经会疏卷三〇

Дx.06485

南本大般涅槃经会疏卷三二

Дx.04617

南本大般涅槃经卷八
　　羽591

南本大般涅槃经卷一四
　　羽601

南朝陈天嘉六年（565）佛门问答
　　津艺019

南澹部州娑诃世界沙州三界寺授五戒牒
　　北大D186

南歌子
　　P.3137（1），P.3836

南海寄归内法传卷一并序
　　P.2001

南华真经逍遥游品第一（郭象注）
　　P.3204

南华真经大宗师品第六（郭象注）
　　P.2563

南华真经胠箧品第十（郭象注）
　　S.0796（1）

南华真经天道品第十三（郭象注）
　　S.1603

南华真经刻意品第十五（郭象注）
　　P.2508A

南华真经达生品第十九（郭象注）
　　S.0615

南华真经山木品第廿（郭象注）
　　P.2531

南华真经田子方品第廿一（郭象注）
　　BD14634，P.3789

南华真经徐无鬼品第廿四（郭象注）
　　P.2508B

南华真经外物品第廿六（郭象注）
P.2688，S.0077

南华真经让王品（无注本）
P.4988（1）

南凉州禅师法照礼五台山寺见圣菩萨略述
P.3792V（3）

南山宣律和尚赞
P.3570V（1）

南天竹国菩提达摩禅师观
P.2058（3）

南天竺国菩提达摩禅师观门
BD11164，S.6958，ZSD077号

南无功德山佛
维多利亚 AGGV1982.075.002

南无普光佛佛名
P.2237V（1）

南阳和上顿教解脱禅门直了性坛语
P.2045（2），敦博077B

南阳和尚顿教解脱禅门直了性坛语
BD01481

南阳和尚问答一卷
S.6557

南阳和尚问答杂徵义
P.3047（1）

南阳张延绶别传
P.2568

南宗大乘五更转
P.2984V（2）

南宗定邪赞
Дx.02175V

南宗定邪正五更转
  BD03406V（1），BD06318（5），P.2045（3），S.2679（1），S.6923V（5），S.6923V（8），敦博077C

南宗顿教最上大乘摩诃般若波罗蜜经六祖惠能大师于韶州大梵寺施法坛经
  BD04548V（1），BD08958

南宗顿教最上大乘摩诃般若波罗蜜经六祖惠能大师于韶州大梵寺施法坛经一卷
  第三批06947（旅顺博物馆藏本）

南宗赞
  BD08174（6），P.2690V（9），P.2963V（4），P.4608（3），S.4173，俄Ф.171

南宗赞（五更调）
  S.5689（1）

南宗赞五更转
  BD06200（1）

难渐顿两教论等
  BD15638V

难目文
  俄Ф.263+Ф326（10）

难陀出家缘起
  P.2324

难巷斋文
  P.4608（1）

难月文
  BD06132V（2），P.3765（9）

难杂字
  BD13143

难字及注音
  S.4622V（1）

难字音义
  P.3270V（2）

难字注音
P.3365V

内法寺麦粟破历
Дх.01419V

内亲从都头知常乐县令罗员定状
P.3727（2）

内外都僧统陈和尚邈真赞
P.3556（3）

内宅阿磨庆住牒
P.3897P5

能断金刚般若波罗蜜多经
BD15243（3），P.2323（2）

能断金刚般若波罗蜜多经论释卷中
Дх.18166，Дх.18166V

能胜真言
P.4961（6）

尼海觉状
P.3730（3）

尼患文
P.2449V（2）

尼患文、俗患文书仪
羽696

尼羯磨
Дх.01350，Дх.01351

尼羯磨卷上
BD11431，S.8296，Дх.02232（2）

尼灵皈遗嘱
浙敦065（浙博040）（2）

尼律
S.0302，S.3758，S.4857

尼律藏第二分卷二
　　京博 B 甲 240 图录 188

尼律藏第二分卷四
　　俄 Φ.325

尼律藏第二分卷五
　　S.2778

尼名
　　S.11556BV

尼名录
　　BD02126V（8）

尼僧菩提心等请亡僧舍地状
　　S.4622V（5）

逆刺占
　　BD14636（2），P.2859（3）

廿八天并四天下地狱已上至佛已下经一卷
　　S.4269

廿八宿神咒
　　P.2713V

廿二问
　　P.2690，上图 028

廿六日见在僧名
　　北大 D215

念阿弥陀佛文
　　羽 098V

念大佛名经一部三界寺释沙门题记
　　P.4999V

念佛镜末修西方十二时
　　Дх.05385VB+Дх.05392VB

念佛写经感应记
　　Дх.04034

念佛赞文
　　P.3216（1）

念佛赞杂写
　　P.2066V

念佛之时得见佛赞
　　P.3118V（1），上博48（41379）（2）

念供养真言
　　P.2322（21）

念观世音菩萨功德回施文
　　S.6110（1）

念诵唱得历
　　P.2622P1

念诵观世音经前仪
　　BD08445（1）

念诵金刚经后三真言
　　BD08888（2），BD08891（2），BD10902（2）

念诵金刚经前仪
　　BD08887（1）

念诵真言观行修习略仪
　　P.2322（22）

念珠出自王宫宅曲子
　　S.4243（1）

鸟画
　　S.6270（2）

鸟形画押
　　Дx.01432+Дx.03110V

涅槃经钞
　　BD06173

涅槃经第一、二袟难字抄
　　S.1522V（1）

涅槃经讲经文

　　S.4270V

涅槃经卷三一

　　京博B甲294 图录234

涅槃经内说诸因缘

　　S.1366V

涅槃经疏

　　BD02224，BD02276，BD02291，BD02316，BD02346，P.2908，S.0721V（1），S.2430V，S.2735

涅槃经要义钞

　　BD06363

涅槃经义记

　　BD05210，S.2731

涅槃经注疏

　　S.2742

涅槃无名论第四

　　敦研008V

涅槃义记卷三

　　Дх.01553

涅槃义记卷六

　　Дх.08193，Дх.09020

涅槃义记卷八

　　S.6809

涅槃义疏卷七

　　P.2164

涅槃赞

　　BD08174（5），俄Ф.176V（2）

女人百岁篇

　　P.3168，P.3821（3），S.2947，S.5558（4）

女人及丈夫手书一道

　　P.4001（1）

O

欧阳询书化度寺故僧邕禅师舍利塔铭（拓本）
　P.4510

国家传统文化典籍整理工程之
"一带一路"文献整理与研究项目

汉文敦煌遗书题名索引

下册

国家图书馆　主编
刘毅超　编

学苑出版社

漢文大系第十六卷

下經

本册目录

正编
P / 663
Q / 676
R / 704
S / 716
T / 821
W / 867
X / 926
Y / 966
Z / 1013

参考文献 / 1087

附录
附录1 馆藏机构简称表 / 1101
附录2 备考卷号 / 1107
附录3 全国馆藏文物晋唐写本辑录 / 1204

P

判官汜瑭彦寻览题记
　　P.3573V（2）

判官郭文宗着索宜宜等纳毡状
　　BD04256V（2）

判教文
　　北大 D132

判凭
　　Дx.11083

判文
　　P.2593，P.3813V，藤井 17- 东文 17- 饶目无此号

判状开元八年（720）三月十九日□西州为西州长行马致死事
　　藤井 20- 东文 20- 饶目无此号

配付人名簿
　　S.11213F、G

配张威进等户捉道役牒
　　S.10858V

朋友书仪
　　BD05152V（2），P.3420+3466，P.4989V，S.5472，S.5660V，S.6180

披子历
　　Дx.02363

毗卢赞

P.2322（5）

毗卢遮那坛城图

S.2139（1）

毗那夜迦天和金刚面天

P.4518（8）

毗尼比婆娑

S.6826V

毗尼关要事义卷二

Дх.15015

毗尼母经卷一

S.6049

毗尼母经卷二

BD05719（1）

毗尼母经卷三

BD05719（2）

毗尼母经题签

Дх.09048

毗尼心

BD00772，BD14622，BD15585，BD15704，P.2148，P.2158，S.0490，S.2725，S.3981，S.6866，Дх.10253，Дх.11310，Дх.12520，Дх.12713，大谷大学0723，俄Ф.321，台图091，羽157之1

毗尼心学戒法第一

S.5997，Дх.03782，Дх.04922，Дх.12671

毗尼心师徒法第二

Дх.10756A

毗尼心众僧法第三

P.3314（1）

毗尼心信施檀越法第七

P.4081（1）

毗尼心经
    BD00834，BD03754，BD03756，BD03757，BD03759，BD03767，BD04456
毗尼藏卷上
    S.6552
毗尼珍敬录卷二
    Дх.10753
毗婆尸佛经卷下
    Дх.12896，Дх.18376
毗沙门天王奉宣和尚神州补心丸方
    S.5598V（1）
毗沙门天王经钞
    BD05298V（1）
毗沙门天王经序等杂写
    Дх.02448V
毗沙门天王像
    P.4514（16），P.4518（27）
毗沙门天王真言
    P.3834（5），上博48（41379）（24）
毗沙门缘起
    S.4622
毗昙部论疏
    P.3763
琵琶谱
    P.3808V
辟邪巫术
    P.3486V（3）
譬喻经
    Дх.17467
譬喻经变文
    BD08333

譬喻经题签
    Дx.04048
缥带残绢等
    BD13753
缥带麻绳头残麻布等
    BD13752
贫女因子落番设供斋僧灵验记
    S.6036
贫穷缘去
    Дx.01073+Дx.02169
频婆娑罗王后宫綵女功德意供养塔生天因缘变
    P.3051，S.3491V（1）
平康乡百姓阴海闰请田状
    BD16333A，BD16333B
平脉略例
    P.2115V（2），P.4093（4），S.5614（6），S.6245V（3），S.8289（1），S.9431V，S.9443V
破得面抄
    S.5048V（2）
破酒历
    P.3005
破历
    BD11899，BD16111H，BD16209，BD16228，BD16257，S.6208V（1），S.7963，S.9496BV，S.10795A，Дx.00285+Дx.02150+Дx.02167+Дx.02960+Дx.03020+Дx.03123V（3），Дx.10281，Дx.11060，藤井33－东文33－饶目杂类1
破魔变文
    S.3491V（2）
破魔变一卷
    P.2187（1）

破魔结界降伏真言

P.4961（13）

破邪论

P.4032A，P.4032B

破用历

P.3555BP10

菩萨安居及解夏自恣法

BD01838（3），BD02852（2），BD03118（2），BD05190（2），BD06362（2），BD06562（2），BD08067（2），P.4597（25）

菩萨本行经卷三

Дх.18518

菩萨本行经卷中

BD08009，BD11707

菩萨本行经卷下

俄Ф.268

菩萨本生鬘论卷三开示少施正因功能缘起第九

Дх.00221

菩萨本缘经卷中月光王品第五

Дх.04670

菩萨忏悔经

敦研114

菩萨唱导文

S.5893V，S.6211（1）

菩萨唱道文

P.3228，S.4662（2），S.5660

菩萨处胎经卷二

俄Ф.122

菩萨处胎经卷三

鄂博24

菩萨处胎经卷五
S.0932

菩萨从兜术天降神母胎说普广经卷三
BD15393

菩萨地持经
文研院151（xj028-0660.09）

菩萨地持经卷一
俄Φ.271VC

菩萨地持经卷二
HHT002，Дx.00064，Дx.11383

菩萨地持经卷三
Дx.09074，Дx.09296

菩萨地持经卷四
Дx.03175，Дx.07402，Дx.10372A，Дx.10372B

菩萨地持经卷五
BD14840RB，Дx.16529

菩萨地持经卷六
Дx.15287

菩萨地持经卷七
Дx.08418

菩萨地持经卷八
BD03750

菩萨地持经卷一〇
BD07624，BD08042，Дx.03042，Дx.06932，Дx.07281，Дx.08036，Дx.08913，津图108，津艺335（临4）

菩萨地持经疏
BD01363，BD12220

菩萨地持论第四卷摘抄
俄Φ.271（1）

菩萨地第十五分门记卷第一

    S.6786

菩萨二十四戒

    BD07451

菩萨奉施诣塔作愿念经

    BD12489

菩萨诃色欲法经

    BD10673，BD15064

菩萨诃色欲经

    BD05242（2）

菩萨和戒文

    BD06120V，BD06280，BD08230，BD09375，BD11257，傅图35V

菩萨见实三昧经卷一

    BD00227

菩萨见实三昧经卷二

    碑林001

菩萨见实三昧经卷一三

    BD14117

菩萨羯磨戒文

    BD16187A2，BD16187B，BD16187C，BD16187D，BD16187E，BD16187F，BD16187G，BD16187H，BD16187I，BD16187J，BD16187K，BD16187L，BD16187M，BD16187N，BD16187O，BD16187P，BD16187Q，BD16187R，BD16187S，BD16187T，BD16187U，BD16187V

菩萨羯磨戒文序

    BD16187A1

菩萨戒本

    Дх.04706V，Дх.05657，Дх.07478，Дх.16556，Дх.16911

菩萨戒本□□卷

    S.2500

菩萨戒本疏卷上
　　BD11213，Дх.18349
菩萨戒本疏卷下
　　BD11127，Дх.08241A，Дх.08851，Дх.09326
菩萨戒大科
　　BD02174
菩萨戒羯磨文
　　BD07804V（2），Дх.06087
菩萨戒羯磨文附鸠摩罗什法师诵法
　　S.7524
菩萨戒经一卷
　　S.1565
菩萨戒经义疏
　　Дх.12522
菩萨戒经义疏卷下
　　Дх.04889
菩萨戒略序
　　BD05910V（1）
菩萨戒序
　　BD08593（1），S.3919
菩萨律仪二十颂
　　P.3950（1）
菩萨蛮
　　P.3994（2）
菩萨名
　　P.3730V（2），P.6027
菩萨念佛三昧经卷四
　　羽509
菩萨善戒经
　　Дх.12176

菩萨善戒经卷一
　　Дх.01537В，Дх.01538，Дх.03766，Дх.06302，Дх.12188，Дх.12236，Дх.12300，Дх.18005V，Дх.18006

菩萨善戒经卷三
　　Дх.00578

菩萨善戒经卷五
　　Дх.02529А，Дх.03787

菩萨善戒经卷八
　　Дх.03429，Дх.03485，Дх.03761，Дх.05017，Дх.07799，Дх.08720

菩萨善戒经卷九
　　Дх.03807

菩萨十无尽戒
　　P.4597（18），P.4698V，S.2851

菩萨十信行道品经
　　S.4644

菩萨十住行道品一卷
　　津艺172（3）

菩萨受戒仪轨
　　BD08335

菩萨受无尽戒羯磨
　　BD07804V（1）

菩萨像
　　Or.8210/P.7，P.4517（7），P.4518（23），P.4518（32）

菩萨像（剪纸）
　　P.4517（8）

菩萨行五十缘身经
　　BD11315V

菩萨一躯（白描稿）
　　藤井35-东文35-饶目无此号

菩萨璎珞本业经
　　G.008[=PEALD_8e2R]

菩萨璎珞本业经卷上
　　BD14840LB，S.8075，Дх.01186，Дх.03798，Дх.14310

菩萨璎珞本业经卷下
　　BD16198，S.6380，Дх.16733A

菩萨璎珞本业经疏
　　S.2748（1）

菩萨璎珞经
　　P.3024（1），SCM.D.02634B，文研院152（xj182-0323.34）

菩萨璎珞经卷一
　　S.4644

菩萨璎珞经卷二
　　津艺172（6）

菩萨璎珞经卷四
　　Дх.01520，Дх.07782，津艺172（4），津艺172（5）

菩萨璎珞经卷五
　　津艺172（8）

菩萨璎珞经卷六
　　S.4644，S.6946，Дх.11642

菩萨璎珞经卷七
　　津艺172（7）

菩萨璎珞经卷一一
　　BD14783

菩萨璎珞经卷一二
　　S.7135

菩萨璎珞经卷一三
　　Дх.04321

菩萨璎珞经卷上
　　S.3460

菩萨璎珞经题签

　　Дx.00634

菩萨藏经

　　文研院153（xj012-0662.12）

菩萨藏经校勘记疑

　　P.4619

菩萨藏修道众经抄纲目

　　BD06771，BD07808

菩萨藏修道众经抄卷

　　大谷大学0725

菩萨藏修道众经要第一〇

　　BD14795

菩萨总持法

　　BD02498，P.3777（3），羽395之1

菩提达摩和尚碑文

　　LD5161-02E

菩提达摩论

　　P.3018（3）

菩提达摩南宗定是非论

　　P.2045（1），P.3047（2），P.3488，S.7907，敦博077A

菩提资粮论卷三

　　Дx.02709，Дx.10637

浦逃酒令

　　P.3706V（4）

普遍智藏般若波罗蜜多心经

　　Дx.01024

普达王经

　　BD06875

普光寺呈当寺尼一百廿七人牒状

　　P.3600V（2）

普光寺道场司僧政惠云等为下品尼流乞分去住上都僧统状

　　S.2575V（6）

普光寺定忍状

　　P.3753（1）

普光寺请处分尼光显状

　　S.0542V（2）

普亲观盲顿除十恶法上·下

　　羽728V

普贤行愿王经科分

　　BD09346V

普贤华严经五乘观门

　　羽083之1

普贤菩萨发愿文

　　龙谷大学58

普贤菩萨说证明经

　　BD01491，BD01564，BD01660，BD02921（2），BD05397（1），BD06377（1），BD06558（2），BD10262，BD11974，BD14723，BD14871（1），G.024[=PEALD_9aR]，LB.019B，LD5142-10，P.2136，P.2186（2），P.2297（2），S.7023，S.7757，S.8365，Дx.01754，Дx.11143，Дx.11646，北大D152，大东急107-5-1-1D，大谷大学乙71，津艺181，京博B甲290 图录248，上图084（1），伍伦27号2，浙敦026（浙博001）

普贤菩萨说证明经序

　　BD12092

普贤菩萨行愿王经

　　BD01484，BD03355（2），BD05252（1），BD06056（1），BD07347，BD07510，BD07757，BD08035，BD09385，BD10767，BD10841，P.3568，P.4770，P.4998，P.5587（9），S.0275，S.0550（2），S.1487，S.2324，S.2361，S.4127，Дx.00361，Дx.04254，北大D081+D105（2），北大D105，北大D106，羽185，重博11

普曜经卷二

 哥图写卷 2g（第 2 卷）

普曜经卷三

 Дх.05196

普曜经卷四

 Дх.05202

普曜经卷五

 S.0088，Дх.16426

普曜经卷六

 敦研 069

普曜经卷七

 敦研 180

Q

七佛八菩萨所说大神咒经
S.2929

七佛八菩萨所说大陀罗尼神咒经
Дx.17596

七佛八菩萨所说大陀罗尼神咒经钞
BD04346（1），BD15780

七佛八菩萨所说大陀罗尼神咒经卷一
BD07867，Дx.00520，Дx.00995，Дx.10643，Дx.15732，Дx.18124

七佛八菩萨所说大陀罗尼神咒经卷四
启敦 012

七佛弟子名
浙敦 076（浙博 051）

七佛偈
BD05504（2）

七佛教戒偈文
S.0102B

七佛神咒经卷四
津艺 301

七佛神咒羊签条
P.4908B

七佛说戒偈

　　BD02878（2），BD06415（2），BD07524（2）

七佛所说神咒经卷二

　　津艺 215

七佛所说神咒经卷四

　　BD05630，S.0943

七佛遗教偈

　　BD04223（2）

七佛赞

　　P.2322（3）

七阶佛名

　　Дх.00668

七阶佛名经

　　BD00216，BD00270，BD00450B，BD01340，BD01950，BD02024（1），BD02243，BD02844，BD02881，BD03019，BD03055，BD03372，BD03422V，BD04093，BD04291（1），BD04496，BD04713，BD04753，BD05652，BD05686，BD05749，BD05922（1），BD06191B，BD06301，BD06318（1），BD06412V（3），BD06455，BD06946，BD07119，BD07202，BD07291，BD07322V（2），BD07474，BD07571，BD07621，BD07732，BD07862，BD07977（1），BD07977（2），BD07978，BD08039，BD08080，BD08099（2），BD08415，BD08426，BD08479V，BD08602，BD09233，BD09255，BD09262，BD10338，BD10990，BD14811E，P.2415，P.5575，S.0059，S.0140，S.0332，S.1306（1），S.2360，S.3487，S.6880（2），俄 Ф.153，羽 039R，羽 642 之 1

七阶佛名经佛名杂写

　　BD07396

七阶佛名礼忏文

　　S.8238A，S.8238B

七阶礼忏文

　　BD00673，BD04108V（2），BD08955，BD08957，BD08958V，BD08959，BD08960，BD08961，BD08962，BD08963，BD08964，BD08965，BD08966，

BD09376，BD09498，BD12024

七阶礼忏文杂抄

BD03068V

七阶礼佛名经

BD11666，S.8299A

七九歌

P.2566（2）

七俱胝佛母心大准提陀罗尼经

BD01035，BD10957，BD11783，S.0083，台图107

七俱胝佛母准提大明陀罗尼经

BD14850，津图125

七绝诗三首

P.2803（7）

七律诗一首

P.2807V（3）

七命注

Дx.08011

七千佛神符经

Дx.14777

七星人命属法

P.2675bis

七言呈上马孔目诗

Дx.01321V

七言敦煌诗

浙敦117（浙博092）（1）

七言偈

P.2995（2）

七言偈颂·此会道场难可遇等两首

傅图34（2）

七言偈颂·渐顿门中方便说

  傅图 36（3）

七言诗

  BD13675V（1），P.3906（3），P.4525（1）V（2），P.4525（2）V（4），S.11533（1）

七言诗·我念时先不久长

  傅图 15V（5）

七言诗·直上青山望八都

  傅图 15V（6）

七言诗二行

  BD11155V

七言诗二首

  P.2987V（2），P.3666V（4）

七言诗一首

  BD06940（2），BD07278V，P.3054V（4），P.3197V（10），P.3197V（4），Дх.02153V（1）

七言诗一首并序

  P.2761V（2）

七言小曲

  P.3125

七曜历日一卷并十二时

  P.2693

七曜利害吉凶征星占

  P.3589

七曜日吉凶推法

  P.3081

七月十五日夏终设斋文

  P.2807（7）

七月十五日修造等诸色破用历

  P.6002

七月十五盂兰盆会文
  P.4536V（2）

七祖法宝记卷下
  BD09517，BD15072

七祖论
  BD03726（4）

柒法团入债文书题名
  P.3631V

齐兴清等麦历
  P.3643P14V

祈安求福符
  P.4683AV（5）

祈祷文
  P.2761，Дx.00937，Дx.01009（1）

祈福发愿文
  P.2255V（3）

祈灵蝗莫食嘉谷愿文
  S.4652V

祈赛护世四王文
  羽685R

祈神偈
  俄 Ф.226V

祈雨文
  P.3106V（2）

祈愿文
  P.3009V（2），P.3209V，P.3256，P.3256V，P.3258，P.3259（1），P.3260（2），P.3260V，P.3263，P.3263V，P.3346（1），P.3584，P.4762，P.4790，P.4915，P.4915V，Дx.02171，Дx.02664，Дx.05081，Дx.05084，Дx.11124

祇园因由记
  P.2344V（2），P.3784，P.3815

骑缝签押

P.2854V（2）

骑缝押

P.2174V（2），P.2209V（2），P.2280V（2），P.2529V（2），P.2550BV，P.2635V（2），P.2682V，P.2831V，P.2832BV，P.2833V，P.2930V（2），P.2963V（3），P.3000V（1），P.3192V（3），P.3349V（1），P.3364V，Дx.00352+Дx.00463+Дx.00464+Дx.00466V，Дx.01248+Дx.01470V，上博31（36643）V，上图136V

骑缝押字

P.5035V

骑缝印

P.2209V（1），P.2500V，津艺281V

骑缝章

津艺226V（3）

碁经一卷

S.5574

蕲州忍和上导凡趣圣悟解脱宗修心要论一卷

P.3777（6）

蕲州忍和尚道（超）凡趣圣悟解脱宗修心要论一卷

S.2669V（7）

蕲州忍和尚道凡趣圣悟解脱宗修心要论一卷

S.4064（3）

启建道场疏

Дx.01008

启请文

BD06421V（1），BD07690，BD07824V（1），BD12114C，P.2777，P.3235（3），S.8182，Дx.04406，Дx.04413

启请真言

P.4912V

启颜录

　　S.0610（1）

启真题名

　　P.2154V

起居状

　　IOL.C.122A（Ch.0049），S.3880（2），S.4654V（8）

起世经钞

　　BD01363V（1），BD12220V

起世经卷四

　　Дx.04134

起世经卷六

　　上博28（35559）

起世经最胜品第十二之余

　　S.2734（4）

起信论疏卷上

　　Дx.08241B

起信论疏卷下

　　BD06119V，BD12261，Дx.00824，Дx.16758

起信论序扬州智恺作

　　P.5581A

契

　　P.3875AP3、P5，P.4500V，P.4525（13）V

契据

　　P.2161P2，P.2161P5，Дx.00503+Дx.00504V，俄Ф.280B（1），俄Ф.355B

契约

　　BD16115J，BD16134A，BD16134B，BD16134C，BD16134D，BD16134E，BD16134F，BD16134G，BD16200D，BD16200N，BD16355，BD16431，BD16498A，BD16498B，BD16509C，P.2119V（1），P.3156P2，P.4777，P.6029，S.10645，S.12603A、B、C，Дx.00011C，Дx.03863V，Дx.05982，Дx.06033，Дx.11063，Дx.11064，Дx.18946B，Дx.19080

千臂千眼大悲观世音菩萨法印咒

BD15239

千臂千眼大悲陀罗尼神咒经

大谷大学 0738

千佛像

Or.8210/P.17，Or.8210/P.18，Or.8210/P.19

千回万转梦难成诗

S.0361V（2）

千渠中界下界白刺头名目

BD15404

千手千眼大悲陀罗尼经

P.3437

千手千眼大悲心陀罗尼经

S.0509

千手千眼观世音菩萨大悲陀罗尼经

S.6289

千手千眼观世音菩萨大悲心陀罗尼

BD06125（1），S.5768

千手千眼观世音菩萨广大圆满无碍大悲心陀罗尼

BD15000V（4），P.3912（4）

千手千眼观世音菩萨广大圆满无碍大悲心陀罗尼经

BD01144，BD01910（2），BD03121，BD07747，BD07848，BD10877，BD11588，BD11984，BD11986A，P.3920（2），S.1210（1），S.1210（2），S.4512，S.5460，S.7535，S.8016，Дх.00310，Дх.02625，Дх.05547，Дх.05810，Дх.05851，Дх.06119，Дх.11694，Дх.16744，Дх.16750，Дх.16866，北大D122，敦研 350，羽 592，浙敦 106（浙博 081）

千手千眼观世音菩萨广大圆满无碍大悲心陀罗尼经钞

BD02155A

千手千眼观世音菩萨广大圆满无碍大悲心陀罗尼经咒钞

BD00041（2）

千手千眼观世音菩萨广大圆满无碍大悲心陀罗尼愿
上图 142（1）

千手千眼观世音菩萨广大圆满无碍大慈心陀罗尼经
S.1405

千手千眼观世音菩萨广大圆满无碍大悲心陀罗尼神妙章句
P.2197（11）

千手千眼观世音菩萨经卷上
津艺 305

千手千眼观世音菩萨经卷上引首
浙敦 043（浙博 018）

千手千眼观世音菩萨姥陀罗尼身经
P.3538，津图 104

千手千眼观世音菩萨姥陀罗尼身咒
BD08082（2）

千手千眼观世音菩萨陀罗尼神咒经卷中、卷下
S.3534

千手千眼观世音菩萨治病合药经
S.6151

千手千眼观音壁画榜题稿
P.3352（3）

千手千眼观音并侍者像
P.4518（20）

千手千眼观音图
白鹤美术馆藏本

千手千眼观音像
EO.1173，P.4030，P.4067，P.4518（13），P.4518（19），P.4518（3），P.4518（4），P.4518（4）bis，P.4518（9）

千手千眼观自在菩萨广大圆满无碍大悲心陀罗尼咒
BD07263

千手千眼广大圆满无碍大悲心大陀罗尼

S.4543（1）

千手千眼经卷下

津艺 204

千手千眼陀罗尼经

P.2291

千体佛

龙谷大学 55. 二五〇

千文一本张富通题记

P.2888V（1）

千眼菩萨总摄身印第一

津图 066

千眼千臂观世音菩萨陀罗尼神咒经

P.3920（3），P.6020，P.6022AV，P.6022BV，S.3050，Дх.07411，Дх.14271

千眼千臂观世音菩萨陀罗尼神咒经卷上

BD00357（1），BD08254V，BD08423，S.3886，Дх.00607，Дх.05603，Дх.05858，羽 086

千眼千臂观世音菩萨陀罗尼神咒经卷中

BD14114（1）

千眼千臂观世音菩萨陀罗尼神咒经卷下

BD00357（2），BD01966，BD06563，BD14114（2），Дх.03484

千眼千臂观世音菩萨陀罗尼神咒经序

P.3920（1）

千眼千臂陀罗尼经卷下

S.0284

千眼陀罗尼经

S.0231

千字文

BD06840V（2），BD07036V，BD10307，BD10823，P.2457V，P.2667V（2），

P.2677P，P.2759+2771V，P.2888，P.3054P3，P.3062，P.3108，P.3108V（2），P.3391V（1），P.3614，P.3626，P.4066V，P.4683AV（2），P.4809，P.4899+5546（1）V（3），P.4937V，S.3835（2），S.4948V，S.5592，S.5594（2），S.5829，Дx.00269，Дx.05614，Дx.05614V，Дx.06028V，Дx.07861，Дx.07864，Дx.07870，Дx.07902，Дx.09365，Дx.10422，Дx.11092A，Дx.12393V，Дx.19085，上图110V（1），羽051，羽707R之4，羽742R

千字文（汉藏双语）

P.3419（Pt.1046）A

千字文敕员外散骑题记

P.2888V（2）

千字文等杂写

P.3168V，Дx.00895+Дx.01442+Дx.02655V

千字文卷首

P.3243P12

千字文习书

S.10275V（1）

千字文习字

BD09326，BD09327，BD09328，BD09350，BD09353，BD09354，BD09941，BD11145（2），BD11187A，BD12160，BD12161，BD12162，BD12163，BD12190A，BD12190B，BD12190C，BD13185AV，BD13185BV，BD13185CV，BD13187，BD16490A，BD16490B，P.2059V（1），P.2647V（3），S.8197V（1），S.12144A，Дx.01896

千字文习字等

BD13210F

千字文习字杂写

BD10103

千字文一卷

P.3170，P.3211V（1），P.3416（2），P.3743，S.3287（1），S.4504V（9），S.5454，S.5711，S.5814，北大D126V（1）

千字文杂写
  BD04083V，BD14208V，P.3849PV，S.9988V（1），上图057V
千字文注
  P.3973V（2），S.5471
签条
  BD11694V，BD12690，BD12770，BD13181，BD13190，BD13191
签押账
  Дx.02776V
签字杂写
  Дx.02475V
前北庭节度盖嘉运判副使符言事
  P.3885（3）
前大升军使将军康太和书与吐蕃赞普
  P.3885（2）
前燉煌都毗尼藏主始平阴律伯真仪赞
  P.4660（38）
前燉煌毗尼藏主始平阴律伯真仪赞
  P.3720（9）
前汉刘家太子传
  P.3645（1），P.4051，P.4692（1），S.5547
前汉书钞
  BD12744V
前河西都僧统故翟和尚邈真赞
  P.4660（19）
前河西节度都押衙令狐公邈真赞
  P.4660（7）
前河西节度押衙钜鹿索公贤妻京兆杜氏邈真赞并序
  P.4986
前河西节度押衙沙州都押衙张讳兴信邈真赞
  P.4660（8）

前河西陇右两节度使盖嘉运判廿九年燕支贼下事
P.3885（4）

前吉州馆驿巡官刘廷坚诗二首
S.0076V（4）

前任沙州释门都教授炫阇梨赞并序
P.4660（31）

前沙州释门法律义聱和尚邈真赞
P.4660（20）

前沙州释门故索法律智岳邈真赞
P.4660（17）

前沙州长史崔夏卿残诗一首
P.4876

前生修福今得闻诗
S.6531

虔愈状
S.10180B+10240B

乾德二年（964）五月八日南赡部洲娑诃世界沙州三界寺授千佛戒牒
Дx.02889

乾德二年（964）五月十四日沙州三界寺授八关斋戒牒
S.0532（1）

乾德二年（964）五月廿三日沙州三界寺授五戒牒
S.0532（2）

乾德二年（964）九月十五日沙州三界寺授女弟子张氏五戒牒
P.3320

乾德二年（964）沙州某寺勘经目
S.2142

乾德二年（964）沙州三界寺授戒弟子张氏牒
P.3238

乾德三年（965）正月十五日沙州三界寺授五戒牒
S.0532（3）

乾德三年（965）正月廿八日沙州三界寺授八关斋戒牒

　　S.0347

乾德三年（965）具注历日封题

　　S.5494（1）

乾德四年（966）正月十五日沙州三界寺授五戒牒

　　S.4844

乾德四年（966）五月九日归义军节度使曹元忠夫妇修北大像功德记

　　BM.SP.77V（Ch.00207V）

乾德六年（968）六月廿二日僧道昭凉州御山感通寺圣容记

　　IOL.C.121（Ch.83.xi）

乾德六年（968）九月法律庆深买舍请判凭牒

　　S.3876

乾德六年（968）归义军节度使燉煌王曹元忠为四月八日设会请宾头卢降驾疏

　　S.4632

乾德六年（968）绘水月观音像

　　弗利尔美术馆30.36[1]

乾德六年（968）社官阴乞德录事阴怀庆请宾头卢波罗堕和尚疏

　　S.6424V（1）

乾德六年（968）阴存祐为母追念三周年请僧疏

　　BD05866V

乾封元年（666）五月九日写经题记

　　P.2287P1

乾封二年（667）至总章二年（669）传马坊牒案卷

　　P.3714V

乾符二年（875）六月七日慈惠乡陈都衙卖地契

　　P.2595（2）

---

[1] 马德：《散藏美国的五件敦煌绢画》，《敦煌研究》1992年第2期。

乾符贰年（875）至方等道场题记
  P.3486V（2）

乾符三年（876）纳物历
  P.3486V（1）

乾符四年（877）具注历日
  Or.8210/P.6（2）

乾符六年（879）十二月十日破用粮面等抄
  S.5731V（2）

乾符六年（879）十二月廿九日萧关镇进上从地涌出铭词
  S.6228

乾宁二年（895）二月雇工契
  S.1921V

乾宁二年（895）三月十日归义军节度使张承奉副使李弘愿等回向疏
  S.4470V

乾宁贰年（895）岁次乙卯肆月五日题记
  P.4899+5546（1）V（2）

乾宁二年（895）十月十日归义军节度副使李弘愿牒
  Дx.01435

乾宁二年（895）营葬僧统和尚牓
  P.2856V（1）

乾宁三年（896）丙辰岁正月归义军节度押衙兼某杂写
  P.3288+3555AV（7）

乾宁三年（896）二月平康百姓冯文达雇驼契
  P.2825V（3）

乾宁三年（896）闰二月八日社人诠信母亡转帖钞
  BD05673V（2）

乾宁三年（896）沙州龙兴寺上座德胜宕泉创修功德记
  S.2113V（2）

乾宁三（四）年（897）粟麦面破历
  IOL.C.129B（Vol.72.fol.72）（3）

乾宁四年（897）正月八日供养人张淮兴题记
　　BM.SP.31（Ch.liv.007）

乾宁肆年（897）正月拾贰日平康乡百姓张义全卖舍契
　　S.3877V（5）

乾宁四年（897）正月廿九日平康乡百姓张义全卖舍契
　　S.3877V（3）

乾宁四年（897）二月廿八日石和满诉状
　　S.3330V（1）

乾宁四年（897）百姓张德政牒
　　藤井46背－东文46背－饶目牒状类16

乾宁四年（897）丁巳岁具注历
　　P.3248

乾宁四年（897）贺作状
　　P.2842P6

乾宁四年（897）某寺诸色斛斗入破历算会稿
　　P.2974V

乾宁五年（898）七月学士郎宋珅题记
　　P.2658V（2）

乾宁五年（898）永安寺条记
　　BD14667V（4）

乾宁六年（899）某甲差充右一将第一队副队帖
　　P.4044（1）

乾祐四年（951）四月四日河西都僧统全照知诸寺纲管所由帖
　　S.3879（1）

乾元元年（758）七月史张元贞牒
　　S.2703（2）

乾元元年（758）侍御史判凉州长史杨休明奏
　　P.3952（2）

乾元三年（760）正月廿日帖
　　P.5579（10）

乾元年间沙州张嘉礼纳钱僧告牒
P.4072（3）

乾元寺佛物处出便豆历
BD15779

乾元寺启请文一本（内含施恶鬼食并水真言印法）
S.2685

乾元寺前经司藏经数目
P.3188

乾元寺僧宝香雇工契
P.2415P1，P.2869P5

乾元寺宋苟儿诸杂难字一本
S.4443V（1）

乾元寺堂斋修造两司都师文谦诸色斛斗入破计会状
S.4782

潜觉骑缝押
P.2706V

欠经历
Дx.05852

欠经录
BD11988V

欠麦帐
P.3273V

欠粟历
BD08964V

欠物历
Дx.02149，Дx.05944

欠袱点勘录
BD11503

墙上揭下某物残片
BD10803

切韵

P.2016，P.2017，P.2018，P.2019，P.3693，P.3694，P.3695，P.3696A，P.3696B，P.3696P1 至 P11，P.3696P12，P.3696P13，P.3798，P.3799，P.4746，P.4917，S.2055，S.2071，S.2683，S.5980，S.6012，S.6013，S.6156，S.6176，S.6187，S.11383A、B、C，Дx.01372，Дx.03703

亲情僧俗计数名录

P.2469V（3）

亲情社社司转帖

BD16171A，BD16171B

亲情社转帖

P.3164，P.3707，S.2242，S.3714，S.5139V（5），Дx.02256

亲情社转帖（上半页）

S.5632（4）

亲情社转帖（下半页）

S.5632（5）

亲使员僚翻替公文

P.2985V（5）

秦妇吟

P.2700，P.3381，P.3381V，P.3780，P.3910（5），P.3953，S.0692，S.5476，S.5477，S.5834，Дx.04568（1），Дx.04758，Дx.06176（2），Дx.10740B

秦将赋

P.2488（3），P.5037（1）

勤读书抄示頵等

P.2607

青剉和尚诫后学铭

P.3591（2）

青峰山祖戒肉偈

S.2165（2）

青麦十驮充入不悔人

P.3094V（3）

青苗簿
  BD01237V（1）

轻须火急赴平炉诗两首
  P.2555P4V

轻须火急赴平炉诗杂写
  P.2555P1V

清风吊入惠休房诗
  S.4654V（5）

清净经
  南京博物院藏本

清泰二年（935）三月金光明寺徒众上座神威等上都僧统状并判
  S.6417（10）

清泰二年（935）六月阎弘润记契据草稿
  P.2216V

清泰二年（935）九月比丘僧绍宗回向疏
  P.2697

清泰三年（936）正月廿一日归义军节度留后使曹元德转经舍施疏
  P.3556V（2）

清太三年（936）五月洪润乡百姓辛章午牒
  P.4040，P.4040V（1）

清泰三年（936）六月沙州儭司教授福集等状
  P.2638

清泰叁年（936）八月廿三日付都师䫂记事
  P.2914V（5）

清泰三年（936）十一月廿三日杨忽律哺卖宅舍契
  S.1285

清泰四年（937）曹元深祭神文
  上博48（41379）（37）

清泰四年（937）都僧统龙䛒都僧录惠云都僧政绍宗等牒
  P.4638V（11）

清泰四年（937）马步都押衙陈某等牒
P.4638V（13）

清泰五年（938）二月十日归义军节度使准百姓张留子女胜莲出家牒
S.4291

清泰五年（938）燉煌县令吕状
P.2014（2）

清信弟子某乙施写佛经发愿文
上图088V（3）

清信士女十五日忏悔法
P.2381V（2）

清油账单
敦研097

情书稿
BD10821

请便佛麦牒
S.5832

请宾头卢疏
P.3645（4）

请宾头罗文
BD07824V（4），BD16402A（1）

请处分无人承料地状
S.2071V

请处分写番经判官安和子状
S.5818

请得二人交勘经诗偈
Дx.01437

请地状
Дx.00012B，Дx.00012BV

请都僧统和尚开示六通大义
P.3219（2）

请法奖和尚说经文
　　S.6197（1）

请法师文
　　Дx.01260

请佛文
　　P.4597V（5）

请佛真言
　　P.4679（2）

请观世音菩萨消伏毒害陀罗尼咒经
　　BD10597，BD10675，Дx.03200，Дx.03506，Дx.05075，Дx.06866，Дx.06946，Дx.07728，Дx.08279，Дx.08284，Дx.08570，Дx.09099，Дx.15240，Дx.15743，Дx.16419，Дx.16484，Дx.17577

请观世音菩萨咒曼荼罗图
　　P.4519

请和尚赴会牒
　　P.2481V（9）

请柬名录
　　Дx.02146

请马便麦历
　　Дx.02355V

请某法师检校状
　　S.5625V

请乾元寺主戒胜状等杂写
　　P.3779V（1）

请僧疏
　　BD16564B

请僧疏告
　　BD16451

请僧为某人六七追念设供疏
　　S.10542

请施抄经纸墨状

 BD15402V

请十方贤圣赞

 P.4597（27）

请四方佛文

 S.4732V（1）

请维摩经中立三转法轮义解释题记

 羽715V

请显德寺梁阇梨说经文

 S.6197（2）

请永安寺僧状

 BD07837V（1）

请赠人名目

 Дx.01388

请纸牒

 上博31（36643）

庆幡文

 P.2588V（4），P.2838V（2）

庆经文

 P.2588V（3），P.2838V（1）

庆经赞

 P.2072（2）

庆像赞

 P.2072（1）

庆玄元皇帝降生斋文

 BD15422，BD15423

穷囚苏武与李陵书

 S.0173（2）

穷囚苏子卿谨贡书

 S.0785（2）

穷诈辩惑论卷下
  P.2115

穷诈辩惑论卷下补记
  P.2115V（3）

秋胡小说
  S.0133V（1）

秋吟一本
  P.3618（2）

求戒政学沙弥等请甄别僧尼为上中下三品启
  S.2575V（4）

求梦咒
  P.2322（7）

求生兜率内院念诵文
  BD07160

求收回房舍状
  BD16504B，BD16504C，BD16504D，BD16504E

求受戒文
  S.4464V（2）

驱恶鬼众邪魍魉法
  S.5797

驱怪文
  BD04064V

驱鬼符
  S.6204V

驱傩二首
  P.3468（2）

驱傩文
  BD16200C，BD16200E

驱祟方
  Дx.00506V

渠人条约
　　S.5874

渠人文书残片
　　BD16536

渠人转帖
　　BD14806（2），BD16332A，BD16363A，P.4017（5），P.5032（3），S.8678，上博21（8958）B

渠人转帖稿
　　BD09520V（9）

渠社转帖
　　P.4003

曲子
　　BD14709V，LD5161-02D

曲子（定乾坤）二首
　　S.5643（2）

曲子（荷叶盃）
　　S.0785

曲子（红娘了）
　　S.5643（4）

曲子（乐入山、乐住山）
　　S.6321

曲子（努力、难识）
　　S.6260

曲子（送征衣）
　　S.5643（3）

曲子（行路难）
　　S.6042

曲子（早出缠、乐入山、乐住山）
　　S.5966

曲子（早出缠等）
　　S.5987
曲子别仙子
　　S.7111V（2）
曲子词
　　P.3128V（2），P.3155V（3），P.3911（1），S.8336V，津艺134V
曲子词抄（西江月、浪涛沙、菩萨蛮、浣溪沙、献忠心、茶怨春、御制曲子、临江仙等）
　　S.2607
曲子词及杂抄
　　浙敦113（浙博088）
曲子词两首
　　S.9931
曲子词三首
　　P.2809V（3）
曲子感皇恩等
　　P.3821（6）
曲子还京洛
　　Дx.01468
曲子浣溪沙
　　P.4692（3）
曲子浪淘沙
　　Дx.02153V（2）
曲子名
　　S.0329V（5）
曲子名目
　　P.3718V（1）
曲子鹊踏枝
　　P.4017（9）

曲子三首（别仙子、菩萨蛮、酒泉子）
　　S.4332

曲子三首（早出缠、乐入山、乐住山）
　　S.3287（6）

曲子望江南三首
　　S.5556

曲子望远行
　　P.4692（2）

曲子一本
　　S.5852

曲子一首寄在定西蕃
　　P.2641V（5）

曲子长相思题
　　P.4017（8）

去三害赋
　　S.3393V（3）

去时人将文字名目
　　BD15249V（1）

权知归义军节度兵马留后守沙州长史曹仁贵献物状
　　P.4638V（5）

权知归义军节度兵马留后使状稿
　　P.2945

全天星图
　　S.3326（2）

全像绘图观音经
　　S.6983（1）

泉州千佛新著诸祖师颂并僧慧观序
　　S.1635（1）

劝布施文
　　BD09735

劝戒文

Дx.02680

劝诫颂

北大 D172V

劝诫文

P.3806V（1），Дx.03111，Дx.06597

劝入佛道文

Дx.00429

劝善经

BD04304，BD06922，BD07681V，BD08421，BD15251，P.2608，P.2650，P.3036，P.3463，P.3498，P.4872，S.0417，S.0622，S.0912，S.1185V，S.1349，S.1592，S.2853，S.2882，S.3485V，S.3687，S.3871，S.4739，S.4923，S.5113，S.6265，Дx.00327，Дx.00360，Дx.01246，Дx.01452，Дx.01786，Дx.02753，Дx.02978，Дx.03079，Дx.03080，Дx.05193B，Дx.05463，Дx.07234，北大 D109，北大 D110，甘博 016A，故宫新 87164，津图 137，台图 137，藤井 52- 东文 52- 饶目宗教类 7，伍伦 28 号，羽 197，羽 288R

劝善诗

Дx.09186

劝善文

P.2809（1），P.2963V（1），P.3624，P.3674V，P.4597（29），S.0473，S.5019，S.5558（1），S.5588，S.6417（6），Дx.02405+Дx.02506+Дx.02540（4），俄 Ф.263+Ф326（13），上博 48（41379）（29），上图 120

劝善文赞

BD07676

劝孝歌

S.6074

劝学诗一首

BD03925V（3）

劝众偈

Дx.01044

劝诸人偈

　　S.3017（2）

劝诸众生苦难经

　　上图 095

缺

　　羽 714，羽 724

缺号

　　龙谷大学 43.一一六

阙名佛教论著

　　BD16464

裙帔绫锦历

　　S.0329V（17）

群牧见行籍

　　羽 034

R

燃灯号

 P.2226V（2）

燃灯文

 BD05870V（4），BD09442，BD12301（1），BD15065（3），P.2178V（2），P.2237V（10），P.2341V（4），P.2341V（7），P.2343V（2），P.2588（3），P.2668（2），P.2854V（1），P.3091V（3），P.3172（2），P.3269，P.3282V（4），P.3497，P.3545（1），P.3765（4），P.4963（2），Дx.00350+Дx.00728+Дx.00989A，Дx.04964，Дx.06070，Дx.06797，Дx.10255，Дx.11069，Дx.12518，俄Ф.263+Ф326（5）

禳灾文

 P.3770（5）

禳灾文第三

 P.3819+3825（3）

攘女子婚人述秘法

 P.2610V（9）

人法二无我释

 P.3963V

人集录都目一卷

 P.2412（2）

人集录明诸经中对根浅深发菩提心法一卷

 羽411

人集录依诸大乘经中略发愿法
　　BD05922（2），BD07487
人名
　　BD07927V，BD10236，IOL.C.99（Ch.74.vi.30）(2)，P.3211P8，P.3211P9，P.3243P27V，S.9412，S.11558，Дx.04410V，Дx.11065V，Дx.11072
人名簿
　　S.5717，S.5747V，S.9713V，S.10538，S.10543，S.11561
人名录
　　BD15250，P.2207P2V，P.2766V，P.2915P1，P.2915P2，P.4724V，P.5026D，P.5032V（1），Дx.01047V，Дx.01380V，Дx.01398（1），Дx.05699，Дx.06018V，Дx.06064VA，Дx.06636V，Дx.09506
人名目一本
　　P.3211P7
人名题记
　　P.3619V，P.3715P4
人名题签
　　P.3202V（1）
人名习书
　　S.8850V
人名杂写
　　P.3243V（1），P.3643P16，P.4638V（1）
人数记录
　　Дx.01301
人数名目
　　S.11587V
人物画
　　S.5382V，S.5511（1），S.5655V
壬辰年十月六日洪池乡百姓某乙雇雷粉搥（堆）牛契抄
　　S.6341

壬辰年四月廿三日社司转帖
    S.6066

壬辰年四月十一日支付写经人物色名目
    S.4211

壬辰年状稿
    P.2938V（1）

壬申年便物历
    BD16200I

壬申年二月日酒户残文书
    BD16085AV

壬申年六月廿日社司转帖
    P.4991

壬申年七月廿九日社司转帖
    S.6003

壬申年闰正月十三日保通致瓜州慕容郎书
    P.5032（4）

壬申年三月十九日燉煌乡官布籍
    P.3236V

壬申年十二月安延达状
    P.2703V（1）

壬申年十二月廿八日社司转帖
    S.2894V（7）

壬申年十二月廿二日社司转帖
    P.3372V（2）

壬申年十二月廿日社司转帖
    S.2894V（2）

壬申年十二月廿一日亲情社转帖
    S.2894V（8）

壬申年十二月亲情社转帖
    S.2894V（10）

壬申年十二月卅日社司转帖
  S.2894V（4）

壬申年十二月社司转帖
  S.2894V（3）

壬申年十一月八日杨将头领弩箭手历
  BD11993

壬申年十月廿七日以褐填还驴价契
  Дx.01313

壬申年史留德出换釜子与押衙刘骨骨契
  BD16295A，BD16298

壬申年四月葬酒残文书
  BD16085B

壬申年文书两道
  BD16085A

壬申年五月酒户曹流德支酒状
  S.5728

壬申年五月廿日太子从原顺德贰人写字书记
  P.4792

壬申年正月二月贷褐历
  S.4884V

壬申年正月拾柒日龙勒乡阴建庆便麦历
  BD16111I

壬午年（982）二月廿日慈惠乡百姓郭定成典身契
  S.1398（1）

壬午年常住库酒破历
  S.6452（3）

壬午年二月廿一日题记
  P.3048V

壬午年二月十三日于净土寺常住库内黄麻出便与人名目
  S.6452（6）

壬午年祭阿姊文
　　P.3555BP2（1）

壬午年七月廿日平康乡百姓某甲贷绢契
　　S.0766V（1）

壬午年七月廿五日平康乡百姓某甲雇佣契
　　S.0766V（2）

壬午年渠人转帖
　　P.3412V

壬午年闰十二月都头知内库官某状
　　P.4061V（1）

壬午年三月六日净土寺库内便粟历
　　S.6452（7）

壬午年三月卅日代亡弟愿学填还所便麦粟据（二通）
　　S.4332V

壬午年十二月廿一日于阗使张金山来取屈（窟）头染（燃）灯发愿文
　　IOL.C.109〔Ch.i.0021a（bis）〕

壬午年十二月十三日粟破抄
　　S.6452V（1）

壬午年十一月二日录事王康三社司转帖
　　P.3692V（2）

壬午年苏永进雇馱驼契
　　津艺061FV

壬午年诸人于净土寺常住库借贷油面物历
　　S.6452（4）

壬午年正月一日慈惠乡百姓康保住雇工契
　　P.2249V（2）

壬戌年麦粟入历
　　Дх.01419

壬戌年三月三日龙勒乡百姓胡再成收王清朵为养男契
　　P.3443

壬戌年十月翟法律领粟麦契
  Дх.01383
壬戌年四月癸亥年二月灵修寺涛（淘）麦碾面斛斗抄
  S.1600V
壬寅年贰月十五日莫高窟百姓龙钵略欠阙匹帛状
  P.3627（3）
壬寅年贰月十五日莫高乡百姓龙钵略贷生绢契
  P.3867（3）
壬寅年六月九日社司转帖
  S.5486（3）
壬寅年六月廿一日配经历
  P.3240（1）
壬寅年六月十日勘校报恩寺藏旧经袟数
  P.4000
壬寅年龙兴寺等藏经历
  P.4754V
壬寅年七月十六日付纸历
  P.3240（2）
壬寅年三月廿九日再勘写经人及校字人数
  S.4117
壬寅年十二月廿日表姊十一娘等祭阿师子文
  P.2614V（10）
壬寅年十二月十八日付张法律纸历
  S.5707
壬寅年正月一日已后直岁沙弥愿通手上诸色入历
  P.3234V（5）
壬寅闰四月敦煌残卷
  新德里印度博物馆藏本
壬子年二月二日前知经藏僧光璨共僧伯明交割手帖
  S.2447

壬子年某寺破油面历

　　S.1519（3）

壬子至甲寅年事抄

　　S.4060（3）

仁王般若波罗蜜经卷上

　　BD01344，BD06561，BD09525，BD12357，S.0124，Дx.00200

仁王般若波罗蜜经卷下

　　BD05876，BD09526，BD09919，BD12004，BD10336，BD14483，S.4528，S.7247

仁王般若波罗蜜经疏

　　私002

仁王般若经卷上

　　京博B甲249 图录196

仁王般若经疏

　　Дx.07982，故宫新176121

仁王般若经疏卷下护国品第五

　　Дx.12864

仁王般若实相论

　　中村不折034

仁王般若实相论卷二嘱累品

　　Дx.11487

仁王护国般若波罗蜜多经菩萨行品第三

　　L.034

仁王护国般若波罗蜜多经疏卷下

　　Дx.16733B

仁王护国般若波罗蜜经两卷音义

　　P.3971（1）

仁王护国般若波罗蜜经疏

　　S.2502（2）

忉利天偈

　　哥图写卷2f（第2卷）

任贤论
　　P.3647V

日光菩萨真言
　　P.3834（2）

日历
　　P.3434V（4）

日落西山昏曲子一首
　　S.5381V（1）

日落影西山曲子名一首
　　S.0361V（6）

日晟请免差发牒
　　BD09349B

日月长相望诗
　　S.1824V

荣亲客目
　　P.3942

荣清状
　　P.3730（2）

荣照题名
　　Дx.00732V

融禅师定后吟
　　S.2944V（2）

融即相无相论
　　BD05755

冗经所笔题记
　　Дx.02928V

如来八十种好
　　BD15715

如来成道经
　　BD09145（1），S.5649（1），Дx.00837，Дx.02510A（2），Дx.03100（1）

如来成道经题记
   P.4695V

如来九观
   BD04525V

如来临涅槃说教戒经一卷
   P.2290

如来身藏论一卷
   S.4658

如来十号
   P.2162V（2）

如来在金棺嘱累清净庄严敬福经
   S.0208，Дx.02385，Дx.05365，羽465之3

如来庄严智慧光明经卷之上
   龙谷大学17.五一七

如来庄严智慧光明入一切佛境界经卷上
   S.4718，第一批00152（南京师范大学图书馆藏本），南师大01

如来庄严智慧光明入一切佛境界经卷下
   BD10929，BD12235，BD12298

如意轮观音菩萨像
   P.4518（16）

如意轮陀罗尼经
   P.3920（6）

如意轮陀罗尼经求生印第二十四至大心印第二十六
   Дx.09404

如意轮陀罗尼咒一本
   P.2941V（2）

如意轮王摩尼别行法印
   BD07415

儒风坊西巷村邻等社条
   S.2041

入阿毗达磨论卷上
  BD14147（1）

入阿毗达磨论卷下
  BD14147（2）

入布萨堂说偈文
  BD06417（1），P.4597（30），S.4218，羽157之2

入布萨堂说偈文等
  BD09380，BD09409，BD09413（1），BD09548（1），BD09948

入道次第说
  P.2377V（1）

入定咒无畏三藏译
  S.2669V（6）

入髑真言
  P.3835V（6）

入楞伽经
  P.5578（4）V，北三井095（025-14-5），文研院154（xj055-0660.36）

入楞伽经卷一
  BD15076，S.0937

入楞伽经卷二
  Дx.00741，Дx.00742

入楞伽经卷三
  Дx.10367

入楞伽经卷四
  BD07920，BD09213，BD09811，BD11284，S.3383

入楞伽经卷五
  BD02790，P.5589（6）V，北大D067

入楞伽经卷六
  BD03919，BD03920

入楞伽经卷七
  S.7521，Дx.10830

入楞伽经卷八

  BD01294，浙敦 157（浙博 132）

入楞伽经卷九

  BD07626，BD08393，P.5589（6），甘博 002

入楞伽经卷一〇

  BD02422，BD02904，BD16404

入楞伽经钞

  BD15178，BD15178V（5）

入楞伽经疏

  BD09766，羽 726R

入理缘门一卷

  P.2732V

入历

  Дx.10294

入破历

  BD11995，BD15482，Дx.04795，Дx.06037，Дx.08189，Дx.17449V，文研院 202（xj129-0660.110），文研院 203（xj130-0660.111），文研院 204（xj131-0660.112），文研院 205（xj132-0660.113），文研院 206（xj133-0660.114），文研院 207（xj134-0660.115）

入菩萨堂说偈文

  S.0440（2）

入如来德智不思议经题签

  Дx.00388

入山赞文、五台山赞文

  Дx.00278V（4）

入山赞文一卷

  P.2713（2）

入堂布萨说偈文

  P.3221

入无分别总持经
BD06123

入宅文
P.2838V（7），P.3765（3），俄Ф.263+Ф326（4），羽750R

瑞像记
S.2113V（1），S.2113V（4），S.5659

瑞应故事壁画榜书底稿
P.3033V（1）

瑞应图
P.2683

若佛子杂写
Дx.00548V

若人造笔先看头七言句
S.5073V

若有人亡者帖
北大D139V

S

洒净仪轨（镇宅咒）
　　S.5553（1），S.5648（13）

卅一袟袟号
　　P.2283V

萨埵太子赞
　　P.3645V（1）

萨诃上人寄锡雁阁留题并序
　　S.4654（1）

萨婆多毗尼毗婆沙卷三
　　P.2439，S.7962

萨婆多毗尼毗婆沙卷四
　　S.1087

萨婆多毗尼毗婆沙卷五
　　S.0751V，Дx.08926

萨婆多毗尼毗婆沙卷六
　　BD05713，Дx.16730

萨婆多毗尼毗婆沙卷八
　　BD05792

萨婆多宗五事论
　　P.2073，P.2116

赛神会帖

P.2555P3

赛天王文一本

P.3098

三宝四谛文

BD07572，BD09367，S.6108

三宝四谛问答

P.2073V，P.2434V，P.3450（1），P.4627+4645A，S.4236（2）

三宝文

BD06230（1）

三宝文等教义答问

BD07233

三宝赞

P.2322（4）

三部九候论

P.3287（1）

三部律抄一卷

S.2535

三乘入道五位

P.2156

三乘五性义

BD00791（3），BD09745，BD09839

三乘五性与五乘三性义

BD08431，BD08523

三春欲末残句

S.0343V（2）

三冬雪词

S.5572（1）

三冬雪诗

P.2704V（1）

三洞道士造天尊像记
　　P.4979

三洞奉道科诫经
　　P.5589（9），S.0809，Дx.11606

三洞奉道科诫经卷一
　　S.3863

三洞奉道科诫经卷三
　　P.3682

三洞奉道科诫经卷五
　　P.2337

三洞奉道科诫仪范
　　中村不折030

三端俱全大丈夫等诗三首
　　BD14636（3）

三佛五门义记
　　津艺019V

三官大帝宝卷
　　敦研352V

三归依曲子
　　S.4508（3），S.4878

三归依文
　　P.2370V（1）

三归依赞
　　S.5648（4），羽027V之1

三国志步骘传残卷
　　敦研287

三教至理相通论
　　P.2213，S.6147，Дx.01282，Дx.03127

三阶佛法卷二
　　S.2684

三阶佛法卷三
　　P.2059

三阶佛法密记
　　P.2268，P.2283

三阶佛法密记卷上
　　P.2412（1）

三阶教残文献
　　BD09868

三阶教典籍残片
　　BD15998

三阶教文献综述
　　Дх.05301

三劫三千佛缘起
　　Дх.00264，Дх.02405＋Дх.02506＋Дх.02540（1），Дх.02503，Дх.03275，Дх.04230

三界断惑图
　　S.2313

三界九地之图
　　P.2824

三界寺比丘道真诸方求觅诸经随得杂经录记
　　S.6225

三界寺见一切入藏经目录
　　S.3624

三界寺李憨儿授戒牒
　　羽023

三界寺僧等题记
　　P.3839V

三界寺僧福员上仆射牒
　　S.4504V（11）

三界寺僧戒慈略题记
    P.3706V（2）

三界寺僧名
    Дх.00020V，Дх.03083V，Дх.04285V，Дх.04308V，Дх.10513V，Дх.10520V

三界寺僧沙弥戒净题记
    P.2505V（2）

三界寺僧智德请节度使放归牒
    S.0528V（1）

三界寺社司转帖（案）二通
    羽684V

三界寺授八关斋戒牒
    P.3482

三界寺授八戒牒
    羽026

三界寺授弟子李憨儿戒牒
    P.3140

三界寺授李憨儿戒牒
    P.4959

三界寺授李憨儿五戒牒
    P.3455

三界寺授李信住李盛住八戒牒
    P.3439

三界寺授女弟子提菩最最戒牒
    P.3143

三界寺授张氏八戒牒
    P.3483

三界寺藏内经论目录
    敦研345

三界寺招提司法松状

P.3352V（1）

三界图

S.2734（1），S.3441，S.3930

三界唯心无外境论

P.2039V（3）

三科法门

BD07902（4）

三科杂义

BD07766

三窠法义

P.3861（6），P.4805

三课一本

P.3373（1）

三曼陀跋陀罗菩萨经

BD11212

三娘子祭叔文

浙敦065（浙博040）（1）

三身关弥勒菩萨所问

P.2807V（7）

三身观想

P.2104V（18），P.2105（12），P.3289（9）

三身押座文

S.2440（2）

三十七品经

第一批00142（南京博物院藏本）

三兽渡河

BD07902（2）

三万佛同根本神秘之印并法龙种上尊王佛法

北大D113（1）

三万佛同根本神秘之印并法龙种上尊王佛法补记
:   北大 D113V

三危极目耸丹霄诗二首并序及张延锷和诗
:   S.4654V（12）

三危极目条（眺）丹霄诗三首
:   S.4654（6）

三威仪
:   P.2680（15）

三性义作六门分类
:   S.2743

三元九宫行年命书
:   S.5553（2）

三月牒状
:   藤井 25- 东文 25- 饶目可能为牒状类 20

三月廿三日记
:   BD12194B（1）

三月三日范（泛）龙舟诗
:   S.0361V（7）

三月十八日郑从嗣上常侍状
:   BD14667V（1）

三藏法师菩提达摩绝观论
:   P.2045（4）

三藏圣教序（唐中宗）
:   BD02386（1），BD08019

三藏圣教序大乘密严经
:   故宫新 153372

三长邑义设斋文
:   P.3980，S.10563

三种不知名佛经
:   S.4378

散颁刑部格卷

P.3078

散都头张进遇上三傅状

S.4473V（1）

散花梵文一本（散莲花乐）

S.4690V（2）

散花乐

P.2921（2）

散花乐赞文

BD07805（2），Дx.00828（2）

散花林

P.2563V（3）

散华梵

BD09371

散华乐

BD09369，S.1781（1），S.5557V，S.9459

散华乐赞文

P.4597（3），S.5572（3）

散经文

P.2226V（6），P.2838V（4），P.3084（2），P.3376V，俄Ф.263+Ф326（1），羽702之1

散莲花乐

S.5894（2），S.6417（3）

散莲花落

S.0668V

散骑常侍御史大夫杜状

羽671

散施偈

Дx.01765（3）

散食法
 BD06504V（2），P.3861（5）

散食结坛文
 BD09331

散食文一本
 P.2887，S.5589（1）

丧际超度上坟图
 S.0259V

丧礼服制度
 P.2967

丧葬文书
 BD13645

色界诸天
 BD11396

色物历
 BD15650，BD16016AV，BD16016BV，BD16016CV

僧保福状
 P.2690V（7）

僧保兴路证
 P.3975

僧保兴状稿
 S.11299

僧慈锐上和尚状封启
 S.8672V

僧法海残文书
 BD05512V（2）

僧法政咒题记
 P.6020V

僧福威牒
 P.2066（2）

僧伽和尚欲入涅槃说六度经

P.2217，S.2565，S.2754

僧伽吒经

中村不折 059

僧伽吒经卷一

BD00067，BD14580，S.4399，津艺 027

僧伽吒经卷二

S.0399，Дх.06520，Дх.15935

僧伽吒经卷三

BD09774，BD10645，S.2704

僧伽吒经卷四

BD14796，S.4178，Дх.02410A，Дх.02941，Дх.03556，Дх.04464，Дх.05320，Дх.06467，Дх.06496，Дх.06667，Дх.06905，Дх.07134，Дх.16226，Дх.16581，Дх.16594，北三井 078（025-14-17）

僧功德赞

Дх.06020

僧官名簿

S.11601A+E

僧恒安致郎君谢司空寄缣缃状

S.6405V

僧患文

BD09156（2）

僧家赛神等诗二首

BD09343（3）

僧羯磨

北大 D170，羽 332

僧羯磨卷二

Дх.11948

僧羯磨卷上

Дх.02270，Дх.03606，Дх.10744，Дх.12550，Дх.17723

僧羯磨卷中

BD10819

僧戒福六折戒礼授戒及七言歌

羽067V

僧戒惠书状

S.8451

僧灵晉地历

Дx.08255

僧名

S.1823V（1），Дx.09549，Дx.11090

僧名簿

S.10401，S.10410，S.10615，S.11313

僧名籍

BD09095V（1）

僧名录

BD02126V（2），BD16052D，BD16200L，BD16366，BD16370，P.2876P1，Дx.02586B

僧名题记

Дx.02567V

僧名杂写

Дx.10283V

僧某乙欲巡礼五台山呈仆射状

P.3928

僧尼布施帐

P.3047V（1）

僧尼忏悔文

P.3979V（2）

僧尼给粮历

S.7939C，S.7940BC

僧尼籍
    S.10532，南图005
僧尼名簿
    S.9997
僧尼名籍
    S.6981C
僧尼名录
    P.5579（16），S.4444V（2），北大D187
僧奴状
    S.0032V
僧祇律疏
    津艺058
僧人唱卖得入支给历
    P.2689
僧人分配斋儭历
    P.3301（Pel.tib.1261）V（1）
僧人惠清等名目
    P.2207P4
僧人名录
    Дx.01200V
僧人名目
    S.1162V，S.3631V
僧人值番历
    BD07767V
僧人转经录
    P.3854（2）
僧人状
    P.2770P
僧诗二首
    P.2690V（3）

僧俗抄经手账历
P.3205

僧俗分团名籍
S.7945

僧俗逆修稿
P.3405（11）

僧俗写经配付纳欠历
S.4831

僧统谢太保状
S.5803

僧团法事应纳诸色斛斗数及职事目历
S.1267V

僧亡文
P.3566（10）

僧威信等祭审（婶）文
S.0381V（1）

僧信政状
BD16211

僧玄通祭姊师文
S.2691

僧愿发等欠麦粟历
Дх.03996

僧愿力状
P.6023

僧张明照文本
BD06251

僧张智灯状
P.2222B（2）

僧肇单注维摩经
羽589之一，羽589之二

僧正致都督状
　　上图017（3）

僧政海净状
　　P.4597P1

僧志贞法舟五言诗二首
　　Дx.00105，Дx.10299

僧智弁乞请支给春衣布状并判
　　S.5810

僧智弁遣堂子送赴吊仪状
　　S.5804V

僧智弁请赐美柰状
　　S.5804

僧智杲上僧录状
　　S.4667

僧智照等布（？）抄
　　S.3323

僧众学经历
　　BD14855V

僧众转帖
　　S.0800（2）

僧传
　　Дx.04197V

僧子付索法律等麦粟本利历
　　P.4814V

沙门道真点检藏经记录
　　P.3884V

沙门洪真骑缝押
　　上图117V（1）

沙门善导愿往生礼赞偈
　　S.2553

沙门思远礼佛文
　　P.2722（1）

沙弥护戒偈
　　BD07901

沙弥戒及威仪法文
　　BD02126（1）

沙弥戒文
　　BD00678

沙弥六念
　　上博48（41379）（42）

沙弥罗经
　　BD01345V（5）

沙弥尼布萨文
　　S.8067

沙弥尼离戒文
　　羽135

沙弥尼十戒法并七十二威仪
　　BD00478（1）

沙弥尼威仪一卷
　　羽729

沙弥七十二威仪文
　　S.3839V

沙弥七十二威仪一卷
　　P.2874（1）

沙弥潜智为维那求布施欢喜文
　　BD05652V

沙弥请诵戒唱道文
　　羽022之1

沙弥塞戒本
　　中村不折173-4-1

沙弥塞五分戒本
　　BD15708
沙弥僧威仪
　　S.1390
沙弥十戒
　　上博 48（41379）(41)
沙弥十戒本
　　BD09415，Дх.06537
沙弥十戒法并威仪
　　BD00478（2），BD01034V（8），P.2065（3），Дх.12210，Дх.15126
沙弥十戒法注释书
　　羽 749V，羽 750V
沙弥十戒文
　　BD07567，BD08491（1），P.2476V，S.4412
沙弥十戒五德十数及七十二威仪
　　P.2280
沙弥受三归十戒五德十数威仪法文
　　BD08289V，S.3908
沙弥诵五德十数文
　　BD02126（2）
沙弥威仪
　　BD00055，北大 D165（1）
沙弥威仪经
　　BD15211
沙弥威仪一卷
　　P.2902
沙弥五德十数
　　P.3015V，S.4361，上博 48（41379）(39)，羽 227
沙弥五事威仪
　　BD05899

沙州安如岳等户口数地亩计簿
S.4491

沙州报恩寺故大德禅和尚金霞迁神志铭并序
P.3677

沙州仓曹牒
P.2763

沙州僧司唱僧勾覆僧尼名数
S.8262

沙州城土镜
P.2691V

沙州刺史兼豆卢军使李庭光莫高灵岩佛窟之碑并序
S.1523

沙州刺史张淮深奏白当道请立悟真为都僧统牒并敕文
P.3720（5）

沙州刺史致僧录和尚状
BD09336

沙州大乘圣光等寺尼籍
S.2669

沙州都督府图经
P.2005

沙州都督府图经卷三
P.2695

沙州都督府图经卷五
P.5034

沙州阇梨书至瓜州慕容郎处题记
P.5032V（2）

沙州敦煌县差科簿（大历年间）
S.0543

沙州敦煌县慈惠乡开元四年（716）籍
P.3877（2）

沙州敦煌县行用水细则
　　P.3560V

沙州敦煌县籍（开元时期）
　　S.5950

沙州敦煌县金光明寺僧伽蓝巳年十二月十五日布萨文
　　BD07068（1）

沙州敦煌县某乡手实残片
　　BD15647

沙州敦煌县平康乡先天二年（713）籍
　　P.2822V

沙州敦煌县神沙乡籍
　　Дx.00528A

沙州敦煌县效谷乡大足元年（701）籍
　　P.3557V

沙州敦煌县悬泉乡开元十年（722）籍
　　P.3877（1），P.3898V

沙州敦煌县悬泉乡宜禾里大历四年（769）手实
　　S.0514V

沙州燉煌二十咏并序
　　P.2748V（10）

沙州燉煌古迹廿咏并序
　　P.3929（1）

沙州燉煌县籍（开元时期）
　　S.6298

沙州燉煌县龙勒乡籍
　　S.6343

沙州各寺僧尼名簿
　　S.2614V

沙州观察处置使之印
　　P.3805V

沙州官告国信判官将仕郎试大理评事王鼎状四件
　　P.3438V

沙州官衙什物点检历
　　S.2009

沙州会计历
　　羽036R

沙州旌节官告使韦俊照（？）牒
　　S.0688V

沙州净土寺僧籍
　　S.5893

沙州李丑儿与弟李奴子家书
　　S.4685

沙州灵图寺塑释迦牟尼佛像功德记
　　S.9945

沙州某人上于阗押衙张郎等状
　　Дx.01265，Дx.01457

沙州某寺布破历
　　S.1522V（3）

沙州乞经状
　　S.2140，S.3607，S.4640

沙州乾宁使牒
　　Дx.02165

沙州三界寺沙门道真记（朱书）
　　S.1635（2）

沙州三界寺授八关斋戒牒
　　P.3392

沙州三界寺授李憨儿八关斋戒牒
　　P.3414

沙州僧崇恩析产遗嘱
　　P.3410

沙州僧绢绸等历
  P.3250V（2）

沙州善护遂恩兄弟分家契
  P.2685

沙州上都进奏院上本使状
  Дx.06031V

沙州社官索宜国函状
  BD16245A，BD16245B，BD16245C

沙州释门都法律氾和尚写真赞
  P.4660（32）

沙州释门勾当福田判官辞弁邈生赞
  P.4660（9）

沙州释门故阴法律邈真赞并序
  P.4660（6）

沙州释门故张僧政赞
  P.4660（12）

沙州释门索法律窟铭
  P.2021V，P.4640（6），S.0530

沙州寺户放毛女娘名簿
  S.0542V（3）

沙州田籍
  BD15777A

沙州图经卷一
  S.2593V

沙州遗失经律论卷袂数录
  Дx.02170

沙州阴屯屯等户口名簿
  S.4710

沙州长史注般若波罗蜜多心经
  Дx.00515，Дx.02930

沙州支成兵小麦历
　　BD01588V

沙州志
　　S.0788V

沙州诸渠纳白刺人名簿
　　S.6116

沙州诸渠诸人瓜园籍
　　P.3396V

沙州诸渠诸人粟田籍
　　P.3396

沙州诸寺付抄经历
　　S.2712，S.3071V

沙州诸寺付经历
　　P.3337，P.3337V（2）

沙州诸寺勘经部帙数目
　　S.0476，S.1364

沙州诸寺尼修习禅定记录
　　P.3556V（9）

沙州诸寺僧尼名录
　　P.5000V

沙州诸寺诸色斛斗入历
　　S.0286

沙州诸寺转经点检历
　　S.0476V

沙州诸乡纳草人名录
　　Дx.01282+Дx.03127V

沙州住莲台寺律僧应宝状
　　Дx.01438

沙州住莲台寺律僧应保状
　　Дx.01376

沙州准目录欠藏经数

　　P.3851

山海慧菩萨经

　　BD15867

山花子词

　　S.5540（5）

山僧歌

　　S.5692（1）

删定仪诸家略集

　　P.2616V

删繁补缺行事钞中卷之下

　　S.5404

睒子变文

　　Дx.07270

善臂菩萨所问六波罗蜜经卷下

　　俄 Ф.125

善财入法界缘起钞卷四

　　P.2259

善道（导）和尚西方赞

　　S.5572（13）

善恶因果经

　　BD01060、BD02079、BD04238、BD05490、BD05734、BD08124、BD08450、BD09528、BD09593、BD10257、BD10476、BD11907、BD14193、BD16303、S.4917、S.7597、S.8224、Дx.05243、Дx.05243V、Дx.07387

善惠借花献佛因缘

　　S.3050V（3）

善见律毗婆沙卷四

　　S.6976

善见律毗婆沙卷一二

　　Дx.11255

善见律毗婆沙卷一三
　　Дx.07458，Дx.07820

善见律毗婆沙卷一五
　　Дx.09327

善信菩萨二十四戒经
　　BD01048

善兴书救诸众生苦难经题名等
　　历博写本57

善住意天子问经卷四破二乘相品第七之二
　　俄Φ.124

善咨阿耶与妇儿诗
　　Дx.01291+Дx.01298（2）

伤寒论辨脉法
　　S.0202

伤寒杂病论丙本
　　P.3287（4）

伤寒杂病论乙本
　　P.3287（2）

商标
　　Дx.12817

上曹都头诗并序
　　P.2641V（4）

上常侍状
　　S.6051

上常住仓司状
　　S.9535

上大夫丘乙己习字
　　P.4900（2）

上大人杂写
　　BD13069V（1）

上大王夫人信札文字

　　S.0415（2）

上大王书

　　Дx.01380

上都东市大刀家印具注历日

　　Or.8210/P.12

上都弘福寺玄奘大师进太宗皇帝十二月礼佛文

　　P.3588（2）

上都进奏院状

　　P.3547

上都僧统牒

　　Дx.03858V

上都僧统和尚牒

　　BD16182A

上都章敬寺西方念佛赞文

　　P.3156（2）

上河西道节度公德政及祥瑞五更转兼十二时共一十七首并序

　　P.3554V

上皇帝疏

　　P.4069

上皇劝善断肉文

　　BD01034V（3）、BD09383（2）、S.5541（3）、上博48（41379）（34）、上图142（2）

上酒曲子蓦山溪、南歌子、双燕子等打令舞谱

　　S.5643（7）

上酒曲子南歌子两段打令舞谱

　　S.5613（2）

上梁文

　　S.3905V（1）

上令公信函封套
  BD15608V

上牌子申斛斗抄
  S.11454C（2）

上清金阙帝君灵书紫文上经
  BD11193

上清金真玉光八景飞经
  P.2728，P.2848，S.0238，Дx.01962，Дx.02052

上清境高圣玉晨太上大道君列记（包首）
  S.11026A

上清三天正法经义疏
  P.2378

上清三元玉检三元布经
  P.2287P2

上清三真旨要玉诀
  P.2576V（2），S.6219

上清玉珮金珰太极金书上经
  P.2409

上清元始变化宝真上经卷上
  P.3435

上生礼
  BD04102V（2），BD09377，P.3840（1）

上师赞礼偈
  北大 D160B

上使君状
  S.5792（2）

上司观察孔目官高定清状
  S.9999

上堂请益文
  S.8168

上吐蕃赞普书
 P.4020（2）

上焉祇王诗
 P.3328V（2）

上易定卢尚书
 P.2636V

上元二年祭文
 P.2832Bbis.P2

上支度使牒
 S.11582A、B

尚书
 P.3015，Дх.16796

尚书卷五
 P.2516

尚书卷九
 P.3767

尚书卷一〇
 P.2630

尚书（舜典）
 P.3462（1）

尚书（禹贡）
 BD04107V，BD15695，石谷风072

尚书（盘庚上）
 S.11399

尚书（洪范）
 Дх.02883，Дх.02884

尚书（费誓）
 Дх.10698

尚书孔氏传·周书·武成
 BD02506V

尚书孔颖达疏君奭篇、蔡仲之命篇
  羽018

尚书释文
  P.3315

尚书序
  P.4900（1）

尚书正义（武成）
  BD16057

尚书正义（费誓）
  Дx.10838

尚书注疏杂抄
  BD04562V（1）

尚书兵马东行请给吐浑粮牒
  IOL.C.129B（Vol.72.fol.72）（2）

尚书印
  P.2547P2

尚想黄绮帖
  BD09089V，BD13210F+BD13210D+BD13210E，P.2671V，P.2681+P.2618，P.2738V，P.2769，P.3194P3，P.3349P4-1，P.3349P4-3+P.4019Fragment27，P.3368P7，P.3416P3，P.3643P15-1+P.3643P15-2，P.4019P4+P.4019F16e+P.4019F16c+P.3349P4-2+P.4019F16d+P.3368P7+P.4019F16a，P.4019F16b+P.4019F16f，P.4019F22+P.4019F35，P.4019V，S.0214V，S.3287，S.4852V，Дx.00953V，羽003V，羽664之2+羽664之10

少老问答诗
  S.1339V

少年问老
  P.2129V（5），P.3600（4）

少少皇宫养赞
  S.6923V（2）

少室六门破相论第二门
P.2657V

舍布施回向疏
S.6215（2）

舍利弗阿毗昙论卷六
Дx.16552

舍利弗阿毗昙论卷八
Дx.08395

舍利弗阿毗昙论卷二〇
Дx.07172，Дx.09101

舍利弗阿毗昙论卷二一
HHT010

舍身发愿文
BD05759（2）

舍身求法故事
BD15629

舍施发愿文
P.2358V（2），P.3770（3）

舍施回向疏
P.2972V（3）

舍施回向疏二通
S.6212

舍施疏
P.2504P3，P.3211P2，S.5596V（1）

舍施帖
P.3478

舍施文
P.2226V（5），P.2331V（3）

舍头谏太子二十八宿经
BD11261，S.6024，S.7664，Дx.00519

设供残文书

BD16343

设坛发愿文

P.2255V（6），P.2326V（3），P.2358V（3）

设斋勾当帖

P.3491P1

社官安某等署名

P.3529（P.tib.1082）V

社官阴幸恩录事阴怀庆请宾头卢波罗堕和尚疏

S.6424V（2）

社户氾安子转帖

P.3250V（1）

社户吴怀实契约

P.3636P2

社户阴支信等名录

P.3556V（6）

社会经济文书残片

BD16015

社会文书

BD12174，BD12182，BD16013，Дx.05748，Дx.09331，Дx.11496，Дx.16533

社加女人便面历

P.4635（2）

社人纳色历

P.5003V

社人色物行付主人

BD05016V

社人索庭金等状

S.5759

社人修窟功德记

P.2982V

社人张康三身亡转帖稿

BD09520V（10）

社司不承修功德状

S.5828

社司罚社人判

S.5830（1）

社司罚物历

P.3636P1

社司文书

BD01282V

社司杂写

Дx.02233V

社司转帖

BD01185V，BD01957V（3），BD02024（2），BD03954V，BD04297V（1），BD04519V，BD04546V，BD04640V，BD04667V，BD04758V，BD05870V（3），BD06840V（1），BD07760V，BD09325，BD09341，BD09520V（8），BD09939，BD11523V，BD11822V，BD12518，BD14644C，BD15174V，BD15434V（2），BD16039，BD16074A，BD16074C，BD16128A，BD16128B，BD16128C，BD16129A，BD16129B，BD16148，BD16172，BD16191B，BD16194，BD16234A，BD16335，BD16349，BD16364，BD16468，BD16524，BM.SP.228V（Ch.00519V），IOL.C.114（Ch.82back），P.2129V（9），P.2180P2，P.2439V（3），P.2612V（2），P.2679P3，P.2715V，P.2716V，P.2738V（2），P.2738V（5），P.2842P1，P.2842P3，P.2842P4，P.2842P5，P.2975V（1），P.3037，P.3070V（2），P.3070V（4），P.3094V（2），P.3145，P.3155V（1），P.3192V（1），P.3243P6，P.3319V（4），P.3391V（5），P.3441V（1），P.3497V，P.3503V（1），P.3555BP5，P.3621V（2），P.3666V（6），P.3691P1，P.3764P1，P.3764V（1），P.3875A（1），P.3875AV（2），P.3889，P.3962PV，P.4017（4），P.4019V（1），P.4821，P.4899+5546（1）V（1），P.5003，P.5016，P.5032（1），P.5546V（1），P.5590（4），P.6011

(9), P.6024, S.0214V (2), S.0274 (1), S.0327V (1), S.0329V (6), S.0329V (14), S.0345V, S.0395V, S.1163V (1), S.1386V (1), S.1973V (1), S.3877 (2), S.3877V (1), S.4444V (3), S.5139V (3), S.5788, S.5813, S.5825, S.5831, S.5939, S.6004, S.6008, S.6066V, S.6104, S.6174, S.6214, S.6236V (2), S.6461V (1), S.6583V (1), S.6614V (2), S.9418, S.9462, S.9814B (1), S.9858B, S.9877B, S.9925A, S.9929+10184C, S.9953, S.10013+10002, S.10184C, S.10476, S.10549, S.10561, S.11306, S.11334, S.11444, Дх.01286+Дх.03424, Дх.02162, Дх.02449В, Дх.04032, Дх.06053V, Дх.06063V, Дх.06697V, Дх.06714V, Дх.06765V, Дх.10257V, Дх.10266, Дх.10271, Дх.10286, Дх.10288, Дх.11073, Дх.11077, Дх.11078, Дх.11079, Дх.11081V, Дх.11082V, Дх.11084, Дх.11085, Дх.11093, Дх.11200, Дх.18290, 北大D246 (2), 俄Ф.224V, 故宫新152094V (2), 津艺061DV, 天理大学1.222-イ47 (2), 羽172V之1, 羽752R, 羽754

社司转帖等

P.3595V, S.0705 (2), S.0705V (1), S.4761V

社司转帖等杂写

P.3623V, P.3698V, P.3706V (7), P.3757V (1)

社司转帖稿

BD08781 (1), P.2498PV (2), P.2817V (1), S.10564 (2), ZSD060号背1

社司转帖素纸三块

BD16129C

社司转帖习字杂写

BD08172V

社司转帖杂写

Дх.00937V (2)

社条

S.6537V (2), S.6537V (5), Дх.11038

社条本

S.5520

社文
  BD00062V（2），P.2226V（3），P.2331V（1），P.2358V（6），P.3765（5），俄Ф.263+Ф326（6）

社文书令狐状志启希委处分状
  羽744

社文书残片
  S.8924C

社邑名单
  S.2894V（6）

社邑文书
  P.3220+3536V（2），P.3778V（1），Дx.04524V

社邑修功德记
  P.4995

社邑于当坊兰若塑释迦牟尼等像记
  S.0474

社愿文
  P.4966（2）

社约
  S.6005

社斋文
  BD07824V（2），P.2588（4），P.3128V（1），P.3276V（5），P.3521（P.sogd.11）V（2），P.3545（2），P.4536V（3），S.10555

社长阴公光进神道碑
  北大D202

社子簿
  P.2708

涉道诗（唐李翔撰）
  P.3866

摄大乘论抄
  S.2435

摄大乘论释
　　BD09907，P.4855

摄大乘论释卷一
　　S.2916

摄大乘论释卷二
　　Дx.08442

摄大乘论释卷三
　　Дx.08593

摄大乘论释卷四
　　S.4257

摄大乘论释卷五
　　BD16091A，BD16091B，Дx.10707

摄大乘论释卷七
　　羽275

摄大乘论释卷一一
　　Дx.16824，Дx.16834A，Дx.16834B，Дx.16857，Дx.16943

摄大乘论释卷一二
　　Дx.07092

摄大乘论疏
　　BD02965V

摄大乘论题签
　　P.4855V

摄大乘论义记第七
　　S.2747

摄大乘论章疏
　　BD11594

摄大乘疏卷五
　　S.2747V

摄论章卷一
　　S.2048

申河西诸州蕃、浑、嗢末等事状

S.5697

申年二月十三日亡尼明证念诵施入大众衣物数

P.2583V（13）

申年三月直岁昙空等牒

Дx.01330

申年施入历

P.2583V（1）

申年十月索绾等牒及批文

BD09335

申年五月廿三日社司转帖

S.1475V（2）

申年五月社人王奴子等牒

S.1475V（3）

申年五月赵庭琳牒及判文二通

S.1475V（1）

申年正月令狐子余索地状与判凭

P.3613

申年正月十七日寺主戒清请为亡尼坚正衣物念诵疏

P.2583V（11）

申年正月十五日比丘尼慈心施舍疏

P.2583V（7）

申年正月五日女弟子张什二施舍疏

P.2583V（9）

申年正月五日朱进兴施舍疏

P.2583V（10）

申宴设司破面状二通

S.6577V

深戒具缘

S.4477

深密解脱经
    中村不折 063

深密解脱经卷三
    Дx.10775，Дx.11787，Дx.12688，敦研 296，敦研 297

深密解脱经卷五
    BD00936，S.8003

深密解脱经题签
    Дx.11787V

深密解脱要略
    P.2803V

神符经
    P.3692V（1）

神龟一首
    P.2129V（6）

神护寺印
    G.019[=PEALD_3cV]

神龙散颁刑部格
    S.4673

神人所说三元威仪观行经卷一
    S.3140

神人所说三元威仪观行经卷二
    P.2410，P.2828，S.1267，S.5308，Дx.00643

神沙乡百姓吴山予借麦契
    羽 063

神沙乡令狐贤威状
    P.3155V（4）

神沙乡某人契约
    BD16491

神沙乡纳布历
    S.6130（1）

神沙乡人名录
　　P.4899+5546（2）

神沙乡散行人转帖
　　S.1159

神印法
　　BD15775

甚深大回向经
　　BD12341

生兜率内院礼赞法
　　BD08474

生经卷五佛说清信士阿夷扇持父子经第五十三
　　Дx.16937

生绢紫绫账
　　P.4958（1）V

生老病死义
　　P.3198AV

生礼题签
　　Дx.10179V

生死轮颂
　　俄Ф.191

声闻布萨文
　　P.4597（32），北大D191（1）

声闻唱道文
　　P.2680V（3），P.3334，S.4555，藤井48-东文48-饶目歌赞类4，羽022之2

声闻文
　　Дx.00997

圣地游记述
　　Дx.00234，俄Ф.209

圣观自在菩萨普施受持供养像
　　Дx.03144

圣观自在菩萨千转灭罪陀罗尼
　　P.2322（19）

圣观自在菩萨像
　　P.4514（3）B–D，P.4514（8）1–2（2）

圣箭堂述古
　　Дx.18947

圣教十二时
　　P.2734，P.2918，S.5567

圣教十二时赞
　　Дx.10454

圣历二年（699）十二月贰拾日告书
　　P.3749V

圣善住意天子所问经卷中
　　Дx.06966

圣绳子卜
　　S.12194

圣太子降生文
　　羽739R

圣者泗州僧伽和尚元念因缘
　　P.3727（9）

圣胄集
　　S.4478

胜鬘宝窟卷上断简
　　京博B甲433

胜鬘夫人经卷上
　　S.1649

胜鬘经卷一
　　S.0992

胜鬘经疏

BD04224，BD05793，BD12222，BD12255，BD13671，S.0524，S.2430，羽590之29，羽590之30

胜鬘经疏释

S.6388

胜鬘经义记卷上

Дх.00527V，Дх.01856V，Дх.05393，Дх.05398

胜鬘师子吼经

S.1027

胜鬘师子吼一乘大方便方广经

BD01612，BD02710，BD06696，BD07002，BD08185，BD09734，BD09744，BD10485，S.2526，S.8223，S.8270（1），S.8270（2），Дх.02896，Дх.03850，Дх.09246，Дх.09293，Дх.09302，Дх.11184，Дх.16151，Дх.16189，启敦038

胜鬘师子吼一乘大方便方广经疏

BD11945

胜鬘师子经

S.2771

胜鬘义记卷下

P.2091，P.3308V

胜鬘义记一卷

S.2660

胜思惟梵天所问经卷一

Дх.01196，Дх.06401，Дх.08133，Дх.08250，Дх.09292

胜思惟梵天所问经卷四

Дх.15084

胜思惟梵天所问经论卷四

BD10574

胜天王般若波罗蜜经

SCM.D.02403，北三井023（025-10-21）

胜天王般若波罗蜜经卷一

BD00236，BD00891，BD05275，S.0499，S.1264，S.2296，S.4339，S.7568，S.7781，Дх.04574，Дх.07648，Дх.08091，Дх.11251，北大D011，羽214

胜天王般若波罗蜜经卷二

BD00960，BD02503，BD06334（1），P.4868，S.2606，Дх.06877，Дх.07209，Дх.07211，Дх.08732，Дх.09407

胜天王般若波罗蜜经卷三

BD06334（2），S.6701，Дх.06329，Дх.08960，北大D144，北大D145，北大D150，羽161

胜天王般若波罗蜜经卷四

BD01569，BD01718，BD05132，BD06334（3），S.1242，S.2820，Дх.00483，Дх.00490A，Дх.00497，Дх.00498，Дх.00991，Дх.01876，Дх.02055，Дх.02123，Дх.02128，Дх.02131，Дх.02141，Дх.02178，Дх.03827B，Дх.03840，Дх.03852，Дх.03868，Дх.03869，Дх.03882，Дх.06088，Дх.06089，Дх.06741，Дх.06910，美国国会图书馆藏本，启敦088

胜天王般若波罗蜜经卷五

S.1220，S.2429，Дх.01715，Дх.01716，Дх.05647，Дх.06641，Дх.06676，Дх.06700，Дх.06701，Дх.06702，Дх.06724，Дх.08922，Дх.11917，Дх.12611，Дх.12771，Дх.14260，Дх.16024，津艺302，羽276

胜天王般若波罗蜜经卷六

BD15285，S.4344，Дх.01954，羽276

胜天王般若波罗蜜经卷七

P.5598V（2），S.0278，Дх.04482A，Дх.09361，Дх.11568A，Дх.18689，北大D012，北三井022（025-14-22），北师大善/221.26/440，羽276，羽409

胜天王般若波罗蜜经序

P.3471

胜天王般若波罗蜜经抄文

羽024V之2

胜幢臂印陀罗尼经
　　羽 099

尸都额等地亩着粟抄
　　S.4060V（3）

尸迦罗越六方礼经
　　BD00323C

尸毗王赞
　　BD02668V

尸陀林发愿文
　　S.4318（2），S.6577

失达太子雪山修道赞文一本
　　S.4654V（3）

失名禅语
　　S.0646（1）

失名道经
　　S.1057

失名佛教戒律
　　BD15513

失名佛教论著
　　BD15512

失名赋
　　S.6170

失名古籍
　　IOL.C.104A（Vol.69.fol.35and34），IOL.C.104B（Vol.69.fol.35and34），S.1393V（1）

失名类书
　　BD11391，BD14685，BD15477，BD15488，S.0078，S.0079，S.0133V（2），S.0545，S.0610V（1），S.2588，S.2588V，S.5725，S.6011，S.6078，S.6160

失名诗
　　S.0788（2）

失名诗赞大乘净土赞
  浙敦 079（浙博 054）

失名书
  S.5388，S.6070，S.6227

失名书（汉晋年事）
  S.2552V

失名书〔记开元九年（721）至天宝十三载（754）事〕
  S.2506V

失名书（劝纳谏）
  S.1835

失名书仪
  S.0078V，S.0766，S.5597V，S.5613（1），S.5643（1），S.5643（6）

失名算经
  S.0019，S.0663V（1）

失名文集（杂谢贺表状）
  S.5566

失名文献残片
  BD12314（2），BD12375

失名五兆卜法
  S.6054，S.6167

失名行记
  S.0529V

失名医方
  S.5435

失名韵文（？）
  S.6208V（4）

失名葬书
  S.6215（1）

失名占书
  S.5772，S.5792（3），S.6182

失名占书（帝王气象占第一、将军气象占第二、军胜气象占第三）

  S.2669V（1）

失名占书（推五音建除法等）

  S.0612V

失名占书（悬象占、太史杂占历等）

  S.2729V

失名字书

  S.5514

失题道教类书

  BD14841I，P.2443，P.2459（1），P.2469，P.2725，P.3299，P.3652，S.1113

失题道经

  BD11366，Дx.03790，Дx.04336，Дx.08789，羽589之16

失题道经（弟子承宗问道）

  P.3684

失题道经（黄帝问道于神君）

  S.3391

失题道经残片

  BD10743，S.5709V，S.6175，S.6223，S.13595，Дx.07243，Дx.15378

失题道经残片（地狱名）

  S.10600

失题道经残片（上清经？）

  BD10266

师师谩语话

  S.4327

师子吼经

  S.5970（1）

师子吼菩萨咒

  BD08583（2）

诗

  Дx.00123V，Дx.03726，Дx.03916，Дx.03944，Дx.05898V，

Дх.06053，Дх.10740C，Дх.17442，Дх.17469

诗钞

  S.9038V

诗词杂写残

  羽003V之2

诗二首

  BD09520V（1），P.3156P1V，Дх.02301

诗二首（再游山阴先寄郡中友人、赠秀峰上人）

  S.4444V（1）

诗歌残句

  Дх.03871

诗歌丛钞

  P.3812

诗格一部（第一的名对—第七赋体对）

  S.3011V（2）

诗观世音菩萨咒

  P.4912（4）

诗集

  P.2677（1），Дх.06654V，Дх.06722V

诗经

  Дх.12602，Дх.16884

诗九首

  P.2762V（3）

诗九首（贺大夫十五郎加官等）

  S.3329V，S.6161V，S.6973V，S.11564V

诗三首

  ZSD060号背2，Дх.00153

诗十首

  BD15055（2）

诗十首（因国十一求乾脯、问友人疾、酒泉太守、秋日茂葵、翫月、西州、酒泉等）

  S.6234

诗十一首

  P.2687B

诗四首

  P.2672V（2）

诗文

  P.4588V，Дx.02145V（2）

诗文残片

  P.2553P1V，Дx.01891+Дx.02642+Дx.02918V

诗文集

  P.2544，P.2555，P.2555V，P.3480

诗五首

  BD04291V，P.2622（2）

诗一首

  BD03491V，S.8448C（3）

诗一首七言

  P.3305V（3）

施紬绢历

  Дx.01305，Дx.02154，Дx.03026

施饿鬼食并水真言印法一卷

  S.6897V（1）

施经记录

  Дx.11224

施入历

  Дx.05716

施入疏

  LD5161-03

施衫裤袜练名目
 S.7060V（1）

施舍发愿文
 Дх.04780，Дх.05842，Дх.12515

施舍疏
 Дх.01307V，Дх.01441V

施舍疏八件
 P.3541V（2）

施舍疏七则
 P.3353V（5）

施食发愿文
 P.2575（2），P.2575V（2）

施食文
 上图060V

施物疏
 S.4632V，Дх.00883B

施物账
 P.3441P1V

施粥
 P.3149（1）

施诸饿鬼饮食及水法
 BD09513（1）

施诸饿鬼饮食及水法并手印
 BD04863V

施主发愿文
 P.4536V（1）

施主僧元惠发愿文并供养人题名
 BM.SP.59（Ch.xx.004）

什物抄
 S.0214V（4），S.5578（1）

什物点检历
　　S.10008BV

什物分付历
　　Дх.01365V

什物历
　　S.6276，S.10004，S.10524B，S.11553A–C，Дх.04899

十大弟子赞
　　BD14546V（1），S.6006（2）

十大弟子赞·大目犍连
　　BD15431（3）

十大弟子赞·舍利弗
　　BD15431（1）

十大弟子赞兼诸禅师法门
　　羽025之1

十德所在法
　　P.2610（9）

十地经论卷一
　　羽208

十地经论卷三
　　羽209

十地经论卷六
　　BD05834，BD07539，BD11273，BD14808

十地经论卷九
　　BD01121，BD04105

十地经论卷一二
　　BD02958

十地经论初欢喜地卷一之一
　　Дх.04589，Дх.16160

十地经论离垢地卷二之四
　　Дх.08096，Дх.18063

十地经论明地卷三之五
　　Дx.08383，Дx.08391

十地经论难胜地卷五之七
　　Дx.08973，上图090

十地经论远行地卷七之九
　　Дx.00162，Дx.02984

十地经论不动地卷八之十
　　Дx.16067

十地经论善慧地卷九之十一
　　Дx.08743

十地经论法云地卷一〇之十二
　　Дx.04616B，Дx.05293，Дx.18077，Дx.18078，Дx.18099，Дx.18410

十地经论释
　　BD06378

十地经论疏
　　BD11647

十地经论义记
　　Дx.14652

十地经论义记卷第二本
　　Дx.03370，Дx.03388，Дx.04202

十地经论义记卷第三本
　　Дx.08685

十地经论义记题签
　　Дx.09497

十地论卷一并序
　　P.2984

十地论卷一〇
　　台图098

十地论初欢喜地卷一
　　S.4823

十地论初欢喜地卷之二

　　京博 B 甲 254　图录 204

十地论离垢地第二卷之四

　　P.2033

十地论难胜地第五卷之七

　　S.1721

十地论善慧地第九卷之十一

　　上博 32（37493）

十地论法云地第十卷之十二

　　P.2086

十地论序侍中崔光作

　　S.5002

十地论义记卷一

　　第一批 00157（上海图书公司藏本）

十地论义疏卷一

　　S.2741

十地菩萨咒

　　S.2928（2）

十地疏

　　S.2717，S.3924

十地义记卷一

　　P.2048

十地义疏卷三

　　P.2104

十弟子赞

　　S.1042V，S.5706（1）

十恩德

　　P.2668（5），S.4438V，S.6270（1），S.6274，俄 Φ.263+Φ326（12）

十恩德赞

　　BD02918V（6），BD09355（2），BD09366，BD14751V，P.2843（1），P.3411，

P.3840（2），P.4700，S.5564，S.5591，S.5601，S.5687，S.6981HV，S.11568

十恩赞
　　Дх.06258

十二部经名梵汉音
　　S.1155

十二分教
　　P.3789V（1）

十二光佛
　　BD01897（3）

十二光礼
　　P.4597（34）

十二光礼忏文
　　P.2722（3），S.2659V（3）

十二时
　　P.2690V（10），P.2714，P.2952，P.3286，P.3604，P.4028（2），S.2454（2）

十二时·众生重重萦俗事
　　BD07310

十二时唱本
　　故宫新152372V（1），故宫新152372V（2）

十二时歌
　　P.3141V（2）

十二时普劝四众依教修行
　　P.2054，P.3087V，俄Ф.319，俄Ф.342，俄Ф.361，上博48（41379）（28）

十二时行孝文一本
　　P.3821（5）

十二时赞
　　Дх.04310

十二先礼法身礼一本
　　S.5572（6）

十二月礼多记
　　S.2143（1），S.2567V

十二月礼佛名
　　S.5541（2），上博48（41379）（33）

十二月礼佛文
　　P.3809（2）

十二月廿日比丘尼真意施舍疏
　　P.2583V（3）

十二月气候套语
　　P.2738V（3）

十二月曲子
　　S.6208V（2）

十二月壬气
　　Дx.00506，Дx.05924V

十二月十六日沙州归义军讨击使武文进状
　　P.4990

十二月十五日比丘尼修德施舍疏
　　P.2583V（2）

十二月书仪
　　S.0361V（8）

十二月消息卦
　　北大D197

十法行十地三十二相名数钞
　　BD14808V（1）

十方佛礼忏文
　　BD11432

十方佛名
　　Дx.00458

十方佛名经
　　BD14840KB

十方佛真言

P.4679（4）

十方千五百佛传卷

S.4531

十方千五百佛名经

BD00458，BD07430，BD09289，BD09913，BD12177，LB.001，P.4007，ZSD002 号，Дx.02701，Дx.03306，Дx.03337，Дx.03352，Дx.03486，Дx.03548，Дx.03562，Дx.03685，Дx.03711，Дx.03755，Дx.04113，Дx.04213，Дx.04662，Дx.04678，Дx.05008，Дx.06270，Дx.06286，Дx.06333，Дx.06468，Дx.06880，Дx.06900，Дx.07032，Дx.07081，Дx.07138，Дx.07572，Дx.07664，Дx.07739，Дx.08112B，Дx.08236，Дx.08271，Дx.08459，Дx.08539，Дx.08722，Дx.08797，Дx.08826，Дx.08895，Дx.09003，Дx.09004，Дx.09185，Дx.09203，Дx.09294，Дx.09299A，Дx.09371，Дx.09375，Дx.09445，Дx.09446，Дx.09450，Дx.11416，Дx.12291，Дx.12303，Дx.12322，Дx.12375，Дx.12443，Дx.12494，Дx.12888，Дx.14326，Дx.14531，Дx.14961，Дx.15863，Дx.16032，Дx.16303，Дx.16335，Дx.16424，Дx.16472，Дx.16563，大谷大学 0713，文研院 155（xj153-0323.05），羽 698V，中村不折 048

十方三世诸佛名

Дx.02707V

十方三世诸佛无量随心大神咒

BD06125（5）

十方神真言净饭食真言等

P.3162V

十吉祥

俄 Φ.223

十戒十四持身经

BD09416

十金刚结界咒

P.2575（3），P.2575V（3）

十金刚心真言
　　Дx.00152

十空赞
　　P.4608（2），S.4039（1），S.5539（4），S.5569（2），S.6923V（7），Дx.00922，Дx.01358（1），Дx.02137，Дx.03132，羽155之2，羽425

十空赞文一本
　　P.3824（7）

十空赞文一卷
　　S.5539（2）

十六大阿罗汉颂
　　S.1589V（1）

十六大国名目
　　S.0554V

十六国春秋
　　羽038R，羽072之aR

十六罗汉名号
　　BD11241

十六罗汉颂钞
　　BD08227V

十六众想文
　　BD09146（2）

十轮经卷一
　　S.0209，俄Ф.136

十轮经卷三
　　S.2262，S.3367，京博B甲275 图录219

十轮经卷五
　　大谷大学0717

十轮经卷七
　　BD03678

十轮经卷八
  S.0154

十轮经卷二〇
  S.3368

十轮经最显无尽藏法略说
  S.2137（1）

十论比丘尼波罗提木叉戒本
  大谷大学 0712

十梦
  P.2668（6）

十念功德回向文
  羽 705

十念功德文
  BD02918V（5）

十七地解义
  BD01446

十七帖临本服食帖
  Дx.11204

十七众
  P.3850V（2）

十七众名
  P.2076V

十劝钵禅关
  S.2204（5）

十圣弟子本生缘起
  P.2344V（3）

十四十五上战场词一首
  P.3360V（1）

十诵比丘波罗提木叉戒本
  BD02306，BD15123A，L.020，P.5557bis（1），S.0730，Дx.00281，

Дx.02328，Дx.03809，Дx.04380，Дx.06362，Дx.07441，俄Ф.324，启敦118，启敦127

十诵比丘戒本

S.0797

十诵比丘尼波罗提木叉戒本

BD06059，BD16179A，BD16179B，BD16179D，Дx.16129，羽594，羽621，浙敦112（浙博087）

十诵比丘尼波罗提木叉戒本题记

BD16179C

十诵比丘尼羯磨

BD03717

十诵羯磨比丘要用

Дx.12906

十诵律

BD10616，Дx.14747，重博12

十诵律卷三

BD14680，Дx.04865

十诵律卷四

Дx.16239

十诵律卷五

Дx.08975

十诵律卷六

俄Ф.318

十诵律卷七

BD11654，S.7819

十诵律卷八

BD03672

十诵律卷九

Дx.12054，Дx.12094，Дx.12118，Дx.12215

十诵律卷一四
　　S.7475

十诵律卷一七
　　Дx.10748

十诵律卷一九
　　BD11741，BD14521

十诵律卷二〇
　　羽170R

十诵律卷二一
　　Дx.03928，Дx.03930，Дx.03934，Дx.03942，Дx.03976，Дx.03978，Дx.04036A，Дx.04039，Дx.04043，Дx.04051，Дx.04053，Дx.04057

十诵律卷二三
　　BD03375

十诵律卷二七
　　Дx.05993

十诵律卷二八
　　Дx.03305

十诵律卷三一
　　BD00947，BD00948

十诵律卷三八
　　BD00944，BD00945

十诵律卷三九
　　Дx.12840

十诵律卷四一
　　Дx.12121

十诵律卷四六
　　Дx.02943

十诵律卷四七
　　上图003

十诵律卷四九

BD10999

十诵律卷五一

BD15700

十诵律卷六一

Дх.09278，Дх.16427，Дх.18578

十诵律及羯磨

S.1039

十诵律卅事卷第七

中村不折027

十诵律疏

BD14739A

十诵律增一法第八诵之二

S.3725

十诵毗尼初调第五卷

S.0751

十王经

BD01226，BD04544（1），BD06375，BD08045，BD08066，BD08237，BD09248，BD10370，BD10371，BD12367，BD15337，BD16264，S.7598，Дх.02791

十王斋与逆修往生斋

BD00529V

十无常

S.0126（2），S.2204（3）

十五愿

藤井59-东文59-饶目歌赞类1（1）

十五愿礼佛忏

S.3287（4），Дх.01563+Дх.02067（2）

十五众释义

P.3944

十想经
  BD00693（8），ZSD078 号 1

十信心杂钞
  BD07217（2）

十一面观世音神咒经
  BD12116

十一面观音菩萨立像
  EO.3583

十一面观音菩萨图
  MG.17778

十一面神咒心经
  BD02003，P.2951V，S.3185V，S.3432，S.4628，S.7028，Дx.10683，甘博062，西北师大012

十一日姨宋氏祭外甥文
  P.2614V（1）

十一月七日陵司空壬都头三界寺内某事题记
  P.3121V

十因四缘五果依处
  BD05797V（1）

十愿歌
  S.4504V（1）

十月末东归书启
  BD14840CB

十月廿七日安大宾等文书
  P.2643P

十月廿四日小师法虚上僧录和尚状
  P.2807P2

十月乙亥建除历
  P.4693P

十斋日
　　S.2143（3）

十斋日仪轨
　　S.6330V

十哲声闻
　　P.2885V（2）

十直斋十二月斋
　　北大 D074（2）

十住断结经卷八
　　BD09654

十住断结经卷九
　　Дx.05472

十住经卷一
　　P.2146，S.7086，Дx.07448

十住经卷二
　　Дx.12280B

十住经卷三
　　Дx.12053，Дx.12241

十住经卷四
　　Дx.05220，Дx.09400

十住毗婆沙论卷二
　　BD11784，Дx.01076，Дx.01077，Дx.18617

十住毗婆沙论卷五
　　Дx.04811，Дx.12206

十住毗婆沙论卷七
　　Дx.18657

十住毗婆沙论卷九
　　Дx.12212

十住毗婆沙论卷一五
　　Дx.12347

十住毗婆沙论卷一七

　　Дx.01393，Дx.01465

十字押

　　Дx.01747V

石堡守捉状

　　藤井13- 东文13- 饶目牒状类18

石定信等人名录

　　P.3319V（5）

石女无夫主诗

　　P.3065（2）

石全子等名录

　　P.3894V（3）

石僧正牒

　　Дx.11193

时非时经一卷

　　羽156之4

时年转帖

　　P.3218

时要字样

　　BD15410，S.5731，S.6117，S.6208，S.11423，Дx.02391A

实相性空论

　　BD07283

食疗本草（唐道士孟诜撰）

　　S.0076

食讫说偈

　　S.5257（2）

食物帐

　　P.2744

食用算会历

　　Дx.06636

史记伯夷列传第一
　　P.2627（2）

史记燕召公世家第四
　　P.2627（3）

史记管蔡世家第五
　　P.2627（1）

史书
　　Дx.00444，Дx.00445，Дx.03016V，Дx.03399

史索贞国牒勘印簿
　　羽061

使检校国子祭酒兼御使中丞麴某状（？）
　　S.6341V

使客、工匠等、胡饼·面破历
　　羽710

使人残片
　　BD16398A

使沓蜜施合将军公牍封套
　　Дx.02879

使衙油面破历
　　S.1366

士兵衣物历
　　P.3274V

示所犯者瑜伽法镜经
　　Дx.08366，Дx.16851

世俗文书
　　Дx.06141V

世祖偈子诗
　　津艺061AV

式叉六法文
　　S.2603

式叉摩那戒法
Дx.00630+Дx.02129

式叉摩那六法文
BD12281

式叉摩那六法文并沙弥十戒及八敬等法
BD04636，BD07532，BD07537，BD07596

式叉摩那尼六法
台图090

式叉摩那尼六法文
P.5040（2），S.2369，S.3150，S.8330，藤井58-东文58-饶目宗教类2

式叉摩那尼十八行法
S.0857

式叉摩那受大戒法
Дx.00396，Дx.02240

式叉摩那受戒文
S.7528

式叉摩那文
南图007

式叉尼六法文并沙弥十戒及八敬等法
BD03709

式叉尼六法一卷
S.6880（1）

式叉尼十八法
S.7878

式叉尼文
P.3259（5）

式叉尼性空六法文
P.2934

事林一卷
P.4052（2）

事森
  P.2621，S.5776

饰词
  S.4460V（1）

是学一切智经
  S.2111

释八比丘
  BD10564

释八苦五乘
  Дx.01696

释八识
  俄 Ф.309

释比丘义
  BD05889（3）

释道坚牒
  P.2504P3V

释奠文
  P.3896V（1）

释迦本师因地本行
  S.8181

释迦牟尼半偈舍身故事
  S.7936

释迦牟尼成佛变文
  BD08637

释迦牟尼佛忏悔真言
  P.4961（5）

释迦牟尼佛心地咒
  S.4543（4）

释迦牟尼佛心真言
  P.4679（1）

释迦牟尼佛心咒
　　P.2104V（15），P.2105（10）

释迦牟尼涅槃图
　　上博 76（63821）

释迦牟尼请佛心真言
　　BD04303

释迦牟尼如来涅槃会功德赞并序
　　P.3703V

释迦牟尼如来像法灭尽因缘一卷
　　P.2139

释迦牟尼心真言
　　S.7204V（2）

释迦牟尼赞
　　P.2325（3），S.0398V

释迦牟尼真言
　　P.3834（1）

释迦谱
　　上博 55（44960）V

释迦谱卷四
　　BD11082

释迦劝化愚顽经
　　S.1638

释迦文佛所说经神通菩萨品第廿二
　　俄 Ф.233

释迦赞
　　S.2583V（1），S.2832（2）

释迦族种姓缘起
　　BD07502V（1）

释净土群疑论
　　BD06751，BD07534

释净土群疑论卷五

Дx.05401

释净土群疑论卷七

BD11898，BD15460，羽021

释居遁诗偈三首

BD03593V

释利涉奏请僧徒及寺舍依定

S.2679（3）

释门不拜

P.2954

释门残文

S.5605

释门传记

Дx.06263

释门法律惠德状

S.8702+8681V

释门法律唐不成等字一行

S.8448C（2）

释门教授帖

务本029号

释门书仪

P.3461V（2），P.3575

释门颂语书仪

P.2158P

释门帖

P.2451V

释门帖诸寺纲管

P.6005V

释门文范

P.2044V，P.2104V（2），P.2174（1），P.2443V（3），P.2450V，P.2481V（7），

P.2523P2V, P.2542V, P.2547P1V, P.2587V, P.2631, P.2631V (2), P.2642, P.2642V (1), P.2670, P.2767V, P.2770V, P.2807 (8), P.2807V (4), P.2820 (1), P.2867 (2), P.2867V, P.2871V, P.2915 (4), P.2930, P.2930V (1), P.2947 (1), P.2991A (2), P.3038V, P.3097, P.3097V, P.3213 (2), P.3219 (1), P.3219V, P.3307, P.3322V (1), P.3360V (2), P.3362V, P.3420+3466V (1), P.3470 (2), P.3470V, P.3481V, P.3486V (5), P.3541, P.3547V, P.3549, P.3715V, P.3800V (1), P.3804, P.3887V, P.3974, P.4020 (1), P.4704, P.4704V, P.4712 (2), P.4712V (2), P.4726, P.4958, P.4969, Дх.01009 (2), Дх.01200, Дх.01285V, Дх.01329A, Дх.01436, Дх.01444, Дх.02172V, 俄Ф.263V, 俄Ф.326V

释门文范等

P.5014A

释门文书

P.2187 (3), P.2504P2V, Дх.01511

释门杂文

Дх.06167

释门杂字

P.3619 (2)

释摩诃般若波罗蜜经卷一说大智度缘起法

S.1621

释摩诃衍论记

Дх.11835

释摩诃衍论卷五

Дх.00887

释摩诃衍论卷八

Дх.03855

释摩男经

伍伦18号

释尼戒初篇八波罗夷义决

S.1172, S.6795

释尼戒初篇八波罗夷义决钞

BD09773

释三转三退四智

S.2961（3）

释僧戒初篇四波罗夷义决

BD03726（1），BD03726V，BD05789，BD06131，BD06132，BD06408（2），BD07052，BD08267AV（1），BD08267BV，BD08267CV（2），BD10372

释僧肇传

S.0556V

释僧肇作题记

Дx.01229V

释受戒义

BD08267CV（1）

释四无碍辩

BD10717

释五辛

Дx.00827

释小乘部派

BD09719V

释业

P.3366

释肇序

S.2496

释肇序抄义

BD14888，羽623

筮占书

P.4680

收马所状

藤井27－东文27－饶目似无

收信人地址
　　P.3349P1V

收养书
　　Дx.12012

手决一卷
　　P.2632（1）

手习书断片
　　羽664之2R+V

手印图
　　P.3905，P.5528

守回鹘长史尤（？）孔目官田弘约牒
　　BD16224A，BD16224B

首楞严经
　　BD15326，S.1707

首楞严经卷一
　　S.7550

首楞严经卷三
　　津艺051

首楞严经卷四
　　S.7974

首楞严三昧经
　　文研院156（xj159-0323.11），文研院157（xj157-0323.09），文研院158（xj158-0323.10）

首楞严三昧经卷上
　　BD15630，敦博022

首楞严三昧经卷下
　　BD06721

首罗比丘见五百仙人并见月光童子经
　　北大D099，羽504

首罗比丘见月光童子经

BD00687，BD05607，BD05926，BD08341，BD10619，BD15396，HHT023

首罗比丘经

P.2464，P.3019，S.1811，S.2697，S.3322，S.6881，Дх.14533，国图WB32（35），566984，羽137，羽142

受八关戒文

P.2355V

受八关斋戒文

BD00038，BD08257，BD10292，BD10317，P.2668V（3），P.3092，P.3697V，P.4522，S.4610V（1），S.4624，藤井54-东文54-饶目宗教类5

受八戒法

P.2849（5）

受八戒文

P.2296，S.2689（2）

受八戒仪

BD01482

受赐官告文牒诗文序

P.3720（3）

受地秋粮颗粒无交状并判凭

P.3193P1

受吉祥草偈

P.4597（8）

受戒忏悔文

P.2020V，上博49（44057）A

受戒忏文

Дх.00702V

受戒方等道场祈光文

P.3781（3）

受戒了回向发愿文

P.3293V（3）

受戒令疏

　　S.2146（1）

受戒文

　　P.2147V（1），P.3293V（1），S.2689（1），S.5541（5），S.5886，S.7595，Дx.05622，上博48（41379）（38）

受具戒法

　　P.2222E（1）

受菩萨戒文

　　P.2147，P.3293V（2），羽654之1

受菩萨戒仪

　　BD08432，Дx.06093

受三归八戒礼忏文

　　BD09411

受三归八戒文

　　BD04052

受三归五戒八戒十戒文

　　P.2984V（3），P.3217V

受沙弥十戒戒文

　　P.3235（2）

受十戒文

　　S.1824

受十善戒经

　　S.2565，Дx.16416

受水说偈文

　　P.4597（31）

受田历

　　Дx.18955

授八戒文

　　BD08305，BD15462

授大戒羯磨

　　BD09222V

授金刚心法心地法门戒

　　BD05298V（6）

授三归八戒文

　　BD07153

授三皈八戒仪轨

　　S.4081（1）

授摄蒙州司马后由许陪从公宴谨抒长句以代谢诚

　　P.3946（1）

书册封皮

　　BD13435

书函残片

　　BD11041

书皮用唐绢

　　BD15451

书启

　　S.0525V，S.10545V

书启稿

　　BD09015V

书契残卷

　　BD14683

书写观世音经题记

　　BD15759

书信

　　BD06514V，P.2161P8，P.2161P9，P.2529V（3），P.2553P3，P.2609V（3），P.3243P34，P.3288P2，P.3307V（2），P.3349P1，P.3555BP12，P.3555BP2V（2），P.3750，P.4022P2，P.4503bis，P.4650P，Дх.01271V，Дх.01274+Дх.03029V，Дх.01280，Дх.01292，Дх.01516，Дх.05409，Дх.10291，Дх.10293，Дх.11065，俄Ф.362CV，故宫新152094V（1），上博

20（8918）（1），上博 24（24579）V，上博 26（26885），藤井 1-东文 1-饶目书札类 1，藤井 2-东文 2-饶目书札类 2，藤井 3-东文 3-饶目似无，藤井 9-东文 9-饶目书札类 5

书信草稿

Дх.01329AV，Дх.01387（2）

书信稿

P.3151

书仪

BD16434A，BD16434B，BD16434C，BD16434D，BD16434E，BD16434F，BD16434G，BD16434J，BD16434K，LD5002-01，LD5002-02，P.2058V（2），P.2481，P.2497，P.2569V（Pel.tib.113）（2），P.2571，P.2619+3872BV，P.2621V（1），P.2679，P.2679P1，P.2814（2），P.2990V（Pel.tib.133V）（1），P.2996，P.2996V（1），P.3100（2），P.3100V，P.3101（1），P.3173V，P.3197V（1），P.3197V（5），P.3197V（7），P.3197V（8），P.3199V，P.3220+3536V（1），P.3425PV，P.3451bis，P.3451P3，P.3502V（1），P.3535，P.3535V（1），P.3552（2），P.3581，P.3625，P.3627（2），P.3643P1，P.3671V（2），P.3672bisV（2），P.3681，P.3687，P.3691P17，P.3691P19，P.3715P2，P.3715P3，P.3715P3V，P.3715P5V，P.3721V（4），P.3730V（1），P.3867（2），P.3886，P.3900，P.3906（4），P.3931，P.4019（1），P.4019V（3），P.4024，P.4036（1），P.4050，P.4686（2）V，P.4690C2，P.4690D，P.4764，P.4766，P.4784，P.4893，P.4896，P.4984（2），P.4997，P.5015，P.5547（1），P.6011（12），S.1438V，S.3399，S.4341，S.5575（3），S.5575（5），S.5709，S.5888，S.10610V，Дх.00153V，Дх.00169+Дх.00170+Дх.02632V，Дх.01055，Дх.01309，Дх.01310，Дх.01316，Дх.01441，Дх.01458，Дх.01467，Дх.02952V，Дх.02969，Дх.03016，Дх.03024，Дх.03153，Дх.03159，Дх.03814，Дх.03849，Дх.03870，Дх.03875，Дх.03902，Дх.03905，Дх.03917，Дх.05235，Дх.05427B，Дх.05451B，Дх.05506，Дх.05623，Дх.05644，Дх.05695，Дх.10465，Дх.10465V，Дх.16875，Дх.17011，俄Ф.280B（2），俄Ф.342V，历博写本 51，藤井 8-东文 8-饶目书札类 4

书仪·端午状

BD15440B

书仪·节候用语
>S.10275

书仪等残片
>P.4019P

书仪牒状绢帛历等
>P.3691P2、P3、P6 至 P13

书仪祭文
>P.2832Bbis.P3V，P.2832Bbis.P4V，P.2832Bbis.P6，P.2832Bbis.P7，P.2832Bbis.P9

书仪镜
>S.0329，S.0361，S.0681，S.6111，S.9713，S.10595，Дx.01454，Дx.02418

书仪镜·四海平蕃破国庆贺书
>S.10595

书仪镜吉仪
>P.3688（1）

书仪镜凶下
>上图 018

书仪题记
>P.2679V（3）

书仪习书
>S.10275V（3）

书仪新镜
>S.1040，S.1170

书仪一卷
>P.2505，P.3375，P.3637

书仪一卷（朋友书仪）
>S.6246

书仪用辞
>P.4002

书札

P.3068，S.2717V（3），S.5950V，津艺061C

书札草稿

P.2077V（3）

书状

BD09997V，BD16059，Or.8210/P.2（2），S.11307，S.11337，Дх.04355V，Дх.05181V，Дх.05247，Дх.5247V

疏请僧名录

P.2054V

疏文（窃以业缘虽大）

S.3050V（2）

赎小儿残契

BD11994

术数类文献（杂写）

HHT018V

述三藏圣教记

BD05643（1）

述三藏圣教序

S.0343V（3）

竖幢伞文

P.2854（15），P.2854（7），S.3156V

数存记住心门方

S.2702V（2）

数量功德经

S.5721

双恩记

俄Ф.096

双林里歌

上博49（44057）AV（1）

水旱霜蝗之事
　　P.3405（7）

水陆道场发愿文
　　Дx.06746，Дx.06746V

水陆道场法轮宝忏卷九
　　Дx.05749

水陆无遮大会疏文
　　S.0663（1）

水散食
　　S.4566

水散食偈
　　BD03099（4）

水散食一本
　　P.3835V（2），P.4961（12）

水则道场文
　　P.2058V（1）

水则道场转经两翻名目
　　BD16453A，BD16453C，BD16453D，BD16453E，BD16492A，BD16492B，BD16492C

舜子变
　　P.3220+3536V（4），羽039V之3

舜子变文
　　Дx.00440V

舜子变一卷
　　S.4654（5）

舜子至孝变文一卷
　　P.2721V

说八关斋戒文
　　S.4407

说法礼忏文
　　ZSD070号

说法图
　　P.4096（2），Дx.07894

说服文
　　P.3765（10）

说三皈五戒文
　　S.6551V（1）

说十六观行因缘
　　P.3352（2）

说文解字残简
　　羽674

说无垢称经卷一
　　Дx.02671，Дx.02793，Дx.04138

说无垢称经卷二
　　Дx.08431

说无垢称经卷三
　　Дx.02797B

说无垢称经卷四
　　Дx.04047+Дx.04064，Дx.12298，Дx.12306，Дx.18579

说无垢称经卷六
　　Дx.07432

说无垢称经摘抄
　　俄Ф.235G

说五佛八菩萨坛经
　　BD05298（7）

说一切有部戒经
　　南京博物院藏本

说一切有部俱舍论卷七
　　S.6506

说一切有部顺正理论卷五
    P.2834

说苑
    文研院159（xj115-0660.96）

说苑·辨物
    P.2872

说苑·反质
    敦研328

说罪要行法
    BD14868

朔方军节度使检校太傅兼御史大夫张状
    P.2992V（2）

司仓公功德斋文
    BD11259

司马头陀地脉诀
    S.5645（9）

丝绣佛像供养人题名
    BM.SP.260（Ch.00422）

丝织品
    Дx.09430

思大祖坐禅铭
    S.2165V（1）

思亲赋
    羽678

思益梵天所问经
    P.2126，S.0120，S.2243，S.7924，俄Ф.277，故宫新153371，故宫新155688，津艺071，龙谷大学25.五二五（波12），招提04

思益梵天所问经卷一
    BD00078（1），BD00477，BD00914，BD01486，BD01503，BD01518，BD01536，BD01599，BD01661，BD01888，BD02241，BD03496（1），BD03604，

BD04215，BD06176，BD06440（1），BD07562，BD08392，BD08638，BD09207，BD11028，BD11326，BD11430，BD14088，BD15001A，BD15001A（1），BD15275，S.2885，S.6459（2），S.6626，S.7319，Дх.04761，Дх.05395，Дх.05605，Дх.06291，Дх.08978，Дх.11662，Дх.11784，Дх.11921，Дх.12560，俄Ф.157，甘博105，甘博106，石谷风020，伍伦21号，伍伦22号1，羽396，羽511

思益梵天所问经卷二

BD00078（2），BD00229，BD01020，BD03477，BD03496（2），BD03658（1），BD03668，BD04132，BD06440（2），BD14089，BD15001A（2），BD15106，P.2107，S.2885，S.6459（2），S.6626，S.6783，S.7361，S.7407，Дх.02565，Дх.04116，Дх.05241，Дх.05264，Дх.06942，Дх.08982，Дх.08985，Дх.11123，Дх.12423，敦研123，俄Ф.155，甘博106，首博32.564，伍伦22号2，羽160，羽396，羽511，羽512

思益梵天所问经卷三

BD00078（3），BD00376，BD01722，BD03658（2），BD04007，BD04097，BD05905，BD06374，BD06440（3），BD06446（1），BD06487（1），BD07530，BD09208，BD09700，BD11640，BD14090，BD14188，BD14611，BD15001A（3），BD15080，BD15738，BD15741，G.017[=PEALD_3aR]，G.018[=PEALD_3BR]，LT.01（善3347），P.2779，S.1256，S.1270，S.1458，S.2885，S.6459（2），S.6626，Дх.03167，Дх.03756，Дх.04566，Дх.04856，Дх.05552，Дх.07202，Дх.11655，Дх.16365，Дх.18542，Дх.18557，第五批11406（上海辞书出版社藏本），敦研140，俄Ф.151，俄Ф.251，津图071，津文464，津艺068，伍伦23号，羽167，羽618

思益梵天所问经卷四

BD00078（4），BD00202，BD00333，BD06446（2），BD06487（2），BD12296，BD15001A（4），CXZ024，LB.023，S.4817，S.5180，S.5282，S.6459（2），S.6582，S.6626，S.6737，敦研047，敦研280，傅图24

思益梵天所问经变

BD02379V（1）

思益梵天问经
S.3133

思益梵天问经卷二
S.6071

思益经卷一
S.0421，S.2251

思益经卷二
S.2963，S.6402，甘图 012

思益经卷三
S.6734，津艺 237

思益经卷四
S.4020，S.4587，S.5101，S.6590，甘博 050，津艺 242，上图 129

思越人二首
P.2748V（1）

死王催伺
BD07779BV

巳年二月放苅契补注
P.2964（2）

巳年二月六日普光寺人户李和和等便麦契
P.2686

巳年二月十七日纥骨萨部落百姓李兴晟便黄麻契
BD13148（1）

巳年二月十日令狐善奴便苅价麦契
P.2964V（2）

巳年七月十四日取蕃汉经本各第一袟点付历
S.5676

巳年沙州仓曹上勾覆所会计牒
P.2654

巳年十月七日僧谈阇兄弟分家契
P.3033V（2）

巳年正月付开元寺等历
 P.4686（3）

巳年正月三日录事马桢文书
 Дx.01261

四臂观音像
 P.4518（17）

四波罗夷略疏
 BD08565

四部律并论要抄一卷
 S.2050V

四部律并论要用抄
 俄 Ф.168V（2），东大4699，台图094

四部律并论要用抄卷上
 P.2100，Дx.00062，Дx.10754，石谷风021，西博011，羽302

四部律并论要用抄卷下
 Дx.00378，羽302

四乘义释
 BD04456V（2）

四大天王赞
 S.7111V（1），S.8152V（2）

四大五蕴身心法
 BD09357（2）

四谛表解
 北大D234

四谛法门经
 BD03910

四谛义
 P.3762

四分比丘戒本
 S.1140，S.1474，S.2617，S.3700，S.4442，S.4618，S.4931，S.6806，S.8034，

Дx.03169，俄 Ф.280A，羽 156 之 1

四分比丘尼钞六念篇第十一

Дx.11209

四分比丘尼含注戒本（撮略本）卷上

BD00697

四分比丘尼羯磨法

BD05906，BD07410，BD10407，S.2237，S.2974V，ZSD042 号，Дx.03078，Дx.03527，启敦 032

四分比丘尼羯磨法钞

BD07588，S.7375

四分比丘尼羯磨文

BD13609，BD13633

四分比丘尼戒本

BD00014，BD00114，BD00208（1），BD00586，BD00711，BD00890，BD01047，BD01100，BD01107，BD01111，BD01113，BD01114，BD01117，BD01120，BD01124A，BD01124B，BD01125，BD01128，BD01130，BD01133，BD01137，BD01140，BD01161，BD01237，BD01439，BD01500，BD01903，BD02093，BD02147，BD02299，BD02332，BD02421，BD02560，BD02765，BD02816，BD02828，BD02965，BD02971，BD03005，BD03150，BD03158，BD03570，BD03793，BD03795，BD03809，BD03815，BD03840，BD03871，BD03922，BD04041，BD04068，BD04080，BD04087，BD04213，BD04289，BD04372，BD04519，BD04523，BD04552，BD04581，BD04651，BD04672，BD05080，BD05362，BD05453，BD05516，BD05533，BD05628，BD05778，BD05986，BD06273，BD06417（2），BD06490，BD06492，BD06529，BD06577，BD06697，BD06958，BD07112，BD07128，BD07564，BD07661，BD08049，BD08160，BD08163，BD08209，BD08215，BD08250，BD08455，BD08480，BD08483，BD08571，BD09413（2），BD09414，BD09418（2），BD09419，BD09420，BD09421，BD09422，BD09423，BD09424，BD09425，BD09426，BD09434，BD09534，BD09547，BD09601，BD09604（2），BD10297，BD10465，BD10559，BD11226，BD11230，BD11262，BD11267，BD11580，BD12147，

BD12250，BD12370，BD13628，BD14183，BD14541，BD15362，BD16329，P.3012，P.3380V，P.3515B（P.sogd.17），P.4756，P.5040（1），P.5564，S.0299，S.0808，S.1075，S.1205，S.1400，S.1678（1），S.2488，S.3041，S.3507，S.3736，S.3820，S.4065，S.4131，S.4784，S.5324，S.5397，S.5426，S.6639，S.6990，S.7190，S.7192，S.7600，S.7657，S.7697，S.7800，S.7883，S.7935，S.8045，S.8139，S.8146，S.8147，S.8195，S.8205，S.8219，S.8269，S.8292A，Дx.00041，Дx.00068，Дx.00904，Дx.00996，Дx.01479，Дx.01480，Дx.02089，Дx.02235，Дx.02241，Дx.02442，Дx.04023，Дx.04115，Дx.05342，Дx.06243，Дx.06581，Дx.07425，Дx.07975，Дx.08453，Дx.10749，Дx.10750，Дx.10751，Дx.10758，Дx.10759，Дx.11485，Дx.16001，Дx.16029，Дx.16154，Дx.16439，敦研090，敦研093，俄Ф.156，俄Ф.192，俄Ф.197，俄Ф.216，鄂博38，津图070，津图090，津文A-233，津艺236，津艺303，启敦157，羽417，羽669之1

四分比丘尼戒本入布萨堂说偈文
S.1516（2）

四分比丘尼戒本序
BD09418（1），BD09604（1）

四分比丘尼戒本疏卷四
S.6789V

四分羯磨卷上
S.6530

四分戒
S.6490

四分戒本
P.2068，S.1135，S.1150，S.1244，S.1326，S.3845，S.3962V，S.4144，S.4787，S.6672，S.6767，S.6848，俄Ф.150，国图WB32（4），604506

四分戒本并序
P.3712

四分戒本出昙无德律
S.1151，S.3718，S.4086，酒博007

四分戒本含注一卷

S.2894

四分戒本满意律师详定门人释贤称

S.2636

四分戒本释贤称注

S.4236（1）

四分戒本疏

BD05889（4），龙谷大学 35.五三六，龙谷大学 45.一一八，龙谷大学 46.一一九

四分戒本疏卷一

BD02112，BD03134，BD08202，BD14046，BD15357，BD15359，BD16226，P.2064（2），S.2886，S.5986，S.6604，Дx.10702，哥图写卷 16（第 14 卷），津艺 099，上图 123

四分戒本疏卷二

BD01253，BD01721，BD06222，BD06386，BD07573，BD07720，BD11376，BD14047，BD14048，BD14049，LD5000，1144，S.1144，S.1321，S.2501，S.2663，S.4092，S.4871，S.6549，Дx.00956，Дx.18488，北大 D166

四分戒本疏卷三

BD01061，BD01062，BD02179，BD02182，BD06880，BD14050，P.2245，S.0405，S.1481，Дx.00994，Дx.17684，台图 128，羽 153R

四分戒本疏卷四

P.2320，S.6889，甘博 107

四分戒本疏并戒律

羽 726V

四分戒本疏十三僧残法

P.2859（1）

四分戒本疏题签

Дx.05288

四分戒本说六法文

S.1083

四分戒本一卷
　　S.1957，S.1967，S.6526，S.6570，上图122

四分戒经一卷
　　S.0907

四分戒删繁补缺行事抄序
　　S.2358

四分戒疏
　　BD11743，S.6499

四分戒疏卷二
　　BD14800，S.4005

四分戒疏卷三
　　S.4004

四分戒一卷
　　P.3135，S.6491

四分律
　　P.2280V（1），P.3001V（1），P.3148V，Дх.03511，Дх.03518，Дх.06189，文研院160（xj034-0660.15），文研院161（xj234-碑帖111.6）

四分律比丘含注戒本
　　BD01415，BD01725，BD01874（2），BD01927，BD02064，BD02368，BD02821，BD04278，BD08650，BD14111（2），BD14729，S.4439，敦研342，故宫新152371

四分律比丘含注戒本卷上
　　BD00881，BD02143，BD03737（2），S.3334，S.4504，S.5016

四分律比丘含注戒本卷中
　　S.3334，S.4394，S.4504

四分律比丘含注戒本卷下
　　P.4565，S.4394

四分律比丘含注戒本上
　　BD08148（2），BD11720，Дх.00094，Дх.02391，Дх.05780，Дх.17575

四分律比丘含注戒本中

Дх.06331, Дх.15433, Дх.17981

四分律比丘含注戒本下

Дх.02105, Дх.04404, Дх.05535, Дх.05684, Дх.05684V, Дх.05712, Дх.06377, Дх.06383, Дх.06436

四分律比丘含注戒本疏

BD09960

四分律比丘含注戒本问答

Дх.06595

四分律比丘含注戒本序

BD01874（1），BD03737（1），BD08148（1），BD12036，BD14111（1）

四分律比丘戒本

BD00062，BD00091，BD00134，BD00269（1），BD00404，BD00424，BD00454，BD00465（1），BD00672，BD00705，BD00851，BD00927，BD00929，BD01095，BD01101，BD01106，BD01332，BD01447，BD01554，BD02407，BD02542，BD02643，BD02798，BD02874，BD02918，BD03734，BD03946，BD04331，BD04386，BD04429，BD04569，BD04936，BD05102，BD05152，BD05244，BD05270，BD05343，BD05357，BD05392，BD05399，BD05431，BD05461，BD05463，BD05494，BD05515，BD05586，BD05649，BD06014，BD06021，BD06072，BD06228，BD06311，BD06486，BD06489，BD06836，BD07014，BD07036，BD07099，BD07386，BD07457，BD07695（1），BD07695（2），BD07824，BD07863，BD07914，BD07962，BD08206V，BD08272，BD08366，BD08612，BD09427，BD09428，BD09429，BD09430，BD09431，BD09432，BD09435，BD09437，BD09548（2），BD10201，BD10561，BD11072，BD11251，BD11330，BD11460，BD11490，BD11492，BD11676，BD11680，BD11681，BD12206，BD13667V，BD14040，BD14475，BD14840J，BD14856，BD14992，BD16497，P.3227，P.4505，P.4616，P.4739（1），P.5589（3），P.5590（8），S.1133，S.3176，S.4872，S.5360，S.7636，S.7899，S.7912，S.8171，S.8172，S.8211，S.8214，S.8287，S.8305B，ZSD067号，Дх.00602，Дх.00612，Дх.00780，Дх.00950，Дх.01879，Дх.01880，Дх.02182，Дх.02389，Дх.02394，

Дx.02419，Дx.02478，Дx.02495，Дx.02501，Дx.02571，Дx.02851，Дx.02860，Дx.03896，Дx.04506，Дx.04621，Дx.04995，Дx.05060，Дx.05356，Дx.05385VA，Дx.05392VA，Дx.06334A，Дx.06334B，Дx.06486，Дx.06495，Дx.06657，Дx.06802，Дx.06826，Дx.07151，Дx.07182，Дx.07667，Дx.07829，Дx.08272，Дx.08555，Дx.09288，Дx.10742，Дx.10743，Дx.10745，Дx.10746，Дx.10747，Дx.11111，Дx.11582，Дx.11624，Дx.11823，Дx.11949，Дx.12029，Дx.12571，Дx.12654，Дx.12806，Дx.15773，Дx.16804，Дx.18582，鄂博44，津图132，羽562，羽603R+V，浙敦073（浙博048）

四分律比丘戒本注
　　北大D167

四分律比丘尼钞卷上六念篇第十一
　　Дx.06079

四分律比丘尼揵度之下
　　Дx.03431

四分律比丘尼戒本
　　S.8025

四分律比丘舍衣文
　　P.2700bisV

四分律并论要用抄
　　Дx.12699

四分律并论要用抄卷上
　　羽020V，羽590之7

四分律补记
　　P.3148（2）

四分律钞
　　BD11657V

四分律初分卷三
　　BD14668

四分律初分卷一二
　　BD05335

四分律初分摄颂及戒本摄颂
　　BD02934V（2）

四分律等要用抄
　　羽328

四分律第二分卷五
　　BD05822

四分律第二分卷六
　　BD14149

四分律第二分卷七
　　BD05321，BD05522，BD05553

四分律第二分卷九
　　BD02960

四分律第二分卷一四
　　BD06011

四分律法捷度第十八
　　Дх.03386

四分律含注戒本疏行宗记
　　Дх.10708

四分律含注戒本疏行宗记四上之一
　　Дх.08435，Дх.09348

四分律行事钞简正记卷三
　　Дх.12440

四分律行事钞资持记
　　Дх.11295

四分律及论要钞
　　龙谷大学44.一一七

四分律羯磨卷下
　　P.3247

四分律羯磨一卷

    S.2183，羽 631

四分律戒本疏

    BD00036，BD02065，BD07394V

四分律戒本疏卷一

    BD00917，BD02990，BD02992，BD03347

四分律戒本疏卷三

    BD00464，BD00469，BD00500，BD00501，BD00548，BD00566，BD00569，BD00573，BD00575，BD00590，BD00599，BD00659，BD00727，BD00741，BD00769，BD00777，S.6987

四分律戒本疏卷四

    BD00861

四分律戒本疏释

    BD00647

四分律戒心疏并序

    BD14051

四分律卷一

    Дх.04752B，Дх.10752VA，傅图 29A，上图 054

四分律卷二

    BD10394V，BD11271，Дх.10752B

四分律卷四

    BD07413，Дх.04729

四分律卷五

    P.6012

四分律卷六

    BD03667，Дх.08870

四分律卷七

    BD15438V

四分律卷八

    LB.032，Дх.04752AV

四分律卷九
  Дх.04752АV

四分律卷一〇
  BD07604，S.0984，Дх.12262

四分律卷一一
  BD06024，S.1895，S.1937

四分律卷一三
  羽237

四分律卷一五
  BD01605

四分律卷一七
  BD06101，BD08103，S.2795，Дх.03523

四分律卷一八
  Дх.04687

四分律卷一九
  S.7039，S.7049

四分律卷二〇
  Дх.05854

四分律卷二一
  Дх.05258，Дх.05662

四分律卷二二
  Дх.12516，Дх.16791，羽335之1

四分律卷二三
  S.6862，Дх.05358，Дх.06614，Дх.07111，Дх.08892

四分律卷二四
  S.6862

四分律卷二六
  BD01832

四分律卷二七
  BD02239，Дх.00013，Дх.00583V

四分律卷三一
    BD11696，S.3898，青博02
四分律卷三二
    BD03675，BD03677
四分律卷三四
    BD10311，Дх.10752A
四分律卷三五
    Дх.07039，Дх.10752A
四分律卷三六
    BD05330，Дх.04752A，Дх.10752A
四分律卷三七
    Дх.07989
四分律卷三八
    Дх.08203
四分律卷四一
    BD07434，BD11685
四分律卷四二
    BD14038，敦研032
四分律卷四三
    Дх.04110，Дх.04471，Дх.12723，Дх.12887
四分律卷四四
    BD00148，BD02009，鄂博01
四分律卷四五
    BD09726
四分律卷四七
    BD09436，Дх.05242，Дх.10767
四分律卷四八
    Дх.02857，Дх.04201，Дх.05875，Дх.10760，甘博039
四分律卷四九
    BD10182，BD14940（1），Дх.00029，Дх.03613，Дх.03741，

Дх.06874，Дх.07128，Дх.08927，Дх.14959，Дх.18695

四分律卷五二

S.0969

四分律卷五五

BD07278

四分律卷五七

BD14519

四分律卷五八

傅图 30

四分律卷五九

BD05479，S.4104，鄂博 29

四分律卷六〇

BD05309，BD06249，BD10123，BD10183A，BD10198，BD12169，BD13664，BD15378，S.4104，Дх.02350A，Дх.02579V

四分律摘抄

Дх.00040，Дх.05280，Дх.05280V

四分律开宗记

BD03509，BD03513

四分律略摄颂

S.4159（1）

四分律略疏卷一

BD14797

四分律略颂

BD14041，BD15399（1），CXZ011，S.4160

四分律僧戒本

Дх.07154

四分律删补羯磨卷上

S.2403，S.6018，甘图 007

四分律删补羯磨一卷

S.5087

四分律删补随机羯磨

P.2338，P.3385，S.1200，S.2329，Дх.01273，北三井107（025-14-32）

四分律删补随机羯磨卷上

BD03254，BD05827（2），BD06591（2），BD07260，BD09533，P.2242，P.4708，S.2868，S.6982，S.7877A，Дх.02309，Дх.06067，Дх.06067V，Дх.06104，Дх.08838，Дх.10757，羽140

四分律删补随机羯磨卷下

BD01046，BD10178，Дх.05997，Дх.12517，第二批02518（西博002），东大3004，羽575之1

四分律删补随机羯磨钞

BD01034（1）

四分律删补随机羯磨序

BD05827（1），BD05830，BD10519，P.2338，S.2329，羽140

四分律删繁补阙行事钞

BD06593，P.3001V（2），P.3404V（2），S.2525，北三井106（025-14-31），甘博108，甘博109

四分律删繁补阙行事钞卷上

BD14042，BD15511，P.2085，P.2293，P.2306，S.0726，S.0846（1），S.4635，Дх.06332，Дх.06548В，Дх.06564，Дх.06565，Дх.09227，Дх.09231，Дх.10701，Дх.10752VВ，Дх.11290，Дх.14219，Дх.16745，Дх.17742，Дх.18561，Дх.18576，北大D200，俄Ф.347，龙谷大学橘4，上图073，羽151

四分律删繁补阙行事钞卷中

BD00801，BD03501，BD03503，BD03504，BD03505A，BD03505B，BD03507，BD03510，BD03538，BD03541，BD03542，BD03544，BD03546，BD03547，BD03549，BD03550，BD08485，BD09866，BD09935，BD10854，BD14043，BD14044，S.1518，S.1825，S.4533，P.2121，Дх.00980，Дх.10711，Дх.10761，Дх.16551，Дх.16880，俄Ф.168V（1），俄Ф.290，鄂博47，羽334

四分律删繁补阙行事钞卷下
　　BD01011，BD03287，BD14045，Р.2041，S.7431，Дх.00694，Дх.07185，Дх.10756В

四分律删繁补阙行事钞节钞
　　BD05713V

四分律删繁补阙行事钞疏
　　BD05752

四分律删繁补阙行事钞疏义
　　BD07619

四分律删繁补阙行事钞剃发羯磨钞
　　BD01034V（9）

四分律疏
　　BD10719，BD14825АА，Р.3404（2），Р.3404V（1），Дх.02830，Дх.08778

四分律疏解
　　BD08334

四分律疏释
　　Р.2069，Р.3792

四分律疏义解钞
　　BD09794

四分律随机羯磨
　　Р.3225，Р.3225V，S.2373

四分律题签
　　Дх.03233

四分律小抄
　　Р.2237，S.2672V，S.2911，S.3910，S.4430V，王伯敏藏本

四分律衣揵度之二
　　Дх.03446

四分律杂钞
　　龙谷大学33.五三四（波16）

四分律藏卷一
　　津艺 182
四分律藏卷三
　　Дx.01630A
四分律藏卷一七
　　S.6749
四分律藏卷二四
　　S.6366
四分律藏卷二五
　　北大 D087
四分律藏卷二八
　　S.4036，S.4896
四分律藏卷二九
　　P.3560
四分律藏卷三〇
　　P.3340
四分律藏卷三四
　　S.0510
四分律藏卷四〇
　　S.2793
四分律藏卷五三
　　S.3971
四分律藏卷五六
　　S.6636
四分律藏卷五九
　　P.2521
四分律藏卷六〇
　　S.1970
四分律藏题签
　　Дx.02077，Дx.04809V

四分律摘抄

Дх.00835，Дх.01370，Дх.01371，Дх.01373，Дх.02152，Дх.02557，Дх.02579，Дх.03090

四分律注

Дх.03694

四分尼戒本

S.0440（1），S.0605，S.0848，S.0949，S.1167，S.1447，S.1760，S.1921，S.2042，S.2806，S.3419，S.4066，S.4892，S.6591，S.6637，S.6729，S.6739，S.6822，S.6898，俄Ф.115，津艺087，上图146

四分尼戒本并序

P.2310，北大D088

四分尼戒本补记

北大D088V

四分尼戒本纸数

P.3543V

四分尼戒经一卷

S.4875

四分僧羯磨自恣法

Дх.03476

四分僧戒本

BD02417，BD03221，BD04603，BD05470，BD05532，BD05580，BD05636，BD06458，BD06628，BD06704，BD09433，BD09864，BD12207，BD14039，BD16006，BD16031，S.1043，S.1231，S.4016，S.7274，Дх.02232（1），Дх.04656，Дх.05783，Дх.08891，Дх.10768，Дх.11666，北大D124

四分僧戒本疏

S.8164

四弘誓愿

S.2669V（2），S.6132

四弘誓愿附颂

BD07902（3）

四句偈

P.3904（3）

四门经

BD09094（2）

四门转经文

P.2838V（6），P.3765（2），俄 Ф.263+Ф326（3）

四十八愿阿弥陀佛像

P.4514（3）A（1），P.4514（4）1–2

四十八愿赞

S.5572（12）

四兽因缘

P.2187（2）

四天王发愿了头真言

P.2574V，S.0426

四天王文

P.2854（12）

四威仪

S.5657（1），S.5809（1），S.6631V（3），羽094V

四威仪本

S.0319（2）

四威仪赞

P.4597（6）

四意止经

S.2476

四缘宗妄问答

BD11167

四月八日康秀华施写大般若经一部疏

P.2912V（4）

四月二十日判凭

藤井10-东文10-饶目牒状类19

四月九日发残片

　　P.5009P

四月某日贫士张某启并献七言诗一首

　　P.2623V（1）

四月三日内亲从都头银青光禄大夫检校国子祭酒御史中丞高延德状

　　P.2573P1

四月十九日到西州文

　　Дx.03164

四月五日温宅把道人军钵律三人用面历

　　P.3764V（2）

四月已后儭家缘大众要送路人事及都头用使破历

　　P.2912V（2）

四月杂写

　　Дx.02224V

寺广武进通请地牒及龙安判

　　BD13203（1）

寺库什物交历

　　S.1733V（1）

寺门首立禅师赞

　　P.2680（3）

寺庙粟麦豆破历

　　P.4542

寺庙粟麦豆入历

　　P.4542V

寺名乡名菩萨名

　　S.4504V（4）

寺名杂写

　　P.3859V

寺卿陈荣□牒

　　Дx.02959

寺僧名（三界寺沙门道真）

  S.3452V

寺头首立禅师颂

  S.1774V

寺院籍账

  Дх.07224

寺院麦粟等入破历

  P.5579（12）

寺院纳油粟柴绢等历

  P.3745V

寺院破历

  Дх.01329B+Дх.02151V

寺院欠经请经账目杂抄

  浙敦070（浙博045），浙敦071（浙博046）

寺院人名录

  Дх.10273

寺院文书

  Дх.06024，Дх.10290，Дх.11059B

寺院用粟麦历

  P.3713V

寺院杂文书

  BD03221V

寺院账册

  Дх.02869B

寺主法净领布褐题签

  P.3997V

寺主智贞与牧羊人张彦威算会历

  S.11346

宋丑子等油面历

  Дх.01277V

宋代沙州向中原请经文卷

  P.4607

宋佛奴等捐木条记

  浙敦 132（浙博 107）

宋刚刚等受田历

  P.2222F

宋好直牒

  P.3897P2

宋惠信改官敕

  P.4631

宋惠信告身背题

  P.4632V

宋李存惠殡铭

  S.0289V（2）

宋李存惠邈真赞

  S.0289V（1）

宋晟等麦历

  BD15379V

宋文明道德义渊卷上

  BD06097，S.1438

宋宅南宅官健十寺廝儿十寺百姓用面历

  S.5947

送刺文书

  BD16282A

送却丁未旧岁诗

  S.1815V（2）

送师赞

  P.3120（1），P.4597（28），S.1947（2）

送师赞一本题记

  P.3120V

送油文书
　　BD16282B

诵持金刚般若波罗蜜经灵验记
　　羽184

诵金刚经后仪
　　务本006号2

诵金刚经前仪
　　BD01404（1）

诵经记录
　　P.3092V

诵经录
　　BD13683，BD16206A

诵香真言
　　Дx.00215

颂六波罗蜜
　　Дx.00201A

颂司空口号并序
　　P.4889

颂亡人文二通
　　S.1522V（2）

搜神记
　　BD11871，BD14685，P.2656，P.3156P1，P.5545，P.5588（4），S.0525，S.3877，S.6022，中村不折139

苏婆呼律卷中
　　P.2351

苏破历
　　P.3490V（3）

苏仁祐复状
　　BD16154A

苏晟供养题记

BD09885

苏武李陵执别词

P.3595（1）

苏子卿遣书右效王

P.3692（2）

俗患文

P.3276V（3），P.3351V（3）

俗讲程式

S.4417

俗讲度斋讲维摩次第

P.3849V（2）

俗讲押座文

BD16378

俗讲庄严回向文

P.3770（7）

俗流悉昙章

BD07364（2）

俗务要名林

P.2609，P.3776（2），P.5001，S.0617，S.6208（1）

俗语摘抄

P.2807V（5）

诉憨儿状

P.2679P2

肃州刺史答南蕃书

P.5037（4）

肃州都头宋富忾家书

S.4362

肃州防戍都状

S.0389，S.6333（1）

肃州相关文书

BD16111J

肃州长史检校国子祭酒兼御史中丞上柱国周弘直状

P.2555P2

肃州智藏上净土寺李僧正和尚信封

P.5012

素纸

BD08607B，BD09873，BD09988，BD11096（1），BD11411E，BD12615，BD13182，BD13210E，BD13210G，BD13214 至 BD13230，BD13233，BD13235 至 BD13240，BD13242，BD13244 至 BD13252，BD13254，BD13256 至 BD13260，BD13262 至 BD13263，BD13265 至 BD13277，BD13281 至 BD13299，BD13302 至 BD13307，BD13309 至 BD13311，BD13313，BD13315 至 BD13316，BD13318 至 BD13332，BD13334 至 BD13339，BD13341，BD13343 至 BD13358，BD13360 至 BD13364，BD13366，BD13368 至 BD13371，BD13373 至 BD13381，BD13383，BD13387 至 BD13389，BD13391，BD13394 至 BD13397，BD13399，BD13403，BD13405，BD13408，BD13410，BD13412 至 BD13417，BD13419 至 BD13423，BD13425 至 BD13427，BD13429，BD13431 至 BD13434，BD13436 至 BD13438，BD13440，BD13442，BD13445，BD13448 至 BD13450，BD13453 至 BD13454，BD13457，BD13460 至 BD13463，BD13465 至 BD13480，BD13484 至 BD13486，BD13490，BD13492 至 BD13493，BD13495 至 BD13496，BD13499 至 BD13500，BD13503 至 BD13505，BD13507，BD13509 至 BD13510，BD13512 至 BD13513，BD13516，BD13518 至 BD13520，BD13522 至 BD13531，BD13533 至 BD13534，BD13536 至 BD13543，BD13545 至 BD13546，BD13548，BD13550 至 BD13552，BD13555 至 BD13556，BD13558 至 BD13560，BD13565 至 BD13567，BD13572 至 BD13576，BD13578 至 BD13582，BD13584 至 BD13589，BD13591 至 BD13597，BD13600 至 BD13605，BD13685，BD13687 至 BD13688，BD13690 至 BD13692，BD13696 至 BD13697，BD13701 至 BD13705，BD13707，BD13709 至 BD13721，BD13726 至 BD13732，BD13734 至 BD13736，BD13740 至 BD13750，BD14840U，BD15428C，BD15433A，BD15445，BD15621，BD15622，BD15625，BD15642，BD15777C，BD15997，BD15999，BD16000，BD16004，BD16012，BD16027，BD16028，BD16041A，BD16041B，

BD16041C，BD16042，BD16053A，BD16053B，BD16053C，BD16053D，BD16056，BD16071，BD16072，BD16075，BD16077，BD16078，BD16080B，BD16082A，BD16101，BD16126A，BD16126B，BD16126C，BD16131A，BD16131B，BD16135，BD16152，BD16155，BD16158B，BD16160，BD16165，BD16166C，BD16169B，BD16174A，BD16174B，BD16174C，BD16186A，BD16200A，BD16200B，BD16215，BD16220，BD16221，BD16223，BD16229，BD16237A，BD16237B，BD16246A，BD16246B，BD16248，BD16254A，BD16254B，BD16254C，BD16266A，BD16266B，BD16266C，BD16268A，BD16268B，BD16270，BD16274A，BD16274B，BD16276，BD16281L，BD16283，BD16287A，BD16287B，BD16287C，BD16290，BD16299D，BD16302，BD16304，BD16306，BD16308，BD16309，BD16310A，BD16310B，BD16310C，BD16312A，BD16312B，BD16312C，BD16313，BD16316A，BD16316B，BD16319，BD16321，BD16322，BD16323B，BD16325，BD16326，BD16327，BD16330，BD16331，BD16332C，BD16332D，BD16334B，BD16337，BD16338A，BD16338B，BD16339，BD16341，BD16344，BD16347，BD16357，BD16363C，BD16368，BD16380，BD16389，BD16391，BD16395，BD16408C，BD16416G，BD16434L，BD16437，BD16439，BD16440，BD16444C，BD16449，BD16452C，BD16453B，BD16453F，BD16457，BD16461，BD16473C，BD16474C，BD16476A，BD16476B，BD16476C，BD16476D，BD16476E，BD16476F，BD16476G，BD16476H，BD16476I，BD16476J，BD16476K，BD16478，BD16479C，BD16479D，BD16480A，BD16480D，BD16481A，BD16481D，BD16482，BD16486，BD16487，BD16488，BD16493，BD16495，BD16496A，BD16496B，BD16509D，BD16514，BD16515B，BD16520A，BD16530，BD16543D，BD16544D，BD16546B，BD16549，BD16550B，S.6998E，S.7891A，S.7940BA，S.8116A，S.8116C，S.8238C，S.8292C，S.8292D，S.8292E，S.8292F，S.8295B，S.8295C，S.8295D，S.8295E，S.8295F，S.8295G，S.8295H，S.8295I，S.8324B，S.8324C，S.8324D，S.8324E，S.8324F，S.8327B，S.8327C，S.8352B，S.8391B，S.8399B，傅图49A

素纸（裱补纸文字）

BD13535

速在为我愿吉祥赞四首
    S.2685V

宿命因缘经题签
    Дx.18532

粟等入破历
    P.5590（3）

粟豆历
    P.2499+4058（1）

粟麦入历
    S.10737A

粟入历
    S.5952V（2）

粟入破历
    BD08992V

算得春秋破并破外见管麦粟抄
    S.4686（2）

算会历
    P.3349V（2）

算会群牧驼马羊欠历稿
    P.3131V

算经
    S.5859，Дx.04371V，羽037R

算经（均田法第一）
    S.5779

算经乘除法
    Дx.03903

算经一卷并序
    P.3349

算书

P.2667，P.3102V（4）

算益经

P.4667VB

隋朝三祖信心铭

P.4638（2）

隋净影寺沙门惠远和尚因缘记

P.2680（13），P.3570V（2），P.3727（12）

隋人书妙法莲华经

上海朵云轩藏本

随求即得大自在陀罗尼神咒

BD06165，BD06789

随求即得大自在陀罗尼神咒经

BD00992V（2），BD06560，BD06574，BD06658，BD06727，BD08128，BD11054，安思远藏本，傅图27

随身宝

P.2816

随心叹西方赞

S.5572（14）

随心真言

P.4789（2），S.5669，Дx.11036

岁次癸巳女婿张志丰奠祭丈母冯氏

P.5000

岁次壬辰孤子没沙祭亡妣文

P.5017

岁次戊子侄女祭族兄文

P.5017V

岁甲歌

Дx.02147（2）

碎片

P.5528P，S.6384V，大东急107-5-1-1T，俄Φ.317D，俄Φ.358B

孙愐唐韵序
  P.2638V（2）

孙寺主等缬绌绢罗绫账
  P.4958（1）

所患何时得诗
  Дx.00954

索丑奴便麦历
  S.8647

索加和等人名目
  P.2161P6V

索家新妇等名簿
  S.9462V

索净增善神护位题记
  俄Ф.247+Дx.02197V

索奴奴便物契
  Дx.01270

索卿清等欠经历
  P.3654V

索铁子牒
  上博21（8958）A

索庭兴题记
  Дx.00159

索印真言
  P.4961（4）

索员德等一十五人名录
  P.2817V（3）

索子全户受田籍
  P.3935V（1）

T

塔形剪纸

P.4518（38）

踏魁罡步斗法

P.3810（4）

胎藏界诸尊

P.6026

胎息行气绝谷仙方

P.3043，P.4038

太保宛旌节官告使朝请大夫书信稿

羽722R

太公家教

BD08137V（1），BD09370，BD11408（1），BD14748，BD16100（1），BD16100（2），BD16465C，P.2553P1，P.2564（3），P.2600，P.2690V（2），P.2738，P.2774，P.2825，P.2937，P.2981V，P.3069，P.3104，P.3248V，P.3430，P.3569，P.3599，P.3623，P.3764，P.3797（1），P.3894，P.4085，P.4588，P.4880（1），P.4995V，S.0479，S.1163，S.1291（1），S.1291（3），S.1291V（1），S.1401，S.3835（1），S.4920，S.5655，S.5729，S.5773，S.6173，S.6183，S.6243，S.12563，S.13352，Дх.00098，Дх.00513，Дх.03858，Дх.06035，Дх.12696，Дх.12827，Дх.17447，历博写本48，宁乐美术馆藏本

太公占候雨时日准则法
　　P.2610（3）

太极真人问功德行业经
　　S.0425

太极左仙公请问经卷上
　　S.1351

太平广记卷九
　　Дx.01257+Дx.02968

太平经目录并序
　　S.4226

太平年志公谶记伪经
　　BD09349AV

太平兴国二年（977）董延长写小乘三科题记
　　P.2841V（1）

太平兴国三年（978）四月都僧统钢惠等上太保状
　　P.3553

太平兴国三年（978）僧守秀等壹拾肆人写大宝积经一部施永安寺题记
　　上图088V（1）

太平兴国三年（978）志忍等施写大宝积经题记
　　Дx.01362

太平兴国四年（979）四月归义军曹延禄牒
　　P.3660V（1）

太平兴国四年（979）七月皇太子广济大师为男太子中祥追念请僧疏
　　S.6178

太平兴国四年（979）十二月三日保集题记
　　P.2483V（2）

太平兴国五年（980）六月廿五日王文沼为施主李知顺雕大随求陀罗尼功毕手记
　　BM.SP.249（Ch.xliii.004）

太平兴国六年（981）正月一日算会招提司惠觉年课及前掌回残斛斗纸布褐什物等历
　　P.3881V

太平兴国陆年（981）十月都头安再胜都衙赵再成等牒
　　P.3412

太平兴国六年（981）十一月圣光寺尼修善等上都僧统牒并判辞
　　S.4760（1）

太平兴国六年（981）监使惠深与师主大师状
　　S.3708

太平兴国六年（981）辛巳岁具注历日并序
　　S.6886V

太平兴国六年（981）绘千手千眼观音菩萨图
　　MG.17659

太平兴国七年（982）二月立社条一道
　　P.4525（11）

太平兴国柒年（982）二月廿日赤心乡百姓吕住盈、阿鸾兄弟卖地契
　　S.1398（2）

太平兴国七年（982）具注历
　　S.11427B

太平兴国七年（982）具注历日并序
　　S.1473

太平兴国七年（982）莫高乡百姓张再富立契记
　　S.2474（4）

太平兴国七年（982）三界寺邓惠集受戒牒
　　P.3203

太平兴国七年（982）至雍熙二年（985）沙州三界寺授八戒牒六通
　　S.0330

太平兴国八年（983）七月十七日施主米员德发愿文并供养人题名
　　BM.SP.54（Ch.lvii.004）

太平兴国八年（983）三界寺授李憨儿八戒牒
P.3207

太平兴国八年（983）僧正崇会养女契
P.4525（12）

太平兴国九年（984）正月八日沙州三界寺授八戒牒
S.2448

太平兴国九年（984）二月廿一日归义军节度使燉煌王曹延禄镇宅文
S.4400

太平兴国九年（984）四月二日莫高乡百姓马保定卖宅舍契
S.3835V（2）

太平兴国九年（984）十月节度都头知衙前虞候阎章仵送邓家财礼牒
S.4609

太平兴国九年（984）某月廿八日沙州三界寺授八戒牒
S.1183

太平兴国九年（984）三界寺授邓住奴八戒牒
P.3206

太平兴国某年内亲从都头某牒
P.4525（12）V

太平真君十一年（450）至十二年（451）历
敦研 368V

太清金液神气经卷上
Дx.06057A

太清神仙服食经方
S.2438（1），S.5795

太上大道玉清经卷二
P.2257

太上大道玉清经卷四
S.5507

太上大道玉清经卷七
BD13662，P.2341，P.2405

太上大道玉清经卷一〇
    P.2385（2）

太上洞玄灵宝本行因缘经
    Дх.05652

太上洞玄灵宝赤书玉诀妙经
    Дх.00556

太上洞玄灵宝净土生神经
    BD11176V，P.2383，P.2401V

太上洞玄灵宝净土生神经（包首）
    P.4730

太上洞玄灵宝开演秘密藏经
    Дх.09027

太上洞玄灵宝空洞灵章
    P.2399，S.2915，S.8564，Дх.00240+Дх.01622+Дх.01870

太上洞玄灵宝空洞灵章经
    Дх.05364

太上洞玄灵宝妙经众篇序章
    P.2386，S.5733，S.6659，Дх.04887，京博B甲310 图录253

太上洞玄灵宝灭度五炼生尸妙经
    P.2865，S.0298

太上洞玄灵宝三元品戒功德轻重经
    BD13667

太上洞玄灵宝升玄内教经
    BD09870，P.3180，S.0107，S.6241，Дх.00517，Дх.02768+Дх.00901，Дх.03889，Дх.10195

太上洞玄灵宝升玄内教经卷三
    P.2391，Дх.08201

太上洞玄灵宝升玄内教经卷五
    P.2990（Pel.tib.133）（2），P.2990V（Pel.tib.133V）（3），P.3678

太上洞玄灵宝升玄内教经卷六

P.2560

太上洞玄灵宝升玄内教经卷七

P.3341，津艺 176

太上洞玄灵宝升玄内教经卷八

P.2326，P.2474，S.3722，S.6310（1），Дх.01888，Дх.02008+Дх.02063

太上洞玄灵宝升玄内教经卷九

BD11244，P.2430，P.2750+2430，S.4561，S.9523，Дх.05385，Дх.05392，Дх.05452

太上洞玄灵宝升玄内教经（节抄本）

P.2343，P.2445（1）

太上洞玄灵宝天尊名

BD01218，BD03818，BD04047，BD11751，P.3755

太上洞玄灵宝无量度人上品妙经

BD04099，BD09399，P.2355，P.2446，P.2458，P.2606，P.2651，S.0063，S.3109，S.5315，S.6076，S.8720，S.10714，Дх.01946+Дх.01979，Дх.03649B，Дх.04169，Дх.05031，Дх.07968，石谷风 048

太上洞玄灵宝五篇真文赤书

Дх.04887

太上洞玄灵宝业报因缘经卷八

BD08410V

太上洞玄灵宝业报因缘经卷九

Дх.04809

太上洞玄灵宝业报因缘经卷一〇

BD16051A

太上洞玄灵宝真文度人本行妙经

P.3022V（2），Дх.04974，Дх.06447，Дх.07072

太上洞玄灵宝真一劝诫法轮妙经

IOL.C.102V（Ch.77.x.6），P.2426，P.2842，P.4618，S.1605，S.1906

太上洞玄灵宝智慧本愿大戒上品经
    BD16271

太上洞玄灵宝智慧定志通微经
    P.5563

太上洞玄灵宝智慧上品大戒
    BD14841A，P.2358，P.2461，P.3793，S.5746，S.6290，北大 D172

太上洞玄灵宝智慧罪根上品大戒经卷下
    BD16559

太上洞玄灵宝中元玉京玄都大献经
    S.3061，Дх.18031

太上洞玄灵宝诸天内音自然玉字
    P.2431，Дх.05913

太上洞玄灵宝自然至真九天生神章
    BD11190，P.4659

太上洞渊部失题道经
    Дх.00362V，Дх.01252V，Дх.01263V，Дх.01463V，Дх.02945V，Дх.11029V

太上洞渊三昧神咒人斋仪
    Дх.05628

太上洞渊三昧神咒斋仪
    BD02983

太上洞渊上元经
    S.4753

太上洞渊神咒经卷一
    P.2576V（1），P.3233，S.3786，Дх.10306

太上洞渊神咒经卷二
    P.2959，敦研 376

太上洞渊神咒经卷三
    P.4676

太上洞渊神咒经卷四
  BD01157，S.1061，S.3389，S.3412，Дx.10872

太上洞渊神咒经卷五
  BD15500，P.2752，P.2894，Дx.10305，北大D174

太上洞渊神咒经卷六
  S.0930，S.1376，浙敦139（浙博114）

太上洞渊神咒经卷七
  P.2444，S.0318

太上洞渊神咒经卷八
  P.2365，P.2424，Дx.05500

太上洞渊神咒经卷九
  P.2473，P.2749，P.2793，P.3309，S.3705

太上洞渊神咒经卷一〇
  P.2366（1），S.5884

太上洞渊神咒经卷二〇
  S.8076，S.9047V

太上洞真上清开山经卷下
  BD11931

太上济众经
  BD03422

太上济众经卷八
  P.2364

太上济众经卷二四
  P.2792

太上济众经残卷
  S.0810，S.7956

太上金锁连环隐遁真诀
  P.3810（5）

太上九真妙戒金箓度命九幽拔罪妙经
  S.0957

太上灵宝老子化胡妙经
　　P.2360，S.2081

太上灵宝威仪洞玄真一自然经诀
　　P.2356，P.2403，P.2452

太上灵宝无极大道自然真一五称符上经
　　P.2440

太上灵宝洗浴身心经
　　BD14523（2），P.2402，S.3380

太上妙法本相经
　　P.2357（2），P.2396，P.2423，P.2755，P.3091，P.3362，P.3675，P.4683B，S.3173，S.12029，Дx.01630D，Дx.02763，Дx.15486

太上妙法本相经卷五
　　P.2429

太上妙法本相经卷九
　　津艺289

太上妙法本相经卷一〇
　　津艺184

太上妙法本相经卷一八
　　Дx.02138，Дx.04353，浙敦100（浙博075），浙敦150（浙博125）

太上妙法本相经卷二一
　　P.2389，P.2476，S.2122

太上妙法本相经卷二三
　　P.2388，S.6310（2）

太上升玄护命经
　　P.2471，S.3747

太上消魔保真安志智慧本愿大戒上品经
　　P.2400，P.2468，S.6394，Дx.06928

太上玄元道德经
　　普林斯顿大学藏本

太上业报因缘经卷一
　　S.3008，S.4963，台图143
太上业报因缘经卷二
　　BD05767
太上业报因缘经卷三
　　P.2551
太上业报因缘经卷四
　　P.3353，S.5732
太上业报因缘经卷五
　　BD05995，BD14841D，BD14841H，P.3775，S.10477
太上业报因缘经卷六
　　P.2387，P.2460
太上业报因缘经卷七
　　P.2757，P.3050，S.6326
太上业报因缘经卷八
　　P.2362，S.6065，S.10918，京博B甲236 图录252
太上业报因缘经卷九
　　P.3026，S.0861，S.1645，S.9764V
太上一乘海空智藏经
　　Дx.06046，Дx.10182
太上一乘海空智藏经卷一
　　S.7292
太上一乘海空智藏经卷三
　　BD05417（2），BD15458，P.2759+2771，P.2771，P.4066，Дx.06046，Дx.10182
太上一乘海空智藏经卷四
　　BD08289，P.2473V，S.3705V，S.4071
太上一乘海空智藏经卷五
　　P.2254

太上一乘海空智藏经卷六
BD07502，BD08430

太上一乘海空智藏经卷八
P.2773

太上一乘海空智藏经卷九
BD01034（3）

太上隐诀
P.2329（2）

太上元阳经（元阳上卷超度济难经品）
S.0482

太上元阳经卷十
S.3016

太上元阳经观山品、净土品、庄严品
P.2366（2），台图144

太上元阳经问行品
P.2450

太上正一度仙灵录仪
S.0203，S.6040，S.10376

太上正一阅众录仪
P.2394，S.1020

太上正一阅紫录仪
P.2457

太史杂占历一卷
P.2610（1）

太玄真一本际经卷一
BD00187，BD06918，BD08246，BD08639，BD10191，BD10466，BD11191，BD11762，BD12139，P.2392，P.2448，P.2453，P.2827，P.3371，P.3790，S.6027，S.7876，S.7964，S.8055，S.9822，S.9830，Дх.03585，Дх.18527

太玄真一本际经卷二
BD14841E，BD14841N，BD15701，P.2359，P.2367，P.2393，P.2397，P.2422，

P.2475, P.3235V（1）, P.3283, P.3785+3786, P.4636（5）, P.4836, P.4951, S.2618, S.3135, S.3563, S.6127, S.6137, Дх.00541, Дх.02767, Дх.10431, 北大 D178, 上图 078, 中村不折 095

太玄真一本际经卷三

BD14841B, P.2170, P.2357（1）, P.2372, P.2398, P.2404, P.2795, P.2839, P.3304, S.1246, S.3387, S.3831, Дх.02226, Дх.02938, 津艺 131

太玄真一本际经卷四

BD07985, BD12041, BD14841G, BD14841J, BD15247, BD15443, BD15444, BD15446, BD15449, BD15452, BD15454, BD15457, BD15459, BD15470, BD15474, BD15475, BD15478, BD15483, BD15484, P.2369, P.2377, P.2425, P.2434, P.2463, P.2470, P.2561, P.2806, P.3300, P.3596（1）, P.5591, S.4330, S.4433, S.8266, S.9983, Дх.05561, 北大 D176, 敦研 092, 羽 718R

太玄真一本际经卷五

BD01776, P.2366（3）, P.2438, P.2611, P.3020, S.3139, Дх.01319, Дх.18485, 北大 D173, 历博 49, 台图 142, 中村不折 173-1-3

太玄真一本际经卷六

P.2231, P.2419, P.2860, P.2878, P.3310, S.4646, S.5930, S.10601, S.12361, Дх.08750A

太玄真一本际经卷七

BD14841C, P.2437, P.2845, P.3285, S.5740, S.6145, S.12114, Дх.00110, Дх.00141, Дх.03835, Дх.09107, Дх.09123, 北大 D175, 津艺 116, 羽 616

太玄真一本际经卷八

BD09852, BD09871, BD15516, P.3674, Дх.00294, Дх.01906, Дх.02574

太玄真一本际经卷九

BD15097, P.2379, P.2445（2）, P.2882, P.3144, P.3280, S.6279, Дх.09027, 哥图写卷 14（第 12 卷）

太玄真一本际经卷一〇

BD07384, BD09771, P.2459（2）, P.2465, P.2665（Pel.tib.2086）, P.2666,

S.1932（1），S.2999，S.5984，Дх.00750，北大D177，北大D179，上图166，羽615R

太玄真一本际经疏卷二
　　P.3027

太玄真一本际经疏卷三
　　P.2361

太玄真一本际妙经
　　P.4836

太玄真一本际妙经卷八最胜品
　　羽613

太玄真一本际妙经道本通微品第十
　　天理大学7.126-イ11

太玄真一本际妙经疏
　　羽410

太玄真一三善行法发愿经
　　S.6002，Дх.05425

太子八相变文
　　羽708

太子成道变文
　　BD08579V（1），P.3496，S.3096（2），S.4128，S.4194，S.4401V，S.4480V，S.4633，Дх.01225，Дх.02114

太子成道经
　　BD06780，P.2299，P.2924V，P.2999，P.2999V（1），P.3128V（4），S.0548V，S.2352（1），S.2352V，S.2682V，S.4626

太子成道经变文
　　羽675R+V

太子成道经抄
　　S.4504V（6）

太子成道经疏
　　P.3815V

太子成道因缘

　　S.2440V（2）

太子慕魄经

　　BD05729，浙敦029（浙博004）

太子入山修道赞

　　P.3061，P.3065（1），P.3817，S.0126（1）

太子瑞应本起经卷上

　　BD06689，敦博032，敦研058，敦研119，敦研145，敦研166，敦研181，敦研187，敦研194，敦研215，敦研237，敦研304，敦研317

太子瑞应本起经卷下

　　BD00935

太子太师告紫亭副使等帖

　　S.0447V

太子五更转

　　P.2483（11），P.2483（4），P.3083

太子五更转题签

　　P.3083V

太子成道赞文

　　S.6537V（7）

太子须达那经一卷

　　S.4456（1）

太子须大拏经

　　BD09243，BD11656，BD12044，BD15058，BD15433B，ZSD061 号，Дх.03273，Дх.03403，Дх.06255V，Дх.06618C，Дх.06632，Дх.06633，Дх.07290，Дх.07360，Дх.08363，Дх.08520，Дх.11149，Дх.12043

太子须大拏经讲经文

　　BD08006

太子踰城念佛赞文

　　P.3156（3）

太子赞
　　P.4017（10），S.0779（1），S.2204（2），Дx.01230V，Дx.10453V

太宗文皇帝三藏圣教序
　　BD15243（1）

坛场忏法
　　BD15481

坛城图
　　S.0848V（2）

坛法仪则
　　甘博015

坛样
　　BM.SP.172（Ch.00189），BM.SP.173（Ch.00428）

昙旷传记（？）
　　S.6219V

昙无德部四分律删补羯磨序
　　S.0846（2）

昙无德部四分律删补随机羯磨卷上
　　北大D089

昙无德部四分律删补随机羯磨序
　　Дx.01079

昙无德律部杂羯磨
　　BD02843，BD09909，BD11033，BD11266，BD12326，BD14825DA，P.3261，S.4437，Дx.02059，Дx.02323，Дx.03072，Дx.10764，敦研084

昙无德律部杂羯磨钞
　　BD02898

昙无德律四分律删补随机羯磨序
　　BD06591（1）

谈广释佛国品手记
　　P.2191V（1）

谈真致婶婶状
BD16392

檀越施食为说偈文
羽575之2

叹百岁诗
P.3361V, S.1588, S.1588V

叹佛文
P.2058（5），P.2867（1），P.3927（1）

叹佛咒愿
BD08168（1）

叹观音势至赞
P.3118V（3）

叹弥陀观音势至赞
S.5572（10）

叹施主
P.2313V（2）

叹施主女
P.2313V（3）

叹像
P.2588V（2）

叹诸佛如来法身德颂别行本
P.2008（2）

叹诸佛如来无染著德赞
P.2886（1）

探阿姐病状
BD11986C，BD11986D

唐安西判集
P.2754

唐残牒
S.8648，S.8650

唐残帖
S.9454

唐曹和上传文
P.3963

唐大顺二年（891）辛亥岁具注历日
P.2832AP1

唐代奴婢买卖市券副本
敦研298，敦研299

唐代摺佛
龙谷大学65

唐德宗大事记
P.4073V

唐敦煌县某乡名簿
S.11586A、B

唐敦煌县某乡征革鞍历
S.11586A、B背面

唐敦煌县状为官马事
S.11587

唐法律题名
P.4525（2）V（7）

唐梵翻对字音般若波罗蜜多心经并序
S.2464

唐高宗述圣记
BD15243（2）

唐故燉煌令张府君写真赞并序
P.3718（9）

唐故归义军节度衙前都押衙充内外排（枪？）使罗通达邈真赞并序
S.4654（3）

唐故归义军南阳郡张公写真赞并序

　　P.3718（1）

唐故归义军释门管内正僧政兼阐扬三教大法师赐紫沙门张和尚邈真赞

　　P.3541V（1）

唐故归义军西平郡曹公写真赞并序

　　P.3718（5）

唐故河西管内都僧统邈真赞并序

　　P.4660（18）

唐故河西归义军节度内亲从都头守常乐县令银青光禄大夫检校国子祭酒兼御史大夫上柱国阴府君墓志铭并序

　　P.2482（1）

唐故河西归义军节度使内亲从都头守常乐县令武威郡阴府君邈真赞并序

　　P.2970

唐故河西归义军节度押衙兼右二将头浑子盈邈真赞并序

　　S.5448（2）

唐故河西归义军梁府君邈真赞并序

　　P.3718（12）

唐故河西释门和尚邈真赞并序

　　P.3718（7）

唐故河西张府君邈真赞并序

　　P.3718（14）

唐官方宗教管理文书残片

　　BD12221

唐光化三年（900）庚申岁具注历日

　　P.2973A

唐光启四年（888）戊申岁具注历日

　　P.3492（2）

唐光启四年（888）戊申岁具注历日补记

　　P.3492V（2）

唐瀚海军典抄牒状文事目历

　　S.11453H-L，S.11459C—H

唐河西道节度押衙清河张府君讳议广邈真赞

　　P.4660（22）

唐河西和尚邈真赞等杂写

　　P.3720V（3）

唐河西节度押衙钜鹿索公邈真赞

　　P.4660（16）

唐河西清河郡张公生前写真赞并序

　　P.3718（3）

唐河西释门范和尚写真赞并序

　　P.3718（2）

唐河西阎公生前写真赞并序

　　P.3718（4）

唐护法沙门法琳别传

　　P.3686+3901+4867

唐护法沙门法琳别传卷中

　　Дх.05374

唐京师大庄严寺僧智兴判

　　S.0381（1），S.1625V（2）

唐景福二年（893）癸丑岁具注历日

　　P.3476+4996

唐景福贰年（893）徒众供英等状

　　P.3100（1）

唐景云二年（711）张君义勋告

　　敦研341

唐卡

　　BD13773，BD13774，BD13775

唐开元公式令

　　P.2819

唐开元五年（717）沙州敦煌县龙勒乡籍
　　Дх.00476+Дх.05937+Дх.06058V（1）

唐开元九年（721）七月牒
　　S.11452A—E

唐开元九年（721）十一月史氾迪牒为长行坊给马及马料事并判
　　S.11450A、B，S.11451

唐开元十年（722）庭州长行坊马料帐
　　S.11458A—J

唐开元十三年（725）苏先超娶妻案卷
　　S.11456B—F

唐开元十四年（726）沙州勾征悬泉府马社钱案卷
　　P.3899V，P.5591V

唐开元十六年（728）董舅生牒
　　津艺001

唐开元二十四年（736）岐州郿县县尉判集
　　P.2979

唐开元年间长行坊牒
　　S.8515

唐开元年间沙州敦煌县籍
　　S.11446（2）

唐开元年间沙州敦煌县籍稿
　　S.10604

唐绫
　　羽706R+V

唐令
　　Дх.03558

唐律·断狱律
　　Дх.09331

唐律·厩库律
　　Дх.11413

唐律（名例）
　　S.9460A
唐律（职制）
　　BD16300
唐律疏议
　　P.3593，P.3608
唐律疏议卷二
　　BD06417V
唐名例律卷一
　　Дx.01916B+Дx.03116+Дx.03155
唐某队牒为当队兵破除见在事
　　S.11287C
唐某军府牒（？）为具报营农斛斗折纳、甲杖器械等事
　　S.10577
唐某年二月廿八日帖
　　P.3533（P.kout.DA/M.507）P31
唐某年状为给康无愁等冬衣事
　　S.11448
唐某市时价簿
　　S.11287D
唐年神方位图
　　S.2620
唐乾宁二年（895）具注历
　　P.5548A
唐乾宁四年（897）历书
　　芷兰斋藏本
唐人佛经唐人写经
　　羽732V
唐人临本王羲之瞻近帖、龙保帖
　　S.3753

唐人诗词选
  Дx.04349

唐人诗集
  P.2672，S.12098

唐人书妙法莲华经
  上海朵云轩藏本

唐人写经残本四种合装卷
  吉林大学图书馆藏本

唐人写经残页册
  安徽省博物院藏本

唐人写经卷
  国赠05867（台北故宫博物院藏本）

唐人选唐诗
  P.2552+2567，S.0555V

唐人遗墨轴
  安徽省博物院藏本

唐人杂钞
  东洋文库藏本

唐三藏西天行记赞
  羽094V

唐三藏赞
  P.4597（16），S.6631V（9）

唐沙州□元暕请地辞
  S.9460AV，Дx.01916B+Дx.03116+Дx.03155V

唐沙州安善进等户口田地状
  P.4989

唐沙州敦煌县索思宾户受田簿
  S.10593

唐沙州会计牒

S.10830A–F

唐沙州某市时价簿口马行时估

四川省图书馆藏本[1]

唐沙州诸乡欠枝夫人户名目

P.3418V

唐善业泥像拓本

SCM.D.02634a

唐诗丛钞

P.3597，P.3619（1）

唐诗丛钞诗七首

P.3195

唐诗集

P.3885（1）

唐诗七首

P.3967

唐诗文丛钞

P.2673，P.3252V

唐肃宗上元元年（760）至大历五年（770）大事记

P.2810BV

唐太宗入冥记

S.2630

唐太宗书温泉铭（拓本）

P.4508

唐天宝三载（744）六月仓史令狐良嗣状为露场床事

羽025V

唐天宝六载（747）敦煌郡敦煌县龙勒乡都乡里籍

S.10603

---

[1] 刘婷：《中国散藏敦煌文献叙录》，郝春文主编：《2019敦煌学国际联络委员会通讯》，上海：上海古籍出版社，2019年，第103–133页。

唐天宝六载（747）敦煌郡敦煌县龙勒乡都乡里卑娄罗籍
　　羽 024R

唐天宝十三载（754）敦煌郡会计历
　　P.3559V，P.3664V

唐天宝十三载（754）至乾元三年（760）大事记
　　P.2810AV

唐天宝敦煌县授田簿
　　S.8387

唐天宝年间敦煌郡会计牒
　　P.2626+2862

唐天宝年间敦煌县受田簿
　　S.9487

唐天复元年（901）十二月十八日金光明寺造窟上梁文
　　S.3905

唐天复五年（905）乙丑岁具注历日
　　P.2506V（3）

唐天下姓望氏族谱
　　P.3191，S.5861，S.9951

唐韦庄秦妇吟
　　羽 057R

唐五台山竹林寺法照传
　　P.2130（1）

唐西州交河郡都督府物价表
　　羽 561

唐僖宗中和五年（885）三月车驾还京师大赦诏
　　P.2696

唐咸通五年（864）甲申岁具注历日
　　P.3284V

唐玄宗加应道尊号大赦文
　　S.0446

唐玄宗老子道德经疏

  P.2823，P.3592，S.4365

唐玄宗老子道德经注卷上

  P.3725

唐玄宗御制道德真经疏

  BD11096（2）

唐玄宗御制叶尊师碑铭并序

  S.4281

唐佚名诗抄

  S.3329V，S.6161V，S.6973V，

唐永徽二年（651）东宫诸府职员令

  P.4634A+4634C，S.1880，S.3375，S.11446（1）

唐永徽名例律

  Дx.01391

唐永泰年间河西巡抚使判集

  P.2942

唐元和四年（809）己丑岁具注历日

  P.3900V

唐韵

  Дx.01466

唐韵残卷

  蒋斧旧藏本[1]

唐长庆元年（821）辛丑岁具注历日

  P.2583（2）

唐昭宗某年内文思院为甘州回鹘贡品回赐会计历

  S.8444

---

[1] 周祖谟先生提及蒋斧旧藏《唐韵》残卷藏于北京故宫，经王素先生核查，并未查到。现藏地不明。（周祖谟：《〈唐韵〉残卷（蒋斧旧藏）》，《唐五代韵书集存》，北京：中华书局，1983年，第641-916页。王素：《故宫博物院藏敦煌吐鲁番文献述评》，中国人民大学国学院主编：《国学的传承与创新：冯其庸先生从事教学与科研六十周年贺学术文集》下册，上海：上海古籍出版社，2013年，第930-933页。）

唐贞观八年（634）五月十日高士廉等条举氏族奏
> BD08679

唐职官书
> P.4745

唐中宗三藏圣教序
> 南图 009

桃板等什物历
> Дх.01422

陶公传授仪
> 中村不折 105

陶弘景上清经修行秘诀
> P.2732

陶弘景五法传授仪
> BD11252，P.2559，S.3750，S.6301

提谓五戒经并威仪卷下
> BD03715

题记
> P.2208V（1），P.2921V，S.7495B，Дх.05139V，Дх.05943，Дх.08885，Дх.09397，Дх.10439B，Дх.11051BV，Дх.12326，Дх.12355，Дх.16557

题记杂写
> P.3780V，P.3835V（10）

题金样
> 羽 015 之 3 之 2 之 2

题签
> 津艺 002V，津艺 172V（3），上博 71（51614）V（1），上博 72（51615）V（1）

题旐文
> 历博写本 53

替马欠马状
> P.3945（1）

天安二年（467）令狐归儿课
　　敦研 113

天宝元年（742）并天宝二年（743）驼马残历
　　P.4690A

天宝四载（745）河西豆卢军和籴会计牒
　　P.3348V（2）

天宝六载（747）十一月河西豆卢军军仓收纳籴粟牒
　　P.3348V（3）

天宝六载（747）十二月河西豆卢军军仓收纳籴粟麦牒十件
　　P.3348V（1）

天宝八载（749）三月廿二日史令狐良嗣请载支公用匹段事牒
　　S.2703（3）

天宝八载（749）四月十日史张阿忠呈事目牒
　　S.1324

天宝八载（749）十二月廿四日司仓为张去惑负勾征及括访盗马健儿李忠臣等事上武威郡牒
　　S.2703V（2）

天宝八载（749）公文
　　上图 019

天宝九载（750）八月廿七日燉煌县史杨元晖牒
　　P.2803（2）

天宝九载（750）八月廿八日至九月十八日敦煌郡仓纳谷牒
　　P.2803（3）

天宝九载至十载（750—751）张丰儿等春冬衣装簿
　　S.0964V

天宝十载（751）四月健儿张知裕契
　　P.4056V（2）

天宝十载（751）五月三日付物历
　　P.4056V（1）

天宝十载（751）敦煌县差科簿
　　P.2803（1），P.3559+3664V（1）

天宝十载（751）酒行胡到芬请出本残状
　　P.4979V

天宝十二载（753）十一月廿四日题款
　　俄Ф.235V

天宝十二载（753）敦煌郡仓帐目
　　P.3559+3664V（2）

天宝十三载（754）龙兴观便麦契
　　P.4053V

天宝十四载（755）三月十七日骑都尉秦元告身
　　S.3392

天宝十四载（755）残牒
　　P.3307V（3）

天宝令式表
　　P.2504

天宝年间差科簿
　　P.2657

天宝年间敦煌县受田簿
　　Дx.01379V

天宝年间燉煌县差科簿
　　P.3018V

天兵文
　　P.2915（3）

天成（复？）贰年（902）赤心乡百姓曹大行与令狐进通回换舍地契
　　S.3877V（4）

天成元年（926）十二月改补散将依旧充本院曹司牒
　　P.5004（1）

天成元年（926）残日历卷
　　历博写本55

天成三年（928）二月都头知悬泉镇遏使安进通状七件
　　P.2814（1）

天成三年（928）七月十二日都僧统海晏为七月十五日庄严道场配借诸寺幡伞帖
　　S.2575（2）

天成三年（928）七月十二日都僧统海晏为七月十五日庄严道场配借诸寺幡伞帖（续）
　　S.2575（4）

天成四年（929）三月六日都僧统海晏置道场条令牓
　　S.2575（6）

天成四年（929）三月九日都僧统准普光寺置方等道场牓
　　S.2575（7）

天成肆年（929）十月五日百姓姚义盈买契等
　　S.5540（8）

天成年间都头知悬泉镇遏使安进通状稿
　　P.2814V（3）

天地八阳神咒经
　　BD00111，BD00210，BD00276V，BD00441，BD01185，BD01238，BD01573，BD01955，BD01979，BD02061，BD02334，BD02342，BD02369，BD02684，BD02697，BD02711，BD02835，BD02858，BD02872，BD02972，BD03238，BD03864，BD04385，BD04427，BD04785，BD05560，BD05714，BD06117，BD06367，BD06387，BD06609，BD06765，BD07045，BD07050，BD07172，BD07369，BD07450，BD07628，BD07633，BD07754，BD07925，BD07932，BD07976，BD08077，BD08176，BD08201，BD08303，BD08357，BD08404，BD08443，BD08446，BD08557，BD08610，BD09152，BD09153（1），BD09157，BD09159，BD09174，BD09175，BD09176，BD09177，BD09178，BD09179，BD09180，BD09181，BD09182，BD09183，BD09185，BD09186，BD09187，BD09188A，BD09189，BD09956，BD10008，BD10068，BD10133，BD10189，BD10197，BD10283，BD10296，BD10356，BD10406，BD10444，BD10500，BD10690，BD10765，BD10961，BD11130，BD11242，BD11254，

BD11530, BD11534（1）, BD11537, BD11581, BD11595, BD11700, BD11739, BD11767, BD11834, BD11943, BD11957, BD12214, BD13610, BD13680, BD14547V, BD15051, BD15071, BD15156, BD15259, BD15544, BD15550, BD15559, BD15615, BD15885, BD16396, BD16422, BD16452A, BD16509B, P.4571, P.5587（11）, S.7298（1）, S.7298（2）, S.7330, S.7592, S.7739, S.7794, S.7937, S.7988, S.8234B, ZSD069号, 津图131, 伍伦19号, 羽079, 羽228, 羽260

天地八阳神咒经（藏文标注本）
　　BD11616

天地八阳神咒经护首
　　S.8234A

天地八阳神咒经咒语杂写
　　BD09184

天地开辟已来帝王记
　　P.2652, P.4016, S.5505, S.5785, Дх.05140, Дх.11739

天地阴阳交欢大乐赋
　　P.2539

天福叁年（938）十一月五日归义军节度使曹授张员进衙前正十将牒
　　P.3347

天福叁年（938）十二月六日大乘寺诸色斛斗入破历计会
　　S.1625

天福肆年（939）正月姚文清雇工契
　　津艺169V（2）

天福肆年（939）三月四日发愿文
　　BM.SP.41（Ch.00224）

天福四年（939）节度押衙贾奉玖疏
　　P.2836V

天福五年（940）三月归义军节度留后使检校司空曹礼佛疏
　　P.2692（1）

天福伍年（940）庚子岁麦粟等物帐
　　P.3197V（2）

天福伍年（940）纪年
　　P.2059V（2）

天福伍年（940）杂写
　　P.3054V（6）

天福六年（941）二月廿一日行像司善德欠麦粟算会凭
　　S.4812

天福柒年（942）柒月贰拾壹日归义军节度使改补周再盈充节度押衙牒
　　S.4363

天福七年（942）八月残文书
　　BD11992，BD11996

天福七年（942）八月木墙乡感化村税户残牒
　　BD13151C

天福七年（942）八月木墙乡感化村税户李某等牒两道
　　BD13151B

天福七年（942）八月木墙乡感化村税户李思顺李稠秋牒各一道
　　BD13151A

天福七年（942）十一月廿二日归义军节度使曹元深舍施回向疏
　　P.4046

天福七年（942）十一月日典张环枊等为纳草事牒
　　BD11181

天福柒年（942）十二月十日某寺判官与法律智定等一伴交历
　　S.1774

天福七年（942）某寺常住什物交历
　　S.1624V

天福八年（943）二月十九日河西都僧统龙辩榜为请诸司勾当报恩寺方等道场事
　　S.0520，S.8583

天福捌年（943）四月田大千状
P.2996V（2）

天福八年（943）岁次癸卯七月一日题记
P.3757V（2）

天福八年（943）敦煌乡文书
上博49（44057）AV（3）

天福八年（943）绘千手千眼观音菩萨图
MG.17775

天福九年（944）正月僧政善光为巡礼西天上太傅乞公验牒
S.4537V（1）

天福九年（944）具注历日、以及杂书
羽058V

天福拾年（945）五月廿二日比丘庆遂为故僧政百日追念设供请僧疏
S.5718

天福十年（945）绘弥勒像并侍从
哈佛1943.54.1[1]

天福十年（945）具注历日卷题
S.0560

天福十四年（949）五月归义军节度观察留后曹元忠献硇砂牒
S.4398

天福拾肆年（949）八月廿二日归义军节度使曹元忠建窟檐记
S.0518

天福十五年（950）五月十五日归义军节度使曹元忠雕印金刚般若波罗蜜经并题记
Or.8210/P.11

天复二年（902）四月廿八日河西都僧统贤照下诸僧尼寺纲管徒众帖
S.1604（2）

---

[1] 马德：《散藏美国的五件敦煌绢画》，《敦煌研究》1992年第2期。

天复二年（902）四月廿八日沙州节度使张承奉致都僧统帖
　　S.1604（1）

天复二年（902）十一月九日慈惠乡百姓刘加兴出租土地契二通
　　S.5927V（2）

天复三年（903）十一月僧灵远牒
　　P.2657P

天复四年（904）二月一日灯司都司领得课油抄
　　S.5495

天复四年（904）八月八日应管衙前押衙兵马使子弟随身等状
　　P.3324V

天复四年（904）令狐法姓租地契
　　P.3155V（2）

天复五年（905）正月四日归义军节度使南阳张承奉祭风伯文
　　S.5747

天复五年（905）八月灵图寺徒众请大行充寺主状及都僧统判文
　　S.2575（3）

天复五年（905）新妇染患施舍文
　　LB.052VB

天复六年（906）闰十二月廿六日氾善赟书记
　　S.2630V（2）

天复陆年（906）押衙刘石庆换房契
　　Дx.01414

天复七年（907）二月十日燉煌郡金光明寺牒
　　S.6253

天复柒年（907）牒
　　S.6254

天复柒年（907）洪池乡百姓高加盈出租土地充折欠债契
　　P.3214V（1）

天复八年（908）十月燉煌乡张安三父子敬造佛堂功德记
　　S.4474V（2）

天复玖年（909）闰八月十二日神沙乡百姓董加盈兄弟分家书
  S.2174

天复九年（909）十月七日洪润乡百姓安力子卖地契
  S.3877V（8）

天复九年（909）杜通信便麦粟历
  BD01943V，BD16563

天复拾载（910）七月十五日彩绘观世音菩萨像一躯兼绘故普光寺法律尼严会及故弟殿中监张友诚二遐真题记并赞
  BM.SP.14（Ch.liv.006）

天复年间沙州龙神力墓地诉讼状
  P.4974

天公经
  BD07362（1），BD14427

天勾大禁图
  S.6333（2）

天亲彰疑会理教
  BD14568V

天请问经
  BD00693（4），BD01036（2），BD06001，BD10041，BD10080，BD10614，BD11962，BD12133，BD14813，P.2401，P.3352V（2），S.1397V，S.3916，S.4119（1），S.5367，S.5458（5），S.5675，S.5708，Дх.00011А，Дх.00982，Дх.02497，Дх.04430（2），Дх.04501，羽659之1，中村不折071

天请问经变
  BD02379V（2）

天请问经经文杂钞
  BD05656V

天请问经疏
  BD00119，BD14116，P.2135，S.8085

天请问经疏释
  P.2416

天寿二年（964）五月宝胜奏状
  P.4518（2）V

天寿二年（964）九月弱婢员娘祐定牒
  Дx.01400＋Дx.02148＋Дx.06069（2）

天寿二年（964）九月右马步都押衙张保勋牒
  Дx.01400＋Дx.02148＋Дx.06069（3）

天台分门图
  P.2131，P.3080V，P.3328

天台分门图补记
  P.3328V（3）

天台五时八教科判
  北大 D233

天台五义分门
  S.1310V

天台智者大师发愿文
  P.3183

天台智者大师智𫖮别传
  羽 094R

天王名签
  S.6320

天王文
  P.2701，P.2807（3），P.2854（14），P.3397，P.3540

天王文题记
  Дx.08847

天王像
  P.4518（34）

天王意
  P.2807（2）

天下郡望氏族谱
  P.3191，S.5861，S.9951

天下五姓族谱望一卷
　　羽059V

天兴柒年（956）于阗回礼使寿昌县令索子全状
　　P.3016V（1）

天兴玖年（958）西朝走马□富住状
　　P.3016V（2）

天兴十二年（961）二月八日南阎浮提大宝于阗国迎摩寺八关戒牒
　　S.6264

天祐六年（909）洪池乡人典男契
　　Дх.05299（2）

天字鬼镜图并推得病日法
　　Дх.01258，Дх.01259，Дх.01289，Дх.02977，Дх.03162，Дх.03165，Дх.03829

天中节函
　　P.3812V（4）

天竹国菩萨达磨禅师论一卷
　　P.2039V（1）

天竹国菩提达摩禅师观门
　　S.2669V（3）

天竺国菩提达摩禅师论
　　BD15054（1）

天尊说三涂五苦存亡往生救苦拔出地狱妙经
　　P.2348

天尊说随愿往生罪福报对次说预修科文妙经
　　BD13208E，P.2433，P.2868，龙谷大学37.五三九（波17）

添品妙法莲华经卷一
　　Дх.04596，津图086

添品妙法莲华经卷二
　　L.015，Дх.11513

添品妙法莲华经卷三

　　Дх.06475，Дх.08294

添品妙法莲华经卷四

　　Дх.03974B，Дх.04046，Дх.04421，Дх.08815，津图183

添品妙法莲华经卷五

　　BD15873，HHT027，Дх.14328

添品妙法莲华经卷六

　　BD16436，Дх.00190，Дх.00245，Дх.00246，Дх.04440，Дх.06397，Дх.06427，津图039

添品妙法莲华经卷七

　　Дх.05752V

添品妙法莲华经卷五注疏

　　Дх.01528V

田积表

　　P.2490

田籍

　　BD00417AV，BD08956V

田亩四至

　　P.3705P2

田喻喻等人名

　　羽664之4R

调海兴押衙歌

　　P.4525（2）V（3）

调露二年（680）二月张则写经题记

　　IOL.C.39（Ch.00267）

调顺子歌

　　P.4525（2）V（5）

庭州入破历残片

　　BD12000（2）

通颊百姓吴员宗等换地契

Дx.00084

通信上曲子名一首

S.0329V（9）

通玄真经卷五（文子道德篇）

P.3768

通玄真经卷九（题记）

P.2380

通玄真经卷九（文子下德篇）

P.2810A，P.2810B，P.4073，S.2506（1），S.2506（2）

通一切经要义集一卷

S.0182

同光二年（924）五月定州开元寺僧归文牒五通

S.0529

同光二年（924）都司金刚锐牒

BD14801

同光贰年（924）智严莫高窟巡礼圣迹后记

S.5981（1）

同光贰载（924）汝南薛彦俊七言诗一首

S.6204（4）

同光四年（926）三月金光明寺徒众庆寂神威等上都僧统状并判

S.6417（9）

同光四年（926）造龛记

P.2668（7）

同会往生极乐赞

S.0370（2）

同结兄弟契

P.2717P2

童画

S.3393V（2）

头像
　　P.4514（14）

头像画
　　P.3882V（1）

投社牒稿
　　P.2498PV（1）

投社人董延进状
　　P.3266V（2）

投社人马丑儿牒
　　P.2498P

投社人帖
　　P.3198BV（2）

投社人张愿兴王祐通牒
　　P.4651

投社书
　　Дx.12012

投社文书
　　P.3216P2

图案
　　P.4514（9）13V，P.4752V，P.6001（3），Дx.05529，Дx.05981，津艺043V

徒众转帖
　　P.3779V（2）

涂抹底稿
　　P.3893V（1）

土镇二郎牒
　　S.11592

吐蕃瓜州节度使上悉殁夕亡五七建福文
　　Дx.06036V

吐蕃监军论董勃藏重修伽蓝功德记
P.3829

吐蕃某年五月至十二月某寺斛斗破历
S.3074V

吐蕃申年三月六日算会文书
S.10647

吐蕃圣神赞普千僧斋愿文
羽737

吐蕃时代之某僧追悼文稿
羽077R

吐蕃时期春苗历
S.9471，S.10009，S.11298A、B、C

吐蕃时期催纳萨毗寄仓粟帖
S.8690

吐蕃时期敦煌龙兴寺转大般若经付经录
BD11874

吐蕃时期敦煌斋僦历
S.10746AV

吐蕃时期佛典流通杂录
BD11497

吐蕃时期给官人封户名簿
S.11344A+B

吐蕃时期官营牧羊算会历状
P.3028V

吐蕃时期某司破历
BD11577

吐蕃时期某寺斛斗入破历
S.11425A+B+C背面

吐蕃时期某寺香积厨手帖
BD09323

吐蕃时期某寺诸色物历
　　BD09324
吐蕃时期僧司行事名录
　　BD06359V（2）
吐蕃时期诸户口、地亩计簿
　　S.9156
吐蕃时期左七至左十将牧羊人欠酉至丑年羊毛等物帐
　　S.11454D
吐蕃时沙州两部落纳子年七月至丑年十二月写经纸计会
　　S.8689（2）
吐蕃巳年沙州仓曹会计历
　　P.3446
吐蕃文汉文对译词汇
　　P.2762V（2）
吐蕃戊申年（828）四月六日善护、遂恩兄弟分书
　　S.11332
吐蕃戌年、亥年左六至左十将供羊历
　　S.11454F
吐蕃戌年课左五至左十将牧羊人苏油等名目
　　S.11454E
吐蕃寅年二月左七将百姓张芬芬牒
　　S.11454B
吐蕃酉年至亥年羊籍
　　S.11454A
吐蕃酉年至亥年左三将曹宝宝等羊籍
　　S.11454G
吐蕃宰相尚腊藏嘘律钵患病设斋文
　　P.2974，P.3395
吐蕃子年悉勾心儿等便苏历
　　S.11454C（1）

兔园策府
    P.2573，S.0614，S.1086，S.1722（1），Дx.05438

团人名录
    S.10537

团头王保员名条
    BD16367

推得病日法
    Дx.04253，Дx.04253V，Дx.05924

推动土及修造三五吉日
    P.2610V（8）

推孤虚法
    P.2610（16）

推九宫行年法
    P.3838（2）

推九天行年灾厄法
    BD15408V，S.3724V（5）

推九曜行年法
    P.3838（1）

推九曜行年容厄法
    P.3779

推六十甲子日失物法
    BD10255

推命书（六十甲子推人年命法等）
    S.6157

推命书（推男子三生五鬼法等）
    S.6164

推命书（推人本生元宫法）
    S.11400

推男生宫法
    P.2482V（5）

推人辰法
　　S.0930V（3）

推人九天宫法
　　P.2842V

推人游年八卦图
　　P.2830，P.3066

推人占法
　　P.3081V

推十二辰相刑相合法
　　P.2610（6）

推十二禽兽法
　　P.5024B

推十二日亡物法等
　　BD14684

推十二时病者法
　　P.3402V（1）

推十二时耳鸣耳热足痒手掌痒等法
　　BD15410V

推十二时人命相属法
　　P.3398（2）

推十二相属法
　　P.2499+4058V（3）

推十二月将所在逆占来意法
　　P.2610V（1）

推十干
　　P.3556V（8）

推十干合法
　　P.2610（8）

推天煞日法
　　P.2610（15）

推天狱所在法

P.2610（11）

推亭亭白奸法

P.2610（17）

推问军营失物状

S.6160V

推五行嫁娶法

Дx.10787

推行年灾厄法

S.6215

推择日法第八

P.2905（1）

推占书

P.3322，P.3322V（2）

退浑便物人名目

S.8692

拖尾尾轴

BD16574，BD16575

脱服文

P.2237V（2），俄Ф.263+Ф326（11）

脱服文及贺丑奴状杂写

BD13112

陀邻尼经卷

S.2786

陀罗尼

BD07968，P.2342P5，P.2342P6，P.2507V，P.3811（2），P.3824（9），
Дx.00434，Дx.00821，Дx.00822，Дx.01218，Дx.01250，Дx.01272，
Дx.01330V，Дx.01334，Дx.01655，Дx.01656，Дx.02233，Дx.02242，
Дx.02343，Дx.02438，Дx.02498，Дx.02516，Дx.02566，Дx.03031，
Дx.03053，Дx.03537，Дx.04340，Дx.05305，Дx.05359，Дx.05627，

Дх.05787，Дх.06691，Дх.10450V，Дх.10647，Дх.11311，Дх.11767，Дх.11781，Дх.12775，Дх.19008，北大 D123，北大 D226，敦研 060，敦研 360，敦研 362，俄 Ф.245

陀罗尼（待考）
    BD07418
陀罗尼补记
    P.2197V（1）
陀罗尼钞
    BD00606，BD07853
陀罗尼符及供养人题记
    BM.SP.170（Ch.lvi.0033）
陀罗尼集抄
    P.3289（8）
陀罗尼集经
    P.4944，BD01202
陀罗尼集经卷二
    BD14811G，P.3920（7）
陀罗尼集经卷五
    BD14529
陀罗尼集经卷九
    S.2392
陀罗尼集经卷一〇
    Дх.11936
陀罗尼杂集钞
    BD04378（3）
陀罗尼杂集卷一
    BD04378（1）
陀罗尼杂集卷三
    津图 063
陀罗尼杂集四天王所说大神咒略抄

P.2665（Pel.tib.2086）V（3）

陀罗尼杂咒集

BD14952（1）

陀罗尼咒

P.3137（3）

陀罗尼咒抄

羽391V

驼官马善昌、李粉堆死驼处分牒

羽035之2

驼马牛羊皮历

P.2155V（1）

驼马人像

BM.SP.77（Ch.00207）（1）

W

外道百头蓝弗化身作夜叉缘
  BD00578V

外道大师名姓蕃字
  BD05840V（1）

万五千佛名经第七
  S.3473

万五千佛名经卷一〇
  S.3132

万五千佛名经卷一一
  S.2755

万盈杂写
  P.3392V

亡妣文
  P.2341V（6），P.3259（6），P.3765（11），P.3840（3），P.3981（2），P.4963（1），Дх.02371+Дх.02377

亡弟文
  P.4638V（9）

亡阇梨文
  Дх.12519，Дх.12521

亡夫人文
　　P.3601（4）

亡妇
　　P.2237V（13）

亡妇文
　　羽702之2

亡孩子文等文样
　　S.9509

亡后纳赠人名籍
　　P.3738P2

亡考妣文
　　P.3473

亡考初七追福文
　　S.8218

亡考文
　　BD09156（6），BD13210A，BD13210C，P.2226V（1），P.2237V（5），P.2341V（8），P.3335，P.3601（3），P.3980V，P.3981（1），P.4536V（5），S.8319，俄Ф.263+Ф326（9），羽743R+V

亡考文（金山国时期）
　　S.6787V

亡名和尚绝学箴
　　S.2165（1）

亡名氏脉经第一种
　　P.3287（3）

亡名氏脉经第二种
　　P.3287（5）

亡男
　　P.2237V（12）

亡男文
　　P.2341V（5）

亡尼文
P.3566（11），P.3765V（2）

亡尼文号头
BD09156（5）

亡娘子一年忌祭文书仪断片
羽081R之2

亡女文
P.2237V（11）

亡妻文
P.4638V（7），P.4638V（10）

亡僧尼弟子吊文书仪残文书仪残
羽685V之2

亡僧尼舍施文
P.3601（1），P.3765（8），俄Ф.263+Ф326（8）

亡僧舍施文
P.3765V（3）

亡僧文
P.3601（2）

亡式叉尼文
P.2255V（4）

亡文
BD08956（1），BD09156（4），P.2058（4），P.2313V（1），P.2588（2），P.2854（4），P.2991AV，P.3566（1），Дх.10319，上图060（2）

亡文第五
P.3819+3825（5）

亡文稿
BD14891V

亡文文范
P.4061（1）

亡兄弟
　　P.2237V（14）

亡斋文
　　P.3566（6）

王仓曹等写大般若经录
　　P.4047

王大宾等名籍
　　S.11287B

王道祭杨筠文等
　　P.4978

王鼎封筒
　　BD09522V

王法律等领纸历
　　P.4525（2）V（1）

王梵志诗
　　P.2718（1），P.2842bis，P.3266，P.3418，P.3558，P.3656，P.3716V（2），P.3826V（2），S.1399，S.2710（1），S.3393（1），S.4277，S.4669，S.5474，S.5794，S.6032，Дх.00889+Дх.02558，Дх.00890+Дх.00891，Дх.11197，俄Ф.256+Дх.00485+Дх.01349，宁乐美术馆藏本，羽030R

王梵志诗集并序
　　S.0778

王梵志诗集卷上并序
　　S.5796

王梵志诗集卷中
　　S.5441（3）

王梵志诗集一卷
　　P.4094（1）

王梵志诗卷二
　　P.3211

王梵志诗卷三
　　P.2914，P.3833（1）

王梵志诗卷五
　　P.3724

王梵志诗卷中
　　S.5641

王克茂诗四首
　　P.2700terV（2）

王某银子事录
　　津艺152V

王清奴出便斛斗历
　　BD15628

王文进等名录
　　P.3569V（1）

王义宪集序
　　Дх.02606+Дх.02900

王锡上吐蕃赞普书
　　P.3201V

王羲之题书论
　　S.0214V（1），S.3287（3）

王玄览道德经义论难
　　BD04687

王昭君变文
　　P.2553

王昭君怨诸词人连句
　　P.2748V（9）

王宗无忌单方
　　P.2635V（1）

往日修行时曲子一首
　　S.4037V（1）

往生极乐赞
　　P.2483（5），羽412（2）
往生净土赞
　　S.2143（6）
往生礼赞偈
　　BD08228，P.3841，Дx.00959，Дx.05922，Дx.16301，羽036V
往生礼赞偈钞
　　BD11807B
往生礼赞偈卷一
　　BD16181
往生礼赞文一卷
　　P.2722（2），S.2659V（2）
望江南
　　P.3911（3）
望江南三首
　　P.2809（3）
望月婆罗门曲子
　　S.1589V（2）
威德摩尼轮法
　　P.2153（1）
威仪戒文书仪
　　羽685V之1
威远将军墓志
　　Дx.03624
微妙比丘尼出家因缘记
　　S.5643
为慈妣转经疏
　　BD02258V（4）
为二太子中元盂兰荐福文
　　台图135

为法净上座病困请处分牒
  BD16267A，BD16267B，BD16267C

为故僧正和尚设斋舍施回向疏
  S.8657

为官斋配征杜进荣等户苏油限所由催纳帖
  S.5760

为皇帝祈福文
  BD00623

为觉心妹致阿张傻婆姨等函稿
  BD02126V（7）

为郎君疾祈祷文
  P.3976

为郎君七七追念设斋追福疏
  S.10553

为尚书设水陆道场启请文
  BD09294V

为申考典索大禄纳图钱及经等事状
  S.6111V，S.10595V

为亡妣追福转经设斋舍施疏
  S.6166V

为亡妣追七功德请金光明寺僧疏
  P.4810V

为亡父母舍施疏
  S.6026V（1）

为亡考绘如意赞文
  P.3977

为亡女一娘子六七追念施福疏
  S.8180

为先考妣太原王王妃敬造法华经发愿文
  P.2385V（3）

为于阗云游僧法因求住三界寺禅院状
> S.4711V

唯识二十论序
> P.2155（1）

唯识论抄要
> S.1061V

唯识论师世亲菩萨本生缘
> P.2680（1）

唯识论师无著菩萨本生缘
> P.2680（2）

唯识论疏
> BD15633，S.4314V

唯识论疏释
> BD15635

唯识论著
> 文研院172（xj211－碑帖179.5）

唯识名数杂释
> BD07902（1）

唯识三十论要识
> S.5537

唯识三十论要释
> BD11895

唯识胜义
> Дx.06693

唯识析义
> BD15242V（5）

唯识中宗杂问答
> BD08024（2）

唯识宗关在百法论
> P.2807V（6）

唯识宗疏释

BD16369

惟教（务）三昧卷下

台图129

惟心观一卷、信行□集真如实观起序卷一

S.0212

惟性论

S.6006（1）

维大唐中和肆年（884）二月廿五日沙州燉煌郡学士郎兼充行军除解□太学博士宋英达题名

P.2937V（2）

维摩诘讲经文持世菩萨卷二

BD05394

维摩诘经

P.2088，P.4603，S.0041，S.0145，S.0241，S.0828，S.1932（3），S.2342，S.2479，S.3165，S.3211，S.3256，S.3358，S.3376，S.3445，S.3680，S.3743，S.3822，S.3888V，S.3963，S.4045，S.4350，S.5353，S.5749，S.6420，S.6507，S.6548，S.6595，S.6596，S.6780，S.6869，Дx.12227，北三井082（025-10-40），北三井083（025-10-22），北三井084（025-13-7），北三井085（024-14-35），北三井086（025-10-38），大东急107-12-1，津艺110，津艺162，津艺163，津艺164

维摩诘经卷一

S.0871，S.1463，S.2991，S.5371，S.6284，S.6516，俄Φ.098，上图072

维摩诘经卷二

S.0143，S.0774，S.0905，S.0929，S.0961，S.1036，S.1692，S.1694，S.3723，S.3928，S.5000，S.5133，S.5147，S.6473，S.6508，S.6690，S.6865

维摩诘经卷三

S.0639，S.4386，S.5057，俄Φ.118

维摩诘经卷四

S.0639，S.1429，S.5031，大谷大学0711

维摩诘经卷上

S.0159，S.0171，S.0669，S.0688，S.0753，S.0866，S.0975，S.0978，S.1005，S.1219，S.1239，S.1268，S.1304，S.1373，S.1633，S.1739，S.1782，S.1788，S.1951，S.2235，S.2300，S.2348，S.2433，S.3143，S.3187，S.3424，S.3434，S.3437，S.3486，S.3517，S.3561，S.3569，S.3578，S.3617，S.3647，S.3806，S.4148，S.4153，S.4258，S.4780，S.4789，S.4796，S.4837，S.4856，S.4859，S.4951，S.4957，S.5105，S.5306，S.5368，S.5661，S.5963，S.6392，S.6426，S.6532，S.6586，S.6689，Дх.00371，敦博031，上图035，上图126，羽268

维摩诘经卷中

S.0012，S.0148，S.0168，S.0624，S.0648，S.0715，S.0765，S.0827，S.1206，S.1471，S.1533，S.1616，S.1753，S.1865，S.2025，S.2162，S.2282，S.2608，S.2609，S.2871，S.2878，S.2884，S.2946，S.2994，S.3168，S.3305，S.3377，S.3394，S.3415，S.3650，S.3856，S.4153，S.4154，S.4317，S.4602，S.4771，S.4796，S.4957，S.5001，S.5056，S.5105，S.5254，S.5255，S.5340，S.5661，S.5963，S.6370，S.6409，S.6425，S.6472，S.6529，S.6575，S.6603，S.6665，S.6740，S.6890，S.6906，大东急107-5-1-1H，津艺122，津艺135，津艺194，津艺222，京博B甲436，上博45（40794），上图127，御茶之水图书馆藏本

维摩诘经卷下

P.2786，S.0350，S.0686，S.0769，S.0780，S.0913，S.1013，S.1031，S.1046，S.1258，S.1266，S.1531，S.1564（1），S.1709，S.2024，S.2035，S.2206，S.2307，S.2508，S.2572，S.2838，S.3069，S.3197，S.3422，S.3458，S.3471，S.3488，S.3801，S.3828，S.4015，S.4153，S.4246，S.4310，S.4321，S.4387，S.4550，S.4719，S.4796，S.4879，S.4983，S.5004，S.5030，S.5105，S.5184，S.5246，S.5395，S.5661，S.6231，S.6358，S.6398，S.6449，S.6539，S.6587，S.6864，S.6875，S.6922，Дх.00193B，Дх.01636 Дх.01637，北大D062，大东急107-11-1-1，第二批02446（中国佛教图书文物馆藏本），敦研008，甘博054，津艺025，津艺221，津艺231，津艺288，京博B甲292 图录240，上图153，上图168，上图177，首博32.547，首博32.551，首博32.552，天理大学12.183-イ177，伍伦24号，招提14

维摩诘经残卷

安徽省博物院藏本

维摩诘经弟子品疏释

敦研066，敦研375

维摩诘经佛道品第八疏释

敦研250

维摩诘经佛国品疏

文研院162（xj062-0660.43）

维摩诘经观众生品第七疏释

敦研249

维摩诘经讲经文

BD15245，P.2122V（2），P.2292（2），S.3872，S.4571，S.8167，S.8774

维摩诘经卷下疏释

P.3006

维摩诘经品名录

S.2096V

维摩诘经菩萨品第四疏释

敦研247

维摩诘经入不二法门品第九、香积佛品第十疏释

敦研251

维摩诘经十四品赞

P.3600（2）

维摩诘经疏

BD00923，BD00924，BD00926，BD05243，BD15476，P.2122V（3），P.2668V（4），S.0706，S.0721V（3），S.2552（2），S.2661，S.6192，S.8316，Дх.00021，Дх.03266，Дх.11615，Дх.12127，Дх.17448

维摩诘经疏卷三

俄 Ф.068

维摩诘经疏释

P.2688V，P.3021+3876V（2），P.3055（1），S.2432，S.3920，S.5972，S.6381，

S.6462

维摩诘经题签

Дх.02789V，Дх.05498，Дх.11247

维摩诘经文殊师利问疾品第五疏释

敦研067，敦研248

维摩诘经香积佛品第十、菩萨行品第十一疏释

敦研252

维摩诘经义记卷一

S.3878

维摩诘经义记卷四

S.2732

维摩诘经义疏卷三

Дх.07194

维摩诘经杂释

BD06499

维摩诘经注

P.4684，S.1378

维摩诘经注释

北大D162

维摩诘经注疏

P.3198A，P.3198B

维摩诘所说经

BD05838，P.4646（1），P.5028（8），P.5588P5，S.0471，S.1145，S.1864，S.2523，S.3151，S.5635，S.6620，文研院163（xj037-0660.18），文研院164（xj181-0323.33），文研院165（xj075-0660.56），文研院166（xj070-0660.51），文研院167（xj071-0660.52），文研院168（xj073-0660.54），故宫新154415（4），故宫新63334，羽173，重博15

维摩诘所说经卷一

Дх.12163，伍伦29号

维摩诘所说经卷二

　　BD15181，Дх.07130

维摩诘所说经卷三

　　BD00421

维摩诘所说经卷上

　　BD00010，BD00081（1），BD00100，BD00157，BD00158，BD00326，BD00369，BD00374，BD00397，BD00463，BD00510，BD00513，BD00514，BD00515，BD00536，BD00538，BD00550，BD00556，BD00564，BD00585，BD00601，BD00604，BD00634，BD00652，BD00710，BD00790，BD00814，BD00821，BD00910，BD00938，BD00946，BD01002，BD01044，BD01052，BD01166，BD01172，BD01176，BD01200，BD01231，BD01252，BD01379，BD01442，BD01561，BD01566，BD01588，BD01591，BD01600，BD01635，BD01638，BD01640，BD01674，BD01740，BD01784，BD01794，BD01820，BD01870（1），BD01883V，BD01892，BD01900，BD01917，BD01932，BD01933，BD01952，BD01967，BD02040，BD02069，BD02135，BD02139，BD02159，BD02160，BD02167，BD02303，BD02349，BD02471，BD02500，BD02522，BD02553，BD02559，BD02587，BD02593，BD02598，BD02605，BD02619，BD02638，BD02660，BD02754，BD02758，BD02950，BD02953，BD02978，BD03051，BD03098，BD03116，BD03164，BD03184，BD03206，BD03252，BD03396，BD03412，BD03535，BD03595，BD03605，BD03682，BD03683，BD03730，BD03893，BD03954，BD04048，BD04154，BD04193，BD04232，BD04293，BD04379，BD04389（1），BD04397，BD04411，BD04414，BD04421，BD04423，BD04501，BD04557，BD04619，BD04622，BD04641，BD04647，BD04683，BD04758，BD04829，BD04871，BD04904，BD04913，BD04931，BD05006，BD05007，BD05028，BD05094，BD05171，BD05219，BD05300，BD05317，BD05398，BD05408，BD05512，BD05552，BD05582，BD05672，BD05828，BD05860，BD05869，BD05936，BD05966，BD05987，BD06062，BD06190，BD06274，BD06309，BD06319，BD06342，BD06357，BD06368，BD06376，BD06379，BD06409，BD06483A，BD06537，BD06557（1），BD06581，BD06582，BD06626（1），BD06631，BD06651，BD06652，BD06703，

BD06749, BD06829, BD06840, BD06864, BD06980, BD07096, BD07355, BD07470, BD07528, BD07540, BD07616, BD07643, BD07646, BD07756, BD07785, BD07834, BD07878, BD07917, BD07921, BD08031, BD08173, BD08194, BD08360, BD08365, BD08484, BD08581, BD08896, BD08899, BD08900, BD08901, BD08902, BD08903, BD08904, BD08907, BD08909, BD08910, BD08912, BD08914, BD08917, BD08918, BD08920, BD08921, BD08923, BD08925, BD08926, BD09134, BD09135, BD09173, BD09214, BD09497, BD09504, BD09505, BD09506, BD09888, BD09903, BD09921, BD09992, BD10034, BD10048, BD10072, BD10111, BD10130, BD10131, BD10190, BD10240, BD10294, BD10424, BD10601, BD10624, BD10626, BD10954, BD11076, BD11079, BD11081, BD11084, BD11205, BD11325, BD11387, BD11450, BD11458, BD11524, BD11525, BD11563, BD11636, BD11781, BD11788, BD11793, BD11827, BD11846, BD11873, BD11908, BD11928, BD11964, BD12006, BD12010, BD12158, BD12205, BD12337, BD12369, BD12661, BD13642, BD13657, BD14068, BD14071, BD14186（1）, BD14463, BD14626, BD14722, BD14759, BD14811F, BD15557, BD15705, BD15751, BD15787, BD15824, BD16093, BD16143, BD16475, Р.4573, Р.4849, S.0845（1）, S.2600, S.5112, S.6772, S.6918, S.7051, S.7123, S.7245, S.7264, S.7265, S.7271, S.7388, S.7410, S.7638, S.7676, S.7807, S.7836, S.8379, SCM.D.115903, Дх.00034, Дх.00113, Дх.00511, Дх.00648, Дх.00683, Дх.00711, Дх.00724, Дх.00751, Дх.00761А, Дх.00799, Дх.00800, Дх.00802, Дх.00816, Дх.00851, Дх.01094, Дх.01139А, Дх.01212, Дх.01546, Дх.01667, Дх.01707, Дх.01709, Дх.01922, Дх.01923, Дх.02029, Дх.02050, Дх.02180, Дх.02198, Дх.02311, Дх.02350В, Дх.02372, Дх.02380, Дх.02426, Дх.02446, Дх.02491, Дх.02508, Дх.02616, Дх.02641, Дх.02646, Дх.02757, Дх.02789, Дх.02798А, Дх.02799, Дх.02802, Дх.02893, Дх.02998, Дх.03006, Дх.03171, Дх.03393, Дх.03426, Дх.03661, Дх.03713, Дх.03779, Дх.03822, Дх.03827А, Дх.03831, Дх.03841, Дх.03846, Дх.03847, Дх.03883, Дх.03884, Дх.03890, Дх.03891, Дх.03892, Дх.03893А,

Дх.03893В, Дх.03922, Дх.03924, Дх.03994А, Дх.04005, Дх.04012, Дх.04252, Дх.04383, Дх.04425, Дх.04442, Дх.04601, Дх.04762, Дх.04787, Дх.04832, Дх.04883, Дх.04893, Дх.05098, Дх.05130, Дх.05134, Дх.05281, Дх.05300, Дх.05328, Дх.05378, Дх.05433, Дх.05459, Дх.05504, Дх.05543, Дх.05630, Дх.05636, Дх.05671, Дх.05764, Дх.05768, Дх.05891, Дх.05893, Дх.05921, Дх.05939, Дх.05973, Дх.06095, Дх.06114, Дх.06118, Дх.06123, Дх.06160, Дх.06161, Дх.06225, Дх.06245, Дх.06470, Дх.06491, Дх.06497, Дх.06540, Дх.06635, Дх.06898, Дх.06902, Дх.07089, Дх.07089V, Дх.07150, Дх.07177, Дх.07180, Дх.07193, Дх.07457, Дх.07596, Дх.07700, Дх.07700V, Дх.07742, Дх.08440, Дх.08654, Дх.08881, Дх.09069, Дх.09448, Дх.09474, Дх.09478, Дх.09528, Дх.10788, Дх.10789, Дх.10791, Дх.10796, Дх.10798, Дх.10799, Дх.10801, Дх.10802, Дх.10803, Дх.10805, Дх.10806, Дх.10808, Дх.11110, Дх.11239, Дх.11401, Дх.11583, Дх.11636, Дх.11673, Дх.11793, Дх.11954, Дх.12138, Дх.12349, Дх.12508, Дх.12546, Дх.12547, Дх.12548, Дх.12570, Дх.12619, Дх.12658, Дх.12716, Дх.12724, Дх.12755, Дх.12764, Дх.12877, Дх.14267, Дх.15920, Дх.16381, Дх.16421, Дх.16969, Дх.17999, Дх.17999V, Дх.18288, 北大 D060, 敦研 117, 敦研 148, 敦研 159, 敦研 176, 敦研 285, 敦研 288, 敦研 302, 俄 Ф.282, 俄 Ф.292, 傅图 22, 傅图 23, 津图 006, 津图 057, 津图 166, 津艺 061A, 津艺 061F, 启敦 020, 启敦 021, 上图 105（6）, 上图 128, 石谷风 034, 石谷风 061, 首博 32.574, 台图 020, 羽 172R, 羽 309, 羽 337, 羽 359, 羽 385R, 羽 513, 羽 515, 羽 587, 羽 645, 羽 647, 浙敦 056（浙博 031）, 浙敦 057（浙博 032）（1）

维摩诘所说经卷中

BD00009, BD00018, BD00052, BD00061A, BD00081（2）, BD00083, BD00131, BD00142, BD00180, BD00181, BD00189, BD00235, BD00250, BD00261, BD00275, BD00296, BD00337, BD00386, BD00442, BD00446, BD00470, BD00474, BD00523, BD00542, BD00552, BD00568, BD00571, BD00625, BD00627, BD00636, BD00731, BD00733, BD00742, BD00751,

BD00760, BD00761, BD00765, BD00839, BD00856, BD01103, BD01132, BD01189, BD01206, BD01221, BD01315, BD01384, BD01526, BD01558, BD01568, BD01579, BD01604, BD01702, BD01710, BD01729, BD01751, BD01762, BD01828, BD01831, BD01870（2）, BD01871（1）, BD02049, BD02062, BD02190, BD02210, BD02259, BD02641, BD02774, BD02860, BD02887, BD02900, BD02940, BD02991, BD03015（1）, BD03052, BD03065, BD03084, BD03194A, BD03200, BD03212, BD03224（1）, BD03324A, BD03329（1）, BD03472, BD03663, BD03691, BD03752, BD03755, BD03898, BD04020, BD04145, BD04261, BD04318, BD04377, BD04477, BD04500, BD04524, BD04526, BD04589, BD04615, BD04646, BD04648, BD04652, BD04656, BD04681, BD04682, BD04823, BD04826, BD04961, BD04978, BD04994, BD05014, BD05015, BD05018, BD05035, BD05079, BD05124, BD05126, BD05131, BD05205, BD05273, BD05281, BD05290, BD05307, BD05327, BD05360, BD05366, BD05539, BD05542, BD05545（1）, BD05546, BD05551, BD05554, BD05555, BD05562, BD05568, BD05605, BD05651, BD05930, BD05944（2）, BD06233, BD06291, BD06300, BD06315, BD06369, BD06496, BD06557（2）, BD06624, BD06626（2）, BD06804, BD06832, BD06866, BD06893, BD06964, BD06978, BD07354, BD07607, BD07686, BD07937, BD07996, BD08123, BD08298, BD08345, BD08371, BD08507, BD08905, BD08911, BD08913, BD08916, BD08919, BD08922, BD09215, BD09529, BD09530, BD09667, BD09740, BD09882, BD09976, BD10012, BD10015, BD10209, BD10237, BD10340, BD10414, BD10430, BD10468, BD10764, BD10837, BD10893, BD10936, BD11105, BD11184, BD11209, BD11236, BD11298, BD11466, BD11467, BD11845, BD11882, BD11956, BD12100, BD12140, BD12141, BD12200, BD12348, BD12360, BD14069, BD14072, BD14074, BD14075, BD14076, BD14186（2）, BD14473, BD14627, BD14817, BD14875, BD14881, BD14884, BD15019, BD15084, BD15086, BD15217, BD15218, BD15304, BD15743, CXZ019, LB.013, LB.030A, P.3324, P.4859, P.4932, P.6036, S.0021, S.0845（3）, S.2914, S.4519, S.6846, S.6847, S.7235, S.7286, S.7349, S.7355, S.7385, S.7544, S.7603, S.7803, S.7832,

S.7860, S.7981, S.7982, S.7983, S.7984, S.7987, S.8121, S.8235, S.8304, Дх.00069, Дх.00124, Дх.00167, Дх.00475, Дх.00596, Дх.00622, Дх.00859, Дх.00912, Дх.00916, Дх.01096, Дх.01137, Дх.01167A, Дх.01644, Дх.01645, Дх.01812, Дх.01947, Дх.02044, Дх.02187, Дх.02228, Дх.02291, Дх.02433, Дх.02518, Дх.02535, Дх.02803, Дх.02806, Дх.02807A, Дх.02861, Дх.02925, Дх.02952, Дх.02983, Дх.02988, Дх.03055, Дх.03059, Дх.03289, Дх.03290, Дх.03389, Дх.03420, Дх.03449, Дх.03489, Дх.03570, Дх.04472, Дх.04638, Дх.04766, Дх.04869, Дх.04886, Дх.05044B, Дх.05412, Дх.05522, Дх.05724, Дх.05740, Дх.06072, Дх.06174, Дх.06250, Дх.06833, Дх.06856, Дх.07535, Дх.07576, Дх.07804, Дх.07855, Дх.08080, Дх.08148, Дх.08225, Дх.08288, Дх.08583, Дх.08718, Дх.08828, Дх.08843, Дх.09046, Дх.09127, Дх.09341, Дх.09440, Дх.10679, Дх.10804, Дх.11156, Дх.11591, Дх.11604, Дх.11722, Дх.12556, Дх.12648, Дх.12651, Дх.12884, Дх.14218, Дх.14943, Дх.15377, Дх.15381, Дх.15534, Дх.15577, Дх.15633, Дх.15903, Дх.16039, Дх.16095, Дх.16243, Дх.16256, Дх.16258, Дх.16282, Дх.16431, Дх.16624, Дх.18287, Дх.18514, Дх.18615, 北人D061, 北大D207, 俄Ф.099, 俄Ф.100, 俄Ф.298, 甘博078, 江油市李白纪念馆藏本, 津图064, 津图076, 津图082, 津艺079, 津艺084, 津艺157, 津艺286, 龙谷大学23.五二三, 龙谷大学24.五二四, 上博71（51614）, 石谷风042, 石谷风043, 首博32.575, 务本009号, 羽270, 羽356, 羽448, 羽452, 羽457之10, 羽646, 羽657之1, 羽733, 浙敦198（浙博173）

维摩诘所说经卷下

110000-0102-0005614（首都图书馆藏本）[1], BD00057, BD00102, BD00137, BD00144, BD00155, BD00379, BD00479, BD00482, BD00494, BD00505, BD00768, BD00835, BD01041, BD01076, BD01081, BD01242, BD01251, BD01353, BD01370, BD01413, BD01570, BD01586, BD01592, BD01596,

---

[1] 见全国古籍普查登记基本数据库。

BD01637, BD01639, BD01655, BD01671, BD01684, BD01739, BD01809, BD01840, BD01870（3）, BD01871（2）, BD01881, BD01951, BD02005, BD02033, BD02043, BD02367, BD02426, BD02474, BD02603, BD02751, BD02784, BD02803, BD02956, BD02973, BD03015（2）, BD03101, BD03171, BD03196, BD03224（2）, BD03311, BD03329（2）, BD03439, BD03536, BD03635, BD03666, BD03710, BD03742, BD03758, BD03967, BD04107, BD04135, BD04390, BD04617, BD04791, BD04857, BD04997, BD05043, BD05328, BD05419, BD05466, BD05545（2）, BD05711, BD05912, BD06148, BD06511, BD06534, BD06557（3）, BD06619, BD06626（3）, BD06648, BD06729, BD06896, BD07353, BD07359, BD07699（1）, BD07813, BD07830, BD07909, BD08016, BD08130, BD08132, BD08180, BD08198, BD08234, BD08269, BD08278, BD08897, BD08898, BD08906, BD08908, BD08915, BD08924, BD08927, BD09133, BD09916, BD10059, BD10169, BD10627, BD10635, BD10795, BD10973, BD11039, BD11058, BD11086, BD11089, BD11093, BD11094, BD11371, BD11380, BD11464A, BD11464B, BD11464C, BD11555, BD11688, BD11689, BD11833, BD11847, BD11890, BD11925, BD12009, BD12021, BD12099, BD12343, BD13656, BD14070, BD14073, BD14077, BD14078, BD14079, BD14080, BD14186（3）, BD14423, BD14458, BD14844, BD14860, BD14913, BD14966, BD15057, BD15179, BD15186, BD15330, BD15657, BD15750, BD15767, BD15784, BD16463D, BD16463E, Р.4755, Р.4866, S.1248, S.1328, S.6991, S.7149, S.7158, S.7206, S.7280, S.7469, S.7607, S.7617, S.7710, S.7718, S.7811, S.8083, S.8127, Дх.00879, Дх.00880, Дх.01112, Дх.01241, Дх.01242, Дх.01271（1）, Дх.01641, Дх.01740, Дх.01926, Дх.01927, Дх.02053, Дх.02066, Дх.02289, Дх.02500, Дх.02645, Дх.02775, Дх.02808, Дх.03897, Дх.04301, Дх.04356, Дх.04778, Дх.05135, Дх.05189, Дх.05193Н, Дх.05408, Дх.05728, Дх.05849, Дх.05855, Дх.05915, Дх.05918, Дх.06165, Дх.06218, Дх.06244, Дх.06398, Дх.07141, Дх.07258, Дх.07764, Дх.07828, Дх.08051, Дх.08334, Дх.08338, Дх.08340, Дх.08341, Дх.08546, Дх.08558, Дх.08660, Дх.08782,

Дх.09352, Дх.09357, Дх.09537, Дх.10790, Дх.10794, Дх.10800, Дх.10807, Дх.10809, Дх.11162, Дх.12323, Дх.12370, Дх.15668, Дх.15793, Дх.16240，安思远藏本，第一批00131（山西省图书馆藏本），俄Ф.300，津图047，津图053，津图054，津图074背，津图092，津图096，津艺065（9），津艺134，津艺139，启敦055，启敦057，启敦060，启敦080，首博32.558（2），务本025号，羽150，羽269，羽277，羽310，羽386，浙敦152（浙博127），浙敦153（浙博128），中医学院003

维摩诘所说经、抄文
羽024V之1

维摩诘所说经弟子品疏
P.2335V（1）

维摩诘所说经讲经文
俄Ф.252

维摩诘所说经品目
P.2222FV

维摩诘所说经少义释
BD06499V（2）

维摩诘所说经十四品颂
BD06803

维摩诘所说经释
P.2191V（2），傅图35（1）

维摩诘所说经疏
BD06576，BD06743，BD07177，BD07241，BD07387，BD08291，BD10728，BD11389，BD15690，P.2222AV，P.2222BV，P.2222CV，P.2222DV，P.2222EV，鄂博47V，文研院169（xj139-0660.120），文研院170（xj140-0660.121）

维摩诘所说经疏释
BD11903，P.2414，P.2419V，P.2595（6），P.2595V

维摩诘所说经疏释补记
P.2414V

维摩诘所说经疏义

BD07778

维摩诘所说经题签

Дx.01934

维摩诘所说经同会菩萨解义纲要

BD08473V

维摩诘所说经序

P.3267（1），P.3267（2），S.7703

维摩诘所说经义记

BD03909，青博06

维摩诘所说经义疏

BD08405

维摩诘所说经注释

Дx.00352，Дx.00463，Дx.00464，Дx.00466

维摩诘所说经注疏佛国品补记

Дx.02177V

维摩诘所说经注疏佛国品第一

Дx.02177

维摩诘义记钞

BD06378V（3）

维摩诘义记卷一

P.2273

维摩诘因缘

BD09518

维摩经变相

BM.SP.76（Ch.00144）（1）

维摩经抄

P.2275，S.1310

维摩经解

BD00950V

维摩经卷一
　　S.0030

维摩经疏
　　BD03686V，P.2202，S.2688，S.6583，京博B甲251V 图录206，龙谷大学32.五三三（波19），石谷风031，羽081R之1，羽741V，中村不折173-4-2

维摩经疏卷一
　　BD11393

维摩经疏卷三
　　P.2049

维摩经疏卷五
　　P.2032，P.2032V（1）

维摩经疏卷六
　　P.2040，P.2040V（2）

维摩经疏开题并科文一览
　　羽081V之1

维摩经序
　　P.2481V（5）

维摩经玄疏
　　P.4695

维摩经押座文
　　P.3210（2），S.2440（1），S.2440（5）

维摩经义记卷三
　　BD01032

维摩经义疏
　　俄Φ.102，文研院171（xj235-碑帖111.7）

维摩经义疏卷一
　　BD11897，BD15421A

维摩经义疏卷六
　　BD06819

维摩经义疏序

    BD15421B

维摩经注卷六

    P.2095

维摩手记

    P.2344V（4），傅图 34（1）

维摩疏卷一

    上图 111

维摩疏卷四

    上图 036

维摩疏释前小序抄

    P.2149，P.3488V，P.3736，S.0914，S.1347，S.1513V（4），Дx.07730，LB.037A

维摩说经阿閦佛品十二经卷

    港中文 2000.0071

维摩碎金

    俄 Ф.101

维摩五更转

    S.2454（1）

维摩五更转十二时

    S.6631V（13）

维摩押座文

    P.2122V（1）

维摩义记

    S.2106，Дx.16227

维摩义记第二

    羽 002

维摩义记卷二

    BD02796，Дx.08553，Дx.18010

维摩义记卷三
  Р.2218，S.4101，Дх.15100

维摩义记卷四
  Дх.00440，Дх.15259

维摩赞
  羽155之6

伪卷残渣一包
  BD16538，BD16542

委官状
  北大D240

卫元嵩十二因缘六字歌词
  Р.2385V（4）

未曾有因缘经
  BD10277

未曾有因缘经卷上
  BD02037

未曾有因缘经卷下
  S.6830V（1）

未分财礼略目
  Р.3490V（1）

未画间子
  Р.3727（8）

未解提戈空羡鱼诗
  Р.3967V（4）

未来星宿劫千佛名经
  Дх.07148，Дх.09340，Дх.15683

未来星宿劫千佛名经卷下
  S.4644

未年（827或815）灵树寺慈灯等为节儿节儿娘福田转经录
  BD06359V（3）

未年（报恩寺）所管客僧牒状
  羽694R之1

未年闰十月廿五日尼明相卖牛契
  S.5820，S.5826

未年三月廿五日上座志心手下麦粟入破历
  S.2899V

未年十一月文书
  BD16068

未年十月三日上部落百姓安環清卖地契
  S.1475V（5）

未年四月龙昌萨便粟历
  P.3730V（6）

未年四月五日张国清便麦契
  S.4192V（2）

未年五月六日社司转帖
  S.7931

未年正月索满子祭姊丈吴郎文
  BD09338（1）

未生怨榜题
  P.3352（1）

硙户史闰晟纳麦凭
  S.9933

硙颗厨田等入粮历
  P.4694

硙课抄录
  P.3246V（1）

魏氏春秋
  BD16294

温泉赋一首
  P.2976（11）

温室经讲唱押座文
  S.2440（4）

温室经疏
  S.3047，Дх.05106，Дx.07895，上图068（2）

温室经疏并序
  S.2497

温室经义疏
  BD03968（2）

温室启请
  Дx.02479

温室洗浴众僧经
  BD12080

温室洗浴众僧经释
  ZSD094

温室洗浴众僧经疏
  石谷风035，文研院173（xj236－碑帖111.8）

温室洗浴众生经疏释（？）
  S.3881

文场秀句
  P.2678，P.3956，羽072之b之2

文德元年（888）十月十日僧善惠覆函
  Дx.01369

文德元年（888）旌节官帖
  藤井60－东文无此号－饶目书札类3（2）

文范
  P.2119V（3），P.2255V（5），P.2385V（1），P.4062V（4），Дx.00141V，Дx.00399，Дx.02355，Дx.02681，Дx.02763V，Дx.02967

文范诸色篇第七
  P.3545V（2）

文赋体类书

P.3622V，P.4034V

文稿

津艺 061H

文书

P.2547P4，P.2547P7，P.2578V（1），P.2614V（5），P.2660P2，P.2677PV，P.2679P3V，P.2679P4，P.3054P2，P.3211P10，P.3211P11V，P.3211P12，P.3211P12V，P.3243P19，P.3243P26，P.3243P27，P.3243P8，P.3243P8V，P.3369P4，P.3451P4，P.3451P5，P.3474P1，P.3488P，P.3862P2，P.4091（1），P.4690B，S.13003，S.13015，S.13283，Дх.01586C，Дх.07759

文书残片

BD15777B，BD16200O，BD16200P，BD16465B，P.2328V（2），P.2482P，P.2998P2，P.3558P，傅图 29B

文书残文及骑缝印

P.2968V

文书稿二则

P.2609V（2）

文书末官衔

BD15399（2）

文殊般若经

S.1908

文殊悔过经

S.4644

文殊破宿曜真言

P.2322（24）

文殊菩萨观想

P.2104V（20），P.3835V（8）

文殊菩萨一自王真言

P.2322（12）

文殊师利佛土严净经

　　Дх.01924+Дх.01988，Дх.06734，Дх.06737，Дх.06769

文殊师利佛土严净经卷上

　　BD11667

文殊师利佛土严净经卷下

　　BD06041

文殊师利菩萨供养像

　　Or.8210/P.15，Or.8210/P.16，Or.8210/P.3，Or.8210/P.4，Or.8210/P.5，Or.8210/P.20

文殊师利菩萨无相十礼

　　P.2212（2），羽231R

文殊师利所说般若波罗蜜经

　　BD00219，BD01316，BD02610，BD04329，BD05474，BD07915，BD09886，P.4646（2），S.0576，S.3155，故宫新153375，羽258，羽259，羽404，重博22

文殊师利所说般若波罗蜜经卷上

　　Дх.02340，Дх.02341，Дх.02691

文殊师利所说般若波罗蜜经序偈释

　　BD15030

文殊师利所说摩诃般若波罗蜜经

　　BD02068，BD02859，BD14455，BD14493，BD14585，BD14706，BD14880，S.2186，S.2653，Дх.07503

文殊师利所说摩诃般若波罗蜜经卷上

　　S.4019，Дх.07831，Дх.08630，Дх.12486

文殊师利所说摩诃般若波罗蜜经卷下

　　BD13663，Дх.07997，Дх.10628，羽221

文殊师利问经钞

　　BD15178V（1）

文殊师利问经卷上有余气品第七

　　Дх.05042

文殊师利问菩萨署经

 故宫新60874

文殊师利问菩提经

 Дх.12252

文殊师利像

 P.4045

文殊支利普超三昧经卷上

 务本018号

文献残片

 BD13213C

文心雕龙（卷一徵圣第二至卷三杂文第十四）

 S.5478

文选

 P.2527，P.2554，P.2658，P.4884，S.9504，S.10179，俄Ф.242

文选卷二

 P.2528

文选卷九

 BD04712V，S.3663（1）

文选卷二五

 P.2525

文选卷二九

 P.3345

文选卷五七马汧督诔

 Дх.10810

文选（馆藏缺）

 P.2541

文选（李萧远运命论）

 P.2645

文选（陆士衡演连珠）

 P.2493（2）

文选（陆佐公石阙铭并序）
P.5036

文选（七命）
Дх.07305V

文选（陶征士诔）篇题
P.3778（2）

文选（王文宪集序）
P.2542，P.2543（2）

文选（王元长三月三日曲水诗序）
P.2543（1），P.2707

文选（王仲宣登楼赋）
P.3480

文选（魏都赋）
BD05152V（1）

文选（吴都赋）
Дх.01502

文选（颜延年阳给事诔）
P.3778（1），S.5736

文选（杨德祖答临淄侯笺）
S.6150

文选（运命论）
敦研356

文选音
P.2833，S.8521

文选注
津艺107，永青文库藏本

文选李善注卷三十五
Дх.01551

文样（□□篇第五、诸杂篇第六、诸色篇第七）
S.5637

文样（阿郎放奴婢书一道）
S.6537V（6）

文样（安伞文）
S.5942，S.6026

文样（病愈文等）
S.0530V，S.1145V

文样（蚕农愿文）
S.5639（12）

文样（忏悔文等）
S.0600

文样（超度亡僧尼、亡兄弟姊妹、亡奴婢、亡寺主等）
S.1522

文样（慈父遗书一道、放妻书一道）
S.6537V（4）

文样（答大乘因果）
S.4341V（1）

文样（大德文、诸尼文等）
S.1164

文样（悼亡夫、亡妻、亡兄弟、亡禅师、十二月应时等）
S.2832（1）

文样（悼亡妇文）
S.1523V（2）

文样（道场愿文、法师赞文）
S.4191

文样（灯文、愿文等）
S.6315

文样（二月八日文、患难月文、维摩押座文、鹿儿赞文、印沙佛文、燃灯文、为亡人追福文等）
S.1441V（1）

文样（发愿文）
　　S.0607，S.1137，S.1924，S.5838

文样（放家童青衣女某甲从良书）
　　S.5700（4）

文样（放妻书）
　　S.5578（4），S.6417V（3）

文样（佛堂内开光明文）
　　S.5573（8）

文样（父母遗书一道）
　　S.5647（2）

文样（故都衙、水官、尊父等愿文）
　　S.5640（20）

文样（官斋行道文、官事得免文）
　　S.3354V

文样（贺雨、律、禅、尼、庆兰若、藏钩、采油、还春、西方赞文、十念文、叹圹文）
　　S.4474

文样（患文）
　　S.5580（1），S.5584（3），S.5639（3），S.6201

文样（患文、社斋文本）
　　S.5548

文样（患文、亡尼文、愿斋文）
　　S.6417V（1）

文样（患文、愿文）
　　S.4629

文样（患文、斋文）
　　S.5559V

文样（回向文）
　　S.1164

文样（悔文、愿文、亡妣文、亡僧文等）
S.0343

文样（婚礼文）
S.5734

文样（疾念诵、疾愈意文）
S.5640（12）

文样（祭文、愿文）
S.4364

文样（荐菩萨日、月号、迁修、入日等）
S.4642

文样（结坛散食发愿文）
S.5232

文样（结坛散食回向转经文）
S.6248

文样（结坛散食文）
S.4454，S.4505，S.4511（1），S.4537V（2）

文样（结坛散食文、患文、结坛散食文、愿文）
S.4537

文样（结坛文）
S.4245V，S.4654（2），S.5640（19）

文样〔结下（夏）文〕
S.5645（2）

文样〔解下（夏）文〕
S.5645（3）

文样（戒忏文、大乘布萨维那文、课邑文等）
S.0543V

文样（开经发愿文等）
S.6321V

文样（开经文）
S.3881V，S.5934

文样（礼忏文）
　　S.1473V，S.5633（2）

文样（临圹文）
　　S.4979V（1），S.5573（9），S.5633（1），S.5640（21），S.6923V（11）

文样（临圹文、愿文、亡考文、愿文、燃灯文、临圹文、亡僧文等）
　　S.6417（4）

文样（临圹文等）
　　S.5579

文样（某寺某大师赐紫沙门臣某言、为先亡父母追福文等）
　　S.2583V（3）

文样（难月文）
　　S.5561（6），S.5593（2），S.5639（8）

文样（尼阇梨患文）
　　S.5640（17）

文样（尼患文）
　　S.5561（4）

文样（念诵事文）
　　S.5645（5）

文样（女人念诵文）
　　S.5640（16）

文样（女庄严等愿文）
　　S.5640（13）

文样（祈福文）
　　S.5593（1）

文样（祈愿文）
　　S.5626V

文样（启请文、结坛散食回向发愿文、谢土地太岁文等）
　　S.3427

文样（启请文、结坛散食回向发愿文等）
　　S.3427V

文样（启请文等）
　　S.5456（1）

文样（清泰三年放家童青衣女某甲从良书）
　　S.5700（2）

文样（请讲经和尚）
　　S.3702

文样（请僧文）
　　S.2961（2）

文样（庆诞文）
　　S.5639（11），S.5639（5）

文样（庆福文、亡妣文）
　　S.5639（4）

文样（庆生子文）
　　S.5639（6）

文样（庆像文）
　　S.6048

文样（庆新宅文、庆幡文等）
　　S.2717V（1）

文样（庆阳文、赞功德文、庆经文、愿文、患文、难月文、亡父母文等）
　　S.1441V（4）

文样（求法文）
　　S.4413V

文样（燃灯文）
　　S.4506，S.4625

文样（三界义问答等）
　　S.4275

文样（僧患文）
　　S.5561（3）

文样（僧患文、尼僧患文）
　　S.5453

文样（僧患文等）
　　S.5616

文样（僧统谢太保状）
　　S.5803

文样（设斋荐福疏）
　　S.6158

文样（社邑燃灯文）
　　S.5924

文样（社邑文二通、印沙佛文）
　　S.6417（1）

文样（社邑文书、分书、从良书、封题样等）
　　S.4374

文样（社邑印沙佛文）
　　S.4458，S.5593（3），S.6551V（2）

文样（社邑愿文）
　　S.5953（1），S.5953V，S.6114

文样（社斋文）
　　S.4976V，S.5561（2），S.5573（7）

文样（社斋文）二通
　　S.1173V（1）

文样（社斋文、临圹文）
　　IOL.C.113（Ch.77.ii.3）

文样（施伞文）
　　S.5640（18）

文样（施物疏）
　　S.4632V

文样（释奠、祭社、祭雨师、祭风伯等）
　　S.1725V（1）

文样（受八戒回向发愿文）
　　S.6148

文样（受戒令疏、布萨文三种、罢四季文、行城文二种、行军转经文二种、置伞文三种）
  S.2146

文样（叔侄分书）
  S.5647（3）

文样（四门转经文、燃灯文、社邑文、印沙佛文、社文、叹像文、赞功德文）
  S.6923V（4）

文样（俗患文）
  S.5522

文样（俗丈夫患文）
  S.5561（5）

文样（叹邑斋文、亡斋文）
  S.5875

文样（天王文）
  S.0223

文样（天兵文等）
  S.1137

文样（吐蕃东军国相论掣补为西征将士转经祈愿文、布萨文、行城文、祈愿文、祭四天王文）
  S.6172

文样（亡妣）
  S.3833V

文样（亡妣文）
  S.5640（6）

文样（亡弟文）
  S.5640（8）

文样（亡孩文）
  S.5639（2），S.5639（9）

文样（亡孩子文、亡夫文）
  S.4654（8）

文样（亡孩子文、兄弟亡文等）
　　S.5927

文样（亡考妣意文）
　　S.5640（14）

文样（亡考文）
　　S.5639（7），S.5640（5），S.6222

文样（亡考文、亡妣文）
　　S.1823（1）

文样（亡男文）
　　S.5640（10）

文样（亡尼斋文）
　　S.5580（3）

文样（亡尼追福文）
　　S.6155

文样（亡娘子、亡尼等文）
　　S.5599

文样（亡妻文）
　　S.5640（4）

文样（亡僧文）
　　S.4460，S.5580（2），S.5802

文样（亡小娘子文）
　　S.5639（10）

文样（亡兄弟文等）
　　S.0343V（7）

文样（亡兄文）
　　S.5640（7），S.5640（9）

文样（亡斋文一道）
　　S.5573（3）

文样（亡斋文一道并小序）
　　S.5573（6）

文样（为故夫追福文）
　　S.5402V

文样（文德叹、武德叹文）
　　S.5640（15）

文样（先修十王会文）
　　S.5639（13），S.5640（1）

文样（先修意、亡夫文）
　　S.5640（3）

文样（小孩子文、贤者文、亡妻文等）
　　S.4992

文样（谢法师文）
　　S.6263

文样（谢某法师招引提携文）
　　S.1172V

文样（行城文等）
　　S.6101

文样（严病、报愿、僧、难月、亡、受乐、东行、畜）
　　S.4081（2）

文样（养男契）
　　S.5700（3）

文样（养男契、放妻书、家童再宜放书一道、遗书一道、兄弟分书）
　　S.6537V（1）

文样（遗书）
　　S.5647（1）

文样（遗书等）
　　S.0343V（8）

文样（印沙佛文）
　　S.0663（2），S.5573（5）

文样（印沙文）
　　S.4428

文样（愿文）
　　S.3914, S.4544, S.4711, S.5259, S.5554（1）, S.5935, S.6026, S.6073, S.6109（2）, S.6179, S.6249V（2）, S.6259V, S.6313

文样（愿文、二月八日文、启请文等）
　　S.5957

文样（愿文、预修意文）
　　S.6001

文样（愿文、咒愿小儿子意文等）
　　S.4992V

文样（愿文二通）
　　S.4460V（2），S.4536

文样（愿斋文）
　　S.4507, S.5640（11）, S.5640（2）

文样（愿斋文、患差文、亡男文等）
　　S.6210

文样（斋文）
　　S.4427

文样（斋文等）
　　S.0515

文样（斋愿文等）
　　S.4306

文样（丈夫患文）
　　S.5561（1）

文样（诸起居启）
　　S.1725V（3）

文样（祝愿新郎新妇文）
　　S.2049V（2）

文样（转经回向文）
　　S.6328（3）

文样（转经文）
　　S.6073, S.6417（7）

文样（追福文）
　　S.5565

文仪集并序
　　P.5550（2）

文字音义
　　Дx.03421

文字游戏五言诗
　　BD05298V（7）

问阿婆等起居状
　　S.6058

问六波罗蜜
　　S.2707（1）

我今顶别诸圣众偈
　　P.2129V（7）

卧轮禅师偈
　　P.4597（7）, S.5657（2）, S.6631V（4）

卧轮禅师看心法
　　S.6103（1）

卧轮禅师守心法
　　BD12172（3）

乌丝栏
　　P.2488（5）, P.2575（7）, P.3517（P.sogd.13）V, P.3908（3）

乌占临决
　　P.3988

乌占习要事法
　　P.3479

巫医书
　　P.3596（2）

无常偈
  Дx.00710+Дx.00940，羽683之1

无常偈抄（黄昏偈、初夜偈、中夜偈、后夜偈、午时偈等）
  S.1931V（2）

无常偈文
  Дx.01375+Дx.03019（2）

无常经
  BD00535，BD01030，BD01063（2），BD01367，BD02392C，BD07376，BD07609，BD07779B，BD08155（1），BD08324，BD08477，BD08561，BD08947，BD08948，BD08949，BD08950，BD08951，BD08952，BD08953，BD08954，BD09139，BD09232（1），BD10231，BD11175，BD11211，BD11353，BD11712，BD11858，BD11913，BD12186，BD12215，BD12267，BD12347，BD15387，BD15906，俄Ф.126

无常经讲经文
  P.2305V（1）

无常经疏
  P.2091V（1），俄Ф.267

无常三启经
  BD03554，BD03608，BD03874B（2），BD07043

无垢净光大陀罗经
  S.4156

无垢净光大陀罗尼经
  BD00574，BD00759，BD02935，BD09316，BD11373，BD11672，BD15167，P.3916（7），S.1634，SCM.D.03687，鄂博46

无垢净光大陀罗尼经钞
  BD03282，BD14855

无垢净光大陀罗尼经六波罗蜜咒钞
  BD07898

无垢净光大陀罗尼经自心印陀罗尼钞
  BD07899，BD07900

无垢净光大陀罗尼咒

BD11314

无垢净光大陀罗尼咒钞

BD05238

无尽藏法略说

S.0190

无尽意菩萨经（八卷本）卷五

BD00990

无尽意菩萨经（八卷本）卷八

BD15305

无尽意菩萨经（六卷本）卷二

BD15241（1）

无尽意菩萨经（六卷本）卷三

BD15241（2）

无尽意菩萨经（六卷本）卷四

BD15241（3）

无尽意菩萨经（六卷本）卷五

BD15241（4）

无尽意菩萨经（六卷本）卷六

BD15241（5）

无款敦煌写经残卷

安徽省博物院藏本

无款敦煌写经残片

安徽省博物院藏本

无量大慈教经

BD00933，BD00943，BD03731，BD05242（3），BD06189，BD06380，BD06464（1），BD06464（2），BD07807，BD09235，BD09236，BD09592，BD09862，BD10962，BD12274，BD13797，BD14125，S.7006，S.7156

无量门破魔陀罗尼经

BD15712

无量寿佛观相

BD09092（2）

无量寿佛像（彩绘）

HHT029V

无量寿观经

S.1515，S.1703，S.1783，S.6497，第一批00153（吉林省图书馆藏本）

无量寿观经科文

S.7958

无量寿观经义记一卷

S.0524V

无量寿观经赞述

龙谷大学31.五三二（伊13）

无量寿经

S.4518，文研院174（xj045-0660.26）

无量寿经变画

P.4514（10）1-3

无量寿经卷上

BD01010，BD03728，BD06260，BD06639，BD09093，BD10264，BD11097，BD11341，S.7677，S.7828，北大D028，龙谷大学18.五一八（吕22），石谷风014

无量寿经卷下

BD07439，BD09755，BD09975，BD10698，S.2117，S.4231，上图112

无量寿经疏

羽078

无量寿经序

BD11576（2）

无量寿经一卷

S.0147

无量寿经义记

BD14825CL

无量寿经义记卷上

 S.2158

无量寿经义记卷下

 S.2422，S.2693，Дх.16567

无量寿陀罗尼（木刻）

 BM.SP.247（Ch.00152）

无量寿宗要经

 BD00025, BD00037, BD00061B, BD00096, BD00098, BD00099（1），BD00099（2），BD00103, BD00169, BD00194, BD00212, BD00242, BD00248, BD00300, BD00329, BD00355, BD00389, BD00396, BD00450A, BD00460（1），BD00460（2），BD00467, BD00558, BD00577, BD00581, BD00587, BD00588（1），BD00588（2），BD00628, BD00649, BD00680, BD00722B, BD00750, BD00831（1），BD00831（2），BD00831（3），BD00837, BD00863, BD00871, BD00876V（1），BD00876V（2），BD00876V（3），BD00975, BD00991, BD01005, BD01054, BD01064, BD01072（1），BD01072（2），BD01134, BD01136, BD01141, BD01153, BD01162, BD01174, BD01197, BD01234, BD01250, BD01254, BD01270, BD01281, BD01285, BD01288, BD01290, BD01291（1），BD01291（2），BD01318, BD01323, BD01360, BD01376, BD01377, BD01378, BD01389, BD01472, BD01510, BD01547, BD01556, BD01574, BD01627, BD01633, BD01790, BD01821, BD01835, BD01879, BD01885, BD01887, BD01920, BD01938, BD01971, BD01988, BD01989, BD01998B, BD01999, BD02044, BD02058, BD02078, BD02083, BD02084, BD02097, BD02098（1），BD02098（2），BD02113, BD02127, BD02134, BD02145, BD02200, BD02205, BD02267（1），BD02267（2），BD02321, BD02323, BD02325, BD02343, BD02357（1），BD02357（2），BD02357（3），BD02359, BD02377, BD02381, BD02397, BD02408, BD02425, BD02439, BD02440（1），BD02440（2），BD02442, BD02445, BD02456（1），BD02456（2），BD02467, BD02468, BD02475, BD02477, BD02493, BD02513, BD02519, BD02525, BD02531, BD02562, BD02567, BD02574, BD02589, BD02592, BD02604, BD02625, BD02636, BD02694, BD02699, BD02700, BD02707（1），BD02707（2），BD02708,

BD02709, BD02717, BD02722, BD02727, BD02738, BD02745, BD02752, BD02764, BD02776, BD02778, BD02782, BD02799, BD02807, BD02820, BD02831, BD02839, BD02840, BD02842, BD02853, BD02891, BD02905, BD02927, BD02939, BD03034, BD03060, BD03062, BD03064, BD03070, BD03089, BD03090, BD03102（1）, BD03102（2）, BD03103, BD03131, BD03137, BD03139, BD03141, BD03148, BD03177, BD03186, BD03191, BD03211, BD03276, BD03280（1）, BD03280（2）, BD03334, BD03341, BD03345, BD03349, BD03357, BD03393（1）, BD03393（2）, BD03394, BD03398, BD03437, BD03442, BD03467, BD03493, BD03498, BD03540, BD03562, BD03594, BD03624, BD03659, BD03693, BD03800, BD03886, BD03911, BD03918, BD03941, BD03944, BD03955, BD03963, BD04008, BD04109, BD04155, BD04239, BD04274, BD04305, BD04308, BD04311, BD04313, BD04316, BD04324, BD04325, BD04326, BD04330, BD04335, BD04343, BD04348, BD04371, BD04375, BD04382, BD04458, BD04492, BD04538, BD04539, BD04548（1）, BD04548（2）, BD04561, BD04564, BD04580, BD04621, BD04635, BD04642, BD04659, BD04704, BD04705, BD04733, BD04744, BD04774, BD04822（1）, BD04822（2）, BD04824, BD04891, BD04896, BD04902, BD04906, BD04910, BD04935, BD04951, BD05030, BD05128, BD05129, BD05158, BD05197, BD05208, BD05247, BD05259, BD05297, BD05305, BD05332, BD05359, BD05383, BD05405, BD05482, BD05507, BD05518（1）, BD05518（2）, BD05529, BD05547, BD05561, BD05601, BD05623, BD05641, BD05673, BD05676, BD05682, BD05695, BD05698, BD05701, BD05724, BD05737, BD05746, BD05750, BD05757, BD05773, BD05804, BD05805, BD05818, BD05832, BD05835, BD05841, BD05862, BD05871, BD05874, BD05891, BD05921, BD05941, BD05957, BD05959, BD05999, BD06012, BD06067, BD06070, BD06073, BD06086, BD06089, BD06102, BD06110, BD06116, BD06118, BD06127, BD06128, BD06129, BD06137, BD06138, BD06141, BD06153, BD06159, BD06160, BD06169, BD06172, BD06177, BD06183, BD06184, BD06188, BD06195, BD06201, BD06208, BD06209, BD06212, BD06216, BD06218,

BD06220，BD06221，BD06229，BD06240，BD06242，BD06243（1），BD06243（2），BD06245，BD06250，BD06254，BD06259，BD06272，BD06276，BD06279，BD06302，BD06306，BD06348（1），BD06348（2），BD06348（3），BD06411，BD06422，BD06431，BD06502，BD06553，BD06556，BD06599，BD06636，BD06649，BD06659，BD06694，BD06705，BD06725，BD06728，BD06735，BD06747，BD06762，BD06785，BD06816，BD06906，BD06942，BD06984，BD07001，BD07015，BD07017，BD07023，BD07027，BD07028，BD07032，BD07067，BD07072，BD07101，BD07109，BD07110，BD07111，BD07116A，BD07116B，BD07154，BD07156，BD07161，BD07164，BD07169，BD07173，BD07185，BD07219，BD07234，BD07237，BD07250，BD07267，BD07276，BD07282，BD07295，BD07305，BD07311，BD07313，BD07314，BD07366，BD07373，BD07374，BD07389，BD07408，BD07417，BD07422，BD07445，BD07459，BD07471，BD07479，BD07491，BD07495，BD07521，BD07527，BD07560，BD07585，BD07598，BD07673，BD07679，BD07691，BD07702，BD07709，BD07712，BD07725，BD07733，BD07734，BD07743，BD07744，BD07771，BD07789，BD07812，BD07821，BD07851，BD07855，BD07856，BD07858，BD07859，BD07886，BD07887，BD07903，BD07919，BD07947，BD07951，BD07956，BD07981，BD07986，BD08025，BD08060，BD08064，BD08078，BD08087，BD08097，BD08134，BD08140，BD08157，BD08161，BD08172，BD08224，BD08235，BD08240，BD08248，BD08279，BD08282，BD08284，BD08296，BD08330，BD08331，BD08351，BD08358，BD08387，BD08389，BD08407，BD08414，BD08435，BD08436，BD08438，BD08492，BD08493，BD08508，BD08511，BD08513，BD08515，BD08522，BD08530，BD08539，BD08563，BD08566，BD08568，BD08574，BD08575，BD08578，BD08588，BD08603，BD08605，BD08614，BD08621，BD08622，BD08635，BD08636，BD08645，BD08651，BD08652，BD08661，BD08676，BD08678，BD09037，BD09038，BD09039，BD09040，BD09041，BD09042，BD09043，BD09044，BD09045，BD09046，BD09047，BD09048，BD09049，BD09050，BD09051，BD09052，BD09053，BD09054，BD09055，BD09056，BD09057，BD09058，BD09059，BD09060，BD09061，BD09062，BD09063，BD09064，

BD09065, BD09066, BD09067, BD09068, BD09069, BD09070, BD09071, BD09072, BD09073, BD09074, BD09075, BD09076, BD09077, BD09078, BD09079, BD09080, BD09081, BD09082, BD09083, BD09084, BD09085, BD09086, BD09087, BD09088, BD09089, BD09090, BD09158（1），BD09158（2），BD09880, BD09922, BD09926, BD09928, BD10051, BD10069, BD10079, BD10102, BD10159, BD10220, BD10315, BD10327, BD10388, BD10393, BD10572, BD10596, BD10722, BD10738, BD10772, BD10811, BD10863, BD10939, BD10969, BD10983, BD11007, BD11020, BD11049, BD11078, BD11088, BD11109, BD11124, BD11201, BD11247, BD11340, BD11342, BD11352, BD11442, BD11469, BD11610, BD11622, BD11625, BD11627, BD11710, BD11724, BD11748, BD11763, BD11823, BD11887, BD12090, BD12094, BD12203, BD12211, BD12247, BD12260, BD12276, BD12308, BD14096, BD14097, BD14098, BD14099, BD14100, BD14101, BD14102, BD14103, BD14104, BD14105, BD14108, BD14176, BD14192, BD14598, BD14629, BD14715A, BD14715B, BD14793, BD14873, BD14960, BD14978, BD15033, BD15090, BD15154（1），BD15177, BD15199, BD15206, BD15214, BD15215, BD15237, BD15348, BD15349, BD16423, BD16425, BD16426, BD16427, BD16428, BD16429, BD16433, BD16441A, BD16441B, BD16445, BD16455, BD16500, BD16535, LB.047, S.1545, S.2751, S.2893, S.4205, S.4381, ZSD060号正面，傅图26（1），傅图26（2），傅图26（3），津艺061D，首博32.543，务本015号，务本024号

无名歌

P.3620（3）

无名和尚绝学箴

S.5692（3）

无明罗刹集卷上

Дx.06424

无上金玄上妙道德玄经

P.2002

无上秘要卷五
　　Дx.00169+Дx.00170+Дx.02632

无上秘要卷一〇
　　S.0080

无上秘要卷二九
　　P.2602

无上秘要卷三一
　　S.5382

无上秘要卷三三
　　P.2371

无上秘要卷四七
　　Дx.06888

无上秘要卷五二
　　BD05520

无上秘要卷五四
　　S.11969

无上秘要卷六三
　　P.3327（Pel.tib.762V）

无上秘要卷八四
　　P.3141，P.3773，S.5751

无上秘要目录
　　P.2861（1）

无上内秘真藏经卷一
　　Дx.02774A

无事将投入网罗诗二句
　　S.2277

无所有菩萨经卷三
　　Дx.02185，Дx.07420

无相法身礼
　　P.3892（3），S.5892（5）

无相偈
　　S.6077（2）
无相礼
　　BD05920B，BD08174（1），BD09372，P.2690V（11），P.3645V（7）
无相五更转
　　S.6077（1）
无心论一卷
　　S.5619（1）
无贼错接火惊动状
　　S.5606（2）
无遮大会祈祷文
　　P.3978
无遮大会斋文
　　P.3542
无住分别法门记经名杂写
　　BD12667
吴安君分家契
　　羽053
吴留德等便豆历
　　Дx.01418
吴僧统碑
　　P.4640（5）
吴文子等欠粟麦历
　　Дx.03946V
五常
　　Дx.11656
五常君人小子章家杂写
　　Дx.00230V
五代藏经目
　　津艺090，津艺091，津艺092

五德十数文
　　BD08491（2），北大 D165（2）

五方佛像
　　P.4518（7）

五分戒本
　　BD15521，BD16125B，Дx.05497，Дx.07872，Дx.10755

五分律卷一
　　LD26233，S.7530

五更歌
　　Дx.02147（1）

五更调
　　BD12282

五更转
　　P.2647V（2），P.2976（5），P.3141V（1），P.3409（3），P.4560（1），S.3017（1），S.5529（3），S.6083，Дx.06178，藤井 59- 东文 59- 饶目歌赞类 1（3）

五更转（南宗赞）
　　BD07575V，BD09355（1）

五更转（太子入山修道赞）
　　BD09383（3），Дx.10453

五更转（喜秋天）
　　S.1497V

五更转颂
　　P.2270（2）

五会念佛轨仪
　　S.2171

五会念佛赞
　　P.2147V（2）

五戒非俗士诗
　　俄 Ф.281（2）

五门禅经要用法
　　BD14540
五尼寺名籍
　　Дх.00998
五千五百佛名经卷二
　　S.1245
五千五百佛名经卷三
　　BD15893
五千五百佛名经卷五
　　S.3418
五千五百佛名神咒除障灭罪经卷一
　　Дх.07630，Дх.11947
五千五百佛名神咒除障灭罪经卷二
　　BD15297
五千五百佛名神咒除障灭罪经卷三
　　BD02884，BD03039，BD11618，Дх.14690
五千五百佛名神咒除障灭罪经钞
　　BD06737V
五台山行记
　　S.0397
五台山普贤菩萨真仪变像
　　维多利亚1982.075.001
五台山曲子
　　S.2080，S.2985V
五台山曲子（上南台）
　　S.4012（1）
五台山曲子六首
　　S.0467
五台山圣境赞
　　S.4504V，P.4617（1），P.4641

五台山诗
　　Дx.00788

五台山巡礼记
　　P.3973V（1），P.4648

五台山赞
　　BD04535V，BD09095V（2），P.3288+3555AV（5），P.3563，P.3897P4，S.4039（2），P.4560（3），P.4608V（1），P.4625，P.4627+4645AV，P.4645A+4627+5548V（2），P.4647（1），P.4805V（1），S.0370（3），S.1453V（3），S.4429，S.5473（2），S.5487（2），S.5573（2），Дx.01358（2）

五台山赞并序
　　P.2483（7）

五台山赞文
　　BD06318（2），P.2483（6），P.3645V（5），P.3843（2），P.4597（20），S.5456（2），Дx.01009（6），Дx.02333A，Дx.04469V

五无反复经
　　BD07868A

五辛经
　　BD06951

五辛文书
　　P.3244，P.3777（2）

五行王相囚死休
　　Дx.02375

五行用情之法
　　P.2610（10）

五姓宅经
　　P.2632V，P.3507（1）

五言打油诗四首
　　P.3305（2）

五言绝句诗
　　津艺061G

五言诗
　　P.3108V（4），P.4072（3）P1，S.6075，Дх.01321，Дх.17447V

五言诗（可可随宜纸）
　　S.3663（3）

五言诗（郎君须立身）
　　傅图15V（1）

五言诗（送远还通达）
　　BD01957V（2），傅图15V（3）

五言诗残句
　　S.8689V

五言诗二首
　　BD07879V，P.3353V（3）

五言诗三首
　　P.2640（1）

五言诗四首
　　P.2976（4）

五言诗一首
　　BD06277V，P.2530（2），P.3197V（3），S.8671

五言诗一首（赠上）
　　BD01199（2）

五言述凡情
　　P.4671（2）

五言赠牛女诗一首
　　S.5139V（4）

五荫山逢六个禅师
　　P.3409（1）

五音候风法
　　P.2610V（7）

五印度用甘蔗造沙糖法
　　P.3303V

五月钵国不乱名（鸣）诗
    IOL.C.94（Ch.84.vi.i）（1）

五月二十四日比丘道真启
    P.4712（1）

五月二十一张季札疏
    藤井 4- 东文 4- 饶目似无

五月五日等杂写
    Дх.02449+Дх.05176CV

五月五日灭口舌真言
    BD02095（2）

五月五日书仪
    P.3666V（2）

五月五日下菜人名目钞
    伍伦 32 号

五月一日比丘法真状
    P.2700terV（1）

五蕴
    BD09404

五蕴论
    俄 Ф.130

五蕴山词文
    S.2651V（2）

五藏论一卷
    P.2115V（1），P.2378V

五脏论一卷（张仲景撰）
    S.5614（5）

五脏脉候阴阳相乘法
    S.5614（7），S.6245V（1）

五兆经法要决
    S.6054，S.6167，S.8574，S.3452，S.11362A，S.11362B

五兆经法要决第卅三
　　P.2905（2）

五兆要决略
　　P.2859（2），P.3646，Дх.10720，Дх.11762V，Дх.11859，Дх.11925，Дх.11961

五洲五尊者颂
　　P.3504V

午年六月七日大般若波罗蜜多经藏本点勘录
　　BD09322V

午年十二月僧道菀请免寺职状
　　P.3730（1）

午年四月大般若波罗蜜多经点勘录
　　BD09322

午年正月十八日圣光寺僧崇英请转经卷数目
　　羽673V

午年正月十九日某寺出苏油面米麻毛等历
　　S.0800V

伍子胥变文
　　P.2794V，P.3213（1），S.6331

武定成改充瓜州军事押衙知孔目事牒
　　P.3903

武王家教
　　P.2600，P.2825，P.2981，P.3764，P.4899+5546（1）（1），P.4899+5546（3），S.0479，S.11681，Дх.00098，Дх.00513

武王家教及人名杂写
　　P.4724

武王家教一卷等杂写
　　P.4899+5546（2）V

武威郡夫人阴氏上某和尚书
　　S.0526

武则天为父母写经发愿文
　　P.4621，Дx.06041

武则天制妙法莲华经序
　　文研院175（xj004-0662.04）

武周时期残牒
　　P.3034（1）

舞谱
　　Дx.10264，羽049R，羽049V

戊辰年九月七日点勘龙兴寺藏经历
　　P.3852

戊辰年九月一日转藏杂经论数目
　　P.3187

戊辰年七月酒户邓留定支酒状并判
　　S.5571，S.5590

戊辰年十月十八日就东园算会小印子群牧驼马牛羊见行籍
　　P.2484（1）

戊辰年四月十六日都料董保德麦历
　　Дx.01448

戊辰年正月廿四日雇坊巷女人社社条
　　P.3489

戊年入破历
　　藤井56- 东文56- 饶目无此号

戊申年令狐盈君等便麦历
　　S.4060V（1）

戊申年社司转帖
　　BD16336A（1），BD16336B

戊申年正月十六日燉煌乡百姓李员昌雇彭章三契
　　S.5578（2）

戊午年（958）九月九日以降灵图寺仓出便斛斗名目
　　S.5873V，S.8658

戊午年（958）十二月九日开启观音道场释门法律福林自手札记
　　LB.037VB

戊午年康员进贷生绢契
　　P.3501V（2）

戊午年十二月廿日社官纳色具抄
　　P.4983V（2）

戊午年十二月廿一日氾福盈祭丈人文
　　Дx.01411

戊午年四月廿五日寒食座设付酒历
　　Дx.02149V

戊午年四月索保萨等便麦历
　　BD16097

戊午年五月廿七日索家契
　　P.3100（3）

戊戌年二月十六日学士题记
　　P.3243P1

戊戌年六月四日大乘寺般若经诸帙点欠数目
　　S.5045

戊戌年五月杂写等
　　津艺169V（3）

戊戌年正月洪润乡百姓令狐安定请射同乡女户令狐什伍地亩状
　　S.3877V（9）

戊戌年正月廿五日洪润乡百姓令狐安定雇工契
　　S.3877V（6）

戊寅年（978）七月归义军都头知作坊使邓守兴请判凭状并判
　　S.8666

戊寅年（978？）二月十九日义进押衙身故祭奠人名目
　　BD14806V

戊寅年具注历日
　　羽041V

戊寅年六月十四日宜秋西枝渠人转帖
　　S.6123

戊寅年某寺诸色斛斗入破计会
　　S.5049

戊寅年某乙为亡父大祥追福设供疏
　　P.3107V（2）

戊寅年三月十三日分付行像司便粟算会凭
　　S.0474V

戊寅年正月十日社司转帖
　　BD16127

戊子年二月廿九日梁户史汜三雇杜愿长契
　　P.5008

戊子年六月廿六日兄弟社转帖
　　S.4660

戊子年六月五日公廨麦粟出便与人历
　　P.3370

戊子年七月阿婆奴取物条记
　　S.10562

戊子年闰五月题记
　　P.3826V（6）

戊子年十一月张某题记
　　Дх.00302+Дх.00494V

戊子年十月一日净土寺试部帖
　　S.0371

戊子年题记
　　P.2376V（3）

戊子年五月十七日三界寺借四分律条记
　　P.3010（1）

戊子年正月周禄子等祭丈母文
　　BD09333V（1），BD09339V（2）

悟道诗

　　P.3018（4）

悟身真言

　　P.2104V（21）

悟真邈真赞并序

　　BD16506，BD16552

悟真判凭

　　P.3753（3）

悟真诗一首

　　P.3681V

悟真文书自序

　　S.10468+12956

悟真谢辞

　　S.10534

悟真状

　　BM.SP.206（Ch.ciii.001）（3）

X

西方阿弥陀佛礼忏文
BD14468

西方阿弥陀佛礼文
BD08168（2）

西方阿弥陀礼文
Дх.01375+Дх.03019（3）

西方极乐赞
羽412（5）

西方净土功德记
P.3390V（2）

西方净土念佛赞文
P.3156（4）

西方净土赞
P.3839，S.1807（1），S.2579

西方净土赞文
BD05441

西方乐赞文
P.4597（2）

西方十五愿赞
S.5572（11）

西汉金山国圣文神武白帝敕
　　P.4632

西汉金山国左神策引驾押衙兼大内支度使银青光禄大夫检校国子祭酒御史中丞上柱国清河张安左生前邈真赞并序
　　P.3633V（2）

西窟上断水僧名目
　　S.11351C

西天大小乘经律论并及见在大唐国内都数目录
　　P.2987

西天大小乘经律论并在唐都数目录
　　S.3565V

西天路竟一本
　　S.0383

西天竺国菩提达摩禅师观门法大乘法论
　　龙谷大学49.一二二

西天竺十六国名
　　P.2271V（3）

西行记
　　Дx.04055

西域法宝遗韵
　　国图WB32（29），566989，37.1.18入

西域文献残片
　　LD5165

西州高昌县籍
　　S.6090

西州高昌县籍（七世纪后期）
　　S.4682

西州释昌富上灵图寺陈和尚状
　　S.1284

西州收马所状
　　藤井44- 东文44- 饶目无此号

西州图经
　　P.2009

西州志
　　Дx.01523

昔贫士薄俱罗缘
　　BD09393

息诤论
　　BD15054（3），BD15055（1）

悉歾悉盈将生活贾分付历
　　P.2469V（2）

悉达太子修道因缘
　　P.2249V（3），S.3711V（1），S.5892（2），龙谷大学48. 一二一

悉达太子踰城念佛赞
　　P.4647（2）

悉达太子赞
　　BD07676V，S.5487（1）

悉宁宗部落百姓贺胡子放刈契
　　S.5998

悉宁宗部落百姓王晟子放刈契
　　S.5998V（2）

悉昙颂曲子四首
　　S.4583V

悉昙字轮
　　北大D242

习书
　　S.8661（2），S.11295（2）

习书杂字廿八行
　　P.3891

习字

　　BD03264，BD12194A（2），BD12194AV，BD12194B（2），BD12194BV，BD12194CV，BD12194DV，BD12194E，IOL.C.128（Fragment50），P.2622P3，P.3145V，P.3243P13，P.3243P14，P.3243P15V，P.3243P16，P.3243P17，P.3243P21，P.3305P4V，P.3305P5，P.3349P4，P.3368P7，P.3369P13，P.3369P2V，P.3369P7，P.3643P15，P.3691P20，P.3705P3，P.3875AP8，P.5026F，P.5026FV，P.5026G，P.6019，S.10544，S.10564（3），S.10607V，S.12458A、B、C，S.11299V，S.11344A+BV，S.11533（2），S.11533V，S.11969B，S.12098V，S.12173，S.12227，S.1619V，S.3556V，S.4106V，S.4172V，S.4341V（2），S.4852，S.4870，S.5491，S.5491V，S.5723，S.5787，S.6047，S.6173V，S.8651（2），S.9475，Дх.01398（2），Дх.01495，Дх.01896，Дх.02120V，Дх.02201+Дх.02204+Дх.02507，Дх.02482，Дх.02487V，Дх.03095A，Дх.03095B，Дх.03168V，Дх.04126V，Дх.04410V，Дх.04758V，Дх.04776V，Дх.04885V，Дх.05169+Дх.05171，Дх.05185，Дх.05185V，Дх.05403V，Дх.05519，Дх.05548，Дх.05565V，Дх.05651V，Дх.05687，Дх.05961V，Дх.06066，Дх.07544，Дх.07584，Дх.08354，Дх.08758，Дх.08778V，Дх.10740V，Дх.11019，Дх.11019V，Дх.11020，Дх.11023，Дх.11024，Дх.11024V，Дх.11092V，Дх.11240V，Дх.11575，Дх.11986，Дх.11986V，Дх.12578V，Дх.12815，Дх.12818，Дх.12833，Дх.18938，Дх.18955V，Дх.19085V，故宫新137369V，上图110V（2），羽056V之2

习字（丙子年六月五日赤心乡百姓安富通雇同乡百姓宋通子契）

　　S.1478V

习字（社司转帖）

　　S.1398（3）

习字（天生淳善等）

　　S.5631V

习字千字文

　　S.2703（6）

习字杂写

　　BD05190V，BD09499V，BD09996，BD10048V，BD10358，BD10451，

BD10824，BD11032V，BD11928V，BD12045，BD13145V，BD13188，BD13210D，BD16038B，BD16275，P.2648V，P.2705V，P.2880，P.2973P6V，P.3123（2），P.3661（2），P.3705V，P.3706V（1），P.3738P3，P.3738P3V，P.4578（2），Дx.00925V，Дx.00947，Дx.01510V，Дx.01697

习字杂写（太玄真一本际经卷一）

BD06918V，BD08246V，BD08639V

冼侍郎等诗五首

S.0619V（4）

洗头择吉日法

Дx.01064+Дx.01699+Дx.01700+Дx.01701+Дx.01702+Дx.01703+Дx.01704（4）

下部赞一卷

S.2659

下女词一本

P.3350（1）

下女夫词

P.2976（1），P.3266V（1），P.3893（1），S.3227（1），S.3877V（10），S.5515，S.5949，S.9501+9502+11419+13002，ZSD068号，Дx.02654（1），Дx.03860，Дx.03860V，Дx.03885A，Дx.11049，Дx.11049V，Дx.12834，北大D246（1），傅图15V（2），石谷风075

下沙、庭等州状

Дx.02160V（2）

仙公请问本行因缘众圣难

Дx.05652

仙人请问本行因缘众圣难经

P.2454，P.2724

先代小吴和尚赞

P.4640（11）

先德集于双峰山塔各谈玄理

P.3559+3664（5）

先洞山祖辞亲偈
　　S.2165（3）

先青峰祖辞亲偈
　　S.2165（5）

先情愿镇守瓜州人户冯讷崙略王康七等十人状
　　S.4622V（3）

先圣皇帝远忌文
　　P.2854（3）

先贤周公解梦书一卷并序
　　IOL.C.118A〔Fragment58（756）〕

祆教女神像
　　P.4518（24）

贤护菩萨所问经卷一
　　津艺034

贤护菩萨所问经卷三
　　BD02045，S.0508，京博Ｂ甲289 图录237

贤护菩萨所问经卷五
　　S.2258

贤劫经卷四
　　BD04300

贤劫经卷六
　　BD06603，P.5527

贤劫经卷八
　　BD00683

贤劫经品第六
　　Дx.06289

贤劫经神通品第十、三十二相品第十一
　　羽146

贤劫九百佛名品第九
　　第二批02452（安徽省博物院藏本）

贤劫千佛名

　　故宫新 153380

贤劫千佛名经

　　BD03249，BD03774，BD04245（1），BD04929（1），S.1238，京博 B 甲 304 图录 259

贤劫千佛名经经题

　　羽 707R 之 1

贤劫千佛名经卷上

　　BD02353（1）

贤劫千佛名经卷下

　　BD02353（2）

贤劫千佛名卷上

　　北大 D079

贤劫千佛名一卷

　　津艺 041

贤劫十方千五百佛名经

　　BD00953（1），BD08329，BD10019，BD10337，BD10546，BD11447，BD11664，BD12363

贤劫十方千五百佛名经卷上

　　BD00084，BD01822（1），BD02275，BD02564，BD07650，BD08227，BD14790

贤劫十方千五百佛名经卷下

　　BD01822（2），BD15112（1）

贤愚经

　　Дх.12278，Дх.16580，文研院 176（xj013-0662.13），文研院 177（xj231-碑帖 111.3）

贤愚经卷一

　　BD02032，BD09749，BD10153，BD12037，BD16054A，BD16054B，BD16054C，BD16054D，BD16054E，BD16054F，BD16054G，P.3312，S.1102，S.4464（1），Дх.01627，Дх.03939，Дх.03977，Дх.10752VC，

Дх.10752VD，Дх.10752VE，Дх.11330，北大 D092，甘博 004，首博 32.526

贤愚经卷二

BD15066，P.4570，Дх.00231，Дх.02374，Дх.04041，Дх.16565，甘博 004

贤愚经卷三

BD07182，Дх.05069，Дх.06213

贤愚经卷四

S.3693，Дх.07054，Дх.07372V，Дх.07394V，敦研 057，敦研 167，敦研 257，敦研 275

贤愚经卷五

Дх.17458

贤愚经卷六

S.4464（2），S.4468，Дх.00527，Дх.05481，Дх.05483，Дх.06297，Дх.12218，Дх.12242，Дх.12279A，Дх.12281B

贤愚经卷七

Дх.09151

贤愚经卷八

Дх.00561，Дх.12142

贤愚经卷九

BD09763，BD14825AB，BD14825AC，Дх.00577，Дх.02245，Дх.12161，Дх.16676，Дх.16850，Дх.16861，Дх.16957，俄 Ф.276

贤愚经卷一〇

BD01541，S.8231

贤愚经卷一一

BD02775，BD05195，BD06787，BD07511，BD09527，BD09567，BD09608，BD09851，BD10513，BD14825DD，BD15683，P.2105（1），P.2316，S.7933，Дх.07917B

贤愚经卷一二

Дх.11214

贤愚经卷一三
　　BD07953，P.2105（13），Дx.07613

贤愚经榜题
　　S.0192

贤愚经卷一钞
　　BD15465，BD15466

贤愚经卷一至卷六钞
　　BD15467

贤愚经卷六钞
　　BD15468

贤愚经卷一三钞
　　BD15463，BD15464

贤愚经难字
　　P.3823（3）

贤愚经纸数等
　　P.3823（5）

贤愚因缘经第二
　　大谷大学0737

贤愚因缘经卷一
　　S.2879

贤者等杂释义
　　BD07902（5）

咸亨元年（670）题记
　　Дx.00528C

咸亨二年（671）沙州胡萨坊口户牒
　　津艺060

咸通二年（861）齐像奴卖地契
　　P.3643P14

咸通五年（864）供养人僧神威等发愿文并题名
　　BM.SP.05（Ch.lv.0023）

咸通六年（865）正月敦煌乡百姓张祇三状
　　P.2222B（1）

咸通六年（865）二月廿一日敦煌乡百姓氾仏奴状
　　上图110V（3）

咸通六年（865）十月廿三日尼灵惠唯书
　　S.2199

咸通七年（866）正月十七日学士郎题记
　　S.10726A+10312V

咸通九年（868）正月四日□学生德书卷题记
　　P.4597V（6）

咸通九年（868）十一月杂写
　　P.2674+3428P4

咸通九年（868）闰十一月十八日书记记事
　　P.3305V（1）

咸通十年（869）正月廿一日社司转帖
　　P.3305V（4）

咸通十年（869）八月三日王赞赞投社状
　　S.2596V

咸通十年（869）十二月阴悉弱忠牒
　　P.3888（2）

咸通十年（869）杂写
　　P.2677V，P.3870V

咸通十年（869）张清奴书杂账
　　P.2556V（1）

咸通十一年（870）拾壹月伍日判官将仕郎诚（试）左金吴（吾）某牒
　　S.6340

咸通十二年（871）杂写
　　P.3962V

咸通十四年（873）正月四日沙州某寺就库交割常住什物色目
　　P.2613

咸通某年索淇请施入水硙园田家客重建报恩寺状
  S.3873

显德元年（954）正月一日功德司愿德勘算斛斗緤布等状
  S.4689，S.11293

显德二年（955）正月十三日题记
  P.3216P2V

显德二年（955）八月福庆和尚邈真赞
  S.5405

显德贰年（955）乙卯岁九月廿六日图□记大乘净土赞
  P.3697（1）

显德三年（956）归义军节度内亲从任延朝刺血画幡题记
  BM.SP.216（Ch.xxiv.008）

显德三年（956）具注历日
  S.0095

显德四年（957）四月十日施主大众守（首）座邓老宿发愿文并供养人题名
  BM.SP.65（Ch.xlvi.0013）

显德四年（957）九月梁国夫人浔阳翟氏结坛供僧舍施疏
  P.2982

显德四年（957）燉煌乡百姓窦飀飚吴盈顺卖地契
  P.3649V（2）

显德五年（958）二月洪范大师牒
  S.0196

显德五年（958）二月录事都头阴保山等牒
  P.3379

显德伍年（958）三月兵马使刘骎□状
  S.2241

显德伍年（958）六月题记
  P.3691P14

显德五年（958）十一月十三日某寺判官与法律尼戒性等一伴交历
  S.1776

显德六年（959）正月三日女人社再立条件
  S.0527

显德六年（959）十月七日管内释都僧正通惠大师赐愿请和尚疏等
  P.5014B

显德六年（959）岁次甲子十一月六日杂写
  P.3277V（1）

显德六年（959）十二月押衙曹保昇牒
  P.3556V（3）

显德六年（959）画十二面观音菩萨图
  MG.25468

显德六年（959）己未岁具注历日并序
  P.2623

显德六年（959）释门法律沙门智果起居状
  BD07132V（1）

显德寺龙四字
  P.3325V

显德寺僧戒延轴记
  BD07579V

显无边佛土功德经
  Дx.12391

显扬圣教论卷三
  Дx.17600

显扬圣教论卷九
  Дx.08055

显扬圣教论卷一五
  S.4675（2）

显扬圣教论卷一七
  BD09402

县学押状
  P.2832Bbis.P4

现在十方千百佛名并杂佛同号一卷

　　S.2180

现在十方千五百佛名并杂佛同号

　　Дх.00033，Дх.02405+Дх.02506+Дх.02540（2），Дх.03736，Дх.03780，Дх.06909，Дх.09059，Дх.10487，Дх.12240，Дх.16141，Дх.16379

现在贤劫千佛名经

　　BD02073，BD05165，BD08162，BD11804，BD15289（1），P.3074，S.8153A，S.8153B，Дх.00345V，Дх.00382，Дх.10481，津艺065（2），羽454，羽569，羽643，浙敦078（浙博053），浙敦128（浙博103）

线描白画

　　P.2415V

线描佛坐像

　　羽775

线描人物像并杂书

　　羽701V

陷蕃多年经本缺落请经状

　　P.4962V

乡贡进士刘□状

　　S.0076V（7）

乡贡进士谭蒙上谏议启

　　S.4473V（3）

乡司仓麦抄

　　S.6167V（3）

相好经

　　BD00685，BD02255，BD11646，S.0022，津文462-3

相书

　　BM.SP.42(Ch.00209)，P.2572，P.2797，P.3390(1)，P.3492V(1)，P.3589V，S.3395（2），S.9987C（1）V

相书（八十种好）

　　S.0391

相书（许负等撰）

　　IOL.C.117（Ch.87.xvi.5back）

相续解脱地波罗蜜了义经

　　P.4927，P.5589（18），P.5590（9）

香供养真言

　　P.2322（17）

香汤赞文

　　P.4597（5）

香严和尚嗟世三伤吟

　　S.5558（2）

香赞文

　　P.4597（10），S.6631V（5）

湘祖白鹤紫芝遁法

　　P.3810（1）

降魔变白画

　　P.3059V

降魔变榜题

　　S.4257V

降魔变图

　　P.4524

降魔变文

　　BD09518V，P.4524V，P.4615（1），S.5511（2），傅图37，胡适旧藏本[1]

降魔变一卷

　　S.4398V

祥护写书杂写

　　P.2270V

---

1 胡适旧藏，原件今不知所在。邓文宽先生藏有复制件。参黄征：《胡适旧藏〈降魔变文〉真迹考证》，《敦煌学》第24辑，2003年，第127–152页。

向山赞

　　S.5572（7）

向寺主请面状

　　Дx.04270

象宝图

　　P.4518（14）

像法决疑经

　　BD11322，BD11323，BD14840SB，羽633之1

消常住食真言

　　P.4679（3）

消灭交念往生发愿文

　　S.0522（1）

销释金刚科仪要偈三十二分

　　Дx.00284

霄夜图并序

　　羽031R

小抄

　　BD00269（2），BD00403，BD00465（2），BD01139，BD02092，BD02311，BD02358，BD02959，BD03222，BD03296，BD05721，BD05808，BD06036，BD06408（1），BD06738，BD07426，BD07569，BD08231，BD08332，BD09410，BD09713，BD09752，BD10864，BD15228，BD15400，BD15785，P.2315（2），P.2327，P.3171，P.3217，S.3902（1），S.3934，台图093，羽335之2

小抄杂写

　　BD16222A，BD16222B

小钞一本依五部律中钞出

　　S.1146

小钞一卷出昙无德部

　　S.4927

小乘戒律注疏

　　中村不折044

小乘录
　　S.5645（7）

小乘三科
　　BD03274，BD06858，BD07082，BD07493，BD07766V，BD08466，BD11985，BD12137，P.2841，P.3057（1），P.4665+4688V，Дх.00708

小乘声闻乘四果注
　　P.4718

小乘十八部略说
　　Дх.00087V

小道地经
　　Дх.00008+Дх.02048+Дх.02188+Дх.02738+Дх.02794，Дх.06192，Дх.10303

小地子抄
　　S.1810V

小品般若波罗蜜经
　　北三井021（025-10-3），文研院178（xj018-0662.18）

小品般若波罗蜜经卷一
　　Дх.16071，Дх.18359，甘博077

小品般若波罗蜜经卷二
　　BD07334，BD14134，BD14825BG，Дх.04989，Дх.06360，Дх.07943，Дх.18046

小品般若波罗蜜经卷三
　　Дх.00568，Дх.03541，Дх.05512，Дх.06303，Дх.06372，Дх.06438，Дх.07102，Дх.07271，Дх.08632，Дх.08657，Дх.08788，Дх.12157，Дх.12159，Дх.12208

小品般若波罗蜜经卷四
　　Дх.05143，Дх.05146，Дх.05166，Дх.05223，Дх.06402，Дх.06886，Дх.07731，Дх.07969，Дх.12237，Дх.15771，Дх.15997，Дх.16019，Дх.16022，Дх.18635

小品般若波罗蜜经卷五
　　BD06324，BD15351，BD15847，BD15908，Дх.08005，Дх.11419，Дх.15480，Дх.16828
小品般若波罗蜜经卷六
　　Дх.03999，Дх.04079，Дх.07865，Дх.15518，Дх.16603，Дх.16701，Дх.16711，Дх.18167
小品般若波罗蜜经卷七
　　BD10139，BD10369，BD11421，BD12208，BD15248，Дх.01639，Дх.04992，Дх.16501，Дх.16569，Дх.16666В，Дх.16891，Дх.16980，Дх.18313
小品般若波罗蜜经卷八
　　Дх.08274，Дх.09325，Дх.16103，Дх.16123，Дх.18568
小品般若波罗蜜经卷九
　　BD04011，BD14143，BD14840CA，S.7691，Дх.06994，Дх.07938，Дх.08316，Дх.16043，敦研118，敦研146，敦研170，敦研235，敦研279，敦研306
小品般若波罗蜜经卷一〇
　　BD03807，BD08442，BD10997，BD14771，L.003R-V，S.7312，S.7736，S.7848，S.8026，Дх.05163，Дх.05835+Дх.05846，Дх.05887，Дх.07195，Дх.08084，Дх.09026，Дх.12055，Дх.12096，Дх.12248，Дх.14269，Дх.16126，Дх.16573，Дх.16658，敦研150，敦研266，羽558
小品摩诃般若波罗蜜经卷九
　　敦博019，敦博025，敦博027
小少黄宫养赞
　　S.1497（3）
小师福圆等上阇梨状
　　S.8677
小王法律惠全借贷文书
　　P.5578（1）

小小黄宫养赞
　　P.4785

小游仙诗一首
　　S.5648（9）

孝方等求补车坊官状并判词
　　BD09337

孝经
　　BD11408（2），P.2545，P.2674+3428，P.2715，P.2746，P.3369，P.3372，P.3378，P.3382，P.3416（3），P.3698，P.3830，P.4628，P.4775，P.4897，S.0707，S.0728，S.1386，S.5545，S.5821，S.6165，S.6177，S.9956，S.10056A+10060A，S.12911，Дх.00838，Дх.01318，Дх.02784，Дх.02979，Дх.04646，首博1328

孝经赞
　　S.5739

孝经郑氏解
　　S.3993，S.9213B+A+C

孝经诸侯（天子？）章第三（二？）赞
　　S.3824V（2）

孝经注疏卷五、卷六
　　Дх.03867

孝事父母文范
　　Дх.02606+Дх.02900V

孝顺乐
　　P.2843（2）

孝顺乐赞
　　P.3934，P.4560（2）

孝顺子修行成佛经
　　BD04264，Дх.02142，Дх.03815

孝子传
　　P.3680V，S.0389V

效谷乡百姓康满奴等多浓地沙地历
Дx.01408

效谷乡请付粟子黄麻糜等历
Дx.01408V

效谷乡乡官某差遣乘进文书
BD16334A

协律郎独孤播书状
P.3812V（1）

写记（清泰贰年二月十五日莲台寺比丘愿丞略述写记）
S.5584（1）

写金刚经题记
S.4489

写经付纸历
S.2449

写经功德文
S.6229（1）

写经勘记
BD14168V

写经勘经人题签
S.6028，S.6126

写经勘误录
敦博081

写经生记录
S.5525，S.5526

写经生试笔集
龙谷大学42.一一五

写经题记
P.3824（10），S.10529，Дx.04930，Дx.05843，Дx.07410，Дx.10268，Дx.12223V

写经五言诗二首
　　BD09701（2）

写经纸数
　　S.6200

写经注记
　　S.1472V（1）

写经字数
　　S.6328（2）

写书不饮酒诗
　　P.2937V（3）

谢大王赐酒食牒
　　S.3879（3）

谢尚书郎君李弘愿状
　　BD11287V

谢语
　　P.3041

心地法门一卷
　　P.4661

心海集（迷执、解悟、勤苦、至道、菩提）
　　S.3016V

心海集（菩提篇——至道篇）
　　S.2295V（1）

心惠菩萨本愿经
　　羽629

心经咒语
　　Дx.04417

心性法心计法等
　　BD09357（1）

心中心真言
　　P.4789（3）

心中真言

  S.5669

辛丑年（821）龙兴寺寺户团头李庭秀等请便麦牒及处分

  BD06359V（6）

辛丑年三月廿日见纳自死羊羔子抄

  S.4704

辛丑年十一月廿九日兄苏某祭四郎文

  P.2614V（11）

辛丑年十月廿五日贾彦昌向龙兴寺借绢帛契

  P.3453

辛丑年四月三日罗贤信借绢契

  P.3458

辛丑年五月三日惠深交割文书

  P.3212V（3）

辛丑年正月粟酒破用历

  P.4697

辛亥年（951）正月二十七日归义军紫亭镇羊数名目

  S.8446+S.8468+S.8445（6），S.8448A

辛亥年便粮食历

  BD16044AV

辛亥年二月九日张再佳等便黄麻历

  Дх.01344

辛亥年三月张紧子兄弟欠麦粟历

  BD16231

辛亥年十二月某寺直岁法胜所破油面历

  S.1519（2）

辛亥年四月三日起首修法门寺使白面历

  P.3505

辛亥年团家三等食料案

  S.3793

辛亥年五月董押衙等便粟历
  Дx.01278

辛亥年押衙康幸全贷绢契
  P.2504P2

辛亥年押衙宋迁嗣呈内宅司牒
  P.3160V

辛亥年正月廿九日善因愿通等柒人折债物色抄录历
  P.3631

辛卯年二月一日索亭良佣人立契文书
  羽717R

辛卯年十二月十八日当宅现点得物色
  P.4518（28）V

辛卯年四月十四日某寺僧正法律徒众转帖
  S.5406

辛卯年正月八日吴狗奴题记
  P.2488V（1）

辛善安便粟历
  Дx.18933

辛巳年八月都头吕富定为乘骑死亡请赐支给公凭状
  P.4525（7）V

辛巳年八月三日衙前子弟州司及翻头等留残祗衙人数
  P.3146（1）

辛巳年二月十三日慈惠乡百姓康不子贷生绢契
  P.2633V（2）

辛巳年归义军衙内付酒历
  P.4525（10）

辛巳年何通子典儿契稿
  BD02381V

辛巳年三月廿四日翟使君报安僧正状
  P.2734V

辛巳年十二月东窟油面抄
  P.4909

辛巳年十二月二十二日金光明寺僧保真贷红绢契
  S.5652（2）

辛巳年十二月十三日已后周僧正于常住库借贷油面物历
  S.6452（2）

辛巳年十一月十一日三界寺学士郎梁流庆书杂抄一卷并序
  P.3393

辛巳年十月廿八日荣指挥葬巷社纳赠历
  S.2472V（5）

辛巳年十月三日州司仓公廨斛斗交过（割）凭
  S.2472V（6）

辛巳年四月廿日燉煌乡百姓郝猎丹贷绢契稿
  P.2817V（2）

辛巳年乙酉年文书
  P.2564V（4）

辛巳年正月廿二日僧虔祐书写诸杂赞文题记
  Дx.02966V

辛巳年正月廿日氾长□书记题记
  P.4699V

辛巳年正月一日已后破历
  P.3490V（4）

辛巳年至壬年付酒本麦粟历
  S.6452（5）

辛未年二月六日社司转帖
  Дx.01401

辛未年某寺谷物·油·酥等破历
  羽703

辛未年七月沙州百姓一万人上回鹘大圣天可汗状
  P.3633

辛未年三月八日沈家纳赠历
P.4975

辛未年十一月十日不赴城经僧名录
Дx.11061

辛未年十月释门僧正知三麦粟状并判凭
P.4813

辛未年四月二日押衙梁保德贷斜褐契
S.4884

辛未年四月十五日契
P.3503V（2）

辛未年正月六日沙弥善胜于□都师慈恩手上见领得诸物历
P.3638

辛未至壬申年（971—972）某寺粟豆入历
S.6981D

辛未至壬申年某寺麦粟入历
S.1313V

辛巳年十月归义军某司请判凭状
S.9941

辛酉年（901年？）团头康石柱米平水交付诸物凭
BD09293A

辛酉年（961）三月廿二日于仓欠物人名抄录数目
BD14806（1）

辛酉年（961）四月安丑定妻亡社司转帖
BD09345A

辛酉年八月十七日题款
俄Φ.004V

辛酉年等杂写
P.3883V

辛酉年吊仪用布历
Дx.01425+Дx.11192+Дx.11223

辛酉年二月九日僧法成便物历
    BD16079A

辛酉年二月刘善通牒稿
    傅图15V（4）

辛酉年九月一日陈宝山贷绢契（上半页）
    S.5632（3）

辛酉年九月一日陈宝山贷绢契（下半页）
    S.5632（1）

辛酉年九月一日陈宝山贷绢契纸背画量绢尺（上半页）
    S.5632V（2）

辛酉年九月一日陈宝山贷绢契纸背画量绢尺（下半页）
    S.5632V（3）

辛酉年灵修寺诸色斛斗入历
    S.1600（2）

辛酉年吕某出社契
    BD16239

辛酉年十二月神沙乡百姓李继昌佣工契
    S.3011V（4）

辛酉年十一月廿日张友子新妇身故聚赠历
    S.4472V

辛酉年正月令狐全儿等典当名目
    S.9450

辛酉年正月廿五日写观音经一卷题记
    P.6006（2）V

辛酉至癸亥（961-963）三年间灵修寺诸色斛斗入破历计会
    S.6981A

新大德造窟檐计料
    九州大学藏本

新道行经卷五
    津艺100

新登戒僧次第历
　　P.3431
新定吉凶书仪上下卷
　　S.2200
新定吉凶书仪上下两卷并序
　　P.2556
新定书仪镜
　　P.3849（1），P.4036（3），P.5020（1），P.5035，S.5630V
新翻药师经序
　　P.3090
新合六字千文一卷
　　S.5961
新合千文皇帝感辞
　　P.3910（3），S.5780（2）
新合孝经皇帝感辞
　　P.3910（4），S.5780（3）
新华严经论
　　Дх.16710
新华严经论卷四
　　Дх.03207
新集备急灸经一卷
　　P.2675
新集吉凶书仪
　　BD15408，P.2646，P.3246，P.3249，P.3284，P.3688（2），P.4019（2），S.4761，S.8699，S.10735A，Дх.01256
新集九经抄一卷
　　S.5754
新集两亲家接客随月时景仪一卷并序
　　P.2042（2）

新集亲家帖
　　羽672
新集书仪
　　P.3425P, P.3691, P.3716V（1）, P.4699, S.5593（4）, S.5636, S.8516F, S.8680, S.9937, S.10010, S.10531, S.10614, S.10614V
新集天下姓望氏族谱
　　P.3191, P.3421, S.2052
新集文词教林卷上
　　P.2612
新集文词九经抄
　　P.2557, P.2598, P.2914V（1）, P.3169V, P.3368, P.3469V, P.3615V, P.3621, P.3990, P.4525（9）, P.4971, S.8336V, Дx.01368, Дx.06019, Дx.06059, 上图030V
新集孝经十八章
　　P.2721（3）
新集严父教
　　P.3797（2）, S.4307, S.4901V（3）, S.10291V
新集杂别纸
　　P.4092
新集杂别纸（知闻来往别纸八十八首）
　　S.5623
新集藏经音义随函录
　　BD05639B, S.5508, Дx.16967
新集周公解梦书
　　P.3908（1）, S.5900
新集诸家九族尊卑书仪一卷
　　P.3502V（2）, Дx.01256V
新戒付单记
　　BD16244

新菩萨经

BD07120，BD07338（2），BD07606（2），BD08063（2），BD08108（2），BD09230（1），BD09230（2），BD09231（1），BD09231（2），BD09244（2），BD09312（2），BD10024（1），LD4987，P.2668（3），P.2953（2），P.2983P1，P.3117（2），P.3857（2），S.0136（2），S.0407，S.0414（2），S.0470，S.0521，S.1066，S.1592，S.1689，S.2320，S.2649，S.3091，S.3126V，S.3442，S.3790，S.4479（2），S.4747，S.5020，S.5244，S.5256（2），S.5303，Дх.00299，Дх.01251+Дх.01464（2），Дх.01609+Дх.02035（2），Дх.01708+Дх.02399（2），Дх.02057（2），Дх.02586А，Дх.02774В，Дх.02796В，Дх.04537V，Дх.04572，Дх.04736，Дх.04942，Дх.05155，Дх.06601，Дх.10329，Дх.10339，俄Ф.215，津图139号1，津图139号2，津图140，京都大学藏本，上图061（2），台图113，羽247，羽249，羽252，羽314，羽578之2，羽637V之1，羽713

新菩萨劝善经卷

S.5929

新卅五袂袂号

P.3862P3

新删定四分僧戒本序

Дх.05030

新商略古今字样撮其时要并引正俗释下卷

S.6208（2）

新岁年旬上首于四城角结坛文

P.3149（2）

新维摩疏题签

Дх.17701

新修本草

P.3714

新修本草（菓部、菜部、米部等）

S.4534

新修本草残卷

羽040R

新修本草卷十七菓部
S.9434V

新修本草序例卷上
BD12242

新义乡纪事竹简
P.6003

新译大乘入楞伽经
S.1074

新译大乘入楞伽经序
BD06585（1），BD07689（1），BD14152（1），S.0006（1），S.3945，S.6339，Дx.11972，Дx.12786

新杂卷一
羽158

薪？等入历断片
羽664之9R

信函
BD07640V，P.3629，P.4610

信函残片
BD16293

信函稿
BD10661，BD14666V（5）

信函或文书
故宫新57489V

信力律师借炭启
Дx.01385

信力入印法门经
P.3355

信力入印法门经卷二
务本030号

信力入印法门经卷三

Дх.06832，Дх.16971

信力入印法门经钞

BD15178V（3）

信使曹怀义牒

Дх.19063

信书断简

羽172V之2

信书断简三片

羽172V之3

信书断片

羽659之2之2，羽659之2之3，羽659之2之1

信心铭

P.3289（3）

信札

P.2674+3428P6，P.3108V（3），P.3126V，P.3211P3，P.3390V（4），P.3402P1，P.3402P2，P.3945（2），P.4690AP2，P.5007V，P.5018（3）（1），P.6014，津艺061EV

信状

BD05870V（1）

兴木望休黄诗

S.1040V（2）

兴平县地志

S.6014

星点符号

P.5011V

星法陀罗尼

S.2648

星流发愿文

P.2854（9）

星命占术
　　Дх.02827

星母陀罗尼咒
　　BD07240，BD07536，BD07980，BD08611，S.4493，Дх.00148，Дх.00303，羽060

星象占卜书
　　Дх.05191，Дх.05191V，Дх.11051A，Дх.11051B

星占书
　　P.2536V，P.2630V，P.2811，P.2941，P.2964（1），P.3028，P.3064，P.3064V（2），P.3416（1），P.3992（1），P.3992V，P.4071（1），P.4881，S.8516DV，S.10446A

行城文
　　P.2255V（12），P.2807（5），P.2854（10），P.3224，S.5942，S.6981G

行城文（共二种）
　　S.2146（4）

行都录事麹再诚牒
　　Дх.03174

行脚僧像
　　P.4029，P.4074

行军转经文
　　S.2146（5）

行路难
　　P.3409（4），S.3017（3）

行人愿文
　　P.2341V（10）

行人转帖
　　BD16317，P.2342P1，P.3070V（3），P.4017（6），S.0329V（2），S.4504V（5），S.6204（1），S.6272，S.6309

行人转帖稿
　　BD09520V（7）

行人转帖习书
　　S.10275V（2）

行事钞中分门图录
　　BD14522

行香除疫愿文
　　P.3574

行香偈文
　　S.6229（2）

行香文
　　P.2815V（1）

行像社聚物历
　　P.3234V（2）

醒世诗
　　Дx.03863

性境不从心偈
　　S.0268V

姓氏书
　　P.2995（1）

姓氏杂写
　　P.2026V（4）

姓望氏族谱
　　BD10076

兄弟等名录
　　P.4820

兄弟分家书
　　羽690

兄弟分宅舍契（？）
　　S.9934

兄弟社罚筵席历
　　S.4660V（3）

兄弟社还绵幡价、入麦抄
　　S.4660V（2）

兄弟社人名录
　　P.4716

兄弟社社人欠色物历
　　S.4660V（1）

兄弟社转帖
　　BD.02516B，Дх.06016

兄弟转帖
　　P.4987，S.6199

休废法
　　P.2610（13）

修补残片
　　P.2111V，P.2288V（2），P.2612V（1），P.3290V（3），上图031V，上图038V

修补残片粘附反文
　　P.4072（2）V

修补叶残字
　　P.5531V

修补用的纸片
　　S.6806V

修禅要决四十五条
　　羽728R

修禅要诀
　　Дх.08964+Дх.08966+Дх.08974

修禅有十六行
　　LD5161-02F

修道歌
　　Дх.00788V

修道六观门讲经

  故宫新 153255

修道论

  S.7884A，S.7884B

修道去

  P.3018（2）

修道劝善文

  BD15264

修道诗

  S.2295V（2）

修多经中菩萨十地观方便观相法门

  P.2104V（5）

修多罗法门卷第一

  S.1344V（2）

修佛龛记

  P.3979，P.3979V（1）

修建伽蓝功德记

  S.3937V

修建龙泉寺敬绘观世音菩萨愿文

  P.3490（6）

修建择吉文书

  BD13145

修窟功德记（？）

  S.11596

修缮寺庙愿文

  P.2481V（2）

修文殿御览

  P.2526

修文坊巷再缉上祖兰若标画两廊大圣功德赞并序

  P.4044（5）

修习止观坐禅法要
　　Дх.03961

修心要论
　　羽395之4

修行本起经卷下
　　Дх.05147，敦博003，敦研144，敦研300，敦研311，敦研372

修行本起经菩萨降生品第二
　　敦研320

修行本起经游观品第四、出家品第五
　　敦研309

修行道地经
　　Дх.05482

修行道地经卷一
　　Дх.00575，Дх.12352

修行道地经卷二
　　Дх.14689

修行道地经卷三
　　Дх.16055

修行最上乘法
　　S.2973V

修行最上乘仪轨
　　P.2104V（19）

修营庆赞文
　　BD16277A，BD16277B，BD16278B，BD16280A

修正观法门治病患第九、证果第十
　　羽650R

秀禅师七礼
　　P.2911（3）

秀禅师劝人药病偈
　　上图141（2）

秀禅师劝善文
    S.5702

秀和尚劝善文一本
    P.3521（P.sogd.11）V（1）

戌年八月氾元光请施宅乾元寺牒并判
    S.6829V（1）

戌年到子年沙州诸寺丁壮车牛役簿
    BD09606V

戌年亥年子年诸色斛斗欠在人名目
    S.6237

戌年九月永安寺僧惠照上当寺应管主客僧数牒
    S.0545V（1）

戌年六月五日已前抄记面布黄麻历
    P.2469V（1）

戌年卖麦廿驮牒
    BD09333V（2）

戌年七月一日新写藏经见入藏录
    P.3010（3）

戌年沙州诸寺丁持车牛役部（附亥年至卯年注记）
    S.0542V（4）

戌年上都督牒状
    Дx.03900

戌年至亥年罗光俊户卖地麦抄
    Дx.06000+Дx.06003

须大拏太子变文
    Дx.00285+Дx.02150+Дx.02167+Дx.02960+Дx.03020+Дx.03123，Дx.00285+Дx.02150+Дx.02167+Дx.02960+Дx.03020+Дx.03123V（1）

须大拏太子赞
    S.6923V（1）

须阇提品第廿
> LD5142-13

须阇提太子因缘
> P.3375V（2）

须摩提女经
> 羽602

须摩提长者经
> P.2889

须摩提长者经题签
> P.2889V（2）

须菩提本生缘
> P.2655

虚空藏菩萨经
> Дx.03208

虚空藏菩萨经等经袱
> BD10967（2）

虚空藏菩萨神咒经
> Дx.16006

虚空孕菩萨经卷下
> Дx.06912

徐留通返还绢三匹半于邓上座契
> P.3472

许负相书并序
> S.5969

序号
> 俄Ф.237V

序号第八帖纸
> P.4906V

序号一百
> P.5021C

序号杂写
　　Дx.02613V

序听迷诗所经一卷
　　羽459

叙六郎大草字信札
　　羽679

续集古今佛道论衡
　　BD13213G

续命经
　　BD00693（1），BD07437

宣示表
　　P.2555

宣宗皇帝御制劝百僚文
　　P.2914V（2），P.3738P1，S.5558（3）

玄感脉经一卷
　　P.3477

玄觉抄律戒本疏
　　S.2664

玄门大论道德义
　　S.6245，S.8289，S.9431，S.9443

玄女宅经
　　S.4534V（1），S.4534V（2），S.9434

玄言新记明老部（颜师古）
　　P.2462（2）

玄藏法师十二月礼佛除罪文
　　上图141（1）

玄奘法师礼佛十斋日
　　P.3809（1）

玄奘法师劝善文
　　LD5161-02B

玄奘三藏像
　　天理图书馆藏本

玄奘诗
　　S.0373（2）

玄真大圣大兴孝皇帝远忌文
　　Дx.05686

玄宗题梵书
　　P.3986V（2）

悬泉镇百姓乞请缓收税债状稿
　　P.2814V（2）

悬泉镇遏使行玉门军使曹子盈状
　　S.0619V（1）

悬泉镇使牒
　　Дx.03412+Дx.03415

悬象占（日暝占第三十六至占西秦日晕第三十九）
　　S.5614（1）

薛廷珪撰颖川郡王韩逊生祠文
　　P.5043

学道十二时
　　P.2943V

学郎大歌张富千诗
　　S.0728V（2）

学郎诗（今日书他智）
　　S.3287（2）

学郎诗三首（不知学郎有才志等）
　　S.4129V（2）

学郎题诗（？）
　　S.9411V

学士郎诗二首
　　BD08668（2）

雪山童子因缘
　　BD09787

血书光启三年（887）僧善惠为母大祥追福请宾头罗疏稿
　　BD02126V（1）

血书金刚般若波罗蜜经
　　BD01191V（2）

血书祈愿文
　　BD01191V（1）

血书五行
　　BD02126V（4）

血书证香火本因经
　　BD02158

勋官名簿
　　S.11584

寻碑记
　　北大 D160A

询起居函
　　Дx.03030

Y

押牙韩愿清到马僧政院条记
BD09677V

押牙李文继书状
Дx.01384

押衙邓存庆镇宅文
S.8682, S.8682V, S.9932, S.9936, S.9993, S.10556, S.11363, S.11363V, S.11387, S.11387V, S.11388A, S.11388AV

押衙朗神达牒
Дx.02264+Дx.08786

押衙梁汉通状
P.3468P2

押衙刘某使当王牧羊契
Дx.01323+Дx.05942

押衙龙弘庆贷绢契
S.11359

押衙马通达状三件
P.3281V（3）

押衙名录
P.3400V（2）

押衙王庆元致判官书
P.3368P1

押衙为亡考百日设斋祈福文
S.2717V（4）

押衙杨保德上镇使及娘子状封启
S.11350

押衙张良真状稿
P.2803（5）

押衙张万千贷织物契抄
S.4901V（1）

押字
P.4992V

押座文
BD07883，BD10331，P.3361，S.2440V（1），S.4359V（1），S.4474V（1），Дx.02776，北大D180V，俄Φ.109（1）

衙内汉唐衍鸡状
P.3105V

齾齫书一卷
S.4129（1）

齾齫新妇文一本
P.2564（2），P.2633（1）

烟尘动处心如虎诗
S.5575（1）

延会掌寺主题名
P.2821V

延晟人名一本
BD16509A

延寿命经
BD00266，BD00268，BD00693（3），BD00992（2），BD01598（1），BD01866，BD02794，BD02818，BD03366，BD05684，BD08822（2），BD09142（2），

BD10903，BD10906，BD14128，S.5577（1），津图138

延寿命菩萨图
　　EO.1143

阎浮男子女人身诗
　　S.5712（1）

阎江道状题记
　　P.2886V（1）

阎罗王授记经
　　S.2815，S.4530，S.6230，Дх.00931，Дх.03862，Дх.06611，Дх.07909+Дх.07919+Дх.07960+Дх.08062，Дх.11034A，中村不折115

阎曼德迦明王像
　　P.4080

阎英答状
　　P.3281V（1）

阎章六等人请地状
　　Дх.03946

阎子章等清点历
　　P.3816V（1）

衍讷等便麦历
　　Дх.01432+Дх.03110

演道俗业经
　　BD02011

魇蛊术残片
　　BD10791

厌符法
　　BD15774，BD16359

厌鬼法
　　BD15485，BD15486

晏子赋
　　BD00207V，P.2439V（2），P.2564（1），P.2647V（1），P.3460，P.3716V

(3), P.3821（7）, S.6332, Дx.00925, Дx.05174, Дx.05565

宴别郭校书

 P.2976（8）

焰口饿鬼陀罗尼经略出四如来名字

 P.2575V（7）

燕歌行

 P.2748V（3）, P.4984（1）

燕子赋（一）

 BD09251, P.2491, P.2653（1）, P.3666, P.3757, P.4019（3）, S.0214, S.5540（2）, S.6267, Дx.00796+Дx.01343+Дx.01347+Дx.01395, Дx.01304, Дx.02920, Дx.04803, Дx.05415, Дx.10257, Дx.10741, 藤井6-东文6-饶目似无

燕子赋（二）

 P.2653（1）

央掘魔罗经卷三

 Дx.12116

扬州颙禅师与女人赠答诗

 S.0646（3）, S.3441

扬州颙禅师与女人赠答诗并序

 S.2672（2）

羊抄

 Дx.01284

羊籍

 S.11588

羊角哀杂写

 俄Φ.252V（1）

羊千口杂写

 BD13069V（2）

阳都衙斋文

 P.3163V

阳王三欠油凭
　　S.6781（1）
阳愿进状
　　P.3277V（4）
扬子法言钞
　　BD12744（2）
杨洞芋撰瓜沙两郡编年
　　P.3721
杨老宿等贷粟麦历
　　S.11360D（1）
杨柳枝
　　P.2809V（2）
杨满川咏孝经壹拾捌章
　　P.3386+3582（2）
杨蒲山咏孝经壹拾捌章
　　P.2633（5）
杨庆界寅年地子历
　　S.5822
杨文盛佃种契
　　BD01695V
杨玄楷残文
　　BD15441
杨延光发愿疏
　　北大 D184
杨盈川集卷一（浑天赋）
　　S.5777
养子契
　　P.4075V（1）
姚和上金刚五礼
　　P.3664（7）

姚和尚金刚五礼

P.3559+3664（10）

瑶池新咏集

P.3216P1，Дx.03861+Дx.03872+Дx.03874+Дx.03927A，Дx.06654+Дx.06722，Дx.11050，Дx.11050V

药方

P.3201，P.3491P3V，P.3731，Дx.03823，Дx.03828+Дx.06728，Дx.04679，Дx.04996，Дx.07192，Дx.11210，Дx.11210V，Дx.16882，Дx.19064，羽042R

药方残片

S.11414

药师本愿经疏

S.2551

药师道场坛法

北大 D180（2）

药师道场文

BD04108V（1）

药师佛并二侍从僧像

MG.20378

药师佛护法天及供养人像

P.4518（31）

药师佛像

P.4518（22）

药师经

P.2900，S.0065，S.0281，S.0401，S.1299，S.1414，S.1581，S.1954，S.2308，S.2443，S.2616，S.3112，S.3154，S.3196，S.3267，S.3582，S.3625，S.3946，S.3952，S.4179，S.4260，S.4319，S.4463，S.4606，S.4843，S.4854，S.5005，S.5037，S.5128，S.5173，S.5200，S.5424，S.6594，S.6722，S.6750，S.6815，Дx.15466，北三井080（025-10-49），龙谷大学21.五二一，首博32.549

药师经卷

S.0105

药师经疏

BD03577，BD09798，BD09834，S.2512，Дх.01811，Дх.09274

药师经心咒

上博48（41379）（11）

药师经直解

Дх.05488

药师琉璃光经卷

S.4345

药师琉璃光经一卷

S.6383

药师琉璃光七佛本愿功德经卷下

BD12320，BD14457，Дх.07916，Дх.11141

药师琉璃光如来本愿功德经

BD00016，BD00035，BD00130，BD00660，BD00670，BD00894，BD00928，BD00966，BD00980，BD01391，BD01421，BD01559，BD01651，BD01884，BD01984，BD02006，BD02014，BD02295，BD02568，BD02577，BD02647，BD02648，BD02683，BD02800，BD02825，BD02829，BD02902，BD03041，BD03198，BD03263，BD03335，BD03528，BD03539，BD03618，BD03628，BD04719，BD04964，BD05256，BD05345，BD05975，BD06122，BD06192，BD06515，BD06516，BD06564，BD06584，BD06821，BD06900，BD06902，BD06907，BD06938，BD06995，BD07088，BD07152，BD07235，BD07306，BD07429，BD07803，BD08135，BD08232，BD08273，BD08534，BD08550，BD08930，BD08934，BD08935，BD08936，BD08940，BD08941，BD08945，BD08946，BD09132，BD09983，BD10050，BD10118，BD10179A，BD10179B，BD10301，BD10405，BD10549，BD10721，BD10916，BD10918，BD11299，BD11358，BD11390，BD11399，BD11443，BD11550，BD11611，BD11645，BD11758，BD11851A，BD11851B，BD11912，BD11929，BD11946，BD11969，BD12012，BD12212，BD12233，BD12313，BD12319，BD12393，

BD13672，BD13674，BD14150，BD14689，BD14803，BD14832，BD14945，BD15050，BD15428A，BD15541，BD15579，BD15685，BD15726，BD15733，BD15742，BD15757，BD15840，BD15925，P.4539，P.4554，P.4921，P.4925，S.0135，S.0359，S.0870，S.0881，S.0954，S.1029，S.1051，S.1199，S.1905，S.1911，S.2182，S.2390，S.2480，S.2541，S.2787，S.2980，S.2986，S.3113，S.3186，S.3597，S.3815，S.3974，S.4146，S.4597，S.4715，S.4881，S.5214，S.5335，S.5922，S.6353，S.6470，S.6475，S.6556，S.6562，S.6919，S.7234，S.7276，S.7344，S.7371，S.7398，S.7508，S.7561，S.7653，S.7659，S.7690，S.7692，S.7698，S.7866，S.7951，S.8135，S.8285，SCM.D.115189，Дх.00272，Дх.00617，Дх.00621，Дх.00784，Дх.00862，Дх.00903，Дх.01160，Дх.01237，Дх.01628，Дх.01662，Дх.01841，Дх.01873，Дх.02015，Дх.02287，Дх.02290，Дх.02342，Дх.02583，Дх.02603，Дх.02730，Дх.03081，Дх.03725，Дх.03727，Дх.03838，Дх.04333，Дх.04528，Дх.04558，Дх.04584，Дх.04742，Дх.04871，Дх.04941，Дх.05088，Дх.05105，Дх.05115，Дх.05505，Дх.05572，Дх.05632，Дх.05660，Дх.05704，Дх.05880，Дх.05965，Дх.06498，Дх.06763，Дх.06796，Дх.07196，Дх.07220，Дх.08844，Дх.08860，Дх.08947，Дх.09158，Дх.10151，Дх.10152，Дх.10153，Дх.10154，Дх.10155，Дх.10156A，Дх.10156B，Дх.10156C，Дх.10156D，Дх.10156E，Дх.10349，Дх.10680，Дх.11715，Дх.11846，Дх.11869，Дх.11969，Дх.11974，Дх.11980，Дх.11984，Дх.12526，Дх.12537，Дх.12579，Дх.12589，Дх.12679，Дх.12766，Дх.12838，Дх.14745，安徽省博物院藏本，北大D068，北大D069，北三井081（025-10-51），大东急107-5-1-1K，敦博049，俄Ф.189A，俄Ф.206，俄Ф.255，津图004，津图059，津图060，津图073，津图075，津图120，津图172，津艺147，津艺269，津艺298，京博B甲280 图录239，京博B甲281 图录238，酒博005，酒博008，酒博026，酒博027，龙谷大学22.五二二，上图104，上图149，石谷风062，台图102，永博004，羽194，羽211，羽292，羽691V之2，中村不折065

药师琉璃光如来本愿功德经等

津艺168

药师琉璃光如来本愿功德经经题
　　Дx.01981

药师瑠璃光如来赞并序
　　P.3551

药师如来本愿经
　　BD00901，BD03566，BD03568，BD06745，BD16261

药师如来本愿经疏
　　S.7590

药师如来本愿经序
　　BD10556

药师说法图
　　白鹤美术馆藏

药王菩萨祈祷文
　　Дx.01266V

要行舍身经
　　BD01369，BD02621，BD03874B（1），BD05759（1），BD07326，BD08510，BD09150，BD09232（2），BD09845，BD11841，BD14535，龙谷大学51.一二五

要略
　　S.4037V（5）

野菊花一朵
　　BD16578

叶净能诗（书）
　　S.6836

夜烧篇
　　P.3608V（5）

夜卧涅槃庄诗二首
　　S.4654V（2）

一乘佛性究竟论卷三
　　BD07520

一佛二力士像
P.4031

一佛二菩萨及供养人像
P.4518（21）

一切佛菩萨名集卷三
Дx.04697，Дx.04713

一切佛菩萨名集卷一一
Дx.12711

一切佛心陀罗尼
S.5586（2）

一切经音义
P.3095V，P.3734，S.3469，Дx.00209+Дx.00210+Дx.00411，Дx.00211+Дx.00252+Дx.00255，Дx.00256，Дx.00320+Дx.00386，Дx.00583，Дx.00585+Дx.00586A，Дx.00586C，Дx.00965，Дx.04659，Дx.05226A，Дx.10831，Дx.11563，Дx.12330，Дx.12340，Дx.12380，Дx.12381，Дx.12409，俄Ф.230，羽056R

一切经音义存欠卷数
S.5895

一切经音义第一帙点检历
S.3538V

一切经音义点勘签条
BD10502

一切论音义点经录
P.4788

一切如来心陀罗尼加持法
S.6897V（2）

一切如来真言钞
BD15397

一切如来尊胜佛顶陀罗尼
P.4501

一切施主所行檀波罗蜜经
　　BD05633

一日持斋十种利益
　　BD02878（3）

一神论卷三
　　羽460

一生独立不增移诗二首
　　S.0796（2）

一行大师十世界地轮灯法
　　S.2454V

一真法师随听题记
　　P.3940（2）

一只银瓶心偈
　　P.3123（1）

伊州学生龙进通书本等杂写
　　P.4899+5546（1）（2）

衣疏
　　BD04661V

衣物抄
　　S.2630V（1）

衣物历
　　P.2842P7

医卜书
　　Дх.02800+Дх.03183

医方
　　P.2637（1），P.2703（1），P.3877P1，P.3885V，P.4837B，P.5549，P.5549V，S.3347，S.6052，S.6177V，S.9517，Дх.02999+Дх.03058，Дх.04158+Дх.04161，Дх.04437，Дх.07821B，Дх.08644，Дх.18173

医方目录
　　S.6084

医方书
　　P.2565，P.2662，P.2662V，P.2882V，P.3930，P.3960V

医书
　　BD15471，Дx.00235+Дx.00239+Дx.03070，Дx.01295+Дx.02976+Дx.03515（1），Дx.01325V，Дx.02869A，Дx.06288，Дx.06634，Дx.09319，Дx.11538，天理大学5.183-イ279（5）

医药方
　　P.3144V，P.3596V

医药疗方
　　S.1467

依大般涅槃经第卅八卷抄出厌离食想法
　　P.2849（3）

依解脱道论第二卷抄出乞食法
　　P.2849（2）

依师法
　　Дx.00643

依愿骑缝押
　　P.2915V

依愿押座文等杂写
　　P.2915（2）

依韵
　　P.2641V（3）

依诸大乘经略发愿法一卷
　　津艺312

依诸经论略抄头陀乞食法
　　BD14151

仪轨
　　Дx.18984，Дx.19054

仪礼
　　Дx.03452

遗教经
    S.1187，S.2534，S.4656，S.6656，大谷大学0729

遗教经论
    BD10816，BD14924

遗书
    P.4001（2），S.0343V（1），S.0343V（4），S.5381V（2），Дx.11038

乙丑年二月廿四日龙勒乡百姓祝骨子租地契
    P.3277V（2）

乙丑年二月乾元寺羊籍
    BD16175C，BD16175E，BD16175H

乙丑年二月十七日交割仓内什物历
    BD16291

乙丑年九月沙州三界寺授五戒牒
    S.5313

乙丑年六月十五日夜月食条记
    BD07076AV

乙丑年三月廿三日三界寺张僧政将去法华经抄等卷数分付记
    S.5494（2）

乙丑年三月五日索猪苟典钏续借麦契
    S.5811

乙丑年行人转帖
    P.2877V

乙丑年正月十三日善惠手上领得粟黄麻麸历
    P.4817

乙亥丙子年某寺残籍
    BD10658

乙亥年二月麦粟抄
    S.6204（5）

乙亥年二月十六日燉煌乡百姓索黑奴等二人租地契
    S.6063

乙亥年四月八日翟奉达七言诗二首
　　P.2668（4）

乙亥年四月各乡放粮账
　　Дx.04278

乙亥年四月廿日宝护一行
　　羽025之2

乙亥年正月十日春座局席社司转帖
　　S.4037V（2）

乙卯年保达状
　　BD16243

乙卯年二月廿日通报
　　P.3727（4）

乙卯年雇工契
　　P.2887V（2）

乙卯年六月残文书
　　S.10644

乙卯年四月一日佛堂修园众社破除名目
　　S.6186

乙卯年押衙知柴场司安祐成牒五通并判
　　S.3728

乙巳年八月盈德纳柴历
　　BD05802V

乙巳年二月二日题记
　　P.3211P9V

乙巳年二月十二日某寺常住什物案
　　S.6217（1）

乙巳年九月十七日领麦粟豆黄麻等历
　　P.4683AV（4）

乙巳年九月十五日社司转帖
　　Дx.01440

乙巳年历
  P.4635P

乙巳年六月廿六日祭亡妣文
  P.2614V（12）

乙巳年六月五日徐富通欠绢契
  P.3004

乙巳年十二月寺主道行状
  P.3100（4）

乙巳年五月七日造斋破油面抄
  S.1142

乙未年（935?）十一月二十日社司出便物名目
  S.8924B

乙未年（995）十二月至丙申年（996）二月归义军知马官阴章儿请判凭状及判
  S.6998B

乙未年二月十八日程虞候家荣葬名目
  P.3416P1

乙未年二月十四日法弁等合种地契
  S.10547

乙未年六月索胜全换马契
  Дx.02143

乙未年三月七日押衙龙弘子贷生绢契
  S.4504V（7）

乙未年四月九日押衙李应子欠高残子骆驼价绢契
  P.4885

乙未年赵僧子典男苟子契
  P.3964

乙未年正月十五日沙门道真为三界寺造诸功德记
  S.5663（1）

乙未年正月一日灵图寺僧善友贷生绢契

S.4504V（8）

乙未岁五月十二日僧法诠正勤等祭康上座文

S.3920V（2）

乙未岁正月七日尼绵子等祭侄文

P.2595（5）

乙未岁正月七日忠信祭师兄文

P.2595（3）

乙酉年（865）十二月二十日起首转经历

BD07217V（1）

乙酉年六月凉州节院使押衙刘少晏状抄

S.5139V（1）

乙酉年六月十六日某与妻纷争牒

P.3186V（1）

乙酉年七月杂写

P.4017（3）

乙酉年三月廿日再记录文字历

S.0817

乙酉年十二月两团支粟抄

S.5974

乙酉年十月十八日窟上燃灯等杂用历

P.4674

乙酉年五月莫高乡张保全贷绢契

Дx.01377

乙酉年五月内转华严经录

S.7004V

乙酉年正月龙兴寺阴法律失物牒

Дx.18936V

义府上请加阶武官总四人状

P.2687BV（2）

义记
　　羽271

义净求法返国表
　　BD15415

义净三藏赞
　　P.4597（14），S.6631V（8）

义理虽玄妙偈
　　俄Ф.252V（3）

异本大佛顶陀罗尼咒
　　S.6985

异部宗轮论述记略
　　BD00810

异部宗轮论一卷
　　羽144

异译菩萨本业经
　　S.8140

邑文
　　P.3566（7）

佚名道教类书
　　故宫新57489

佚名诗
　　Дх.04568（2）

佚名氏辩道识名论
　　P.2390，S.9846

译经题记
　　Дх.08510+Дх.09479

译经序
　　Дх.02331，Дх.05368

易经八宫卦图及世卦起月例
　　S.4863V

易经王弼注
S.5992

易三备
P.4924，S.6015

易三备卷第二第三
S.6349

驿程记断简
羽032

因地论一卷
P.3030

因果经
BD00858

因明论三十三过
P.3024V（3）

因明入正理论
BD09403，S.4956，Дх.04969，Дх.04970，第二批02493（西博009）

因明入正理论略抄
P.2063（1）

因明入正理论议疏要
P.2063（2）

因明正理门论本疏释
P.3292（1）

因缘故事集
BD05746V（1）

因缘十二支法
Дх.01123

因缘颂释
BD02284（2）

因缘心论开决记
P.2211

因缘心论释
　　BD06217（2），BD07468（2），P.4645A+4627+5548（2），S.1513V（1），S.2462（1），S.4235（2），Дx.04469，北大 D096

因缘心论释开决记
　　BD04083，BD06239（1），BD06239（2），BD12289，旅博 20.1540

因缘心论颂
　　BD03355（4），BD06217（1），BD07468（1），P.4645A+4627+5548（1），S.0250，S.2462（2），S.4235（1）

因缘心释论开决记
　　P.2538V，S.0269（1），S.0495V，S.0541，S.2695V，Дx.05668，上图 115V，羽 154R 之 1

阴存（？）忠契
　　S.6141

阴处士碑
　　P.4640（1）

阴贵晊为男阴洪盛谢状
　　BD16516

阴国政卖地契
　　S.2385

阴海清便麦粟契
　　P.3491P2

阴恒庆阴流定残片
　　P.2023P1

阴贤得、薛通通等人名簿
　　S.9465

阴阳六十甲子
　　BD00490V

阴阳人神智请官处分状
　　S.2620V

阴阳书

P.2534，P.2675V，S.1468，S.4634V（3），S.4863，Дx.01396+Дx.01404+Дx.01407V

阴阳书、葬事目录

S.10639AV，S.12456B+C

阴阳五姓宅图经一卷

P.4667VA

阴阳冢墓入地深浅法五姓同用卌五家书第卅七

P.2550B

音义

羽716V

音义稿

BD05931V（2）

音韵书

S.11380V

音韵著作残片

BD16169A，BD16169C，BD16169E，BD16169F，BD16169G，BD16169H，BD16169I

寅年（822）僧慈灯雇博士汜英振造佛堂契

BD06359V（4）

寅年八月李条顺打损杨谦让为杨养伤契

S.5816

寅年八月沙弥尼法相状并洪誓判词

P.3730（9）

寅年八月右将欠负名目

BD09291

寅年二月便麦粟契

P.3444P

寅年二月僧伯明等请经历

P.3654（2）

寅年九月大乘寺式叉尼真济等状并洪䇳判词
　　P.3730（8）

寅年六月思董萨部落百姓鉼兴逸便麦契稿
　　P.2502V（2）

寅年七月八日后装潢经律几经同帙录
　　P.3010（4）

寅年七月六日百姓宗紫奴欠马价麦契稿
　　P.2502V（1）

寅年七月某将欠负名目
　　BD09292

寅年十一月杨谦让请处分社司月直令狐建不依众例充使牒
　　S.5823

寅年四月五日上部落百姓赵明明便豆契
　　P.3444V（2）

寅年贤智法律写官经录
　　BD16566

寅年正月尼惠性状二通并洪䇳判词
　　P.3730（6）

寅年正月廿日令狐宠宠卖牛契
　　S.1475V（6）

寅年正月卅日瓜州节度转经付维那历
　　P.3336（2）

寅年正月十八日报恩寺寺主僧□如博换驴牛契
　　S.6233V（3）

寅招礼
　　P.4597（21）

寅朝礼忏文
　　羽683之2

寅朝礼文
　　BD14889，Дx.12514，龙谷大学63

寅捉礼

北大 D163

尹常温题名

S.0810V

尹嘉礼转经题记

BD16548

引路菩萨图

MG.17657

印本佛像

台图 141

印本千佛像

P.3528

印度地理记至迦湿弥罗国至东印度

P.3926（1）

印佛文

BD01034V（1），BD07824V（3）

印契三界尊偈

Дx.01865+Дx.02805V

印沙佛

羽 054

印沙佛菩萨半跏像

羽 570

印沙佛文

P.2237V（7），P.2326V（2），P.2443V（2），P.2483（9），P.2850（1），P.4012，羽 687

印章

BD13553V，P.2142V，P.3340V，P.4091（3），P.4516V，P.4631V，津艺 005V，津艺 006V，津艺 028V，津艺 080V，津艺 081V，津艺 153V，津艺 197V，津艺 207V，津艺 226V（2），津艺 300V，津艺 309V，上博 45（40794）V（2），上博 46（40795）V，上博 47（40796）V，上博 58（47259）V，上博 61（51033）

V，上博71（51614）V（2），上博72（51615）V（2），上博78（69594）V

印章三枚
P.2737V

鹰赋
Дx.06176（1）

盈润状
P.2660P1V

营窟稿
P.3405（4）

营田使索怀济、渠提辖□通等状
BD16387A

籯金
P.2678+3956，P.2678+3956V，P.2966，P.3363，P.3650（2），P.3907，P.4873，S.2053V（2），S.4195V（2），S.5604，S.7004

应管内外释门都僧统帖
P.3556（6）

应管壹拾陆寺僧尼籍题签
Дx.01382

应管壹拾柒寺僧尼籍
P.2879

应机抄上下卷
S.1380

应经坊请供菜牒
S.5824

应庆麦粟油入破历
P.3234V（1）

应用文范
P.4626

应在人上欠历
文研院201（xj128-0660.109）

雍熙二年（985）正月一日沙州郑永兴户受田簿
    S.4125

雍熙二年（985）五月十五日沙州三界寺授八戒牒
    S.4115

雍熙二年（985）六月慈惠乡百姓张再通乞判分割祖产诉状
    S.4489V

雍熙二年（985）六月洪润乡百姓某欠债牒
    P.3186V（2）

雍熙二年（985）绘十二面六臂观音变相
    哈佛1943.57.14[1]

雍熙三年（986）二月大云寺都师定惠手下诸色入破历算会牒残卷
    羽052

雍熙三年（986）十一月二十三日尹松志题记
    S.6734V（2）

雍熙三年（986）节度都头阴存礼为亡考七七追念设供请僧疏
    S.5855

雍熙三年（986）具注历日并序
    P.3403

雍熙三年（986）墨釐军诸军事曹延瑞设大供会请释门四部大众疏
    P.4622

雍熙四年（987）五月廿六日沙州灵图寺授菩萨戒牒
    S.3798

雍熙四年（987）五月沙州三界寺授菩萨戒牒
    S.4915

雍熙四年（987）沙州灵图寺授菩萨戒牒
    S.4482

雍熙五年（988）十一月神沙乡百姓吴保住牒
    P.3579

---

[1] 马德：《散藏美国的五件敦煌绢画》，《敦煌研究》1992年第2期。

永安藏经勘经笺条
 Дx.02504

永安圣寿招提司都师某乙应入施诸色斛斗抄
 S.6276V

永安寺僧王富通法知题记
 P.3706V（3）

永宁坊社扶佛人名目
 BD16021A，BD16021B，BD16022A

永宁坊社人名目
 BD16022AV

永宁坊社司文书
 BD16021C，BD16022B，BD16022C

永宁乡欠柴草人名目
 P.5038（2）

永寿寺主灵贤等牒
 P.4722

咏黄道决等
 P.3803（2）

咏九九诗一首
 P.4017（7）

咏孝经十八章
 P.3910（1）

咏月婆罗门曲子四首
 S.4578

用纸笔墨抄
 S.5790（1）

用纸历
 P.4956V

优波离问佛经
 Дx.11484

优婆离问佛经

BD05787

优婆塞戒经

LB.040，S.0315，S.2201，S.5354，S.6600，SCM.D.02435，甘图014，山西博物院藏本，上图091

优婆塞戒经卷一

敦研100，津艺018

优婆塞戒经卷二

S.4162，北大D083

优婆塞戒经卷三

BD07348，S.8293，ZSD012号，Дx.03802，Дx.04103，Дx.14941，Дx.18408，敦研162，敦研208，敦研221，敦研228，敦研262，傅图31，启敦137，上图105（9），羽590之1

优婆塞戒经卷四

敦研027，敦研028

优婆塞戒经卷五

BD10777，BD14686，P.5581B，S.8099，Дx.03848，Дx.12146，Дx.12239，Дx.16926，羽760

优婆塞戒经卷六

P.4848，S.4570，S.4579，Дx.04693，Дx.05514，Дx.14878

优婆塞戒经卷七

BD03369，BD11023，S.5332，Дx.00590，Дx.06904V，Дx.12112，俄Ф.271VA，敦研004，甘博005，京博B甲426，台图088

优婆塞戒经卷一〇

S.3967

优婆塞戒经卷一一

BD04157，P.2276

优婆塞戒经题签

Дx.09431

优婆塞五戒威仪经
　　Дx.14901

优婆塞五戒威仪经卷一
　　Дx.12201

优婆塞优婆夷八功德
　　Дx.02475

优婆夷舍家学道
　　S.1441V（3）

优婆夷转经文
　　S.1823（2），S.1823V（2）

幽州都督张仁亶上九谏书
　　P.3399

由由天上云诗
　　P.3534（2）

油面破历〔太平兴国五年至七年（980—982）〕
　　S.2474（3）

油面苏入破历
　　BD06359V（1）

油面抄题记
　　P.4909V

油破历
　　P.3490V（2）

油入历
　　S.8518

游通信状
　　S.0329V（1），S.0361V（9）

游五台山赞文
　　S.6631V（6）

游五台赞文
　　BD02918V（2），P.4597（12）

游意奴便麦契
 Дх.01374
有部论律杂钞
 BD03328V
有关长行马的状及判文
 藤井43- 东文43- 饶目无此号
有作观身赞文
 P.4572（1）
酉年当寺应道场僧尼一十六人牒
 P.5579（16）V
酉年二月十二日索海朝租地帖
 P.2858V
酉年九月法律法喜题记
 P.5579（12）V
酉年粮油破历
 P.6007
酉年七月廿八日文书
 BD16058B
酉年乾元寺常住所入诸色斛斗计会牒
 S.4191V（2）
酉年三月一日下部落百姓曹茂晟便豆契
 S.1475V（4）
酉年十二月南沙灌进渠用水百姓李进评等乞给公验牒及判文
 S.2103
酉年十一月行人部落百姓张七奴便麦契
 S.1475V（7）
酉年十月报恩寺崇圣状并承恩判词
 P.3730（5）
酉年四月龙兴寺方等所状
 P.3850V（1）

酉年正月奉仙等状并荣照判词
P.3730（7）

酉年正月维那怀英等请补充金光明寺上座座主状并洪聱判词
P.3730（4）

又别解梦书一卷
P.3105（2）

又教乞食比丘乞食法
P.2849（4）

右街千福寺首座辩章赞奖词
P.3720（7）

右街僧录圆鉴大师云辩押座文
S.3728V（4）

右街僧录圆鉴大师云辩进十慈悲偈
S.4472（2）

右街僧录圆鉴大师云辩与缘人遗书
S.4472（3）

右军卫十将使孔公浮图功德铭并序
P.4638（6）

右厢都虞候氾进贤状
S.9948+10557

右衙都知兵马使丁守□状
S.4976（1）

幼学文（上大夫）
S.1232V

于当居创造佛刹功德记
P.3490（3）

于阗班上监供养佛像等
P.2026V（3）

于阗坎城百姓勿悉门捺牒
Дx.01262

于阗僧龙大德请公凭状
　　S.2528

于阗王赐沙州节度使白玉壹团札
　　P.2826

于阗宰相礼佛文
　　P.2812

盂兰盆经
　　BD08075，BD09313

盂兰盆经讲经文
　　BD02496

盂兰盆经疏孝衡钞
　　Дx.12614

盂兰盆经疏新记卷下节抄
　　Дx.09501

盂兰盆经译经题记
　　Дx.10734

盂兰盆经赞述
　　上图068（1）

盂兰盆经赞述卷一
　　P.2269

盂兰盆文
　　P.3346（3）

鱼美人
　　P.3994（3）

俞成日文
　　P.2091V（3）

渔父歌沧浪赋
　　P.2488（2），P.2621V（5），P.2712（2）

渔歌子词
　　历博写本54

瑜伽佛
　　BD04102V（3）

瑜伽论
　　P.2328V（1），S.6788

瑜伽论卷一三
　　S.6670

瑜伽论卷一四
　　S.6670

瑜伽论卷一五
　　S.6670

瑜伽论卷五三
　　S.1154

瑜伽论卷五四
　　S.1154

瑜伽论卷五五
　　S.1154

瑜伽论分门记卷四
　　S.6678

瑜伽论分门记卷二〇
　　S.2552（1）

瑜伽论第三十六分门记
　　定博006

瑜伽论第三十七分门记
　　定博006

瑜伽论第四十二分门记
　　S.0333

瑜伽论第四十三分门记
　　S.0333

瑜伽论卷四十四分门记
　　招提12

瑜伽论卷四十五分门记
   招提12
瑜伽论手记
   P.2036，P.2037，P.2061
瑜伽论手记补记
   P.2036V（1），P.2061V（1），P.2344V（1）
瑜伽论手记卷六至卷一〇
   P.2344
瑜伽论手记卷一〇至一一
   台图127
瑜伽论第三十一手记
   S.4011（1）
瑜伽论卷三十二手记
   S.4011（2）
瑜伽论卷三十三手记
   S.4011（2）
瑜伽论卷三十四手记
   S.4011（2）
瑜伽论手记卷三八至四一
   S.1243
瑜伽论第四十三卷至五十卷手记
   S.2613
瑜伽论第五十六卷手记
   北大D112
瑜伽论第五十六卷手记补记
   北大D112V
瑜伽论记卷一
   Дx.05491
瑜伽论略出十七地义及十支义等
   P.2807（10）

瑜伽论随听手记
　　P.2134

瑜伽论随听手记补记
　　P.2134V（1）

瑜伽论前二十卷随听手记
　　俄Ф.330

瑜伽师地开释分门记五识身相应地等前十二地同卷
　　Дx.06756，Дx.06773

瑜伽师地论
　　北三井102（025-14-13），故宫新104072，故宫新86979

瑜伽师地论卷一
　　BD14025，BD14734，P.2236，P.5578（4），大东急107-5-1-1R，哥图写卷12（第10卷）

瑜伽师地论卷二
　　BD15384

瑜伽师地论卷三
　　S.4370，S.6536，S.6787，第二批02495（中国佛教图书文物馆藏本），俄Ф.071

瑜伽师地论卷四
　　BD14026，S.3192

瑜伽师地论卷五
　　P.2856V（3）

瑜伽师地论卷六
　　BD07904，BD09389，P.2856V（3），S.6681，Дx.16752，俄Ф.072

瑜伽师地论卷七
　　S.6797，Дx.04455，津图083，津艺113，羽770

瑜伽师地论卷八
　　S.6576，俄Ф.073

瑜伽师地论卷九
　　BD14027，敦研333，招提13

瑜伽师地论卷一〇
    BD14028，南京博物院藏本
瑜伽师地论卷一一
    BD05500，BD05655，BD06615，羽183，羽518
瑜伽师地论卷一二
    BD06450，BD15173，P.3603，S.4165，南京博物院藏本，上图155
瑜伽师地论卷一三
    BD14029，BD14489，S.6419，京博B甲277 图录258
瑜伽师地论卷一四
    BD14030，S.6419
瑜伽师地论卷一六
    羽266
瑜伽师地论卷一九
    BD02149，BD09596，BD12334，Дх.12273，浙敦170（浙博145），浙敦171（浙博146）
瑜伽师地论卷二一
    BD01324，BD09665，BD15391，S.6440，上图171
瑜伽师地论卷二二
    BD07176，S.2232，S.6440
瑜伽师地论卷二三
    S.3697，S.5617，S.6440，甘图006
瑜伽师地论卷二四
    S.6440，历博48
瑜伽师地论卷二五
    S.5374，S.6440
瑜伽师地论卷二六
    BD02017，P.4586，S.3559，S.4586
瑜伽师地论卷二七
    S.1683，Дх.06324，Дх.06326，羽661R

瑜伽师地论卷二八
　　BD09388，BD14031，S.0735，S.3526，上博 74（51617）

瑜伽师地论卷二九
　　S.4225

瑜伽师地论卷三〇
　　BD08479（1），S.3927，S.5309，S.7153（1），S.7153（2），羽 330

瑜伽师地论卷三一
　　BD14032，俄 Ф.296

瑜伽师地论卷三二
　　BD00495，S.2210

瑜伽师地论卷三三
　　BD04555

瑜伽师地论卷三四
　　BD00371，BD09695，BD09716，BD10459，S.4224

瑜伽师地论卷三五
　　Дx.01610，浙敦 121（浙博 096）

瑜伽师地论卷三六
　　BD01998A，S.2176

瑜伽师地论卷三七
　　S.6799

瑜伽师地论卷三八
　　BD03383，BD10800，S.6731，西北师大 009

瑜伽师地论卷三九
　　BD05666

瑜伽师地论卷四〇
　　BD01893，BD08501，SF180702/4，SF2004/10

瑜伽师地论卷四一
　　哥图写卷 13（第 11 卷）

瑜伽师地论卷四二
　　S.6495，俄 Ф.070

瑜伽师地论卷四三
    BD14033，BD15000

瑜伽师地论卷四四
    BD05619，S.1273

瑜伽师地论卷四五
    S.5730

瑜伽师地论卷四六
    P.4583，P.5587（3）（1），S.0842

瑜伽师地论卷四七
    BD05103，S.0843，S.8213

瑜伽师地论卷四八
    BD02403，BD05825，BD09390

瑜伽师地论卷四九
    BD15277

瑜伽师地论卷五一
    BD04029

瑜伽师地论卷五三
    LB.041，羽517

瑜伽师地论卷五四
    S.6812

瑜伽师地论卷五五
    S.3362，S.6483

瑜伽师地论卷五六
    BD14034，S.6483

瑜伽师地论卷五七
    S.3031

瑜伽师地论卷五九
    BD14035，S.1045

瑜伽师地论卷七〇
    S.1639

瑜伽师地论卷七二

S.6683

瑜伽师地论卷七三

S.6683

瑜伽师地论卷七四

S.6683

瑜伽师地论卷七五

S.6683

瑜伽师地论卷七六

S.6683

瑜伽师地论卷七七

BD05990，S.6683

瑜伽师地论卷七八

S.6683，Дх.04509

瑜伽师地论卷七九

S.6683

瑜伽师地论卷八〇

S.2405，S.6683

瑜伽师地论卷八一

BD08197

瑜伽师地论卷八六

上图183BV

瑜伽师地论卷九四

S.0211

瑜伽师地论（杂抄）卷九

BD03271V

瑜伽师地论钞

BD07217V（2），BD08472，BD15178V（4）

瑜伽师地论分门记

BD07393，BD10273，BD14727，P.2039，Дх.05386+Дх.05390

瑜伽师地论分门记卷一〇
 BD00291（1）

瑜伽师地论分门记卷一一
 BD00291（2）

瑜伽师地论分门记卷一八
 BD00366（1）

瑜伽师地论分门记卷一九
 BD00366（2）

瑜伽师地论分门记卷三五
 BD14750（1）

瑜伽师地论分门记卷三六
 BD14750（2）

瑜伽师地论分门记卷三七
 BD01857（1）

瑜伽师地论分门记卷三八
 BD01857（2）

瑜伽师地论分门记卷三九
 BD01857（3）

瑜伽师地论分门记卷四二
 羽771

瑜伽师地论分门记卷四三
 HHT034，羽771

瑜伽师地论卷五一分门记
 BD14036（1）

瑜伽师地论卷五二分门记
 BD14036（2）

瑜伽师地论卷五三分门记
 BD14037（1）

瑜伽师地论卷五四分门记
 BD14037（2）

瑜伽师地论本地分中声闻地分门记
　　P.2053，P.2038

瑜伽师地论本地分中声闻地分门记补记
　　P.2053V，P.2038V（2）

瑜伽师地论决择分分门记卷二
　　P.2093，BD05074

瑜伽师地论决择分分门记卷二补记
　　P.2093V（2）

瑜伽师地论菩萨地第十五分门记卷二
　　P.2190

瑜伽师地论菩萨地第十五分门记卷二补记
　　P.2190V

瑜伽师地论菩萨地第十五分门记卷三
　　P.2080

瑜伽师地论菩萨地第十五分门记卷三补记
　　P.2080V

瑜伽师地论十七地中第十一思所成地分门记
　　P.2122

瑜伽师地论释决择分分门记卷一
　　P.2210

瑜伽师地论释决择分分门记卷一补记
　　P.2210V（1）

瑜伽师地论释决择分分门记卷三
　　P.2247

瑜伽师地论五识身相应地等前十二地分门记
　　P.2035

瑜伽师地论五识身相应地等前十二地分门记补记
　　P.2035V（1）

瑜伽师地论经名杂写
　　S.7038

瑜伽师地论论题杂写
    Дx.00997V
瑜伽师地论略出菩萨地抉择分经文指谬
    BD06191A
瑜伽师地论释
    BD09391
瑜伽师地论释词
    P.3725V
瑜伽师地论手记
    BD05326，P.3716
瑜伽师地论手记卷一四
    BD14809，BD14810
瑜伽师地论手记卷三三
    BD02072（1）
瑜伽师地论手记卷三四
    BD02072（2）
瑜伽师地论手记卷三五
    BD02072（3）
瑜伽师地论手记卷三六
    BD02072（4）
瑜伽师地论手记卷三七
    BD02072（5）
瑜伽师地论手记卷三九
    BD02298（1）
瑜伽师地论手记卷四〇
    BD02298（2）
瑜伽师地论手记卷四一
    BD02298（3）
瑜伽师地论卷五六手记
    羽189

瑜伽师地论疏
　　BD13666，S.8007
瑜伽师地论随听手记
　　上图 117
瑜伽师地论随听手记补记
　　上图 117V（2）
瑜伽师地论随听记卷五
　　BD05797
瑜伽师地论随听手记卷二一
　　BD03482
瑜伽师地论随听手记卷四二
　　BD01087
瑜伽师地论随听疏
　　BD10862，BD12293，S.8089，S.8195V
瑜伽师地论随听疏杂抄
　　S.7093V
瑜伽师地论义疏
　　伍伦 36 号
瑜伽师地论注释书
　　羽 734R+V
与法师书
　　S.4639
与某和尚状
　　S.6405
与师兄书
　　S.5778
禹受洛书图
　　BM.SP.157（Ch.00150）
语对
　　P.2524，P.4636（2），P.4870，S.0078，S.0079，S.2588

玉关马幸德户
　　BD09970

玉篇
　　S.63115V，Дх.01399+Дх.02844ВV

玉台新咏
　　P.2503

玉颜思不见诗
　　S.2689V（1）

玉耶经
　　BD05242（1），BD07868B，BD14148，BD14619

郁伽长者经
　　S.5506（2）

郁迦罗越问菩萨行经
　　Дх.07868，Дх.11384，Дх.17441

浴佛节作斋事祷文
　　P.3103

欲宜抽身直上飞诗四首
　　S.0619V（2）

御刊定礼记月令
　　S.2590

御制莲华心轮回文偈颂
　　P.3130，S.4644

御制一切道经序
　　S.1513（1）

御注金刚般若波罗蜜经宣演
　　P.3080，S.1389，S.2671

御注金刚般若波罗蜜经宣演卷上
　　BD07387V，P.2173，P.2182，P.2330，S.2738，S.5905，S.8078，S.8166，Дх.08553V

御注金刚般若波罗蜜经宣演卷中
　　P.2113
御注金刚般若经
　　BD11894，BD12244，BD12291
御注金刚般若经宣演卷中
　　P.2084
御注金刚通
　　S.7911
御注孝经
　　S.6019
御注孝经集义并注一卷（丧亲章第十八）
　　S.3824V（1）
御注孝经十八章赞
　　P.3816
御注孝经疏
　　P.3274
御注孝经赞
　　S.10726A+10312
元淳寄洛阳姊妹诗
　　P.3569V（3）
元年建未月七日有相等于沙州龙兴寺同受戒录
　　S.1780
元师启请
　　P.3845（1）
元始洞真决疑经
　　ZSD043号
元始天尊说变化空洞妙经
　　BD11194
元始五老赤书玉篇真文天书经
　　Дx.01893，羽589之13

园地计簿
S.4661，S.4760（2）

原空
BD15530，BD15531，BD15532，BD15985

圆明论
BD08206，P.3559+3664（1），P.3664（1），S.6184，Дx.00696，傅图36（1），石井光雄旧藏本

缘起心论并释一卷
P.2045（6）

缘生初胜分法本经卷上
Дx.18573

缘生论
甘博069

远公和尚缘起
P.2680（14）

远忌文并邑文
P.3722V

远行文
P.2237V（15）

怨春闺
P.2748V（2）

院僧名录
浙敦168（浙博143）

愿男子
P.2313V（4）

愿女
P.2313V（5）

愿通等欠斛斗抄
S.5437（1）

愿亡人

P.2313V（6）

愿文

BD09156（1），BD09156（3），P.2226V（4），P.2255V（2），P.2255V（7），P.2326V（4），P.2331V（2），P.2341V（1），P.2358V（4），P.2406V（2），P.2665（Pel.tib.2086）V（1），P.2707V，P.2765（Pel.tib.1070）V（1），P.2803（6），P.2807（1），P.2820V（1），P.2984V（1），P.3276V（2），P.3282V（1），P.3373（2），P.3416V，P.3490（5），P.3491V（2），P.3608V（1），P.3705P1，P.3770（2），P.3770V（2），P.3843（1），P.3918（2），P.4072（2），P.4790V，P.4806，P.4963V，P.6004（3），S.2687V，S.5597，S.9405V，S.9958，S.11677，Дх.00981+Дх.01311+Дх.05741+Дх.05808V（2），Дх.00985V，Дх.01255+Дх.01885+Дх.01886，Дх.01304V，Дх.03718，Дх.04003，Дх.04003V，Дх.04533，Дх.04715V，Дх.04733，Дх.05396，Дх.05651，Дх.05776，Дх.05776V，Дх.05780V，Дх.06011V，Дх.06031，Дх.06048V，Дх.06055，Дх.06056，Дх.06057V，Дх.06217V，Дх.06347，Дх.06543，Дх.06749，Дх.06770，Дх.07143，Дх.07179V，Дх.07188，Дх.07198V，Дх.07622，Дх.07987，Дх.08384，Дх.08868，Дх.09097，Дх.09368，Дх.10437，Дх.10736，Дх.10737，Дх.10738，Дх.10739，Дх.10739V，Дх.11071V，Дх.11140，Дх.11198V，Дх.11222，Дх.11497V，Дх.11762，Дх.11837，Дх.12524，Дх.12787，Дх.18961，俄 Ф.322A，上图060（1），上图085（2），上图085V

愿文范本

Дх.11763，Дх.11790，Дх.11791，Дх.11831，Дх.12595，Дх.12605，Дх.12768

愿文提纲

P.2128V（3）

愿文文范

S.10524AV，S.11626，国图WB32（30），604508，37.3.29入背

愿学起居状

S.4220

愿斋文
    P.2237V（3），P.3545（3），P.3545V（1），P.3566（3）

月灯三昧经
    BD05447

月灯三昧经卷一
    P.3063

月灯三昧经卷五
    BD09978

月灯三昧经卷六
    Дх.17804

月灯三昧经卷一〇
    S.4737

月光菩萨真言
    P.3834（3）

月光日兴兄弟析产契
    P.3744

月礀禅师语录
    Дх.15351

月令节义一卷
    P.3306V（2）

月令注解并序
    S.0621

月令注释
    P.4042

月上女经
    俄Ф.112（1）

月旬纪事残片
    俄Ф.362B

月仪帖
    Дх.04760，Дх.05748，Дх.06009，Дх.06025，Дх.06048

月藏经校量功德品
　　羽384之2
乐谱
　　P.3539V（2）
乐毅论
　　BD01315V
越州诸暨县香严寺经藏记
　　P.2804，P.3040
云何得长寿偈
　　BD03925V（8）
云气杂占
　　S.3326（1）
云气占
　　羽042V
云谣集杂曲子
　　P.2838V（8），S.1441V（2）
运命占
　　S.10526
韵闢辩清浊明镜一卷
　　P.5006
韵书
　　BD16483，P.2012V（3）
韵字
　　S.6117

Z

杂阿含经
 BD03219，P.3186，Дх.00555+Дх.01741，Дх.07107

杂阿含经卷二
 P.4525（2）（1）

杂阿含经卷四
 P.4525（2）（2）

杂阿含经卷六
 P.4525（2）（3）

杂阿含经卷一一
 津艺108（1）

杂阿含经卷一五
 P.4525（2）（4）

杂阿含经卷一六
 P.4525（2）（5）

杂阿含经卷一八
 P.4525（2）（6）

杂阿含经卷二〇
 BD04565

杂阿含经卷二二
 BD00342（6）

杂阿含经卷二三
  BD00323B

杂阿含经卷二四
  P.4525（2）（7）

杂阿含经卷二五
  S.1365

杂阿含经卷三〇
  羽633之3

杂阿含经卷三一
  Дx.10157

杂阿含经卷三二
  BD00342（1）

杂阿含经卷三三
  BD07579（1），BD07579（2）

杂阿含经卷三四
  Дx.07336

杂阿含经卷三七
  P.4525（2）（8）

杂阿含经卷四〇
  BD00342V（2）

杂阿含经卷四一
  Дx.03566，Дx.05629

杂阿含经卷四四
  P.4525（2）（9）

杂阿含经卷四五
  P.4525（2）（10），Дx.12313

杂阿含经卷四六
  Дx.16864

杂阿含经卷四七
  BD00342（5）

杂阿含经卷四九
    P.4525（2）（11）

杂阿含经卷五〇
    BD11019，P.4525（2）（12）

杂阿含经卷卅杂写
    Дx.00937V（1）

杂阿含经点勘录
    P.5578（3）

杂阿毗昙心经卷六
    S.0996

杂阿毗昙心论卷一
    BD10874，Дx.02693，Дx.07573，Дx.16041

杂阿毗昙心论卷二
    Дx.04579，Дx.14325，Дx.17712，Дx.18499

杂阿毗昙心论卷三
    P.2796

杂阿毗昙心论卷五
    S.4401

杂阿毗昙心论卷六
    Дx.04198，Дx.04217B，Дx.05020，Дx.05047

杂阿毗昙心论卷七
    Дx.04045

杂阿毗昙心论卷八
    BD09751

杂阿毗昙心论卷一〇
    BD14711

杂阿毗昙心论卷一一
    Дx.03807V，Дx.18030

杂阿毗昙心论经题
    Дx.16561

杂宝藏经
　　北三井 112（025-10-56），文研院 179（xj102-0660.83），中村不折 173-3-1

杂宝藏经卷一
　　BD15291

杂宝藏经卷二
　　BD09692A

杂宝藏经卷三
　　S.4557，Дx.03461

杂宝藏经卷四
　　Дx.03759，Дx.08425，Дx.12337，津图 032，羽 559

杂宝藏经卷五
　　BD03958，Дx.01540，Дx.01542

杂宝藏经卷六
　　Дx.04939，羽 559

杂宝藏经卷七
　　BD02183，北大 D090

杂宝藏经卷八
　　S.4638

杂宝藏经卷九
　　Дx.05138

杂宝藏经卷一〇
　　S.6925，大谷大学 0718

杂抄
　　BD06499V（1），P.2721（1），P.3649，P.3662，P.3671，P.3683V，P.3769，P.3906（1），P.4061（2），S.2575V（3），S.2717V（5），S.5258V，S.5668，S.8193B（2），S.8197V（2），S.9491，羽 663R，浙敦 051（浙博 026）

杂抄（当国第十八主襄王十七年甲申岁）
　　S.4478V

杂抄（千字文）
　　S.5139V（2）

杂抄（唐泗州僧伽大师实录、唐虢州阌乡县万回和尚传等）
　　S.1624

杂抄（天帝释劫阿修罗女榜题、诸天王目榜题、残文、三嘱歌、天帝释窃织师妇俗文等）
　　S.2702V（1）

杂抄（五更转）
　　S.4654（9）

杂抄（五戒等）
　　S.6302

杂抄（远非道之财）
　　S.3824V（3）

杂抄（缁门百岁篇等）
　　S.3877（3）

杂抄（一名珠玉抄）
　　S.5658

杂抄（一名珠玉抄、二名益智文、三名随身宝）
　　P.3393，P.3769，S.4663，S.5755

杂抄律
　　P.2064（1）

杂法华经一部题记
　　俄Φ.107V

杂法事
　　俄Φ.269（2）

杂回向文
　　P.2854（5）

杂集时用要字
　　Дx.11196

杂集时用要字壹阡叁伯言（二仪——音乐部）
　　S.0610（2）

杂羯磨一卷昙无德律
　　S.0928

杂经录
　　BD12687，BD13646（2）

杂经束袱皮
　　BD05683V

杂经袱皮
　　BD09360V

杂疗病药方
　　P.3378V

杂录状牒
　　P.3029V（1）

杂律抄
　　P.4650

杂譬喻经
　　Дx.11619

杂诗丛钞十二首
　　P.3200V

杂书
　　羽029V，羽030V，羽057V，羽286V，羽304V，羽682V

杂书给羊文书一行
　　羽058R

杂颂卷三
　　S.0976

杂文
　　S.1523V（1）

杂文书
　　文研院200（xj127-0660.108）

杂物点检历

　　BD16166A，BD16166B

杂物历

　　BD10981V，BD15472，BD15489，BD16145B

杂小抄

　　S.2056

杂写

　　BD09098，BD10229，BD10592，BD10901，BD11495，BD11509，BD12015，BD12580，BD13144，BD13196，BD13197，BD13198，BD16212，BD16295B，BD16332B，BM.SP.206V（Ch.ciii.001V），BM.SP.77（Ch.00207）(2)，IOL.C.110（Vol.69.fol.17）(1)，IOL.C.111（Ch.0047）(2)，IOL.C.119（Ch.86.iv.3）(2)，IOL.C.122AV（Ch.0049V），IOL.C.41〔UnnumBered.Kh.scroll(A)〕,IOL.C.62(Ch.0048),IOL.C.98B(Ch.83.xi),L.003V,P.2023V(2),P.2067V,P.2077V (1),P.2088V,P.2098V,P.2104V (1),P.2112V,P.2119V(5),P.2129V (3),P.2130V,P.2134V (2),P.2163,P.2170V,P.2207P1,P.2222E(2), P.2241V, P.2244V, P.2249V (1), P.2259V (2), P.2288V (1), P.2306V,P.2331V(4),P.2353V,P.2360,P.2364V,P.2368V,P.2389V,P.2433V,P.2439V,P.2456V, P.2468V, P.2471V, P.2482V (2), P.2483V (1), P.2487V, P.2488V(2), P.2491, P.2498V, P.2502V (3), P.2505V (1), P.2506V (2), P.2509V,P.2514V, P.2518V, P.2529V (1), P.2535+4905V, P.2540V, P.2544V (1),P.2545V, P.2552+2567V (1), P.2556V (3), P.2558V, P.2578V (2), P.2580V(1), P.2585V, P.2598V (3), P.2607V, P.2609V (1), P.2612V (4), P.2618V(3), P.2620V, P.2621V (7), P.2622V (5), P.2625V, P.2631V (3), P.2633V(1),P.2653V,P.2671V (2),P.2674+3428V (1),P.2676V,P.2679V (1),P.2680(16), P.2681V, P.2683V, P.2698V, P.2718V, P.2726V, P.2736V, P.2738V (1),P.2746V, P.2747V, P.2769V, P.2773V, P.2775V (1), P.2814V (1), P.2816V,P.2820V (3),P.2825V (1),P.2832Bbis.P5,P.2841V (2),P.2873 (1),P.2900V(1), P.2914V (4), P.2937P1V, P.2937V (1), P.2938V (2), P.2939V, P.2961V(1), P.2963V (2), P.2964V (1), P.2972V (1), P.2975V (2), P.2976 (6),P.2976V (2),P.3045V,P.3052V,P.3054P2V,P.3061V,P.3064V (1),P.3067V,

P.3068V, P.3113V, P.3123V, P.3132V, P.3143V, P.3147P, P.3170V, P.3172V, P.3176V, P.3185V, P.3189V, P.3193P1V, P.3193P2, P.3193P2V, P.3193V（1）, P.3194P1, P.3194P2, P.3194P3, P.3194P4, P.3194P5, P.3197V（11）, P.3197V（6）, P.3197V（9）, P.3198BV（1）, P.3211P4, P.3211P6, P.3211V（2）, P.3214V（2）, P.3241V, P.3254V（1）, P.3257V, P.3277V（3）, P.3279V（3）, P.3306V（3）, P.3319V（1）, P.3331V, P.3334V, P.3350V, P.3351V（1）, P.3353V（2）, P.3360V（3）, P.3364V, P.3369V, P.3372V（1）, P.3393V, P.3408V, P.3420+3466V（2）, P.3425V, P.3428V（1）, P.3429+3651V, P.3430V, P.3433V, P.3439V, P.3442V, P.3451V, P.3456V, P.3460V, P.3468P1, P.3468P2V, P.3468V, P.3474P1V, P.3474V, P.3479V, P.3482V, P.3495V, P.3518（P.sogd.7）V（2）, P.3539V（1）, P.3553V, P.3555BP11V, P.3556V（7）, P.3558V, P.3566V（1）, P.3567V, P.3573P1V（1）, P.3575V, P.3577V, P.3616V（1）, P.3621V（1）, P.3636P3, P.3643P8, P.3643V, P.3649V（1）, P.3649V（4）, P.3655V（1）, P.3657V, P.3666V（5）, P.3691V, P.3692V（3）, P.3720V（4）, P.3738P2V, P.3748V（2）, P.3783V（2）, P.3794V, P.3796V, P.3798P1, P.3812V（3）, P.3816V（2）, P.3818V, P.3823（1）, P.3826V（5）, P.3829V, P.3840V, P.3873V, P.3875AV（1）, P.3875BV, P.3877P1V, P.3877P2V, P.3891V, P.3892V, P.3893V（2）, P.3894V（5）, P.3902BV, P.4017（11）, P.4019V（2）, P.4032BV, P.4052（1）, P.4059V, P.4061V（2）, P.4062V（3）, P.4079V, P.4083V, P.4084V, P.4093（1）, P.4514（2）2V, P.4525（1）V（1）, P.4525（10）V, P.4525（11）V, P.4525（16）V, P.4525（18）V, P.4525（2）V（6）, P.4525（3）V, P.4525（8）V, P.4587V, P.4597V（1）, P.4608V（2）, P.4612V, P.4617V, P.4635V, P.4636V, P.4643V, P.4645A+4627+5548V（1）, P.4660V（1）, P.4697V, P.4702V, P.4720V, P.4722V, P.4761V, P.4767V, P.4792V, P.4794V, P.4846V, P.4878V, P.4880（2）, P.4886V, P.4894V, P.4897V, P.4899+5546（3）V, P.4993V, P.5014BV, P.5021I, P.5024D, P.5026E, P.5026GV, P.5029KV, P.5588（1）V, P.6006（1）（2）, P.6006（1）V, P.6006（3）, P.6006（4）, P.6011（1）, P.6022A, P.6038（1）, P.6038（1）V, S.0189V（3）, S.0263V, S.0329V（10）, S.0329V（4）, S.0329V（7）, S.0361V（1）, S.0361V（3）, S.0395V（3）, S.0471V, S.0545V（2）, S.0728V（1）, S.0778V, S.0785V, S.1040V（1）, S.1291（4）, S.1686V, S.2400V, S.2449V,

S.2651V (1), S.2894V (11), S.3011V (6), S.3046, S.3140V, S.3198V, S.3330V (2), S.3606V, S.4270, S.4307V, S.4454V, S.4464V (1), S.4474V (3), S.4539V, S.4622V (2), S.4662V, S.4914V, S.4990V, S.5139V (6), S.5242V, S.5381V (3), S.5464 (1), S.5464 (4), S.5465 (3), S.5508V, S.5527V, S.5539 (1), S.5539 (5), S.5540 (3), S.5581 (2), S.5587, S.5639 (1), S.5648 (12), S.5667V, S.5712 (2), S.5751V, S.5767, S.5774V, S.5780 (1), S.5964V, S.5998V (1), S.6047V, S.6059 (2), S.6162V, S.6164V, S.6167V (4), S.6204 (3), S.6235 (1), S.6236V (1), S.6299V, S.6306V, S.6349V (2), S.6417V (4), S.6537V (10), S.6614V (3), S.6673, S.6810V (2), S.6908V, S.6960V, S.8162, S.8252, S.8336V, S.8397, S.8448C, S.8516D (2), S.8669V, S.8671V, S.8673V, S.8692, S.9213B+A+CV, S.9442V, S.9472, S.9814B (2), S.9857, S.9950V, S.9988V (2), S.9992, S.9997V, S.10829, S.11113V, S.11362BV, S.11530V, S.11531V, S.11532V, S.11535, S.11542, S.1183V, S.12486, S.12492, S.12512, Дх.00002V, Дх.00155V, Дх.00276V, Дх.00370V, Дх.00392V, Дх.00528AV, Дх.00528B, Дх.00528BV, Дх.00607V, Дх.00630+Дх.02129V, Дх.00638+Дх.00874V, Дх.00720V, Дх.00787+Дх.00884V, Дх.00796+Дх.01343+Дх.01347+Дх.01395V, Дх.00820, Дх.00853V, Дх.00861V, Дх.00883AV, Дх.00889+Дх.02558V, Дх.00915V, Дх.00927 (3), Дх.00950V, Дх.00953V, Дх.00983V, Дх.00987V, Дх.01048V, Дх.01059V, Дх.01064+Дх.01699+Дх.01700+Дх.01701+Дх.01702+Дх.01703+Дх.01704 (1), Дх.01066, Дх.01266, Дх.01353V, Дх.01402, Дх.01412V, Дх.01430V, Дх.01444V, Дх.01641V, Дх.01765 (1), Дх.01852, Дх.01943V, Дх.01958+Дх.02568V, Дх.02000V, Дх.02144V, Дх.02168V, Дх.02201+Дх.02204+Дх.02507V, Дх.02209V, Дх.02249V, Дх.02324V, Дх.02351BV, Дх.02361V, Дх.02482V, Дх.02485BV, Дх.02596V, Дх.02625V, Дх.02656V, Дх.02664V, Дх.02851V, Дх.02955, Дх.03060V, Дх.03108, Дх.03121, Дх.03122, Дх.03131V, Дх.03161, Дх.03701V, Дх.03714V, Дх.03717, Дх.03718V, Дх.03825, Дх.03885B, Дх.03894, Дх.03904V, Дх.03927B, Дх.04017V, Дх.04126V, Дх.04250, Дх.04270V,

Дх.04278V, Дх.04361V, Дх.04407V+Дх.05508V, Дх.04410V, Дх.04439V, Дх.04510V+Дх.04515V, Дх.04530, Дх.04535V, Дх.04543V, Дх.04547, Дх.04563V, Дх.04565V, Дх.04635, Дх.04803V, Дх.04807V, Дх.04841, Дх.04844AV, Дх.04844BV, Дх.04847A, Дх.04848, Дх.04849, Дх.04928, Дх.05081V+Дх.05084V, Дх.05101V, Дх.05107, Дх.05151V, Дх.05169V+Дх.05171V, Дх.05178, Дх.05187, Дх.05258V, Дх.05307V, Дх.05314V, Дх.05317V, Дх.05324, Дх.05333V, Дх.05369, Дх.05422V, Дх.05429V, Дх.05502, Дх.05502V, Дх.05658V, Дх.05686V, Дх.05716V, Дх.05885V, Дх.05890V, Дх.05954V, Дх.05955V, Дх.05985, Дх.05985V, Дх.06001V, Дх.06002V, Дх.06006V+Дх.11096V, Дх.06012V, Дх.06015, Дх.06050V, Дх.06059V, Дх.06077V, Дх.06090V, Дх.06217V, Дх.06267V, Дх.06377V+Дх.06383V+Дх.06436V, Дх.06526V, Дх.06586V, Дх.06595V, Дх.06597V, Дх.06842V, Дх.07192V, Дх.07250, Дх.07250V, Дх.07276V, Дх.07415V, Дх.07955V, Дх.07964, Дх.07965, Дх.08194, Дх.08290, Дх.08300V, Дх.08322V, Дх.08351V, Дх.08768, Дх.08799, Дх.08865V, Дх.09000, Дх.10254, Дх.10263V, Дх.10287, Дх.10291V+Дх.10293V, Дх.10337V, Дх.10429V, Дх.10472V, Дх.10635V, Дх.10697V, Дх.10704V, Дх.10760V, Дх.10906V, Дх.11017, Дх.11021, Дх.11023V, Дх.11057В, Дх.11066V, Дх.11069V, Дх.11087, Дх.11091V, Дх.11092V, Дх.11095V, Дх.11096V, Дх.11219, Дх.11246V, Дх.11260V, Дх.11423, Дх.11474V, Дх.11490V, Дх.11494V, Дх.11642V, Дх.11711, Дх.11745, Дх.11747V, Дх.12186, Дх.12271, Дх.12600V+Дх.12601V, Дх.12614V, Дх.12615, Дх.12660, Дх.12661, Дх.12687, Дх.12831V, Дх.16031, Дх.16608V, Дх.17447V, Дх.18932V, Дх.18935, Дх.18946AV, Дх.18947V, Дх.18948BV, Дх.18968, Дх.19084, 北大D070V, 北大D073V, 北大D123V, 北大D126V (2), 北大D218V, 敦研068V, 敦研219V, 敦研268V, 俄Ф.017V (2), 俄Ф.031V, 俄Ф.035V, 俄Ф.040V, 俄Ф.070V, 俄Ф.072V, 俄Ф.103V (1),

俄Ф.126V，俄Ф.150V，俄Ф.165V，俄Ф.224V，俄Ф.230V（1），俄Ф.257V，俄Ф.322B，故宫新137369V，津图132背，津图136背，津图139背，津图152背，津图164背，津艺010V，津艺012V，津艺013V，津艺016V，津艺017V，津艺018V，津艺040V，津艺053V，津艺073V，津艺078V，津艺079V，津艺109V（2），津艺115V，津艺116V，津艺118V，津艺125V，津艺130V，津艺137V，津艺150V，津艺217V，津艺226V（1），津艺231V，津艺233V，津艺261V，津艺264V，津艺277V，津艺282V，津艺286V，上博12（3303）V，上博34（37495）V，上博45（40794）V（1），上博49（44057）AV（2），上博63（51089）V（1），上博63（51089）V（2），上博64（51106）V，上博68（51611）V

杂写（□□□□懒重抄、书信等）

  S.2104V（3）

杂写（唵）

  P.2342P5V

杂写（百鸟名一卷、百行章一卷等）

  S.5256V

杂写（碧绫壹丈七尺等）

  S.5515V

杂写（兵马使张弘庆、军资库司、都头曹住信等）

  S.3011V（1）

杂写（丙午年）

  S.5487V

杂写（病得除、搜神记、太公家教、孝经等）

  S.3877（4）

杂写（不得亦信等）

  S.4444V（5）

杂写（不依同道□如何守功奉法贫也好等）

  S.4508（1）

杂写（差役帖等）

  S.6614V（1）

杂写（赤心乡百姓等）
　　S.5961V（1）

杂写（敕归义军节度使牒）
　　S.0329V（16），S.0329V（18）

杂写（敕河西归义军节度使等）
　　S.6207V

杂写（敕河西节度使牒等）
　　S.0019V（1）

杂写（敕授河西应管内外释门都僧统等）
　　S.4654V（7）

杂写（敕印世世相承）
　　IOL.C.127（Fragment80）

杂写（锤、时）
　　Дx.01462V

杂写（此经必得朗专）
　　S.6225V

杂写（大马僧正）
　　S.5050V

杂写〔大顺元年（890）十一月十七日张〕
　　S.3880V

杂写（大唐新定皇帝宅经一卷等）
　　S.6169

杂写（当寺转帖、高僧正智光等）
　　S.1472V（2）

杂写（邓留住）
　　S.2200V

杂写（第四帙兑经）
　　S.3425V

杂写（定昌等名）
　　S.5598V（2）

杂写（二月七日请柴）
　　S.0192V

杂写（樊富盈等题名）
　　S.0274V

杂写（樊婆）
　　S.2448V

杂写（樊氏申氏人名）
　　S.1920V（2）

杂写（氾住兴、愿盈）
　　S.5467（3）

杂写（梵八部帝主人王师僧父）
　　S.4781V

杂写（佛经难字）
　　S.5554（3）

杂写（佛名经、社司转帖等）
　　S.0173V

杂写（伏以月当午位）
　　S.5575（2）

杂写（福宝）
　　S.4782V

杂写（故能崇释以定八维、扇玄风而清海内等）
　　S.2213V

杂写（官着远田载草次徐盈达）
　　S.5578（3）

杂写（归义军节度观察留后光禄大夫检校司空兼御史大夫谯县开国男食邑三百户曹）
　　BM.SP.206（Ch.ciii.001）（1）

杂写（癸未年三月五康员家等）
　　S.3711V（2）

杂写（褐衣被裈、社司转帖等）
S.4663V

杂写（洪润百姓索保住等）
S.5712V

杂写（斛斗破历、便麦历等）
S.6469V（2）

杂写（黄麻上座）
IOL.C.122B（Ch.0049）

杂写（己亥年六月五日通颊乡百姓安定昌雇契等）
S.1485V

杂写（祭驴子文本一）
S.5546V

杂写（简子及册子将来）
S.3554V

杂写（解梦书）
S.0620V（1）

杂写（今朝写尽天者名诗、龙勒乡百姓王再庆状、郎君须立身诗、此院有个刘法和诗等）
S.5711V

杂写（金光明寺等）
S.1607V（2）

杂写（尽是威力张残奴等）
S.5629（2）

杂写（经目）
S.2972V

杂写（开宝肆年押衙知三司书手吴达愢）
S.4295V

杂写（开蒙要训一卷等）
S.5754V

杂写（开四桴三十只奉敕羞来等）
　　S.1399V

杂写（开宗皇帝御制祷）
　　S.5589（2）

杂写（堪到廿六等）
　　S.1920V（4）

杂写（堪到卌一、社司转帖等）
　　S.1920V（3）

杂写（礼忏文）
　　S.0453V

杂写（令狐进明书记之也等）
　　S.5781V

杂写（令狐师）
　　S.4498V

杂写（六十甲子纳音等）
　　S.5739V

杂写（龙勒乡官布、王庆宾等户受田数、上司院笔匠等）
　　S.4920V（2）

杂写（龙文晟文书册子等）
　　S.5529（1）

杂写（龙兴寺、净土寺等）
　　IOL.C.98A（Ch.83.xi）（2）

杂写（罗什法师赞等）
　　S.0276V（4）

杂写（面南坐俗人等）
　　S.3750V

杂写（鸣沙乡百姓李万定）
　　S.0123V（1）

杂写（南门前将竹帙一个）
　　S.5113V

杂写（难字等）
　　S.6249V（1）

杂写（尼僧名目）
　　S.4610V（2）

杂写（年年亦向他学）
　　S.3951V

杂写（判文、社司转帖等）
　　S.3835V（3）

杂写（判文等）
　　S.3835V（1）

杂写（七月六日午时向东礼拜等）
　　S.4504V（2）

杂写（其解梦及电经一卷）
　　S.3326（4）

杂写（乞巧台前有天河等）
　　S.2104V（5）

杂写（千字文）
　　S.0335V, S.2894V（1）, S.3287V（2）, S.4747V

杂写（千字文、阶和渠地一段等）
　　S.3877（7）

杂写（千字文等）
　　S.4696V, S.4901V（2）

杂写（乾兴张法律纸）
　　S.4508V

杂写（窃以敦煌胜境）
　　S.3050V（1）

杂写〔清泰三年（936）十二月洪润乡百姓氾富川卖牛契〕
　　S.2710（2）

杂写（渠人转帖）
　　S.4037V（4）

杂写（权归义军兵马使授银青光禄大夫检校尚书左仆射曹□□状）
    S.5593（5）

杂写（人问之）
    Дx.01629V

杂写（壬申年正月一日净土寺南院学士郎安教信曹愿长等到官楼兰喏道长坐转经僧）
    S.2894V（9）

杂写（壬午年二月廿日令狐住千记等）
    S.1398V（2）

杂写（如来藏经等）
    S.6234V（2）

杂写（僧比丘戒斋□得一卷、广内左达承明、僧闻比丘戒慈光书记之）
    S.6672V

杂写（沙州索君使、官著乳酪菜茹一斗）
    S.3011V（8）

杂写（沙州有功将仕郎守右骁卫金吾大夫兼左马步）
    S.3227V（2）

杂写（少年出家学）
    S.5596V（2）

杂写（社司转帖）
    S.0865V，S.1359V，S.1408V，S.1453V（4），S.1931V（1），S.3714V，S.4047V，S.5080V，S.5879，S.6583V（2）

杂写（社司转帖、府君之相貌真等）
    S.3011V（3）

杂写（社司转帖、纳赠历等）
    S.1920V（1）

杂写（社司转帖等）
    S.0255V，S.0395V（1），S.0406V，S.0707V，S.0728V（3），S.0782V（2），S.1386V（2），S.2078V（3），S.5104，S.5558V，S.6461V（2）

杂写（社司转帖及图）
　　S.0705V（2）

杂写（神沙乡百姓贾憨憨等状、灵图寺道林律师金光明寺僧道清）
　　S.2104V（2）

杂写（施舍疏等）
　　S.2143V

杂写（十有一日尚书兵马）
　　IOL.C.129B（Vol.72.fol.72）（1）

杂写（使检校吏部尚书兼御史大夫等）
　　S.4040V

杂写（书仪）
　　S.0361V（5）

杂写（索富郎、索富通等人名、金光明寺学郎张再进）
　　S.1586V

杂写（索广通题名等）
　　S.0614V

杂写（索挍拣）
　　S.4659V

杂写（索押牙）
　　S.4899V

杂写（太傅阿郎等）
　　S.3393V（1）

杂写（太平兴国九年六月立契莫高乡百姓押衙阴丑挞）
　　S.6946V

杂写（太平兴国三年戊寅岁二月廿五日阴奴儿书记等）
　　S.5441（1）

杂写（天王文一卷等）
　　S.6026V（2）

杂写（往于西州充使、吴愿长雨郎愿成捉一人后到）
　　S.5467（1）

杂写（唯愿八大菩萨遥降日宫等）
　　S.4979V（2）

杂写（维大唐乾符六年正月十三日沙州敦煌县学士张）
　　S.4057V

杂写（文晟师兄）
　　S.6217V

杂写（卧轮禅师看心法、梵呗、莫懒惰、五阴山中词、大通和尚七礼文等）
　　S.1494

杂写（吴僧正买马两匹）
　　S.5648（3）

杂写（五台山赞）
　　S.1453V（1）

杂写（五台山赞等）
　　S.5573（1）

杂写（习字）
　　S.0189V（1），S.1173V（2），S.2710V（2）

杂写（辛巳年九月廿八日立、社司转帖等）
　　S.5032V

杂写（新授归义军节度使沙瓜等州观察处置管内当押蕃落等使金紫光禄大夫）
　　S.5520V

杂写（行人转帖、巡边转帖、社司转帖等）
　　S.1163V（2）

杂写（兄弟无语分书一道）
　　S.6273V（1）

杂写（悬泉张福田）
　　S.5540（7）

杂写（押衙董流定、天龙夜叉等）
　　S.4644V

杂写（押衙阎海珍等）
S.3595V

杂写（阎法律）
S.5039V

杂写（阎押衙）
S.3448V

杂写（晏子赋一首）
S.5752（2）

杂写（壹贰叁肆伍陆柒捌等）
S.5753V

杂写（乙未年六月十五日立契）
S.5752V（2）

杂写（乙酉年八月廿九日）
IOL.C.108（Ch.85.ix）

杂写〔应管内外释门都僧统、清泰三年（936）、新造笔一管等〕
S.3875

杂写（右件礼生）
S.6171（2）

杂写（幼学文等）
S.0747V

杂写（与表弟书、戊寅年十月僧马永隆寺壁题记）
S.3011V（7）

杂写（愿戒、节度使）
S.1760V

杂写（韵书、文盈师兄好念经诗）
S.2646V（2）

杂写（早出缠赞）
S.4712

杂写（赠清师诗三首并序）
S.2104V（4）

杂写（占法）
    S.1084V（2）
杂写（丈夫百岁篇）
    S.4654V（4）
杂写（郑家为景点讫）
    S.3663（2）
杂写（智进与张郎书抄等）
    S.5723V
杂写（智原小人未闲教纲忽承高问）
    S.4275V
杂写（自从面别道路长等）
    S.2104V（1）
杂写（字书抄等）
    S.0766V（4）
杂写佛名五行
    S.3087V
杂写及画
    S.0387V
杂写及骑缝印
    上图168V
杂写及僧像
    IOL.C.61（Ch.00269）
杂写几处（文字难辨）
    S.0354V
杂写两行
    S.0511V
杂写七行
    S.5654
杂写三条
    BD07975V

杂写五行
  S.0570V

杂写小字
  P.2008V

杂写小字八行
  S.6604V

杂写杂画
  BD13195

杂言诗（石女无夫主）
  上博48（41379）(30)

杂言诗二首
  P.4525（5）V

杂要略诸抄出文一卷（早出缠、太子劝善文）
  S.5516

杂缘起抄
  BD01363V（2）

杂缘喻因由记（婆罗门与蛇、婆罗门与螃蟹、龙盘轮、汴州院长老）
  S.3702V

杂斋文
  P.2820（3），P.3160，P.3165，P.3165V（2），S.11425A+B+C

杂斋文（开元年间）
  京都大学藏本

杂帐四行
  S.1845V

杂账
  P.3441P1，P.3441P2，P.4638V（8）

杂咒
  BD08212

杂咒文集
  S.4494

杂字

BD04245（2），S.5757，S.5999，S.6273V（2），S.8434，S.8687，S.8712（1），S.8712V，S.9950，羽289V

杂字附音义

S.4195V（1）

杂字一本

P.4017（2），羽041R

再昇等地亩着粟抄

S.4060（2）

在家律要广集卷二优婆塞戒经受戒品

Дx.04494

在库诸物历

BD11988

暂离封部入黄沙诗

IOL.C.98A（Ch.83.xi）（1）

赞阿弥陀佛并论上卷

S.2723

赞阿弥陀佛偈并论卷上

龙谷大学39.一一二

赞阿弥陀佛序

P.3346（4）

赞禅门诗一首

S.2503

赞大圣真容七言诗

S.4504V（3）

赞法门寺真身五十韵

P.3445

赞梵本多心经

P.2704V（2）

赞佛功德
　　BD06455V，S.6923V（3）

赞夫人及儿郎文
　　S.10527V

赞功德文第二
　　P.3819+3825（2）

赞礼地藏菩萨忏悔发愿法
　　BD05922（3）

赞六宅王坐化诗
　　S.0223（2）

赞普满偈十首
　　P.2603

赞僧功德经
　　BD00970，BD03940，BD06278B，BD08262，BD08322，BD09365，S.1549，S.2420，S.2540（1），S.2643（1），S.5912，S.5954，津图112号1，羽640R+V

赞僧文
　　S.0191V

赞释文
　　P.2091V（4）

赞叹佛功德偈
　　BD15527

赞文
　　P.3390V（3），P.3490（1），Дx.00409

赞行经
　　P.2704V（3）

藏汉对译陀罗尼
　　IOL.C.135（Fragment89），IOL.C.136（Ch.73.viii.13）（1）

藏汉对照佛教名词
　　P.3861（11）

藏汉双语字典

Дх.11510

藏经部帙数目

S.4900

藏经大小乘经律论录

P.2722V（1），P.2840

藏经点检历

Дх.01216，Дх.02138V，Дх.02553V，Дх.02590，Дх.04959，Дх.05360，Дх.06062，Дх.10245，Дх.10274，Дх.16448

藏经点检录

Дх.09533

藏经录

P.4664，P.4664V（1），P.4741

藏经目

P.4786，俄Ф.179

藏经目录

S.5943，Дх.11747，Дх.11754，俄Ф.331，俄Ф.331V（1）

藏经缺经文目录

羽055

藏经印

Дх.04303V，Дх.12729

藏经帙子点检历

Дх.01058

藏内杂经录

BD14669

葬经

P.3647，S.3877（1），S.3877V（2），上图017（2）

葬录卷上并序

S.2263

早出缠乐入山乐住山
P.2658V（1）

早出缠赞
羽155之4

造刀牒
Дx.19060

造幡文
Дx.05837

造幡银泥画彩
P.3149（3）

造佛堂文
P.4536V（4）

造金刚经愿文
S.7236

造窟功德记
S.9425V

造窟文
Дx.12477

造立形像福报经
P.4548

造弥勒大像发愿文
P.2588V（5）

造莫高窟记
上博40（39341）

造塔功德经
BD00693（6）

造瓦得麦粟账
P.4635（4）

造像酒食历
Дx.02443

造像文

P.6004（2）

贼来输失状

S.5606（1）

增壹阿含经

LD5161-01，LD8625-01，P.2385V（5），P.4525（3）（1），P.4525（3）（2），P.4525（3）（4），P.4525（3）（7），S.0495，北大 D084，历博 36，文研院 180（xj058-0660.39），羽 457 之 12V

增壹阿含经卷一

BD10968，鄂博 22，浙敦 001（浙图 01）

增壹阿含经卷三

羽 619

增壹阿含经卷六

Дх.11234

增壹阿含经卷七

S.0046，S.1478，Дх.11649

增壹阿含经卷八

BD10171，S.7483，羽 759

增壹阿含经卷九

Дх.09449，Дх.16895，羽 759

增壹阿含经卷一〇

羽 707V 之 1，羽 759

增壹阿含经卷一一

S.6069，Дх.00238

增壹阿含经卷一三

S.4010

增壹阿含经卷一四

S.0934

增壹阿含经卷一八

BD10271，BD12189，L.016，L.037，S.5081，Дх.12132

增壹阿含经卷一九
　　BD10776，BD15123I

增壹阿含经卷二〇
　　S.0380

增壹阿含经卷二一
　　Дx.06961

增壹阿含经卷二二
　　BD07323

增壹阿含经卷二四
　　P.5554

增壹阿含经卷二五
　　LB.033

增壹阿含经卷二六
　　中村不折028，BD15123H，Дx.05324V，Дx.11806

增壹阿含经卷三〇
　　BD15105，P.4525（3）（3）

增壹阿含经卷三二
　　BD09942，BD11235，BD15660，Дx.01198+Дx.01209+Дx.01210，Дx.06078，Дx.10721，Дx.10829，Дx.11740，Дx.12325

增壹阿含经卷三三
　　P.4525（3）（5），羽609之4

增壹阿含经卷三四
　　S.3288V，Дx.03714

增壹阿含经卷三七
　　BD15062

增壹阿含经卷三八
　　P.4525（3）（6），S.0694，Дx.16956

增壹阿含经卷四一
　　Дx.06779

增壹阿含经卷四二
  西北师大011

增壹阿含经卷四三
  P.4525（3）（8），Дх.03468，Дх.07893，Дх.12447

增壹阿含经卷四六
  Дх.06970

增壹阿含经卷四七
  BD14635，津图117

增壹阿含经卷四九
  Дх.12403

增壹阿含经卷五〇
  P.4525（3）（9）

增壹阿含经卷五一
  BD11152，S.7261，S.8039

增壹阿含经摘要
  敦研255

增壹阿含经袟数
  P.5027（3）

缯梁历
  P.3658V

赠禅师居山诗
  S.6923V（10）

斋法清净经
  BD14804（2），龙谷大学50.一二四

斋戒文
  P.2403V

斋历
  S.1940，S.6100

斋历（地藏菩萨十斋日）
  S.2568

斋历（十二月礼多记）
　　S.2567V

斋日行事
　　S.5551

斋日赏老人布麦
　　P.3730V（4）

斋琬文
　　BD14111V，P.2547，P.2940，P.3678V，P.3772

斋琬一卷并序
　　P.2104V（4），P.2178V（5）

斋文
　　BD02312V，BD05870V（2），BD06004V（1），BD06412V（2），BD07861，BD09059V，BD09382，BD10088，BD10141，BD10606V，BD10914，BD15491，BD15776A，BD15776B，BD15776C，BD16299A，BD16299B，BD16299C，P.2757V，P.2820V（2），P.3058，P.3114V，P.3173，P.3188V，P.3199，P.3389，P.3456，P.3461，P.3464，P.3518（P.sogd.7）V（1），P.3546，P.3566V（2），P.3567，P.3572，P.3584V，P.3601V，P.3672，P.3672.bisV（1），P.3672V（2），P.3699，P.3728，P.3758，P.3758P1，P.3766V，P.3800，P.3806V（2），P.3845（2），P.4056，P.4888，S.2143（4），S.8583V，ZSD073号，Дx.01260V，Дx.03609，Дx.07179，Дx.07198，Дx.10256，Дx.11070，Дx.11596，Дx.12676，津文456背，石谷风073

斋文补记
　　P.3461V（1）

斋文残片
　　BD16296

斋文稿
　　S.8178，S.8204，S.8290AV，S.8290BV，S.8295A（1），S.8334，S.8334V

斋文号头
　　Дx.01249

斋文号头残片
>BD16297

斋文及杂写
>S.7943V

斋文两道
>BD10423

斋文两篇
>P.3326

斋文文范
>P.4062

斋仪
>BD04456V（1），BD04687V，BD08099（1），BD10247

斋仪·行人文
>ZSD070 号背

斋仪号头
>BD01034V（2）

斋意文
>BD11662（1），BD11741V，BD11765，BD11816，BD11944，BD12153，BD12278V，BD12280V，BD12300，BD12317，BD13150，BD13210B，BD13650，BD13662V，BD14673，文研院192（xj116-0660.97），文研院193（xj118-0660.99），文研院210（xj137-0660.118）

斋意文稿
>BD14666V（1）

斋愿文
>BD09139V，BD10361

宅基契
>BD16421

宅经
>P.2962V，P.3281V（2），P.3594，Дх.00476+Дх.05937+Дх.06058，Дх.05448

宅经（附阴宅图）
Дx.01396+Дx.01404+Дx.01407

宅经推镇宅法第十
P.4522V（2）

宅舍分书
S.2472V（1）

宅舍田园图
P.3121

翟都头守州学博士赠麹大德文书一本记（写本）
Or.8210/P.6V

翟法律观礼音题记等
P.3828V（1）

翟家碑
P.4640（4）

翟信子等为矜放旧年宿债状及判词
BD04698V

占卜书
P.3106（1），P.3794，P.3888（1），P.3896P，P.4732V，P.4740，S.8574，S.11362B，S.11362C，S.11570，S.12133C，S.12136，S.13117，Дx.02637，Дx.05181，Дx.06133，Дx.06761，Дx.06761V，Дx.11799，Дx.16553，藤井47－东文47－饶目无此号

占卜书残片
BD09997

占卜文
Дx.02375V

占卜文书
BD14672，BD14675

占察善恶业报经
Дx.11129，Дx.15124

占察善恶业报经卷上
 BD00383

占察善恶业报经卷下
 BD09394，BD12542，S.8157，Дх.01942，Дх.02054，Дх.02276，Дх.06548A，Дх.11112

占出行择日吉凶法
 Дх.12829V，Дх.12830V

占耳鸣耳热心惊面热目润等法
 P.2621V（6）

占候十二月不雨不雪吉凶
 P.2610（2）

占候十二月生死气法
 P.2610（4）

占梦书
 P.3990V

占命书
 S.1396

占日卜法
 P.2610V（2）

占失物
 P.4761

占十二时卜法
 S.5614（3）

占时来卜
 P.2610V（6）

占筮书
 P.2614

占书
 P.2811V（1），P.2978V，P.3368P6，P.3571V（2），Дх.01274+Дх.03029，历博写本49

占五脏声色源候
    S.5614（8），S.6245V（2）

占云气书
    敦博076VB

占周公八日出行吉凶法
    BD10335

占周公八天出行择日吉凶法
    S.5614（4）

占坐卜法
    P.2610V（4）

占坐卜向法
    P.2610V（3）

张崇进等受田历
    Дx.03160V

张大庆记杂写
    P.3485V

张法律名目
    BD15461

张祜诗二首（再游山阴先寄郡中友人、赠秀峰上人）
    S.4444V

张祜诗集
    P.4878

张淮深变文
    P.3451

张淮深修功德记
    S.5630

张淮深造窟记
    P.3720（10）

张家书袟
    BD12731

张家粟麦历
    P.3941V

张君义公验三通
    天理大学 2.329.2-イ15

张良变文
    Дx.02320，Дx.02321

张良涧（？）与某阇梨论说欠负书状
    S.1976

张留德索文文等祭师兄文
    BD04400V（1）

张谦逸上张部落使送经纸墨笔状
    S.7670V

张潜建和尚修龛功德记
    P.4640（9）

张庆题名
    Дx.01332V

张琼俊为亡考设斋请僧疏
    S.4309V

张氏谱系
    BD15411

张通达等贷粟历
    S.6129

张通信搅扰等状
    P.3194V（1）

张万达贷绢契
    BD16200QG

张贤君等名录
    P.3894P2

张押衙书付沙州马家女处条记
    S.11350V

张延锷题记
    新德里印度博物馆藏本
张议潮变文
    P.2962
张议潮处置凉州奏表并批答
    Дx.05474V
张议潮进表
    S.6342（1）
张议潮为先圣恭僖皇后远忌行香文
    P.2854V（3）
张议潭撰宣宗皇帝挽歌五首
    BD09343（1）
张再通等人名簿
    S.11388B
张仲景五脏论
    P.2755V
张住盈上张僧统书
    Дx.01386
张坠子等杂写
    P.5572V
张字押
    Дx.01827+Дx.01839V
张族庆寺文
    P.3770（6）
长孙纳言切韵序
    P.4871（2）
长者女庵提遮经
    S.4990
长者女庵提遮师子吼了义经
    BD00044，BD01216（2），BD03712，BD06641，BD07441，BD09151，津图

110号2，津图111，津图113

掌中论一卷
P.2045（5）

丈夫百岁篇
P.3821（2），Дх.11764，Дх.11848V，Дх.12516V，Дх.12720

丈夫患文
BD07910V

丈量田亩籍
BD16018

帐历残字
S.8402V

账历
BD00002V，BD06239V，BD16001，BD16112F，BD16136A，BD16136B，BD16183，BD16213，BD16214，BD16216，BD16218，BD16240，BD16242，BD16249，BD16251，BD16260，BD16267AV，BD16267BV，BD16267CV，BD16278A，BD16499D，BD16556A，BD16556B，BD16560

赵怀通行状杂写
P.2646V（1）

赵冾丑妇赋一首
P.3716V（4）

赵胜佳写千字文申昌润写文书等题记
P.3108V（5）

赵元亮等残名历
BD15412（2）

肇法师与罗什书
P.2580V（2）

肇论
Дх.06619

肇论般若无知论第三
Дх.18470

肇论开宗第一
　　Дх.06812V

肇论疏
　　羽015之2之2V

肇论物不迁论第一
　　Дх.06904

贞明陆年（920）十一月二十四日典物契
　　Дх.01409

贞明七年（921）四月僧道钦惠永等请免役牒并判
　　BD15440A（1）

贞明八年（922）岁次壬午九月廿七转帖
　　P.4720

贞明八年（922）岁次壬午具注历日一卷并序
　　P.3555B

贞明九年（923）闰四月索留住卖奴仆契
　　P.3573P1

贞元十道录
　　P.2522

贞元新定释教目录残片
　　BL.0013

真草千字文
　　P.3561

真谛译大乘起信论序
　　羽747之2

真觉祖偈
　　S.6000（1）

真言
　　Дх.10450V，Дх.10644，Дх.10648，Дх.10650，Дх.10650V，Дх.10653，Дх.10655，Дх.10657

真言集抄
　　P.3303
真言三道
　　BD00357（3）
真言要决
　　LD.4977A，P.4970
真言要决卷三
　　P.2044，P.3571，S.2695
真言杂抄
　　BD03099（2），BD05164V
真言杂钞
　　BD09315
真言杂集
　　BD15000V（3）
甄别僧尼状
　　S.2575（1）
甄正论
　　P.2694V
箴偈铭抄
　　S.2165
诊脉医书
　　P.2815V（2）
镇使不在镇内百姓保平安状
　　S.5606（3）
镇宅解犯治病日历
　　S.1468（1），S.6196，S.6216，S.6346
镇宅文
　　BD00110V，S.9989
征心行路难
　　Дx.00665+Дx.02462，龙谷大学61

正法华经
    S.6728，北三井049（025-14-1）

正法华经卷一
    Дх.11417，Дх.11431，Дх.11494，津图141

正法华经卷二
    Дх.12233

正法华经卷三
    P.4663，Дх.11392

正法华经卷四
    BD00065

正法华经卷五
    BD04466，S.2816，S.4541，Дх.11329

正法华经卷九
    BD15713，启敦022，启敦031

正法华经卷一〇
    Дх.03933+Дх.03935+Дх.03979，Дх.03980A

正法华经卷一七
    敦研061

正法念处经
    P.3713，S.0365，S.0465，S.1988，S.2943（4），S.5662

正法念处经卷二
    S.4743，羽225R

正法念处经卷三
    BD07776

正法念处经卷五
    BD00557A

正法念处经卷六
    P.2167

正法念处经卷七
    BD00714A

正法念处经卷一〇
　　BD05558
正法念处经卷一三
　　BD02007
正法念处经卷一四
　　BD14843B1，BD14843B2
正法念处经卷一八
　　BD06914
正法念处经卷二一
　　S.0344
正法念处经卷二五
　　BD00557B，BD00714B
正法念处经卷二六
　　BD00714C
正法念处经卷二七
　　BD07053
正法念处经卷三一
　　Дx.10717V
正法念处经卷三三
　　BD07864
正法念处经卷三七
　　Дx.04948
正法念处经卷四〇
　　BD09677
正法念处经卷四一
　　BD00557C，BD09746，BD09779
正法念处经卷四二
　　BD00149，BD06939
正法念处经卷四四
　　BD00714D

正法念处经卷四六
　　Дх.09164+Дх.09175+Дх.09187А+Дх.09232А，Дх.09169+Дх.09187В+Дх.09232В，Дх.09173+Дх.09189+Дх.09199+Дх.09212+Дх.09217，Дх.09182，Дх.09187В，Дх.09190，Дх.09191，Дх.09194+Дх.09197，Дх.09196，Дх.12295，Дх.12384，Дх.12394

正法念处经卷四七
　　BD02507

正法念处经卷四九
　　BD05336

正法念处经卷五二
　　Дх.15369

正法念处经卷五四
　　Дх.04831，Дх.10417

正法念处经卷五五
　　BD15162

正法念处经卷五六
　　Дх.04228А，Дх.15188

正法念处经卷六〇
　　S.3973

正法念处经卷六二
　　BD05635，BD05638

正法念处经卷六三
　　BD05325，BD06863，Дх.09165+Дх.09172+Дх.09180+Дх.09188+Дх.09192+Дх.09202А+Дх.09233，Дх.09171+Дх.09200+Дх.09201+Дх.09202В+Дх.09213+Дх.09242А，Дх.09198+Дх.09214，Дх.12292，Дх.12296，Дх.12304，Дх.12329，Дх.12344+Дх.12345，Дх.12389，Дх.12398

正法念处经卷六五
　　BD07820

正法念处经卷六六
　　P.3802，S.7578

正法念处经卷六八
　　金刻01
正法念处经卷六九
　　BD05627
正法念处经卷七〇
　　BD05412，BD05634，S.0387，S.3998
正法念处经经题杂写
　　俄Φ.201V
正法念处经杂抄
　　S.2943（2）
正法念处经摘抄
　　S.0517
正法念处经之四条经题（无经文）
　　S.2805
正名要录
　　S.0388
正授戒体请师法
　　Дx.00813
正一经残片
　　P.3676
正月孟春犹寒一本
　　P.2633（2）
正月某日普贤院主比丘靖通牒
　　P.2292（1）
正月廿日沙门道会上军事都知等状
　　P.3727（6）
正月廿一日榜文
　　P.2598V（2）
正月七日比丘尼智性施舍疏
　　P.2583V（5）

正月七日节儿论莽热施舍疏

　　P.2583V（6）

正月七日南交曲子

　　S.3824V（5）

正月三日官酒记

　　俄Ф.298V（2）

正月三日尼明谦施舍疏

　　P.2583V（4）

正月十二日诚上纳榻文题记及残画像

　　Дx.02904V

正月十五日窟上供养

　　P.3405（3）

正月愿文

　　龙谷大学36.五三七

证香火本因经

　　BD02921（3），BD05397（2），BD06377（2），BD06558（3），BD06630，BD14871（2），LB.019C，S.6997

证香火本因经第二

　　伍伦27号3

郑虔残札

　　Дx.10839

郑注论语残卷

　　中村不折133，中村不折134

支出历

　　Дx.03128，Дx.19069

支给斋食文

　　S.2575V（5）

支酒历

　　P.3897P1

知藏所由手记
　　BD11171

知更人及全不知更人名簿
　　S.5824V

知马步都虞候宋惠达求免修城役牒附判词
　　BD10981

知马官阴章儿死马处分牒
　　羽035之1

织锦
　　P.2876P2

织物经袟
　　傅图51

织物历
　　S.5680（1）

执仓司法律定愿供社人食饭帖
　　P.2678+3956P1

执笏板人物画
　　P.4610V

直谏表
　　BD06014V，BD16553B

侄惠藏上肃州宰相娘子状封启
　　S.11297

侄女什一娘祭叔文
　　北大D202V

侄周某信函并和来韵
　　P.3632

职制户婚厩库律
　　P.3252

职制律疏
　　P.3690

止观辅行传弘决卷三
  Дx.03091
止观修持义论
  ZSD075号
纸板
  BD13201
纸本彩画
  BD10699
纸本彩画残渣一包
  BD16541
纸本彩绘千佛图
  BD13772
纸本刺孔佛像
  P.4517（4），P.4517（5）
纸戳
  P.2388V
纸历
  BD04388V
纸数记录
  P.2305V（2）
纸序号
  俄Ф.047V
指擩户孔山进户翟员子户等请地亩籍
  P.3935
至道元年（995）正月一日沙州何石住等户受田簿
  S.4172
至道元年（995）受田籍
  P.3290（2）
至道二年（996）三月索定迁改补充节度押衙牒
  P.3290V（1）

至道二年（996）新乡副使王汉子等牒
    S.0374

至德元载（756）敦煌县道教度牒
    BD11713，BD13613

至德元载（756）祭文
    P.2832Bbis.P1

至德三载（758）二月里正李奉□牒？
    S.5856

至唐光化三年（900）五月廿日记残文
    P.4597P1V

志公答梁武帝问修道
    S.3177

志玄安乐经
    羽013

制法壹卷
    P.2849（1）

制戒缘起三则盗戒和杀戒
    Дx.05539

治病杂咒
    BD04346（2）

治道集卷三
    P.3722（1）

治道集卷四
    P.3722（2），S.1440

治昏怠方
    BD08001

袟内收经录
    BD08037V

袟皮
    BD09319V，BD09352V，BD12918，BD13231

袟皮（放光般若经）

BD13212BV

袟皮（妙法莲华经）

BD12743（2）

致都僧政和尚状

P.4597V（8）

致和上书状

BD09838V

致女婿女儿书

P.3936

致沙州营守府钟驿邮封套

Дx.01338

致十四郎信

P.2553P2

致索郎状

BD16151

致耶娘信札

P.4002V

智度论疏

S.2465

智矩如来破地狱真言

S.6304

智炬陀罗尼经

BD14177（2）

智论真言

P.4961（7）

智严大师付三嘱偈

P.3777V

痣相图

S.5976

置伞文（共三种）
 S.2146（7）

中阿含经
 P.4525（17），S.4149，Дx.00095

中阿含经卷二
 BD03429（1）

中阿含经卷三
 P.4525（1）（1）

中阿含经卷五
 上图 152

中阿含经卷七
 P.4525（1）（2），Дx.07405

中阿含经卷八
 BD08055，S.3548，S.7412，Дx.02628

中阿含经卷九
 招提 10

中阿含经卷一〇
 Дx.09167+Дx.09168+Дx.09195，Дx.09183+Дx.09205，招提 10

中阿含经卷一二
 Дx.11585

中阿含经卷一三
 Дx.00372

中阿含经卷一五
 Дx.04451B

中阿含经卷一六
 Дx.09467

中阿含经卷一八
 Дx.00372V，羽 307，羽 457 之 12R

中阿含经卷一九
 津文 521-3

中阿含经卷二二
P.4525（1）（3）

中阿含经卷二三
G.154[=PEALD_6BR and =PEALD_6BV]

中阿含经卷二五
BD03427（6）

中阿含经卷二六
俄Ф.317C

中阿含经卷二七
P.4525（1）（4）

中阿含经卷二八
P.4525（1）（5）

中阿含经卷三三
P.4525（1）（6），Дх.12343

中阿含经卷三四
Дх.17552

中阿含经卷三六
Дх.01314，Дх.11585V

中阿含经卷三七
BD10341，S.0568，S.3921

中阿含经卷四一
BD03427（4）

中阿含经卷四三
P.4525（1）（7）

中阿含经卷四四
P.4525（1）（8），Дх.06298

中阿含经卷四六
BD06940（1）

中阿含经卷四七
P.4525（1）（9）

中阿含经卷四九

BD08448V，P.4525（1）（10）

中阿含经卷五〇

P.4525（1）（11）

中阿含经卷五一

BD00342（3）

中阿含经卷五二

BD03427（1），Дх.08010，Дх.08358

中阿含经卷五三以及佛手、宝相华、驱马图百描

羽031V

中阿含经卷五四

羽231V

中阿含经卷六〇

P.4525（1）（12）

中阿含经钞

BD00188

中阿含经袟数

P.5027（3）V

中本起经卷上

Дх.04052+Дх.04066，Дх.07520

中本起经卷下

Дх.05487+Дх.05495，Дх.05489，Дх.06809，Дх.08689，Дх.08695，Дх.08697，Дх.08702，Дх.08706，Дх.11339，Дх.12050，Дх.12351，Дх.12369，Дх.12869，俄Ф.344，上图114

中国佛教撰著（待考）

石谷风009

中和元年（881）敦煌守御令令狐高发愿文

羽680R+V

中和二年（882）剑南西川成都府樊赏家具注历日

Or.8210/P.10

中和三年（883）正月报恩寺都师宝德诸色斛斗入破会计牒
    S.11282，S.11283

中和叁年（883）四月十七日阴贤君题记
    P.2598V（1）

中和四年（884）四月灵图寺方等道场司智藏等牒
    Дx.01287+Дx.01324

中和四年（884）十一月一日肃州防戍都营田康使君等状
    S.2589

中和四年（884）上座比丘尼体圆等牒
    P.2838（1）

中论本颂钞
    BD10670

中论卷一
    BD10265V，BD10498，P.3917A，S.3286

中论卷二
    P.3917B，Дx.08519，Дx.11357，敦研013，敦研014，敦研124

中论卷三
    Дx.03402，敦研015

中论卷四
    Дx.04874

中论卷八
    BD03622

中论疏
    上图066

中论序
    S.5607

中论义记卷一
    BD10242

中书门下牒
    P.4518（9）bis

中医诊脉文献
　　Дx.06150

中元节为亡师荐福发愿文
　　羽038V，羽072之AV

终七道场疏
　　北大D204

钟乳散方
　　俄Φ.356（1）

众经别录
　　P.3747，P.3848，S.2872

众经集要缘略
　　BD09387

众经要揽
　　Дx.10700

众经要揽·出家章
　　BD16057V

众经要揽·利养过患章
　　羽727

众经要揽·制色欲章
　　羽635

众经要揽并序
　　BD03000，BD03159

众经要揽并序出众经文略取妙言要义十章合成一卷
　　S.0514

众经要略集卷五
　　S.3962（1）

众僧东窟等油面抄
　　P.4906

众生苦恼业随前诗二首
　　S.6923V（9）

众事分阿毗昙论卷八千问论品第七之一
  Дx.07447

周德十七年二月一日女弟子深性于沙州灵图寺受菩萨戒牒
  Дx.02888

周公卜法
  历博写本50

周公解梦书
  P.3281V（4），P.3685V

周公孔子占法
  P.2574

周故燉煌郡灵修寺阇梨尼张戒珠邈真赞并序
  P.3556（9）

周故南阳郡娘子张氏墓志铭并序
  P.3556（10），P.3556V（1）

周家兰若禅僧法成便麦粟历
  BD16029

周秦行记
  P.3741

周僧正便麻历
  S.6452V（2）

周易
  Дx.12023，文研院181（xj111-0660.92）

周易卷三
  P.2530（1）

周易卷四
  S.6162

周易卷五
  P.3640

周易禅解
  Дx.11773，Дx.12638

周易第四
P.2532

周易经典释文一卷
P.2617

周易王弼注
P.2616、P.2619+3872B、P.3683、S.5992、S.9219、S.12282、Дх.11860、Дх.11880、Дх.11911、Дх.12004、Дх.12653、Дх.12718

周易占筮书
P.2832A

周易正义卷三
傅图01

周易注（坤卦）
Дх.11945

咒（祝）愿新郎文
S.6207（2）

咒符
羽056V之2

咒魅经
BD00597（1）、BD00780、BD04663、BD04763、BD08120、BD11775、S.3852、故宫新154422

咒生偈
S.5645（6）

咒生真言
P.2322（8）

咒食施一切面燃饿鬼饮食水法
BD05298（3）、Дх.00015+Дх.01597+Дх.02464

咒食仪一本
BD02155D

咒苏除睡不饥益乳陀罗尼
P.2322（14）

咒语
  P.4569V，S.2143（5）

咒愿女妇文
  P.3893（3）

咒愿女婿文
  P.3893（2）

咒愿文
  P.3608V（2）

咒愿新郎文
  P.3350（2）

咒愿新女婿
  P.2976（2）

咒愿新人文
  S.8336

咒愿一本
  S.5546，Дx.01455

珠英集第四第五
  S.2717V（2）

珠英学士集
  P.3771V

诸处借盘叠叠子抄数具名如数
  P.2555P4

诸道山河地名要略第二
  P.2511

诸法无行经卷上
  BD01418，BD02219（1），BD08013，P.2057，P.4558，S.3378，S.6663，Дx.00036，Дx.04500A

诸法无行经卷下
  BD02219（2），BD06653，S.3378，S.4630

诸佛瑞像记

  P.3352（4）

诸佛要行舍身功德经

  S.2624，S.3203

诸佛要集经卷上

  S.1539，Дх.18064

诸行无常，是生我法，生我我已，灭我为乐云云二行

  S.4293V

诸行无常第一义偈

  P.3828V（2）

诸家砖历

  BD16381

诸经兑废缀稿

  BD05917

诸经法数钞

  BD04102V（1）

诸经法苑

  BD15631，BD15641，BD15651

诸经佛名卷上

  BD06264

诸经集钞

  BD01311，BD01785，BD04787，BD06007，BD08494

诸经略出因缘

  P.3000

诸经略出因缘补记

  P.3000V（2）

诸经略出因缘题记

  P.3000V（3）

诸经日诵集要上卷之佛说解百生冤结陀罗尼经

  Дх.04953

诸经要抄

P.2836，P.3070，P.4623（1），Дх.05394V，大谷大学0734

诸经要集

Дх.11617

诸经要集卷二

启敦023，启敦024

诸经要集卷四略抄

P.2295

诸经要集卷五

P.2370V（2）

诸经要集卷九

BD14568，P.3653（1）

诸经要集卷一一

BD01191，BD10751，BD11674

诸经要集卷十二至二十

P.2163

诸经要集钞

BD11472

诸经要略

Дх.00977+Дх.02117

诸经要略妙义

P.2467，Дх.02850

诸经要略文

S.0779（4）

诸经杂抄

BD09658，BD15998V，Дх.08165，Дх.08219，Дх.08235，Дх.08269，文研院183（xj002-0662.02）

诸经杂写

P.2999V（3）

诸经杂缘喻因由记
BD03129

诸经杂缘喻因由记（前三则）、汴州长老因缘记（第四则）
S.3702V

诸经摘抄
BD09697

诸经摘录
中村不折110

诸粮食计会及入历
BD15246（1）

诸粮食破用历
BD15246（2）

诸粮食入历及三年中间沿寺破历计会及破历
BD15246（4）

诸论杂钞
BD07458

诸菩萨目
S.2646V（1）

诸亲借毡褥名目如数
P.2555P5

诸人施钱历
BD11990

诸色斛斗抄
S.5048（1）

诸色斛斗破历
BD12192，BD12193，S.5964（2）

诸色斛斗入破历计会
S.5486（2），S.5486V（2）

诸色斛斗入破历算会稿
P.2776

诸色破历
　　BD09333，BD09339，BD09344，BD11578

诸色破用历
　　P.2930P1

诸色入破历算会稿
　　P.2499+4058V（4），P.4058V（4）

诸寺藏经流通录
　　P.3853，P.3854（1），P.3855

诸寺己亥年贷油面麻历
　　S.5845

诸寺配经付纸历
　　BD09282V

诸寺僧尼数录
　　S.5676V

诸寺僧油面抄
　　S.5486（1）

诸寺僧众纳粟油饼菜历
　　S.4687

诸寺文书
　　BD16465D

诸天寿数
　　BD09826

诸天王天女图
　　BM.SP.83（Ch.00208）

诸文要集补记
　　北大 D192V

诸文要集一卷
　　北大 D192

诸星母罗尼经一卷
　　S.4495

诸星母陀罗尼经

BD01164，BD01235，BD01842，BD01957，BD02315，BD02705，BD02750，BD02755，BD03878，BD04708，BD04952，BD05044，BD05689，BD05781，BD06263，BD06932，BD06979，BD07108，BD07114，BD07133，BD07279，BD07303，BD07715，BD07721，BD08015，BD08325，BD09307，BD09308，BD11585，BD11701，BD12102，BD12105，BD12225，BD14139，BD14141，BD15000V（1），BD15395，BD15522，P.2282，P.3070V（1），P.3548，P.3916（6），P.4587，S.0368，S.0533，S.1287，S.2039，S.2138，S.2425，S.2759，S.2827，S.4089，S.4151，S.4563，S.4621，S.5010，S.5106，S.5345，S.6367（2），S.6746，S.6808，Дх.01005，Дх.02191，Дх.03964，Дх.05177，Дх.05353B，Дх.10327，Дх.11233V，北大D126，敦研346，俄Ф.116，甘博059，甘图019，甘图020，津艺061E，津艺114，津艺115，津艺211，上图121，台图106，羽217，羽250

诸星母陀罗尼咒

BD04777，BD09835，S.4493，S.5483，Дх.10651，Дх.10656

诸杂表叹文一卷

P.3444

诸杂不入部帙经

Дх.10239

诸杂记字录为用后流传

P.4994V

诸杂略得要抄子一本

P.2661+3735V

诸杂难字

BD01826V，P.3109

诸杂人名一本

S.1153

诸杂书篇咏月诗六首

P.2973AV

诸杂推五姓阴阳等宅图经
    P.3492（1）

诸杂文一本
    LD5160-02，S.5742V

诸杂文一本（封面素画、佛堂文、庆像文、燃灯文等）
    S.5638

诸杂谢贺
    P.2652V（2）

诸杂斋文
    P.2985（1），P.2985V（4），P.3122，P.3129，P.3491，P.3494

诸杂斋文·亡妣
    S.9479

诸杂斋文一本（启请文、结坛文）
    S.3875

诸杂斋文一卷
    P.2128V（1），P.2915（1）

诸杂字
    BD03925V（10），BD03925V（9），BD10606，BD10694，BD10792，BD12355，S.5671，S.5463（2），羽693

诸斋历（大乘四斋日、年三长斋月等）
    S.2567

诸真言
    P.3253，P.3253V

诸州造开元寺敕
    P.4057（1）

诸子语录
    P.3685（2）

诸尊陀罗尼
    中村不折046

硃色捺印佛像

 P.3970

猪狗致哥嫂状

 BD04232V

竹簾经帙

 P.4509V

竹轴一根

 BD16571

竺道生传

 S.0556

主客答难蕲法师开示文

 P.3577

主客问答文

 S.8670

主人亡故财产抄录文书

 P.3146（2）

嘱陈和尚将墨来题记

 P.4007V（1）

嘱王富庆信札

 羽676

住三窟禅师伯沙门法心赞

 P.4640（8）

住山乐

 P.3288+3555AV（4）

注般若波罗蜜多心经

 P.3904（1），敦博077F

注多心经一卷

 P.2903

注观世音经并序

 P.3904（2）

注记（太子成道经一卷）
　　S.2352（2）

注维摩诘经
　　Дx.12894

注维摩诘经卷一
　　BD10300，P.2339，Дx.01828+Дx.01840，Дx.05183，Дx.05732，羽325

注维摩诘经卷三
　　Дx.00832，Дx.01626+Дx.01819+Дx.01861，甘博129

注维摩诘经卷四
　　BD15100，P.2214，P.4088

注维摩诘经卷五
　　台图126

注维摩诘经卷六
　　Дx.04118

注维摩诘经卷九
　　Дx.03592

注维摩诘经释
　　BD07286，BD09711，BD11875，BD11876

注维摩诘经序
　　BD08648（1），Дx.01872

注维摩诘经序疏释
　　北大D245

注维摩经
　　龙谷大学47.一二〇

驻颜美容保健药方
　　S.4329V

祝愿文
　　S.3557

祝愿新郎文
　　S.0329V（3）

传赞文
P.3984，P.3984V（1）

转八识成四智束四智具三身论
BD09364

转呈酸枣戍死长行马两匹事
藤井 16- 东文 16- 饶目无此号

转法轮并弥勒坐像
G.019[=PEALD_3cR]

转经点勘录
BD12818V

转经发愿文
津艺 168V

转经功德回施疏
BD09336V

转经行道愿往生净土法事赞卷上
BD14155

转经行道愿往生净土法事赞卷下
Дх.07257

转经后回向文
P.2104V（10），P.2105（6），P.3289（5），S.4037（2）

转经画像祈愿文
P.2854（8）

转经录
Дх.11216，Дх.11216V

转经散道场文
P.3405（1）

转经设斋文
P.3781（4），P.3781V

转经食历
P.3175V

转经帖
P.3894V（2）

转经文
P.2613V，P.2838V（5），P.3084（3），P.3765（1），S.2146（6），俄Ф.263+Ф326（2）

转经文书
BD08137V（2）

转女身经
BD00701，BD00843

转帖
BD06583V（2），P.2667V（1），P.2680V（4），P.3211P1，P.3243P28，P.3243P7，P.3294P，P.3434V（2），P.3800V（2），P.3897P3，S.9533+9532，S.10005，S.11302，Дx.00894B+Дx.04734，Дx.01346，Дx.01359+Дx.03114V，Дx.03954+Дx.03960A，Дx.05475+Дx.08313

撰集百缘经卷一〇
P.5590（14）

撰集百缘经一袟麻布经袟
P.3878A

撰集百缘经一袟麻布经袟背面
P.3878AV

篆楷对照千字文
P.4702

篆书千字文
P.3658

庄南地亩面积录
S.8689（1）

庄严菩提心经
S.4644

庄子·田子方篇郭象注
S.9987C（1）

庄子郭象注节抄本

P.2495B，S.3395V

庄子让王篇

羽019R

庄子天运篇第十四

中村不折135

庄子知北游篇第二十二

中村不折136

状

P.2573P3，P.2573P4，P.2573P5，P.2621V（4），P.2687BV（1），P.2762V（1），P.3369P3，P.4072（3）P3，Дх.05850，Дх.05870，Дх.12828，Дх.16841，Дх.18948A

状封

BD09169（1）

追福疏

S.10725A

追福文

P.2341V（11）

追念亡娘子文

P.3335V

椎（推）十七宫吉凶图

S.4282（2）

准提观音像

P.4518（26）

捉季布传文

P.2747，P.3197，P.3697（2），S.5440，S.5441（2），S.8459

咨和尚启

S.3553V

咨请法师座下诸尊决疑文

P.3258V

缁门百岁篇
P.3054V（2），P.3821（1），P.4525（6），Дх.11764V，Дх.11765，Дх.11848，Дх.12720V

缁门百岁篇背题
P.4525（6）V

子年擎三部落百姓氾履倩等户手实
S.3287V（1）

子年贷便麦粟名目
S.6235（2）

子年后六月十七日赞普福田出《大般若经》付诸寺维那录及付经杂录
BD15473V

子年后六月十三日赞普新加水则道场付诸寺维那官《大般若经》录
BD15473

子年金光明寺面油等破历
浙敦116（浙博091）（1）

子年三月五日海济受戒衣钵计料
务本029号背

子年四月十日佛典流通录
BD10160

子虚赋
P.2621V（2）

紫绢历
Дх.19056

紫唐纸背佛书残缺
羽700

紫亭羊数名目
S.8446+S.8468+S.8445V（1）

紫微宫星图
敦博076VA

紫文行事决
　　P.2751，S.4314，S.6193

自惭学识寮（了）无闻诗
　　S.5575（4）

自从军去后诗
　　Дx.02430V

自从塞北起烟尘诗
　　P.2119V（2），P.3107V（1）

自蓟北归
　　P.2976（7）

自心印陀罗尼钞
　　BD09514

自在王菩萨经卷上
　　敦研016

自恣（咨）唱道文
　　S.6417（2）

自恣文
　　BD06230（4）

字宝碎金
　　P.2717，P.3906（2），S.6189

字宝碎金并序（末附赞碎金诗四首）
　　S.6204（2）

字辞切音
　　S.3553

字马
　　P.2930P1V

字母例字
　　BD03351V

字谱
　　Дx.00941

字书

BD10199，P.2659，P.2758，P.3016（1），P.3084V，P.3391，P.5579（8），S.6311V，S.6329，S.11380，Дх.02391A，Дх.03416，Дх.03877，Дх.03995，Дх.04532，Дх.05260V，Дх.05352，Дх.05403，Дх.05432，Дх.05596，Дх.05839，Дх.05912，Дх.06038，Дх.06136，Дх.06232+Дх.06232V，Дх.06582，Дх.06586，Дх.08914+Дх.08928，Дх.10259，Дх.11022，Дх.11048，Дх.11340，Дх.11743，Дх.12685，Дх.12827V，Дх.18985，Дх.18986

字书残段

敦研357

字样

S.0388

字音

P.4715A，P.4715B，S.0840，S.3663V，S.5524，S.5540（6）

宗镜录卷二〇

Дх.04385

宗镜录卷三二

L.025

宗镜录卷三五

Дх.04100

宗镜录卷八九

Дх.12843

宗镜录卷九六

Дх.01529

宗四比丘随门要仪

P.3229

宗四分比丘尼随门要略行仪

BD06382，S.8351V

宗四分比丘随门要行仪

S.0270

宗四分比丘随门要略行仪
    S.3040，Дх.05583，Дх.07049，Дх.12895
宗绪与从兄状二通
    S.0076V（6）
走失图一本题记
    P.4711V
走字旁游戏诗
    BD01957V（2）
足底生云法
    P.3810（6）
祖师偈
    S.2165（4）
祖庭事苑卷五池阳问
    Дх.16749
最妙定胜经
    羽387之5
最妙胜定经
    BD03109，BD11628，BD13797V（1），BD14130
最上乘论
    BD00204，Дх.03117，Дх.05955
最上乘修持法
    BD09317
最胜佛顶陀罗尼净除业障咒经
    Дх.04016
最胜问菩萨十住除垢断结经卷五
    Дх.18553
最胜问菩萨十住除垢断结经卷六
    Дх.18126
罪恶应报教化地狱经
    P.5028（1）

罪业应报教化地狱经
　　BD05969，BD14137，BD15677

醉后谢书
　　P.3044V

尊凡起圣悟解脱宗修心成佛要论
　　Дх.00649

尊经
　　P.3847（2）

尊婆须蜜菩萨所集论卷七
　　Дх.08301，Дх.08355，Дх.09076，Дх.09085

尊婆须蜜菩萨所集论卷九
　　Дх.06477

尊胜佛顶修瑜伽本尊真言品第六
　　俄 Ф.176

尊胜陀罗尼经
　　中村不折173-3-2

尊胜陀罗尼咒
　　S.4941

尊胜心咒
　　S.7724

尊胜真言启请
　　上博48（41379）（6）

尊胜咒本
　　S.5512

尊胜咒坛天王坛样
　　BM.SP.174（Ch.00186）

尊像种字
　　Дх.18994

昨来唯命归黄砂诗
　　Дх.01291+Дх.01298（1）

左街僧录大师押座文
　　S.3728V（3）

左街僧录圆鉴大师云辩诗文抄并李琬抄记〔显德元年（954）抄〕
　　S.4472（1）

左七将酉年应征突田户纳麦粟数簿
　　P.3491P3，P.3491V（3）

左右手举法
　　P.2610V（5）

左传
　　Дx.19015

作坊使宋文晖副使安再诚煎胶请大釜状
　　Дx.06007

作佛事发愿文
　　P.2255V（1）

作佛事发愿文等
　　P.2417V，P.2421V

座禅偈
　　P.2104V（13），P.2105（8），P.2129V（4），P.3289（7）

敦豆布缣入破历
　　P.3234V（8）

敦历
　　Дx.01320

敦麦米粟历
　　P.5579（11）V

□□□令，小来不学文字名诗
　　S.1931V（3）

□□六法一卷
　　S.0818

□安法师念佛赞文
　　P.3190

□帝推五姓阴阳等宅图经一卷
P.2615（1）

□来成道经
Дx.04018V

□六守捉状
藤井40- 东文40- 饶目似无此号

□年八月十三日兄丑儿左右欠闘他人名目
BD01866V

□奴子将口分地租与百姓王粉堆契
S.3905V（2）

□劝文壹本
Дx.00123

□永书札
S.0811

参考文献

Huaiyu Chen(陈怀宇). "Chinese Language Manuscripts from Dunhuang and Turfan in the Princeton University East Asian Library", *The East Asian Library Journal*, vol.14, no.2, 2010.

阿依达尔·米尔卡马力、萨仁高娃:《山西博物院藏〈八阳经〉等佛经关系韵文题跋》,阿依达尔·米尔卡马力:《回鹘文诗体注疏和新发现敦煌本韵文研究》,上海:上海古籍出版社,2015 年,第 201—210 页。

白滨:《黑水城文献的考证与还原》,《河北学刊》2011 年第 4 期。

包晓悦:《日本书道博物馆藏吐鲁番文献目录(下篇)》,《吐鲁番学研究》2017 年第 1 期。

北京大学图书馆、上海古籍出版社编:《北京大学图书馆藏敦煌文献》,上海:上海古籍出版社,1995 年。

彼得森著,台建群译:《哥本哈根皇家图书馆所藏敦煌遗书目录》,《敦煌研究》1993 年第 1 期。

曾良、李洪才:《〈恪法师第一抄〉性质考证》,《敦煌研究》2011 年第 4 期。

柴剑虹:《求真求通会于心——学习启功先生鉴赏与研究敦煌写本的体会》,柴剑虹:《柴剑虹敦煌学人和书丛谈》,上海:上海古籍出版社,2013 年,第 38—47 页。

常州博物馆编:《常州博物馆五十周年典藏丛书·书法卷》,北京:文物出版社,2008 年。

陈宝林:《重庆宝林博物馆藏敦煌写经》,《敦煌研究》2012 年第 5 期。

陈国灿：《〈俄藏敦煌文献〉中吐鲁番出土的唐代文书》，《敦煌吐鲁番研究》第8卷，北京：中华书局，2005年，第105—114页。

陈国灿：《读〈杏雨书屋藏敦煌秘笈〉社会文书札记（一）》，《魏晋南北朝隋唐史资料》第28辑，2012年，第249—262页。

陈国灿：《吐鲁番出土文献研究的新进展》，《华学》第九、十辑（三），上海：上海古籍出版社，2008年，第846—853页。

陈红彦、林世田：《敦煌遗书近现代鉴藏印章辑述（上）》，《文献》2007年第2期。

陈红彦、林世田：《敦煌遗书近现代鉴藏印章辑述（下）》，《文献》2007年第3期。

陈怀宇：《普林斯顿所见罗氏藏敦煌吐鲁番文书》，《敦煌学》第25辑，台北：乐学书局，2004年，第419—441页。

陈乐道：《敦煌卷子流散见闻录》，《档案》2007年第1期。

陈丽萍：《国家图书馆藏四件敦煌变文抄本研读记》，《出土文献研究》第15辑，上海：中西书局，2016年，第450—472页。

陈丽萍：《日本杏雨书屋藏羽663R号敦煌文书的定名》，《魏晋南北朝隋唐史资料》第31辑，2015年，第277—291页。

池田将则著，张凯译：《杏雨书屋所藏敦煌文献〈义记〉（羽271）的基础研究》，《宗教研究》2014年第2期。

东京国立博物馆编：《东京国立博物馆图版目录：大谷探险队将来品篇》，东京：东京国立博物馆，1971年。

东京国立博物馆编：《东京国立博物馆图版目录：中国书迹篇》，东京：东京国立博物馆，1980年。

董润丽：《新见启功旧藏〈唐人写经残本四种合装卷〉诸家跋释》，《现代交际》2019年第8期。

窦侠父：《散失在敦煌民间的唐写本金刚经》，《敦煌研究》1983年创刊号。

杜云虹：《山东省图书馆藏敦煌写经》，《敦煌研究》2012年第5期。

敦煌研究院编：《敦煌遗书总目索引新编》，北京：中华书局，2000年。

方广锠、吴芳思主编：《英国国家图书馆藏敦煌遗书》，桂林：广西师范大学出版社，2011年起陆续出版。

方广锠、徐忆农：《南京图书馆所藏敦煌遗书目录》，《敦煌研究》1998年4期。

方广锠：《〈晋魏隋唐残墨〉缀目》，《敦煌吐鲁番研究》第6卷，北京：北京大学出版社，2002年，第297—334页。

方广锠：《英国图书馆藏敦煌遗书目录（斯6981号—斯8400号）》，北京：宗教文化出版社，2000年。

方广锠：《中国散藏敦煌遗书目录（一）》，《敦煌学辑刊》1998年第2期。

方广锠编：《务本堂藏敦煌遗书》，桂林：广西师范大学出版社，2013年。

方广锠编著：《滨田德海搜藏敦煌遗书》，北京：国家图书馆出版社，2016年。

方广锠主编：《成贤斋藏敦煌遗书》，北京：中国书店，2014年。

方广锠主编：《中央研究院历史语言研究所傅斯年图书馆藏敦煌遗书》，台北："中央研究院"历史语言研究所，2013年。

府宪展：《敦煌文献辨疑录》，《敦煌研究》1996年第2期。

甘肃省文物局、甘肃人民出版社、甘肃藏敦煌文献编委会编：《甘肃藏敦煌文献》（1—6卷），兰州：甘肃人民出版社，1999年。

高美庆编辑：《敦煌吐鲁番文物》，香港中文大学文物馆，1987年。

高田时雄：《京都大学综合博物馆所藏敦煌遗书简介》，方广锠主编：《佛教文献研究》（第三辑），桂林：广西师范大学出版社，2019年，第23—38页。

高田时雄著，马永平译：《日藏敦煌遗书的来源与真伪问题》，《西南民族大学学报（人文社科版）》2016年第11期。

郜同麟：《敦煌吐鲁番道经残卷拾遗》，《敦煌学辑刊》2016年第1期。

郭丹：《敦煌写本〈春秋后语〉残片再发现》，《文献》2013年第5期。

郭丹：《辽宁省博物馆藏敦煌西域文献简目》，《敦煌吐鲁番研究》第19卷，上海：上海古籍出版社，2020年，第301—308页

郭富纯、王振芬整理：《旅顺博物馆藏敦煌本六祖坛经》，上海：上海古籍出版社，2011年。

韩传强：《敦煌写本〈圆明论〉录校与研究》，《敦煌研究》2017年第6期。

杭桂林主编：《杨鲁安藏珍馆藏品菁华》，北京：文物出版社，2002年。

郝春文：《部分英藏敦煌文献的定名问题》，宋家钰、刘忠编《英国收藏敦煌汉藏文献研究》，北京：中国社会科学出版社，2000年，第388—391页。

郝春文：《日藏敦煌写本〈论语〉校勘记》，《文献》2014年第4期。

赫俊红主编，方广锠审订：《中国文化遗产研究院藏西域文献遗珍》，北京：中华书局，2011年。

华海燕、袁佳红：《重庆市图书馆馆藏敦煌写本残卷〈大通方广经〉》考辨》，《重庆师范大学学报》（哲学社会科学版）2015年第1期。

黄永武主编：《敦煌宝藏》，台北：新文丰出版公司，1981年至1986年。

黄永武主编：《敦煌遗书最新目录》，台北：新文丰出版公司，1986年。

黄征、张崇依著：《浙藏敦煌文献校录整理》，上海：上海古籍出版社，2012年。

黄征：《胡适旧藏〈降魔变文〉真迹考证》，《敦煌学》第24辑，台北：乐学书局，2003年，第127—152页。

黄征：《南师大文学院藏敦煌写本〈如来庄严智慧光明入一切佛境界经卷上〉的鉴定与断代》，《敦煌研究》2006年第6期。

黄征：《王伯敏先生藏敦煌唐写本〈四分律小抄一卷〉（拟）残卷研究》，黄征《敦煌语言文字学研究》，兰州：甘肃教育出版社，2002年，第323—335页。

矶部彰：《台东区立书道博物馆所藏中村不折旧藏禹域墨书集成》，东京：二玄社，2005年。

金荣华：《台北历史博物馆藏敦煌卷子跋》，《华冈文科学报》1980年第12期，第268—275页。

金荣华：《新德里印度博物馆藏敦煌残册张延锷题记跋》，《华冈文科学报》2002年第25期，第21—28页。

金荣华：《新德里印度博物馆藏"壬寅闰四月"敦煌卷子跋》，收入金荣华：《敦煌吐鲁番论集》，台北：新文丰出版公司，1996年，第135—139页。

金滢坤：《敦煌本侯昌业〈直谏表〉研究》，黄正建主编：《中国社会科学院敦煌学研究回顾与前瞻学术研讨会论文集》，上海：上海古籍出版社，2012年，第221—248页。

京都国立博物馆编：《京都国立博物馆藏品图版目录：书迹编：中国·朝鲜》，京都：京都国立博物馆，1989年。

井口泰淳、臼田淳三共编：《龙谷大学图书馆所藏大谷探险队将来敦煌古写经目录》，载（日）井口泰淳著、贺小平译、施萍亭校《关于龙谷大学图书馆藏大谷探险队带来敦煌古写经》，《敦煌研究》1991年第4期。

居蜜：《美国国会图书馆敦煌高昌写经、宋金元本典藏、渊源、版本和数位化》，收入李国庆、邵东方主编《天禄论丛：北美华人东亚图书馆员文集2009》，桂林：广西师范大学出版社，2009年，第56—88页。

雷闻：《俄藏敦煌 Дx.06521 残卷考释》，《敦煌学辑刊》2001 年第 1 期。

李艳红：《许承尧旧藏敦煌文献探析》，《中国书画》2019 年第 8 期。

李正宇：《安徽省博物馆藏敦煌遗书〈二娘子家书〉》，《敦煌研究》2001 年第 3 期。

李正宇：《俄藏〈端拱二年八月十九日往西天取菩萨戒僧智坚手记〉决疑》，甘肃敦煌学学会，社科纵横编辑部合编：《敦煌佛教文化研究——敦煌佛教文化研讨会论文集》（社科纵横增刊），兰州，1996 年 1 月，第 3—11 页。

林世田、汪桂海：《敦煌写本〈优婆塞戒经〉版本研究》，《文献》2008 年第 2 期。

林玉、董华锋：《四川博物院藏敦煌吐鲁番写经叙录》，《敦煌研究》2013 年第 2 期。

凌波：《南博的三十一件敦煌写经卷》，《文物天地》2005 年第 6 期。

刘波：《经历曲折的旅顺博物馆藏敦煌本〈坛经〉》，《光明日报》2013 年 3 月 19 日第 013 版。

刘奉文：《东北师范大学图书馆馆藏珍本古籍举要》，《社会科学战线》2009 年第 9 期。

刘婷：《中国散藏敦煌文献叙录》，郝春文主编《2019 敦煌学国际联络委员会通讯》，上海：上海古籍出版社，2019 年，第 103—133 页。

刘兴亮：《新见敦煌写经残片小考》，《敦煌研究》2018 年第 5 期。

刘雪平：《湖南省图书馆藏敦煌写经叙录》，《敦煌研究》2012 年第 5 期。

刘永明：《日本杏雨书屋藏敦煌道教及相关文献研读札记》，《敦煌学辑刊》2010 年第 3 期。

马德、段鹏：《新见敦煌写经二件题解》，《敦煌学辑刊》2017 年第 1 期。

马德：《敦煌绢画题记辑录》，《敦煌学辑刊》1996 年第 1 期。

马德：《九州大学文学部藏敦煌文书〈新大德造窟檐计料〉探微》，《敦煌研究》1993 年第 3 期。

马德：《散藏美国的五件敦煌绢画》，《敦煌研究》1992 年第 2 期。

马振颖、郑炳林：《〈俄藏敦煌文献〉中的黑水城文献补释》，《敦煌学辑刊》2015 年第 2 期。

毛秋瑾：《敦煌吐鲁番文献与名家书法》，济南：山东画报出版社，2014 年。

孟列夫、钱伯城主编：《俄藏敦煌文献》，上海：上海古籍出版社，1992 年。

孟列夫主编：《俄藏敦煌汉文写卷叙录》，上海：上海古籍出版社，1999年。

潘重规：《台湾"中央图书馆"藏敦煌卷子》，台北：石门图书公司，1976年。

启功编著：《敦煌写经残片》，北京：北京师范大学出版社，2006年。

秦桦林：《东洋文库藏敦煌写卷〈唐人杂钞〉拾遗》，《敦煌研究》2012年第3期。

青岛市博物馆编：《青岛市博物馆藏敦煌遗书》，北京：北京大学出版社，2018年。

屈直敏：《敦煌写本S.6029〈刘子〉残卷校考》，《敦煌学辑刊》2012年第3期。

屈直敏：《敦煌写本类书励忠节钞研究》，北京：民族出版社，2007年。

全国高校博物馆育人联盟主编：《探秘高校博物馆》，上海：上海交通大学出版社，2014年。

任继愈主编：《国家图书馆藏敦煌遗书》，北京：国家图书馆出版社，2005—2012年。

荣新江、王素、余欣：《首都博物馆馆藏敦煌吐鲁番文献经眼录（续）》，《首都博物馆丛刊》（第21辑），北京：北京燕山出版社，2007年，第126—137页。

荣新江：《〈英国图书馆藏敦煌汉文非佛教文献残卷目录〉补正》，宋家钰、刘忠编《英国收藏敦煌汉藏文献研究》，北京：中国社会科学出版社，2000年，第379—387页。

荣新江：《辨伪与存真：敦煌学论集》，上海：上海古籍出版社，2010年。

荣新江：《海外敦煌吐鲁番文献知见录》，南昌：江西人民出版社，1996年。

荣新江：《李盛铎藏卷的真与伪》，《敦煌学辑刊》1997年第2期。

荣新江：《日本天理图书馆藏敦煌文献考察纪略》，《敦煌研究》1995年第4期。

荣新江主编，首都博物馆编：《首都博物馆藏敦煌文献》，北京：北京燕山出版社，2018年。

荣新江：《英国图书馆藏敦煌汉文非佛教文献残卷目录（S.6981—13624)》，台北：新文丰出版公司，1994年。

荣新江：《中国散藏吐鲁番文献知见录》，本书编委会主编《敦煌吐鲁番文书与中古史研究：朱雷先生八秩荣诞祝寿集》，上海：上海古籍出版社，2016年，第26—39页。

荣新江、史睿：《俄藏敦煌写本〈唐令〉残卷（Дх.3558）考释》，《敦煌学辑刊》1999年第1期。

山西省博物馆编：《山西省博物馆馆藏文物精华》，太原：山西人民出版社，1999年。

商务印书馆编：《敦煌遗书总目索引》，北京：中华书局，1983年。

上海古籍出版社、上海博物馆编：《上海博物馆藏敦煌吐鲁番文献》（1—2卷），上海：上海古籍出版社，1993年。

上海古籍出版社、天津市艺术博物馆编：《天津市艺术博物馆藏敦煌文献》（1—7卷），上海：上海古籍出版社，1997年。

上海古籍出版社编：《法藏敦煌西域文献》，上海：上海古籍出版社，1995年至2005年。

上海师范大学编：《上海师范大学博物馆珍藏集萃》，上海：上海书店出版社，2016年。

上海书画出版社编：《北魏人书佛说佛藏经》，上海书画出版社，2000年。

上海书画出版社编：《隋人书妙法莲华经》，上海书画出版社，2000年。

上海书画出版社编：《唐人书妙法莲华经》，上海书画出版社，2000年。

上海图书馆，上海古籍出版社编：《上海图书馆藏敦煌吐鲁番文献》（1—4卷），上海：上海古籍出版社，1999年。

申国美编：《中国散藏敦煌文献分类目录》，北京：北京图书馆出版社，2007年。

施萍亭：《日本公私收藏敦煌遗书叙录（一）——三井文库所藏敦煌遗书》，《敦煌研究》1993年第2期。

施萍婷：《61件美国安思远先生所藏历代佛教写经谭》，《敦煌研究》2004年第1期。

施萍婷：《日本公私收藏敦煌遗书叙录（二）》，《敦煌研究》1994年第3期。

施萍婷：《日本公私收藏敦煌遗书叙录（三）》，《敦煌研究》1995年第4期。

石谷风：《晋魏隋唐残墨》，合肥：安徽美术出版社，1992年。

史睿：《新发现的敦煌吐鲁番唐律、唐格残片研究》，《出土文献研究》第8辑，上海古籍出版社，2007年，第213—219页。

史树青主编：《中国历史博物馆藏法书大观》（第11—12卷），京都：柳原书店，1994—1999年。

首都师范大学历史系编：《首都师范大学历史博物馆藏品图录》，北京：科学出版社，2004年。

四川大学图书馆编:《四川大学图书馆藏唐敦煌写本〈大般若波罗蜜多经〉卷第廿二》,成都:四川大学出版社,2018年。

宋涛:《山西博物院藏〈优婆塞戒经〉残片考释》,《文物世界》2007年第2期。

宋雪春:《国内外藏敦煌文献的数量、内容及来源的介绍与考察》,《上海高校图书情报工作研究》2018年第4期。

孙向群:《关于昆仑堂藏四段唐代佛经抄本》,《书画艺术》2009年第1期。

孙小云:《甘肃省档案局举行杨遇春先生珍藏史料捐赠仪式两件敦煌卷子入藏甘肃省档案馆》,《档案》2007年第3期。

邰惠莉、范军澍:《兰山范氏藏敦煌写经目录》,《敦煌研究》2006年第3期。

邰惠莉主编:《俄藏敦煌文献叙录》,兰州:甘肃教育出版社,2019年。

天津市文物公司主编:《天津市文物公司藏敦煌写经》,北京:文物出版社,1998年。

天津图书馆历史文献部:《天津图书馆藏敦煌遗书目录》,《敦煌吐鲁番研究》第8卷,北京:中华书局,2005年,第311—358页。

王保东:《酒泉博物馆藏敦煌写经》,《敦煌研究》2012年第5期。

王惠民:《敦煌佛教与石窟营建》,兰州:甘肃教育出版社,2017年。

王惠民:《哈佛大学藏敦煌文物叙录》,《敦煌研究》2013年第2期。

王惠民:《日本白鹤美术馆藏两件敦煌绢画》,《敦煌研究》1999年第2期。

王卡:《敦煌道教文献研究:综述·目录·索引》,北京:中国社会科学出版社,2004年。

王卡:《两件敦煌道经残片的定名》,《文献》2009年第3期。

王庆卫:《徐锡祺旧藏敦煌写经简述——以西安地区藏品为中心》,《敦煌研究》2019年第5期。

王三庆:《日本所见敦煌写卷目录提要(一)》,《敦煌学》第15辑,台北:新文丰出版公司,1990年,第87—113页。

王三庆:《日本天理大学天理图书馆典藏之敦煌写卷》,《第二届敦煌学国际研讨会论文集》,台北:汉学研究中心,1991年,第79—98页。

王素、任昉、孟嗣徽:《故宫博物院藏敦煌吐鲁番文献目录》,《敦煌研究》2006年第6期。

王素:《敦煌土地庙发现的〈诗经注〉残卷——读〈王重民向达所摄敦煌西

域文献照片合集〉札记之一》，樊锦诗、荣新江、林世田主编《敦煌文献·考古·艺术综合研究：纪念向达先生诞辰 110 周年国际学术研讨会论文集》，北京：中华书局，2001 年，第 476—484 页。

王素：《加拿大维多利亚美术馆藏敦煌写经与佛画》，《敦煌吐鲁番研究》第 12 卷，上海：上海古籍出版社，2001 年，第 269—277 页。

王祥伟：《日本杏雨书屋藏四件敦煌寺院经济活动文书研读札记》，《中国社会经济史研究》2011 年第 3 期。

王孝俭主编：《上海县志》，上海：上海人民出版社，1993 年。

王倚平：《湖北省博物馆藏敦煌遗书目录》，《敦煌吐鲁番研究》第 11 卷，上海：上海古籍出版社，2008 年，第 451—488 页。

王珍仁、孙慧珍：《旅顺博物馆藏敦煌写经目录及订正》，敦煌研究院编《段文杰敦煌研究五十年纪念文集》，北京：世界图书出版公司北京公司，1996 年，第 323—327 页。

武田科学振兴财团杏雨书屋编：《杏雨书屋藏敦煌秘笈》（目录册、卷 1—9），大阪：武田科学振兴财团，2009—2012 年。

西南大学图书馆编：《西南大学图书馆藏珍贵古籍图录》，重庆：西南师范大学出版社，2014 年。

西域文化研究会编：《西域文化研究》第一册，京都：法藏馆，1958 年。

谢佐：《侯国柱先生与敦煌经卷》，青海省政协学习和文史委员会编《青海考古纪实》，青海省政协学习和文史委员会，1998 年，第 255—258 页。

邢鹏：《〈首都博物馆藏敦煌吐鲁番文献经眼录〉补遗与考证》，《首都博物馆丛刊》（第 28 辑），北京：北京燕山出版社，2014 年，第 257—269 页。

许建平：《杏雨书屋藏玄应〈一切经音义〉残卷校释》，《敦煌研究》2011 年第 5 期。

杨宝玉，陈丽萍：《俄藏敦煌文献研究述评》，郝春文主编：《2011 敦煌学国际联络委员会通讯》，上海：上海古籍出版社，2011 年，第 46—67 页。

杨宝玉：《英藏汉文佛经以外敦煌文献目录索引》，成都：四川人民出版社，2009 年。

杨鲁安：《两布轩藏六朝及唐人写经审美》，《书法》杂志编辑部编《书法文库：名篇佳书》，上海：上海书画出版社，2008 年，第 61—68 页。

杨铭：《重庆市博物馆藏敦煌吐鲁番写经题录》，《敦煌吐鲁番研究》第6卷，北京：北京大学出版社，2002年，第353—358页。

杨铭：《重庆市博物馆藏敦煌吐鲁番写经题录》，收入氏著《西部民族、文物与文化研究》，北京：民族出版社，2014年，第342—350页。

杨艳燕：《山西师范大学图书馆藏善本书举要》，《晋图学刊》2010年第3期。

于华刚、翁连溪主编：《世界民间藏中国敦煌文献（第二辑）》，北京：中国书店，2017年。

于芹：《山东博物馆藏敦煌遗书叙录》，《敦煌研究》2012年第5期。

余欣、王素、荣新江：《首都博物馆藏敦煌吐鲁番文献经眼录》，《首都博物馆丛刊》（第18辑），北京：北京燕山出版社，2004年，第166—174页。

余欣：《发现"Fahs特藏"：哥伦比亚大学东亚图书馆藏敦煌写经小考》，余欣《博望鸣沙：中古写本研究与现代中国学术史之会通》，上海：上海古籍出版社，2012年，第154—160页。

余欣：《御茶之水图书馆藏敦煌文献研读丛札》，《敦煌研究》2009年第3期。

则诚（王明）：《敦煌古写本太平经文字残页》，《文物》1964年第8期。

曾良、李洪才：《〈恪法师第一抄〉性质考证》，《敦煌研究》2011年第4期。

张广达，荣新江：《圣彼得堡藏和田出土汉文文书考释》，《敦煌吐鲁番研究》第6卷，北京：北京大学出版社，2002年，第221—241页。

张小艳：《敦煌本〈众经要揽〉研究》，《敦煌吐鲁番研究》第15卷，上海：上海古籍出版社，2015年，第279—320页。

张新朋：《敦煌文献王羲之〈尚想黄绮帖〉拾遗》，《敦煌研究》2018年第6期。

张新朋：《〈敦煌写本太公家教残片拾遗〉补》，《敦煌学辑刊》2012年第3期。

张涌泉：《俄敦18974号等字书碎片缀合研究》，《浙江大学学报》（人文社会科学版）2007年第3期。

张涌泉主编：《敦煌经部文献合集》，北京：中华书局，2008年。

浙藏敦煌文献编纂委员会编：《浙藏敦煌文献》，杭州：浙江教育出版社，2000年。

郑阿财：《青岛市博物馆藏敦煌文献经眼录》，王三庆、郑阿财合编《2013敦煌、吐鲁番国际学术研讨会论文集》，成功大学中国文学系印行，2014年。

郑阿财：《台湾地区敦煌写本的收藏与研究之考察》，《敦煌学》第21辑，台北：

乐学书局，1998年，第91—106页。

郑阿财、朱凤玉：《敦煌蒙书研究》，兰州：甘肃教育出版社，2002年。

郑广薰：《再谈韩国所藏敦煌写本〈大般涅槃经卷第三〉》，《丝绸之路》2014年第8期。

中国国家图书馆、中国国家古籍保护中心编：《第二批国家珍贵古籍名录图录》，北京：国家图书馆出版社，2010年。

中国国家图书馆、中国国家古籍保护中心编：《第三批国家珍贵古籍名录图录》，北京：国家图书馆出版社，2012年。

中国国家图书馆、中国国家古籍保护中心编：《第五批国家珍贵古籍名录图录》，北京：国家图书馆出版社，2016年。

中国国家图书馆、中国国家古籍保护中心编：《第一批国家珍贵古籍名录图录》，北京：国家图书馆出版社，2008年。

中国科学院图书馆编：《中国科学院图书馆藏中文古籍善本书目》，北京：科学出版社，1994年。

中国社会科学院历史研究所等编：《英藏敦煌文献（汉文佛经以外部分）》，成都：四川人民出版社，1992年至1995年。

中国书店藏敦煌文献编辑委员会编：《中国书店藏敦煌文献》，北京：中国书店，2007年。

中国书店藏敦煌遗书编委会编：《中国书店藏敦煌遗书》，北京：中国书店，2019年。

周保明：《华东师大图书馆藏唐写本妙法莲华经、大般涅槃经介绍》，《上海高校图书情报工作研究》2013年第3期。

周西波：《中村不折旧藏敦煌道经考述》，《敦煌学》第27辑，台北：乐学书局，2008年，第81—100页。

朱凤玉：《台湾地区散藏敦煌文献题跋辑录与研究》，《敦煌学辑刊》2018年第2期。

附 录

附录 1
馆藏机构简称表

（按拼音排序）

BD——中国国家图书馆

BL——重庆宝林博物馆

BM.SP.——英国国家博物馆

CBL——切斯特·比蒂图书馆

CXZ——成贤斋

EO.——原藏卢浮宫，现藏法国吉美博物馆

G.——普林斯顿大学葛思德东方图书馆

HHT——海华堂

HKU——香港大学美术博物馆

IOL.C.——英国原印度事务部图书馆

L.——罗寄梅

LB——山东博物馆

LD——辽宁省博物馆

LF——兰山范氏（兰州范耕球）

LT.——山东省图书馆

MG.——法国吉美博物馆

Or.8210 /P.——英国国家图书馆藏敦煌刻本文献

P.——法国国家图书馆

S.——英国国家图书馆

SCM.——四川省博物院

SF——Sam Fogg

XT——湖南省图书馆

ZSD——中国书店

Дx.——俄罗斯科学院东方研究所圣彼得堡分所

Ф.——俄罗斯科学院东方研究所圣彼得堡分所

安徽省博物院——安徽省博物院

安思远——美国收藏家安思远

巴图——德国巴伐利亚州立图书馆

白鹤美术馆——日本白鹤美术馆

碑林——西安碑林博物馆

北大——北京大学图书馆

北京市文物局图书资料中心——北京市文物局图书资料中心

北三井——日本三井文库

北师大——北京师范大学图书馆

波士顿美术馆——美国波士顿美术馆

常博——常州博物馆

慈山寺佛教艺术博物馆——香港慈山寺佛教艺术博物馆

大东急——日本大东急记念文库

大谷大学——日本大谷大学

第一批——第一批国家珍贵古籍名录

第二批——第二批国家珍贵古籍名录

第三批——第三批国家珍贵古籍名录

第四批——第四批国家珍贵古籍名录

第五批——第五批国家珍贵古籍名录

定博——甘肃省定西县博物馆

东北师大——东北师范大学图书馆

东博——东京国立博物馆

东大——东京大学东洋文化研究所

东洋文库——日本东洋文库

敦博——敦煌市博物馆

敦煌民间——敦煌民间

敦研——敦煌研究院

鄂博——湖北省博物馆

法隆寺——日本法隆寺

弗利尔美术馆——美国弗利尔美术馆

傅图——中研院史语所傅斯年图书馆

甘博——甘肃省博物馆

甘肃省档案馆——甘肃省档案馆

甘图——甘肃省图书馆

港艺——香港艺术馆

港中文——香港中文大学中国文化研究所文物馆

高博——高台县博物馆

哥东图——哥伦比亚大学东亚图书馆

哥图——丹麦哥本哈根皇家图书馆

故宫——故宫博物院

贵州省博物馆——贵州省博物馆

贵州师范大学图书馆——贵州师范大学图书馆

国图——日本国立国会图书馆

国学院大学——日本国学院大学

哈佛——美国哈佛大学

韩国岭南大学图书馆——韩国岭南大学图书馆

胡适旧藏本——胡适旧藏本

华东师范大学图书馆——华东师范大学图书馆

华中师范大学博物馆——华中师范大学博物馆

吉林大学图书馆——吉林大学图书馆

吉林省博物馆——吉林省博物馆

吉林省图书馆——吉林省图书馆

加州大学洛杉矶分校——加州大学洛杉矶分校

江油市李白纪念馆——江油市李白纪念馆

蒋斧——蒋斧旧藏本

金刻——金陵刻经处

津图——天津图书馆

津文——天津市文物公司

津艺——天津艺术博物馆

京博——京都国立博物馆

京都大学——京都大学综合博物馆

九州大学——日本九州大学

酒博——酒泉市博物馆

堪萨斯纳尔逊美术馆——美国堪萨斯纳尔逊美术馆

科图——中国科学院图书馆

昆山市昆仑堂美术馆——昆山市昆仑堂美术馆

兰州某氏——兰州某氏藏本

历博——中国历史博物馆（国家博物馆）

灵隐寺——杭州市灵隐寺

刘氏虚白斋藏本——刘氏虚白斋藏本

龙谷大学——日本龙谷大学

旅博——旅顺博物馆

美国国会图书馆——美国国会图书馆

摩根图书馆与博物馆——摩根图书馆与博物馆

南京博物院——南京博物院

南师大——南京师范大学文学院／图书馆

南图——南京图书馆

宁乐美术馆——日本宁乐美术馆

齐图——齐齐哈尔市图书馆

启敦——启功藏写经残片

青博——青岛市博物馆

青海省博物馆——青海省博物馆

清华大学图书馆——清华大学图书馆

山西博物院——山西博物院

山西省图书馆——山西省图书馆

山西师范大学图书馆——山西师范大学图书馆
上博——上海博物馆
上海辞书出版社——上海辞书出版社
上海朵云轩藏本——上海朵云轩藏本
上海龙华寺——上海龙华寺
上海师范大学博物馆——上海师范大学博物馆
上海图书公司——上海图书公司
上图——上海图书馆
盛华堂——上海盛华堂
石谷风——石谷风
石井光雄——石井光雄旧藏
首博——首都博物馆
首都师范大学历史博物馆——首都师范大学历史博物馆
首都师范大学图书馆——首都师范大学图书馆
首都图书馆——首都图书馆
私——私人藏
四川大学图书馆——四川大学图书馆
四川省图书馆——四川省图书馆
嵩山少林寺藏经阁——嵩山少林寺藏经阁
苏——苏州戒幢律寺
苏州博物馆——苏州博物馆
台北故宫博物院——台北故宫博物院
台北历史博物馆——台北历史博物馆
台图——台湾"中央图书馆"
藤井——日本藤井有邻馆
天理大学——日本天理大学天理图书馆
王伯敏——王伯敏藏本
维多利亚——加拿大维多利亚美术馆
文保所——杭州市文物保护管理所
文研院——中国文化遗产研究院

伍伦——滨田德海搜藏敦煌遗书

务本——务本堂

西北大学图书馆——西北大学图书馆

西北师大——西北师范大学博物馆

西博——西安博物院

西南大学图书馆——西南大学图书馆

新德里印度博物馆——新德里印度博物馆

杨鲁安藏珍馆——杨鲁安藏珍馆

杨鲁安旧藏本——杨鲁安旧藏本

耶鲁——耶鲁大学美术馆

宜宾市博物院——宜宾市博物院

永博——永登县博物馆

永青文库——永青文库

羽——日本杏雨书屋

玉佛——上海玉佛寺

御茶之水图书馆——日本东京御茶之水图书馆"成篑堂文库"

张博——张掖市博物馆

招提——唐招提寺

浙博——浙江省博物馆

浙大古籍所——浙江大学古籍研究所

浙敦——浙江藏敦煌文献

浙图——浙江省图书馆

芷兰斋——芷兰斋藏本

中村不折——日本台东区立书道博物馆中村不折藏品

中国佛教图书文物馆——中国佛教图书文物馆

中国印刷博物馆——中国印刷博物馆

中医学院——甘肃中医学院（今甘肃中医药大学）

重博——重庆博物馆（重庆中国三峡博物馆）

重庆市图书馆——重庆市图书馆

附录 2
备考卷号

(非汉文及非敦煌资料)

流水号	题名
BD00001V	藏文秽迹金刚类经典或仪轨
BD00019V	藏文信函稿
BD00157V	藏文便物历
BD00908V	藏文
BD00921V	藏文佛经
BD01025V	藏文
BD01466V	藏文
BD01964V	藏文
BD02174V	梵文习字
BD03165V	藏文
BD03529V	藏文陀罗尼经
BD04073V	善财童子譬喻经（于阗文）
BD04385V	藏文
BD04427V	藏文
BD04541V	藏文
BD04562V（3）	藏文
BD04756V	藏文占卜书

(续表)

流水号	题名
BD04820V	藏文杂写
BD04987V	藏文呈节儿状稿
BD05254V	藏文
BD05298V（5）	梵文种子字习字杂写
BD07647V	藏文信函残稿
BD07675	藏文无量寿宗要经
BD09284	藏文文献
BD09285	藏文文献
BD09286	藏文文献
BD09287	藏文文献
BD09288	藏文文献
BD09375V	藏文文献
BD09634	藏文文献
BD09635	藏文文献
BD09636A	藏文文献
BD09636B	藏文文献
BD09637	藏文文献
BD09638	藏文文献
BD09639	藏文文献
BD09640	藏文大乘无量寿宗要经
BD09641	藏文文献
BD09642	藏文文献
BD09932	藏文文献
BD10119A	藏文文献
BD10119B	藏文文献
BD10181B	藏文文献

(续表)

流水号	题名
BD10259V	回鹘文文献
BD10502V	藏文
BD10612V	藏文文献
BD10712	藏文文献残片
BD10734V	于阗文文献
BD10761V	藏文文献残片
BD10786V	藏文文献
BD11564	达摩和尚绝观论（藏文标注本）
BD11742	粟特文佛典残片
BD11807D	回鹘文残片
BD11807E	回鹘文残片
BD11829	藏文残片
BD12060	藏文残片
BD12061	藏文残片
BD12062	藏文残片
BD12063	回鹘文残片
BD12064	藏文残片
BD12065	藏文残片
BD12066	藏文残片
BD12067	藏文残片
BD12068	藏文残片
BD12069	藏文残片
BD12070	藏文残片
BD12071	藏文残片
BD12184	藏文残片
BD12354	回鹘文残片

(续表)

流水号	题名
BD12981V	藏文残片
BD13148（2）	藏文文书
BD13152	藏文文献
BD13153	藏文文献
BD13155	藏文文献
BD13207	藏文残片
BD13208F	藏文残片
BD13208G	藏文残片
BD13212A	藏文文献
BD13212B	藏文文献
BD13792	大智度论卷五一
BD13793（1）	藏文（无量寿宗要经）
BD13793（2）	藏文（无量寿宗要经）
BD13793（3）	藏文（无量寿宗要经）
BD13794（1）	藏文（无量寿宗要经）
BD13794（2）	藏文（无量寿宗要经）
BD13794（3）	藏文（无量寿宗要经）
BD13799	残卷册页
BD14213	藏文（无量寿宗要经甲本）
BD14214	藏文（无量寿宗要经甲本）
BD14215	藏文（无量寿宗要经甲本）
BD14216	藏文（无量寿宗要经甲本）
BD14217	藏文（无量寿宗要经甲本）
BD14218	藏文（无量寿宗要经乙本）
BD14219	藏文（无量寿宗要经乙本）
BD14220	藏文（无量寿宗要经乙本）

(续表)

(续表)

流水号	题名
BD14221（1）	藏文（无量寿宗要经甲本）
BD14221（2）	藏文（无量寿宗要经甲本）
BD14221（3）	藏文（无量寿宗要经甲本）
BD14221（4）	藏文（无量寿宗要经甲本）
BD14221（5）	藏文（无量寿宗要经甲本）
BD14222	藏文（无量寿宗要经甲本）
BD14223（1）	藏文（无量寿宗要经甲本）
BD14223（2）	藏文（无量寿宗要经甲本）
BD14223（3）	藏文（无量寿宗要经甲本）
BD14223（4）	藏文（无量寿宗要经甲本）
BD14223（5）	藏文（无量寿宗要经甲本）
BD14224（1）	藏文（无量寿宗要经甲本）
BD14224（2）	藏文（无量寿宗要经甲本）
BD14224（3）	藏文（无量寿宗要经甲本）
BD14224（4）	藏文（无量寿宗要经甲本）
BD14224（5）	藏文（无量寿宗要经甲本）
BD14224（6）	藏文（无量寿宗要经甲本）
BD14225（1）	藏文（无量寿宗要经甲本）
BD14225（2）	藏文（无量寿宗要经甲本）
BD14225（3）	藏文（无量寿宗要经甲本）
BD14225（4）	藏文（无量寿宗要经甲本）
BD14225（5）	藏文（无量寿宗要经甲本）
BD14225（6）	藏文（无量寿宗要经甲本）
BD14226	藏文（无量寿宗要经乙本）
BD14227	藏文（无量寿宗要经乙本）
BD14228（1）	藏文（无量寿宗要经甲本）

(续表)

流水号	题名
BD14228（2）	藏文（无量寿宗要经甲本）
BD14228（3）	藏文（无量寿宗要经甲本）
BD14229（1）	藏文（无量寿宗要经甲本）
BD14229（2）	藏文（无量寿宗要经甲本）
BD14229（3）	藏文（无量寿宗要经甲本）
BD14230	藏文（无量寿宗要经乙本）
BD14231（1）	藏文（无量寿宗要经甲本）
BD14231（2）	藏文（无量寿宗要经甲本）
BD14232	藏文（无量寿宗要经甲本）
BD14233（1）	藏文（无量寿宗要经甲本）
BD14233（2）	藏文（无量寿宗要经甲本）
BD14234	藏文（无量寿宗要经甲本）
BD14235（1）	藏文（无量寿宗要经甲本）
BD14235（2）	藏文（无量寿宗要经甲本）
BD14235（3）	藏文（无量寿宗要经甲本）
BD14235（4）	藏文（无量寿宗要经甲本）
BD14235（5）	藏文（无量寿宗要经甲本）
BD14235（6）	藏文（无量寿宗要经甲本）
BD14236	藏文（无量寿宗要经甲本）
BD14237（1）	藏文（无量寿宗要经甲本）
BD14237（2）	藏文（无量寿宗要经甲本）
BD14237（3）	藏文（无量寿宗要经甲本）
BD14237（4）	藏文（无量寿宗要经甲本）
BD14237（5）	藏文（无量寿宗要经甲本）
BD14238（1）	藏文（无量寿宗要经甲本）
BD14238（2）	藏文（无量寿宗要经甲本）

（续）

(续表)

流水号	题名
BD14238（3）	藏文（无量寿宗要经甲本）
BD14239	藏文（无量寿宗要经乙本）
BD14240	藏文（无量寿宗要经甲本）
BD14241	藏文（无量寿宗要经甲本）
BD14242（1）	藏文（无量寿宗要经甲本）
BD14242（2）	藏文（无量寿宗要经甲本）
BD14243	藏文（无量寿宗要经甲本）
BD14244（1）	藏文（无量寿宗要经甲本）
BD14244（2）	藏文（无量寿宗要经甲本）
BD14245（1）	藏文（无量寿宗要经甲本）
BD14245（2）	藏文（无量寿宗要经甲本）
BD14245（3）	藏文（无量寿宗要经甲本）
BD14245（4）	藏文（无量寿宗要经甲本）
BD14245（5）	藏文（无量寿宗要经甲本）
BD14246	藏文（无量寿宗要经甲本）
BD14247	藏文（无量寿宗要经甲本）
BD14248（1）	藏文（无量寿宗要经甲本）
BD14248（2）	藏文（无量寿宗要经甲本）
BD14248（3）	藏文（无量寿宗要经甲本）
BD14249	藏文（无量寿宗要经甲本）
BD14250	藏文（无量寿宗要经甲本）
BD14251（1）	藏文（无量寿宗要经甲本）
BD14251（2）	藏文（无量寿宗要经甲本）
BD14251（3）	藏文（无量寿宗要经甲本）
BD14252	藏文（无量寿宗要经甲本）
BD14253	藏文（无量寿宗要经甲本）

(续表)

流水号	题名
BD14254（1）	藏文（无量寿宗要经甲本）
BD14254（2）	藏文（无量寿宗要经甲本）
BD14255	藏文（无量寿宗要经乙本）
BD14256	藏文（无量寿宗要经乙本）
BD14257	藏文（无量寿宗要经乙本）
BD14258	藏文（无量寿宗要经乙本）
BD14259（1）	藏文（无量寿宗要经甲本）
BD14259（2）	藏文（无量寿宗要经甲本）
BD14260（1）	藏文（无量寿宗要经甲本）
BD14260（2）	藏文（无量寿宗要经甲本）
BD14260（3）	藏文（无量寿宗要经甲本）
BD14260（4）	藏文（无量寿宗要经甲本）
BD14260（5）	藏文（无量寿宗要经甲本）
BD14261	藏文（无量寿宗要经甲本）
BD14262	藏文（无量寿宗要经甲本）
BD14263	藏文（无量寿宗要经甲本）
BD14264	藏文（无量寿宗要经乙本）
BD14265	藏文（无量寿宗要经甲本）
BD14266	藏文（无量寿宗要经甲本）
BD14267	藏文（无量寿宗要经甲本）
BD14268	藏文（无量寿宗要经乙本）
BD14269	藏文（无量寿宗要经甲本）
BD14270（1）	藏文（无量寿宗要经甲本）
BD14270（2）	藏文（无量寿宗要经甲本）
BD14270（3）	藏文（无量寿宗要经甲本）
BD14270（4）	藏文（无量寿宗要经甲本）

（续表）

(续表)

流水号	题名
BD14270（5）	藏文（无量寿宗要经甲本）
BD14271	藏文（无量寿宗要经甲本）
BD14272（1）	藏文（无量寿宗要经甲本）
BD14272（2）	藏文（无量寿宗要经甲本）
BD14273	藏文（无量寿宗要经乙本）
BD14274	藏文（无量寿宗要经乙本）
BD14275	藏文（无量寿宗要经甲本）
BD14276（1）	藏文（无量寿宗要经甲本）
BD14276（2）	藏文（无量寿宗要经甲本）
BD14276（3）	藏文（无量寿宗要经甲本）
BD14277	藏文（无量寿宗要经乙本）
BD14278	藏文（无量寿宗要经乙本）
BD14279	藏文（无量寿宗要经乙本）
BD14280	藏文（无量寿宗要经甲本）
BD14281	藏文（无量寿宗要经乙本）
BD14282	藏文（无量寿宗要经甲本）
BD14283	藏文（无量寿宗要经甲本）
BD14284	藏文（无量寿宗要经乙本）
BD14285	藏文（无量寿宗要经乙本）
BD14286	藏文（无量寿宗要经甲本）
BD14287（1）	藏文（无量寿宗要经甲本）
BD14287（2）	藏文（无量寿宗要经甲本）
BD14287（3）	藏文（无量寿宗要经甲本）
BD14287（4）	藏文（无量寿宗要经甲本）
BD14287（5）	藏文（无量寿宗要经甲本）
BD14288（1）	藏文（无量寿宗要经甲本）

（续表）

(续表)

流水号	题名
BD14288（2）	藏文（无量寿宗要经甲本）
BD14288（3）	藏文（无量寿宗要经甲本）
BD14288（4）	藏文（无量寿宗要经甲本）
BD14289	藏文（无量寿宗要经甲本）
BD14290	藏文（无量寿宗要经乙本）
BD14291（1）	藏文（无量寿宗要经甲本）
BD14291（2）	藏文（无量寿宗要经甲本）
BD14291（3）	藏文（无量寿宗要经甲本）
BD14291（4）	藏文（无量寿宗要经甲本）
BD14291（5）	藏文（无量寿宗要经甲本）
BD14291（6）	藏文（无量寿宗要经甲本）
BD14292	藏文（无量寿宗要经甲本）
BD14293	藏文（无量寿宗要经甲本）
BD14294（1）	藏文（无量寿宗要经甲本）
BD14294（2）	藏文（无量寿宗要经甲本）
BD14294（3）	藏文（无量寿宗要经甲本）
BD14295	藏文（无量寿宗要经甲本）
BD14296（1）	藏文（无量寿宗要经甲本）
BD14296（2）	藏文（无量寿宗要经甲本）
BD14296（3）	藏文（无量寿宗要经甲本）
BD14296（4）	藏文（无量寿宗要经甲本）
BD14296（5）	藏文（无量寿宗要经甲本）
BD14297	藏文（无量寿宗要经甲本）
BD14298	藏文（无量寿宗要经甲本）
BD14299	藏文（无量寿宗要经甲本）
BD14300（1）	藏文（无量寿宗要经甲本）

(续表)

(续表)

流水号	题名
BD14300（2）	藏文（无量寿宗要经甲本）
BD14300（3）	藏文（无量寿宗要经甲本）
BD14300（4）	藏文（无量寿宗要经甲本）
BD14301	藏文（无量寿宗要经甲本）
BD14302	藏文（无量寿宗要经甲本）
BD14303	藏文（无量寿宗要经甲本）
BD14304	藏文（无量寿宗要经甲本）
BD14305	藏文（无量寿宗要经甲本）
BD14306（1）	藏文（无量寿宗要经甲本）
BD14306（2）	藏文（无量寿宗要经甲本）
BD14306（3）	藏文（无量寿宗要经甲本）
BD14306（4）	藏文（无量寿宗要经甲本）
BD14306（5）	藏文（无量寿宗要经甲本）
BD14306（6）	藏文（无量寿宗要经甲本）
BD14306（7）	藏文（无量寿宗要经甲本）
BD14306（8）	藏文（无量寿宗要经甲本）
BD14306（9）	藏文（无量寿宗要经甲本）
BD14306（10）	藏文（无量寿宗要经甲本）
BD14307（1）	藏文（无量寿宗要经甲本）
BD14307（2）	藏文（无量寿宗要经甲本）
BD14307（3）	藏文（无量寿宗要经甲本）
BD14307（4）	藏文（无量寿宗要经甲本）
BD14307（5）	藏文（无量寿宗要经甲本）
BD14307（6）	藏文（无量寿宗要经甲本）
BD14307（7）	藏文（无量寿宗要经甲本）
BD14307（8）	藏文（无量寿宗要经甲本）

（续表）

(续表)

流水号	题名
BD14307（9）	藏文（无量寿宗要经甲本）
BD14307（10）	藏文（无量寿宗要经甲本）
BD14308（1）	藏文（无量寿宗要经甲本）
BD14308（2）	藏文（无量寿宗要经甲本）
BD14309	藏文（无量寿宗要经乙本）
BD14310（1）	藏文（无量寿宗要经甲本）
BD14310（2）	藏文（无量寿宗要经甲本）
BD14310（3）	藏文（无量寿宗要经甲本）
BD14310（4）	藏文（无量寿宗要经甲本）
BD14311	藏文（无量寿宗要经乙本）
BD14312	藏文（无量寿宗要经甲本）
BD14313（1）	藏文（无量寿宗要经乙本）
BD14313（2）	藏文（无量寿宗要经乙本）
BD14313（3）	藏文（无量寿宗要经乙本）
BD14313（4）	藏文（无量寿宗要经乙本）
BD14313（5）	藏文（无量寿宗要经乙本）
BD14313（6）	藏文（无量寿宗要经乙本）
BD14313（7）	藏文（无量寿宗要经乙本）
BD14313（8）	藏文（无量寿宗要经乙本）
BD14313（9）	藏文（无量寿宗要经乙本）
BD14313（10）	藏文（无量寿宗要经乙本）
BD14314（1）	藏文（无量寿宗要经甲本）
BD14314（2）	藏文（无量寿宗要经甲本）
BD14314（3）	藏文（无量寿宗要经甲本）
BD14314（4）	藏文（无量寿宗要经甲本）
BD14315	藏文（无量寿宗要经甲本）

（续表）

(续表)

流水号	题名
BD14316	藏文（无量寿宗要经甲本）
BD14317	藏文（无量寿宗要经甲本）
BD14318	藏文（无量寿宗要经乙本）
BD14319	藏文（无量寿宗要经乙本）
BD14320	藏文（无量寿宗要经乙本）
BD14321	藏文（无量寿宗要经乙本）
BD14322	藏文（无量寿宗要经乙本）
BD14323	藏文（无量寿宗要经乙本）
BD14324	藏文（无量寿宗要经乙本）
BD14325	藏文（无量寿宗要经甲本）
BD14326	藏文（无量寿宗要经乙本）
BD14327	藏文（无量寿宗要经乙本）
BD14328	藏文（无量寿宗要经乙本）
BD14329	藏文（无量寿宗要经乙本）
BD14330	藏文（无量寿宗要经乙本）
BD14331	藏文（无量寿宗要经乙本）
BD14332	藏文（无量寿宗要经乙本）
BD14333	藏文（无量寿宗要经甲本）
BD14334	藏文（无量寿宗要经甲本）
BD14335（1）	藏文（无量寿宗要经甲本）
BD14335（2）	藏文（无量寿宗要经甲本）
BD14335（3）	藏文（无量寿宗要经甲本）
BD14336	藏文（无量寿宗要经乙本）
BD14337	藏文（无量寿宗要经乙本）
BD14338（1）	藏文（无量寿宗要经甲本）
BD14338（2）	藏文（无量寿宗要经甲本）

(续表)

流水号	题名
BD14339	藏文（无量寿宗要经甲本）
BD14340	藏文（无量寿宗要经甲本）
BD14341	藏文（无量寿宗要经甲本）
BD14342（1）	藏文（无量寿宗要经甲本）
BD14342（2）	藏文（无量寿宗要经甲本）
BD14342（3）	藏文（无量寿宗要经甲本）
BD14342（4）	藏文（无量寿宗要经甲本）
BD14343（1）	藏文（无量寿宗要经甲本）
BD14343（2）	藏文（无量寿宗要经甲本）
BD14343（3）	藏文（无量寿宗要经甲本）
BD14343（4）	藏文（无量寿宗要经甲本）
BD14344	藏文（无量寿宗要经乙本）
BD14345（1）	藏文（无量寿宗要经甲本）
BD14345（2）	藏文（无量寿宗要经甲本）
BD14345（3）	藏文（无量寿宗要经甲本）
BD14345（4）	藏文（无量寿宗要经甲本）
BD14345（5）	藏文（无量寿宗要经甲本）
BD14346	藏文（无量寿宗要经乙本）
BD14347	藏文（无量寿宗要经甲本）
BD14348（1）	藏文（无量寿宗要经甲本）
BD14348（2）	藏文（无量寿宗要经甲本）
BD14348（3）	藏文（无量寿宗要经甲本）
BD14349	藏文（无量寿宗要经甲本）
BD14350	藏文（无量寿宗要经甲本）
BD14351	藏文（无量寿宗要经乙本）
BD14352（1）	藏文（无量寿宗要经甲本）

流水号	题名
BD14352（2）	藏文（无量寿宗要经甲本）
BD14352（3）	藏文（无量寿宗要经甲本）
BD14352（4）	藏文（无量寿宗要经甲本）
BD14352（5）	藏文（无量寿宗要经甲本）
BD14353	藏文（无量寿宗要经乙本）
BD14354	藏文（无量寿宗要经甲本）
BD14355（1）	藏文（无量寿宗要经甲本）
BD14355（2）	藏文（无量寿宗要经甲本）
BD14355（3）	藏文（无量寿宗要经甲本）
BD14355（4）	藏文（无量寿宗要经甲本）
BD14355（5）	藏文（无量寿宗要经甲本）
BD14356（1）	藏文（无量寿宗要经甲本）
BD14356（2）	藏文（无量寿宗要经甲本）
BD14356（3）	藏文（无量寿宗要经甲本）
BD14357（1）	藏文（无量寿宗要经甲本）
BD14357（2）	藏文（无量寿宗要经甲本）
BD14357（3）	藏文（无量寿宗要经甲本）
BD14357（4）	藏文（无量寿宗要经甲本）
BD14358	藏文（无量寿宗要经乙本）
BD14359（1）	藏文（无量寿宗要经甲本）
BD14359（2）	藏文（无量寿宗要经甲本）
BD14360	藏文（无量寿宗要经乙本）
BD14361	藏文（无量寿宗要经乙本）
BD14362	藏文（无量寿宗要经乙本）
BD14363	藏文（无量寿宗要经乙本）
BD14364	藏文（无量寿宗要经甲本）

流水号	题名
BD14365	藏文（无量寿宗要经甲本）
BD14366	藏文（无量寿宗要经甲本）
BD14367	藏文（无量寿宗要经乙本）
BD14368	藏文（无量寿宗要经乙本）
BD14369（1）	藏文（无量寿宗要经乙本）
BD14369（2）	藏文（无量寿宗要经乙本）
BD14369（3）	藏文（无量寿宗要经乙本）
BD14370	藏文（无量寿宗要经乙本）
BD14371	藏文（无量寿宗要经乙本）
BD14372	藏文（无量寿宗要经乙本）
BD14373	藏文（无量寿宗要经乙本）
BD14374（1）	藏文（无量寿宗要经甲本）
BD14374（2）	藏文（无量寿宗要经甲本）
BD14374（3）	藏文（无量寿宗要经甲本）
BD14374（4）	藏文（无量寿宗要经甲本）
BD14375	藏文（无量寿宗要经乙本）
BD14376	藏文（无量寿宗要经乙本）
BD14377	藏文（无量寿宗要经乙本）
BD14378	藏文（无量寿宗要经甲本）
BD14379	藏文（无量寿宗要经乙本）
BD14380	藏文（无量寿宗要经乙本）
BD14381	藏文（无量寿宗要经乙本）
BD14382	藏文（无量寿宗要经甲本）
BD14383	藏文（无量寿宗要经乙本）
BD14384	藏文（无量寿宗要经乙本）
BD14385	藏文（无量寿宗要经乙本）

(续表)

流水号	题名
BD14386（1）	藏文（无量寿宗要经甲本）
BD14386（2）	藏文（无量寿宗要经甲本）
BD14386（3）	藏文（无量寿宗要经甲本）
BD14386（4）	藏文（无量寿宗要经甲本）
BD14387	藏文（无量寿宗要经乙本）
BD14388	藏文（无量寿宗要经乙本）
BD14389	藏文（无量寿宗要经甲本）
BD14390	藏文（无量寿宗要经甲本）
BD14391（1）	藏文（无量寿宗要经甲本）
BD14391（2）	藏文（无量寿宗要经甲本）
BD14391（3）	藏文（无量寿宗要经甲本）
BD14391（4）	藏文（无量寿宗要经甲本）
BD14391（5）	藏文（无量寿宗要经甲本）
BD14392	藏文（无量寿宗要经甲本）
BD14393	藏文（无量寿宗要经乙本）
BD14394	藏文（无量寿宗要经甲本）
BD14395	藏文（无量寿宗要经甲本）
BD14396	藏文（无量寿宗要经甲本）
BD14397（1）	藏文（无量寿宗要经甲本）
BD14397（2）	藏文（无量寿宗要经甲本）
BD14397（3）	藏文（无量寿宗要经甲本）
BD14397（4）	藏文（无量寿宗要经甲本）
BD14397（5）	藏文（无量寿宗要经甲本）
BD14397（6）	藏文（无量寿宗要经甲本）
BD14397（7）	藏文（无量寿宗要经甲本）
BD14397（8）	藏文（无量寿宗要经甲本）

(续表)

流水号	题名
BD14398	藏文（无量寿宗要经甲本）
BD14399	藏文（无量寿宗要经甲本）
BD14400	藏文（无量寿宗要经乙本）
BD14401	藏文（无量寿宗要经甲本）
BD14402（1）	藏文（无量寿宗要经甲本）
BD14402（2）	藏文（无量寿宗要经甲本）
BD14402（3）	藏文（无量寿宗要经甲本）
BD14403	藏文（无量寿宗要经乙本）
BD14404	藏文（无量寿宗要经甲本）
BD14405（1）	藏文（无量寿宗要经乙本）
BD14405（2）	藏文（无量寿宗要经乙本）
BD14405（3）	藏文（无量寿宗要经乙本）
BD14405（4）	藏文（无量寿宗要经乙本）
BD14405（5）	藏文（无量寿宗要经乙本）
BD14405（6）	藏文（无量寿宗要经乙本）
BD14406（1）	藏文（无量寿宗要经甲本）
BD14406（2）	藏文（无量寿宗要经甲本）
BD14406（3）	藏文（无量寿宗要经甲本）
BD14406（4）	藏文（无量寿宗要经甲本）
BD14406（5）	藏文（无量寿宗要经甲本）
BD14406（6）	藏文（无量寿宗要经甲本）
BD14406（7）	藏文（无量寿宗要经甲本）
BD14407（1）	藏文（无量寿宗要经甲本）
BD14407（2）	藏文（无量寿宗要经甲本）
BD14408	藏文（无量寿宗要经甲本）
BD14409（1）	藏文（无量寿宗要经甲本）

（续表）

(续表)

流水号	题名
BD14409（2）	藏文（无量寿宗要经甲本）
BD14409（3）	藏文（无量寿宗要经甲本）
BD14409（4）	藏文（无量寿宗要经甲本）
BD14409（5）	藏文（无量寿宗要经甲本）
BD14410	藏文（无量寿宗要经乙本）
BD14411	藏文（无量寿宗要经乙本）
BD14412	藏文（无量寿宗要经甲本）
BD14413	藏文（无量寿宗要经甲本）
BD14414	藏文（无量寿宗要经乙本）
BD14415	藏文（无量寿宗要经甲本）
BD14416	藏文（无量寿宗要经甲本）
BD14417	藏文（无量寿宗要经甲本）
BD14418	藏文（无量寿宗要经甲本）
BD14419	藏文（无量寿宗要经甲本）
BD14420	藏文（无量寿宗要经甲本）
BD14421	藏文（无量寿宗要经乙本）
BD14505	四分律（异卷）卷一四
BD14531	妙法莲华经（十卷本）卷八
BD14539V	古西域文遗书
BD14558	善见律毗婆沙卷六
BD14572	宝行王正论
BD14599V	经籍占卜（藏文拟）
BD14600V	经籍占卜（藏文拟）
BD14652	藏文（无量寿宗要经甲本）
BD14653	藏文（无量寿宗要经乙本）
BD14654	藏文（无量寿宗要经甲本）

(续表)

流水号	题名
BD14655	藏文（无量寿宗要经乙本）
BD14656	藏文（无量寿宗要经甲本）
BD14657	藏文（无量寿宗要经甲本）
BD14658	藏文（无量寿宗要经乙本）
BD14659	藏文（无量寿宗要经乙本）
BD14660	藏文（无量寿宗要经乙本）
BD14661	藏文（无量寿宗要经甲本）
BD14662	藏文（无量寿宗要经乙本）
BD14663	藏文（无量寿宗要经甲本）
BD14664	藏文（无量寿宗要经乙本）
BD14676V	藏文文献
BD14707	藏文（无量寿宗要经甲本）
BD14719（1）	藏文（无量寿宗要经甲本）
BD14719（2）	藏文（无量寿宗要经甲本）
BD14719（3）	藏文（无量寿宗要经甲本）
BD14735（1）	藏文（无量寿宗要经甲本）
BD14735（2）	藏文（无量寿宗要经甲本）
BD14735（3）	藏文（无量寿宗要经甲本）
BD14735（4）	藏文（无量寿宗要经甲本）
BD14738V	藏文（佛顶大白伞盖陀罗尼经）
BD14740（1）	藏文（无量寿宗要经甲本）
BD14740（2）	藏文（无量寿宗要经甲本）
BD14740（3）	藏文（无量寿宗要经甲本）
BD14740（4）	藏文（无量寿宗要经甲本）
BD14740（5）	藏文（无量寿宗要经甲本）
BD14741	册页残片

(续表)

流水号	题名
BD14741K	回鹘文文献
BD14741L	回鹘文文献
BD14774	藏文（无量寿宗要经甲本）
BD14780	藏文（无量寿宗要经甲本）
BD14783V	回鹘文文献（待考）
BD14786	藏文（无量寿宗要经甲本）
BD14789V	藏文（待考）（存目）
BD14792（1）	藏文（无量寿宗要经甲本）
BD14792（2）	藏文（无量寿宗要经甲本）
BD14792（3）	藏文（无量寿宗要经甲本）
BD14792（4）	藏文（无量寿宗要经甲本）
BD14826	藏文（无量寿宗要经乙本）
BD14831	藏文（无量寿宗要经乙本）
BD14860V	待考藏文
BD14915	佛经残卷
BD14917	藏文（无量寿宗要经乙本）
BD14918	藏文（无量寿宗要经乙本）
BD14920	藏文（无量寿宗要经甲本）
BD14933	藏文（无量寿宗要经甲本）
BD14934	藏文（无量寿宗要经乙本）
BD14935	藏文（无量寿宗要经乙本）
BD14939（1）	藏文（无量寿宗要经甲本）
BD14939（2）	藏文（无量寿宗要经甲本）
BD14939（3）	藏文（无量寿宗要经甲本）
BD14939（4）	藏文（无量寿宗要经甲本）
BD14940（2）	回鹘文

(续表)

流水号	题名
BD14941	回鹘文文献
BD14956	藏文（无量寿宗要经甲本）
BD14957	藏文（无量寿宗要经乙本）
BD14958	藏文（无量寿宗要经甲本）
BD14959	藏文（无量寿宗要经甲本）
BD14962（1）	藏文（无量寿宗要经甲本）
BD14962（2）	藏文（无量寿宗要经甲本）
BD14962（3）	藏文（无量寿宗要经甲本）
BD14962（4）	藏文（无量寿宗要经甲本）
BD14962（5）	藏文（无量寿宗要经甲本）
BD14963	藏文（无量寿宗要经乙本）
BD14964	藏文（无量寿宗要经乙本）
BD14965（1）	藏文（无量寿宗要经甲本）
BD14965（2）	藏文（无量寿宗要经甲本）
BD14965（3）	藏文（无量寿宗要经甲本）
BD14965（4）	藏文（无量寿宗要经甲本）
BD14972（2）	藏文回向文
BD15050V	藏文文献
BD15158	大般若波罗蜜多经
BD15284	藏文（无量寿宗要经）
BD15303V	藏文文献
BD15333	藏文（无量寿宗要经乙本）
BD15356	藏文（无量寿宗要经甲本）
BD15370	贤愚经
BD15370V	回鹘文待考文献
BD15371	称赞净土佛摄受经

(续表)

(续表)

流水号	题名
BD15375V	回鹘文待考文献
BD15376	般若波罗蜜多心经
BD15377	华严一乘十玄门
BD15380	大方广佛华严经（晋译六十卷）
BD15381A（1）	藏文（无量寿宗要经乙本）
BD15381A（2）	藏文（无量寿宗要经乙本）
BD15381B	藏文（无量寿宗要经乙本）
BD15381C	藏文（无量寿宗要经乙本）
BD15416	藏文残片
BD15417	藏文残片
BD15418	藏文残片二十六块
BD15419	藏文回鹘文残片三块
BD15431（2）	藏文待考文献
BD15493	藏文杂写
BD15493V	藏文杂写
BD15654V	藏文杂写（世尊所讲八种感受经）
BD16080A	藏文残片
BD16099A	藏文残片
BD16099B	藏文残片
BD16103	藏文残片
BD16104	藏文残片
BD16106	藏文残片
BD16107	藏文残片
BD16108	藏文残片
BD16109	藏文残片
BD16110	藏文残片

(续表)

流水号	题名
BD16119A	藏文残片
BD16119B	藏文残片
BD16119C	藏文残片
BD16120A	藏文残片
BD16120B	藏文残片
BD16138A	藏文残片
BD16138B	藏文残片
BD16138C	藏文残片
BD16138D	藏文残片
BD16138E	藏文残片
BD16138F	藏文残片
BD16138G	藏文残片
BD16139	藏文残片
BD16140A	藏文残片
BD16140B	藏文残片
BD16141	藏文残片
BD16142	藏文残片
BD16144	藏文残片
BD16150	藏文残片
BD16167	藏文残片
BD16217	藏文残片
BD16219A	藏文残片
BD16219B	藏文残片
BD16259	回鹘文残片
BD16262	回鹘文残片
BD16273	藏文残片

(续表)

(续表)

流水号	题名
BD16285	藏文残片
BD16286A	藏文残片
BD16286B	藏文残片
BD16350	藏文残片
BD16352	藏文残片
BD16386	藏文残片
BD16458D	藏文残片
BD16462	藏文残片
BD16481B	藏文残片
BD16481C	藏文残片
BD16494	藏文残片
BD16557	藏文残片
CXZ020（1）	藏文无量寿宗要经（甲本）
CXZ020（2）	藏文无量寿宗要经（甲本）
CXZ020（3）	藏文无量寿宗要经（甲本）
CXZ020（4）	藏文无量寿宗要经（甲本）
CXZ020（5）	藏文无量寿宗要经（甲本）
CXZ021（1）	藏文无量寿宗要经（甲本）
CXZ021（2）	藏文无量寿宗要经（甲本）
CXZ021（3）	藏文无量寿宗要经（甲本）
CXZ022	藏文无量寿宗要经
HHT029	无量寿宗要经（藏文）
HHT030	无量寿宗要经（藏文）
IOL.C.133V（Vol.72.fol.72）	藏文音写佛经
IOL.C.93（Ch.80.xi）	藏文音写《大乘中宗见解》
L.b	西州都督府下高昌县符（吐鲁番）

(续表)

(续表)

流水号	题名
LB.053	无量寿宗要经（藏文）
LF.001	大乘无量寿宗要经（藏文）
LF.002	大乘无量寿宗要经（藏文）
LF.003	大乘无量寿宗要经（藏文）
LF.004A	大乘无量寿宗要经（藏文）
LF.004B	大乘无量寿宗要经（藏文）
LF.008	大乘无量寿宗要经（藏文）
LF.009	大乘无量寿宗要经（藏文）
LF.010A	大乘无量寿宗要经（藏文）
LF.010B	大乘无量寿宗要经（藏文）
LF.011A	大乘无量寿宗要经（藏文）
LF.011B	大乘无量寿宗要经（藏文）
LF.012	大乘无量寿宗要经（藏文）
LF.013	大乘无量寿宗要经（藏文）
LF.014	大乘无量寿宗要经（藏文）
LF.015A	大乘无量寿宗要经（藏文）
LF.015B	大乘无量寿宗要经（藏文）
LF.016	大乘无量寿宗要经（藏文）
LF.017	大乘无量寿宗要经（藏文）
LF.018	大乘无量寿宗要经（藏文）
LF.019	大乘无量寿宗要经（藏文）
LF.020	大乘无量寿宗要经（藏文）
LF.021	大乘无量寿宗要经（藏文）
LF.022	大乘无量寿宗要经（藏文）
LF.023	大乘无量寿宗要经（藏文）
P.2020	佛与净主人关于十二相的对话（粟特文）

(续表)

(续表)

流水号	题名
P.2021	佛教著作（粟特文）
P.2022V	情诗（于阗文）
P.2023V（1）	礼佛发愿文（于阗文）
P.2024（2）	有关旅程及行装之牒文（于阗文）
P.2024V	有关旅程及行装之牒文（于阗文）
P.2025V（1）	信札残文（于阗文）
P.2025V（2）	情诗（于阗文）
P.2025V（3）	善财王子须达拏譬喻经（于阗文）
P.2026V（1）	礼佛偈颂（于阗文）
P.2026V（2）	佛名经（于阗文）
P.2026V（5）	礼佛偈颂（于阗文）
P.2026V（6）	陀罗尼（于阗文）
P.2027V（1）	人名杂写（于阗文）
P.2027V（2）	怀故国诗（于阗文）
P.2027V（3）	致于阗亲朋之韵体书信（于阗文）
P.2027V（4）	佛名经（于阗文）
P.2028V	音节与书仪用语习字（于阗文）
P.2029（1）	法华经纲要（于阗文）
P.2029（2）	陀罗尼（于阗文）
P.2030V	书仪（于阗文）
P.2031V	于阗使臣上本朝王廷表（于阗文）
P.2035V（2）	瑜伽师地论五识身相应地等前十二地分门记补记（藏文）
P.2061V（2）	瑜伽论手记补记（藏文）
P.2061V（3）	藏文文献
P.2093V（1）	藏文题记
P.2175	根本萨婆多部律摄卷一三

(续表)

流水号	题名
P.2210V（2）	藏文文献
P.2338V	藏文补记
P.2426V	佛说稻芉经注疏（藏文）
P.2465V	藏文
P.2496V（Pel.tib.2123）（1）	书函（藏文）
P.2569(Pel.tib.113V)（2）	书函（藏文）
P.2569(Pel.tib.113V)（3）	佛经（藏文）
P.2569V(Pel.tib.113)（4）	大论致沙州安托论告牒（藏文）
P.2663(Pel.tib.1074)（2）	藏文题记
P.2665(Pel.tib.2086) V（2）	藏文题记
P.2719(Pel.tib.163)	藏文佛经
P.2739V（1）	文书（于阗文）
P.2739V（2）	诗（于阗文）
P.2740V	嗢咀罗神变文献（于阗文）
P.2741V	于阗使臣上于阗朝廷奏甘州突厥动乱书（于阗文）
P.2742V	佛名经（于阗文）
P.2745V	文书（于阗文）
P.2765(Pel.tib.1070)（1）	算术口诀及颂词（藏文）
P.2772V	西域文
P.2781V	罗摩故事（于阗文）
P.2782V（1）	妙法莲华经纲要（于阗文）
P.2782V（2）	陀罗尼（于阗文）
P.2782V（3）	僧人书札（于阗文）
P.2782V（4）	于阗使臣上于阗朝廷书（于阗文）
P.2782V（5）	陀罗尼（于阗文）
P.2783V	罗摩故事（于阗文）

(续表)

流水号	题名
P.2784V	善财譬喻经（于阗文）
P.2785V	于阗文文献
P.2786V（1）	于阗使臣上于阗朝廷书（于阗文）
P.2786V（2）	于阗使臣上于阗枢密使书（于阗文）
P.2786V（3）	于阗使臣再上于阗朝廷书（于阗文）
P.2787V（1）	尉迟僧伽罗摩王颂词（于阗文）
P.2787V（2）	迦腻色迦王传说（于阗文）
P.2788V	于阗使臣上于阗朝廷书（于阗文）
P.2789V（2）	文书（于阗文）
P.2790（2）	佛教文献（于阗文）
P.2790V（1）	于阗使臣上于阗朝廷书（于阗文）
P.2790V（2）	佛教文献（于阗文）
P.2798V（1）	习字（于阗文）
P.2798V（2）	阿育王传说（于阗文）
P.2798V（3）	阿育王传说题记（于阗文）
P.2800V	归依三宝文（于阗文）
P.2801V	罗摩故事（于阗文）
P.2834V（1）	文书残片（于阗文）
P.2834V（2）	商人难陀的故事（于阗文）
P.2851V(Pel.tib.1040)	苯教仪轨（藏文）
P.2853V(Pel.tib.1134)	苯教殡葬仪礼故事（藏文）
P.2855(Pel.tib243V)（1）	毗卢遮那佛命名仪轨（藏文）
P.2855(Pel.tib243V)（3）	阿难陀目卻 Nirhari 陀罗尼（于阗文）
P.2855V(Pel.tib2434)（2）	曼陀罗（藏文）
P.2855V(Pel.tib2434)（3）	陀罗尼（于阗文）
P.2878V	藏文残页

(续表)

流水号	题名
P.2889V（1）	药方（于阗文）
P.2890V(Pel.tib.1071)	狩猎伤人赔偿律（藏文）
P.2891V	游方僧人诗（于阗文）
P.2892V（1）	悉昙娑罗（于阗文）
P.2892V（2）	突厥于阗双语汇表
P.2893V（1）	发愿文（于阗文）
P.2893V（2）	医药文献（于阗文）
P.2895V	抒情诗（于阗文）
P.2896V（1）	善财譬喻经（于阗文）
P.2896V（2）	于阗使臣上于阗朝廷书（于阗文）
P.2896V（3）	抒情诗（于阗文）
P.2897V（1）	佛教文献（于阗文）
P.2897V（2）	于阗使臣报告杂抄（于阗文）
P.2898V	于阗使臣上于阗朝廷书（于阗文）
P.2900V（2）	佛名经（于阗文）
P.2906V	佛名经（于阗文）
P.2909V	回鹘文文献
P.2910V	佛名经（于阗文）
P.2925V（1）	文书（于阗文）
P.2925V（2）	佛说帝释般若波罗蜜多心经（于阗体梵文）
P.2927V（1）	残字（于阗文）
P.2927V（2）	汉语于阗语词汇表（于阗文）
P.2927V（3）	文书（于阗文）
P.2928V	凡夫俗子和贵臣之女的爱情故事诗（于阗文）
P.2929V	于阗人发愿文（于阗文）
P.2933V	佛陀弟子大劫宾那的故事诗（于阗文）

流水号	题名
P.2936V	抒情诗（于阗文）
P.2941V（1）	藏文半行
P.2949V	贤劫千佛名经序（于阗文）
P.2956V	抒情诗（于阗文）
P.2957V（1）	于阗文文献
P.2957V（2）	善财譬喻经（于阗文）
P.2957V（3）	文书（于阗文）
P.2957V（4）	善财譬喻经（于阗文）
P.2958V（1）	阿育王传说（于阗文）
P.2958V（2）	于阗使臣上沙州敦煌王书（于阗文）
P.2958V（3）	书信（于阗文）
P.2958V（4）	于阗使上沙州官府书（于阗文）
P.2958V（5）	甘州可汗致于阗金汗书（于阗文）
P.2958V（6）	于阗使臣上于阗朝廷书（于阗文）
P.2958V（7）	朔方王子上于阗朝廷书（于阗文）
P.2958V（8）	朔方王子禀母书（于阗文）
P.2961V（2）	西域文
P.2969V	回鹘文文献
P.2986V(Pel.tib.1251)	藏文音写文献
P.2988V	回鹘文文献
P.2989V(Pel.tib.781)（1）	佛经（藏文）
P.2990(Pel.tib.133)（1）	佛经（藏文）
P.2990V(Pel.tib.133V)（2）	佛经（藏文）
P.2998V	回鹘文文献
P.3009V（1）	藏文文献
P.3036V（2）	藏文题记

(续表)

流水号	题名
P.3046V	佚名氏于沙州书账单（回鹘文）
P.3049V	摩尼教文书（回鹘文）
P.3071V	摩尼教赞美诗及教士名录（回鹘文）
P.3072V	摩尼教忏悔文（回鹘文）
P.3073(Pel.tib.1129)	库公珠致僧录帖（藏文）
P.3073(Pel.tib.1129) V（2）	回鹘文题记
P.3073(Pel.tib.1129) V（3）	藏文题记
P.3076V	发愿文（回鹘文）
P.3077(Pel.tib.151)	普贤行愿王经疏释（藏文）
P.3088(Pel.tib.342)	咒语（藏文）
P.3134V	毛织物入破历（回鹘文）
P.3137（2）	藏文密咒
P.3137（5）	藏文密咒
P.3184V（4）	藏文题记
P.3243V（2）	藏文文献
P.3288+3555AV（6）	藏文文献
P.3289（10）	藏文二行
P.3301(Pel.tib.1261) V（2）	藏文文献
P.3327V(Pel.tib.762)	圣缘起心经（藏文）
P.3336V（1）	藏文一行
P.3337V（1）	藏文一行
P.3369P8V	藏文
P.3402V（2）	藏文文献
P.3407V	摩尼教文书（回鹘文）
P.3419（Pt.1046）B	藏文文献
P.3447（Pt.290）	佛经（藏文）

(续表)

流水号	题名
P.3493（Pt.1931）	十万般若波罗蜜多经（藏文）（馆藏缺）
P.3508（Pt.1931）	十万般若波罗蜜多经（藏文）（馆藏缺）
P.3509	善恶两王子故事（回鹘文）
P.3510（1）	从德太子礼忏发愿文（于阗文）
P.3510（2）	礼忏文（于阗文）
P.3510（3）	般若心经（于阗文）
P.3510（4）	陀罗尼（于阗体梵文）
P.3511（P.sogd.1）	吠桑檀多本生经（粟特文）
P.3511（P.sogd.2）	戒食肉经（粟特文）
P.3511（P.sogd.3）	咒术书（粟特文）
P.3512（P.sogd.18）	佛说地藏菩萨陀罗尼经（粟特文）
P.3513（1）	佛名经（于阗文）
P.3513（2）	般若心经疏（于阗文）
P.3513（3）	普贤行愿赞（于阗文）
P.3513（4）	金光明最胜王经忏悔品（于阗文）
P.3513（5）	礼忏文（于阗文）
P.3515A（P.sogd.5）（1）	长爪梵志请问经（粟特文）
P.3515A（P.sogd.5）（2）	受八斋戒仪（粟特文）
P.3515b（P.sogd.17）PV	粟特文残片
P.3515b（P.sogd.17）V	佛典（粟特文）
P.3516（P.sogd.4）	善恶因果经（粟特文）
P.3517（P.sogd.13）	归命诸佛赞文（粟特文）
P.3518（P.sogd.7）	不空羂索神咒心经（粟特文）
P.3519（P.sogd.6）V	药师琉璃光如来本愿功德经（粟特文）
P.3520（P.sogd.8）	观自在菩萨一百八名赞（粟特文）
P.3521（P.sogd.11）	究竟大悲经（粟特文）

(续表)

流水号	题名
P.3522（P.tib.1079）	比丘邦静根诉状（藏文）
P.3523（P.tib.1098）	于阗贡使岁赋事（藏文）
P.3524（P.tib.1243）	藏文音写文献
P.3527（P.tib.1081）	关于吐谷浑莫贺延部落奴隶李央贝事诉状（藏文）
P.3529（P.tib.1082）	登埃里部可汗回文（藏文）
P.3530（P.tib.1045）	鸟鸣占卜书（藏文）
P.3531（P.tib.849）	梵藏对译佛教语汇文例集
P.3531（P.tib.849）V	梵藏对译佛教语汇文例集补注
P.3533（P.kout.DA/M.507）P2	龟兹语文献
P.3533（P.kout.DA/M.507）P32－P43	龟兹语文献
P.3533（P.kout.DA/M.507P1－P30）	龟兹语文献
P.3555AV（6）	藏文文献（见P.3288V）
P.3555BP3V	藏文文献
P.3746V	藏文题记
P.3770V（5）	藏文题记
P.3861（12）	陀罗尼（藏文）
P.3861（2）	发愿文（于阗文）
P.3861（3）	陀罗尼（藏文）
P.3896V（2）	鸟鸣占卜书（藏文）
P.3992（2）	藏文文献
P.4068V	于阗使臣上于阗朝廷书（于阗文）
P.4071（3）	藏文写本
P.4089	须达拏譬喻经（于阗文）
P.4089V	文书（于阗文）
P.4091（2）	诏敕（于阗文）

流水号	题名
P.4099	文殊师利无我化身经（于阗文）
P.4521（P.ouig.16）	回鹘文文献
P.4539V	藏文字母
P.4551V	藏文题记
P.4577（2）	梵文杂写
P.4623V（1）	藏文修补残片
P.4637（Pel.ouig.12）	回鹘文文献
P.4649V	发愿文（于阗文）
P.4664V（2）	藏文杂写
P.4683AV（1）	礼仪问答（藏文）
P.4683BV	礼仪问答（藏文）
P.4741V	藏文残片
P.4988（2）	藏文题记
P.5029AV	藏文文献
P.5029BV	藏文文献
P.5532	于阗文不空罥索咒心经
P.5535（2）	于阗文陀罗尼
P.5536bis	于阗文残片
P.5536bisV	于阗文残片
P.5536V	于阗文佛教文献
P.5537V	于阗文佛说帝释般若波罗蜜多心经
P.5538（1）	于阗文于阗王尉迟轮罗天尊四年（970）致沙州大王舅曹元忠书
P.5538（2）	于阗使臣上于阗朝廷书
P.5538（3）	梵文于阗文双语文书
P.5538V	梵文于阗文双语文书
P.5551bisV	藏文残片

(续表)

流水号	题名
P.5570V	藏文残字
P.5571V	藏文文献
P.5574V	藏文杂写
P.5577	最胜问菩萨十住除垢断结经（见 Pt.1173）
P.5585V（2）	藏文修补叶
P.5587（3）（2）	残藏文
P.5587（3）V	残藏文
P.5590（1）V（1）	藏文文献
P.5592（2）	回鹘文杂写
P.5597	于阗文金刚般若波罗蜜多经启请文
S.0095V	藏文
S.0155V	藏文文书约一百五十行
S.1000V	藏文文书十一行
S.1145V（1）	藏文文书四行
S.1301	大般若波罗蜜多经卷三一三
S.1495V	藏文二十七行
S.2115V	西域文文书五十行
S.2368	佛经律疏
S.2469V	于阗文文书七行
S.2471V	于阗文无量寿宗要经二百余行
S.2507V	西域文文书
S.2529V	于阗文文书
S.2636V	藏文二短行，戒律文字若干行
S.2736V	藏文文书五十行
S.3145V	藏文共八行
S.4243（2）	西域文文书十行

(续表)

流水号	题名
S.5212V	于阗文文书
S.5862	贞元六年（790）举钱契
S.5863（1）	残状
S.5863（2）	新城镇状
S.5863V	杂写
S.5864	大历十六年（781）六城杰谢百姓胡书典牒
S.5867	大中三年（849）马令庄举钱契
S.5868	护国寺处分家人帖
S.5869	建中八年（787）苏嘉□举钱契
S.5870	唐大历某年女妇许十四举钱契
S.5871	大历十七年（782）护国寺僧虔英便粟契
S.5872	出典牙梳等字样
S.6251	死者随身衣裳棺木
S.6588V	藏文文书二十二行
S.6701V	于阗文文书二十行
S.6878V	藏文文书
S.6964	断片
S.6965	断片
S.6966	断片
S.6967	断片
S.6968	断片
S.6969	残牒
S.6970	残片若干片
S.6971	残片
S.6972	断片
S.6998FV	于阗文

(续表)

流水号	题名
S.7133	藏文
S.7466V	藏文
S.7565V	藏文
S.7612C	藏文
S.8183V	藏文
S.9222	书状
S.9464	唐大历十年（775）五月二十八日典赵达牒
S.9464V	唐大历十五年（780）四月二十八日梅捺举钱契
S.11585	于阗护国寺状
S.11606	清朝吐鲁番文书
S.11607	清朝吐鲁番文书
S.11608	清朝吐鲁番文书
S.11609	清朝吐鲁番文书
S.12597	清代奏报
S.12597背面	满文（？）文书
SCM.D.103876A	宋大宋新译三藏圣教序
SCM.D.103876B	宋毗婆尸佛经卷上
SCM.D.115758	宋妙法莲华经
SCM.D.115956V	西夏圣妙吉祥真实名经
SCM.D.116975	宋妙法莲华经残卷
SCM.D.29125	宋大般涅槃经
XT.t.002	大乘无量寿宗要经
XT.t.003	大乘无量寿宗要经
ZSD047号背	骰子卜（藏文）
ZSD080号	大乘无量寿宗要经（藏文）
ZSD081号	大乘无量寿宗要经（藏文）

(续表)

流水号	题名
ZSD082号	大乘无量寿宗要经（藏文）
ZSD083号	金银字写经（藏文）
ZSD084号	西夏文献
ZSD085号	蒙文文献
ZSD086号	大般若波罗蜜多经卷一五九
ZSD087号	大般若波罗蜜多经卷三三六
ZSD088号	大般若波罗蜜多经卷二一一
ZSD089号	大般若波罗蜜多经卷五七九
ZSD090号	妙法莲华经卷二
ZSD091号	妙法莲华经卷五
ZSD092号	妙法莲华经卷三
ZSD093号	妙法莲华经卷五
Дx.00067	藏文空心字
Дx.00200V	回鹘文文书
Дx.00354+Дx.01253A	阿毗达磨论第一袟十卷包首
Дx.00354+Дx.01253B	给马牒
Дx.00354+Дx.01253C	节度使牒
Дx.00354+Дx.01253D	开元九年文书
Дx.00354+Дx.01253E	付长行坊牒
Дx.00354+Дx.01253EV	付长行坊牒
Дx.00448+Дx.00449+Дx.00450+Дx.00451V	藏文残片
Дx.00580+Дx.00582+Дx.00584V	回鹘文残字
Дx.00581V	回鹘文题记
Дx.00591	众生心法图
Дx.00883CV	藏文残字
Дx.01236	占书（推神龟走失法第二等）

(续表)

流水号	题名
Дх.01253A	阿毗达磨论第一袟十卷勘经记（见俄Дх.00354）
Дх.01253B	给马牒（见俄Дх.00354）
Дх.01253C	节度使牒（见俄Дх.00354）
Дх.01253D	开元九年文书（见俄Дх.00354）
Дх.01253E＋Дх.01253EV	付长行坊牒（见俄Дх.00354）
Дх.01283	四月初四日千佛洞众经士请某师庆祝圣诞帖
Дх.01299	等爱寺新上差科
Дх.01328	建中三年三月廿七日授百姓部田春苗历
Дх.01336＋TK140	佛说三十五佛名经
Дх.01339	至正二年粮谷历
Дх.01339V	宣光二年六月呈文
Дх.01348	买婢契
Дх.01357	契约（西夏文）
Дх.01390	大威德炽盛光消灾吉祥陀罗尼并版画
Дх.01403	皇庆元年刑房大赦令
Дх.01445	礼佛文
Дх.01447	金光明最胜王经卷九善生品第二十一
Дх.01461V	于阗文文书
Дх.01504V	回鹘文
Дх.01898＋Дх.10241V	藏文
Дх.01996C	藏文附记
Дх.02158	至正廿四年支麦及买肉等呈文
Дх.02158V	宣光二年铺马驼只案牍
Дх.02302B	藏文残片
Дх.02670	史记李斯列传
Дх.02670V	捍王入高昌城事

(续表)

流水号	题名
Дx.02683+Дx.11074	黄帝内经素问
Дx.02683+Дx.11074V	地亩清册
Дx.02822	蒙学字书
Дx.02823	佛教名词问答
Дx.02826	开元某年牒状
Дx.02828	乾祐二年材植交纳账册
Дx.02875	刻本佛经
Дx.02876	刻本佛经
Дx.02876V	今我所修如是讼偈语
Дx.02877	西方三圣捺印
Дx.02878	为天曹地府说法版刻画像
Дx.02887	牛犊驴出入历
Дx.02947	中书侍郎韦谭等五言诗三首
Дx.02947V	开元十四年七月八日买田契
Дx.02949	岁次壬午年清信曹法姿写经题记
Дx.02957+Дx.10280	光定十三年十月初四日杀了人口状
Дx.03111V	藏文残片
Дx.03143	版画佛本行集经说法图
Дx.03176	刻本金刚般若波罗蜜经
Дx.03185	佛经论释
Дx.03198V	回鹘文残片
Дx.03223V	回鹘文残片
Дx.03224V	回鹘文残片
Дx.03225V	回鹘文残片
Дx.03226V	回鹘文残片
Дx.03249	木刻佛经
Дx.03249V	回鹘文残片

(续表)

流水号	题名
Дx.03310V	回鹘文残片
Дx.03650V	民族文字残片
Дx.03651V	民族文字残片
Дx.03652V	民族文字残片
Дx.03654V	回鹘文及汉文杂写
Дx.03655V	民族文字残片
Дx.03673V	民族文字残片
Дx.03895+Дx.03901	西夏科举论稿
Дx.03901	西夏科举论稿
Дx.04076	残佛经
Дx.05179	藏文文献
Дx.05404V	民族文字残片
Дx.05500V	回鹘文残片
Дx.05672V	回鹘文残片
Дx.05935	残片
Дx.05935V	广德二年索有让牒
Дx.06273V	回鹘文残片
Дx.06279	回鹘文残片
Дx.06311+Дx.06313+Дx.06314+Дx.06318+Дx.06319	佛说观弥勒菩萨上生兜率天经、慈氏真言
Дx.06313+Дx.06314	佛说观弥勒菩萨上生兜率天经、慈氏真言（见 Дx.06306）
Дx.06316V	回鹘文残片
Дx.06318+Дx.06319	佛说观弥勒菩萨上生兜率天经、慈氏真言（见 Дx.06306）
Дx.06354V	回鹘文残片
Дx.06396V	藏文残片
Дx.06489	回鹘文残片

(续表)

(续表)

流水号	题名
Дx.06523V	回鹘文残片
Дx.06554V	民族文字
Дx.06721V	藏文残片
Дx.06811	民族文字残片
Дx.06851V	民族文字残片
Дx.06910V	民族文字残片
Дx.06934V	民族文字残片
Дx.06951V	民族文字残片
Дx.06957V	民族文字残片
Дx.06997V	民族文字残片
Дx.07038V	民族文字残片
Дx.07100V	民族文字残片
Дx.07116V＋Дx.07120V	民族文字残片
Дx.07120V	民族文字残片（见 Дx.07116V）
Дx.07147V	民族文字残片
Дx.07221	残佛经
Дx.07222	民族文字残片
Дx.07230	民族文字残片
Дx.07232V	民族文字及人物画
Дx.07252V	民族文字残片
Дx.07254V	民族文字残片
Дx.07262V	民族文字残片
Дx.07302	民族文字残片
Дx.07319	民族文字残片
Дx.07347V	民族文字残片
Дx.07356	民族文字残片
Дx.07361V	民族文字残片

(续表)

流水号	题名
Дх.07450V	民族文字残片
Дх.07645V	民族文字残片
Дх.07735V	民族文字残片
Дх.07759V	民族文字残片
Дх.07810	民族文字残片
Дх.07812	藏文残片
Дх.07850	般若灯论释卷三观去来品第二
Дх.07861V＋Дх.07864V＋Дх.07870V＋Дх.07902V	民族文字残片
Дх.07864V	民族文字残片
Дх.07867	杂阿含经卷四三
Дх.07868V	民族文字残片
Дх.07870V	民族文字残片
Дх.07873	民族文字残片
Дх.07874	民族文字残片
Дх.07898	残佛经
Дх.07899	大般若波罗蜜多经卷四八二第三分舍利子品第二之四
Дх.07902V	民族文字残片
Дх.07927	增壹阿含经卷四三善恶品第四十七
Дх.07929	增壹阿含经卷四三善恶品第四十七
Дх.07953V	民族文字残片
Дх.08089	民族文字残片
Дх.08119	大般若波罗蜜多经卷四〇五第二分舌根相品第五
Дх.08122	大般若波罗蜜多经
Дх.08270	版画残片
Дх.08431V	民族文字残片

(续表)

(续表)

流水号	题名
Дх.08591+Дх.08596	大般若波罗蜜多经卷一〇初分现舌相品第六
Дх.08595	大般若波罗蜜多经卷四八二第三分舍利子品第二之四
Дх.08650V	民族文字残片
Дх.08651	佛经、民族文字残片
Дх.08651V	民族文字残片
Дх.08790V	民族文字残片
Дх.09063V	民族文字残片
Дх.09108	版画残片
Дх.09170+Дх.09178	医典
Дх.09177+Дх.09240	佛说佛名经
Дх.09178	医典
Дх.09218	残佛经
Дх.09222+Дх.09230	金光明最胜王经卷一序品第一
Дх.09225+Дх.09241	大般涅槃经卷三五迦叶菩萨品第十二之三
Дх.09240	佛说佛名经
Дх.09241	大般涅槃经卷三五迦叶菩萨品第十二之三
Дх.09434V	民族文字残片
Дх.09520	民族文字残片
Дх.09521V	民族文字残片
Дх.09523V	民族文字残片
Дх.09527V+Дх.09530V	民族文字残片
Дх.09530V	民族文字残片
Дх.09545V	民族文字残片
Дх.09548V	民族文字残片
Дх.09565至Дх.09567	民族文字残片
Дх.09585至Дх.09588	馆藏缺

(续表)

流水号	题名
Дx.09589	妙法莲华经卷七观世音菩萨普门品第二十五
Дx.09590	十诵律卷五八比尼诵盗戒之余
Дx.09591	道行般若经卷二摩诃般若波罗蜜功德品第三
Дx.09592	摩诃般若波罗蜜经卷二七常啼品第八十八
Дx.09593	金光明经卷三鬼神品第十三
Дx.09594	残佛经
Дx.09595	残佛经
Дx.09596	佛经论释
Дx.09596V	残佛经
Дx.09597	大般涅槃经卷一一现病品第六
Дx.09598	佛说佛名经
Дx.09599	摩诃般若波罗蜜经卷二七常啼品第八十八
Дx.09600	残佛经
Дx.09601	残佛经
Дx.09602	残佛经
Дx.09603	残佛经
Дx.09604	妙法莲华经卷二譬喻品第三
Дx.09605	残佛经
Дx.09606	大般涅槃经卷一五梵行品第八之一
Дx.09607	大般涅槃经卷四如来性品第四之一
Дx.09608	残片
Дx.09609	妙法莲华经卷四见宝塔品第十一
Дx.09610	十方千五百佛名经
Дx.09611	残佛经
Дx.09612	大般涅槃经卷一四圣行品第七之四
Дx.09613	大般涅槃经卷六如来性品第四之三
Дx.09614	残佛经

(续表)

(续表)

流水号	题名
Дx.09615	大般涅槃经卷一一现病品第六
Дx.09616	残片
Дx.09617	大般涅槃经卷一一现病品第六
Дx.09618	法句经序
Дx.09619	妙法莲华经卷二信解品第四
Дx.09620	大般涅槃经卷三一师子吼菩萨品第十一之五
Дx.09621	佛说仁王般若波罗蜜经卷上护国经观空品第二
Дx.09622	残佛经
Дx.09623	妙法莲华经卷三药草喻品第五
Дx.09624	十诵律
Дx.09625	残佛经
Дx.09626	残佛经
Дx.09627	小品般若波罗蜜经卷二摩诃般若波罗蜜明咒品第四
Дx.09628	妙法莲华经卷四劝持品第十三
Дx.09629	佛说佛名经
Дx.09630	妙法莲华经卷六法师功德品第十九
Дx.09631	残佛经
Дx.09632	弥沙塞五分戒本
Дx.09633	添品妙法莲华经卷一序品第一
Дx.09634	金刚般若波罗蜜经
Дx.09635	妙法莲华经卷一序品第一
Дx.09636	残佛经
Дx.09637 至 Дx.09674	馆藏缺
Дx.09675	大般若波罗蜜多经卷五〇六第三分叹净品第十一之一
Дx.09676	馆藏缺
Дx.09677	金光明经卷四舍身品第十七

(续表)

流水号	题名
Дx.09678	残佛经
Дx.09678V	民族文字残片
Дx.09679	残片
Дx.09680+Дx.09681	馆藏缺
Дx.09682	残佛经
Дx.09683 至 Дx.09685	馆藏缺
Дx.09686	妙法莲华经卷一序品第一
Дx.09687	妙法莲华经卷四法师品第十
Дx.09688	妙法莲华经卷一方便品第二
Дx.09689	说无垢称经卷四观有情品第七
Дx.09690	摩诃般若波罗蜜经卷一六不退品第五十五
Дx.09691	大般若波罗蜜多经卷五九八第十六般若波罗蜜多分之六
Дx.09692	大般涅槃经卷三六迦叶菩萨品第十二之四
Дx.09693	残佛经
Дx.09694	大般若波罗蜜多经卷三一一初分办事品第四十三之二
Дx.09695	根本说一切有部目得迦卷七
Дx.09696	佛说首楞严三昧经卷上
Дx.09697	妙法莲华经卷四法师品第十
Дx.09698	民族文字残片
Дx.09699	金光明经卷三鬼神品第十三
Дx.09700	摩诃般若波罗蜜经卷二七法尚品第八十九
Дx.09701	馆藏缺
Дx.09702	摩诃般若波罗蜜经卷二七常啼品第八十八
Дx.09703A	残佛经
Дx.09703B	残佛经
Дx.09703C	残佛经

(续表)

流水号	题名
Дx.09704	妙法莲华经卷二信解品第四
Дx.09705	馆藏缺
Дx.09706	大般若波罗蜜多经卷五四二第四分福门品第五之二
Дx.09707	俱舍论颂疏论本卷一
Дx.09708	摩诃般若波罗蜜经卷一六不退品第五十五
Дx.09709	妙法莲华经卷一方便品第二
Дx.09710	四分律卷四三拘睒弥犍度第九
Дx.09711	大般若波罗蜜多经卷四八初分摩诃萨品第十三之二
Дx.09712	维摩诘所说经卷下菩萨行品第十一
Дx.09713	维摩诘所说经卷下菩萨行品第十一
Дx.09714	残佛经
Дx.09715	大般涅槃经卷七如来性品第四之四
Дx.09716	合部金光明经卷二业障火品第五
Дx.09717	大般涅槃经卷一一圣行品第七之一
Дx.09718	阿毗达磨俱舍论卷六分别根品第二之四
Дx.09719	大般若波罗蜜多经卷四六〇第二分巧便品第六十八之一
Дx.09720	大般涅槃经卷三一师子吼菩萨品第十一之五
Дx.09721	大般若波罗蜜多经卷五一四第三分不退相品第二十之一
Дx.09722	大般若波罗蜜多经卷五四三第四分随喜回向品第六之一
Дx.09723+Дx.09724	菩萨善戒经卷三菩萨地善提力性品第九
Дx.09725	馆藏缺
Дx.09726	大般若波罗蜜多经卷五一四第三分不退相品第二十之一
Дx.09727	俱舍论颂疏论本卷一
Дx.09728	合部金光明经卷一寿量品第二

(续表)

流水号	题名
Дx.09729	放光般若经卷一〇摩诃般若波罗蜜真知识品第四十六
Дx.09730	佛说佛经名
Дx.09731	佛说佛名经卷三
Дx.09732	大般若波罗蜜多经卷三二六初分不退转品第四十九之二
Дx.09733	佛说佛经名
Дx.09734	大般若波罗蜜多经卷三五二初分多问不二品第六十一之二
Дx.09735	大般若波罗蜜多经卷二一初分教诫教授品第七之十一
Дx.09736	馆藏缺
Дx.09737	大般若波罗蜜多经卷四三七第二分无摽帜品第四十一之二
Дx.09738	胜天王般若波罗蜜经卷五无所得品第八
Дx.09739	大般若波罗蜜多经卷三三七初分巧便学品第五十五之一
Дx.09740	残佛经
Дx.09741	佛说佛经名
Дx.09742	残佛经
Дx.09743A	根本说一切有部目得迦卷七
Дx.09743B	大般若波罗蜜多经卷四四一第二分不和合品第四十五之二
Дx.09744	妙法莲华经卷四提婆达多品第十二
Дx.09745	说无垢称经卷四观有情品第七
Дx.09746	佛说长阿含经卷二第一分游行经第二
Дx.09747+Дx.09748	丝织品
Дx.09749	放光般若经卷三摩诃般若波罗蜜空行品第十二
Дx.09750	佛说佛名经卷一
Дx.09751 至 Дx.09755	馆藏缺
Дx.09756	大般涅槃经卷一四圣行品第七之四

(续表)

流水号	题名
Дх.09757	民族文字残片
Дх.09758 至 Дх.09764	馆藏缺
Дх.09765	民族文字残片
Дх.09766	安乐行道转经愿生净土法事赞卷下
Дх.09767+Дх.09768	民族文字残片
Дх.09769+Дх.09874+Дх.09922+Дх.10037+Дх.10086+Дх.10088+Дх.10099	大般涅槃经卷二一光明遍照高贵德王菩萨品第十之一至卷二十二光明遍照高贵德王菩萨品第十之二
Дх.09770 至 Дх.09792	馆藏缺
Дх.09793	大般若波罗蜜多经卷四四一第二分不和合品第四十五之二
Дх.09794	妙法莲华经卷四提婆达多品第十二
Дх.09795	说无垢称经卷四观有情品第七
Дх.09796	佛说长阿含经卷二第一分游行经第二
Дх.09797 至 Дх.09818	馆藏缺
Дх.09819	大般涅槃经卷二一光明遍照高贵德王菩萨品第十之一
Дх.09820+Дх.09821	馆藏缺
Дх.09822	大般涅槃经卷二一光明遍照高贵德王菩萨品第十之一
Дх.09823	残佛经
Дх.09824	残佛经
Дх.09825	民族文字残片
Дх.09826	残佛经
Дх.09827	佛说弥勒下生成佛经
Дх.09828	馆藏缺
Дх.09829	残佛经
Дх.09830	残佛经
Дх.09831 至 Дх.09841	馆藏缺
Дх.09842	梁朝傅大士颂金刚经

(续表)

流水号	题名
Дх.09843 至 Дх.09873	馆藏缺
Дх.09874	大般涅槃经卷二一光明遍照高贵德王菩萨品第十之一至卷二十二光明遍照高贵德王菩萨品第十之二
Дх.09875 至 Дх.09881	馆藏缺
Дх.09882+Дх.09888+Дх.09935+Дх.09936+Дх.10092	五脏论、本草经集注
Дх.09883+Дх.09887	正法念处经卷四六观天品之二十五（夜摩天之十一）
Дх.09884 至 Дх.09886	馆藏缺
Дх.09887	正法念处经卷四六观天品之二十五（夜摩天之十一）
Дх.09888	五脏论、本草经集注
Дх.09889	馆藏缺
Дх.09890	佛说佛名经
Дх.09890V	民族文字残片
Дх.09891	馆藏缺
Дх.09892+Дх.09917	大乘无量寿经
Дх.09893+Дх.09895+Дх.09896	佛说天地八阳神咒经
Дх.09894	残佛经
Дх.09895+Дх.09896	佛说天地八阳神咒经
Дх.09897A	佛说天地八阳神咒经
Дх.09897B	妙法莲华经卷七妙音菩萨品第二十四
Дх.09898	馆藏缺
Дх.09899	梁朝傅大士颂金刚经
Дх.09900	金刚般若波罗蜜经注
Дх.09901	金光明最胜王经卷六四天王护国品第十二
Дх.09902	佛说天地八阳神咒经
Дх.09903+Дх.11000	金刚般若波罗蜜经

(续表)

流水号	题名
Дx.09904	妙法莲华经卷七观世音菩萨普门品第二十五
Дx.09905	习字
Дx.09906	佛顶尊胜陀罗尼经序
Дx.09907	佛说佛名经卷二
Дx.09908	大般若波罗蜜多经题签
Дx.09909	维摩诘所说经卷中不思议品第六
Дx.09910	金光明最胜王经卷二分别三身品第三
Дx.09911	大乘入楞伽经卷二集一切法品第二之二
Дx.09912	救诸众生一切苦难经
Дx.09913	佛说佛名经卷一一
Дx.09914	大般若波罗蜜多经卷一一三初分校量功德品第三十之十一
Дx.09915	摩诃般若波罗蜜经卷一五成办品第五十
Дx.09916	残佛经
Дx.09917	大乘无量寿经
Дx.09918	和菩萨戒文
Дx.09919	大般若波罗蜜多经卷三二七初分不退转品第四十九之三
Дx.09922	大般涅槃经卷二一光明遍照高贵德王菩萨品第十之一至卷二十二光明遍照高贵德王菩萨品第十之二
Дx.09923+Дx.09924	馆藏缺
Дx.09925	大乘阿毗达磨杂集论卷九决择分中谛品第一之四
Дx.09926	妙法莲华经卷三化城喻品第七
Дx.09927	妙法莲华经卷六随喜功德品第十八
Дx.09928	大般若波罗蜜多经卷一三七初分校量功德品第三十之三十五
Дx.09929	妙法莲华经卷六药王菩萨本事品第二十三
Дx.09930	妙法莲华经卷四法师品第十

(续表)

流水号	题名
Дx.09931	金光明经卷四流水长者子品第十六
Дx.09932	大般涅槃经卷二八师子吼菩萨品第十一之二
Дx.09933	大般涅槃经卷六如来性品第四之三
Дx.09934	妙法莲华经卷三化城喻品第七
Дx.09935+Дx.09936	五脏论、本草经集注
Дx.09937	正法念处经卷四六观天品之二十五（夜摩天之十一）
Дx.09938	佛本行集经卷三五耶输陀因缘品下
Дx.09939	正法念处经卷六三观天品之四十二（夜摩天之二十八）
Дx.09940	民族文字残片
Дx.09941+Дx.09981	占卜书
Дx.09942	悲华经卷五诸菩萨本授记品第四之三
Дx.09943	民族文字残片
Дx.09944	妙法莲华经卷五如来寿量品第十六
Дx.09945	优婆塞戒经卷七业品第二十四之余
Дx.09946	大般涅槃经卷六如来性品第四之三
Дx.09947	佛说善恶因果经
Дx.09948+Дx.09950	摩诃般若波罗蜜经卷二二遍学品第七十四
Дx.09949	金刚般若波罗蜜经
Дx.09950	摩诃般若波罗蜜经卷二二遍学品第七十四
Дx.09951	放光般若经卷三摩诃般若波罗蜜空行品第十二
Дx.09952	妙法莲华经卷五从地踊出品第十五
Дx.09953	民族文字残片
Дx.09954	小品般若波罗蜜经卷二摩诃般若波罗蜜塔品第三
Дx.09955	妙法莲华经卷三化城喻品第七
Дx.09956+Дx.10018	小品般若波罗蜜经卷二摩诃般若波罗蜜塔品第三

(续表)

流水号	题名
Дx.09957	残佛经
Дx.09958	残佛经
Дx.09958V	残佛经
Дx.09959	撰集百缘经卷一〇长爪梵志缘
Дx.09959V	佛说佛名经卷九
Дx.09960	大般涅槃经卷三一师子吼菩萨品第十一之五
Дx.09961	大般涅槃经卷一六梵行品第八之二
Дx.09962	贤愚经卷六（三四）富那奇缘品第二十九
Дx.09962V	杂阿毗昙心论卷三业品第三
Дx.09963	深密解脱经卷五圣者文殊师利法王子菩萨问品第十一
Дx.09964	残佛经
Дx.09964V	残佛经
Дx.09965	大方等大集经卷二一宝幢分中四天王护法品第十一
Дx.09966	残佛经
Дx.09967	大般涅槃经卷二四光明遍照高贵德王菩萨品第十之四
Дx.09968	十诵律卷三二（第五诵之四）悔法第五（八法中苦切羯磨第四之余）
Дx.09969	民族文字残片
Дx.09970	金光明经卷一忏悔品第三
Дx.09971	妙法莲华经卷五从地踊出品第十五
Дx.09972	合部金光明经卷二业障灭品第五
Дx.09973	佛说决罪福经卷下
Дx.09974	妙法莲华经卷六随喜功德品第十八
Дx.09975	大般涅槃经卷四如来性品第四之一
Дx.09976	残佛经
Дx.09977	残佛经

(续表)

流水号	题名
Дx.09978	入楞伽经卷二集一切佛法品第三之一
Дx.09979	大般涅槃经卷二六
Дx.09980	摩诃般若波罗蜜经卷一七梦行品第五十八
Дx.09980V	残佛经
Дx.09981	占卜书
Дx.09982	律抄
Дx.09982V	残佛经
Дx.09983	残片
Дx.09984A	一切经音义卷六四舍利弗问经
Дx.09984B	残片
Дx.09985 至 Дx.09987	残佛经
Дx.09988	杂阿毗昙心论卷八修多罗品第八
Дx.09988V	阿毗昙八犍度论卷二五阿毗昙过去得跋渠第一之一
Дx.09989	大般涅槃经卷三八迦叶菩萨品第十二之六
Дx.09990	妙法莲华经卷七陀罗尼品第二十六
Дx.09991	妙法莲华经卷三化城喻品第七
Дx.09992	佛说华手经卷五诸方品第十八
Дx.09993	佛说观弥勒菩萨上生兜率天经
Дx.09994	残佛经
Дx.09995	大般涅槃经卷四如来性品第四之一
Дx.09996	大般若波罗蜜多经卷名习字
Дx.09997	残佛经
Дx.09998	佛说佛名经卷一
Дx.09998V	金刚顶经金刚界大道场毗卢遮那如来自受用身内证智眷属法身异名佛最上乘秘密三摩地礼忏文
Дx.09999	妙法莲华经卷二信解品第四

(续表)

(续表)

流水号	题名
Дx.10000	大般涅槃经卷一四圣行品第七之四
Дx.10001	残佛经
Дx.10002	妙法莲华经卷四见宝塔品第十一
Дx.10003+Дx.10031	佛经论释
Дx.10004	佛说佛名经卷六
Дx.10005	妙法莲华经卷四见宝塔品第十一
Дx.10006	摩诃般若波罗蜜经卷七问住品第二十七
Дx.10007	妙法莲华经卷一方便品第二
Дx.10008	大般涅槃经卷一九梵行品第八之五
Дx.10009	妙法莲华经卷五从地踊出品第十五
Дx.10010	贤愚经卷五贫人夫妇叠施得现报品第二十五
Дx.10011	残佛经
Дx.10012	妙法莲华经卷五安乐行品第十四
Дx.10013	妙法莲华经卷一序品第一
Дx.10014	残佛经
Дx.10015	妙法莲华经卷三化城喻品第七
Дx.10016	大般若波罗蜜多经卷六〇初分赞大乘品第十六之五
Дx.10017	阿毗达磨俱舍论卷三分别根品第二之一
Дx.10018	小品般若波罗蜜经卷二摩诃般若波罗蜜塔品第三
Дx.10019	大般涅槃经卷九菩萨品第十六
Дx.10020	大般涅槃经卷三一师子吼菩萨品第十一之五
Дx.10021	妙法莲华经卷二譬喻品第三
Дx.10022	大般涅槃经卷九如来性品第四之六
Дx.10023	民族文字残片
Дx.10024	妙法莲华经卷二譬喻品第三
Дx.10025	大般若波罗蜜多经卷一一初分教诫教授品第七之一

(续表)

流水号	题名
Дx.10026	残佛经
Дx.10027	民族文字残片
Дx.10028	残佛经
Дx.10029	萨婆多毗尼毗婆沙卷六九十事第十七
Дx.10030	妙法莲华经卷七妙音菩萨品第二十四
Дx.10031	佛经论释
Дx.10032	妙法莲华经卷四提婆达多品第十二
Дx.10033	妙法莲华经卷二信解品第四
Дx.10034	大般涅槃经卷三金刚身品第二
Дx.10035	妙法莲华经卷七观世音菩萨普门品第二十五
Дx.10036	十诵比丘波罗提木叉戒本
Дx.10037	大般涅槃经卷二一光明遍照高贵德王菩萨品第十之一至卷二十二光明遍照高贵德王菩萨品第十之二
Дx.10038	民族文字残片
Дx.10039	妙法莲华经卷二信解品第四
Дx.10040	民族文字残片
Дx.10041	放光般若经卷一摩诃般若波罗蜜放光品第一
Дx.10042＋Дx.10043	民族文字残片
Дx.10044	残佛经
Дx.10044V	民族文字残片
Дx.10045	大方等大集经卷一陀罗尼自在王菩萨品第二之一
Дx.10046	残佛经
Дx.10047	残佛经
Дx.10048	残佛经
Дx.10049	妙法莲华经卷四法师品第十
Дx.10050	大般若波罗蜜多经卷五九五第十六般若波罗蜜多分之三

(续表)

流水号	题名
Дх.10051	妙法莲华经卷一序品第一
Дх.10052	大般若波罗蜜多经卷五九八第十六般若波罗蜜多分之六
Дх.10053	舍头谏太子二十八宿经
Дх.10054	大般若波罗蜜多经卷五四三第四分随喜回向品第六之一
Дх.10055	残佛经
Дх.10056	残佛经
Дх.10057	妙法莲华经卷五分别功德品第十七
Дх.10058	残佛经
Дх.10059	佛说须赖经
Дх.10059V	民族文字残片
Дх.10060	大般涅槃经卷一三圣行品之下
Дх.10061	残佛经
Дх.10062	妙法莲华经卷六药王菩萨本事品第二十三
Дх.10063	妙法莲华经卷一方便品第二
Дх.10064	残佛经
Дх.10065	合部金光明经卷六正论品第十六
Дх.10066	根本说一切有部目得迦卷七
Дх.10067	大般若波罗蜜多经卷三八初分般若行相品第十之一
Дх.10068	残佛经
Дх.10069	残佛经
Дх.10070	民族文字残片
Дх.10071	大般若波罗蜜多经卷五七一第六分无所得品第九
Дх.10072	残佛经
Дх.10073	残佛经
Дх.10074	残佛经

（续表）

流水号	题名
Дx.10075	残佛经
Дx.10076	大般若波罗蜜多经卷五九八第十六般若波罗蜜多分之六
Дx.10077	佛说长阿含经卷一一（一五）第二分阿㝹夷经第十一
Дx.10078	残佛经
Дx.10078V	残佛经
Дx.10079	残佛经
Дx.10080	民族文字残片
Дx.10081	妙法莲华经卷五安乐行品第十四
Дx.10082	杂宝藏经卷四（四一）贫女以两钱布施即获报缘
Дx.10083	妙法莲华经卷三化城喻品第七
Дx.10084	中阿含经卷一〇（四五）中阿含习相应品惭愧经第四（初一日诵）
Дx.10085	民族文字残片
Дx.10086	大般涅槃经卷二一光明遍照高贵德王菩萨品第十之一至卷二十二光明遍照高贵德王菩萨品第十之二
Дx.10087	佛本行集经卷三五耶输陀因缘品下
Дx.10088	大般涅槃经卷二一光明遍照高贵德王菩萨品第十之一至卷二十二光明遍照高贵德王菩萨品第十之二
Дx.10089	妙法莲华经卷四五百弟子受记品第八
Дx.10089V	民族文字残片
Дx.10090+Дx.10149	一切经音义卷六妙法莲华经卷一
Дx.10091	残佛经
Дx.10092（1）	五脏论
Дx.10092（2）	本草经集注
Дx.10093	民族文字残片
Дx.10094	馆藏缺

(续表)

流水号	题名
Дx.10095	残佛经
Дx.10096+Дx.10097	佛经、民族文字残片
Дx.10098	馆藏缺
Дx.10099	大般涅槃经卷二一光明遍照高贵德王菩萨品第十之一至卷二十二光明遍照高贵德王菩萨品第十之二
Дx.10100 至 Дx.10117	馆藏缺
Дx.10118	律抄
Дx.10119	妙法莲华经卷五安乐行品第十四
Дx.10120	佛经论释
Дx.10121	大般涅槃经卷一五梵行品第八之一
Дx.10122	残佛经
Дx.10123	大般涅槃经卷五如来性品第四之二
Дx.10124	残佛经
Дx.10125	佛说仁王般若波罗蜜经卷上护国经观空品第二
Дx.10126	妙法莲华经卷三药草喻品第五
Дx.10127	残佛经
Дx.10128	妙法莲华经卷六法师功德品第十九
Дx.10129	残佛经
Дx.10130	四分律卷三六二分之十五说戒犍度下
Дx.10131	妙法莲华经卷一方便品第二
Дx.10132	妙法莲华经卷三药草喻品第五
Дx.10133	残佛经
Дx.10134	妙法莲华经卷三药草喻品第五
Дx.10135 至 Дx.10148	馆藏缺
Дx.10149	一切经音义卷六纳妙法莲华经卷一
Дx.10150	馆藏缺

(续表)

流水号	题名
Дx.10241V	藏文残片
Дx.10278+Дx.10279	馆藏缺
Дx.10280	光定十三年十月初四日杀了人口状
Дx.10383	民族文字残片
Дx.10387+Дx.10388	民族文字残片
Дx.10392 至 Дx.10397	民族文字残片
Дx.10400AV	西夏文残片
Дx.10400B	西夏文残片
Дx.10462	大般若波罗蜜多经卷三一四初分真善友品第四十五之二
Дx.10466 至 Дx.10468	馆藏缺
Дx.10733	佉卢文残片
Дx.11074	黄帝内经素问
Дx.11074V	地亩清册
Дx.11230V	民族文字残片
Дx.11231V	民族文字残片
Дx.11232V	民族文字残片
Дx.11308V	民族文字残片
Дx.11329V	民族文字残片
Дx.11331V	民族文字残片
Дx.11336V	民族文字残片
Дx.11382	藏文残片
Дx.11413V	宇文天纳妻书
Дx.11414	残诗集
Дx.11414V	前秦建元十三年七月二十五日赵伯龙买婢券
Дx.11471	版画四菩萨八金刚
Дx.11472A Дx.11472B Дx.11472BV	版画残片

(续表)

(续表)

流水号	题名
Дх.11495	民族文字残片
Дх.11500	版画残片
Дх.11501	版画残片
Дх.11501V	民族文字残片
Дх.11503	版画残片
Дх.11504	佛说大乘圣无量寿决定光明王如来陀罗尼经
Дх.11571	梁朝傅大士颂金刚经
Дх.11572	版画残片
Дх.11573	大方广佛华严经卷一二如来名号品第七至四圣谛品第八
Дх.11576A	大般若波罗蜜多经卷一四八初分校量功德品第三十之四十六
Дх.11576B	般若灯论释卷十四观颠倒品第二十三
Дх.11576C	佛说长阿含经卷七第二分弊宿经第三
Дх.11576D	中阿含经卷四五心品心经第一
Дх.11576E	版画残片
Дх.11577	大般若波罗蜜多经卷二三二初分难信解品第三十四之五十一
Дх.11578	佛说观弥勒菩萨上生兜率天经
Дх.11579	说法千佛
Дх.11580	版画
Дх.11581	版画
Дх.11725	民族文字残片
Дх.11728	民族文字残片
Дх.11729	民族文字残片
Дх.11744	民族文字残片
Дх.11746	民族文字残片
Дх.11753	民族文字残片

(续表)

流水号	题名
Дх.11754V	民族文字残片
Дх.11755	民族文字残片
Дх.11755V	民族文字残片
Дх.11756	民族文字残片
Дх.11756V	民族文字残片
Дх.11757	民族文字残片
Дх.11757V	民族文字残片
Дх.11758V	民族文字残片
Дх.12030V	民族文字残片
Дх.12033V	民族文字残片
Дх.12034V	民族文字残片
Дх.12035V	民族文字残片
Дх.12037V	民族文字残片
Дх.12038V	民族文字残片
Дх.12039V	民族文字残片
Дх.12040V	民族文字残片
Дх.12041V	民族文字残片
Дх.12042V	民族文字残片
Дх.12044V	民族文字残片
Дх.12048V	民族文字残片
Дх.12051V	民族文字残片
Дх.12052V	民族文字残片
Дх.12056V	民族文字残片
Дх.12057V	民族文字残片
Дх.12058V	民族文字残片
Дх.12064	民族文字残片
Дх.12065V	民族文字残片

(续表)

(续表)

流水号	题名
Дx.12066V	民族文字残片
Дx.12067	民族文字残片
Дx.12071V	民族文字残片
Дx.12073V	民族文字残片
Дx.12077V	民族文字残片
Дx.12078V	民族文字残片
Дx.12079V	民族文字残片
Дx.12082V	民族文字残片
Дx.12084V	民族文字残片
Дx.12085V	民族文字残片
Дx.12087V	民族文字残片
Дx.12088	民族文字残片
Дx.12091V	民族文字残片
Дx.12092V	民族文字残片
Дx.12093V	民族文字残片
Дx.12095V	民族文字残片
Дx.12096V	民族文字残片
Дx.12097V	民族文字残片
Дx.12098	民族文字残片
Дx.12105V	民族文字残片
Дx.12106V	民族文字残片
Дx.12107V	民族文字残片
Дx.12109V	民族文字残片
Дx.12111V	民族文字残片
Дx.12113V	民族文字残片
Дx.12116V	民族文字残片
Дx.12117BV	民族文字残片

(续表)

流水号	题名
Дx.12119V	民族文字残片
Дx.12120V	民族文字残片
Дx.12128V	民族文字残片
Дx.12133V	民族文字残片
Дx.12134V	民族文字残片
Дx.12136V	民族文字残片
Дx.12137V	民族文字残片
Дx.12138V	民族文字残片
Дx.12139V	民族文字残片
Дx.12140V	民族文字残片
Дx.12141V	民族文字残片
Дx.12145V	民族文字残片
Дx.12163V	民族文字残片
Дx.12164V	民族文字残片
Дx.12165V	民族文字残片
Дx.12167V	民族文字残片
Дx.12171V	民族文字残片
Дx.12204V	民族文字残片
Дx.12211	官文书
Дx.12234V	民族文字残片
Дx.12238	社司转帖
Дx.12243V	民族文字残片
Дx.12247V	民族文字残片
Дx.12250V	民族文字残片
Дx.12252V	民族文字残片
Дx.12253V	民族文字残片
Дx.12254V	民族文字残片

(续表)

流水号	题名
Дх.12255	西夏文残片
Дх.12260V	民族文字残片
Дх.12261V	民族文字残片
Дх.12262V	民族文字残片
Дх.12263V	民族文字残片
Дх.12265V	民族文字残片
Дх.12267V	民族文字残片
Дх.12268V	民族文字残片
Дх.12269V	民族文字残片
Дх.12270V	民族文字残片
Дх.12273V	民族文字残片
Дх.12287V	民族文字残片
Дх.12289V	民族文字残片
Дх.12297V	民族文字残片
Дх.12299V	民族文字残片
Дх.12301V	民族文字残片
Дх.12310V	民族文字残片
Дх.12311V	民族文字残片
Дх.12312V	民族文字残片
Дх.12317V	民族文字残片
Дх.12321V	民族文字残片
Дх.12330V	民族文字残片
Дх.12335V	民族文字残片
Дх.12338V	民族文字残片
Дх.12339V	民族文字残片
Дх.12340V	民族文字残片
Дх.12341V	民族文字残片

(续表)

流水号	题名
Дх.12349V	民族文字残片
Дх.12350V	民族文字残片
Дх.12353V	民族文字残片
Дх.12362V	民族文字残片
Дх.12363V	民族文字残片
Дх.12365V	民族文字残片
Дх.12366V	民族文字残片
Дх.12370V	民族文字残片
Дх.12375V	民族文字残片
Дх.12377V	民族文字残片
Дх.12378V	民族文字残片
Дх.12380V	民族文字残片
Дх.12381V	民族文字残片
Дх.12401V	民族文字残片
Дх.12409V	民族文字残片
Дх.12410V	民族文字残片
Дх.12413V	民族文字残片
Дх.12414V	民族文字残片
Дх.12437V	民族文字残片
Дх.12441V	民族文字残片
Дх.12442V	民族文字残片
Дх.12443V	民族文字残片
Дх.12445V	民族文字残片
Дх.12453V	民族文字残片
Дх.12454V	民族文字残片
Дх.12455V	民族文字残片
Дх.12456V	民族文字残片

(续表)

(续表)

流水号	题名
Дх.12457V	民族文字残片
Дх.12458V	民族文字残片
Дх.12464V	民族文字残片
Дх.12465V	民族文字残片
Дх.12466V	民族文字残片
Дх.12467V	民族文字残片
Дх.12468V	民族文字残片
Дх.12469V	民族文字残片
Дх.12471V	民族文字残片
Дх.12472V	民族文字残片
Дх.12474V	民族文字残片
Дх.12476V	民族文字残片
Дх.12477V	民族文字残片
Дх.12478V	民族文字残片
Дх.12479V	民族文字残片
Дх.12483V	民族文字残片
Дх.12484V	民族文字残片
Дх.12486V	民族文字残片
Дх.12489V	民族文字残片
Дх.12490V	民族文字残片
Дх.12491	大清光绪十年历日
Дх.12494V	民族文字残片
Дх.12495	医书
Дх.12497V	民族文字残片
Дх.12500V	民族文字残片
Дх.12502V	民族文字残片
Дх.12503V	民族文字残片

(续表)

流水号	题名
Дx.12504V	民族文字残片
Дx.12505V	民族文字残片
Дx.12507V	民族文字残片
Дx.12508V	民族文字残片
Дx.12509V	民族文字残片
Дx.12510V	民族文字残片
Дx.12752	西夏文残片
Дx.12844V	民族文字残片
Дx.12846V	民族文字残片
Дx.12849V	民族文字残片
Дx.12851V	民族文字残片
Дx.12853	西夏文残片
Дx.12874V	民族文字残片
Дx.12876V	民族文字残片
Дx.12888V	民族文字残片
Дx.12896V	民族文字残片
Дx.12910 至 Дx.14156	另编为 C.E. 马洛夫于阗收集品
Дx.14228	民族文字残片
Дx.14249	民族文字残片
Дx.14322	民族文字残片
Дx.15575	民族文字残片
Дx.15642	民族文字残经
Дx.15760	民族文字残片
Дx.16053V	民族文字残片
Дx.16632V	民族文字残片
Дx.16657	民族文字残片
Дx.16685V	民族文字残片

(续表)

(续表)

流水号	题名
Дx.16687V	民族文字残片
Дx.16714	籍账
Дx.16798	金刚般若波罗蜜经破取着不坏假名论卷上
Дx.16798V	发愿文
Дx.16833	金刚般若波罗蜜经破取着不坏假名论卷上
Дx.16833V	残片
Дx.16862V	民族文字残片
Дx.16899	民族文字残片
Дx.16993	民族文字残片
Дx.17015	大般若波罗蜜多经卷五五三第四分坚固品第二十七之一至卷五百五十四第四分坚固品第二十七之二
Дx.17016	别译杂阿含经卷二
Дx.17017+Дx.17018	残佛经
Дx.17019	大般若波罗蜜多经卷五六九第六分法性品第六
Дx.17020	大方广佛华严经卷七普贤三昧品第三
Дx.17021	大方广佛华严经卷七普贤三昧品第三
Дx.17022	别译杂阿含经
Дx.17023	残佛经
Дx.17024	大方广佛华严经卷七世界成就品第四
Дx.17025	大方广佛华严经卷七普贤三昧品第三
Дx.17026	残佛经
Дx.17027	大乘大集地藏十轮经卷六有依行品第四之二
Дx.17028	阿毗达磨俱舍论卷三〇破执我品第九之三
Дx.17029	残佛经
Дx.17030	大方广佛华严经卷七普贤三昧品第三
Дx.17031	大方广佛华严经卷七普贤三昧品第三

(续表)

流水号	题名
Дх.17032	佛说如来不思议秘密大乘经卷一一转法轮品第十四之一
Дх.17033	妙法莲华经卷四见宝塔品第十一
Дх.17034	六度集经卷二须大拏经
Дх.17035	阿毗达磨俱舍论卷二〇分别随眠品第五之二
Дх.17036	残佛经
Дх.17037	大方广佛华严经卷七普贤三昧品第三
Дх.17038+Дх.17040	金光明最胜王经卷三灭业障品第五
Дх.17039	阿毗达磨俱舍论卷六分别根品第二之四
Дх.17040	金光明最胜王经卷三灭业障品第五
Дх.17041	残佛经
Дх.17042	金光明最胜王经卷五金胜陀罗尼品第八
Дх.17043	大般若波罗蜜多经
Дх.17044	别译杂阿含经卷二
Дх.17045+Дх.17046	残佛经
Дх.17047	大方广佛华严经卷七普贤三昧品第三
Дх.17048	别译杂阿含经卷二
Дх.17049	阿毗达磨俱舍论卷二〇分别随眠品第五之二
Дх.17050	大般若波罗蜜多经卷二八三初分难信解品第三十四之一百二
Дх.17051	阿毗达磨俱舍论卷六分别根品第二之四
Дх.17052+Дх.17055	妙法莲华经卷四法师品第十
Дх.17053+Дх.17054	残佛经
Дх.17055	妙法莲华经卷四法师品第十
Дх.17056	残佛经
Дх.17057	妙法莲华经卷五从地踊出品第十五
Дх.17057V	妙法莲华经卷五从地踊出品第十五
Дх.17058	金光明最胜王经卷五重显空性品第九

(续表)

流水号	题名
Дх.17059	阿毗达磨俱舍论卷二〇分别随眠品第五之二
Дх.17060	大方广佛华严经卷七普贤三昧品第三
Дх.17061	大般若波罗蜜多经卷五一初分大乘铠品第十四之三
Дх.17062	大般涅槃经卷一寿命品第一
Дх.17063	大方广佛华严经卷七普贤三昧品第三
Дх.17064	大般若波罗蜜多经卷二八三初分难信解品第三十四之一百二
Дх.17065	别译杂阿含经卷二
Дх.17066	付法藏因缘传卷一
Дх.17067	别译杂阿含经卷二
Дх.17068	别译杂阿含经卷二
Дх.17069	大般若波罗蜜多经卷一八八初分难信解品第三十四之七
Дх.17070	妙法莲华经卷四见宝塔品第十一
Дх.17071+Дх.17163+Дх.17177+Дх.17178+Дх.17179+Дх.17189+Дх.17195	大般若波罗蜜多经卷二七五初分难信解品第三十四之九十四
Дх.17072	残佛经
Дх.17073	妙法莲华经卷二譬喻品第三
Дх.17074	妙法莲华经卷四见宝塔品第十一
Дх.17075	残佛经
Дх.17076	佛顶心陀罗尼经
Дх.17077	金光明最胜王经卷三灭业障品第五
Дх.17078	增壹阿含经卷二三增上品第三十一
Дх.17079	佛说佛名经
Дх.17080	大般若波罗蜜多经
Дх.17081	佛说如来不思议秘密大乘经卷一一转法轮品第十四之一
Дх.17082	别译杂阿含经卷二初诵第二

(续表)

流水号	题名
Дх.17083	阿毗达磨俱舍论卷三〇破执我品第九之二
Дх.17084	金光明最胜王经卷三灭业障品第五
Дх.17085	大方广佛华严经卷七普贤三昧品第三
Дх.17086	大乘大集地藏十轮经卷六有依行品第四之二
Дх.17087V+Дх.17094V	妙法莲华经卷三药草喻品第五
Дх.17087+Дх.17094	妙法莲华经卷三药草喻品第五
Дх.17088	阿毗达磨俱舍论本颂（说一切有部）分别界品第一（四十四颂）
Дх.17089	大乘大集地藏十轮经卷六有依行品第四之二
Дх.17089V	民族文字残片
Дх.17090	残佛经
Дх.17091	妙法莲华经卷四见宝塔品第十一
Дх.17092	妙法莲华经卷四提婆达多品第十二
Дх.17093	大方广佛华严经卷七普贤三昧品第三
Дх.17094	妙法莲华经卷三药草喻品第五
Дх.17094V	妙法莲华经卷三药草喻品第五
Дх.17095	大般若波罗蜜多经卷五七一第六分无所得品第九
Дх.17096	大般若波罗蜜多经卷五六九第六分法性品第六
Дх.17097	别译杂阿含经卷二初诵第二
Дх.17098	妙法莲华经卷四见宝塔品第十一
Дх.17099	妙法莲华经卷四见宝塔品第十一
Дх.17100	妙法莲华经卷四见宝塔品第十一
Дх.17101	佛说大乘菩萨藏正法经卷三十九胜慧波罗蜜多品第十一之七
Дх.17102	残佛经
Дх.17103	妙法莲华经卷四提婆达多品第十二
Дх.17104	阿毗达磨俱舍论卷二〇分别随眠品第五之二

(续表)

流水号	题名
Дх.17105	阿毗达磨俱舍论卷二〇分别随眠品第五之二
Дх.17106	阿毗达磨俱舍论卷二〇分别随眠品第五之二
Дх.17107	金光明最胜王经卷三灭业障品第五
Дх.17108	残佛经
Дх.17109	别译杂阿含经卷二
Дх.17110	金光明最胜王经卷三灭业障品第五
Дх.17111	大方广佛华严经卷五五离世间品第三十八之三
Дх.17112	大方广佛华严经
Дх.17113	大方广佛华严经卷七世界成就品第四
Дх.17114	大般若波罗蜜多经卷一三七初分校量功德品第三十至三十五
Дх.17115	大方广佛华严经卷七普贤三昧品第三
Дх.17116	大方广佛华严经卷七普贤三昧品第三
Дх.17117	别译杂阿含经卷二初诵第二
Дх.17118	大方广佛华严经卷六如来现象品第二
Дх.17119	大方广佛华严经卷七普贤三昧品第三
Дх.17120	大方广佛华严经卷七普贤三昧品第三
Дх.17121	大般若波罗蜜多经卷五六九第六分法性品第六
Дх.17122	大般若波罗蜜多经卷五六九第六分法性品第六
Дх.17123	大方广佛华严经卷七普贤三昧品第三
Дх.17124	大般若波罗蜜多经卷五六九第六分法性品第六
Дх.17125	金光明最胜王经卷三灭业障品第五
Дх.17126	金光明最胜王经卷三灭业障品第五
Дх.17127	大方广佛华严经卷七普贤三昧品第三
Дх.17128	华严经内章门等杂孔目章卷三地厌分中四静虑八禅章

(续表)

流水号	题名
Дx.17129	大方广佛华严经卷七普贤三昧品第三
Дx.17130	别译杂阿含经卷二
Дx.17131	金光明最胜王经卷三灭业障品第五
Дx.17132	别译杂阿含经卷一五
Дx.17133	十方千五百佛名经
Дx.17133V	妙法莲华经卷四提婆达多品第十二
Дx.17134	金光明最胜王经卷三灭业障品第五
Дx.17135	别译杂阿含经卷二
Дx.17136	十住经卷二
Дx.17137	大方广佛华严经卷七世界成就品第四
Дx.17138	大方广佛华严经卷七世界成就品第四
Дx.17139	大般若波罗蜜多经卷一六九第六分法性品第六
Дx.17140	大方广佛华严经卷七普贤三昧品第三
Дx.17141	别译杂阿含经卷二
Дx.17142	妙法莲华经卷四见宝塔品第十一
Дx.17143	阿毗达磨俱舍论卷六分别根品第三之四
Дx.17144	别译杂阿含经卷二
Дx.17144V	大宝积经卷一〇六大乘方便会第三十八之一
Дx.17145	残佛经
Дx.17146+Дx.17147	残佛经
Дx.17148	金光明最胜王经卷五重显空性品第九
Дx.17149	阿毗达磨俱舍论卷二〇分别随眠品第五之二
Дx.17150	大方广佛华严经卷七普贤三昧品第三
Дx.17151	佛说长阿含经卷十（十四）佛说长阿含经分释提桓因问经第十
Дx.17152	大般若波罗蜜多经卷五六九第六分法性品第六

(续表)

流水号	题名
Дх.17153	大般若波罗蜜多经卷二八三初分难信解品第三十四之一百二
Дх.17154	别译杂阿含经卷二
Дх.17155	大方广佛华严经卷七普贤三昧品第三
Дх.17156	阿毗达磨俱舍论卷六分别根品第二之四
Дх.17157	残佛经
Дх.17158	大方广佛华严经卷六如来现相品第二
Дх.17159	大般若波罗蜜多经卷五六九第六分法性品第六
Дх.17160	大方广佛华严经卷七普贤三昧品第三
Дх.17161	大方广佛华严经卷七普贤三昧品第三
Дх.17162	别译杂阿含经卷二初诵第二
Дх.17163	大般若波罗蜜多经卷二七五
Дх.17164	阿毗达磨俱舍论卷六分别根品第二之四
Дх.17165+Дх.17166	残佛经
Дх.17167	大般若波罗蜜多经卷二八三初分难信解品第三十四之一百一
Дх.17168	金光明最胜王经卷三灭业障品第五
Дх.17169 至 Дх.17171	残佛经
Дх.17172	佛说长阿含经卷十第二分三聚经第八
Дх.17173	佛说长阿含经卷十（十四）佛说长阿含经分释提桓因问经第十
Дх.17174	残佛经
Дх.17175	别译杂阿含经卷二初诵第二
Дх.17176	大方广佛华严经卷七普贤三昧品第三
Дх.17177+Дх.17178+Дх.17179	大般若波罗蜜多经卷二七五初分难信解品第三十四之九十四
Дх.17180	大方广佛华严经卷七普贤三昧品第三
Дх.17181	残佛经
Дх.17182	别译杂阿含经卷二初诵第二

(续表)

流水号	题名
Дх.17183	大方广佛华严经卷七普贤三昧品第三
Дх.17184	大般若波罗蜜多经卷三三二初分善学品第五十三之二
Дх.17185	大般若波罗蜜多经卷五六九第六分法性品第六
Дх.17186	大般若波罗蜜多经卷五六九第六分法性品第六
Дх.17187	阿毗达磨俱舍论卷二〇分别随眠品第五之二
Дх.17188	大方广佛华严经卷七普贤三昧品第三
Дх.17189	大般若波罗蜜多经卷二七五初分难信解品第三十四之九十四
Дх.17190	大般若波罗蜜多经卷五六九第六分法性品第六
Дх.17191	大方广佛华严经卷七普贤三昧品第三
Дх.17192+Дх.17193	残佛经
Дх.17194	大般若波罗蜜多经卷五六九第六分法性品第六
Дх.17195	大般若波罗蜜多经卷二七五初分难信解品第三十四之九十四
Дх.17196	别译杂阿含经卷二
Дх.17197	大般若波罗蜜多经卷一三七初分校量功德品第三十之三十五
Дх.17198	大般若波罗蜜多经题签
Дх.17199	大般若波罗蜜多经卷五六九第六分法性品第六
Дх.17200	大般若波罗蜜多经卷五六九第六分法性品第六
Дх.17201	金光明最胜王经卷三灭业障品第五
Дх.17202	残佛经
Дх.17203	大般若波罗蜜多经卷五六九第六分法性品第六
Дх.17204	阿毗达磨顺正理论卷一七辩差别品第二之九
Дх.17205	大般若波罗蜜多经卷二四一初分难信解品第三十四之六十

(续表)

流水号	题名
Дx.17206	残佛经
Дx.17207	佛说十地经卷二菩萨极喜地之余
Дx.17208	杂阿含经卷一七杂因诵第三品之五
Дx.17209	金光明最胜王经卷三灭业障品第五
Дx.17210	妙法莲华经卷四提婆达多品第十二
Дx.17211	别译杂阿含经卷二
Дx.17211V	大般若波罗蜜多经卷四三〇
Дx.17212	大般若波罗蜜多经卷五六九第六分分法性品第六
Дx.17213	杂阿含经卷三
Дx.17214	大般若波罗蜜多经卷五六九第六分法性品第六
Дx.17215	佛说如来不思议秘密大乘经卷一一转法轮品第十四之一
Дx.17216	阿毗达磨俱舍论卷五分别根品第二之三
Дx.17217	别译杂阿含经卷二
Дx.17218	残佛经
Дx.17219	妙法莲华经卷四见宝塔品第十一
Дx.17220	大般若波罗蜜多经卷五二一第三分见不动品第二十五之二
Дx.17221+Дx.17222	残佛经
Дx.17223	大方广佛华严经卷七普贤三昧品第三
Дx.17224	妙法莲华经卷四见宝塔品第十一
Дx.17225	阿毗达磨俱舍论本颂（说一切有部）分别界品第一（四十四颂）
Дx.17226	大般若波罗蜜多经
Дx.17227	金光明最胜王经卷三灭业障品第五
Дx.17228	阿毗达磨俱舍论卷六分别根品第二之四
Дx.17229	残佛经

(续表)

流水号	题名
Дx.17230	佛说长阿含经卷十八（三〇）第四分世纪经阎浮提州品第一
Дx.17231	大乘宝要义论卷二
Дx.17232	金光明最胜王经卷三灭业障品第五
Дx.17233	杂阿含经卷三
Дx.17234	残佛经
Дx.17235	别译杂阿含经卷二
Дx.17236	大般若波罗蜜多经卷五六九第六分法性品第六
Дx.17237	阿毗达磨俱舍论卷五分别根品第二之三
Дx.17238	妙法莲华经卷四见宝塔品第十一
Дx.17239	残佛经
Дx.17240	大般若波罗蜜多经卷五六九第六分法性品第六
Дx.17241	大方广佛华严经卷七普贤三昧品第三
Дx.17242	大般若波罗蜜多经卷五六九第六分法性品第六
Дx.17243	仪轨
Дx.17244	妙法莲华经卷四见宝塔品第十一
Дx.17245	大方广佛华严经卷七普贤三昧品第三
Дx.17246	杂阿含经卷三
Дx.17247	别译杂阿含经卷二
Дx.17248	杂阿含经卷三
Дx.17249	阿毗达磨俱舍论卷六分别根品第二之四
Дx.17250	金光明最胜王经卷三灭业障品第五
Дx.17251	别译杂阿含经卷二
Дx.17252	妙法莲华经卷四提婆达多品第十二
Дx.17252V	残佛经
Дx.17253	妙法莲华经卷四见宝塔品第十一

(续表)

(续表)

流水号	题名
Дx.17254	别译杂阿含经卷二
Дx.17255	金光明最胜王经卷三灭业障品第五
Дx.17256	残佛经
Дx.17257	妙法莲华经卷四见宝塔品第十一
Дx.17258	金光明最胜王经卷三灭业障品第五
Дx.17259	残佛经
Дx.17260	金光明最胜王经卷三灭业障品第五
Дx.17261	别译杂阿含经卷二
Дx.17262	别译杂阿含经卷二
Дx.17263	妙法莲华经卷四见宝塔品第十一
Дx.17264	妙法莲华经卷四见宝塔品第十一
Дx.17265	大方广佛华严经卷六如来现相品第二
Дx.17266	别译杂阿含经
Дx.17267	妙法莲华经卷四见宝塔品第十一
Дx.17268	大方广佛华严经卷七普贤三昧品第三
Дx.17269	大方广佛华严经卷七普贤三昧品第三
Дx.17270	别译杂阿含经卷二
Дx.17271	杂阿含经卷三
Дx.17272	杂阿含经卷三
Дx.17273	大方广佛华严经卷七普贤三昧品第三
Дx.17274	杂阿含经卷三
Дx.17275	残佛经
Дx.17276	阿毗达磨俱舍论卷二〇分别随眠品第五之二
Дx.17277	阿毗达磨俱舍论卷二〇分别随眠品第五之二
Дx.17278	大方广佛华严经卷七普贤三昧品第三
Дx.17279	大方广佛华严经卷七世界成就品第四

(续表)

流水号	题名
Дх.17280	大般若波罗蜜多经卷五六九第六分法性品第六
Дх.17281	大般若波罗蜜多经卷五〇初分大乘铠品第十四之三
Дх.17282	大般若波罗蜜多经卷五六九第六分法性品第六
Дх.17283	妙法莲华经卷四见宝塔品第十一
Дх.17284	杂阿含经卷三
Дх.17285	残佛经
Дх.17286	金光明最胜王经卷三灭业障品第五
Дх.17287	别译杂阿含经卷二
Дх.17288	妙法莲华经卷四见宝塔品第十一
Дх.17289	阿毗达磨俱舍论卷七分别根品第二之五
Дх.17290	大般若波罗蜜多经卷五二一第三分见不动品第二十五之五
Дх.17291	杂阿含经卷三
Дх.17292	金光明最胜王经卷三灭业障品第五
Дх.17293	大般若波罗蜜多经卷五六九第六分法性品第六
Дх.17294	大般若波罗蜜多经卷五二二第三分见不动品第二十五之二
Дх.17295	金光明最胜王经卷三灭业障品第五
Дх.17296	大般若波罗蜜多经卷一二六初分校量功德品第三十之二十四
Дх.17297	妙法莲华经卷四见宝塔品第十一
Дх.17298	别译杂阿含经卷二
Дх.17299	杂阿含经卷四九
Дх.17300	大般若波罗蜜多经卷五一六第三分空相品第二十一之二
Дх.17301A	大般若波罗蜜多经卷五六九第六分法性品第六
Дх.17301B	金光明最胜王经卷三灭业障品第五

(续表)

流水号	题名
Дx.17302	阿毗达磨俱舍论卷六分别根品第二之四
Дx.17303+Дx.17304	残片
Дx.17305	大方广佛华严经卷七普贤三昧品第三
Дx.17306 至 Дx.17310	残片
Дx.17311	别译杂阿含经卷二
Дx.17312	金光明最胜王经卷三灭业障品第五
Дx.17313	别译杂阿含经卷二
Дx.17314	别译杂阿含经卷二
Дx.17315	金光明最胜王经卷三灭业障品第五
Дx.17316	别译杂阿含经卷二
Дx.17317	金光明最胜王经卷三灭业障品第五
Дx.17318	大方广佛华严经卷七世界成就品第四
Дx.17319	金光明最胜王经卷三灭业障品第五
Дx.17320	别译杂阿含经卷二
Дx.17321	别译杂阿含经卷二
Дx.17322	金光明最胜王经卷三灭业障品第五
Дx.17323	大般若波罗蜜多经卷一三七初分校量功德品第三十之三十五
Дx.17324+Дx.17325	残佛经
Дx.17326	大般若波罗蜜多经卷一三七初分校量功德品第三十之三十五
Дx.17327	大般若波罗蜜多经卷一四〇初分校量功德品第三十之三十八
Дx.17328 至 Дx.17330	残佛经
Дx.17331	别译杂阿含经卷二
Дx.17332	妙法莲华经卷四见宝塔品第十一
Дx.17333+Дx.17334	残佛经
Дx.17335	金光明最胜王经卷三灭业障品第五

(续表)

流水号	题名
Дx.17336A	佛说佛名经
Дx.17336B	妙法莲华经卷四见宝塔品第十一
Дx.17337	金光明最胜王经卷三灭业障品第五
Дx.17338	别译杂阿含经卷二
Дx.17339	残佛经
Дx.17340	佛说佛名经卷八
Дx.17341	别译杂阿含经卷二
Дx.17342	别译杂阿含经卷二
Дx.17343	别译杂阿含经卷二初诵第二
Дx.17344	金光明最胜王经卷三灭业障品第五
Дx.17345	别译杂阿含经卷二
Дx.17346	大方广佛华严经卷七普贤三昧品第三
Дx.17347	别译杂阿含经卷三
Дx.17348	残佛经
Дx.17349	别译杂阿含经卷二
Дx.17350	残佛经
Дx.17351	金光明最胜王经卷三灭业障品第五
Дx.17352	金光明最胜王经卷三灭业障品第五
Дx.17353	金光明最胜王经卷三灭业障品第五
Дx.17354	金光明最胜王经卷三灭业障品第五
Дx.17355	残佛经
Дx.17356	金光明最胜王经卷三灭业障品第五
Дx.17357	别译杂阿含经卷二
Дx.17358	金光明最胜王经卷三灭业障品第五
Дx.17359	别译杂阿含经卷二
Дx.17360	别译杂阿含经
Дx.17361	别译杂阿含经卷二

(续表)

流水号	题名
Дx.17362	别译杂阿含经卷二
Дx.17363	残佛经
Дx.17364	别译杂阿含经卷二
Дx.17365	残片
Дx.17366	金光明最胜王经卷三灭业障品第五
Дx.17367	残片
Дx.17368	金光明最胜王经卷三灭业障品第五
Дx.17369+Дx.17370	残佛经
Дx.17371	版画残片
Дx.17372 至 Дx.17377	残佛经
Дx.17378	版画残片
Дx.17379 至 Дx.17383	残佛经
Дx.17384	大方广佛华严经卷七世界成就品第四
Дx.17385	金光明最胜王经卷三灭业障品第五
Дx.17386	残片
Дx.17387	残佛经
Дx.17388	大般若波罗蜜多经卷五六九第六分法性品第六
Дx.17389	金光明最胜王经卷三灭业障品第五
Дx.17390+Дx.17391	残佛经
Дx.17392	别译杂阿含经卷二
Дx.17393 至 Дx.17395	残佛经
Дx.17396	四分律卷二五一百七十八单提法之二
Дx.17397	金光明最胜王经卷三灭业障品第五
Дx.17398	别译杂阿含经卷二
Дx.17399+Дx.17400	残佛经
Дx.17401	金光明最胜王经卷三灭业障品第五

(续表)

流水号	题名
Дx.17402	大般若波罗蜜多经卷五六九第六分法性品第六
Дx.17403	大方广佛华严经卷六如来现相品第二
Дx.17403V	民族文字残片
Дx.17404	金光明最胜王经卷三灭业障品第五
Дx.17405	妙法莲华经卷四见宝塔品第十一
Дx.17406+Дx.17407	残佛经
Дx.17408	大方广佛华严经卷七普贤三昧品第三
Дx.17409	残片
Дx.17410	杂阿含经卷一七
Дx.17410V	民族文字残片
Дx.17411	残佛经
Дx.17412	大般若波罗蜜多经卷五六九第六分法性品第六
Дx.17413	大方广佛华严经卷七普贤三昧品第三
Дx.17414	四分律卷二五一百七十八阐提法之二
Дx.17415	大般若波罗蜜多经卷五六九第六分法性品第六
Дx.17416	大方广佛华严经卷七普贤三昧品第三
Дx.17417	别译杂阿含经卷二
Дx.17418	大般若波罗蜜多经卷五六九第六分法性品第六
Дx.17419	大方广佛华严经卷七世界成就品第四
Дx.17420	大方广佛华严经
Дx.17421	大方广佛华严经卷七普贤三昧品第三
Дx.17422	别译杂阿含经卷二
Дx.17423	妙法莲华经卷四提婆达多品第十二
Дx.17424	别译杂阿含经卷二
Дx.17425	残佛经

(续表)

流水号	题名
Дx.17426	妙法莲华经卷四提婆达多品第十二
Дx.17427+Дx.17428	残佛经
Дx.17429	大方广佛华严经卷七普贤三昧品第三
Дx.17430	残佛经
Дx.17431	别译杂阿含经卷二
Дx.17432	残佛经
Дx.17433A	大般若波罗蜜多经卷二四二
Дx.17433B	大般若波罗蜜多经卷二四二
Дx.17434	残佛经
Дx.17435	民族文字残片
Дx.17717V	民族文字残片
Дx.17827	民族文字残片
Дx.17981V	民族文字残片
Дx.18525	民族文字残片
Дx.18559	民族文字残片
Дx.18632V	民族文字残片
Дx.18649V	民族文字残片
Дx.18650V	民族文字残片
Дx.18665V	民族文字残片
Дx.18674	民族文字残片
Дx.18675V	民族文字残片
Дx.18676V	民族文字残片
Дx.18677V	民族文字残片
Дx.18684+Дx.18685	民族文字残片
Дx.18693V	民族文字残片
Дx.18695V	民族文字残片

（续表）

流水号	题名
Дх.18696V	民族文字残片
Дх.18904V	民族文字残片
Дх.18905V	民族文字残片
Дх.18915	某年九月十七日帖
Дх.18916	大历十五年四月一日判凭
Дх.18916V	民族文字残片
Дх.18917	贞元四年五月杰谢百姓债务纠纷牒
Дх.18918	某年五月简王府长史王某某欠税钱状
Дх.18919	大历十七年闰三月二十七日韩云领麦历
Дх.18919V	残牒
Дх.18920	大历十四年十月付杰谢镇百姓脚钱牒
Дх.18921	杰谢百姓夏打驼纠纷牒
Дх.18922	纳羊皮历
Дх.18923	首领萨波思略牒
Дх.18924	借契
Дх.18925	胡书偏奴负钱契
Дх.18926	大历十六年六月杰谢合川百姓勃门罗卖驼契
Дх.18927	建中六年行官魏忠顺收驼麻抄
Дх.18928	大历某年卖驼契
Дх.18929	大历某年百姓勿沙牒
Дх.18930	杰谢百姓纳牛皮历
Дх.18931	残片
Дх.18937	员通支酒历
Дх.18939	贞元某年欠糜历
Дх.18940	质逻六城百姓牒
Дх.18942	残牒

(续表)

流水号	题名
Дx.18974	大方广佛华严经（黑水城）
Дx.18976	大方广佛华严经（黑水城）
Дx.18977	大方广佛华严经（黑水城）
Дx.18981	大方广佛华严经（黑水城）
Дx.18990	金光明最胜王经卷一如来寿量品第二
Дx.18990V	西夏文残片
Дx.18992	亦集乃路总管府禁约残片
Дx.18993	光定十二年正月李春狗等物历
Дx.18995	至顺元年残牒
Дx.18996	合同婚书
Дx.18999	百字咒忏悔仪
Дx.19000	杵偈
Дx.19001	历日
Дx.19002	西夏文残片
Дx.19003	历日
Дx.19004	历日
Дx.19005	历日
Дx.19007	大方广佛华严经（黑水城）
Дx.19010	大方广佛华严经（黑水城）
Дx.19022	至正二十三年王嗣祖契
Дx.19027	大方广佛华严经（黑水城）
Дx.19033	大方广佛华严经（黑水城）
Дx.19042	便麦历
Дx.19043	残牒
Дx.19050	仪轨
Дx.19052	大方广佛华严经（黑水城）

(续表)

(续表)

流水号	题名
Дx.19053	状
Дx.19067	统和二年残牒
Дx.19068	造刀牒
Дx.19070	至元二年呈文
Дx.19071	官文书
Дx.19072	至正三年巡检司呈辞
Дx.19072V	杂写
Дx.19073	泰定二年三月呈辞
Дx.19076	西夏直多昌磨彩代还钱契
Дx.19077	便粮食历
Дx.19078+Дx.19079	西夏文
Дx.19083V	民族文字残片
Дx.19086	民族文字残片
Дx.19088 至 Дx.19090	雕版佛像
Дx.19091	雕版佛像
Дx.19092	雕版佛像
北大 D005V	于阗文文献
北大 D045V	祈祷文（藏文）
北大 D051（2）	佛教咒语（藏文）
北大 D055V	佛经（藏文）
北大 D113（2）	地赞达木坛城作法（藏文）
北大 D152V	书函（藏文）
北大 D154V	佛教诗歌（回鹘文）
北大 D159V	回鹘文文献
北大 D212	佛经（藏文）
大东急 107-6-1	藏文写经

(续表)

流水号	题名
俄 Φ.103V（2）	藏文题记
俄 Φ.105V	藏文题记
俄 Φ.123A	护法神王像 增壹阿含经卷六利养品第十三
俄 Φ.154V	藏文字母
俄 Φ.158（2）	回鹘文题记
俄 Φ.158V	回鹘文题记
俄 Φ.170V	回鹘文题记
俄 Φ.181（1）	太平兴国六年法进于澄净师受戒文
俄 Φ.181（2）	法苑珠林舍利义略抄
俄 Φ.204A	增壹阿含经结禁品第四十六
俄 Φ.214	亲诵仪
俄 Φ.221V+ 俄 Φ.228V+ 俄 Φ.266V（1）	八种粗重犯堕
俄 Φ.221V+ 俄 Φ.228V+ 俄 Φ.266V（2）	常所作仪轨八种不共
俄 Φ.221V+ 俄 Φ.228V+ 俄 Φ.266V（3）	大乘秘密起发
俄 Φ.221V+ 俄 Φ.228V+ 俄 Φ.266V（4）	惜财者像及偈
俄 Φ.221+ 俄 Φ.228+ 俄 Φ.266	大乘入藏录
俄 Φ.222	多闻天陀罗尼仪轨
俄 Φ.228	大乘入藏录（见俄 Φ.221）
俄 Φ.228V	八种粗重犯堕（见俄 Φ.221V）
俄 Φ.229V+ 俄 Φ.241V（1）	景德传灯录卷十一
俄 Φ.229V+ 俄 Φ.241V（2）	大悲心陀罗尼启请
俄 Φ.229+ 俄 Φ.241	大般若波罗蜜多经卷一九二
俄 Φ.230V（2）	藏文残片 杂写
俄 Φ.234	多闻天陀罗尼仪轨
俄 Φ.241	大般若波罗蜜多经卷一九二（见俄 Φ.229）

(续表)

流水号	题名
俄Φ.241V	景德传灯录卷十一（见俄Φ.229V）
俄Φ.246A	正法华方等经
俄Φ.246AV	察合台文附言
俄Φ.246B	察合台文残片
俄Φ.246C	察合台文残片
俄Φ.246CV	察合台文残片
俄Φ.249V+Φ327V	杂写
俄Φ.249+Φ327	金刚亥母修习仪
俄Φ.258B	藏文残片
俄Φ.266	大乘入藏录（见俄Φ.221）
俄Φ.266V	八种粗重犯堕（见俄Φ.221V）
俄Φ.308A	版画护法天王像
俄Φ.308B	妙法莲华经卷一方便品第二
俄Φ.308C	于阗文题辞残片
俄Φ.311	亲集耳传观音供养赞叹
俄Φ.312A	捺印佛像
俄Φ.315	黑色天母求修次第仪
俄Φ.317A	刻本佛经
俄Φ.320	大方等无想大云经卷六（吐鲁番）
俄Φ.325V（1）	藏文转写汉文经典
俄Φ.325V（2）	祈祷文（藏文）
俄Φ.327	金刚亥母修习仪（见俄Φ.249）
俄Φ.327V	杂写（见俄Φ.249V）
俄Φ.335	佛经供养偈
俄Φ.337	佛说竺兰陁心文经
俄Φ.360	版画释迦牟尼佛说法图

(续表)

流水号	题名
俄 Φ.362A（1）	星占流年
俄 Φ.362A（2）	大一切成就母永修仪尾题
俄 Φ.362A（3）	师资相录仪
鄂博 39	维摩诘所说经卷上（日本平安时期写经）
鄂博 40	维摩诘所说经卷上（日本平安时期写经）
鄂博 45	维摩诘所说经卷上（日本平安时期写经）
傅图 40	藏文（般若波罗蜜多心经）
傅图 41（1）	藏文（无量寿宗要经甲本）
傅图 41（2）	藏文（无量寿宗要经甲本）
傅图 41（3）	藏文（无量寿宗要经甲本）
傅图 41（4）	藏文（无量寿宗要经甲本）
傅图 41（5）	藏文（无量寿宗要经甲本）
傅图 42（1）	藏文（无量寿宗要经甲本）
傅图 42（2）	藏文（无量寿宗要经甲本）
傅图 42（3）	藏文（无量寿宗要经甲本）
傅图 43	藏文（无量寿宗要经乙本）
傅图 44	藏文（无量寿宗要经乙本）
傅图 45	藏文（无量寿宗要经甲本）
傅图 46	藏文（无量寿宗要经甲本）
傅图 47	藏文（无量寿宗要经乙本）
傅图 48	藏文（无量寿宗要经甲本）
傅图 49B	西夏文（坛经）
傅图 49BV	西夏文残公文书
傅图 50A	回鹘文（大方广佛华严经）
傅图 50CV	回鹘文文献
傅图 50DV	回鹘文文献

(续表)

流水号	题名
傅图 50EV	回鹘文残片
傅图 50FV	回鹘文残片
傅图 50G	回鹘文残片
故宫新 103999	佛经（藏文）
故宫新 104000	佛经（藏文）
故宫新 104001	佛经（藏文）
故宫新 104073	佛经（藏文）
故宫新 152369	财产分配帐（吐鲁番）
故宫新 152370	财产分配帐（吐鲁番）
故宫新 154416	大般涅槃经（吐鲁番）
故宫新 154417	佛说观佛三昧海经（吐鲁番）
故宫新 154418	大般涅槃经（吐鲁番）
故宫新 154419	大智度论（吐鲁番）
故宫新 154420	大般涅槃经（吐鲁番）
故宫新 199430V	吐蕃文写经
故宫新 74071	佛说无量寿经（梵文）
故宫新 74072	佛说无量寿经（梵文）
国图 WB32(43)，566992，37.1.16入	藏文写经
国图 WB32(44)，566993，37.1.16入	藏文写经
国图 WB32(45)，566994，37.1.16入	藏文写经
津艺 006	大乘无量寿宗要经（藏文）
津艺 014V	社会文书（回鹘文）
津艺 015V	有关信仰三宝和三种救济的佛教文献（回鹘文）
津艺 035	大乘无量寿宗要经（藏文）
津艺 094	大乘无量寿宗要经（藏文）

(续表)

流水号	题名
津艺 095	大乘无量寿宗要经（藏文）
津艺 096	大乘无量寿宗要经（藏文）
津艺 097	大乘无量寿宗要经（藏文）
南图 013	藏文
上博 09(3298) V	杂写（藏文）
上博 38(37499)	大乘无量寿经（藏文）
上图 034AV	粟特文文献
上图 034B	佛经（回鹘文）
上图 034BV	佛经（回鹘文）
上图 059	圣寿智无量大乘经（藏文）
上图 070V	藏文题记
上图 132V	回鹘文杂记
上图 139A	般若波罗蜜多经（藏文）
上图 139B	般若波罗蜜多心经（藏文）
上图 156	十万般若波罗蜜多经第二卷二十五品（藏文）
上图 157	佛经（藏文）
上图 158	大乘无量寿宗要经（藏文）
上图 159	大乘无量寿宗要经（藏文）
上图 160（1）	大乘无量寿宗要经（藏文）
上图 160（2）	大乘无量寿宗要经（藏文）
上图 161	大乘无量寿宗要经（藏文）
台图 120A	蕃文无量寿宗要经
台图 120B	蕃文无量寿宗要经
台图 120C	蕃文无量寿宗要经
台图 120D	蕃文大般若经
台图 125V	蕃文寅年敦煌地区账目

(续表)

流水号	题名
天理大学 3.180-亻1	敦煌遗片（西夏文等写、刻册叶残经及图）
天理大学 4.222-亻63	西夏、回纥文书断简
天理大学 5.183-亻279	西夏文经断简（刻印本册页残经及部分汉文写本佛经等）
天理大学 5.183-亻279（10）	无量寿宗要经（西夏文）
天理大学 5.183-亻279（11）	佛说大摩里支菩萨经（西夏文）
天理大学 5.183-亻279（12）	大方广佛华严经（西夏文）第九卷华藏世界品五之二
天理大学 5.183-亻279（13）	大方广佛华严经（西夏文）第二二卷 兜率天宫品第二三
天理大学 5.183-亻279（14）	大方广佛华严经（西夏文）第四一卷定品第二七之一
天理大学 5.183-亻279（15）	慈悲道场忏法（西夏文）第十卷
天理大学 5.183-亻279（8）	金光明最胜王经（西夏文）第二卷分别三身品第三
天理大学 5.183-亻279（9）	金光明最胜王经（西夏文）第三卷灭业障品第五
天理大学 6.183-亻325	无量寿宗要经（藏文）
伍伦 07 号 2	妙法莲华经卷一八及题记
羽 441	西藏经
羽 442	无量寿宗要经 西藏经
羽 443	无量寿宗要经 西藏经
羽 444	无量寿宗要经 西藏经
羽 445	无量寿宗要经 西藏经
羽 447	无量寿宗要经 西藏经
羽 548	无量寿宗要经 西藏经
羽 549	无量寿宗要经 西藏经
羽 564	无量寿宗要经 西藏经
羽 565	无量寿宗要经 西藏经
羽 566	无量寿宗要经 西藏经

(续表)

流水号	题名
羽620之二	折冲府 牒状
羽620之一	统押所 牒状
羽664之四V	西藏字
羽719R+V	摩尼文书中世波斯语赞歌
羽772	木版本西夏经
羽773	手写本 西夏经 大方广佛华严经
浙敦114(浙博089)	藏文河西历史故事残片
浙敦133(浙博108)	藏文观音咒残片
浙敦172(浙博147)	藏文大乘菩萨行残片
浙敦173(浙博148)	藏文大乘菩萨行残片
浙敦174(浙博149)	藏文经咒残片
浙敦175(浙博150)	藏文经咒残片
重博23	大乘无量寿宗要经（藏文）

附录 3
全国馆藏文物晋唐写本辑录

文物普查号	题名	馆藏地
11010821800132100000198	唐人写经手卷	北京艺术博物馆
11010821800132100000210	唐敦煌石室唐人写经横幅	北京艺术博物馆
11010821800132100000221	唐佚名写经卷	北京艺术博物馆
110108218001321000014379	唐佚名大般涅槃经卷	北京艺术博物馆
110108218001321000014380	唐佚名大般涅槃经卷第二十一卷	北京艺术博物馆
110108218001321000014381	唐佚名楞严经第四卷	北京艺术博物馆
110108218001321000014382	唐佚名大般涅槃经卷第十八卷	北京艺术博物馆
110108218001321000014383	唐佚名妙法莲花经卷第五卷	北京艺术博物馆
110108218001321000014384	唐佚名石室遗经卷	北京艺术博物馆
110115218001441000002167	唐人写经	中国印刷博物馆
13010221800004100000013	唐无款大般若波罗蜜多经手卷	石家庄市博物馆
140109218000160000056279	唐无款楷书大般若波罗蜜多经卷第九	山西博物馆
140109218000160000059446	唐无款楷书写经残卷	山西博物馆
140109218000160000061245	唐章草释经卷	山西博物馆
140109218000160000069251	唐无款楷书大般若波罗蜜多经卷第三十五	山西博物馆
140109218000160000069265	唐无款楷书妙法莲华经卷二	山西博物馆
140109218000160000070852	唐无款楷书妙法莲华经方便品第二	山西博物馆

(续表)

文物普查号	题名	馆藏地
14010921800016000070940	唐无款楷书妙法莲华经卷四	山西博物馆
14010921800016000071689	唐无款楷书大般若经卷	山西博物馆
14010921800016000072414	唐无款楷书库车经残卷	山西博物馆
14010921800016000072443	唐无款楷书大般若波罗蜜多经卷四百二十	山西博物馆
14010921800016000072811	唐无款楷书金刚般若波罗蜜经卷	山西博物馆
14010921800016000073098	唐无款楷书大般若波罗蜜多经卷第二百四十一	山西博物馆
14010921800016000073169	唐严寿楷书大般若波罗蜜多经卷第三百三十一	山西博物馆
14010921800016000074962	唐无款大方广胜华严经卷	山西博物馆
14010921800016000075711	唐无款楷书写经册	山西博物馆
14010921800016000077092	唐无款楷书大般若波罗蜜多经卷第二百一十八	山西博物馆
14010921800016000078202	唐无款楷书大般若波罗蜜多经卷第五百二	山西博物馆
14010921800016000078208	唐无款楷书大般涅槃经卷	山西博物馆
14010921800016000078337	唐无款楷书妙法莲华经妙庄严本事品第廿七	山西博物馆
21010221800006300031908	六朝至唐写经残卷	辽宁省博物馆
21010221800006300031914	唐家弘书阿毗昙毗婆沙智捷度备智品第四卷	辽宁省博物馆
21010221800006300031986	唐人写金光明经手卷	辽宁省博物馆
21010221800006300031988	唐大般涅槃经卷第三十五卷	辽宁省博物馆
21010221800006300033747	唐佚名草书千字文第五本卷	辽宁省博物馆
21010221800006300035012	北朝写本五分律卷	辽宁省博物馆
21010221800006300041221	唐人写妙法莲花经卷第二卷	辽宁省博物馆
21010221800006300041232	唐人写妙法莲花经卷第二卷	辽宁省博物馆
21010221800006300041253	唐人写大般涅槃经卷第十八卷	辽宁省博物馆

(续表)

文物普查号	题名	馆藏地
2101022180000630041264	唐人书佛说摩诃般若波罗蜜多心经卷	辽宁省博物馆
2101022180000630041275	唐人书佛说佛名经卷第二卷	辽宁省博物馆
2101022180000630041286	唐人写大乘起信论疏卷	辽宁省博物馆
2101022180000630041297	唐王瀚书大乘无量寿经卷	辽宁省博物馆
2101022180000630041331	唐人写大智度第八十二品中释论卷	辽宁省博物馆
2101022180000630041342	唐人写妙法莲华经残卷	辽宁省博物馆
2101022180000630041353	唐人写菩萨经残片轴	辽宁省博物馆
2101022180000630041364	唐人写妙法莲华经残卷	辽宁省博物馆
2101022180000630041386	唐人写妙法莲花经残卷	辽宁省博物馆
2101022180000630041407	唐人写禅门要经残卷	辽宁省博物馆
2101022180000630041418	唐人写大智度经卷第二十六残卷	辽宁省博物馆
2101022180000630041429	唐人写观世音经残卷	辽宁省博物馆
2101022180000630041441	唐人写金刚波罗蜜经卷	辽宁省博物馆
2101022180000630041452	唐人草书恪法师第一抄卷	辽宁省博物馆
2101022180000630041463	唐人草书沙门昙旷大乘起信论广释卷上卷	辽宁省博物馆
2101022180000630041528	北朝写本大智论残卷	辽宁省博物馆
2101022180000630041557	唐人写舍利弗阿毗昙论第三卷	辽宁省博物馆
2101022180000630072563	唐印板佛说长阿含经残页	辽宁省博物馆
2101022180000630082304	唐大集经卷第十册	辽宁省博物馆
2101022180000630082413	唐人写经残片册	辽宁省博物馆
2101022180000630082479	唐人写经残片册	辽宁省博物馆
2101022180000630082535	唐人写经残片册	辽宁省博物馆
2101022180000630082655	唐写妙法莲华经卷第一残卷	辽宁省博物馆
2101022180000630083989	唐写妙法莲花经册	辽宁省博物馆
2101022180000630084000	唐写春秋后语残本卷	辽宁省博物馆
2101022180000630084032	唐人写四分戒本疏卷第二卷	辽宁省博物馆

(续表)

文物普查号	题名	馆藏地
21010221800000630099138	唐人写佛说要行舍身经残片横幅	辽宁省博物馆
21010221800000630099149	六朝写经残片横幅	辽宁省博物馆
21010221800000630099227	隋人写葛玄道德经序诀卷	辽宁省博物馆
21010221800000630099382	唐人写经残卷	辽宁省博物馆
22010221800000210043073	唐人写经片	吉林省博物院
22010221800000210048390	唐人写经卷	吉林省博物院
22010221800000210057732	隋人写经卷	吉林省博物院
22010221800000210057733	六朝写经卷	吉林省博物院
23010321800000100052648	唐维摩诘经卷（下）	黑龙江省博物馆
32010221800010100085126	唐无款瑜伽师地论卷第十写经卷	南京博物院
32010221800010100085127	唐无款三弥底部论卷上写经卷	南京博物院
32010221800010100085128	唐无款写经卷	南京博物院
32010221800010100085129	唐无款春秋后国语写本卷	南京博物院
32010221800010100085130	唐无款老子道德经写经卷	南京博物院
32010221800010100085131	隋末唐初无款摩诃般若波罗蜜经卷三十五写经卷	南京博物院
32010221800010100085132	隋无款大知论卷第六十七写经卷	南京博物院
32010221800010100085133	北魏至隋初无款大乘涅槃经写经卷	南京博物院
32010221800010100085134	唐无款大涅槃经卷第三十九写经卷	南京博物院
32010221800010100085135	隋无款大智度经卷第二十二写经卷	南京博物院
32010221800010100085153	北魏无款佛说三十七品经写经卷	南京博物院
32010221800010100085154	唐至五代十国无款说一切有部式经写经卷	南京博物院
32010221800010100085155	唐一真瑜伽师地论卷第十二写经卷	南京博物院
32010221800010100085156	唐无款妙法莲华经卷第七写经卷	南京博物院
32010221800010100085157	唐无款妙法莲华经第三写经卷	南京博物院
32010221800010100085158	唐宋良升大乘无量寿经写经卷	南京博物院

(续表)

文物普查号	题名	馆藏地
32010221800010100851519	唐至五代十国无款大乘入楞伽经写经卷	南京博物院
32010221800010100851160	唐无款佛说阿弥陀经写经卷	南京博物院
32010221800010100851161	唐无款妙法莲华经第一写经卷	南京博物院
32010221800010100851162	唐无款维吾尔文写经卷	南京博物院
32010221800010100851163	唐无款维吾尔文写经卷	南京博物院
32010221800010100851172	唐无款大般涅槃经卷第二十二写	南京博物院
32010421800021200663166	唐楷书经卷	南京市博物馆
32010421800021200767553	唐无款残法华经写本	南京市博物馆
32010421800021200801388	唐楷书经卷	南京市博物馆
32050821800001000088864	唐人写经残卷	苏州博物馆
32050821800001000158227	唐人写解深密经卷	苏州博物馆
32050821800001000159889	唐人书光明最胜王经册	苏州博物馆
32100321800003000165889	唐人写经菩萨建宝三昧经第十三卷	扬州博物馆
32100321800003000172334	唐涅槃藏经卷	扬州博物馆
32111121800006100002774	唐人写经册页	江苏镇江博物馆
32111121800006100025335	唐人写经楷书册	江苏镇江博物馆
32111121800006100025336	唐人写经楷书册	江苏镇江博物馆
33010221800001100060886	唐佚名写经卷（残）	杭州博物馆
33010221800001100063553	唐佚名写经残卷	杭州博物馆
33010221800001100060884	唐佚名楷书大般若波罗蜜多经卷（残）	杭州博物馆
33010221800001100060887	唐佚名楷书妙法莲花经卷	杭州博物馆
33010221800001100060888	唐佚名楷书书维摩诘经卷	杭州博物馆
33020321800002100098188	唐佚名楷书大智度经卷第六十六	宁波市天一阁博物馆
33030221800001000089993	唐乾宁四年佚名太上洞玄灵宝无量度人上品妙经写本	温州博物馆
33038121800001000066277	唐唐人写妙法莲花经卷（一段）	瑞安市博物馆

(续表)

文物普查号	题名	馆藏地
34010421800010000009772	唐咸通七年二娘子家书册	安徽博物院
34010421800010000009902	隋开皇十三年法华大智论卷	安徽博物院
34010421800010000010081	唐显庆元年敦煌太玄真一本际经卷	安徽博物院
34010421800010000013847	唐无款敦煌写经残卷	安徽博物院
34010421800010000013941	唐无款敦煌唐人写经残卷	安徽博物院
34010421800010000013978	唐无款敦煌写经残卷	安徽博物院
34010421800010000014142	唐无款唐人写经残卷	安徽博物院
34010421800010000014165	唐无款敦煌写经残叶册	安徽博物院
34010421800010000014173	唐无款敦煌唐人写经残卷	安徽博物院
34010421800010000014230	清无款敦煌写经残卷	安徽博物院
34010421800010000014298	唐无款写经残段卷	安徽博物院
34010421800010000014537	唐无款敦煌写经残卷	安徽博物院
34010421800010000014570	唐无款敦煌唐人写经残卷	安徽博物院
34010421800010000014695	唐无款敦煌写经卷	安徽博物院
34010421800010000015091	清无款敦煌写经残卷	安徽博物院
34010421800010000015190	清无款敦煌写经残卷	安徽博物院
34010421800010000015572	唐无款敦煌写经卷	安徽博物院
34010421800010000015631	唐无款敦煌写经残卷	安徽博物院
34010421800010000015639	唐无款写经残卷	安徽博物院
34010421800010000015742	隋无款敦煌写经残卷	安徽博物院
34010421800010000016057	唐无款敦煌唐人写经残卷	安徽博物院
34010421800010000016260	明无款敦煌写经残叶附明写经残页	安徽博物院
34010421800010000016470	隋无款敦煌写经残卷	安徽博物院
34010421800010000016494	唐无款唐人敦煌写经残	安徽博物院
34010421800010000016558	唐无款唐人遗墨轴	安徽博物院
34010421800010000016584	唐无款敦煌唐人写经残卷	安徽博物院
34010421800010000016621	唐无款敦煌写经残卷	安徽博物院

(续表)

文物普查号	题名	馆藏地
34010421800010000016727	北朝无款周齐写经残卷	安徽博物院
34010421800010000017370	清无款敦煌写经残卷	安徽博物院
34010421800010000017412	清无款敦煌写经残卷	安徽博物院
34010421800010000017499	唐无款敦煌唐人写经残卷	安徽博物院
34010421800010000016578	隋无款敦煌华严经残卷	安徽博物院
34010421800010000009578	北凉神玺三年千佛名经卷	安徽博物院
34010421800010000009906	北凉千佛名经卷	安徽博物院
34010421800010010064295	唐无款金光明最胜王经卷	安徽博物院
34010421800010010064316	北凉无款敦煌北凉写经残卷	安徽博物院
34010421800010010064584	唐无款敦煌写经残页册	安徽博物院
34010421800010010065137	北凉无款敦煌北凉写经残卷	安徽博物院
34010421800010010065414	唐无款敦煌唐人写经残卷	安徽博物院
34010421800010010065415	唐无款敦煌唐人写经残卷	安徽博物院
34010421800010010065416	唐唐人草书写经残卷	安徽博物院
34010421800010010065417	唐无款敦煌写经残卷	安徽博物院
34010421800010010065418	唐无款敦煌唐人写经残卷	安徽博物院
34010421800010010065420	唐无款敦煌唐人写经残卷	安徽博物院
34010421800010010065422	唐无款敦煌唐人写经残卷	安徽博物院
34010421800010010065427	唐无款唐人敦煌写经残卷	安徽博物院
34010421800010010065428	唐无款唐人写经残卷	安徽博物院
34010421800010010065432	唐无款敦煌写经残卷	安徽博物院
34010421800010010065433	清无款敦煌写经残卷	安徽博物院
34010421800010010065446	清无款敦煌写经残卷	安徽博物院
34010421800010010065447	无款敦煌写经残卷	安徽博物院
34010421800010010065469	唐无款敦煌写经卷	安徽博物院
34010421800010010065509	清无款敦煌写经残卷	安徽博物院
34010421800010010065510	清无款敦煌写经残卷	安徽博物院

(续表)

文物普查号	题名	馆藏地
34010421800001010065511	隋无款敦煌写经残卷	安徽博物院
34010421800001010065512	清无款敦煌写经残卷	安徽博物院
34010421800001010065513	隋无款敦煌写经残卷	安徽博物院
34010421800001010065541	明无款敦煌写经残叶附明写经残页	安徽博物院
34010421800001010065716	唐无款敦煌写经残卷	安徽博物院
34010421800001010066117	唐无款敦煌唐人写经残卷	安徽博物院
34010421800001010066510	唐无款敦煌写经卷	安徽博物院
34010421800001010067626	唐无款写经残段卷	安徽博物院
34010421800001010067628	唐无款写经残卷	安徽博物院
34010421800001010067631	北朝北朝写经卷	安徽博物院
34010421800001010067633	唐唐人遗墨轴	安徽博物院
34010421800001010067634	唐二娘子家书册	安徽博物院
34010421800001010065419	隋无款敦煌华严经残卷	安徽博物院
34010421800001010065514	隋无款法华大智论卷	安徽博物院
34102121800006100004247	1922年许承尧为唐人写经题记手卷	歙县博物馆
34102121800006100003191	唐人写经残本卷	歙县博物馆
34102121800006100002495	唐人写经手卷	歙县博物馆
34102121800006100001762	唐人写经手卷	歙县博物馆
34102121800006100003082	唐人写大般若波罗蜜多心经手卷	歙县博物馆
34102121800006100002710	隋经书付法藏因缘经卷第四手卷	歙县博物馆
35098121800001100017033	唐鸣沙石室写经残本	福建博物院
35098121800001100018996	唐写经册	福建博物院
36070221800002000001235	民国丁亥年敬虚识唐人写经片	赣州市博物馆
37010221800003000004355	唐人写经残片	济南市博物馆
37010221800003000003731	唐人楷书法华经卷	济南市博物馆
37010221800003000003774	唐人楷书妙法莲华经卷	济南市博物馆
37060221800002100011667	唐真书写经卷	烟台市博物馆

(续表)

文物普查号	题名	馆藏地
3708832180000300035503	唐纸本墨色敦煌石室唐人写经	邹城博物馆
4101052180000310050507	唐人书经卷	河南博物院
4101052180000310042831	唐人写经卷	河南博物院
4105032180000110000639	唐妙法莲花经卷残纸	中国文字博物馆
4105032180000110000640	唐妙法莲花经卷残纸	中国文字博物馆
4201032180000310027537	唐唐人写经传	武汉博物馆
4201032180000310020466	唐唐人写经书法卷	武汉博物馆
4201032180000310022253	唐唐人写经卷	武汉博物馆
4201032180000310022274	唐唐人写经传	武汉博物馆
4201032180000310022656	唐唐人写经卷	武汉博物馆
4201032180000310014669	唐唐人写经卷	武汉博物馆
4201032180000310012450	唐人写经书法卷	武汉博物馆
4304812190000210000132	隋敦煌抄经残页	耒阳市纸博物馆
4400002180027100012572	唐人楷书郭十二娘写经卷	广东省博物馆
4400002180027100000262	唐人楷书写四分律卷	广东省博物馆
4400002180027100007392	唐唐人马经卷	广东省博物馆
4401002180000500015917	唐佚名楷书佛说济诸方等学经卷	广州艺术博物院
4401002180000500015925	唐佚名楷书大般若波罗蜜多经手卷	广州艺术博物院
4401002180000500016264	唐佚名楷书波罗蜜多经卷	广州艺术博物院
4401002180000500016446	唐佚名经卷	广州艺术博物院
4401002180000500027292	唐佚名楷书写涅槃经卷	广州艺术博物院
4403002180000180002809	唐佚名楷书《大般若波罗蜜多经》卷	深圳博物馆
4407052180000180000605	唐敦煌唐人写经残卷	新会区博物馆
4407052180000180000627	唐唐人大若波罗蜜多心经第二卷	新会区博物馆
4501042180000110008146	唐初北魏写经单页	广西壮族自治区博物馆
5001032180000310032717	唐佛名经写卷	重庆中国三峡博物馆

(续表)

文物普查号	题名	馆藏地
61010321800000110019480	唐大涅槃经（唐人写经）	西安博物院
61010321800000110019482	唐人写经卷	西安博物院
61010321800000110019483	唐人写经	西安博物院
61010321800000110019484	唐人写经手卷	西安博物院
61010321800000110030285	唐人写经	西安博物院
61010321800000110030290	唐人写经长卷	西安博物院
61010321800000110030298	唐人写经残卷	西安博物院
61010321800000110019472	唐大般若波罗蜜多经卷第八十三	西安博物院
61010321800000110019473	唐金刚般若波罗蜜经	西安博物院
61010321800000110019474	唐妙法莲花陀罗片品等二十六	西安博物院
61010321800000110019475	唐妙法莲花经第八卷	西安博物院
61010321800000110019476	唐佛说相好经	西安博物院
61010321800000110019478	唐因明入正理论卷	西安博物院
61010321800000110019481	唐大般若波罗蜜多经卷第二百六十六	西安博物院
61010321800000110029796	唐佛住问答残卷	西安博物院
61010321800000110029802	唐大般若波罗蜜多经	西安博物院
61010321800000110030131	唐大般若波罗蜜多经	西安博物院
61010321800000210002213	南北朝写经	西安碑林博物馆
61010321800000210002520	隋写经	西安碑林博物馆
61010321800000210002521	唐写经	西安碑林博物馆
61010321800000210002531	唐人写莲花经卷	西安碑林博物馆
61010321800000210002532	唐人写金光明经卷	西安碑林博物馆
61010321800000210002533	唐人写波罗蜜多经卷	西安碑林博物馆
61010321800000210002537	唐人写波罗蜜多经卷	西安碑林博物馆
62042121800000400001044	唐代·小楷敦煌写经横披	靖远县博物馆
62072521800000200000365	写经	山丹县博物馆
63010421800000110007788	唐人写经	青海省博物馆